회사 실무에 힘을 주는 엑셀 2010

회사 실무에 힘을 주는
엑셀 2010

초판 1쇄 발행 | 2011년 11월 16일
초판 9쇄 발행 | 2018년 3월 20일

지은이 | 이형범, 이소연
발행인 | 이상만
발행처 | 정보문화사
주　소 | 서울특별시 종로구 대학로 12길 38
전　화 | 02-3673-0114(대) 02-3673-0037~9(편집부)
팩　스 | 02-3673-0260
등　록 | 제1-1013호
ISBN | 978-89-5674-546-6

도서문의 및 A/S 지원
정보문화사 홈페이지 | http://www.infopub.co.kr
저자 홈페이지 | http://edodream.com

이 책은 저작권법에 따라 보호받는 저작물이므로 무단 전재와 복제를 금지하며,
책 내용의 전부 또는 일부를 사용하려면 반드시 저작권자와 정보문화사의 서면 동의를 받아야 합니다.

• 정보문화사는 독자 여러분의 의견에 항상 귀를 기울이고 있습니다.
• 잘못된 책은 구입처에서 교환해드립니다.
• 책값은 뒤표지에 있습니다.

회사 실무에
힘을 주는

엑셀 2010

| 이형범 · 이소연 지음 |

정보문화사
Information Publishing Group

머리말

직장인들이 업무에서 가장 많이 사용하고 있는 프로그램으로 단연 엑셀을 꼽을 수 있습니다. 꼭 필요한 프로그램임에도 불구하고 엑셀을 이용해서 실무 문서를 작성하는데 많은 사용자가 적지 않은 시간과 노력을 투자하고 있는 것도 사실입니다. 필요한 문서를 대충 작성할 수는 있어도 효과적으로 엑셀을 활용하고 있다고 자신할 수 있는 사용자는 그리 많지 않을 것입니다.

엑셀은 워드프로세서가 아닙니다. 엑셀은 강력한 계산 기능을 자랑하는 대표적인 스프레드시트 프로그램으로 데이터를 효과적으로 표현하기 위해 차트를 작성할 수도 있으며 대량의 데이터를 비교적 간단한 방법으로 관리하고 요약 및 분석할 수 있는 기능도 지원합니다. 아직도 엑셀을 이용해서 단순히 텍스트를 입력하고 표를 그리는 작업만 하고 있다면 누구보다도 당신에게 이 책이 필요합니다.

이 책은 기업을 구성하는 대표적인 부서에서 가장 쓸모 있고 가장 활용도가 높은 기능과 함수 등을 150개 다루었습니다. 또한 마지막 파트에 나오는 20개의 실무 문서는 엑셀의 탐나는 기능들을 최대한 이용해서 작성하기 때문에, 문서 하나를 완성하면서 엑셀의 활용 방법까지 자연스럽게 터득할 수 있습니다. 책에서 소개하는 문서의 작성 방법을 이해할 수 있으면 유사한 다른 문서도 쉽게 응용해서 작성할 수 있게 될 것입니다.

엑셀을 피해갈 수 없다면 지금 시작하는 것이 가장 빠른 시작이 될 것입니다. 여러분의 출발 지점에 이 책이 훌륭한 선생님 노릇을 하며 함께 가게 되길 바랍니다. 아울러 책에 담아 놓은 많은 고급 기능들이 더 이상 저자의 것만이 아닌 여러분의 것이 되길 기원합니다.

이형범

예제 파일

이 책에서 사용된 예제 파일은 정보문화사 홈페이지(http://www.infopub.co.kr)의 통합자료실에서 다운로드 받을 수 있습니다.

❶ 정보문화사의 홈페이지(http://www.infopub.co.kr)의 상단 메뉴에서 자료실을 클릭하여 통합자료실에 접속합니다.

❷ 통합자료실에서 스크롤바를 아래로 내려 자료 검색 상자에 책 제목이나 키워드를 입력해 검색합니다. 정확한 내용을 입력하면 검색 결과를 확인하여 자료를 다운로드할 수 있습니다.

| 차례 |

Part 01 쉽고 빠르게 엑셀을 배우는 기본 50가지

01 | 엑셀 2010의 시작과 종료 … 22
02 | 엑셀 2010의 화면 구성 … 24
03 | 엑셀 2010에서 명령 실행 방법 … 28
04 | 빠른 실행 도구 모음 설정 … 31
05 | 리본 메뉴 사용자 지정하기 … 33
06 | 셀 선택하기 … 37
07 | 데이터 입력하기 … 39
08 | 기호 입력하기 … 41
09 | 한자(漢字) 입력하기 … 43
10 | 채우기 핸들 사용하기 … 46
11 | 셀에 메모 추가하기 … 49
12 | 통합 문서 저장 및 열기 … 51
13 | 시트 이름 바꾸기 … 54
14 | 시트의 삽입과 삭제 … 55
15 | 시트의 이동과 복사 … 57
16 | 데이터 이동과 복사 … 59
17 | 찾기와 바꾸기 … 62
18 | 실행 취소와 다시 실행 … 65
19 | 셀, 행, 열 삽입하기 … 67
20 | 셀, 행, 열 삭제하기 … 69
21 | 행과 열의 크기 조정 … 71
22 | 글꼴 서식 지정하기 … 73
23 | 맞춤 서식 지정하기 … 75
24 | 표시 형식 지정하기 … 78
25 | 테두리 지정하기 … 80

26 | 채우기 색 지정하기 … 82
27 | 문서 테마 사용하기 … 85
28 | 워크시트 인쇄하기 … 88
29 | 인쇄 용지와 인쇄 배율 설정하기 … 90
30 | 용지 여백 설정하기 … 92
31 | 인쇄 영역 설정하기 … 94
32 | 워크시트 확대 및 축소 … 95
33 | 창 정렬하기 … 97
34 | 창 나누기 … 100
35 | 틀 고정하기 … 101
36 | 수식 입력하기 … 102
37 | 셀 참조 이해하기 … 104
38 | 함수 입력하기 … 107
39 | 자동 합계 사용하기 … 109
40 | 차트 만들기 … 112
41 | 차트 종류 바꾸기 … 115
42 | 차트의 원본 데이터 바꾸기 … 118
43 | 차트 레이아웃 변경하기 … 120
44 | 차트 서식 지정하기 … 122
45 | 데이터를 표로 만들어 관리하기 … 126
46 | 데이터 정렬하기 … 130
47 | 사용자 지정 목록으로 정렬하기 … 132
48 | 부분합 만들기 … 135
49 | 중첩 부분합 만들기 … 137
50 | 자동 필터로 데이터 검색하기 … 139

Part 02 확실하게 실력이 업되는 활용 50가지

01 | 유효성 검사 설정하기 … 144
02 | 서식 복사하기 … 147
03 | 선택하여 붙여넣기 … 149
04 | 셀 범위를 그림으로 붙여넣기 … 152
05 | 시트 배경 설정하기 … 154
06 | 워크시트와 셀 범위 보호하기 … 156
07 | 통합문서 보호하기 … 159
08 | 파일 보호하기 … 161
09 | 숫자의 사용자 지정 표시 형식 … 164
10 | 날짜의 사용자 지정 표시 형식 … 168
11 | 조건부 서식 만들기 … 171
12 | 수식으로 조건부 서식 만들기 … 175
13 | 데이터 막대, 색조, 아이콘 집합 조건부 서식 … 177
14 | 머리글과 바닥글 만들기 … 179
15 | 제목 행과 제목 열 지정하기 … 181
16 | 페이지 나누기 미리 보기 … 183
17 | 시트 배경 인쇄하기 … 185
18 | 이름 정의하기 … 188
19 | 차트 제목과 셀 연결하기 … 191
20 | 보조 축을 사용한 차트 만들기 … 192
21 | 원형 대 원형 차트 만들기 … 194
22 | 스파크라인 만들기 … 196
23 | 도형 그리기 … 198
24 | 채우기 효과 사용하기 … 202
25 | WordArt 만들기 … 205
26 | 클립 아트 삽입하기 … 207
27 | 그래픽 조정과 배경 제거하기 … 209
28 | 사용자 지정 자동 필터 … 213
29 | 선택적 자동 필터 … 216
30 | 고급 필터로 데이터 검색하기 … 218
31 | 텍스트 나누기 … 221
32 | 중복된 항목 제거하기 … 224
33 | 3차원 수식을 이용한 데이터 통합 … 226
34 | 여러 범위의 데이터 통합 … 229
35 | 서식 파일 사용하기 … 232
36 | 피벗 테이블 보고서 만들기 … 234
37 | 피벗 테이블의 레이아웃 바꾸기 … 237
38 | 피벗 테이블의 필드 설정하기 … 240
39 | 피벗 테이블의 항목 그룹화 … 242
40 | 피벗 차트 만들기 … 245
41 | 슬라이서로 데이터 검색하기 … 247
42 | 목표값 찾기 … 249
43 | 시나리오 만들기 … 251
44 | 단일 변수 데이터 표 … 255
45 | 이중 변수 데이터 표 … 257
46 | 매크로 기록하기 … 259
47 | 매크로 실행하기 … 264
48 | 확인란과 옵션 단추 컨트롤 사용하기 … 266
49 | 콤보 상자와 목록 상자 컨트롤 사용하기 … 272
50 | 웹에서 엑셀 사용하기 … 276

Part 03 ▸ 모르면 절대 곤란한 함수 50가지

01 | 합계 구하기 – SUM … 282
02 | 평균 구하기 – AVERAGE … 283
03 | 셀 개수 구하기 – COUNT/COUNTA
     COUNTBLANK … 284
04 | 절대값과 부호 구하기 – ABS/SIGN … 285
05 | 정수 구하기 – INT … 287
06 | 소수점 이하 버리기 – TRUNC … 288
07 | 나머지와 몫 구하기 – MOD/QUOTIENT … 289
08 | 반올림, 올림, 내림 구하기 – ROUND/ROUNDUP/
     ROUNDDOWN … 290
09 | 최대값과 최소값 구하기 – MAX/MIN … 292
10 | 큰 값, 작은 값 구하기 – LARGE / SMALL … 293
11 | 순위 구하기 – RANK/RANK.EQ/RANK.AVG … 294
12 | 조건에 따라 처리하기 – IF … 295
13 | IF 함수 겹치기 – 중첩 IF … 296
14 | 여러 개의 조건 검사하기 – AND/OR … 297
15 | 문자 추출하기 – LEFT/RIGHT/MID … 298
16 | 문자 반복 표시하기 – REPT … 300
17 | 텍스트로 변환하기 – TEXT … 301
18 | 불필요한 공백 제거하기 – TRIM … 302
19 | 현재 날짜와 현재 시간 구하기 – TODAY/NOW … 303
20 | 년, 월, 일 구하기 – YEAR/MONTH/DAY … 305

21 | 시, 분, 초 구하기 – HOUR/MINUTE/SECOND … 307
22 | 날짜 만들기 – DATE … 308
23 | 시간 만들기 – TIME … 309
24 | 요일 번호 알아내기 – WEEKDAY … 310
25 | 작업 일수 계산하기 – NETWORKDAYS … 311
26 | 작업일수의 이전/이후 날짜 구하기
     – WORKDAY … 312
27 | 조건에 맞는 셀의 개수 – COUNTIF … 313
28 | 조건에 맞는 셀의 합계 구하기 – SUMIF … 314
29 | 다중 조건에 의한 셀 개수 – COUNTIFS … 316
30 | 다중 조건에 의한 셀 합계 – SUMIFS … 317
31 | 조건에 맞는 셀의 평균 구하기 – AVERAGEIF … 318
32 | 다중 조건에 의한 평균 구하기 – AVERAGEIFS … 319
33 | 오류 검사하기 – ISERROR … 320
34 | 수식의 오류 값 처리하기 – IFERROR … 322
35 | 조건에 맞는 셀의 개수와 합계 구하기
     – SUMPRODUCT … 324
36 | 부분합 구하기 – SUBTOTAL … 326
37 | 데이터 집계하기 – AGGREGATE … 327
38 | FREQUENCY … 329
39 | 행 번호와 열 번호 활용 – ROW/COLUMN … 330
40 | 기준에 따라 값 구하기 – CHOOSE … 332

- **41 | 첫 열에서 값 찾기 – VLOOKUP … 333**
- **42 | 첫 행에서 값 찾기 – HLOOKUP … 334**
- **43 | 셀 범위에서 값 찾기 – LOOKUP … 335**
- **44 | 위치 번호로 값 찾기 – MATCH/INDEX … 336**
- **45 | 데이터베이스 함수로 계산하기**
  – DSUM/DAVERAGE … 338
- **46 | 조건에 맞는 레코드의 필드 값 구하기 – DGET … 340**
- **47 | 대출상환금 구하기 – PMT … 341**
- **48 | 대출원금과 대출이자 계산하기**
  – PPMT/IPMT … 342
- **49 | 정기적금의 미래 가치 계산하기 – FV … 344**
- **50 | 투자금액의 현재 가치 계산하기 PV … 345**

Part 04 엑셀로 만드는 실무 문서 20가지

- **01 | 제안서 … 348**
- **02 | 기안 용지 … 355**
- **03 | 내용 증명서 … 362**
- **04 | 팩스 전송문 … 368**
- **05 | 자기 소개서 … 374**
- **06 | 업무 일지 … 382**
- **07 | 근로 계약서 … 391**
- **08 | 차량 운행일지 … 395**
- **09 | 견적서 … 400**
- **10 | 차용증 … 406**
- **11 | 급여 명세서 … 410**
- **12 | 출장 보고서 … 416**
- **13 | 발주서 … 422**
- **14 | 재직 및 경력 증명서 … 428**
- **15 | 이력서 … 434**
- **16 | 세금계산서 … 439**
- **17 | 품의서 … 446**
- **18 | 매출 보고서 … 451**
- **19 | 매출 차트 … 457**
- **20 | 성적 차트 … 465**

실무 문서 미리보기

이 책에서는 유용하게 사용할 수 있는 20가지의 실무 문서를 처음부터 끝까지 직접 따라하면서 작성할 수 있는 예제가 마련되어 있습니다. 기초 파트를 충분히 익히고 실무 문서를 만들어본다면, 어떤 문서든지 응용하여 쉽게 작성할 수 있는 실력을 기를 수 있을 것입니다. 함께 만들어볼 실무 문서에는 어떤 것이 있는지 미리 소개합니다.

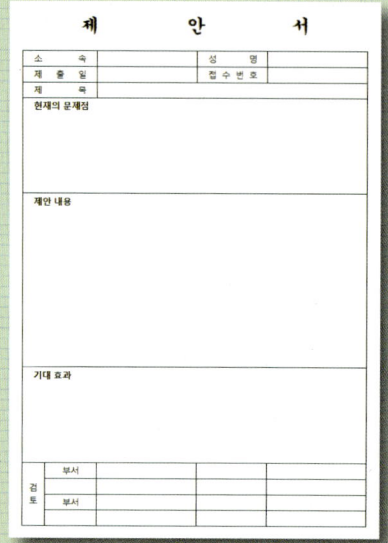

| 제안서 |

제안서는 제안하는 내용에 따라 그 형식이나 구성이 달라지기 때문에 여러 형태로 작성할 수 있습니다. 여기에서 작성하는 제안서는 현재 시행 중인 업무에 대해 문제점을 제시하고 개선책을 제안하는 형식으로 구성합니다. 엑셀 2010에서 실무 문서를 어떤 절차에 따라 작성하는지 배우게 됩니다.

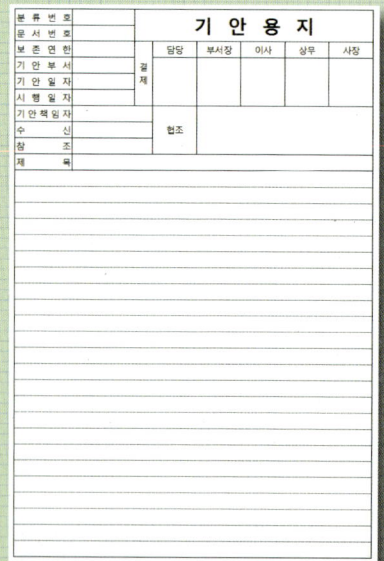

| 기안 용지 |

기안 용지는 조직체의 공통적인 의사를 요약하고 정리하여 보고 형식으로 작성하는 문서입니다. 기업에 따라 기안 용지는 여러 형식으로 만들어질 수 있습니다.

| 내용 증명서 |

상품의 반품이나 계약의 해지, 독촉장 발송 등 보내는 사람이 받는 사람에게 어떤 내용의 문서를 언제 발송하였는지를 우체국에서 공적으로 증명하여 주는 제도를 내용 증명이라고 합니다. 여기서는 물품 대금의 잔금 지급을 독촉하는 형식의 내용 증명서를 작성합니다.

| 팩스 전송문 |

팩시밀리를 사용하여 거래처나 고객에게 문서를 전송할 때 사용하는 팩스 전송문 양식을 작성합니다. 일반적으로 팩스 전송문 표지에는 발신자의 주소와 연락처 및 이름, 수신자의 이름과 연락처 및 팩스 번호 등이 기재되어야 하며 표지를 포함하여 전송하는 문서의 총 매수를 기록합니다.

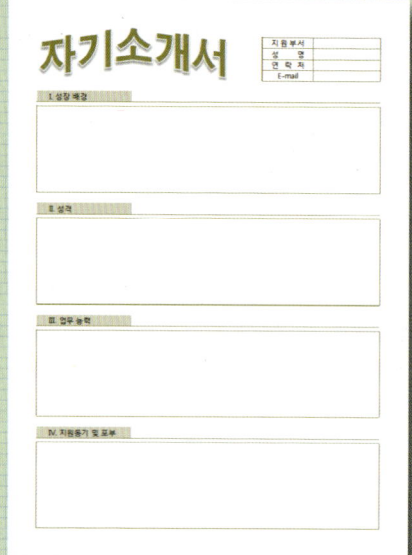

| 자기 소개서 |

대부분의 기업에서 사원을 채용할 때 이력서와 함께 제출하기를 요구하는 문서가 자기 소개서입니다. 회사마다 자기 소개서에 포함되어야 할 내용에는 다소 차이가 있습니다. 여기서 작성하는 자기 소개서 양식은 WordArt를 이용하여 제목을 꾸미고 반복되는 양식을 복사하여 재사용하는 기술을 연습하기 위한 것입니다. 또한 문서 전체가 한 페이지에 인쇄되도록 인쇄 영역과 여백, 인쇄 배율 등을 조정하는 과정이 포함되어 있습니다.

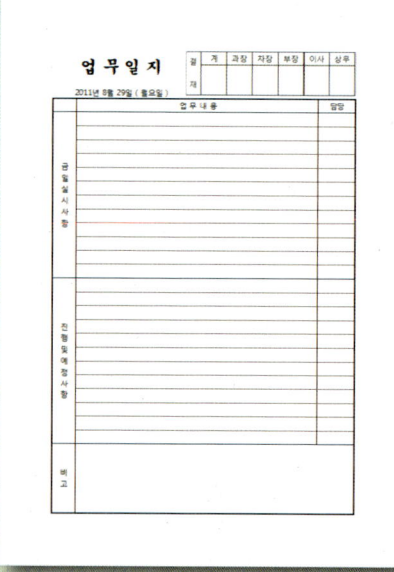

| 업무 일지 |

부서, 과, 팀 또는 개인이 하루의 업무 내용을 기록하기 위한 업무 일지 양식을 작성합니다. 업무 일지에는 오늘의 날짜와 금일 실시 사항, 진행 및 예정 사항을 기록할 수 있는 영역과 함께 결재란이 포함됩니다. 여기서는 셀 범위를 복사하여 그림으로 붙여 넣는 방법을 이용하여 결재란을 작성합니다.

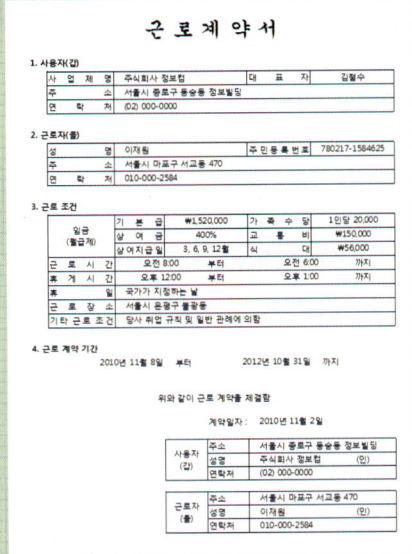

| 근로 계약서 |

사용자와 근로자 사이에 체결하는 근로 계약서를 작성합니다. 회사에서 사용하는 계약서 양식이 정해져 있다고 가정하고, 필요할 때마다 근로자 정보만 바꾸어 입력하면 자동으로 근로 계약서가 작성되도록 근로 계약서에서 수식을 사용합니다.

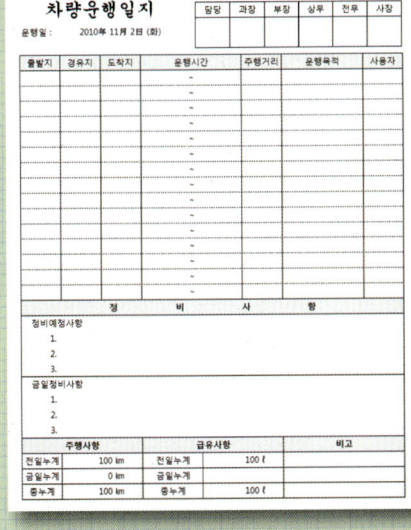

| 차량 운행일지 |

회사에서 차량의 운행 사항을 기록해 두는 차량 운행일지를 작성합니다. 차량 운행 일지에는 출발지와 경유지, 도착지, 운행 거리, 운행 목적, 사용자 등의 내용이 포함됩니다. 여기서는 양식의 일부가 미리 작성되어 있는 문서를 이용하여 복사한 셀 범위를 연결된 그림으로 붙여 넣고 사용자 지정 표시 형식을 지정하는 방법을 중심으로 문서를 완성합니다.

| 견적서 |

회사에서 판매하고 있는 제품의 이름과 규격, 단가 등을 워크시트에 입력해 두고 이것을 이용하여 견적서를 작성합니다. 견적서 양식은 미리 그려져 있으므로 제품 목록에서 원하는 제품을 선택하여 견적서에 입력하고 규격과 단가를 자동으로 가져오기 위한 수식을 입력하여 견적서를 완성합니다.

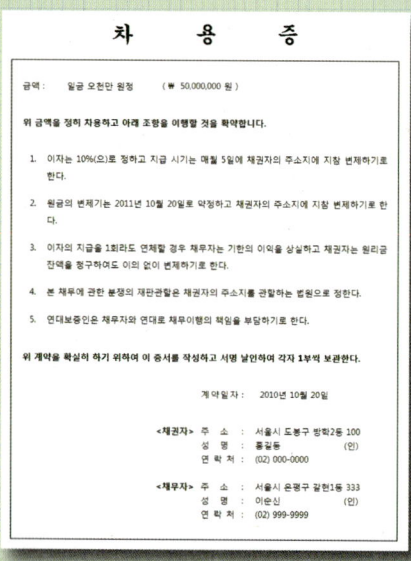

| 차용증 |

보통 차용증·보관증·차용증서·각서 등의 이름으로 작성되는 문서들은 돈을 빌려주거나 또는 빌리면서 그것을 증명하는 증거문서로서 작성이 됩니다. 그와 같은 문서들은 명칭 여하를 불문하고 증거문서로서 똑같은 효력을 발생합니다. 미리 작성되어 있는 차용증 양식에 차용한 금액과 이자 및 이자의 지급 시기, 계약 일자를 비롯하여 채권자와 채무자의 각종 정보를 수식을 이용하여 입력하는 방법을 알아봅니다.

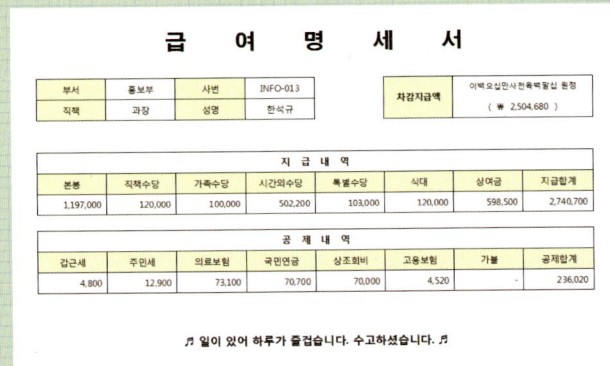

| 급여 명세서 |

하나의 워크시트에 사원들의 급여 지급 내역을 입력해 두고 개인별로 급여 명세서를 출력하기 위한 양식을 만듭니다. 사원 번호나 주민등록번호 등 중복 입력되지 않는 데이터를 이용하여 특정 사원을 선택하면 자동으로 개인 급여 명세서가 작성되도록 미리 만들어져 있는 양식에 수식을 입력할 것입니다.

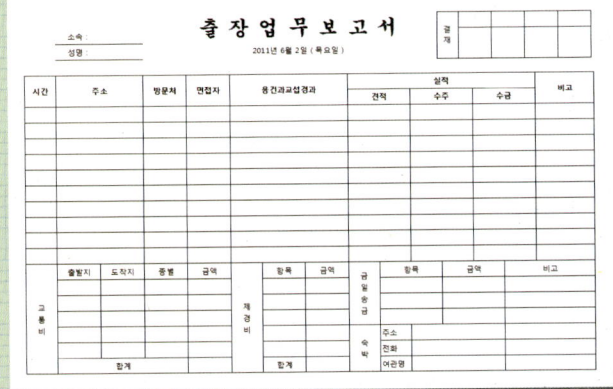

| 출장 보고서 |

출장 보고서는 회사에서 업무상 출장을 다녀온 다음 작성하여 상사에게 보고하는 문서입니다. 회사마다 또는 부서마다 작성하는 양식에 약간의 차이가 있을 수 있습니다. 여기서는 출장지에서 방문한 거래처에 대한 정보와 실적 사항, 교통비와 제경비, 숙박비 등의 내역을 포함하는 출장 보고서를 작성합니다.

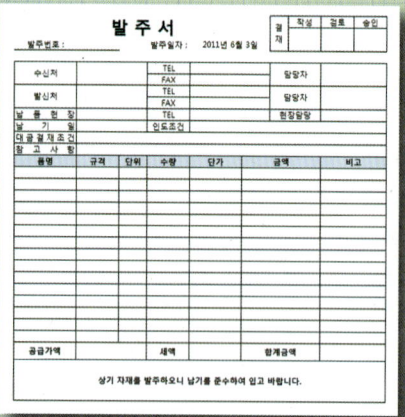

| 발주서 |

발주서는 거래처의 물품 납품을 요청하는 문서입니다. 발주서에는 물품을 주문하는 발신처에 대한 정보와 물품을 납품하는 수신처에 대한 정보, 납품을 요구하는 물품 내역 등의 정보가 포함됩니다.

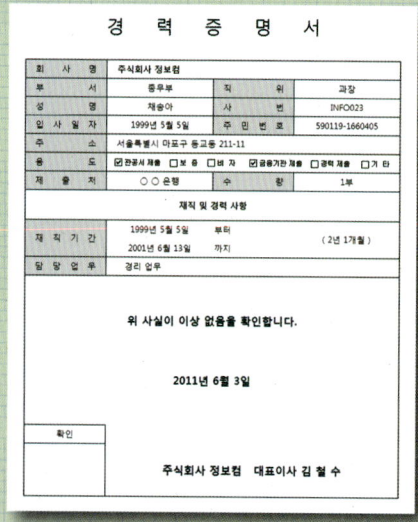

| 재직 및 경력 증명서 |

사원이 회사에 재직한 기간에 대한 증명 서류를 작성합니다. '사원명부' 워크시트에 사번, 성명, 주민번호, 부서 등 증명서 발급에 필요한 데이터를 미리 입력해 두고 사번을 선택하면 자동으로 재직 및 경력 증명서의 필요한 부분에 내용이 채워지도록 수식을 작성합니다. 또 재직 증명서를 발급할 것인지 경력 증명서를 발급할 것인지 선택할 수 있도록 합니다.

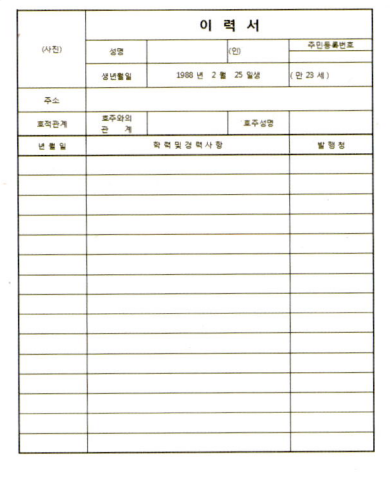

| 이력서 |

회사에 입사할 때 꼭 갖추어야 할 문서 중의 하나가 이력서입니다. 이력서는 여러 양식으로 작성할 수 있는데 여기서 만드는 이력서는 가장 표준적인 양식을 사용합니다. 대부분 텍스트를 입력하고 서식을 지정하는 과정으로 이루어지며 생년월일을 이용하여 나이를 계산하는 부분만 수식을 사용합니다.

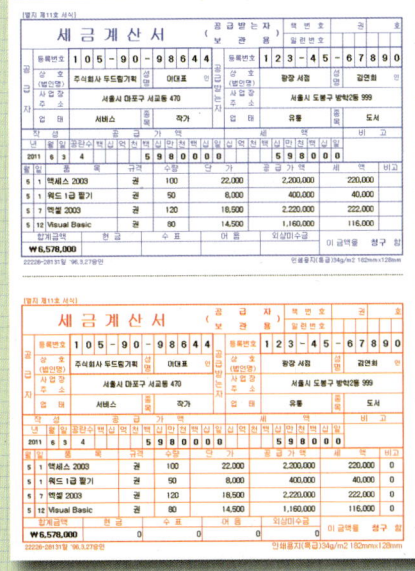

| 세금계산서 |

세금 계산서는 거래 일자와 품목을 비롯하여 규격, 수량, 단가, 공급가액과 세액 등 거래 정보와 공급자 및 공급 받는 자에 대한 정보 등이 포함된 문서입니다. 여기서는 '입력' 워크시트에 세금 계산서 작성에 필요한 정보를 미리 입력해 두고 세금 계산서의 각 항목에 필요한 정보를 가져가는 수식을 입력하여 세금 계산서를 완성합니다.

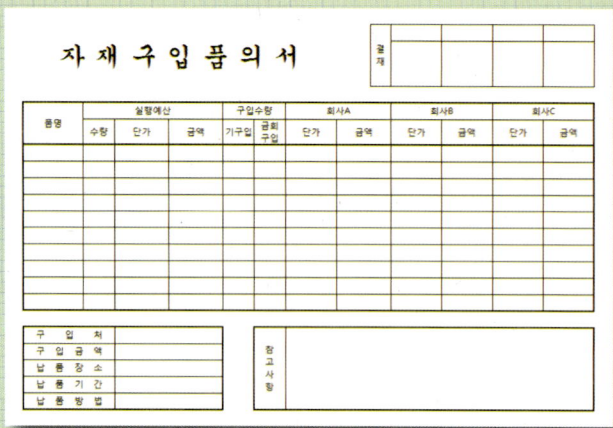

| 품의서 |

지출, 물품 구입을 비롯하여 업무에 따라 품의서는 여러 형식으로 작성할 수 있습니다. 여기서는 자재 구입에 대한 품의서로 구입하고자 하는 자재의 품명과 수량, 그리고 여러 거래처로부터 받는 견적 내용이 포함됩니다.

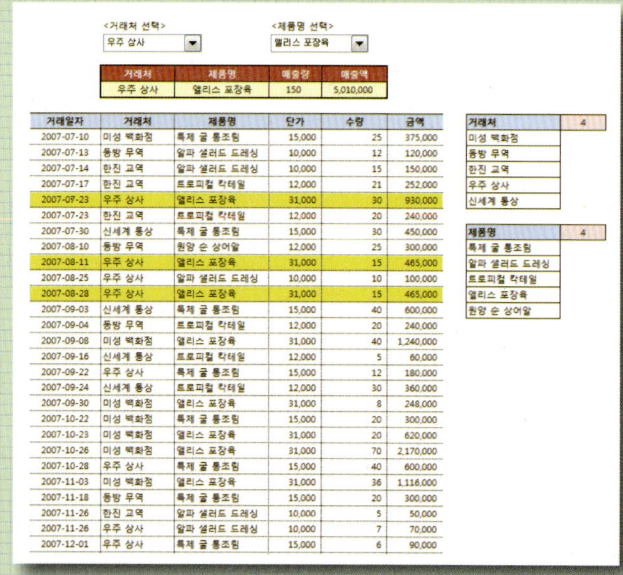

| 매출 보고서 |

매출 현황 데이터를 이용하여 거래처와 제품명에 따라 매출량과 매출액을 계산하는 문서를 작성합니다. 거래처와 제품명은 콤보 상자 컨트롤을 사용하여 선택하고, 선택한 거래처와 제품명에 대한 수량의 합계와 금액의 합계는 DSUM 함수를 사용하여 계산합니다.

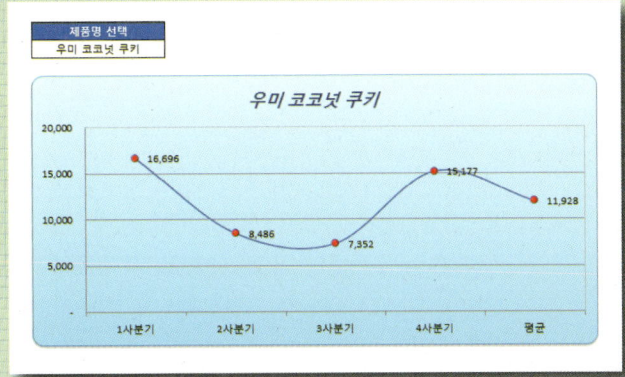

| 매출 차트 |

매출 현황 데이터를 이용하여 매출 차트를 작성하는 과정을 알아봅니다. 매출 현황 데이터를 모두 사용하는 것이 아니라 데이터 유효성 검사로 제품명을 선택하도록 한 다음 선택한 제품에 대한 매출 차트를 그립니다. 제품명을 변경할 때마다 차트도 선택한 제품에 대한 것으로 변경되도록 합니다.

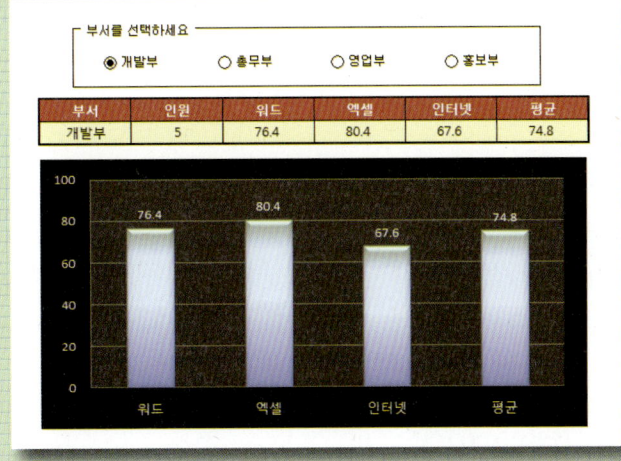

| 성적 차트 |

사원들의 교육 성적 데이터를 이용하여 부서별 성적 차트를 작성합니다. 부서를 선택하기 위해 옵션 버튼 컨트롤을 만들어 사용합니다. 옵션 버튼 컨트롤로 부서를 선택하면 선택한 부서의 성적이 차트에 표시됩니다.

Part 01

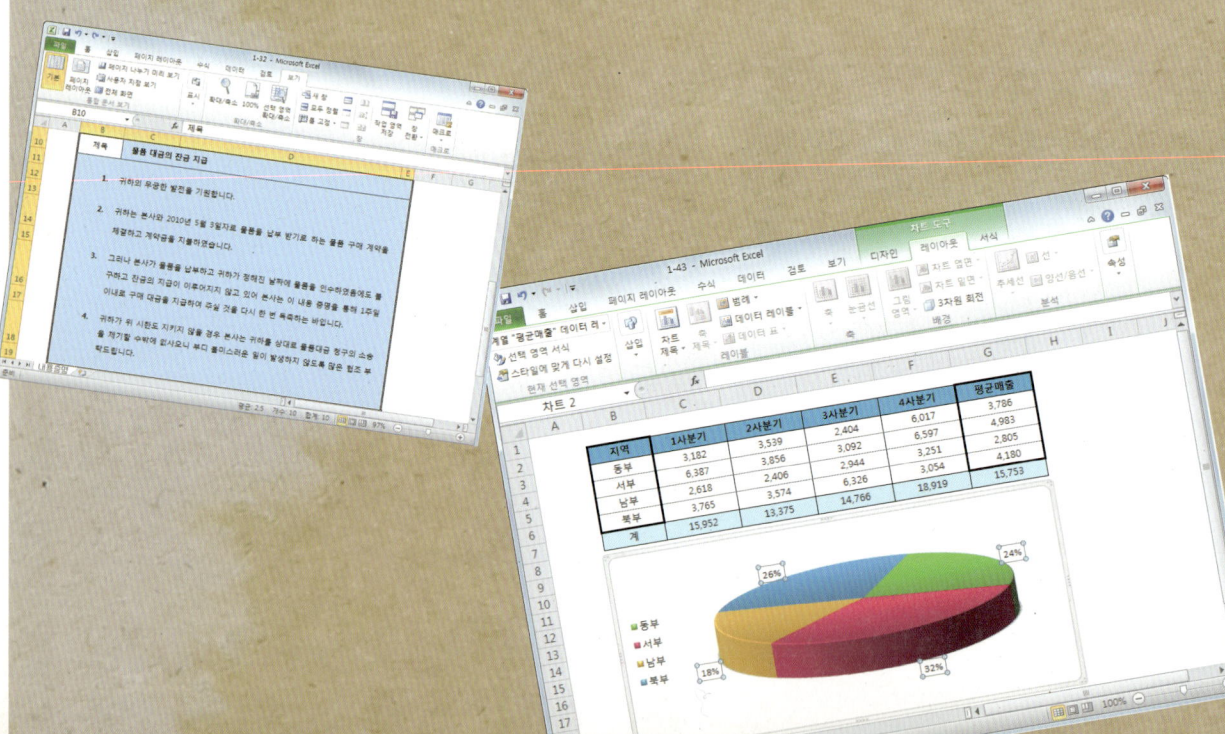

쉽고 빠르게 엑셀을 배우는 기본 50가지

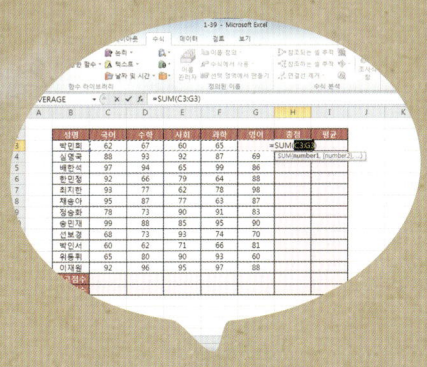

엑셀은 여러 가지 측면에서 너무 많다고 생각될 만큼 다양한 기능을 제공합니다. 이번 파트에서는 엑셀의 많은 기능 중에서 특히 모든 작업의 기본이 되며 그만큼 자주 사용하게 될 핵심적인 기본 기능만 모아서 살펴봅니다. 여기서 다루는 기본 기능들은 여러분이 앞으로 더욱 심도 있는 엑셀 사용자로 거듭날 수 있도록 단단한 토대가 되어 줄 것입니다.

Section 01 엑셀 2010의 시작과 종료

엑셀은 여러 가지 계산 업무에서 탁월한 기능을 발휘할 수 있는 스프레드시트 프로그램입니다. 엑셀의 최신 버전인 Microsoft Excel 2010을 실행하고 종료하는 과정을 알아봅니다.

키워드 엑셀 실행, 엑셀 종료, 셀 포인터

01 윈도우 작업 표시줄에서 시작 버튼을 클릭하고 [모든 프로그램]-[Microsoft Office 2010]-[Microsoft Excel 2010]을 선택합니다.

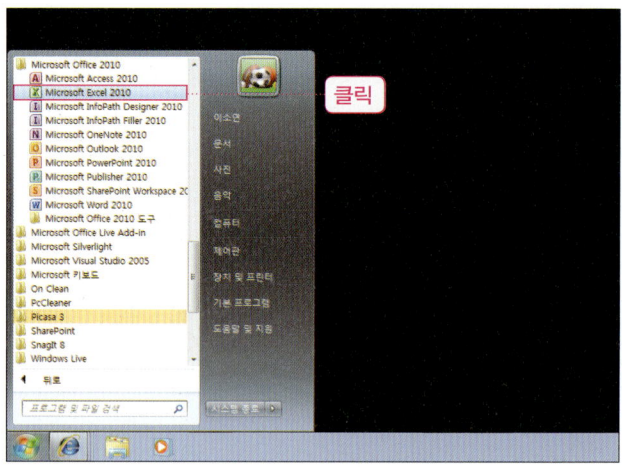

02 Microsoft Excel 2010의 로고 화면이 나왔다가 사라진 다음, 엑셀 2010의 초기 화면이 나타납니다.

> **POINT** 초기 화면은 엑셀을 실행한 후 화면 크기를 조정한 것에 따라 약간씩 다르게 표시될 수 있습니다.

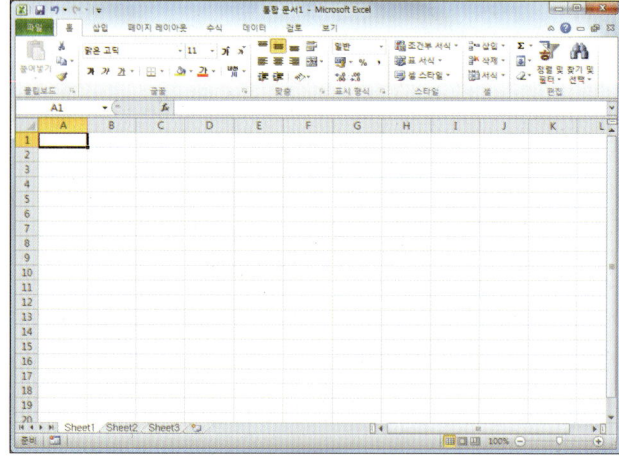

03 [A1]셀에 '엑셀 2010'을 입력하고 Enter 키를 누릅니다. 이제 엑셀을 종료하기 위해 엑셀 창 오른쪽 상단에 있는 닫기(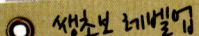) 버튼을 클릭합니다.

> **POINT** [A1]셀에 데이터를 입력하고 Enter 키를 누르면 [A2]셀로 셀 포인터가 이동합니다.

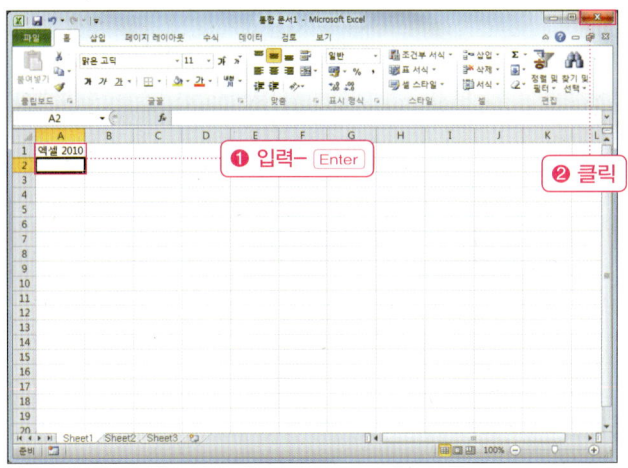

왕초보 레벨업

엑셀 화면을 구성하고 있는 작은 사각형들을 셀(Cell)이라고 합니다. 셀을 서로 구분하기 위해 위쪽의 열 문자(A, B, C, ...)와 왼쪽의 행 번호(1, 2, 3, ...)로 구성한 셀 주소를 사용합니다. [A1]셀은 [A]열의 [1]행에 있는 셀을 의미하고, [C3]셀은 [C]열의 [3]행에 있는 셀을 의미합니다. 여러 셀 중에서 셀 포인터(Cell Pointer)라고 부르는 굵은 사각형이 있는 셀을 현재 셀이라고 합니다. 셀 포인터는 마우스로 클릭하거나 키보드의 화살표 키를 사용하여 이동할 수 있습니다.

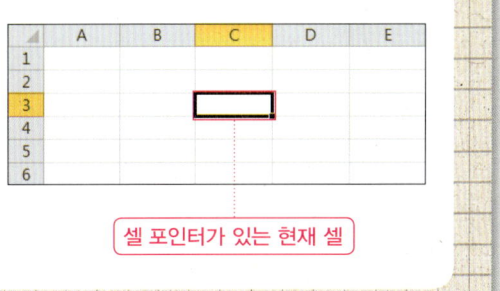

셀 포인터가 있는 현재 셀

04 작업 내용을 저장하지 않고 엑셀을 종료하려고 했기 때문에 변경 내용을 저장할 것인지 묻는 메시지가 표시됩니다. 여기서는 [저장 안 함] 버튼을 클릭하여 변경 내용을 저장하지 않고 엑셀을 종료합니다.

> **POINT**
> • [저장] 버튼을 클릭하면 변경 내용을 저장하고 엑셀을 종료합니다.
> • [취소] 버튼은 현재 명령을 취소하여 엑셀을 종료하지 않습니다.

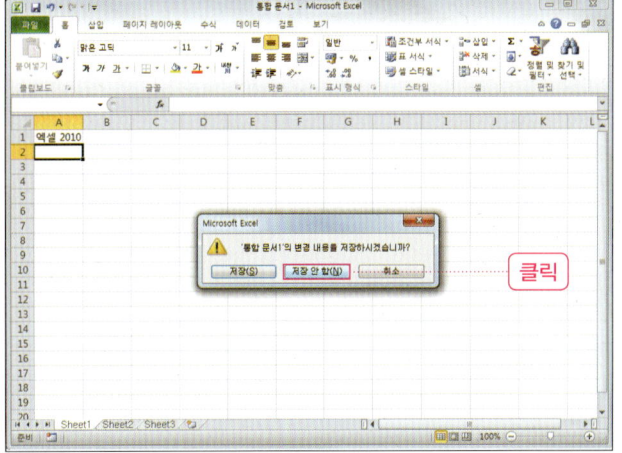

Section 02

엑셀 2010의 화면 구성

엑셀을 사용하기 전에 미리 화면을 구성하고 있는 여러 요소에 대한 이해가 필요합니다. 엑셀의 화면 구성은 사용자가 작업하면서 원하는 모양으로 변경할 수 있습니다.

키워드 백스테이지 보기, 리본 메뉴, 워크시트, 셀

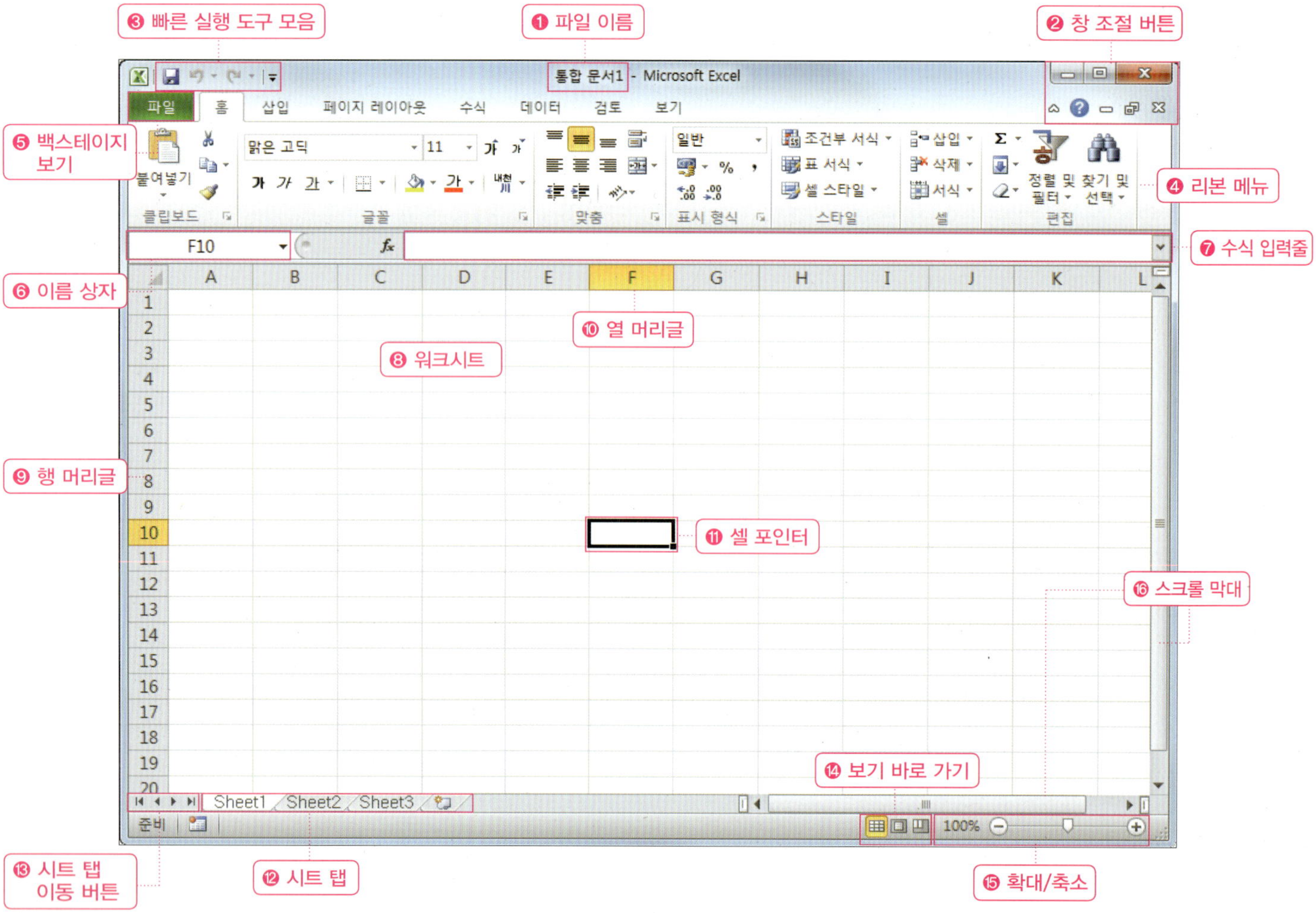

❸ 빠른 실행 도구 모음
❶ 파일 이름
❷ 창 조절 버튼
❺ 백스테이지 보기
❹ 리본 메뉴
❼ 수식 입력줄
❻ 이름 상자
❿ 열 머리글
❽ 워크시트
❾ 행 머리글
⓫ 셀 포인터
⓰ 스크롤 막대
⓮ 보기 바로 가기
⓭ 시트 탭 이동 버튼
⓬ 시트 탭
⓯ 확대/축소
통합 문서1 - Microsoft Excel
파일
홈
삽입
페이지 레이아웃
수식
데이터
검토
보기
F10
Sheet1
Sheet2
Sheet3
준비
100%

❶ **파일 이름** : 현재 작업 중인 통합 문서의 파일 이름을 표시합니다. 저장하지 않은 통합 문서의 파일 이름은 통합 문서1, 통합 문서2 등과 같이 나타납니다.
❷ **창 조절 버튼** : 엑셀 창 또는 통합 문서 창의 크기를 조정하거나 창을 닫을 때 사용합니다.
❸ **빠른 실행 도구 모음** : 사용자가 필요한 명령을 추가할 수 있는 도구 모음입니다. 자주 사용하는 명령을 여기에 추가해 두면 좀 더 빠르게 명령을 선택할 수 있습니다.
❹ **리본 메뉴** : 엑셀에서 작업할 때 필요한 명령을 모두 모아 놓았습니다. 리본 메뉴는 탭, 그룹, 명령의 세 가지 기본 구성 요소로 되어 있습니다.

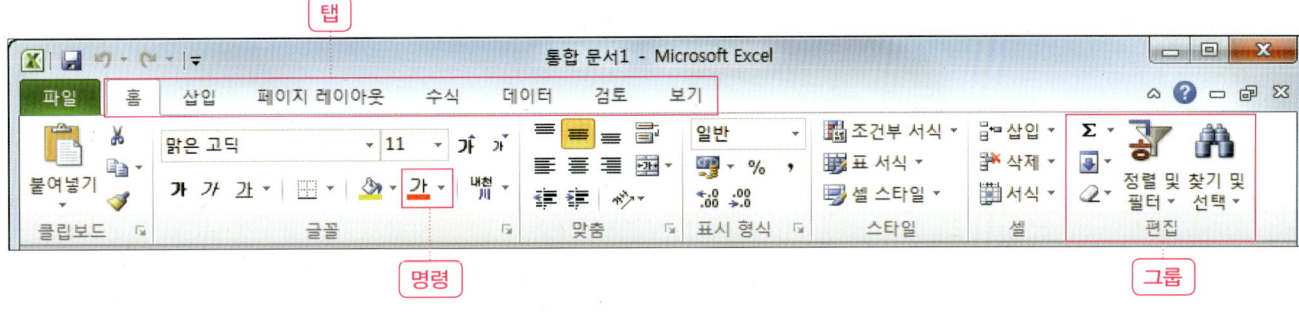

탭	리본 메뉴 위쪽에 표시되는 7개의 탭은 엑셀의 핵심 작업을 나타냅니다.
그룹	각 탭에서 서로 관련 있는 항목들을 그룹으로 묶어 표시합니다.
명령	그룹에 포함되어 있는 명령 도구와 메뉴 등입니다. 도구를 클릭해서 바로 해당되는 명령을 실행할 수 있습니다.

💡 생초보 레벨업

리본 메뉴는 해상도에 따라 다릅니다

엑셀 2010은 화면 해상도에 따라서 화면에 표시되는 내용이 조금씩 달라집니다. 또 엑셀 창이 최대화되어 있을 경우와 그렇지 않은 경우에도 표시 내용이 달라질 수 있습니다. 리본 메뉴의 크기는 1024×768 화면 해상도에 맞게 최적화됩니다. 화면 해상도가 800×600으로 낮게 설정되어 있는 저해상도 화면에서 리본 메뉴의 일부 그룹은 그룹 이름만 표시되고 그룹에 포함되어 있는 명령은 표시되지 않습니다. 이럴 때는 그룹 이름을 클릭하고 명령을 선택해야 합니다. 해상도에 관계없이 엑셀 창을 일정 크기 이하로 줄일 경우에도 그룹 이름만 표시될 수 있습니다.

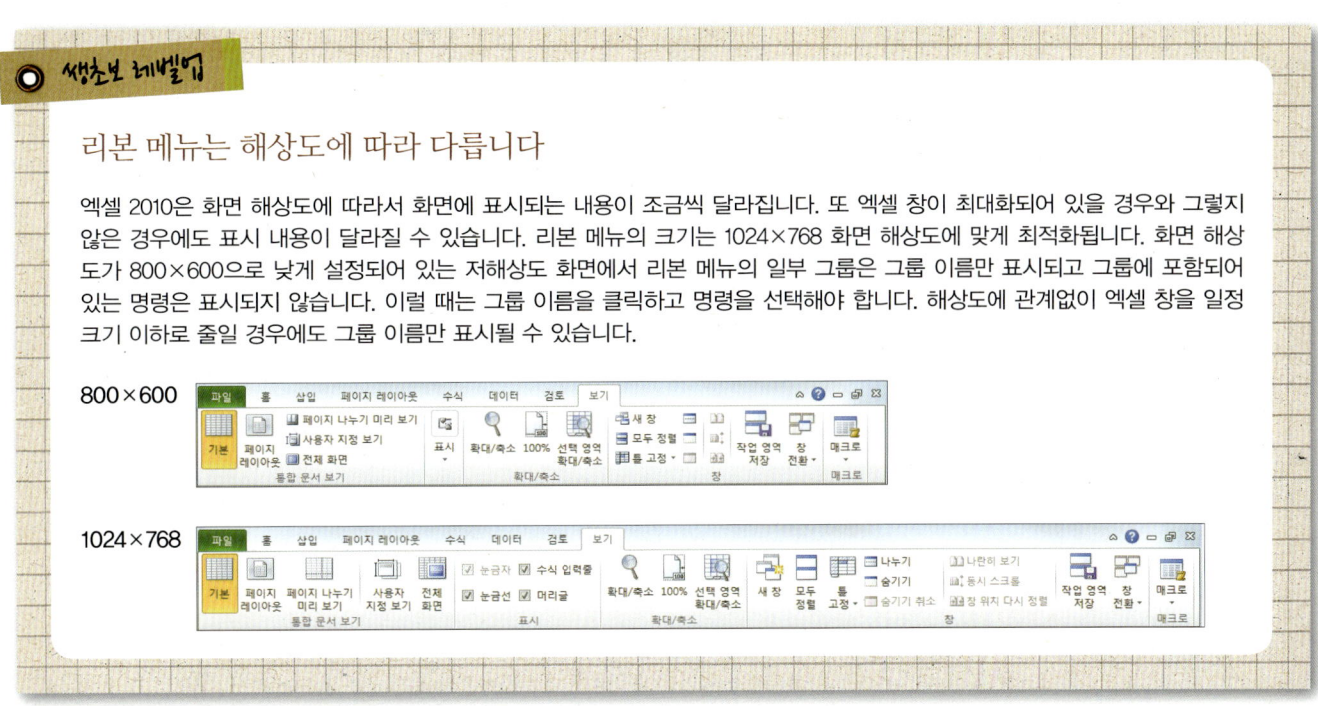

❺ **백스테이지(BackStage) 보기** : [파일] 탭을 클릭하면 엑셀 2010에서 새롭게 추가된 백스테이지 보기로 전환됩니다. 백스테이지 보기에서 파일의 저장과 열기, 닫기, 현재 문서에 대한 정보, 인쇄 등의 명령을 실행할 수 있습니다. 엑셀 2007에서 사용하던 [Office 단추]의 역할을 [파일] 탭이 대신한다고 할 수 있습니다.

❻ **이름 상자** : 셀 포인터가 있는 현재 셀의 셀 주소를 표시합니다. 셀 주소는 셀의 열 문자와 행 번호로 구성됩니다. 이름 상자에 'B3'이 표시되어 있다면 셀 포인트가 [B]열의 [3]행에 있다는 뜻입니다.

❼ **수식 입력줄** : 셀 포인터가 있는 현재 셀의 데이터 원본을 표시합니다. 즉, [B3] 셀에는 '400'이 표시되지만 실제 입력한 내용은 '=100+300'입니다. 수식 입력 줄을 클릭하고 데이터를 입력하거나 편집할 수 있습니다. 수식 입력줄의 오른쪽 끝에 있는 수식 입력줄 확장( ) 버튼을 클릭하면 수식 입력줄이 늘어납니다.

❽ **워크시트** : 데이터의 입력과 편집, 계산 등 모든 작업이 이루어지는 주요 공간으로 여러 개의 셀(Cell)로 구성됩니다. 워크시트 위쪽에는 알파벳 문자로 열 머리글이 있고 왼쪽에는 아라비아 숫자로 행 머리글이 있어, 행과 열을 구분하는 역할을 합니다. 행과 열이 만나 셀(Cell)이라는 기본 작업 단위가 만들어지고, 여러 개의 셀 중에서 현재 셀은 셀 포인터(Cell Pointer)라고 부르는 굵은 테두리로 표시됩니다. 엑셀 2010의 워크시트는 1,048,576개의 행과 16,384개의 열로 이루어집니다.

❾ **행 머리글** : 워크시트를 구성하는 행을 구분하기 위한 행 번호(1~1,048,576)를 표시합니다.

❿ **열 머리글** : 워크시트를 구성하는 열을 구분하기 위한 열 문자(A~XFD)를 표시합니다.

⓫ **셀 포인터** : 워크시트의 여러 셀 중에서 현재 셀을 나타내는 굵은 사각형입니다. 마우스로 클릭하거나 키보드의 화살표 키를 이용해서 셀 포인터를 이동합니다.

⓬ **시트 탭** : 시트 이름을 표시합니다. 흰색으로 표시된 시트가 현재 작업 중인 시트를 의미합니다. 시트 이름을 클릭해서 작업할 시트를 선택합니다.

⓭ **시트 탭 이동 버튼** : 시트의 개수가 많으면 시트 탭에 모든 시트의 이름이 나타나지 않을 수도 있습니다. 이런 경우 화면에 표시되지 않는 시트 이름을 표시하기 위해 시트 탭 이동 버튼으로 시트 탭의 표시 위치를 조정합니다. 시트 탭의 표시 위치만 이동할 뿐 실제로 시트를 선택하지는 않습니다.

	맨 처음으로 이동		앞으로 이동
	맨 마지막으로 이동		뒤로 이동

⑭ **보기 바로 가기** : 통합 문서의 보기를 변경하는 세 개의 버튼입니다.

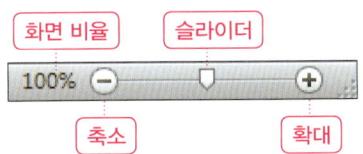	기본 보기로 전환합니다. 일반적인 엑셀 작업에서 주로 사용하는 보기입니다.
	페이지 레이아웃 보기로 전환합니다. 인쇄 관련 작업에서 사용하는 보기입니다.
	페이지 나누기 미리 보기로 전환합니다. 페이지 나누기를 조정할 때 사용합니다.

⑮ **확대/축소** : 현재 워크시트의 화면 표시 배율을 표시하고 조정합니다. [화면 비율]은 현재 워크시트의 화면 비율을 나타냅니다. [확대]를 클릭하면 10% 단위로 화면 비율을 확대하고, [축소]를 클릭하면 10% 단위로 화면 비율을 축소합니다. [슬라이더]를 왼쪽으로 드래그하면 화면 비율을 축소하고 오른쪽으로 드래그하면 확대합니다.

⑯ **스크롤 막대** : 화면의 표시 위치를 조정할 때 사용하며 가로 스크롤 막대와 세로 스크롤 막대가 있습니다. 스크롤 막대 양 끝의 화살표 버튼을 클릭하면 한 행 또는 한 열씩 화면을 이동하고, 가운데 스크롤 막대를 마우스로 드래그하면 한꺼번에 위/아래 또는 왼쪽/오른쪽으로 화면을 이동합니다.

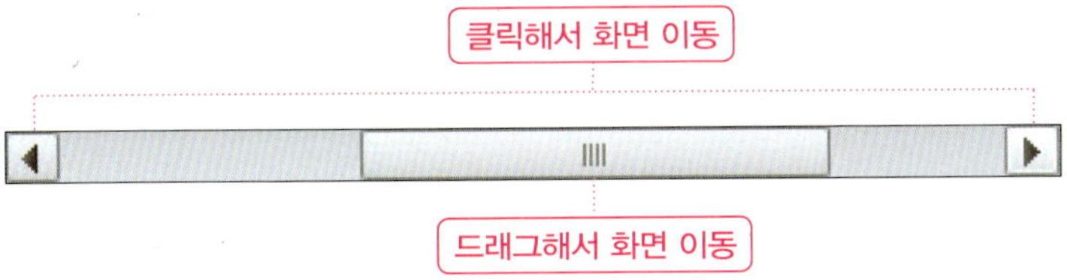

상태 표시줄 사용자 지정하기

상태 표시줄은 셀 모드, 키보드 설정 상태, 계산 결과, 보기 바로 가기, 확대/축소 등의 설정 상태를 표시합니다. 상태 표시줄에서 마우스 오른쪽 버튼을 클릭하면 상태 표시줄 옵션을 사용자가 지정할 수 있습니다. 상태 표시줄 사용자 지정에서 항목 앞에 체크(√) 표시가 되어 있는 것은 상태 표시줄에 표시되도록 선택된 것입니다.

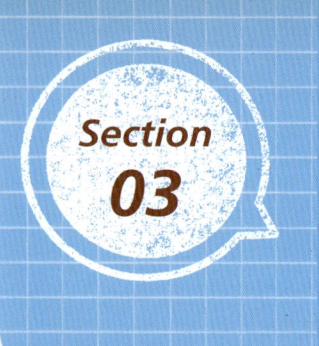

엑셀 2010에서 명령 실행 방법

엑셀 2010은 리본 메뉴를 이용해서 작업에 필요한 모든 명령을 실행합니다. 셀에 데이터를 입력한 다음 글꼴 서식을 변경하면서 엑셀 2010에서 명령을 실행하는 방법에 대해 살펴봅니다.

키워드 리본 메뉴, 명령 실행, 대화상자 표시

01 데이터는 셀 단위로 입력합니다. 마우스로 [G5]셀을 클릭해서 셀 포인터를 이동한 다음 임의로 데이터를 입력하고 Enter 키를 누릅니다.

> **POINT** Enter 키를 누르면 입력이 완료되면서 셀 포인터가 다음 행으로 이동합니다.

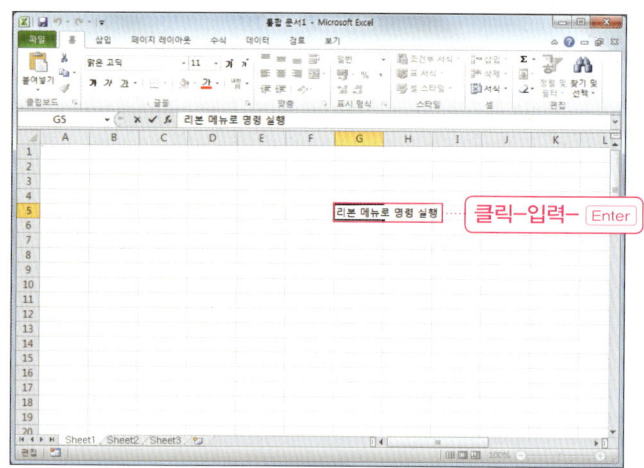

02 [G5]셀을 다시 클릭한 다음 리본 메뉴의 [홈] 탭-[글꼴] 그룹-글꼴(맑은 고딕)의 드롭다운 버튼을 클릭합니다. 사용 가능한 글꼴 목록이 나타나면 목록에서 원하는 글꼴을 찾아 클릭합니다.

> **POINT** 글꼴 목록에서 마우스로 가리킨 글꼴이 현재 셀에 미리 표시됩니다.

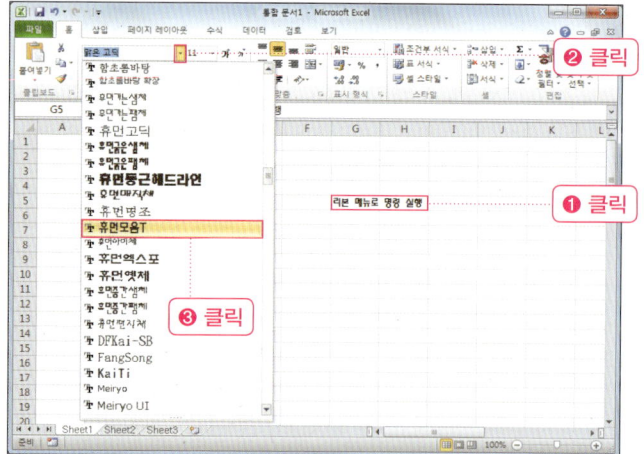

03 글꼴 크기도 같은 방법으로 설정합니다. 글꼴 크기 (11 ▼)의 드롭다운 버튼을 클릭하고 목록에서 원하는 글꼴 크기를 클릭합니다.

> **POINT** 글꼴 크기(11 ▼)의 입력란에 직접 숫자를 입력해서 글꼴 크기를 지정할 수도 있습니다.

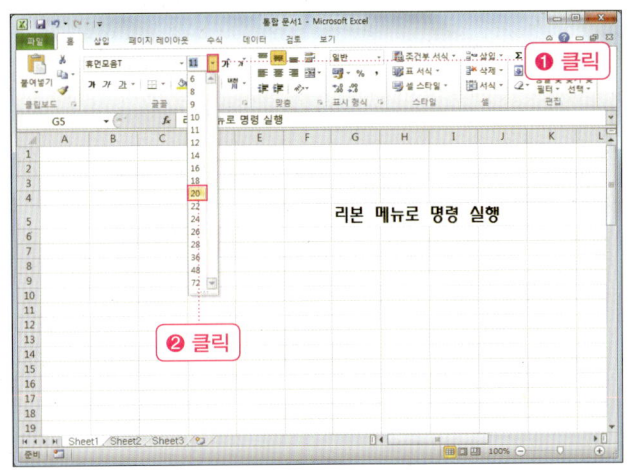

04 리본 메뉴에 없는 명령은 대화상자를 통해 실행할 수 있습니다. [G5]셀에서 [홈] 탭-[글꼴] 그룹-대화상자 표시(□) 버튼을 클릭합니다.

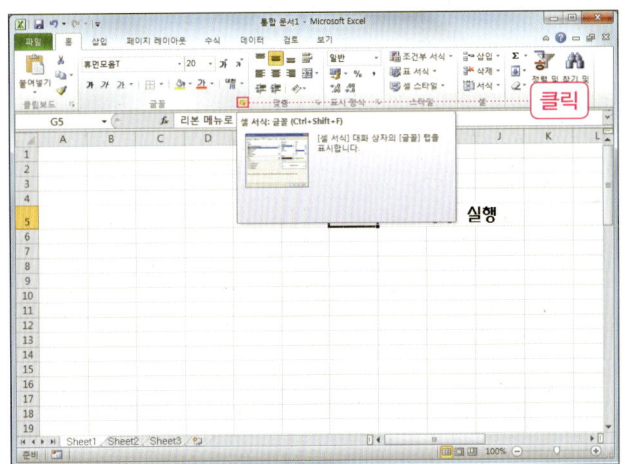

05 [셀 서식] 대화상자의 [글꼴] 탭이 표시되면 [글꼴]과 [글꼴 스타일], [크기], [색] 등을 지정하고 [확인] 버튼을 클릭합니다.

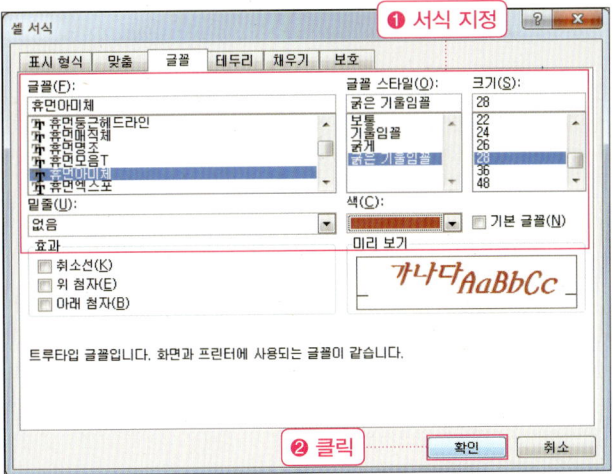

06 [G5]셀에 [셀 서식] 대화상자에서 지정한 서식이 적용되어 다음과 같이 표시됩니다. 대화상자는 이렇게 여러 개의 명령을 한 번에 설정할 때 사용합니다.

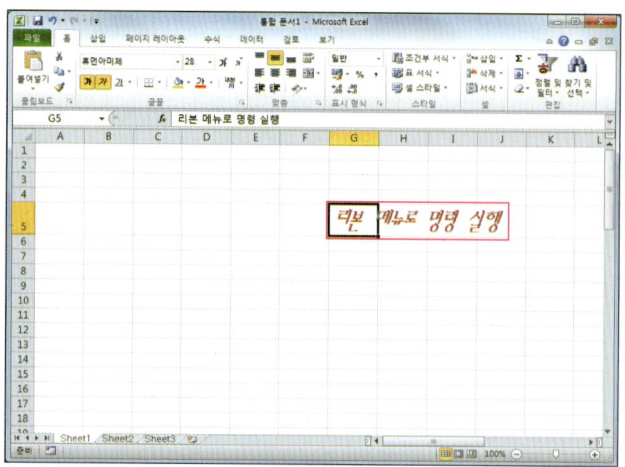

왕초보 레벨업

도움말 사용하기

엑셀에서 작업하는 도중 궁금한 사항은 엑셀에서 제공하는 도움말에서 찾아보면 됩니다. 화면 오른쪽 상단의 도움말( ) 아이콘을 클릭하거나 F1 키를 누르면 [Excel 도움말] 창이 실행됩니다. 도움말 도구 모음에서 목차 표시( )를 클릭하면 창 왼쪽에 도움말의 전체 목차가 나타납니다. 여기에서   항목을 클릭하면 세부 목차가 표시되고,   항목을 클릭하면 선택한 항목의 도움말 내용이 오른쪽에 표시됩니다.

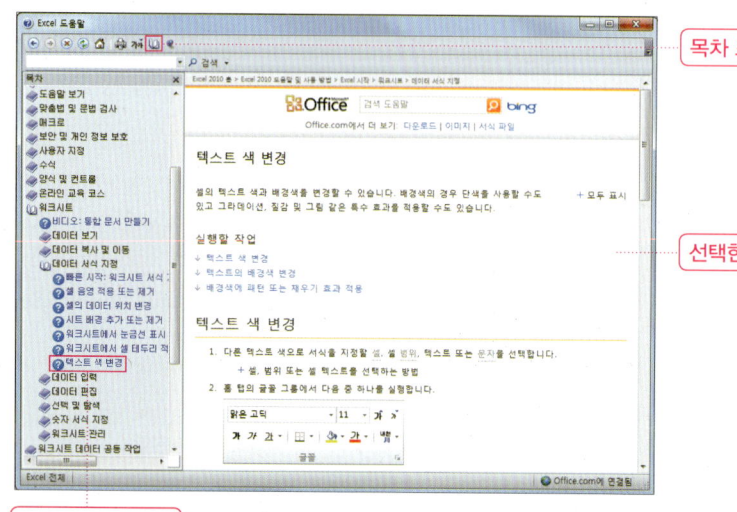

빠른 실행 도구 모음 설정

엑셀 2010에서 대부분의 명령은 리본 메뉴를 통해 실행합니다. 빠른 실행 도구 모음은 말 그대로 명령을 빠르게 실행하기 위해 리본 메뉴에서 자주 사용하는 명령을 따로 등록해 두는 곳입니다. 빠른 실행 도구 모음에 명령을 등록하는 여러 가지 방법과 필요 없는 명령을 제거하는 과정을 살펴봅니다.

키워드 빠른 실행 도구 모음, 명령 추가, 명령 제거

01 빠른 실행 도구 모음에서 사용자 지정(▼) 버튼을 클릭하고 [맞춤법 검사]를 선택하면 빠른 실행 도구 모음에 해당 명령이 추가됩니다.

> **POINT** 목록에서 체크(√) 표시가 되어 있는 명령은 이미 도구 모음에 등록되어 있는 명령입니다.

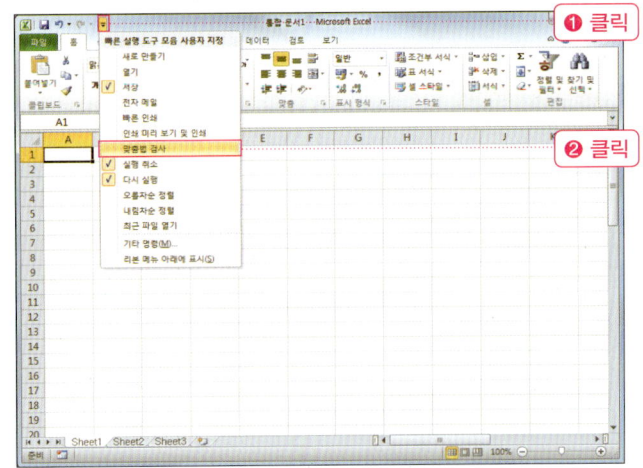

02 [수식] 탭-[정의된 이름] 그룹-이름 관리자(🔲)를 마우스 오른쪽 버튼으로 클릭한 다음 [빠른 실행 도구 모음에 추가]를 선택해서 이 명령을 추가합니다.

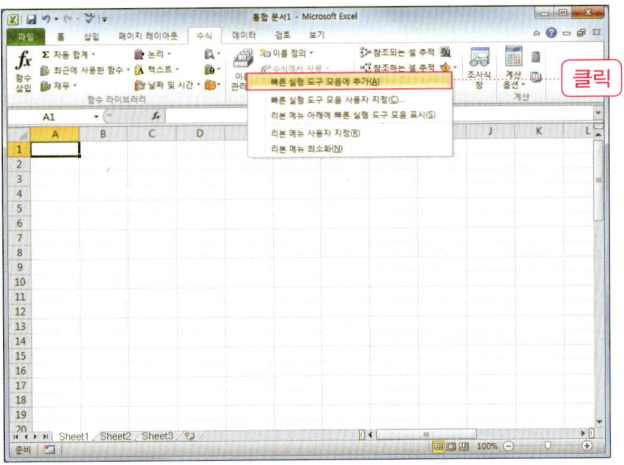

03 이번에는 리본 메뉴에 없는 명령이나 이전 버전에서 사용하던 명령을 추가해 보겠습니다. 빠른 실행 도구 모음에서 사용자 지정( ) 버튼을 클릭하고 [기타 명령]을 선택합니다.

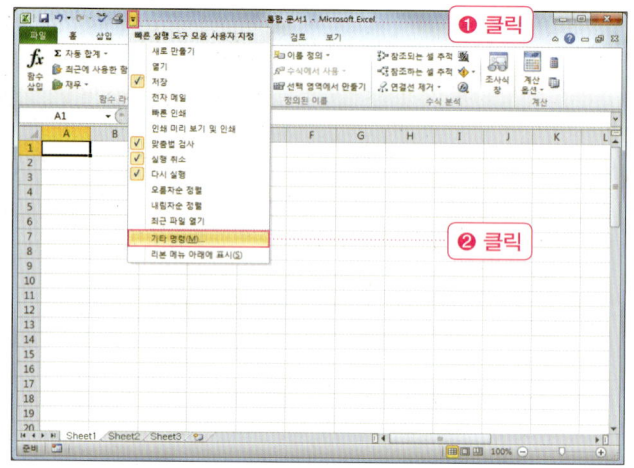

04 [Excel 옵션] 대화상자가 실행되면 '리본 메뉴에 없는 명령'으로 범주를 선택합니다. 왼쪽 목록에서 명령을 선택한 다음 [추가] 버튼을 클릭해서 오른쪽 목록에 추가하고 [확인] 버튼을 클릭합니다.

> POINT 여러 개의 명령을 반복해서 추가할 수 있습니다.

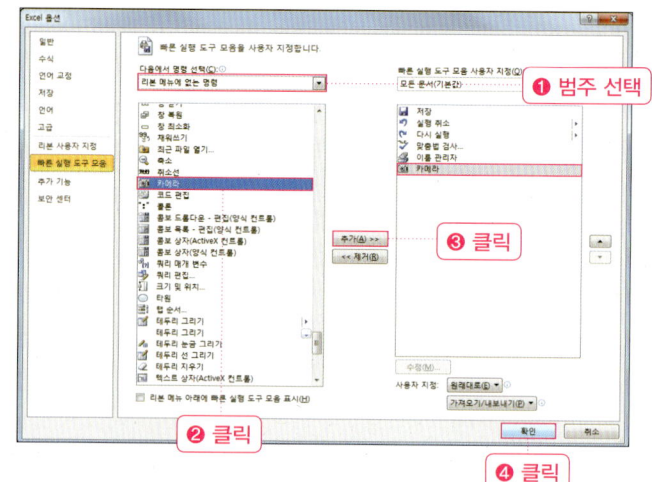

05 빠른 실행 도구 모음에서 명령을 제거하려면 해당 명령을 마우스 오른쪽 버튼으로 클릭한 다음 [빠른 실행 도구 모음에서 제거]를 선택합니다.

> POINT 사용자 지정( ) 버튼을 클릭하고 목록에서 체크( ) 표시가 되어 있는 명령을 클릭해서 선택을 해제하는 방법으로도 명령을 제거할 수 있습니다.

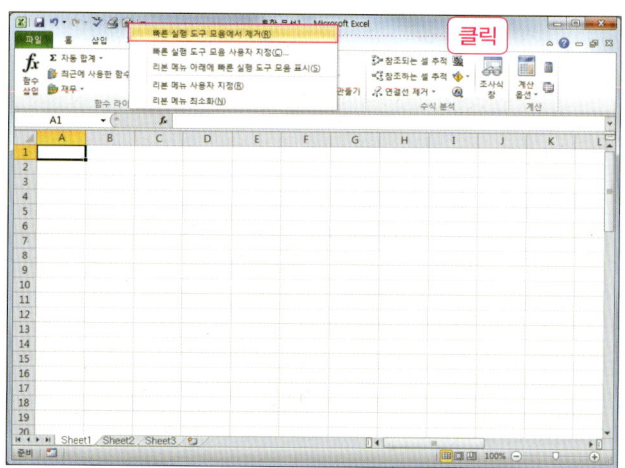

Section 05 리본 메뉴 사용자 지정하기

엑셀 2007에서는 리본 메뉴를 있는 그대로 사용할 수밖에 없었지만 엑셀 2010에서는 리본 메뉴에 새로운 탭과 새로운 그룹을 추가하는 새 기능이 지원됩니다. 리본 메뉴를 사용자 지정하는 과정을 살펴봅니다.

키워드 리본 메뉴, 사용자 지정 탭, 사용자 지정 그룹

01 리본 메뉴에서 마우스 오른쪽 버튼을 클릭하고 [리본 메뉴 사용자 지정]을 선택합니다.

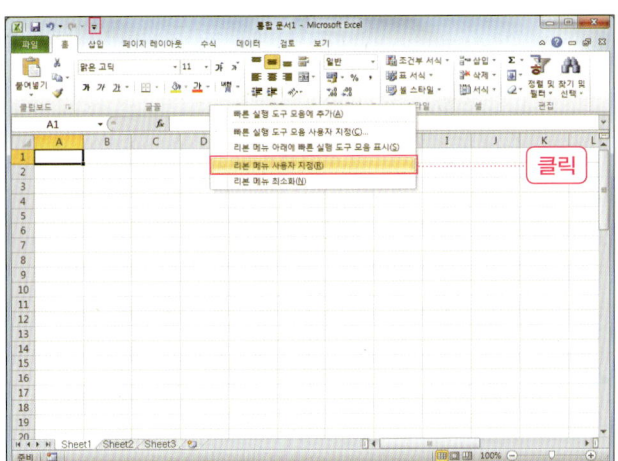

🔘 생초보 레벨업

리본 메뉴 최소화

리본 메뉴에서 마우스 오른쪽 버튼을 클릭한 다음 [리본 메뉴 최소화]를 클릭하면 리본 메뉴가 최소화됩니다. 또는 리본 메뉴에서 탭 이름을 더블클릭해도 리본 메뉴를 최소화할 수 있습니다. 리본 메뉴를 최소화하면 리본 메뉴에 탭 이름만 나타나므로 워크시트를 더 넓게 사용할 수 있게 됩니다. 리본 메뉴가 최소화된 상태에서 명령을 실행하려면 탭 이름을 클릭해서 리본 메뉴를 표시한 다음 원하는 명령을 클릭합니다. 그러면 해당 명령이 실행되고 리본 메뉴는 다시 최소화 상태로 돌아갑니다. [리본 메뉴 최소화]를 다시 클릭하거나 활성 탭의 이름을 다시 더블클릭하면 리본 메뉴를 원래 상태로 복원할 수 있습니다.

02 [Excel 옵션] 대화상자가 실행되면 [리본 사용자 지정] 탭의 오른쪽 목록에서 [보기] 탭을 선택하고 [새 탭] 버튼을 클릭합니다. 이렇게 하면 [보기] 탭 아래에 새로운 탭과 새 그룹이 만들어집니다.

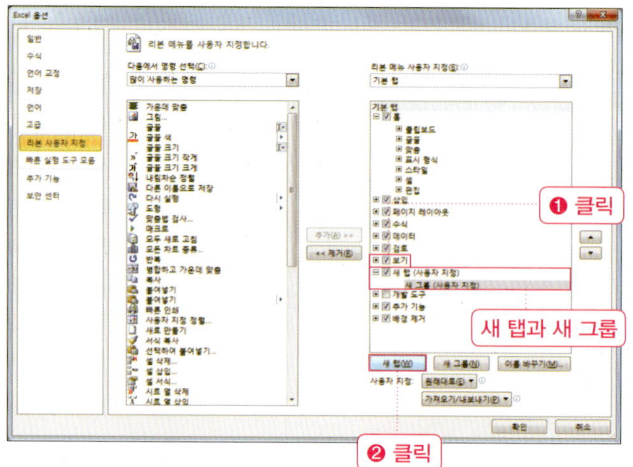

03 [새 탭]을 선택하고 [이름 바꾸기] 버튼을 클릭합니다. [이름 바꾸기] 대화상자에서 [표시 이름]을 '빠른 서식'으로 입력한 다음 [확인] 버튼을 클릭해서 새로 만든 탭의 이름을 변경합니다.

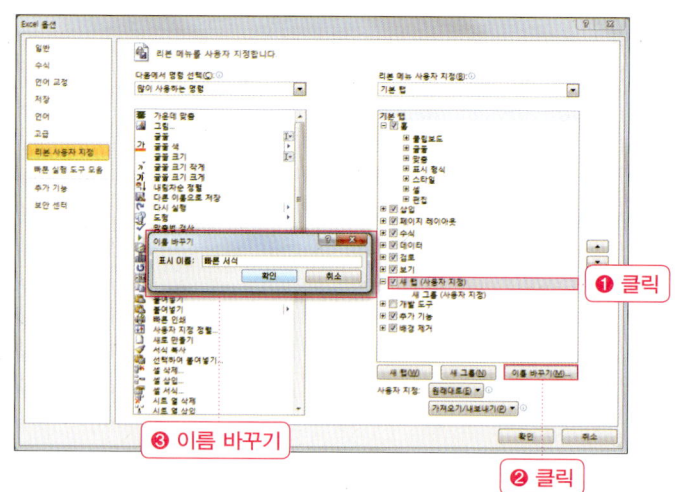

04 [빠른 서식] 탭이 선택되어 있는 상태에서 [새 그룹] 버튼을 클릭하면 다시 새로운 그룹이 추가됩니다. 이렇게 원하는 만큼 새로운 탭을 추가할 수 있습니다.

> **POINT** 탭이나 그룹을 없애고 싶을 때는 [제거] 버튼을 사용합니다.

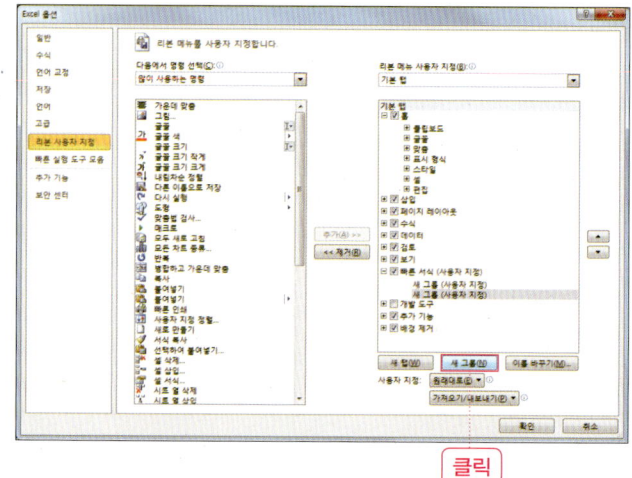

05 [새 그룹] 중 하나를 선택하고 [이름 바꾸기] 버튼을 클릭합니다. 그룹 표시에 사용할 [기호]를 선택하고 [표시 이름]을 '테두리와 음영'으로 입력한 다음 [확인] 버튼을 클릭합니다.

06 나머지 [새 그룹]도 같은 방법으로 표시 기호와 이름(글꼴과 맞춤)을 변경합니다. 현재 새로 만든 그룹에는 어떤 명령도 포함되어 있지 않습니다.

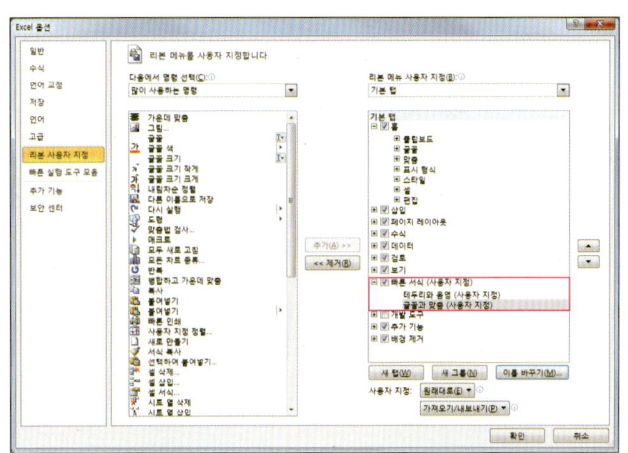

07 새로 만든 그룹 중 하나를 선택한 다음 왼쪽 목록에서 추가할 명령을 찾아 선택하고 [추가] 버튼을 클릭합니다. 같은 방법으로 각각의 그룹에 필요한 명령을 모두 찾아 추가하고 [확인] 버튼을 클릭합니다.

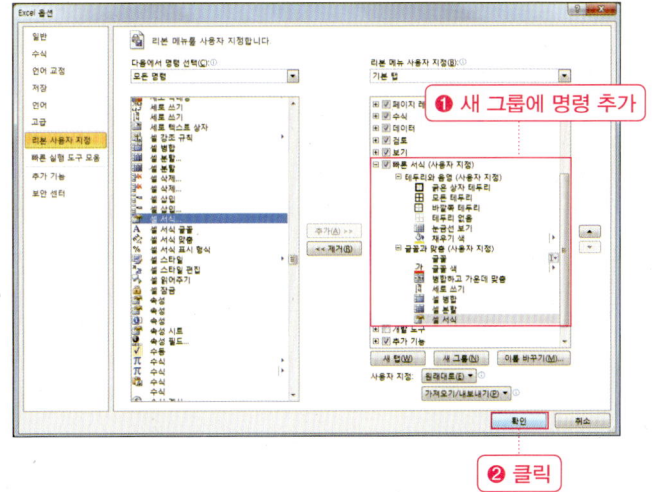

35

08 리본 메뉴에서 [빠른 서식] 탭을 클릭합니다. 다음과 같이 여러분이 직접 만든 사용자 지정 그룹과 각 그룹에 추가한 명령을 볼 수 있습니다.

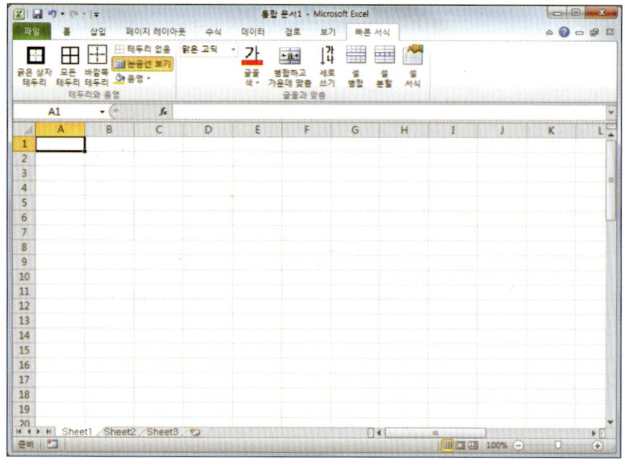

샘초보 레벨업

리본 메뉴를 원래대로 설정하기

사용자가 임의로 변경한 리본 메뉴를 원래 상태로 되돌리려면 [Excel 옵션] 대화상자의 [리본 사용자 지정] 탭에서 [원래대로] 버튼을 클릭하고 [모든 사용자 지정 다시 설정]을 선택합니다. 다음과 같이 경고 메시지가 나오면 [예] 버튼을 클릭합니다. 이렇게 하면 리본 메뉴와 빠른 실행 도구 모음을 한꺼번에 원래 상태로 되돌릴 수 있습니다.

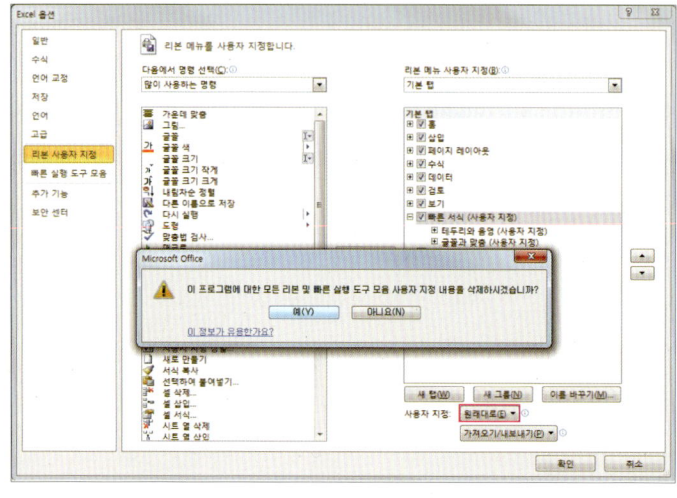

Section 06
셀 선택하기

워크시트에 데이터를 입력하거나 편집할 때, 서식을 지정할 때 등 모든 작업은 셀 단위로 이루어집니다. 따라서 어떤 명령을 실행하기 전에 먼저 원하는 셀을 선택해야 합니다. 여기서는 셀 또는 셀 범위를 선택하는 여러 방법에 대해 알아봅니다.

키워드 셀 선택, 셀 범위 선택, 행/열 선택, 모든 셀 선택

01 여러 셀 즉, 셀 범위를 선택하려면 시작 셀에서 마우스 왼쪽 버튼을 누른 채 원하는 셀까지 움직인 다음 마우스 버튼에서 손을 뗍니다. 다음 그림은 [B2]셀부터 [G7]셀까지 드래그한 결과입니다.

> **POINT** 하나의 셀을 선택하려면 마우스로 원하는 셀을 클릭합니다. 블록 지정을 해제할 때는 임의의 셀을 마우스로 클릭합니다.

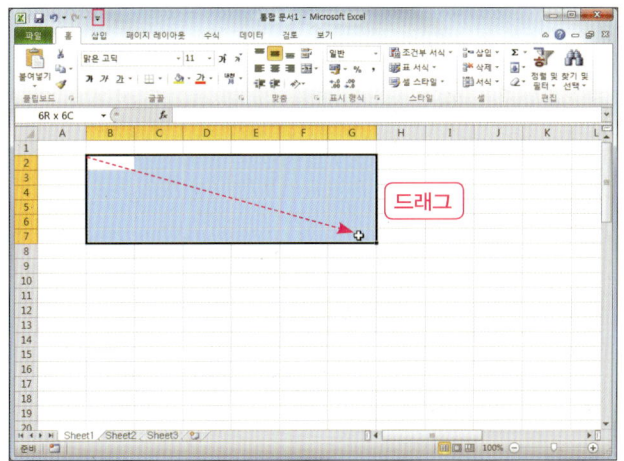

02 떨어져 있는 여러 개의 셀 범위를 선택할 때는 Ctrl 키를 함께 사용합니다. [B2:B6]을 드래그하여 블록으로 지정한 다음 Ctrl 키를 누른 상태에서 [D2:G4]를 드래그하고, 계속 Ctrl 키를 누른 상태에서 [D6:G9]를 드래그합니다.

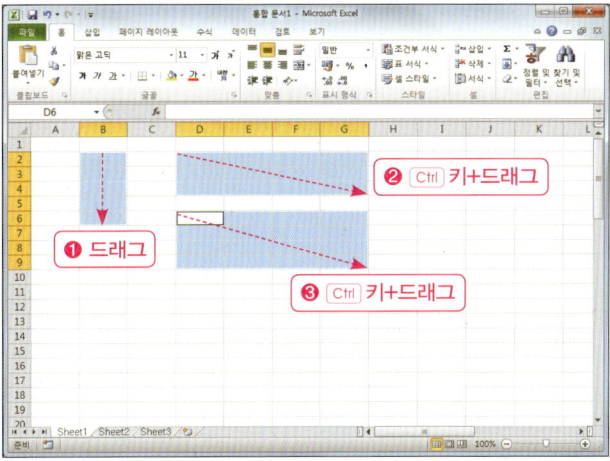

03 열 전체를 선택하려면 열 머리글을 사용합니다. [B]열 머리글을 클릭한 다음 Ctrl 키를 누른 상태에서 [D]열부터 [F]열까지 열 머리글을 드래그하면 다음과 같이 선택됩니다.

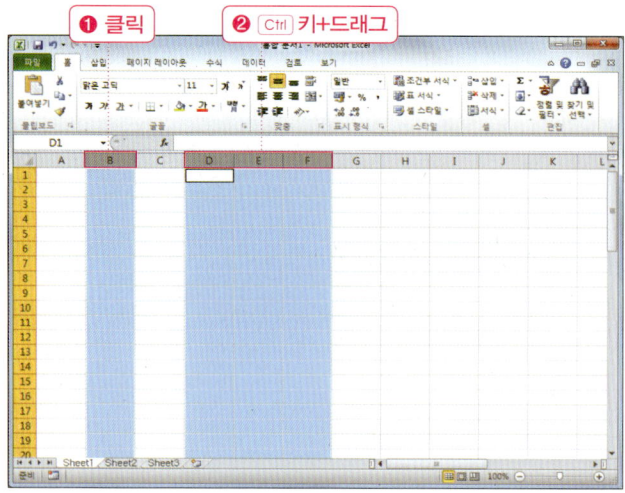

04 행 전체를 선택하려면 행 머리글을 사용합니다. [3]행 머리글을 클릭한 다음 Ctrl 키를 누른 상태에서 [6]행부터 [10]행까지 행 머리글을 드래그하여 다음과 같이 선택합니다.

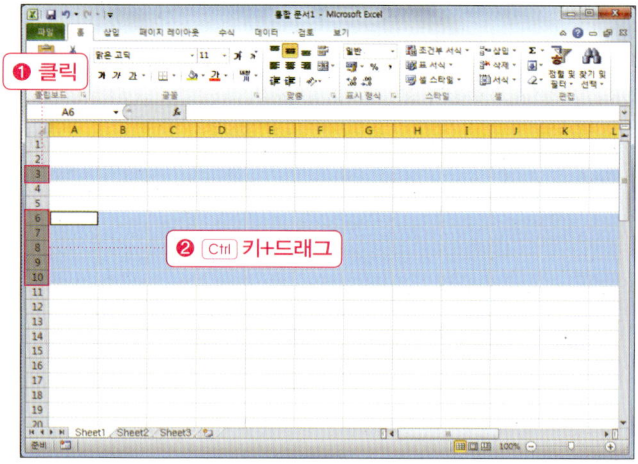

05 워크시트의 모든 셀을 선택하려면 워크시트가 시작되는 부분의 모두 선택(　) 버튼을 클릭합니다.

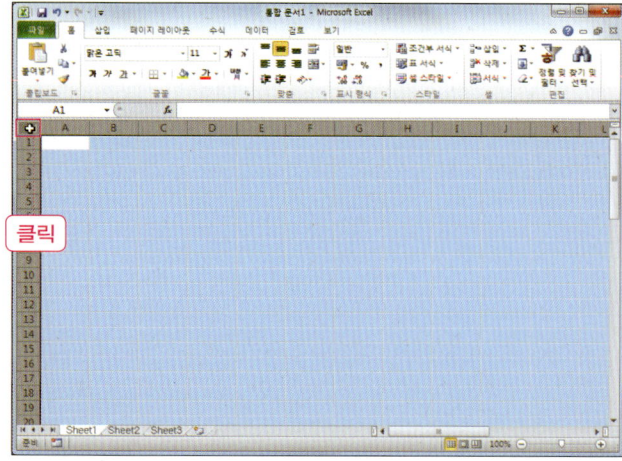

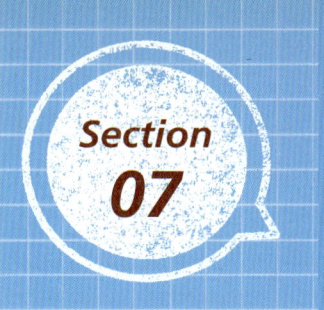

Section 07 데이터 입력하기

엑셀의 데이터에는 텍스트, 숫자, 날짜와 시간, 수식 등 여러 종류가 있습니다. 여기서는 셀에 각종 데이터를 입력하고, 어떤 형식으로 표시되는지 알아봅니다.

키워드 텍스트 입력, 숫자 입력, 날짜/시간 입력, 수식 입력

---

01 [A1]셀에 '이주연'을 입력하고 Enter 키를 누르면 데이터가 입력되고 셀 포인터가 한 행 아래로 이동됩니다. [A2]셀에 '이주연의 영화음악'을 입력하고 Enter 키를 누릅니다.

> **POINT** 텍스트는 셀 왼쪽에 맞추어 입력됩니다. 텍스트 길이가 셀 너비보다 길면 오른쪽이 빈 셀인 경우 이어서 표시되고, 오른쪽이 빈 셀이 아니면 셀 너비만큼만 표시됩니다.

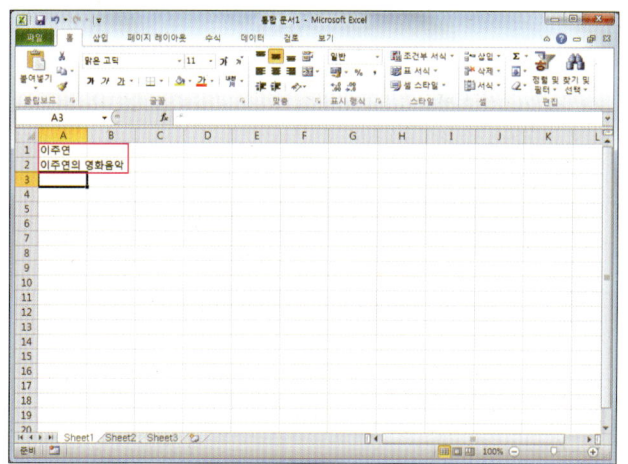

02 [B1:B5]의 각 셀에 '100', '88.23', '70%', '$50,000', '7,000'을 차례로 입력합니다. 숫자는 셀 오른쪽에 맞추어 입력됩니다.

> **POINT** 숫자 데이터는 0부터 9까지의 숫자, 소수점, 천 단위 구분 기호인 쉼표, $ 또는 ₩ 등의 통화 기호, 백분율 기호(%) 등으로 구성되어야 합니다. 숫자와 텍스트를 섞어 입력하면 텍스트로 처리됩니다.

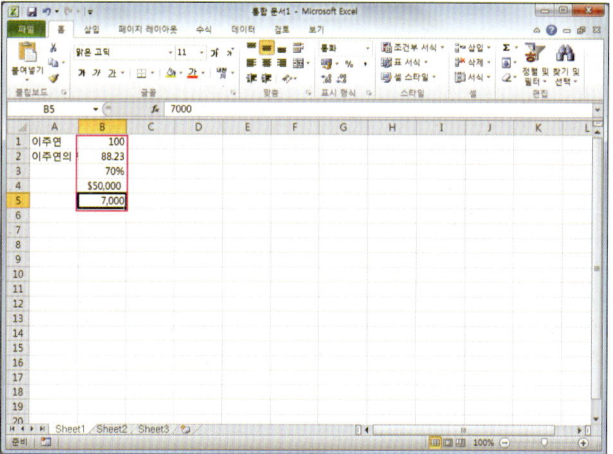

03 [C1:C4]의 각 셀에 '2010-12-25', '8-5', '5:30', '5:30 PM'을 차례로 입력합니다. 날짜는 하이픈(-)으로 년, 월, 일을 구분하고, 시간은 콜론(:)으로 시, 분, 초를 구분하여 입력합니다.

> **POINT** '8-5'처럼 월과 일만 입력하면 현재 년도로 처리하고 '08월 05일' 형식으로 셀에 표시합니다. 시간은 24시간제가 원칙이며 12시간제로 오전과 오후를 구분하려면 시간 다음에 한 칸을 띄우고 AM 또는 PM으로 오전 또는 오후를 구분하여 입력합니다.

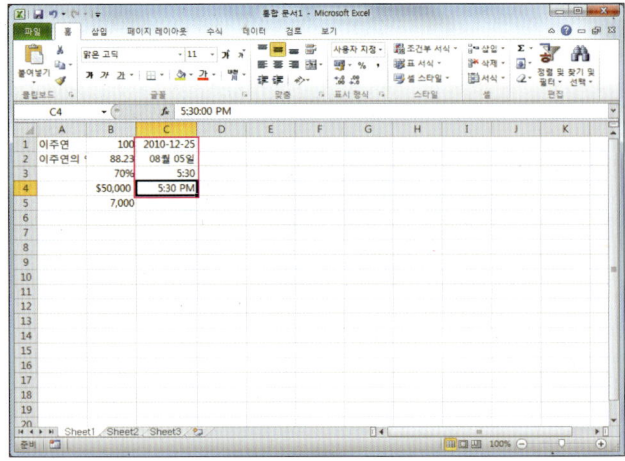

04 [D1]셀에 =100+200을 입력합니다. 등호(=)로 시작하는 데이터는 수식으로 처리되어 셀에는 수식을 계산한 결과가 표시됩니다. 수식 입력줄에 입력한 원본 수식이 나타납니다.

> **POINT** Ctrl + ; : 현재 날짜 입력,
> Ctrl + Shift + ; (= Ctrl + :) : 현재 시간 입력

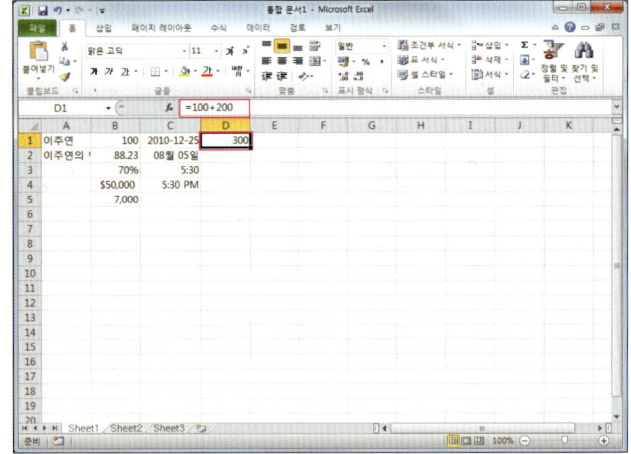

🔘 왕초보 레벨업

데이터 수정 및 지우기

- **수정** : 셀을 더블클릭하거나 F2 키를 누른 다음 데이터를 수정합니다. 또는 수식 입력줄을 클릭하고 데이터를 수정합니다.
- **지우기** : 셀에 입력한 데이터를 지우려면 해당 셀에서 Delete 키를 누릅니다.

Section 08 기호 입력하기

키보드에 없는 문자를 입력하는 방법에는 두 가지가 있습니다. 첫 번째 방법은 한글 자음을 입력하고 한자 키를 이용하는 방법이고, 두 번째 방법은 [삽입] 탭-[기호] 그룹-기호(Ω) 명령을 이용하는 것입니다.

키워드 기호 입력, 셀에서 줄 바꾸기

01 [A1]셀에 한글 자음 'ㅁ'을 입력하고 한자 키를 누르면 기호 목록이 표시됩니다. 목록 끝의 보기 변경(») 버튼을 클릭하면 전체 기호 목록이 표시됩니다. 입력하고자 하는 기호를 클릭하거나 방향키로 이동한 후 Enter 키를 누릅니다.

> **POINT** 한글 자음에 따라 입력할 수 있는 기호가 달라집니다. 예를 들어 'ㅁ'은 도형 문자, 'ㅇ'은 원 문자와 괄호 문자를 포함하고 있습니다.

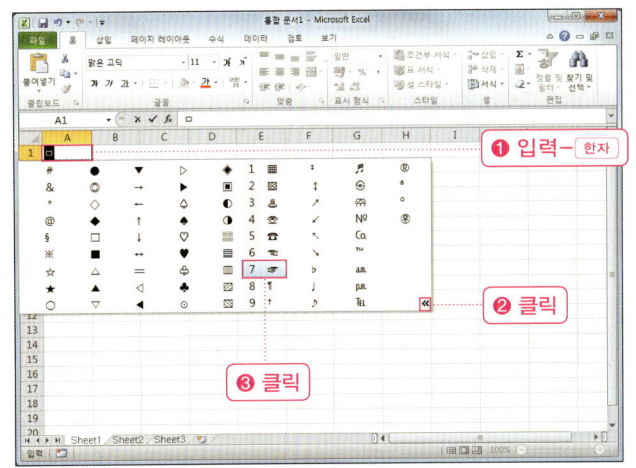

02 한글 자음이 선택한 기호로 변환되면 나머지 텍스트를 입력하여 완성합니다. [A3]셀에서 [삽입] 탭-[기호] 그룹-기호(Ω)를 클릭합니다.

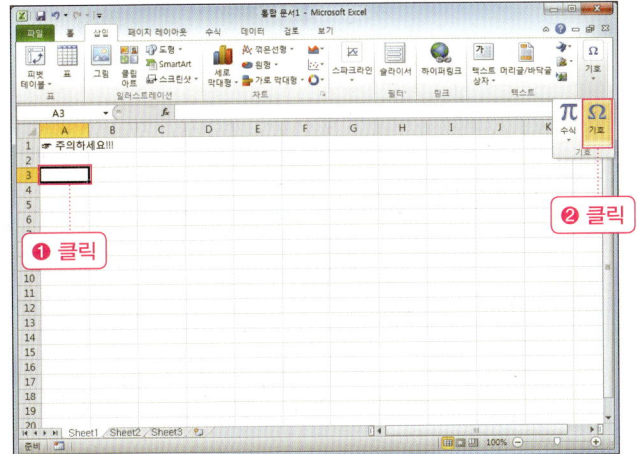

03 [기호] 대화상자가 열리면 [기호] 탭에서 [글꼴]과 [하위 집합]을 먼저 선택합니다. 기호 목록이 표시되면 원하는 기호를 선택하고 [삽입] 버튼을 누릅니다.

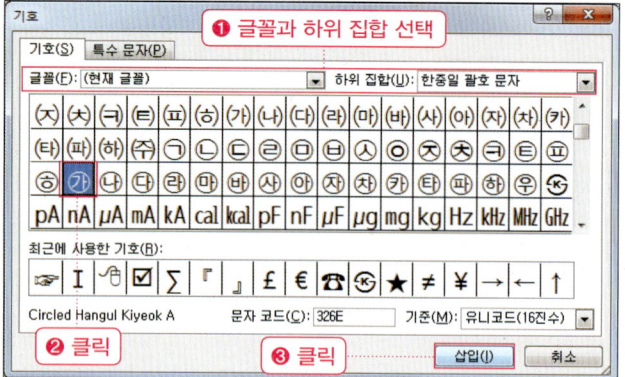

> **POINT** 선택한 글꼴과 하위 집합에 따라 입력할 수 있는 기호 목록이 다르게 나타납니다.

04 커서 위치에 선택한 기호가 입력됩니다. [기호] 대화상자에서 [닫기] 버튼을 클릭해서 대화상자를 닫은 다음 [A3]셀의 기호 다음에 나머지 텍스트를 입력하여 완성합니다.

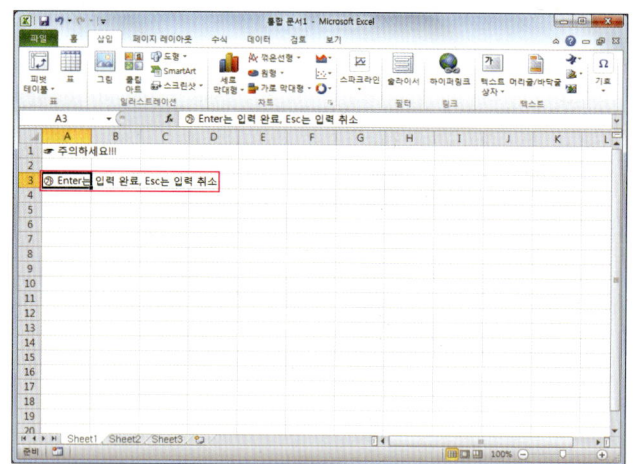

> **POINT** [기호] 대화상자에서 연속적으로 여러 개의 기호를 삽입할 수 있습니다. 삽입이 모두 끝난 다음에 [닫기] 버튼을 클릭해서 대화상자를 닫습니다.

왕초보 레벨업

데이터 입력 노하우

메모가 삽입된 셀에서 [검토] 탭-[메모] 그룹에 있는 명령을 사용하여 메모를 편집할 수 있습니다.

- Alt + Enter : 셀 안에서 줄을 바꿀 때 사용합니다. 첫 번째 줄을 입력하고 Alt + Enter 를 누르면 줄이 바뀝니다.
- Ctrl + Enter : 여러 셀에 같은 데이터를 입력할 때 사용합니다. 데이터를 입력할 셀 범위를 블록으로 지정하고 Ctrl + Enter 를 누르면 선택 영역에 같은 데이터가 한꺼번에 입력됩니다.

한자(漢字) 입력하기

한자를 입력하려면 먼저 한자의 한글 음을 입력해야 합니다. 한글을 입력하고 [한자] 키를 누른 다음 원하는 한자를 선택하여 한글을 한자로 변환합니다. 또 대화상자를 이용하면 단어 단위로 한자 변환을 실행할 수 있습니다.

키워드 한자 입력, 입력 형태, 한자 사전

01 [A1]셀에 '홍'을 입력한 다음 [한자] 키를 누르면 음이 '홍'인 한자 목록이 표시됩니다. 여기에서 원하는 한자를 마우스로 클릭합니다.

> **POINT** 한자 목록에서도 보기 변경(») 버튼을 클릭하여 전체 한자를 표시할 수 있습니다.

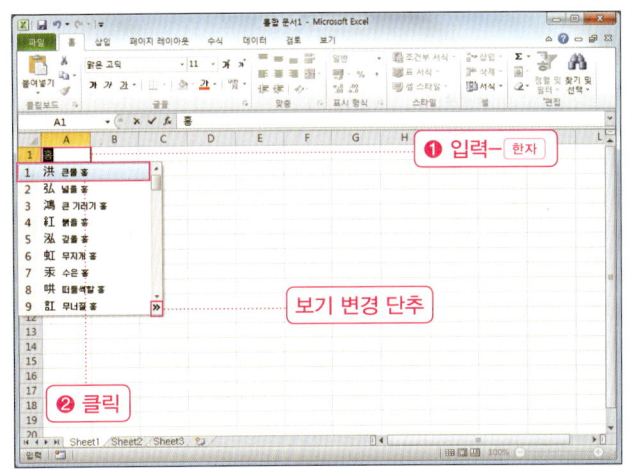

02 이렇게 하면 입력한 한글이 선택한 한자로 변환됩니다. 계속해서 '길'은 '吉'로, '동'은 '童'으로 변환하여 다음과 같이 완성합니다.

> **POINT** 입력이 끝나면 항상 [Enter] 키를 눌러 입력을 종료해야 합니다.

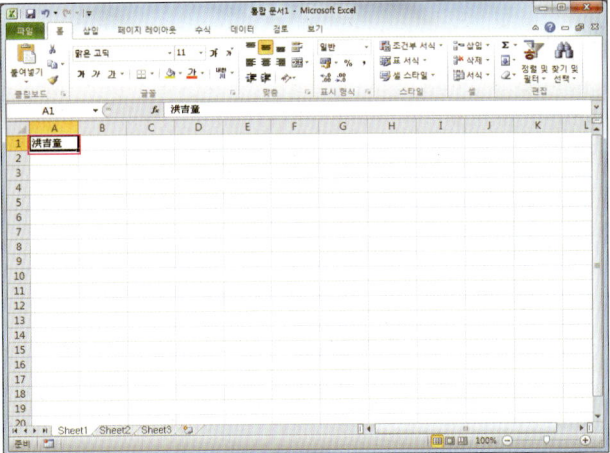

03 [A3]셀에 '경력 증명서'를 입력하고 마우스로 드래그 하여 '경력 증명서'를 모두 블록으로 지정한 다음 한자 키를 누릅니다.

> **POINT** 이미 입력이 완료된 셀에서는 셀을 더블클릭하여 편집 상 태로 만든 다음 블록을 지정합니다.

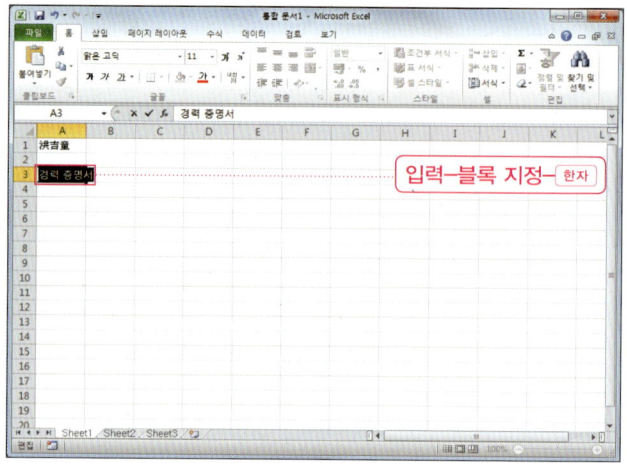

04 [한글/한자 변환] 대화상자가 열리고 처음에는 '경력' 에 대한 한자가 표시됩니다. 여기에서 원하는 한자 단 어를 선택하고 [변환] 버튼을 클릭합니다.

> **POINT** 블록으로 지정한 내용 중 현재 내용을 한자로 변환하지 않으려면 [건너뛰기] 버튼을 클릭합니다.

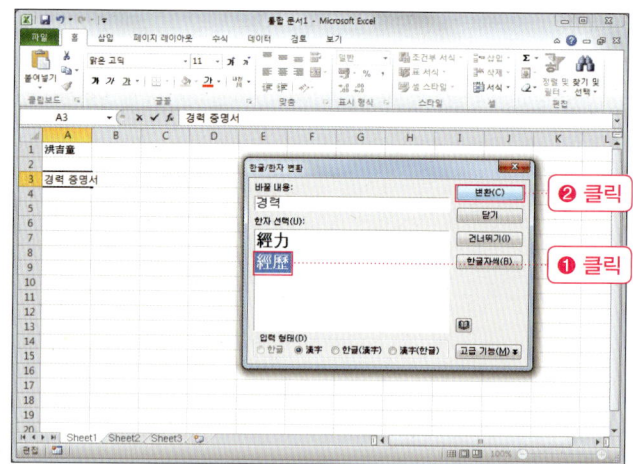

한자의 입력 형태

[한글/한자 변환] 대화상자에서 한글을 한자로 또는 한자를 한글로 변환할 때 입력 형태를 선택할 수 있습니다.

입력 형태	변환하기 전	변환한 후
한글	韓半島	한반도
漢字	한반도	韓半島
한글(漢字)	한반도	한반도(韓半島)
漢字(한글)	한반도	韓半島(한반도)

05 계속해서 '증명서'에 대한 한자가 표시되면 원하는 한자를 선택하고 [변환] 버튼을 클릭합니다.

> **POINT** 단어 단위로 변환하지 않고 한글자씩 직접 선택하려면 [한글자씩] 버튼을 클릭합니다.

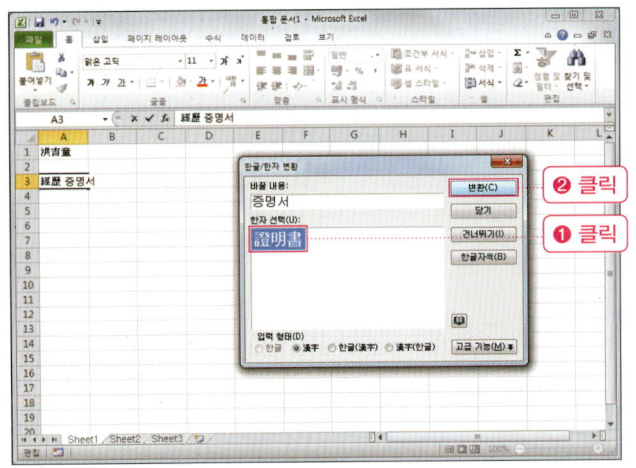

06 블록으로 지정한 내용의 마지막까지 모두 한자 변환을 실행하면 [한글/한자 변환] 대화상자는 자동으로 닫힙니다. 다음과 같이 '경력 증명서'가 '經歷 證明書'로 변환되었습니다.

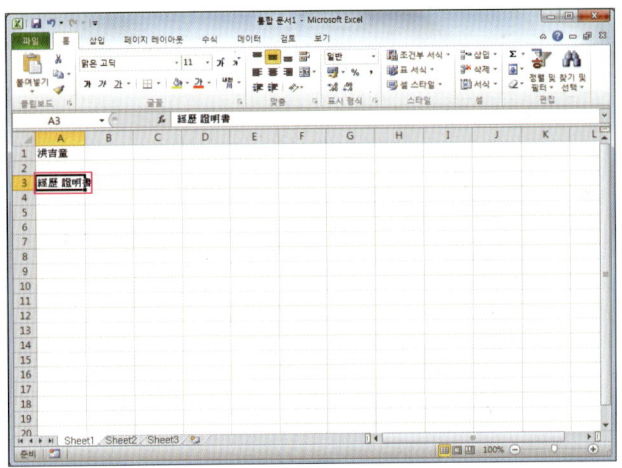

왕초보 레벨업

한자 사전 보기

[한글/한자 변환] 대화상자에서 한자 사전(📖) 버튼을 클릭하면 선택한 한자에 대한 음과 훈, 부수, 획수 등의 정보를 볼 수 있습니다.

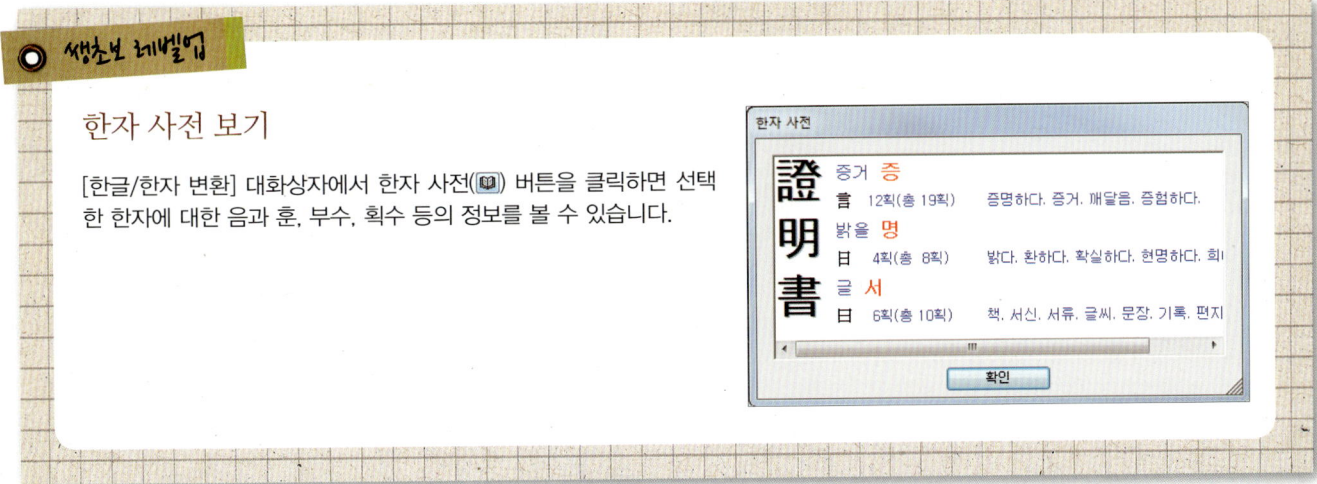

Section 10

채우기 핸들 사용하기

채우기 핸들은 셀이나 셀 범위의 오른쪽 아래에 나타나는 작은 사각형입니다. 채우기 핸들을 마우스로 끌어다 놓는 방법으로 인접한 셀에 데이터를 빠르게 채울 수 있습니다. 셀에 입력되어 있는 데이터의 종류에 따라 채우기 핸들로 채워지는 데이터의 형식이 달라집니다.

키워드 채우기 핸들, 자동 채우기 옵션, 사용자 지정 목록

01 [A1]셀에 '캔디', [B1]셀에 '제1권'을 입력한 다음 [A1:B1]을 블록으로 지정합니다. [B1]셀의 오른쪽 아래에 나타나는 채우기 핸들에서 마우스 왼쪽 버튼을 누른 채 [B10]셀까지 끌어다 놓습니다.

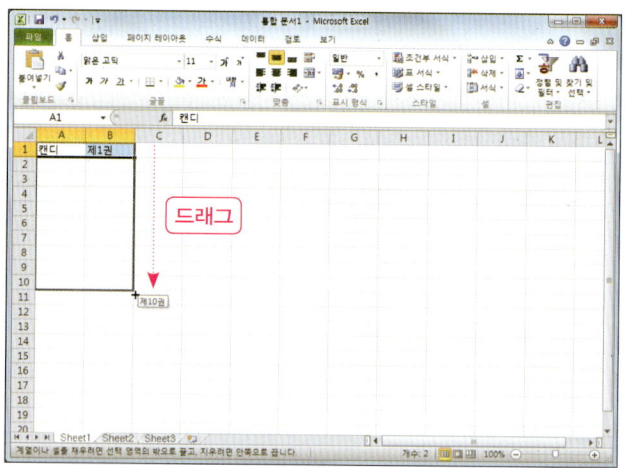

02 [A1]셀의 데이터는 [A2:A10]의 각 셀에 똑같이 복사됩니다. [B1]셀의 데이터는 중간의 숫자는 1씩 증가하고 텍스트는 그대로 복사됩니다.

> **POINT** 채우기 핸들을 끌어다 놓으면 자동 채우기 옵션( ) 버튼이 표시됩니다. 이 버튼을 누르고 나타나는 메뉴에서 자동 채우기 옵션을 선택할 수 있습니다.

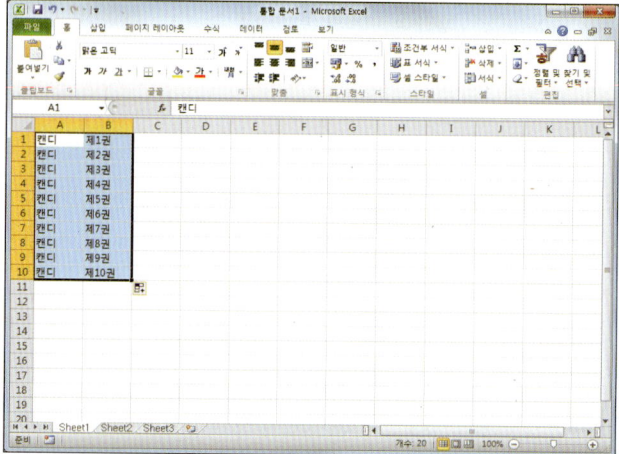

03 [C1]셀에 숫자 '100'을 입력한 다음 채우기 핸들을 [C10]셀까지 끌어다 놓습니다. 숫자는 같은 값으로 복사됩니다. 자동 채우기 옵션(📋) 버튼을 누른 다음 [연속 데이터 채우기]를 클릭합니다.

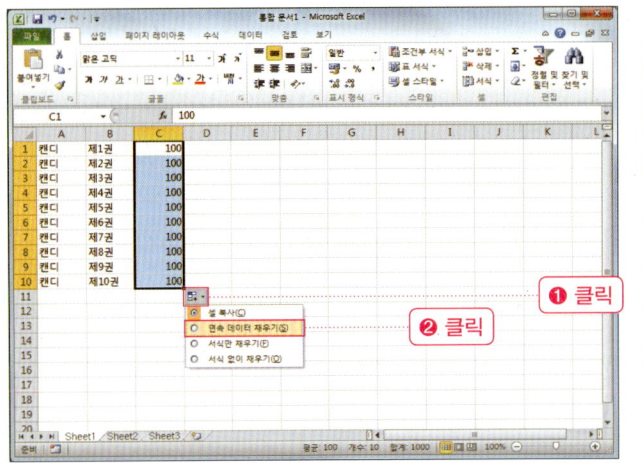

04 [연속 데이터 채우기]를 실행하면 숫자가 '1'씩 증가한 값으로 변경됩니다. [D1]셀에 숫자 '100', [D2]셀에 숫자 '200'을 입력한 다음 [D1:D2]를 블록으로 지정하고 채우기 핸들을 [D10]까지 끌어다 놓습니다.

> **POINT** 숫자를 입력하고 Ctrl 키를 누른 상태에서 채우기 핸들을 끌면 '1'씩 증가한 값으로 채워집니다.

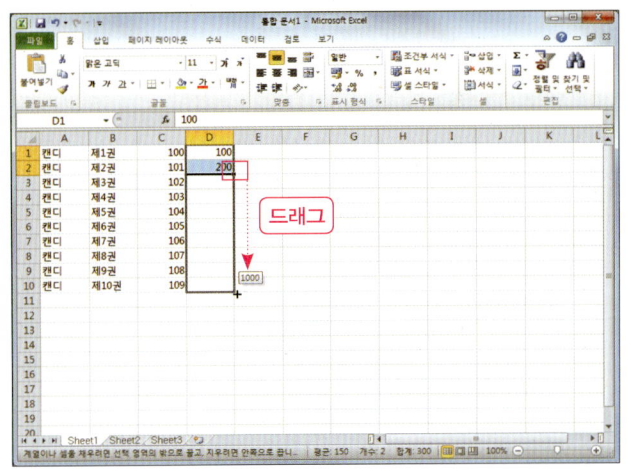

05 블록을 지정하고 채우기 핸들을 끌면 두 값의 차이만큼 증가 또는 감소한 값으로 채우기가 이루어집니다.

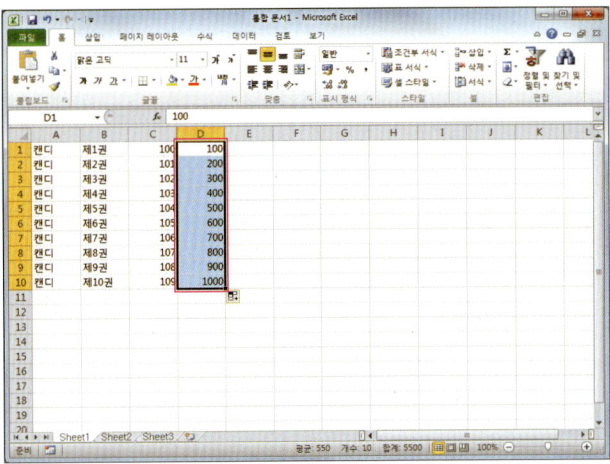

06 [E1]셀에 '2004-12-1', [F1]셀에 '10:30 AM'을 입력한 다음 [E1:F1]을 블록으로 지정하고 채우기 핸들을 [F10]셀까지 끌어다 놓습니다. 날짜는 1일 단위, 시간은 1시간 단위로 증가한 값이 채워집니다.

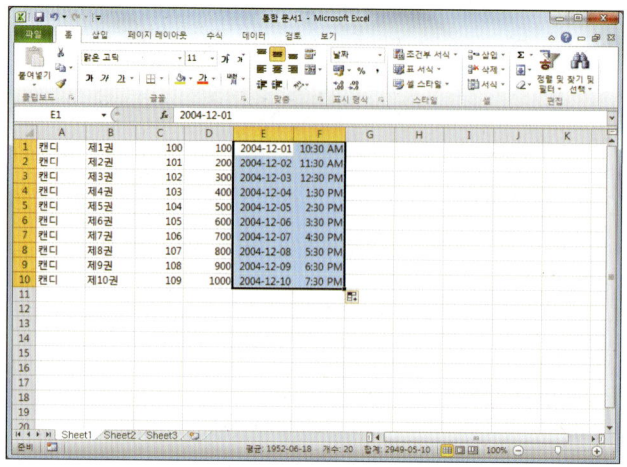

07 [G1]셀에 '월요일', [H1]셀에 'January'를 입력한 다음 [G1:H1]을 블록으로 지정하고 채우기 핸들을 [H10]셀까지 끌어다 놓습니다.

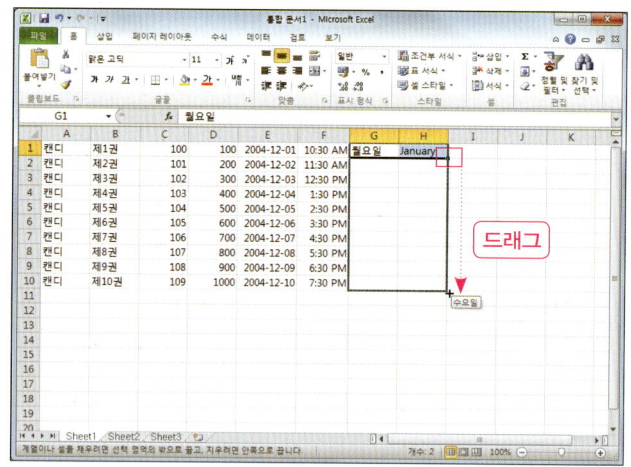

08 월요일은 화요일, 수요일, … 순서로 자동 채우기가 실행되고 January는 February, March, … 순서로 자동 채우기가 실행됩니다. 이렇게 미리 정해진 순서로 자동 채우기가 이루어지는 목록을 '사용자 지정 목록'이라고 합니다.

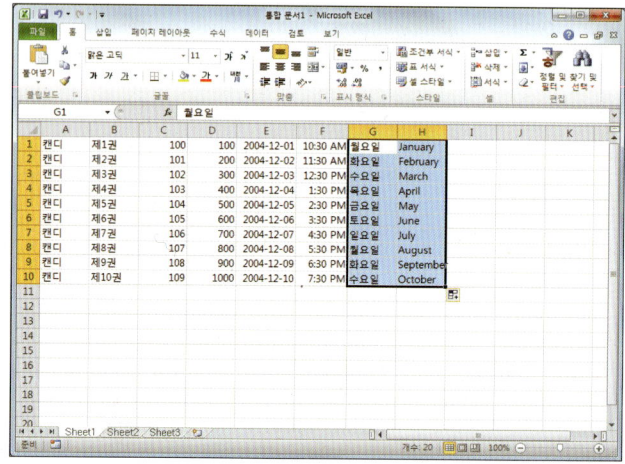

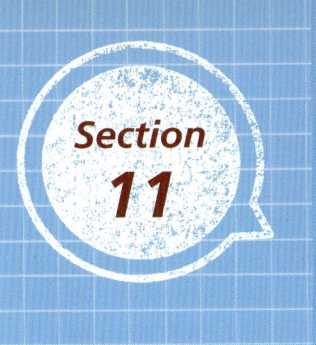

Section 11
셀에 메모 추가하기

사용자가 마우스 포인터를 특정 셀로 이동했을 때 셀에 대한 설명이나 주의 사항 등을 알리기 위해 메모가 나타나도록 할 수 있습니다. 메모는 메모 상자에 입력하며 메모가 입력되어 있는 셀의 오른쪽 상단 모서리에 빨간 색으로 메모 표식이 나타납니다.

키워드 메모 추가, 메모 편집, 메모 표시

01 임의로 [B3]셀에 '작성자 :', [C3]셀에 '송민재'를 입력합니다. 메모를 입력하기 위해 [C3]셀에서 [검토] 탭-[메모] 그룹-새 메모(□)를 클릭합니다.

> **POINT** 셀에서 마우스 오른쪽 버튼을 클릭하고 바로 가기 메뉴에서 [메모 삽입]을 선택하여 새 메모를 추가할 수 있습니다.

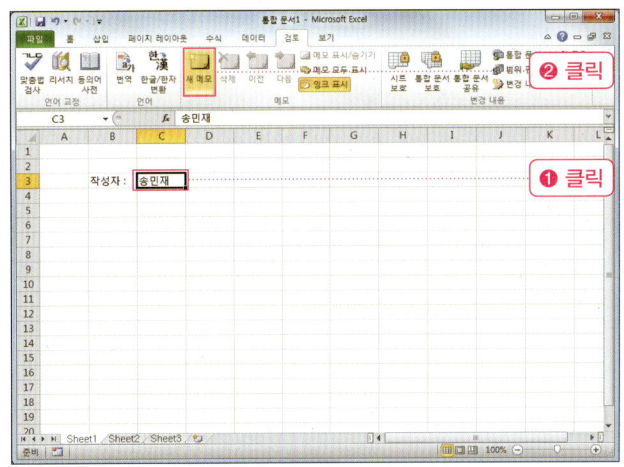

02 메모 상자가 표시되면 '문화개발센터 총본부장'으로 내용을 입력하고 워크시트의 셀을 클릭하여 메모 입력을 종료합니다.

> **POINT** 메모 상자에는 기본적으로 사용자 이름이 굵은 글자로 표시되며 필요에 따라 지울 수 있습니다.

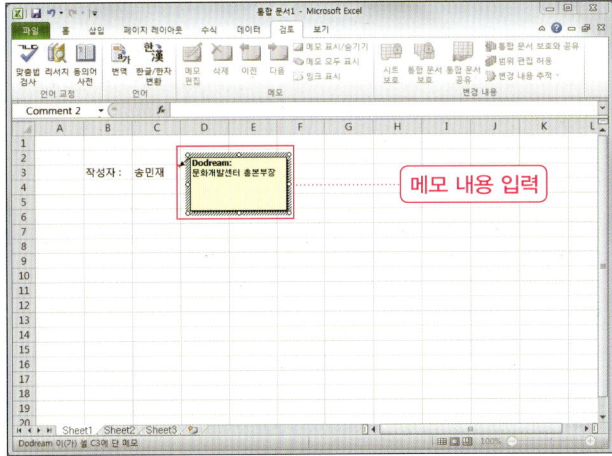

03 [C3]셀의 오른쪽 상단에 빨간 삼각형이 표시되는데 이것을 메모 표식이라고 합니다. 마우스로 [C3]셀을 가리키면 메모 상자가 표시되어 입력한 메모를 읽을 수 있습니다.

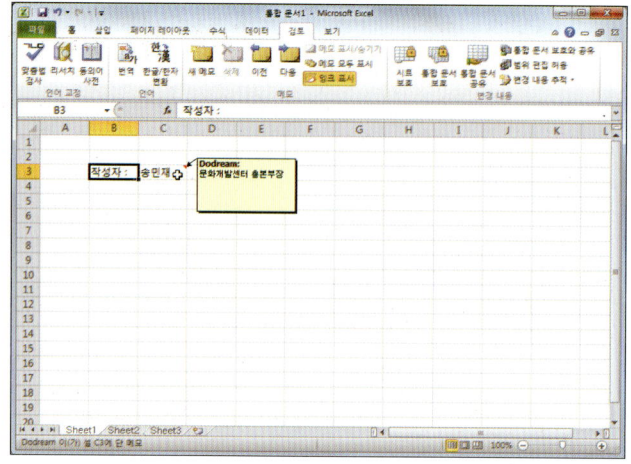

메모 관련 명령

메모가 삽입된 셀에서 [검토] 탭-[메모] 그룹에 있는 명령을 사용하여 메모를 편집할 수 있습니다.

- **새 메모**( ) : 현재 셀에 새로운 메모를 추가합니다. 메모가 삽입되지 않은 셀에서만 실행할 수 있습니다.
- **메모 편집**( ) : 현재 셀의 메모 상자를 표시하여 내용을 수정할 수 있게 합니다. 메모가 있는 셀에서만 실행할 수 있습니다.
- **삭제**( ) : 현재 셀의 메모를 삭제합니다.
- **이전**( ) / **다음**( ) : 현재 시트에서 이전 메모나 다음 메모를 선택합니다.
- **메모 표시/숨기기**( ) : 현재 셀의 메모를 표시하거나 숨깁니다.
- **메모 모두 표시**( ) : 현재 시트에 있는 모든 메모를 표시합니다.

Section 12
통합 문서 저장 및 열기

엑셀에서 작성하는 파일을 통합 문서(Workbook)라고 합니다. 워크시트에 데이터를 입력한 다음 디스크에 통합 문서를 저장하는 방법과 디스크에 저장되어 있는 통합 문서 파일을 엑셀에서 여는 방법에 대해 알아봅니다. 통합 문서를 디스크에 저장하면 확장자는 '*.xlsx'로 설정됩니다.

키워드 통합 문서 열기/저장, 최근에 사용한 항목

---

01 워크시트에 다음과 같이 회원 연락처를 작성합니다. 입력이 모두 끝나면 [파일] 탭을 클릭하고 [저장]을 선택하거나 빠른 실행 도구 모음에서 저장(🖫) 버튼을 클릭합니다.

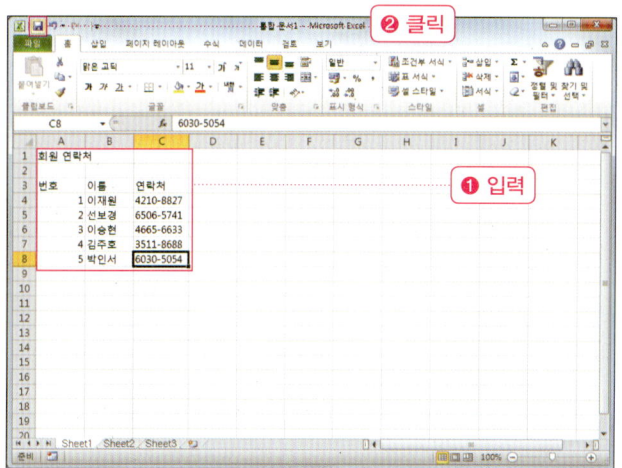

02 [다른 이름으로 저장] 대화상자가 열리고 기본적으로 저장 위치가 사용자의 '문서' 폴더로 나타납니다. 여기에 새 폴더를 만들기 위해 [새 폴더] 버튼을 클릭합니다.

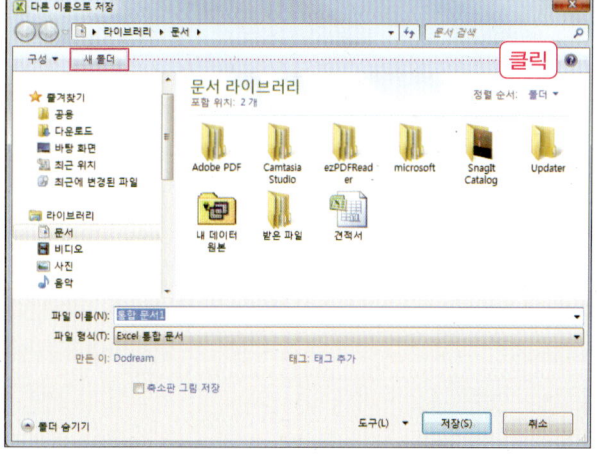

03 [새 폴더]가 생성되면 폴더 이름을 '엑셀 2010'으로 입력한 다음 Enter 키를 누릅니다.

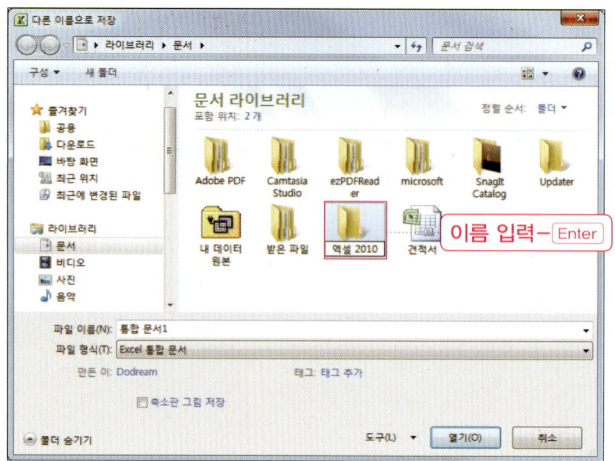

04 [엑셀 2010] 폴더를 더블클릭해서 연 다음 [파일 이름]에 '회원 연락처'를 입력하고 [저장] 버튼을 클릭합니다.

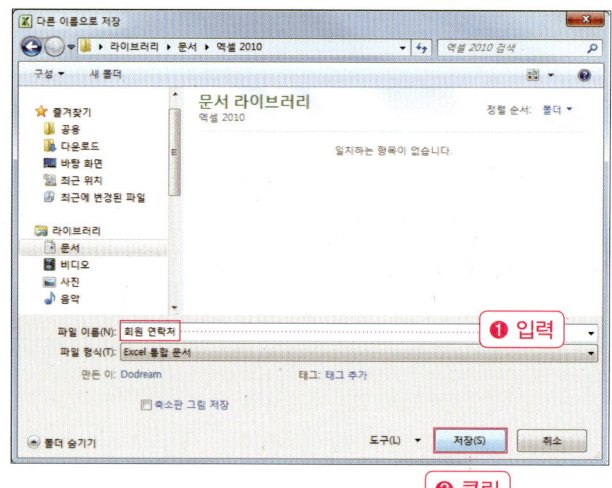

05 통합 문서를 저장하면 제목 표시줄에 '회원 연락처'와 같이 파일 이름이 표시됩니다. 이제 창 닫기(✕) 버튼을 클릭해서 현재 통합 문서를 닫습니다.

> **POINT** 닫기(✕) 버튼은 엑셀을 끝낼 때 사용합니다.

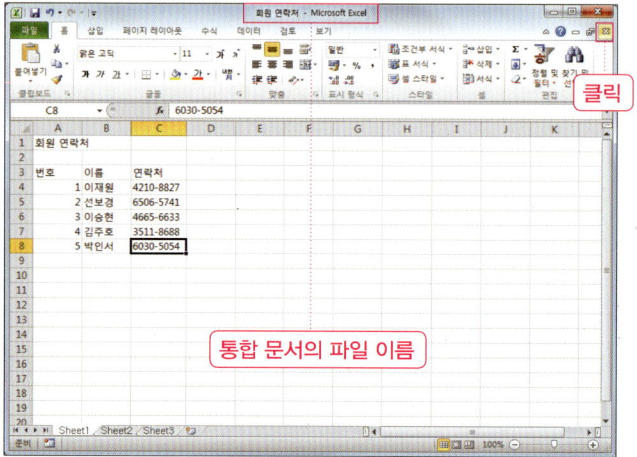

06 디스크에 저장한 통합 문서를 열기 위해 [파일] 탭을 클릭하고 [열기] 메뉴를 선택합니다.

> **POINT** [최근 사용한 항목]의 [최근 통합 문서]에 최근 작업한 통합 문서 목록이 표시됩니다. 여기서 통합 문서를 클릭하면 빠르게 통합 문서를 열 수 있습니다.

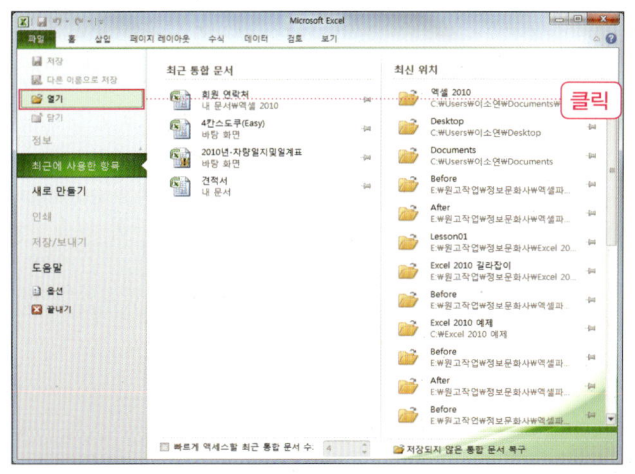

07 [열기] 대화상자가 열리면 열고자 하는 통합 문서가 저장되어 있는 폴더에서 통합 문서 파일을 선택하고 [열기] 버튼을 클릭합니다.

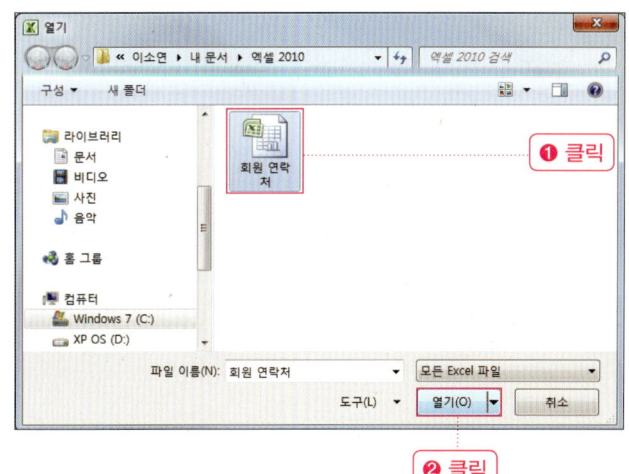

08 다음과 같이 선택한 통합 문서가 엑셀 창에 나타납니다.

> **POINT** 이미 이름이 정해져 있는 통합 문서에서 저장(🖫)을 클릭하면, 설정되어 있는 이름으로 변경 내용이 저장됩니다. 이름을 바꾸어 다시 저장하려면 [파일] 탭–[다른 이름으로 저장] 메뉴를 사용해야 합니다.

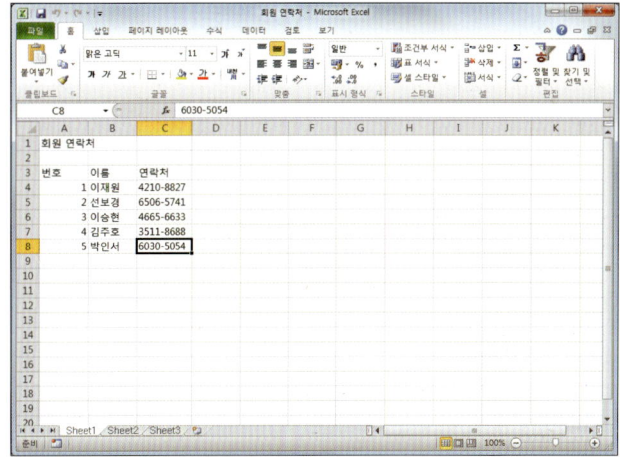

시트 이름 바꾸기

Section 13

통합 문서는 하나 이상의 워크시트를 포함할 수 있습니다. 워크시트의 이름은 Sheet1, Sheet2, ... 형식으로 설정되어 있으며 사용자가 워크시트에 작성한 내용에 따라 시트 이름을 변경할 수 있습니다.

키워드 시트 탭, 시트 이름 바꾸기

01 이름을 바꿀 시트 탭을 더블클릭하여 반전 상태로 만듭니다. 또는 [홈] 탭-[셀] 그룹-서식(□)을 클릭하고 [시트 이름 바꾸기]를 선택합니다.

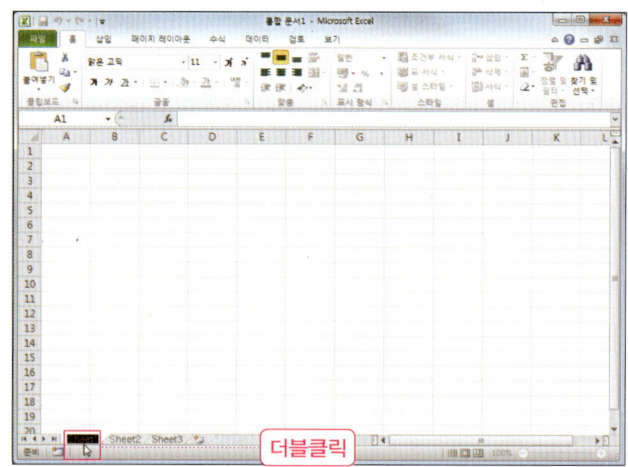

02 새로운 이름을 입력한 다음 Enter 키를 누르면 시트 이름이 변경됩니다.

> **POINT** 시트 이름은 공백을 포함하여 최대 31글자까지 지정할 수 있으며 같은 통합 문서에서 시트 이름을 중복해서 사용할 수 없습니다.

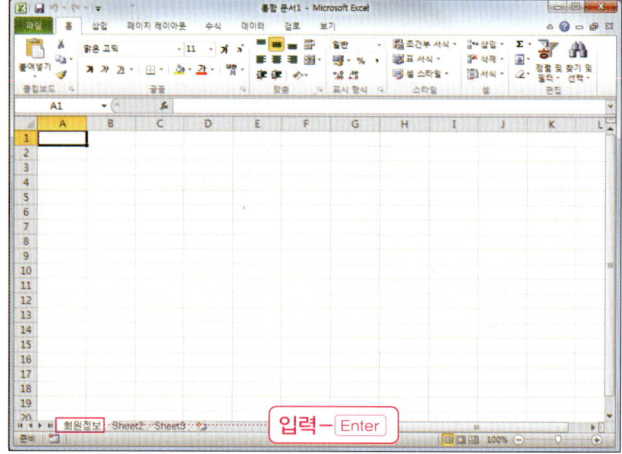

Section 14
시트의 삽입과 삭제

새 통합 문서는 기본적으로 세 개의 워크시트를 포함하고 있습니다. 필요에 따라 통합 문서에 새 워크시트를 삽입하거나 필요 없는 워크시트를 삭제하는 과정에 대해 알아봅니다.

키워드 시트 삽입, 시트 삭제

01 시트 탭에서 워크시트 삽입( ) 버튼을 클릭하면 새 워크시트가 마지막에 추가됩니다.

> **POINT** [홈] 탭-[셀] 그룹-삽입( )의 드롭다운 버튼을 클릭하고 [시트 삽입]을 선택하면 현재 시트의 앞에 새 워크시트를 삽입할 수 있습니다.

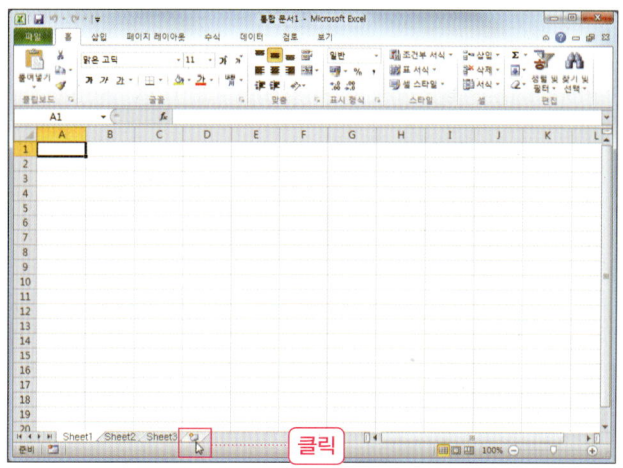

02 새 워크시트가 추가되면 [A1]셀에 임의로 데이터를 입력해 봅니다. 그런 다음 시트 탭에서 마우스 오른쪽 버튼을 누르고 바로 가기 메뉴에서 [삭제]를 클릭합니다.

> **POINT** [홈] 탭-[셀] 그룹-삭제( )의 드롭다운 버튼을 클릭하고 [시트 삭제]를 선택해도 됩니다.

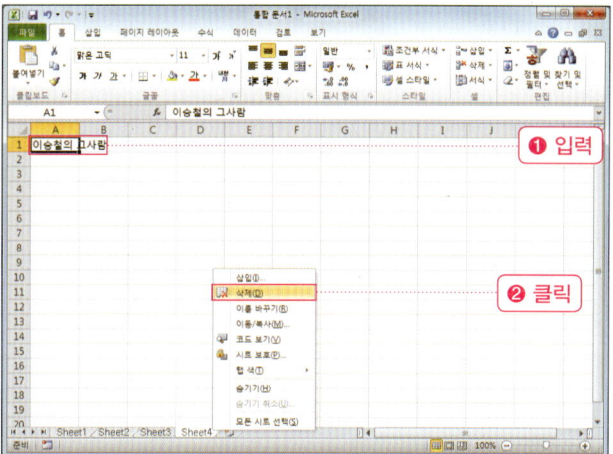

03 워크시트에 데이터가 있을 경우 다음과 같이 경고 메시지가 나타납니다. 여기에서 [삭제] 버튼을 클릭하면 현재 워크시트가 삭제됩니다.

> **POINT** 삭제한 워크시트는 후에 실행 취소 명령으로 취소할 수 없습니다. 따라서 충분한 주의가 필요합니다.

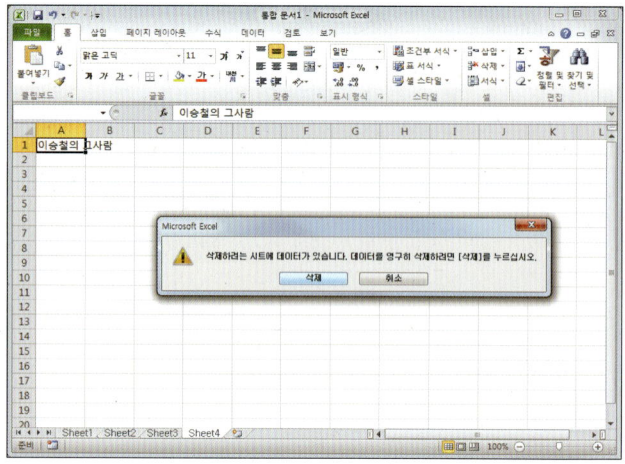

생초보 레벨업

셀 포인터 이동키

셀 포인터는 마우스로 해당 셀을 클릭해서 이동합니다. 다음은 마우스 대신 키보드를 이용하여 셀 포인터를 이동할 때 사용하는 키에 대한 설명입니다.

키	설명
↑, ↓, ←, →	위, 아래, 왼쪽, 오른쪽으로 한 셀 이동합니다.
Tab	오른쪽 셀로 이동합니다.
Shift + Tab	왼쪽 셀로 이동합니다.
Home	현재 행의 시작 셀로 이동합니다.
Ctrl + Home	워크시트의 시작 셀 [A1]셀로 이동합니다.
Ctrl + End	데이터가 입력된 마지막 셀로 이동합니다. 빈 워크시트일 경우에는 [A1]셀로 이동합니다.
Page Up	한 화면 위로 이동합니다.
Page Down	한 화면 아래로 이동합니다.
Alt + Page Up	한 화면 왼쪽으로 이동합니다.
Alt + Page Down	한 화면 오른쪽으로 이동합니다.

Section 15

시트의 이동과 복사

워크시트에 입력한 내용이 거의 비슷한 워크시트를 하나 더 만들 때는 기존 워크시트를 복사한 다음 원하는 부분만 수정해서 사용합니다. 또 워크시트를 다른 위치로 이동하여 순서를 바꾸거나 다른 통합 문서로 이동할 수 있습니다.

키워드 시트 이동, 시트 복사

01 새 통합 문서는 Sheet1, Sheet2, Sheet3이란 이름을 가진 세 개의 워크시트를 포함하고 있습니다. 시트 탭에서 'Sheet1' 워크시트를 마우스 왼쪽 버튼으로 클릭한 채 'Sheet3' 워크시트의 뒤로 드래그하면 시트가 이동됩니다.

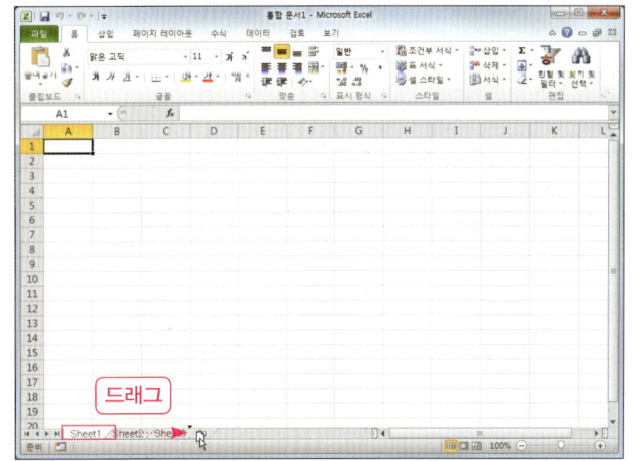

02 시트를 복사할 때는 Ctrl 키를 사용합니다. 시트 탭에서 Ctrl 키를 누른 채 'Sheet2' 워크시트를 'Sheet1' 워크시트의 뒤로 드래그하여 시트를 복사합니다.

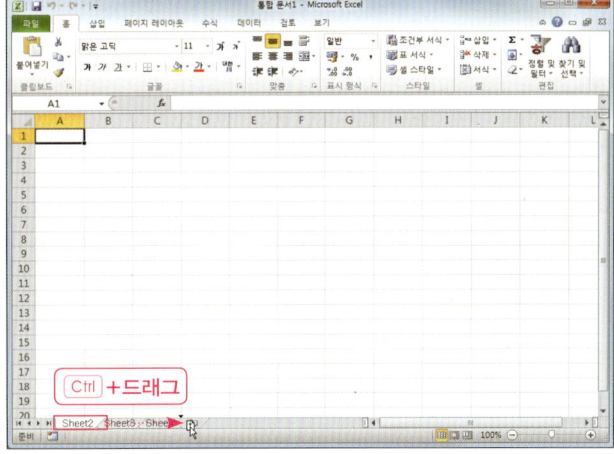

57

03 같은 통합 문서에 같은 이름의 시트가 존재할 수 없기 때문에 복사한 시트의 이름은 원래 시트 이름 다음에 '(2)'와 같이 번호가 붙습니다.

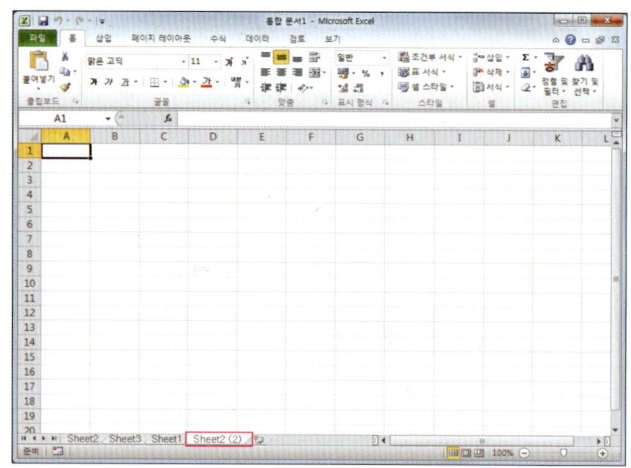

[이동/복사] 대화상자 사용하기

[이동/복사] 대화상자를 사용하여 시트를 이동하거나 복사할 수 있습니다. 대화상자를 사용할 경우 현재 통합 문서 내에서만이 아니라 열려 있는 다른 통합 문서나 새 통합 문서로도 시트를 이동하거나 복사할 수 있습니다. 시트 탭에서 원하는 시트 이름을 마우스 오른쪽 버튼으로 누르고 [이동/복사] 메뉴를 선택하면 [이동/복사] 대화상자가 열립니다. 여기에서 시트를 이동 또는 복사할 대상 통합 문서와 위치 등을 지정하고 [확인] 버튼을 누릅니다.

- **대상 통합 문서** : 열려 있는 통합 문서 중 하나를 선택하거나 새 통합 문서를 선택할 수 있습니다.
- **다음 시트의 앞에** : 대상 통합 문서에서 어떤 위치에 시트를 이동 또는 복사할 것인지 선택합니다.
- **복사본 만들기** : 이 확인란을 체크하면 시트가 복사되고, 선택하지 않으면 시트가 이동됩니다.

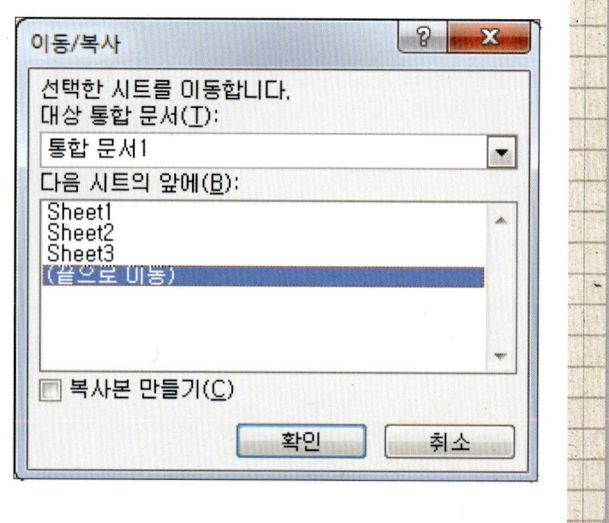

Section 16
데이터 이동과 복사

워크시트에 입력한 데이터를 다른 위치로 옮기거나 똑같은 내용으로 복사하는 과정을 알아봅니다. [홈] 탭-[클립보드] 그룹에 있는 명령을 이용하거나 바로 가기 키 등 여러 가지 방법으로 데이터를 이동하고 복사하는 명령을 실행할 수 있습니다.

키워드 잘라내기, 복사, 붙여넣기, 붙여넣기 옵션
예제 파일 Part1\예제파일\1-16.xlsx

---

01 [B2:F9]를 블록으로 지정한 다음 Ctrl+X를 눌러 잘라내기를 실행합니다. 그리고 [B11]셀을 클릭하고 Ctrl+V를 눌러 붙여넣기를 실행합니다.

POINT 바로 가기 키를 사용하는 대신 [홈] 탭-[클립보드] 그룹에서 잘라내기(잘라내기)나 붙여넣기( )를 사용해도 됩니다.

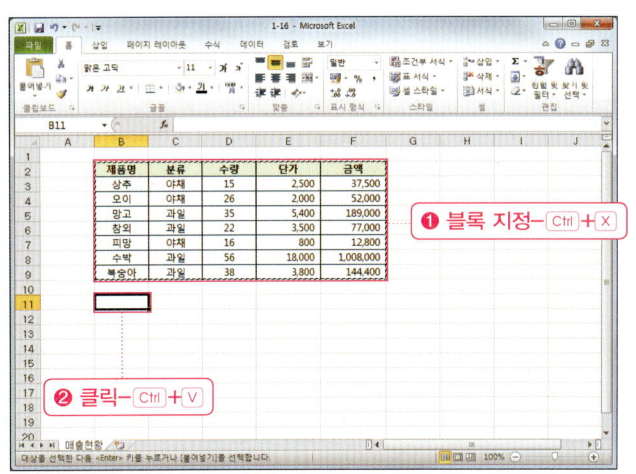

❶ 블록 지정 – Ctrl+X
❷ 클릭 – Ctrl+V

02 잘라낸 셀 범위가 이동됩니다.

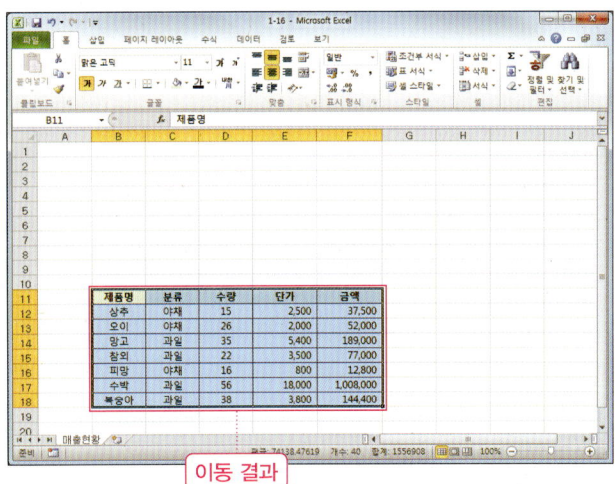

이동 결과

03 이번에는 [B11:F18]을 블록으로 지정하고 Ctrl + C 를 눌러 복사합니다. 그런 다음 [B2]셀을 클릭하고 Ctrl + V 를 눌러 붙여넣기합니다.

> **POINT** [홈] 탭-[클립보드] 그룹-복사(복사)를 클릭해서 복사 명령을 실행해도 됩니다.

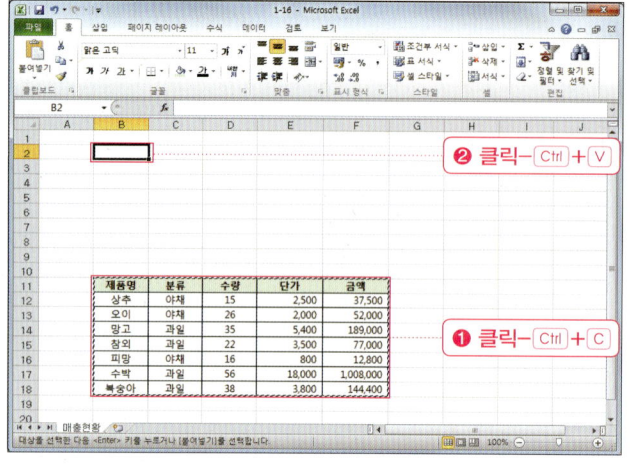

04 복사한 셀 범위가 선택한 위치에 똑같이 복사됩니다. 복사한 셀 범위에는 움직이는 점선 테두리가 그대로 남아 있는데, 이것은 다른 곳에 다시 붙여넣기를 반복해서 실행할 수 있다는 뜻입니다.

> **POINT** 움직이는 점선 테두리는 다른 작업을 실행하거나 Esc 키를 눌러 해제할 수 있습니다. 잘라내기 명령 후에는 단 한 번만 붙여넣기를 실행할 수 있습니다.

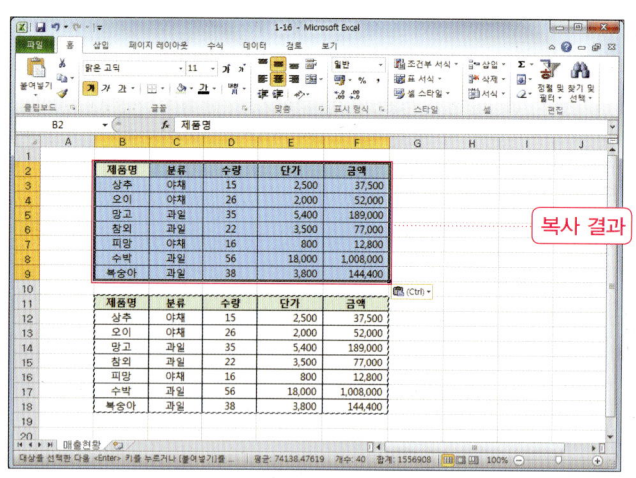

05 [B2:B9]를 블록으로 지정하고 Ctrl + C 를 누른 다음, [G2]셀을 클릭하고 Ctrl + V 를 누릅니다.

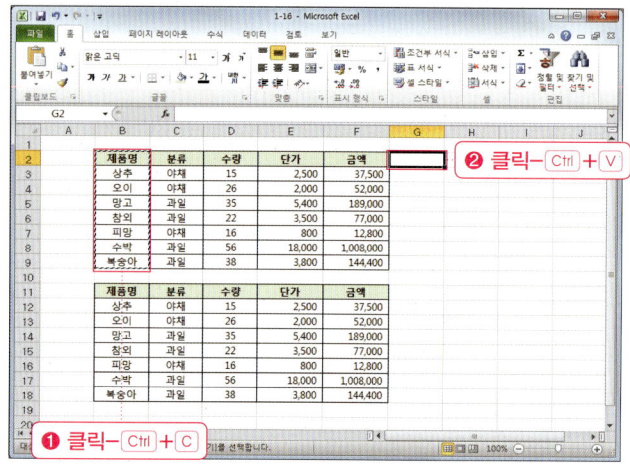

06 셀 영역을 복사한 후 붙여넣기하면 복사한 영역의 오른쪽 아래에 붙여넣기 옵션(　(Ctrl)▼) 버튼이 표시됩니다. 이 버튼을 클릭하고 [기타 붙여넣기 옵션]에서 [서식]을 클릭합니다.

> **POINT** 다른 붙여넣기 옵션은 Part2에서 자세하게 다룹니다.

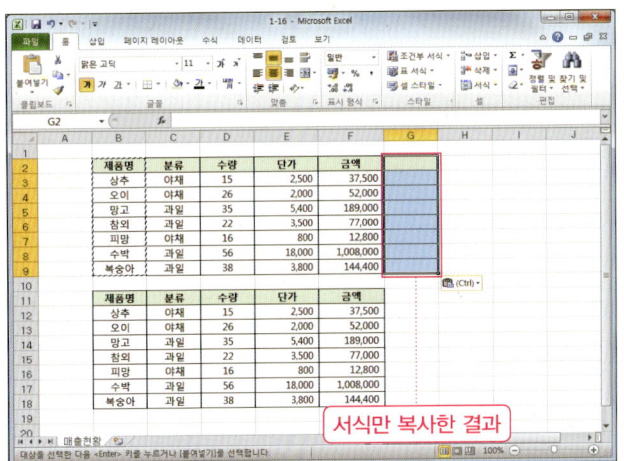
붙여넣기 옵션 선택

07 붙여넣기 옵션을 사용하지 않으면 복사한 내용과 완전히 똑같은 셀 범위가 다른 위치에 복사되지만, 붙여넣기 옵션을 [서식]으로 변경하면 데이터를 제외한 서식만 복사할 수 있습니다.

> **POINT** 글꼴, 글꼴 크기, 색, 테두리 등 셀의 디자인 요소를 '서식'이라고 합니다.

서식만 복사한 결과

왕초보 레벨업

엑셀 2010의 실시간 미리 보기 기능

엑셀 2010에서는 붙여넣기를 실행하기 전에 미리 그 결과를 확인할 수 있는 실시간 미리 보기 기능이 새로 추가되었습니다. 잘라내기 또는 복사를 실행한 다음 붙여넣기를 실행할 때 [홈] 탭-[클립보드] 그룹-붙여넣기(　)의 드롭다운 버튼을 클릭하고, [붙여넣기]를 마우스로 가리킵니다. 그러면 대상 위치에 [붙여넣기]를 실행한 결과가 미리 표시됩니다.

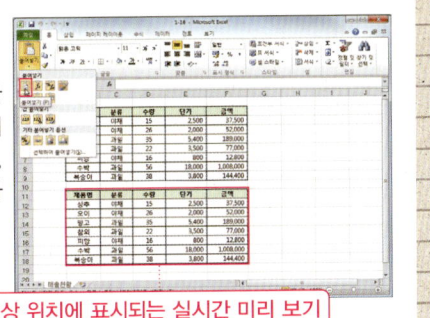
대상 위치에 표시되는 실시간 미리 보기

Section 17 찾기와 바꾸기

찾기 명령은 원하는 데이터가 입력되어 있는 셀로 빠르게 셀 포인터를 이동하기 위해서 사용합니다. 바꾸기 명령은 특정 데이터를 다른 데이터로 바꾸어 입력하기 위해서 사용합니다. 찾기와 바꾸기는 모두 워크시트에 입력한 데이터가 많을 때 유용합니다.

키워드 찾기, 바꾸기, 모두 찾기, 모두 바꾸기
예제 파일 Part1\예제파일\1-17.xlsx

01 [홈] 탭-[편집] 그룹-찾기 및 선택(A)을 클릭하고 [찾기]를 선택합니다.

> **POINT** 찾기 및 바꾸기의 바로 가기 키는 Ctrl+F입니다.

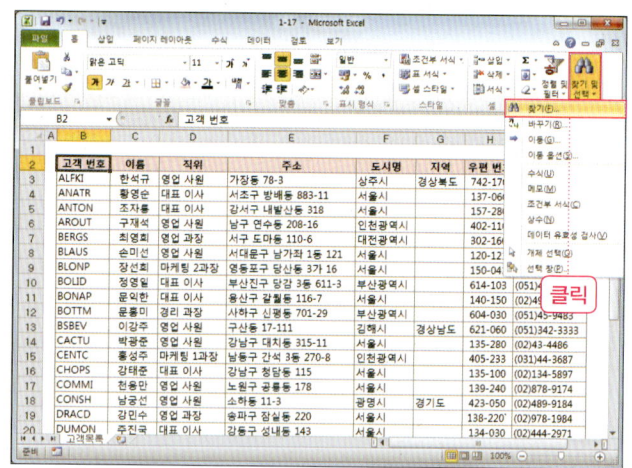

02 [찾기 및 바꾸기] 대화상자가 열리면 [찾기] 탭에서 [찾을 내용]에 '인천광역시'를 입력하고 [다음 찾기] 버튼을 클릭합니다.

> **POINT** [옵션] 버튼을 누르면 찾을 내용의 서식이나 찾을 범위, 검색 방향, 찾는 위치 등 여러 옵션을 설정할 수 있습니다.

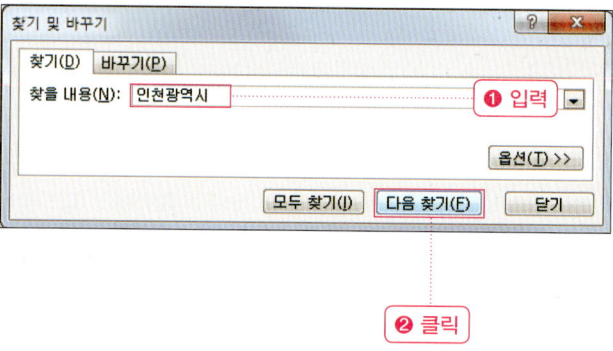

03 워크시트에서 '인천광역시'가 입력되어 있는 첫 번째 셀로 셀 포인터가 이동합니다. 계속해서 다른 셀의 '인천광역시'를 찾고 싶다면 [다음 찾기] 버튼을 클릭해야 합니다.

> **POINT** [모두 찾기] 버튼을 클릭하면 대화상자가 아래로 확장되면서 '인천광역시'가 입력되어 있는 모든 셀에 대한 정보가 표시됩니다.

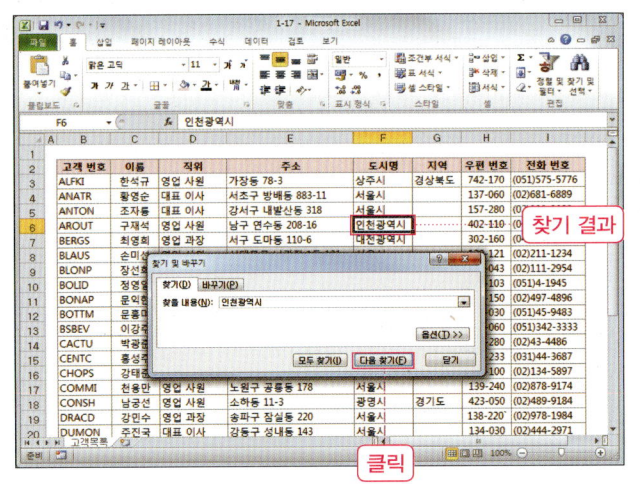

04 [찾기 및 바꾸기] 대화상자의 [바꾸기] 탭으로 이동한 다음 [찾을 내용]에 '서울시', [바꿀 내용]에 '서울특별시'를 입력하고 [다음 찾기] 버튼을 클릭합니다. 첫 번째 '서울시'를 찾아 셀 포인터가 이동하면 [바꾸기] 버튼을 클릭합니다. 만약 현재 찾은 내용을 바꾸지 않고 싶다면 [다음 찾기] 버튼을 클릭해서 다음 셀을 찾아볼 수 있습니다.

> **POINT** [홈] 탭-[편집] 그룹-찾기 및 선택( )을 클릭하고 [바꾸기]를 선택하여 [찾기 및 바꾸기] 대화상자의 [바꾸기] 탭을 바로 열 수 있습니다.

05 앞에서 찾은 셀의 내용이 '서울특별시'로 바뀌고 셀 포인터는 다음 '서울시'가 있는 셀로 이동합니다. 이번에는 한꺼번에 바꾸기 위해 [모두 바꾸기] 버튼을 클릭합니다.

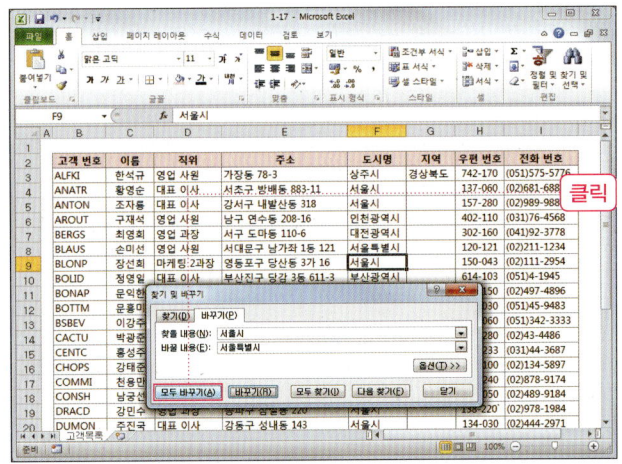

06 다음과 같이 메시지가 표시되면 [확인] 버튼을 클릭합니다.

07 [찾기 및 바꾸기] 대화상자에서 [닫기] 버튼을 클릭한 다음 워크시트에서 '서울시'가 모두 '서울특별시'로 바뀐 것을 확인합니다.

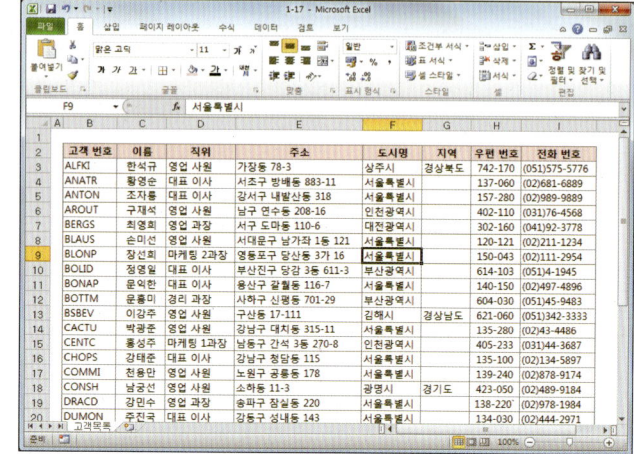

찾기 옵션

[찾기 및 바꾸기] 대화상자에서 [옵션] 버튼을 클릭하면 대화상자가 아래로 확장되면서 데이터를 찾을 때 지정할 수 있는 여러 가지 옵션이 표시됩니다. 찾기 옵션은 [찾기]와 [바꾸기]에서 모두 동일하게 적용됩니다.

- **서식** : 내용뿐만 아니라 서식까지 일치하는 데이터를 찾을 때 사용합니다. [서식] 드롭다운 버튼을 클릭하고 [서식]을 선택한 다음 [서식 찾기] 대화상자에서 찾을 내용에 대한 서식을 지정합니다. 또는 [셀에서 서식 선택]을 선택하고 워크시트에서 원하는 서식이 적용되어 있는 셀을 클릭해서 서식을 지정할 수 있습니다. 서식을 해제할 때는 [서식 찾기 지우기]를 선택합니다.
- **범위** : 데이터를 워크시트에서 검색할 것인지 전체 통합 문서에서 검색할 것인지 지정합니다.
- **검색** : 데이터의 검색 방향을 행 또는 열로 지정합니다.
- **찾는 위치** : 수식, 값, 메모 등으로 찾을 내용을 검색할 위치를 지정합니다.
- **대/소문자 구분** : 영어 대문자와 소문자를 구분해서 찾습니다.
- **전체 셀 내용 일치** : 찾을 내용으로 입력한 문자만 있는 셀을 검색하려면 체크합니다. 이 확인란를 체크하면 '서울시'를 찾을 때 '서울시 마포구'가 입력되어 있는 셀은 결과에서 제외됩니다.
- **전자/반자 구분** : 전각 문자와 반각 문자를 구분해서 찾습니다.

실행 취소와 다시 실행

엑셀에서 작업하다보면 실행한 명령을 취소하고 원래 상태로 되돌리고 싶을 때가 있습니다. 이럴 때 실행 취소 명령을 사용합니다. 또 실행 취소한 명령을 다시 실행하고 싶을 때에는 다시 실행 명령을 사용합니다.

키워드 실행 취소, 다시 실행
예제 파일 Part1\예제파일\1-18.xlsx

01 [D3:D9] 범위의 각 셀에 차례대로 점수를 입력합니다.

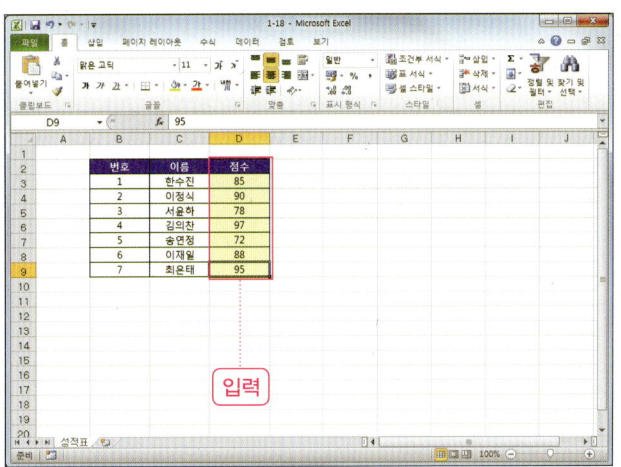

02 가장 최근에 실행한 명령을 취소하려면 빠른 실행 도구 모음에서 실행 취소( )를 클릭합니다. 여기서는 마지막으로 입력한 점수가 취소되었습니다.

> **POINT** 파일의 열기와 저장, 시트 이름 바꾸기나 시트의 삽입, 삭제 등 파일 단위 또는 시트 단위의 명령은 실행 취소할 수 없습니다.

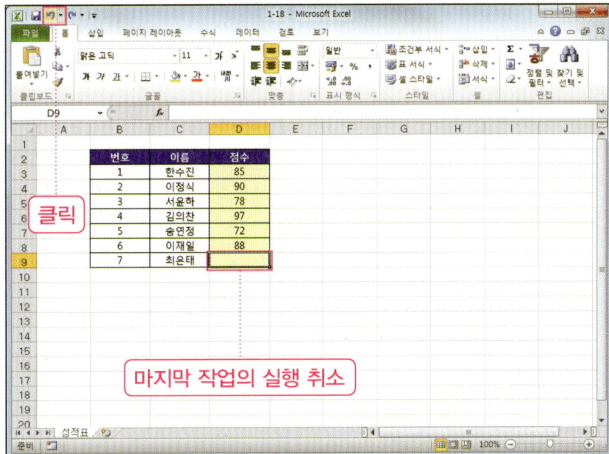

03 여러 명령을 한꺼번에 실행 취소할 수도 있습니다. 실행 취소(￼)의 드롭다운 버튼을 누른 다음 마우스를 움직여 취소할 부분까지 반전시키고 클릭합니다. 여기서는 모두 4개의 작업을 선택하였습니다.

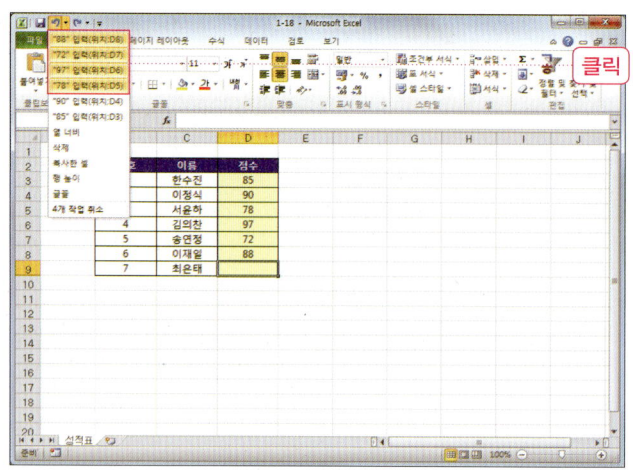

04 선택한 명령이 한꺼번에 취소되어 다음과 같이 입력한 데이터가 지워집니다. 실행 취소 명령을 사용한 후 다시 명령을 실행하려면 다시 실행 명령을 사용합니다. 다시 실행(￼)의 드롭다운 버튼을 누른 다음 원하는 명령까지 마우스를 움직여 반전시키고 클릭합니다. 여기서는 실행 취소한 모든 명령을 선택하였습니다.

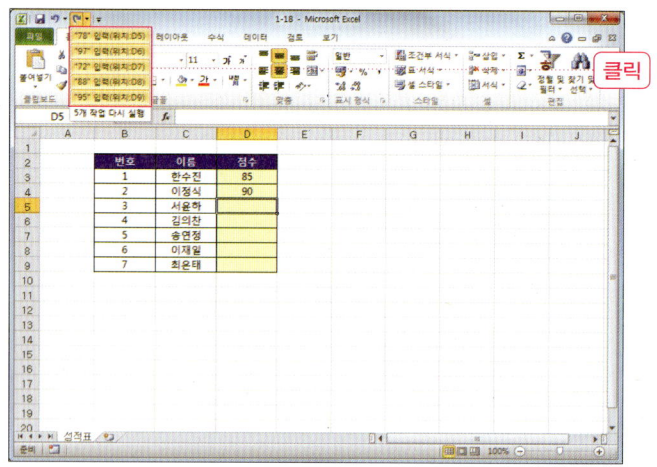

05 그러면 실행 취소한 명령이 모두 원래대로 다시 실행되어 다음과 같이 점수를 모두 입력한 상태로 돌아갑니다.

> **POINT** 다시 실행은 실행 취소한 명령이 있을 경우에만 사용할 수 있습니다.

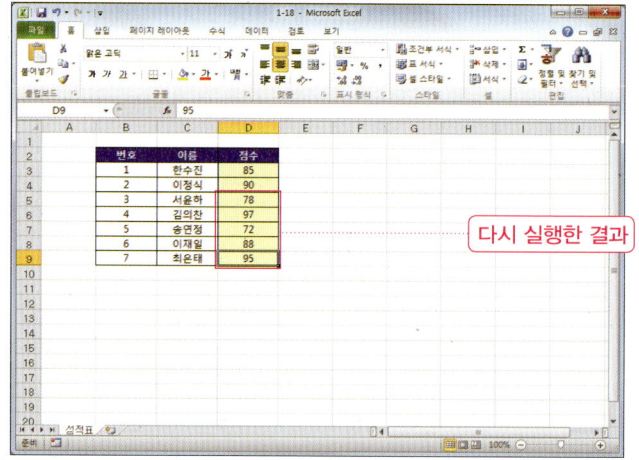

Section 19
셀, 행, 열 삽입하기

셀 또는 셀 범위, 행 전체, 열 전체를 중간에 삽입하는 방법에 대해 학습합니다. 삽입 명령은 [삽입] 대화상자를 사용하여 실행합니다. 행 전체나 열 전체를 삽입할 때는 머리글을 이용하여 블록을 지정한 다음 [삽입] 대화상자를 거치지 않고 바로 삽입 명령을 실행할 수 있습니다.

키워드 셀/행/열의 삽입, 삽입 옵션
예제 파일 Part1\예제파일\1-19.xlsx

01 [D2:D7]을 블록으로 지정한 다음 마우스 오른쪽 버튼을 클릭하고 [삽입]을 선택합니다.

> **POINT** [홈] 탭-[셀] 그룹-삽입(☰)을 클릭해서 삽입 명령을 실행할 수 있습니다.

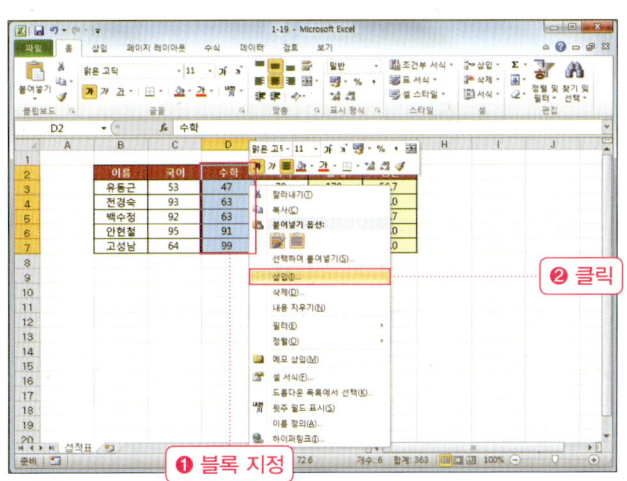

02 [삽입] 대화상자가 열리면 '셀을 오른쪽으로 밀기'를 선택하고 [확인] 버튼을 클릭합니다.

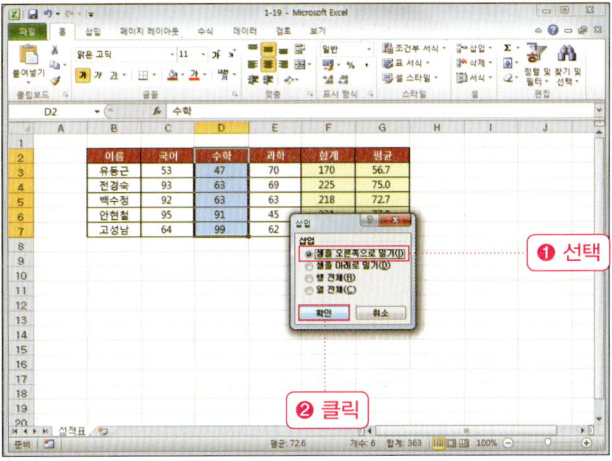

03 선택한 셀 범위가 오른쪽으로 밀려나고 다음과 같이 셀 범위가 표 중간에 삽입됩니다.

> **POINT** 셀, 행, 열 등을 삽입하면 삽입 옵션(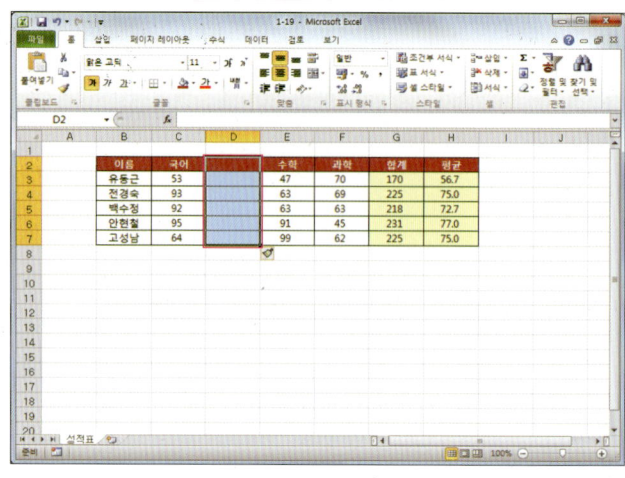) 버튼이 표시됩니다. 이 버튼을 클릭하고 새로 삽입되는 셀, 행, 열에 어떤 서식을 지정할 것인지 선택할 수 있습니다.

04 이번에는 [4]행부터 [6]행까지 행 머리글을 드래그하여 블록을 지정하고 마우스 오른쪽 버튼을 클릭한 다음 [삽입]을 선택합니다.

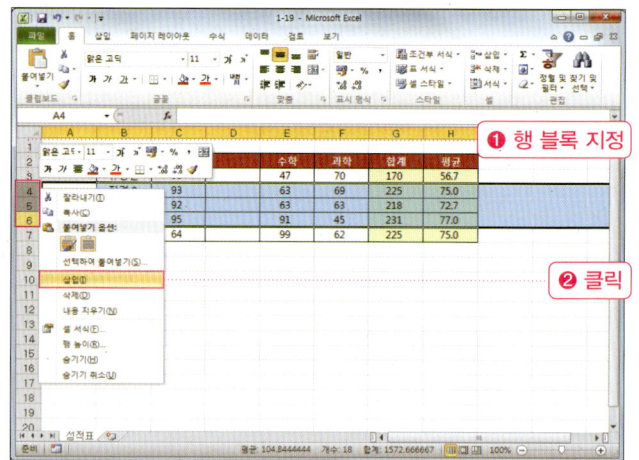

05 그러면 [삽입] 대화상자가 나타나지 않고 바로 3개의 행이 삽입됩니다.

> **POINT** 열 전체를 삽입할 때도 같은 방법으로 열 머리글을 블록으로 지정한 다음 마우스 오른쪽 버튼을 클릭하고 [삽입]을 선택합니다.

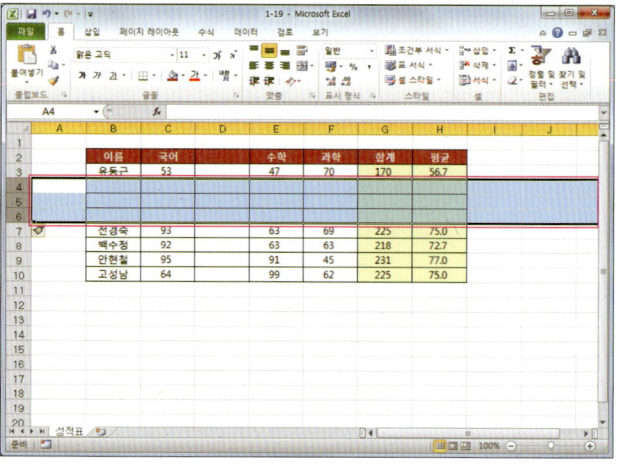

Section 20 셀, 행, 열 삭제하기

필요 없는 셀, 셀 범위, 행 전체, 열 전체를 삭제하는 방법입니다. 셀에 입력한 데이터를 지울 때는 Delete 키를 사용하지만 셀을 아예 제거할 때는 삭제 명령을 사용합니다.

키워드 셀/행/열 삭제
예제 파일 Part1\예제파일\1-20.xlsx

---

01 [F2:F7]을 블록으로 지정하고 마우스 오른쪽 버튼을 클릭한 다음 [삭제]를 선택합니다.

> **POINT** [홈] 탭-[셀] 그룹-삭제( )를 클릭하여 삭제 명령을 실행할 수도 있습니다.

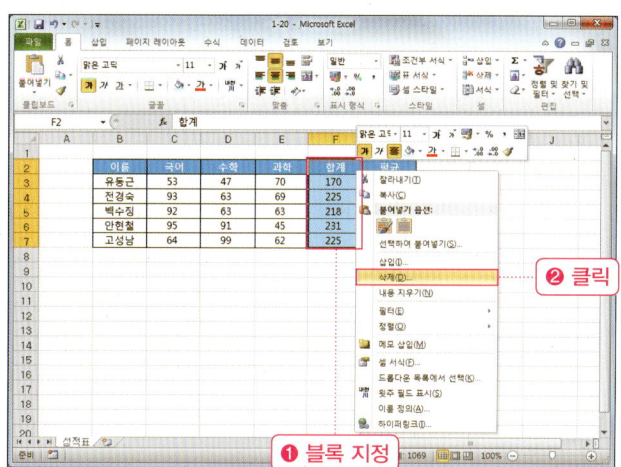

02 [삭제] 대화상자가 열리면 '셀을 왼쪽으로 밀기'를 선택하고 [확인] 버튼을 클릭합니다.

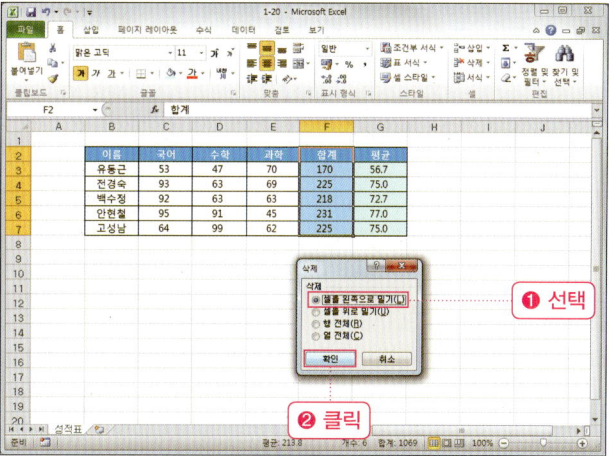

03 블록으로 지정한 범위(F2:F7)가 삭제되고, 오른쪽에 있는 셀 범위(G2:G7)를 왼쪽으로 밀어 그 자리를 채우게 됩니다.

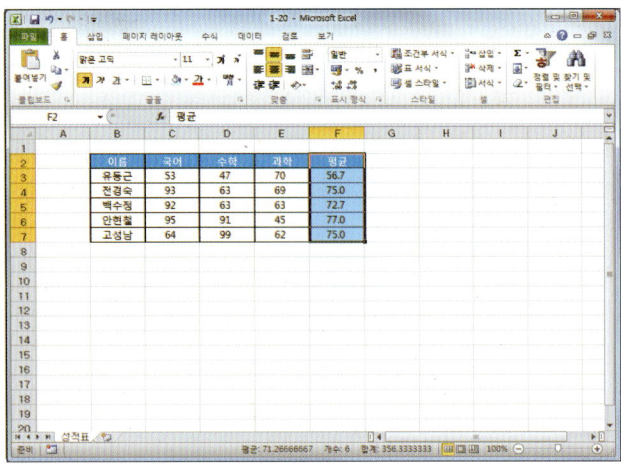

04 이번에는 [5]행의 행 머리글을 마우스 오른쪽 버튼으로 클릭한 다음 [삭제]를 선택합니다.

> **POINT** 여러 개의 행을 한꺼번에 삭제하려면 행 머리글을 드래그하여 블록을 지정한 다음 마우스 오른쪽 버튼을 클릭하고 [삭제]를 선택합니다.

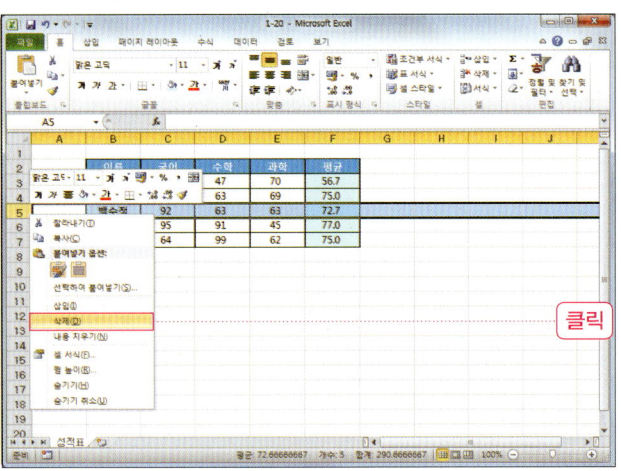

05 다음과 같이 [5]행 전체가 삭제되고 아래쪽에 있던 행이 위로 올라오게 됩니다.

> **POINT** 삭제하려는 행이나 열을 선택한 다음 [홈] 탭-[셀] 그룹-삭제( )의 드롭다운 버튼을 클릭한 다음 [시트 행 삭제] 또는 [시트 열 삭제]를 선택하여 행이나 열을 삭제할 수 있습니다.

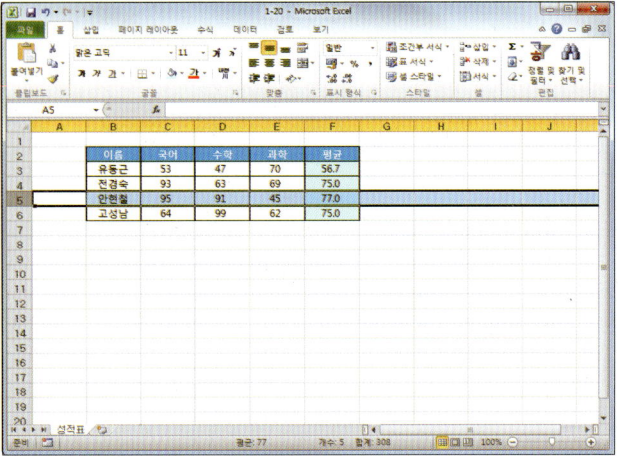

행과 열의 크기 조정

셀의 크기는 행의 높이와 열의 너비로 정해집니다. 행의 높이나 열의 너비를 변경할 때 가장 많이 사용하는 방법은 마우스로 머리글의 경계선을 원하는만큼 드래그 하는 것입니다.

키워드 열 너비 조정, 행 높이 조정, 자동 맞춤
예제 파일 Part1\예제파일\1-21.xlsx

01 [C]열 머리글의 오른쪽 경계선에서 마우스 왼쪽 버튼을 누른 채 원하는 크기만큼 오른쪽으로 드래그하여 열 너비를 늘려줍니다.

> **POINT** 열 머리글의 오른쪽 경계선을 왼쪽으로 드래그하면 열 너비가 줄어듭니다.

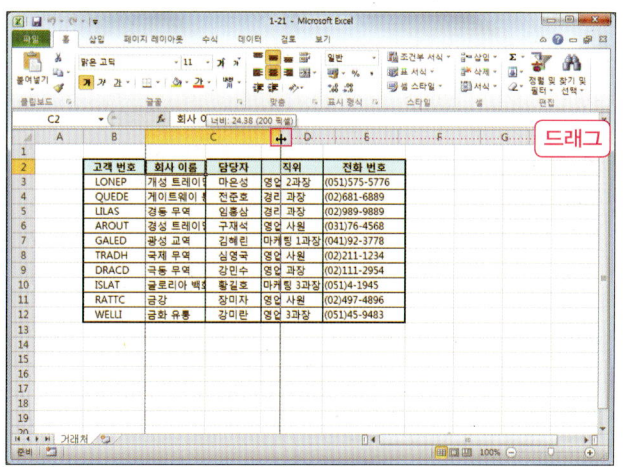

02 이번에는 [2]행부터 [12]행까지 행 머리글을 드래그하여 블록을 지정한 다음 선택한 행 중 하나의 행 머리글 경계선을 아래쪽으로 드래그합니다. 그러면 모든 행의 높이가 같은 크기로 늘어납니다.

> **POINT** 행 머리글의 경계선을 위쪽으로 드래그하면 행 높이가 줄어듭니다.

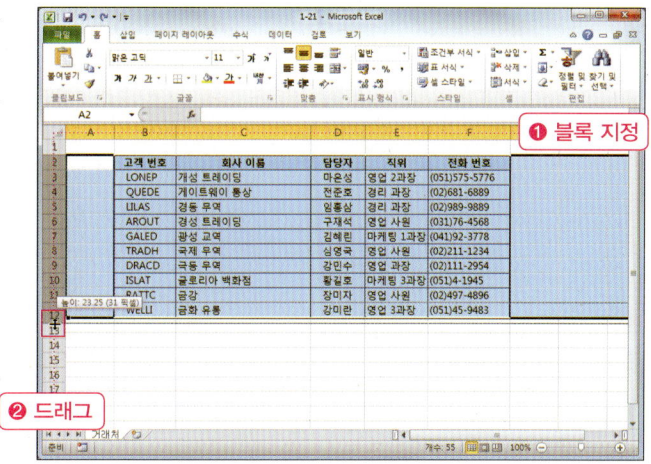

03 [B]열부터 [F]열까지 열 머리글을 드래그하여 블록을 지정한 다음 선택한 열 머리글 중 하나의 오른쪽 경계선을 더블클릭합니다.

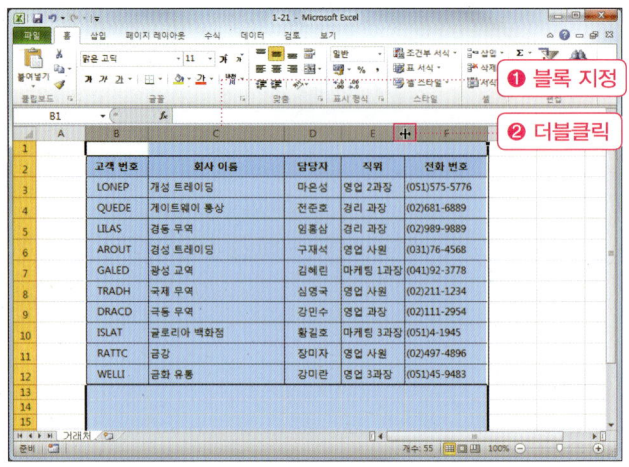

04 열 머리글의 경계선을 더블클릭하면 입력한 데이터의 길이에 맞추어 자동으로 열의 너비가 조정됩니다.

> **POINT** 행 머리글의 아래쪽 경계선을 더블클릭하면 해당 행에서 가장 큰 글꼴 크기에 맞게 자동으로 행 높이가 조정됩니다.

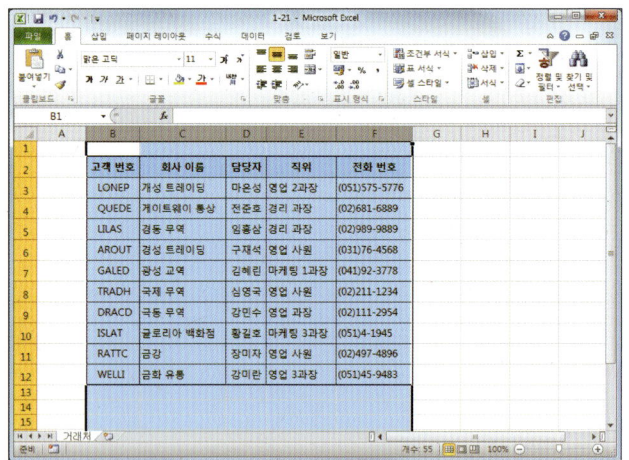

생초보 레벨업

숫자로 열 너비와 행 높이 지정하기

열 머리글을 마우스 오른쪽 버튼으로 클릭하고 [열 너비]를 선택하면 [열 너비] 대화상자가 열립니다. 여기에 열 너비를 숫자로 입력한 다음 [확인] 버튼을 클릭하여 열 너비를 조정할 수 있습니다. 행의 높이를 숫자로 입력하여 조정하려면 행 머리글을 마우스 오른쪽 버튼으로 클릭하고 [행 높이]를 선택하여 [행 높이] 대화상자를 이용합니다.

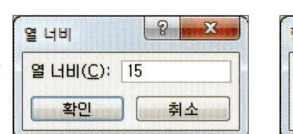
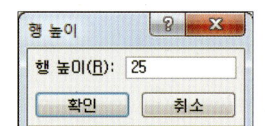

Section 22 글꼴 서식 지정하기

셀에 입력한 데이터의 글꼴 서식을 지정하는 방법에 대해 알아봅니다. 글꼴 서식에는 글꼴의 종류와 크기, 색을 비롯하여 굵게, 기울임꼴, 밑줄 등의 글꼴 스타일이 포함됩니다. 가장 쉬운 방법은 [홈] 탭-[글꼴] 그룹에 있는 도구를 사용하는 것이며 리본 메뉴에서 지원하지 않는 서식은 [셀 서식] 대화상자의 [글꼴] 탭에서 지정합니다.

키워드 글꼴, 글꼴 크기, 글꼴 스타일, 글꼴 색
예제 파일 Part1\예제파일\1-22.xlsx

01 [B2]셀에서 [홈] 탭-[글꼴] 그룹-글꼴(맑은 고딕)의 드롭다운 버튼을 클릭하고 [궁서]를 선택하여 글꼴을 변경합니다.

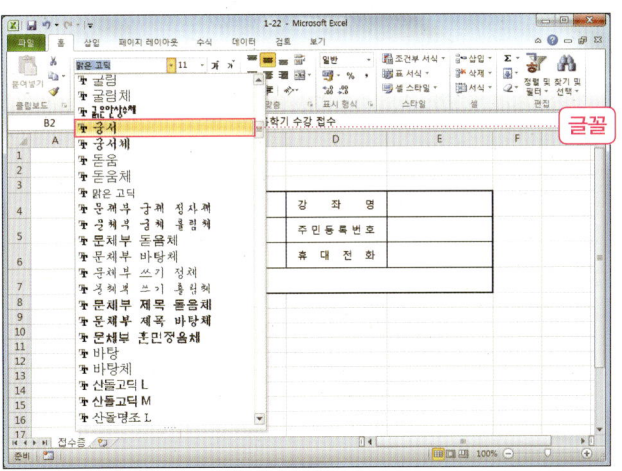

02 계속해서 [B2]셀에서 글꼴 크기(11)의 드롭다운 버튼을 클릭하고 [24]를 선택합니다. 그리고 굵게(가)를 클릭해서 글꼴 스타일을 변경합니다.

> **POINT** 글꼴 스타일은 굵게(가), 기울임꼴(가), 밑줄(가) 등이 있습니다. 글꼴 스타일을 한 번 클릭하면 스타일이 설정되고, 다시 클릭하면 스타일이 해제됩니다.

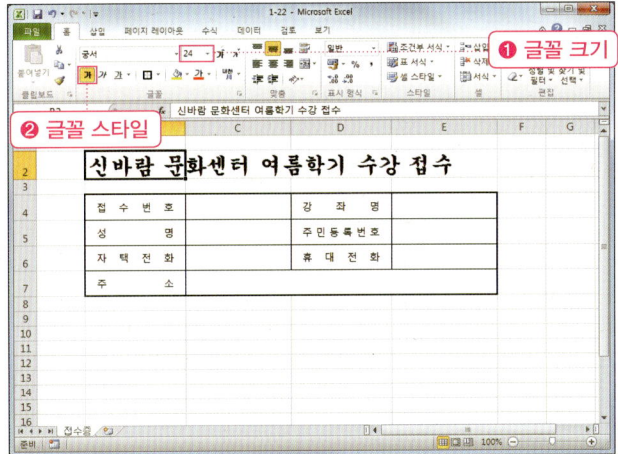

03 [B4:B7]을 블록으로 지정하고 Ctrl 키를 누른 채 [D4:D6]을 블록으로 지정합니다. 그런 다음 [홈] 탭-[글꼴] 그룹에서 대화상자 표시(□) 버튼을 클릭합니다.

> **POINT** 블록을 지정하고 마우스 오른쪽 버튼을 클릭한 다음 [셀 서식] 메뉴를 선택해도 됩니다.

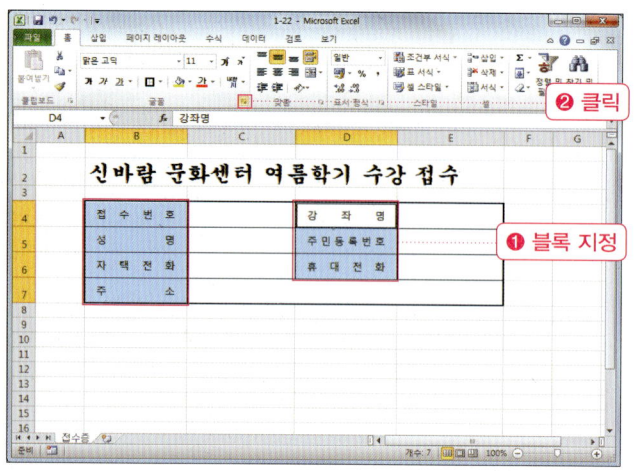

04 [셀 서식] 대화상자의 [글꼴] 탭이 표시되면 [글꼴 스타일]을 '굵게'로 지정하고, [색]을 '파랑'으로 지정한 다음 [확인] 버튼을 클릭합니다.

> **POINT** 대화상자를 이용하면 여러 개의 글꼴 서식을 한 번에 지정할 수 있습니다.

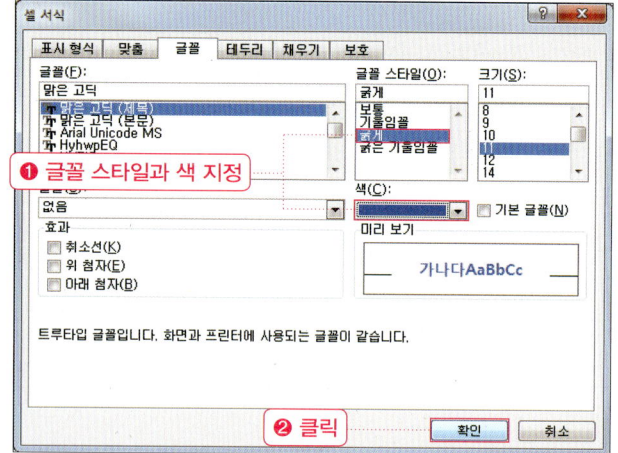

05 임의의 셀을 클릭하여 블록을 해제한 다음 [B4:B7]과 [D4:D6]의 글꼴 서식이 변경된 것을 확인합니다.

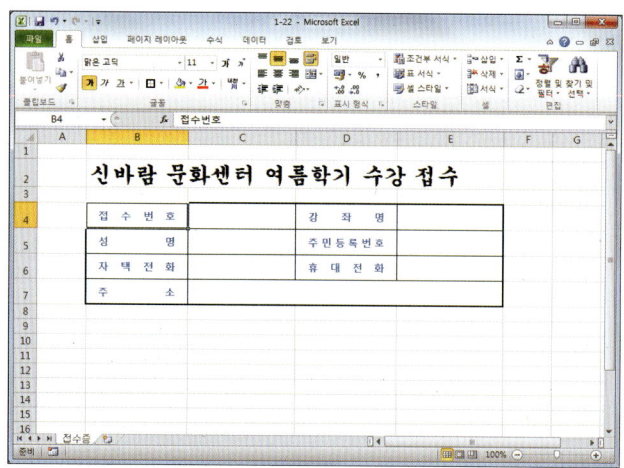

맞춤 서식 지정하기

Section 23

셀에 텍스트를 입력하면 기본적으로 셀 왼쪽에 맞추어 정렬됩니다. 숫자와 날짜 및 시간 데이터는 셀 오른쪽에 맞추어 정렬됩니다. 이렇게 기본적으로 설정된 맞춤 방식을 사용자의 필요에 따라 변경할 수 있습니다.

키워드 텍스트 맞춤, 들여쓰기, 내어쓰기, 텍스트 조정

예제 파일 Part1\예제파일\1-23.xlsx

---

01 [B2]셀에서 [홈] 탭-[맞춤] 그룹-가운데 맞춤( )을 클릭하면 셀 왼쪽에 맞추어 입력되어 있던 텍스트가 셀 가운데에 맞춰 표시됩니다.

> **POINT** 왼쪽 맞춤( ), 오른쪽 맞춤( )을 사용하여 셀 왼쪽 또는 오른쪽으로 데이터를 정렬할 수 있습니다.

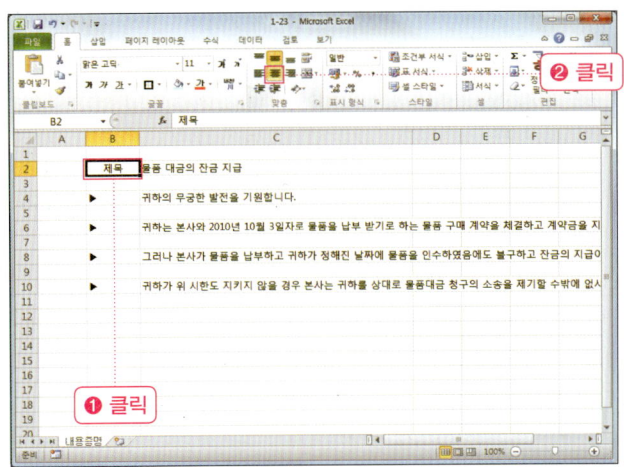

02 Ctrl 키를 이용하여 [C4], [C6], [C8], [C10]을 블록으로 지정한 다음 [홈] 탭-[맞춤] 그룹에서 대화상자 표시( ) 버튼을 클릭합니다.

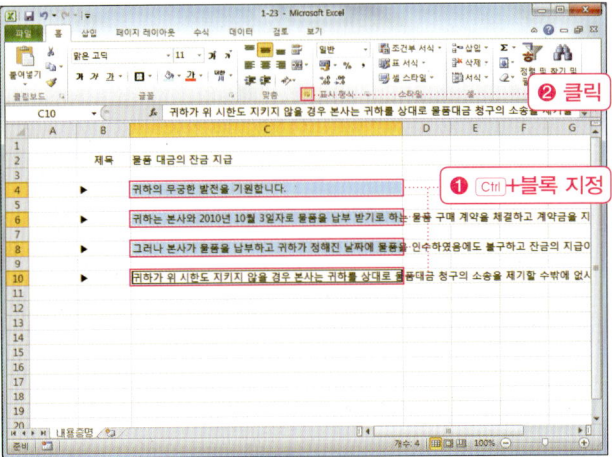

03 [셀 서식] 대화상자의 [맞춤] 탭이 실행되면 [텍스트 맞춤]에서 [가로]와 [세로]를 모두 '양쪽 맞춤'으로 선택합니다. 그리고 [텍스트 조정]에서 '텍스트 줄 바꿈'을 체크한 다음 [확인] 버튼을 클릭합니다.

> **POINT** '텍스트 줄 바꿈'은 텍스트 길이가 셀 너비보다 길 때 자동으로 줄을 바꿉니다. '양쪽 맞춤'은 텍스트의 왼쪽과 오른쪽, 위쪽과 아래쪽의 여백을 가지런하게 표시합니다.

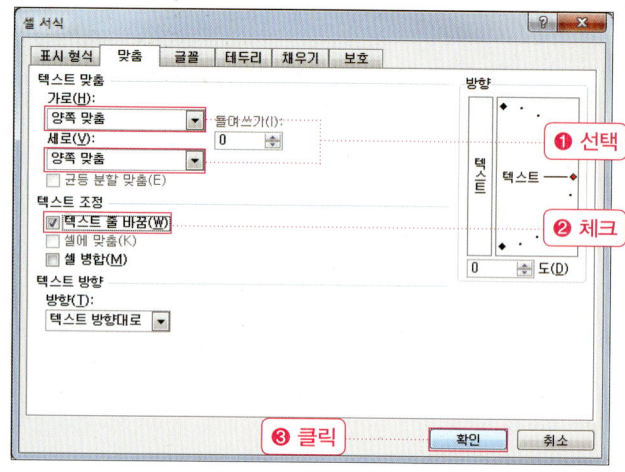

04 Ctrl 키를 이용하여 [B4], [B6], [B8], [B10]을 블록으로 지정한 다음 [홈] 탭-[맞춤] 그룹에서 대화상자 표시(⬚) 버튼을 클릭합니다.

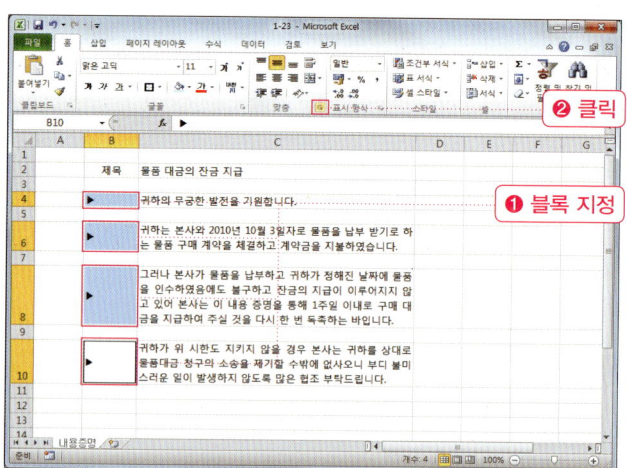

05 [셀 서식] 대화상자의 [맞춤] 탭에서 [텍스트 맞춤]의 [가로]를 '오른쪽 (들여쓰기)'로 지정하고 [들여쓰기]를 '1'로 입력합니다. [세로]를 '위쪽'으로 지정한 다음 [확인] 버튼을 누릅니다.

> **POINT** [홈] 탭-[맞춤] 그룹-들여쓰기(⬚)와 내어쓰기(⬚)를 사용하여 들여쓰기의 양을 늘리거나 줄일 수 있습니다.

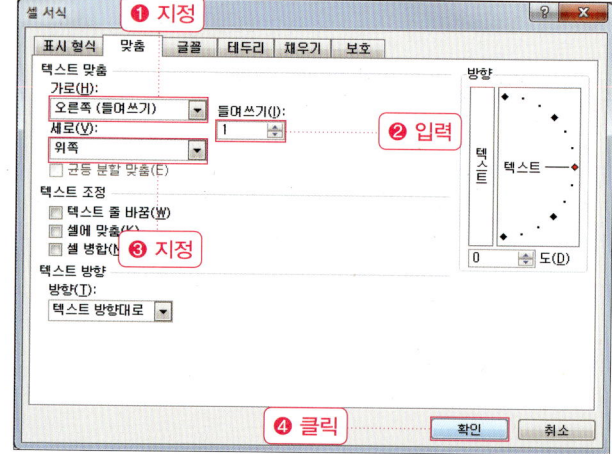

06 마지막으로 각 행의 아래쪽 경계선을 마우스로 드래 그하여 행 높이를 조절합니다. 행 높이를 늘리면 줄과 줄 사이의 간격이 늘어나고, 행 높이를 줄이면 줄 간격이 줄어듭니다.

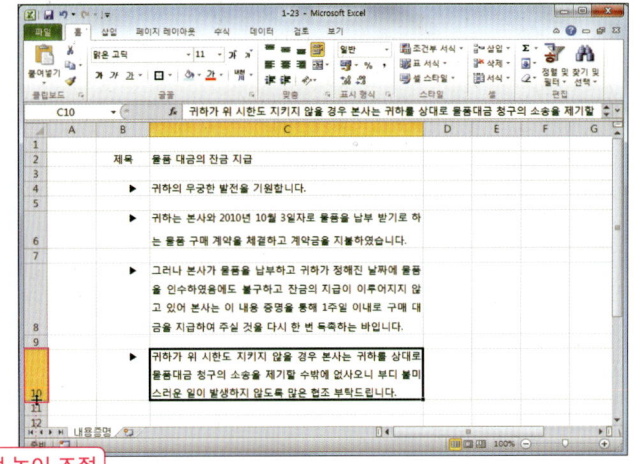

행 높이 조절

텍스트 줄 바꾸기

한 셀에 텍스트를 여러 줄로 나누어 입력하기 위해서 다음 두 가지 방법 중 하나를 사용합니다.

- Alt + Enter 사용 : 첫 번째 줄의 텍스트를 입력하고 Alt + Enter 를 누르면 셀에서 강제로 줄이 바뀝니다. 원하는 만큼 여러 줄에 각각 텍스트를 입력하고 마지막에 Enter 키를 눌러 입력을 확정합니다.
- 텍스트 줄 바꿈 : 셀에 텍스트를 입력한 다음 [셀 서식] 대화상자의 [맞춤] 탭에서 '텍스트 줄 바꿈'을 체크합니다. 그러면 셀 너비에 맞추어 자동으로 줄이 바뀌어 표시됩니다. 또는 [홈] 탭–[맞춤] 그룹–텍스트 줄 바꿈(텍스트 줄 바꿈)을 클릭합니다.

표시 형식 지정하기

Section 24

셀에 데이터를 입력한 다음 표시 형식을 바꾸면 원본 데이터를 변경하지 않으면서 셀에 데이터가 표시되는 형태만 변경할 수 있습니다. 예를 들어 숫자를 입력한 후 천 단위마다 쉼표를 삽입하거나 통화 기호를 표시할 수 있습니다.

키워드 날짜 표시 형식, 쉼표 스타일, 백분율 스타일

예제 파일 Part1\예제파일\1-24.xlsx

---

01 [C3:C17]을 블록으로 지정하고 [홈] 탭-[표시 형식] 그룹에서 대화상자 표시( ) 버튼을 클릭합니다.

> **POINT** 현재 주민등록번호는 중간에 하이픈(-) 없이 숫자로만 입력되어 있습니다.

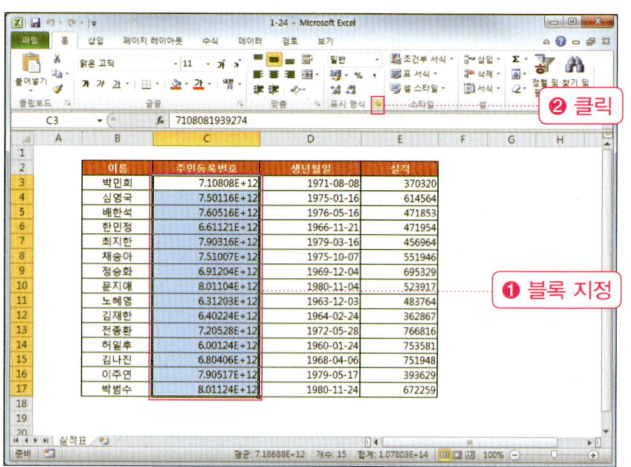

02 [셀 서식] 대화상자의 [표시 형식] 탭이 실행되면 [범주]를 '기타'로 선택합니다. 오른쪽의 [형식]에서 '주민등록번호'를 선택하고 [확인] 버튼을 클릭합니다. 이렇게 하면 주민등록번호 중간에 자동으로 하이픈(-)이 삽입됩니다.

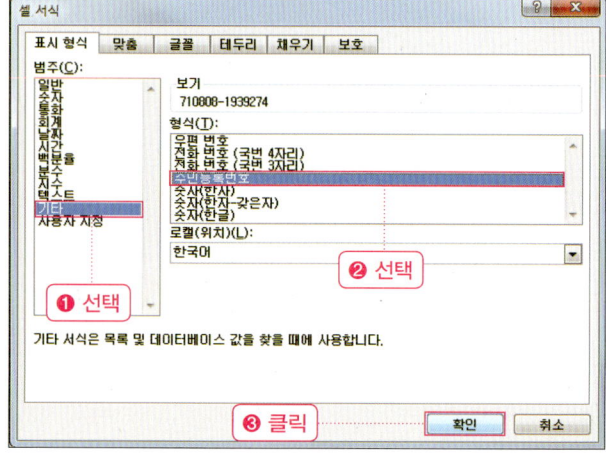

03 이번에는 [D3:D17]을 블록으로 지정하고 [홈] 탭-[표시 형식] 그룹에서 대화상자 표시( ) 버튼을 클릭합니다.

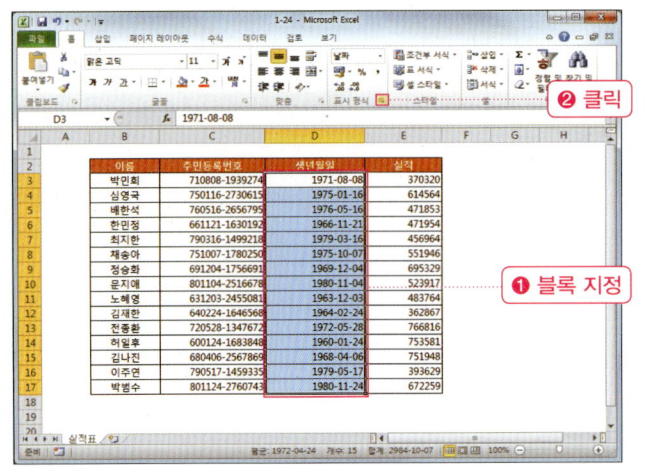

04 [셀 서식] 대화상자의 [표시 형식] 탭에서 [범주]를 '날짜'로 선택하고, [형식]을 '2001년 3월 14일'로 선택한 다음 [확인] 버튼을 클릭합니다.

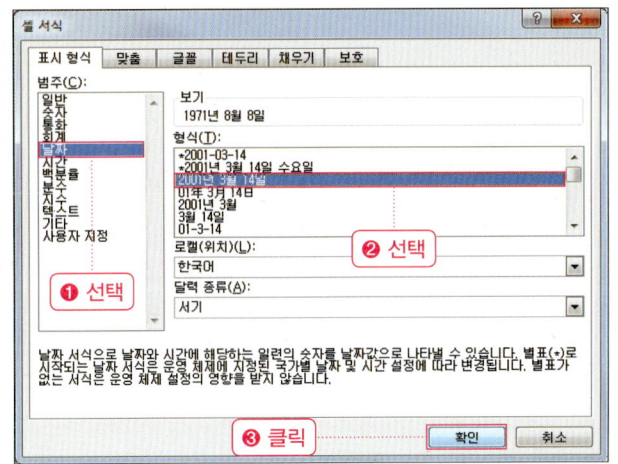

05 이번에는 [E3:E17]을 블록으로 지정하고 [홈] 탭-[표시 형식] 그룹-쉼표 스타일( )을 클릭합니다. 그러면 숫자의 천 단위마다 쉼표(,)가 삽입됩니다.

POINT
- 회계 표시 형식( ) : 숫자 앞에 통화 기호를 표시하고 천 단위마다 쉼표(,) 삽입
- 백분율 스타일( ) : 숫자에 100을 곱하고 숫자 뒤에 백분율 기호(%) 표시
- 쉼표 스타일( ) : 숫자 천 단위마다 쉼표(,) 삽입
- 자릿수 늘림( ) : 소수 이하 자릿수를 하나씩 늘림
- 자릿수 줄임( ) : 소수 이하 자릿수를 하나씩 줄임

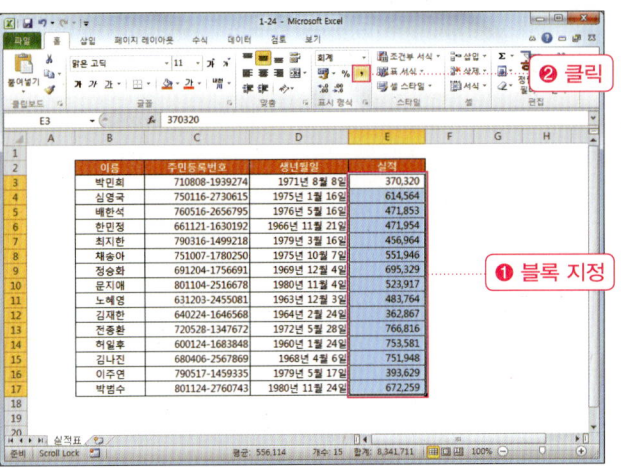

Section 25
테두리 지정하기

워크시트에는 셀과 셀을 구분하기 위해 눈금선이 표시되어 있습니다. 하지만 기본적으로 눈금선은 인쇄되지 않습니다. 여기서는 실제로 선을 인쇄하기 위하여 셀에 각종 테두리를 지정하는 과정을 살펴봅니다.

키워드 테두리, 선 스타일, 선 색
예제 파일 Part1\예제파일\1-25.xlsx

01 [B4:D14]를 블록으로 지정하고 [홈] 탭-[글꼴] 그룹-테두리( )의 드롭다운 버튼을 누른 다음 [모든 테두리]를 클릭합니다.

> **POINT** 테두리( ) 아이콘의 모양은 마지막으로 사용한 테두리 모양으로 표시됩니다. 드롭다운 버튼이 아니라 왼쪽 이미지 부분을 클릭하면 바로 해당 테두리를 사용할 수 있습니다.

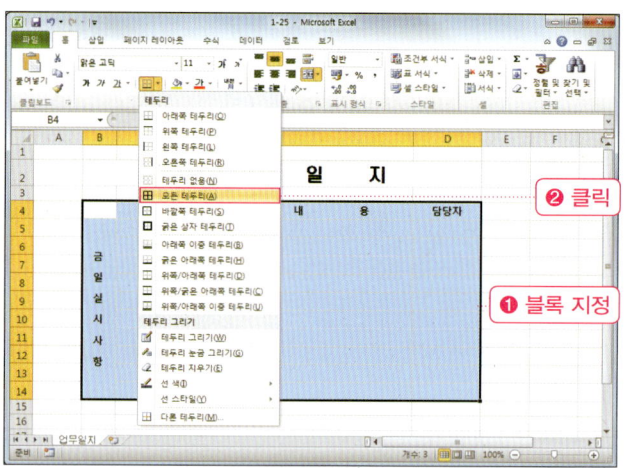

02 [셀 서식] 대화상자를 이용하여 테두리를 설정해 보겠습니다. [C5:D14]를 블록으로 지정한 다음 테두리( )의 드롭다운 버튼을 클릭하고 [다른 테두리]를 선택합니다.

> **POINT** [홈] 탭-[글꼴] 그룹의 대화상자 표시( ) 버튼을 클릭하여 [셀 서식] 대화상자의 [테두리] 탭에서 실행해도 됩니다.

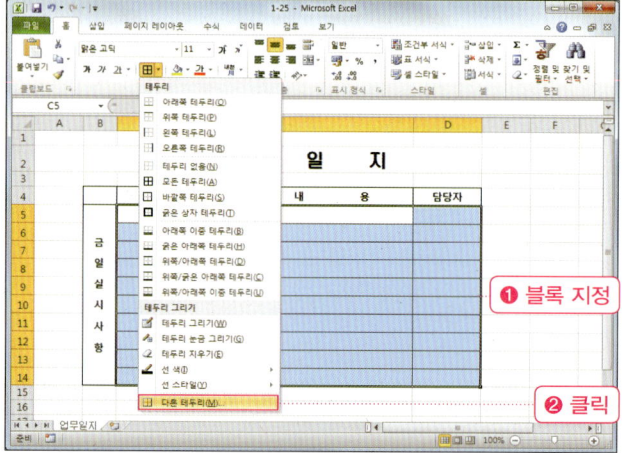

03 [셀 서식] 대화상자의 [테두리] 탭이 열리면 [선]의 [스타일]과 [색]을 먼저 지정합니다. 그런 다음 [테두리] 영역에서 [가로 테두리] 버튼을 클릭하여 테두리를 그리고 [확인] 버튼을 클릭합니다.

> **POINT** 미리 설정 영역과 테두리 영역에 있는 버튼을 이용하여 테두리를 그립니다. 미리 보기에서 테두리가 그려진 결과를 미리 확인할 수 있습니다.

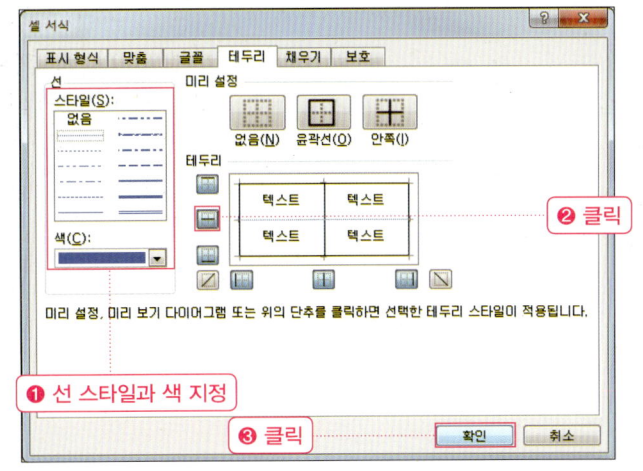

04 다음과 같이 선택한 영역의 안쪽에 있는 가로 테두리가 다시 그려집니다. [보기] 탭-[표시] 그룹에서 [눈금선]을 선택하여 체크를 해제하면 셀 눈금선이 사라지므로 여러분이 설정한 테두리를 더 정확하게 확인할 수 있습니다.

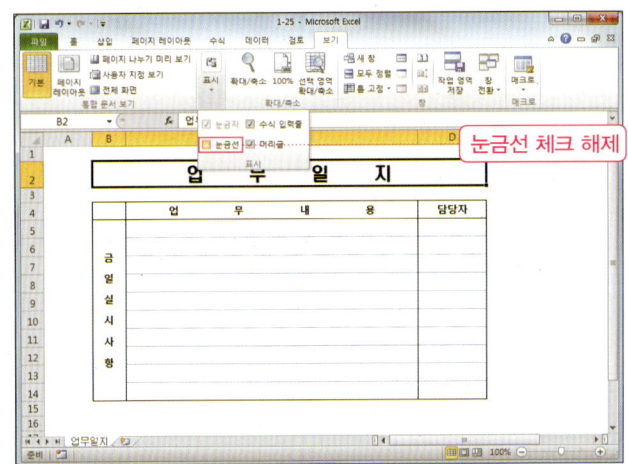

왕초보 레벨업

테두리 선의 색과 선 스타일 설정

[홈] 탭-[글꼴] 그룹-테두리(⊞▼)의 드롭다운 버튼을 클릭하고 테두리 종류를 지정할 때 미리 선의 색과 선 스타일을 설정할 수 있습니다. 먼저 테두리를 그릴 영역을 블록으로 지정한 다음 테두리(⊞▼)의 드롭다운 버튼을 클릭하고 [선 색]에서 원하는 색을 선택하거나 [선 스타일]에서 원하는 선 스타일을 선택합니다. 이렇게 하면 마우스 포인터가 테두리 그리기 상태를 의미하는 연필 모양으로 변합니다. 연필 모양의 마우스 포인터로 원하는 곳을 드래그하여 직접 테두리를 그리거나, 테두리(⊞▼)의 드롭다운 버튼을 클릭하고 원하는 테두리 종류를 선택하여 테두리를 그릴 수도 있습니다. 직접 테두리를 그리는 경우에는 테두리 그리기가 끝나면 Esc 키를 눌러 테두리 그리기 상태를 종료해 주어야 합니다. 테두리 종류를 선택하여 그리는 경우에는 자동으로 테두리 그리기 상태가 종료됩니다. 또 마우스로 드래그하여 테두리를 지우고 싶다면 테두리(⊞▼)의 드롭다운 버튼을 클릭하고 [테두리 지우기]를 선택합니다. 마우스 포인터가 지우개 모양으로 변하면 원하는 곳을 드래그하여 테두리를 지우고 마지막에 Esc 키를 눌러 테두리 지우기 상태를 종료합니다.

채우기 색 지정하기

Section 26

채우기 색은 셀 내부에 칠하는 색입니다. 기본적으로 셀 내부의 채우기 색은 [없음]으로 지정되어 있습니다. 단색이나 무늬, 채우기 효과(그라데이션) 등을 사용하여 셀 내부를 채우는 과정을 살펴봅니다.

키워드 채우기 색, 무늬와 색, 채우기 효과
예제 파일 Part1\예제파일\1-26.xlsx

01 [B2] 셀에서 [홈] 탭-[글꼴] 그룹-글꼴 색(가▼)의 드롭다운 버튼을 클릭하고 원하는 글꼴 색을 선택합니다. 계속해서 채우기 색(▼)의 드롭다운 버튼을 클릭하고 원하는 채우기 색을 선택합니다.

> **POINT** 여기서는 글꼴 색을 '흰색'으로 지정하고, 채우기 색은 '파랑, 강조 1'로 지정했습니다.

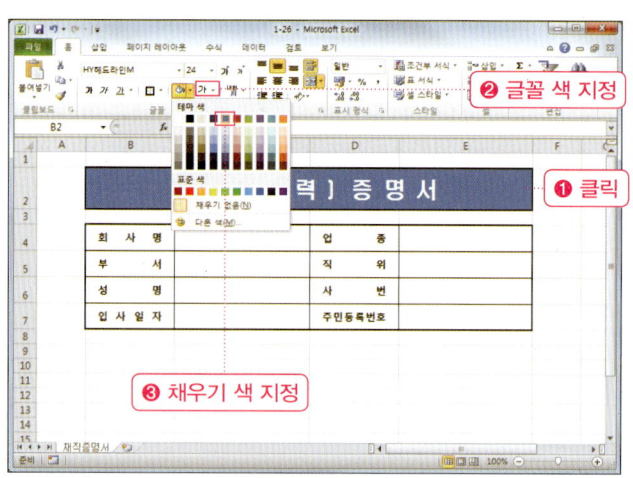

02 [C4:C7]과 [E4:E7]을 블록으로 지정한 다음 [홈] 탭-[글꼴] 그룹에서 대화상자 표시( ) 버튼을 클릭합니다.

> **POINT** [C4:C7]을 먼저 블록으로 지정한 다음 Ctrl 키를 누른 상태에서 [E4:E7]을 블록으로 지정해야 합니다.

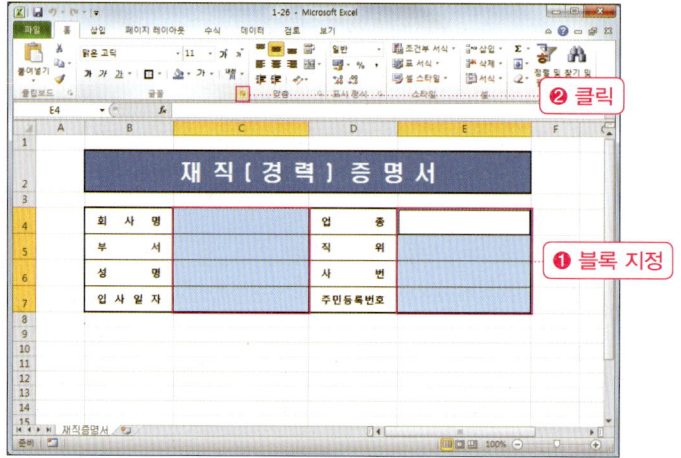

03 [셀 서식] 대화상자가 실행되면 [채우기] 탭에서 [배경색]을 먼저 선택합니다. 그런 다음 [무늬 색]과 [무늬 스타일]을 지정하고 [확인] 버튼을 클릭합니다. 이렇게 하면 무늬를 이용하여 셀을 채울 수 있습니다.

> **POINT** 여기서는 '바다색, 강조 5, 80% 더 밝게'와 '가는 실선, 가로 줄'을 선택했습니다.

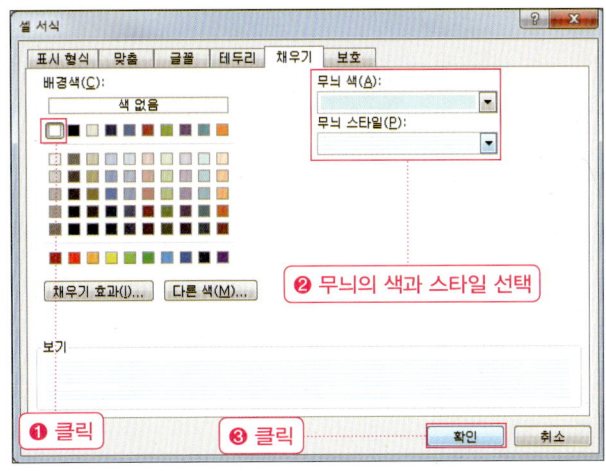

04 이번에는 [B4:B7]과 [D4:D7]을 블록으로 지정하고 [글꼴] 그룹의 대화상자 표시( ) 버튼을 클릭합니다.

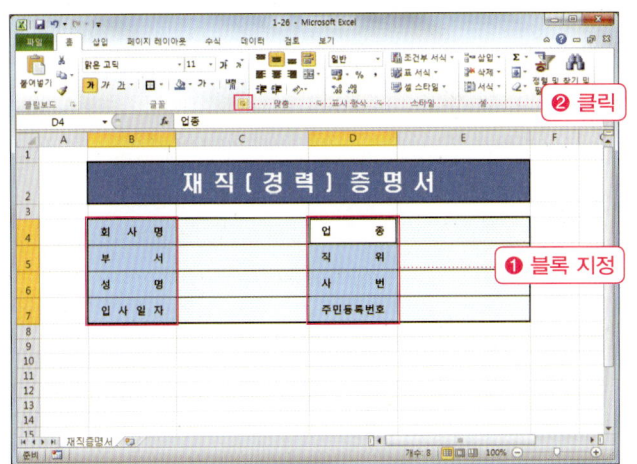

05 [셀 서식] 대화상자가 실행되면 [채우기] 탭에서 [채우기 효과] 버튼을 클릭합니다.

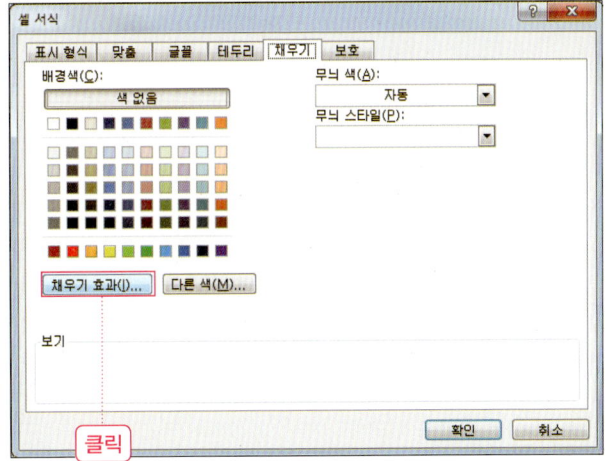

06 [채우기 효과] 대화상자가 실행되면 [색 1]과 [색 2]를 각각 지정합니다. 그런 다음 [음영 스타일]을 선택하고 [적용]에서 원하는 그라데이션 효과를 선택한 다음 [확인] 버튼을 클릭합니다.

> **POINT** [채우기 효과]의 [그라데이션] 탭에서 [색]은 '두 가지 색'만 옵션으로 사용할 수 있습니다.

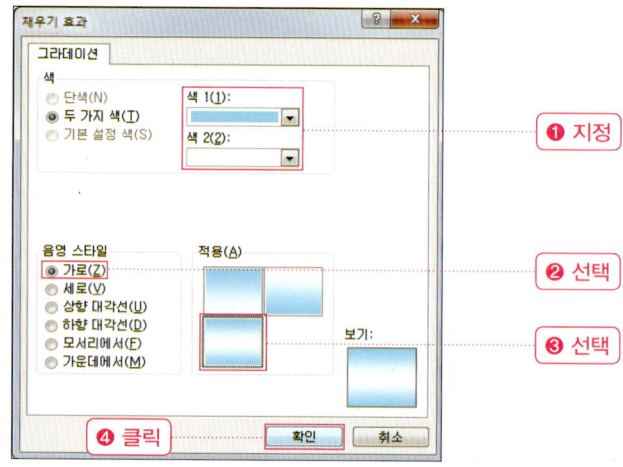

07 [셀 서식] 대화상자에서 [확인] 버튼을 클릭한 다음 워크시트에서 임의의 셀을 클릭하여 블록을 해제합니다. 다음과 같이 채우기 효과를 설정한 결과를 확인할 수 있습니다.

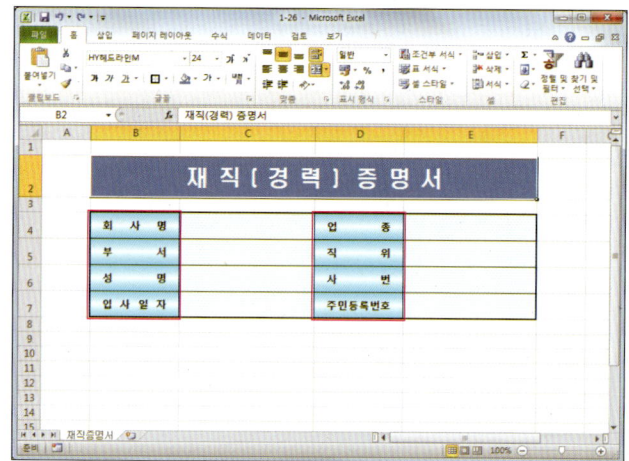

생초보 레벨업

다른 색 사용하기

글꼴 색(가▼) 또는 채우기 색(◇▼)의 드롭다운 버튼을 클릭했을 때 목록에 사용하고 싶은 색이 없는 경우가 있습니다. 이럴 때는 [다른 색]을 선택하여 [색] 대화상자를 열고 다른 색을 선택할 수 있습니다. [색] 대화상자의 [표준] 탭이나 [사용자 지정] 탭에서 색을 선택할 수 있습니다.

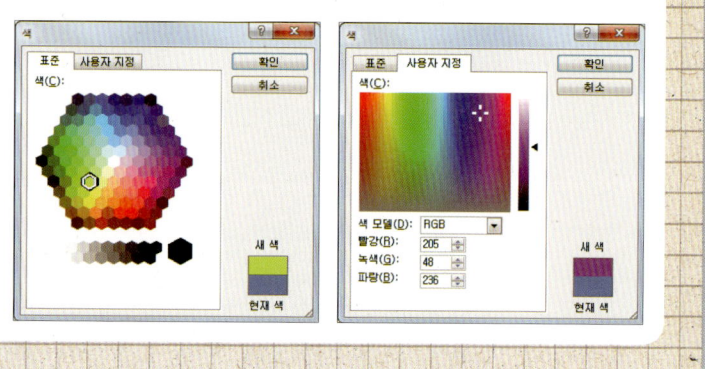

Section 27 문서 테마 사용하기

테마는 문서의 전체적인 디자인을 결정하는 요소로 색과 글꼴, 효과를 조합해 놓은 것입니다. 하나의 문서에서 또는 관련 있는 문서끼리 서로 같은 테마를 이용하면 일관성 있는 전문가 수준의 멋진 문서를 쉽게 만들 수 있습니다. 테마가 문서 서식에 어떤 영향을 미치는지 살펴보겠습니다.

키워드 테마, 테마 색, 테마 글꼴, 테마 효과
예제 파일 Part1\예제파일\1-27.xlsx

01 통합 문서는 기본적으로 'Office 테마'를 사용하여 작성합니다. [페이지 레이아웃] 탭-[테마] 그룹-테마( )를 마우스로 가리키면 현재 사용 중인 테마 이름을 확인할 수 있습니다.

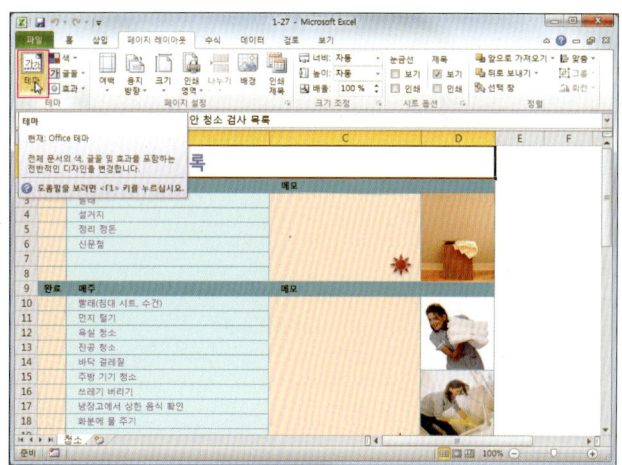

02 테마( )를 클릭하고 목록에서 [흐름] 테마를 선택합니다. 테마를 변경하면 사용 중인 테마 색과 글꼴, 효과 등이 영향을 받아 달라집니다.

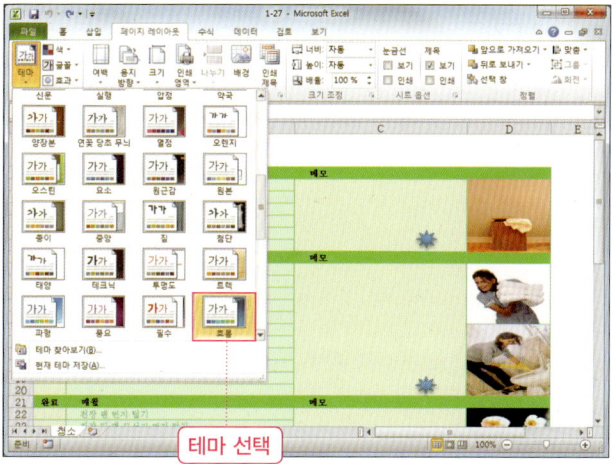

테마 선택

03 색, 글꼴, 도형 중에서 특정 테마 요소만 변경할 수도 있습니다. [테마] 그룹에서 글꼴(개글꼴▼)을 클릭한 다음 [Office]를 선택합니다. 이렇게 하면 [흐름] 테마를 사용하되 글꼴은 [Office] 테마의 글꼴을 사용하게 됩니다.

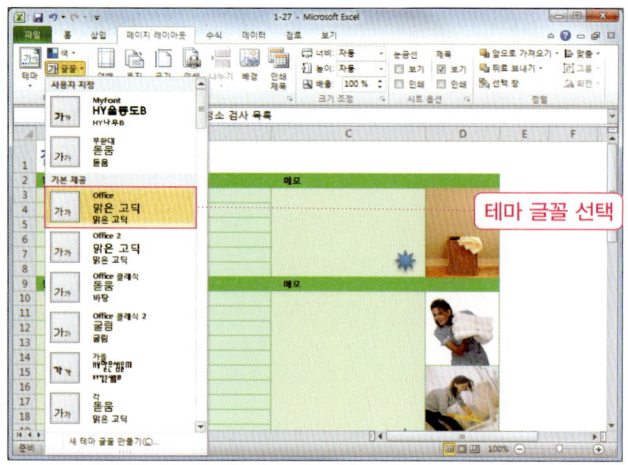

04 테마 글꼴과 테마 색을 사용자가 직접 지정할 수 있습니다. 색(색▼)을 클릭한 다음 [새 테마 색 만들기]를 선택합니다.

> **POINT** 테마 색과 테마 글꼴은 사용자가 직접 만들어 사용할 수 있지만 테마 효과는 만들 수 없습니다.

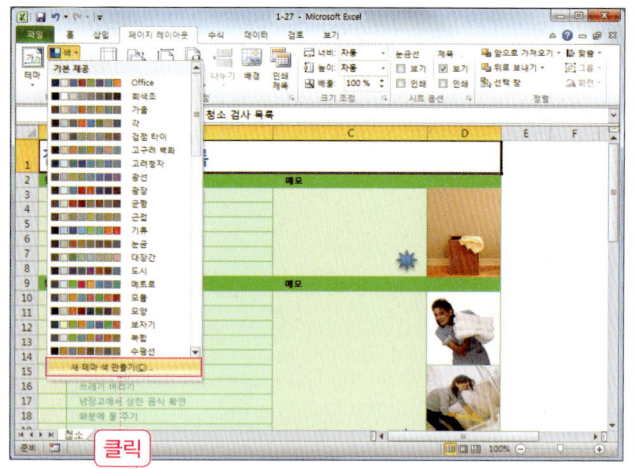

05 [새 테마 색 만들기] 대화상자에서 [이름]에 '목록형'을 입력합니다. 그런 다음 변경하고 싶은 색 버튼을 클릭하고 원하는 색을 선택합니다. 목록에 원하는 색이 없을 경우 [다른 색]을 클릭합니다.

06 [색] 대화상자가 실행되면 [표준] 탭이나 [사용자 지정] 탭에서 원하는 색을 선택한 다음 [확인] 버튼을 클릭합니다.

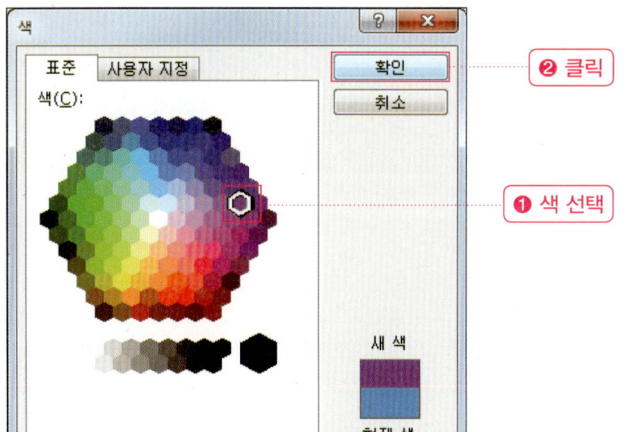

07 [새 테마 색 만들기] 대화상자에서 다른 색도 원하는 대로 변경한 다음 [저장] 버튼을 클릭합니다. 여기서는 [강조 2]와 [강조 6]의 색만 다른 색으로 바꿨습니다.

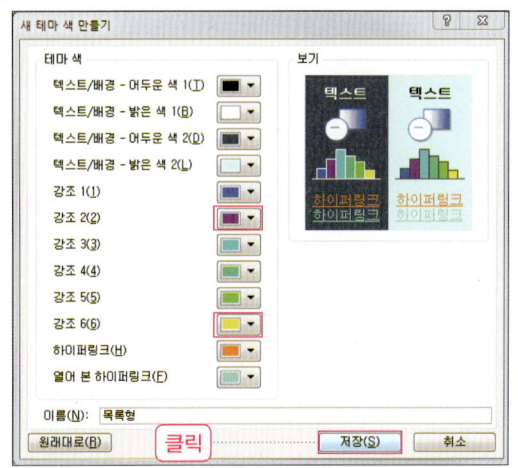

08 새로 만든 테마 색 [목록형]이 문서에 적용된 결과는 다음과 같습니다.

> **POINT** 테마 색(📋색▼)을 클릭하면 사용자 지정 영역에 새로 만든 [목록형] 테마 색이 표시됩니다.

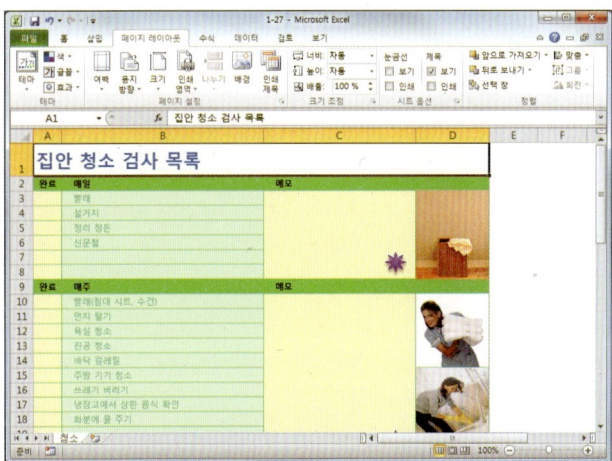

Section 28
워크시트 인쇄하기

워크시트를 실제 프린터를 통해 인쇄하기 전에 미리 화면에서 인쇄 모양을 확인하는 것이 좋습니다. 엑셀 2010은 백스테이지 보기에서 워크시트의 인쇄 모양을 미리 확인할 수 있으며 현재 설정되어 있는 여러 인쇄 옵션을 확인하고 변경할 수 있습니다. 백스테이지 보기에서 워크시트를 인쇄하는 과정을 살펴봅니다.

키워드 인쇄, 인쇄 미리 보기
예제 파일 Part1\예제파일\1-28.xlsx

01 [기안용지] 워크시트에 작성한 문서를 프린터로 인쇄하려고 합니다. 인쇄 명령을 실행하기 전에 [B2:I35]를 블록으로 지정합니다.

> **POINT** 워크시트에서 특정 영역만 인쇄하려면 인쇄 명령을 실행하기 전에 미리 블록을 지정합니다. 여기서는 [B2:I35] 영역만 인쇄하려고 합니다.

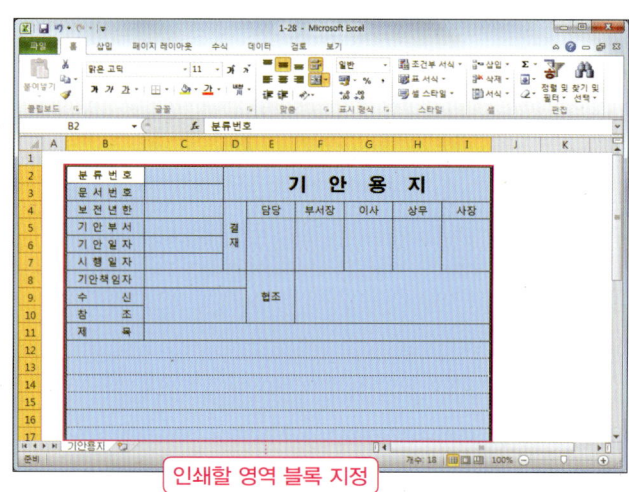

인쇄할 영역 블록 지정

02 [파일] 탭을 클릭하고 백스테이지 보기에서 [인쇄]를 클릭하면 현재 설정된 인쇄 옵션과 미리 보기 페이지를 확인할 수 있습니다.

> **POINT** 여러 페이지가 인쇄되는 경우 미리 보기 페이지의 왼쪽 하단에 있는 이전 페이지(◀)와 다음 페이지(▶) 버튼을 사용하여 페이지를 이동합니다.

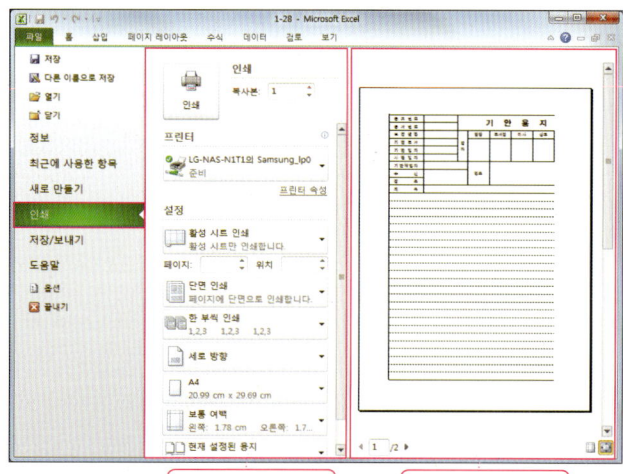

인쇄 옵션의 설정   미리 보기 페이지

03 인쇄 옵션 설정에서 '활성 시트 인쇄'를 클릭하고 '선택 영역 인쇄'로 변경하면 현재 워크시트 전체가 아니라 블록으로 지정한 영역만 미리 보기 페이지에 나타납니다. 이제 인쇄( )를 클릭해서 연결된 프린터로 문서의 인쇄를 시작합니다.

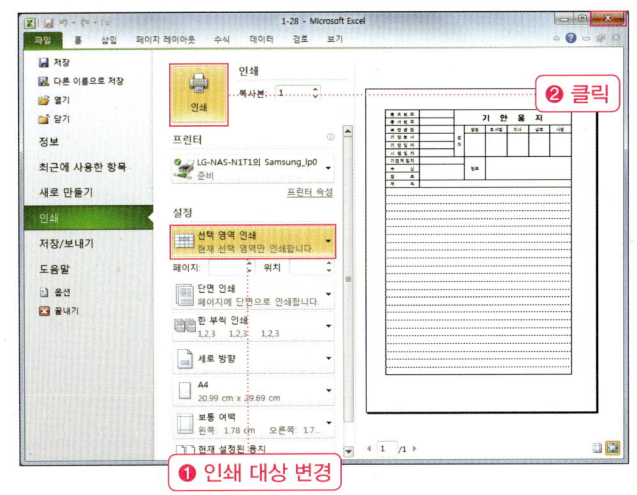

❶ 인쇄 대상 변경
❷ 클릭

🔵 생초보 레벨업

백스테이지 보기에서 인쇄 옵션 설정하기

① **복사본** : 같은 내용을 몇 번 반복해서 인쇄할 것인지 지정합니다.
② **프린터** : 인쇄에 사용할 프린터를 지정합니다. '준비'로 표시되어 있으면 프린터가 켜진 상태를 뜻합니다.
③ **인쇄 대상** : 활성 시트 인쇄, 전체 통합 문서 인쇄, 선택 영역 인쇄 중에서 인쇄할 대상을 선택합니다.
④ **인쇄 범위** : 워크시트 일부만 인쇄할 때 페이지 범위를 지정합니다. 2페이지부터 4페이지까지 인쇄하려면 [페이지] 상자에 '2'를 입력하고, [위치] 상자에 '3'을 입력해야 합니다.
⑤ **단면/양면 인쇄** : 단면 인쇄와 양면 인쇄 중에서 선택합니다.
⑥ **한 부씩 인쇄** : 2페이지 분량의 문서를 3매 인쇄하는 경우 한 부씩 인쇄는 1, 2, 1, 2, 1, 2 순서로 인쇄합니다. 한 부씩 인쇄 안 함은 1, 1, 1, 2, 2, 2 순서로 인쇄합니다.
⑦ **용지 방향** : 세로 방향과 가로 방향 중에서 인쇄 용지의 방향을 지정합니다.
⑧ **용지 크기** : 프린터에서 공급 할 인쇄 용지의 크기를 지정합니다.
⑨ **용지 여백** : 기본, 넓게, 좁게 중에서 용지 여백을 지정합니다. 사용자 지정 여백을 선택하고 [페이지 설정] 대화상자의 [여백] 탭에서 용지 여백을 직접 지정할 수 있습니다.
⑩ **인쇄 배율** : 현재 설정된 용지는 실제 크기 즉, 인쇄 배율 100%로 인쇄합니다. 한 페이지에 시트 맞추기, 한 페이지에 모든 열 맞추기, 한 페이지에 모든 행 맞추기 등을 선택하면 자동으로 인쇄 배율을 줄여 줍니다.
⑪ **페이지 설정** : [페이지 설정] 대화상자를 실행합니다.

Section 29
인쇄 용지와 인쇄 배율 설정하기

인쇄 용지는 한 페이지에 들어갈 인쇄 분량을 결정하는 중요한 요소입니다. 기본적으로 A4 용지를 가장 많이 사용하는데 여기서는 A4 용지를 기준으로 작성한 문서를 B5 용지에 맞춰 인쇄하기 위해 인쇄 용지를 변경하고 인쇄 배율을 축소시키는 과정을 살펴봅니다.

키워드 용지 크기, 용지 방향, 자동 맞춤, 확대/축소 배율
예제 파일 Part1\예제파일\1-29.xlsx

01 [페이지 레이아웃] 탭-[페이지 설정] 그룹-크기( )를 클릭하고 [B5] 용지를 선택합니다.

> **POINT** [파일] 탭의 [인쇄]를 클릭하고 지정하는 대부분의 인쇄 옵션을 [페이지 레이아웃] 탭-[페이지 설정] 그룹에서도 지정할 수 있습니다.

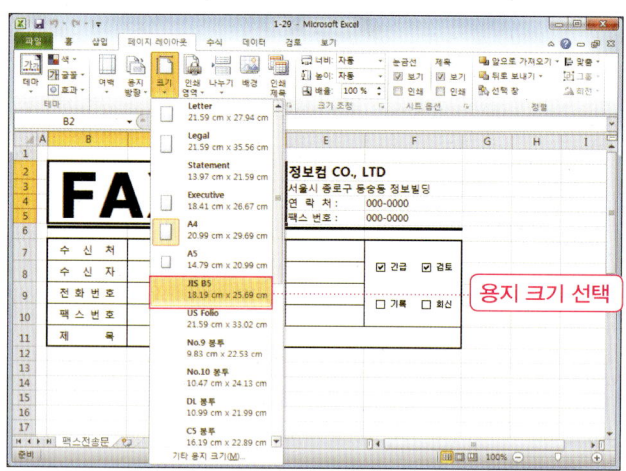

02 [파일] 탭에서 [인쇄]를 클릭한 다음 미리 보기 페이지에서 인쇄 용지와 인쇄 모양을 확인합니다. 1페이지로 인쇄되어야 할 문서가 모두 4페이지로 인쇄된다는 것을 알 수 있습니다.

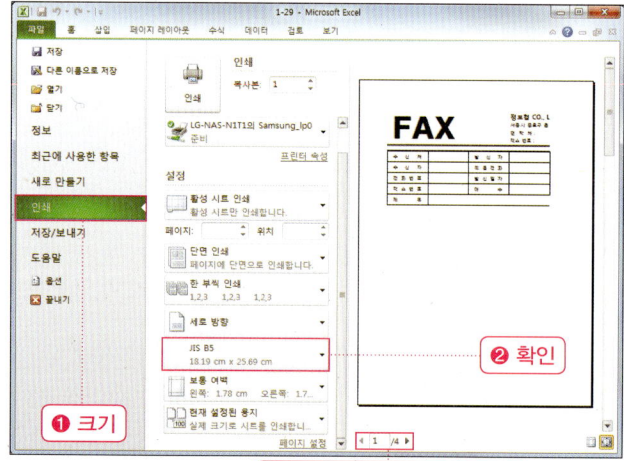

03 인쇄 옵션에서 [현재 설정된 용지]를 클릭한 다음 [한 페이지에 모든 열 맞추기]를 선택합니다. 이렇게 하면 작성한 문서의 모든 열이 한 페이지에 포함되도록 자동으로 인쇄 배율이 조정되어 문서를 1페이지에 맞게 인쇄할 수 있습니다.

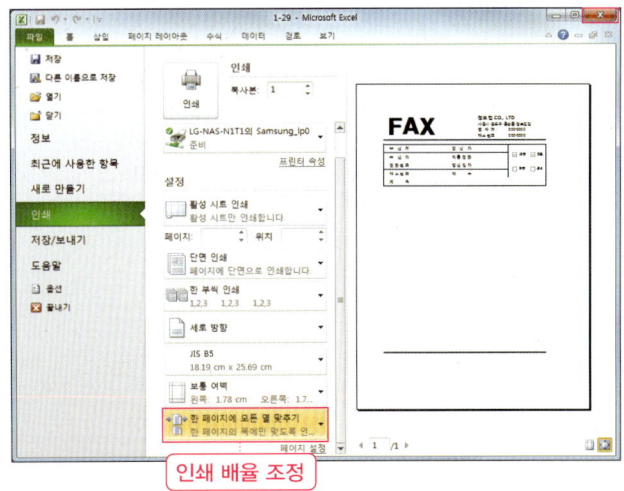

인쇄 배율 조정

생초보 레벨업

인쇄 배율을 지정하는 방법

인쇄 배율은 10%~400% 범위에서 지정할 수 있습니다. 100%로 인쇄하면 작성한 문서의 실제 크기대로 인쇄됩니다. 인쇄 배율을 지정하는 방법에는 여러 가지가 있습니다. 하나씩 살펴보겠습니다.

- **[파일] 탭-[인쇄]의 인쇄 옵션 영역**
  [현재 설정된 용지]는 100% 크기로 문서를 인쇄합니다. 여기에서 [한 페이지에 시트 맞추기]를 선택하면 문서를 한 페이지 크기에 맞게 축소하여 인쇄 배율을 자동 축소합니다. [한 페이지에 모든 열 맞추기]는 폭(너비)만 한 페이지로 맞게, [한 페이지에 모든 행 맞추기]는 높이만 한 페이지에 맞게 인쇄 배율을 자동 축소합니다. 세 가지 옵션 모두 인쇄 배율을 확대하는 기능은 없습니다. 한 페이지에 맞게 너비나 높이를 조정하여 인쇄 배율을 축소할 때만 사용합니다.

- **[페이지 레이아웃] 탭-[크기 조정] 그룹**
  [배율] 상자에 10%~400% 범위에서 직접 숫자를 입력하여 인쇄 배율을 지정합니다. 직접 인쇄 배율을 지정하기 위해서는 [너비]와 [높이]가 모두 [자동]으로 선택되어 있어야 합니다. [너비]는 지정한 페이지 수에 모든 열이 포함되도록 인쇄 배율을 자동 축소할 때, [높이]는 지정한 페이지 수에 모든 행이 포함되도록 인쇄 배율을 자동 축소할 때 사용합니다. 예를 들어 [너비]를 1페이지]로 지정하고 [높이]를 [자동]으로 지정한다면 [한 페이지 맞게 모든 열 맞추기]와 같은 역할을 합니다.

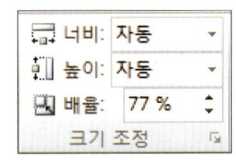

- **[페이지 설정] 대화상자의 [페이지] 탭**
  [페이지 레이아웃] 탭의 [페이지 설정] 그룹이나 [크기] 그룹에서 대화상자 표시( ) 버튼을 클릭하면 [페이지 설정] 대화상자가 실행됩니다. [페이지] 탭에서 '확대/축소 배율' 옵션을 선택하고 직접 인쇄 배율을 지정할 수 있습니다. 또는 [자동 맞춤] 옵션을 선택하고 [용지 너비]나 [용지 높이]를 지정하여 지정한 페이지 수에 맞게 인쇄 배율이 자동 축소되도록 지정할 수 있습니다. [한 페이지에 맞게 모든 행 맞추기]와 같은 효과를 얻으려면 [용지 너비]는 비워 두고 [용지 높이]만 '1'로 지정합니다.

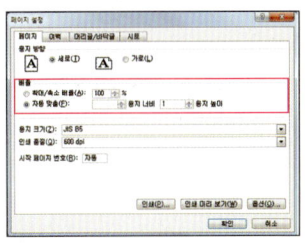

Section 30 용지 여백 설정하기

용지 가장 자리와 인쇄 내용 사이의 빈 공간을 '여백'이라고 합니다. 여백에는 왼쪽과 오른쪽, 위쪽과 아래쪽, 머리글과 바닥글 여백이 있습니다. 여백을 넓게 지정하면 한 페이지에 인쇄할 수 있는 분량이 그만큼 적어지고, 반대로 여백을 좁게 지정하면 한 페이지에 더 많은 분량을 인쇄할 수 있게 됩니다.

키워드 여백 지정, 페이지 가운데 맞춤, 여백 표시
예제 파일 Part1\예제파일\1-30.xlsx

01 [파일] 탭에서 [인쇄]를 클릭합니다. 미리 보기 페이지에서 현재 문서가 모두 2페이지로 인쇄된다는 것을 알 수 있습니다. 용지 여백을 조정하기 위해 [여백] 버튼을 클릭하고 [사용자 지정 여백]을 선택합니다.

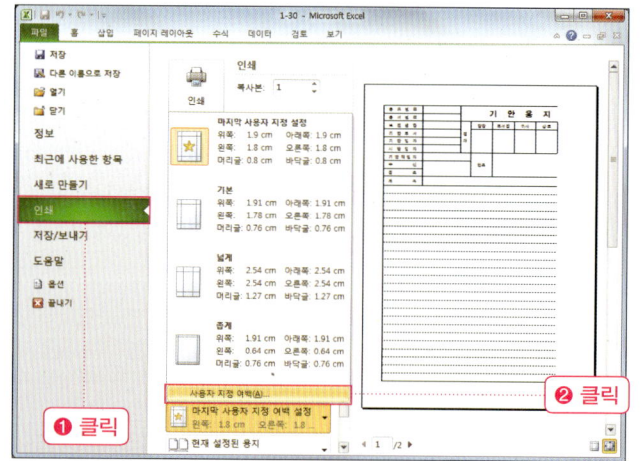

02 [페이지 설정] 대화상자의 [여백] 탭이 실행되면 [왼쪽]과 [오른쪽]을 '1.3'으로 줄이고, [페이지 가운데 맞춤]에서 '가로'와 '세로'를 모두 체크한 다음 [확인] 버튼을 클릭합니다.

> **POINT** [페이지 가운데 맞춤] 옵션을 사용하면 인쇄 내용을 페이지의 가로 가운데, 세로 가운데에 맞춰 인쇄할 수 있습니다.

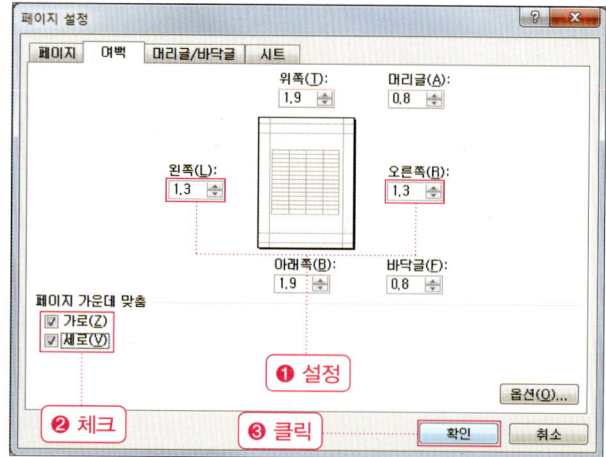

03 미리 보기 페이지에서 용지 여백을 줄였기 때문에 문서가 한 페이지에 모두 인쇄되는 것을 확인할 수 있습니다. 미리 보기 페이지의 오른쪽 하단에 있는 여백 표시(□) 버튼을 클릭하면 미리 보기 페이지에 여백이 표시됩니다. 여백선을 마우스로 드래그하여 미리 보기 페이지에서 직접 여백을 조절할 수도 있습니다.

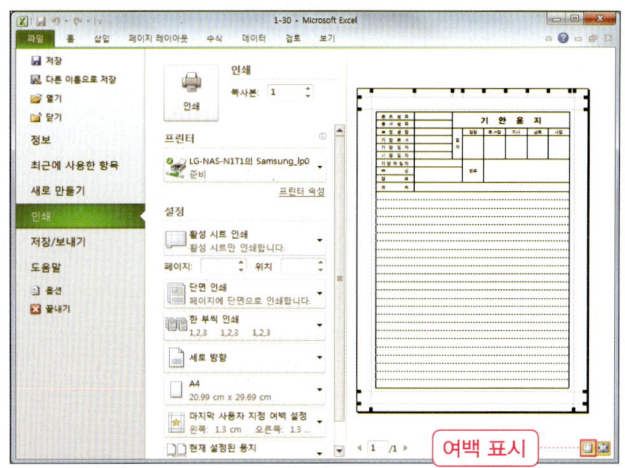

페이지 설정 복사하기

엑셀 통합 문서에 두 개 이상의 워크시트가 들어있을 때, 각 워크시트는 서로 다른 페이지 설정을 사용합니다. 만약 특정 워크시트에서 설정한 내용을 다른 워크시트에 똑같이 적용하려면 다음 순서대로 명령을 실행합니다. 여기서는 'Sheet1' 워크시트에서 설정한 페이지 설정을 'Sheet3' 워크시트에 복사한다고 가정합니다.

① 시트 탭에서 'Sheet1'을 클릭한 다음 Ctrl 키를 누른 상태에서 'Sheet3'을 클릭하여 두 워크시트를 그룹으로 설정합니다.

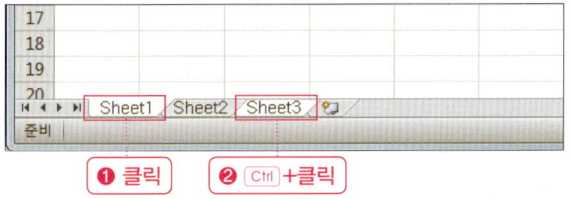

② [페이지 레이아웃] 탭-[페이지 설정] 그룹에서 대화상자 표시(□) 버튼을 클릭합니다.
③ [페이지 설정] 대화상자가 실행되면 그대로 [확인] 버튼을 누릅니다.
④ 워크시트 그룹에 포함되어 있지 않은 비활성 시트를 클릭해서 시트 그룹을 해제합니다.
⑤ 'Sheet3' 워크시트에서 [페이지 레이아웃] 탭-[페이지 설정] 그룹에서 대화상자 표시(□) 버튼을 클릭하여 페이지 설정이 'Sheet1'과 똑같이 변경되었는지 확인합니다.

Section 31
인쇄 영역 설정하기

워크시트 전체를 인쇄하지 않고 특정 영역 즉, 일부분만 인쇄하고 싶다면 미리 인쇄 영역을 설정해 두는 것이 좋습니다. 인쇄 영역을 설정한 후 인쇄 명령을 실행하면 인쇄 영역으로 설정한 부분만 미리 보기 페이지에 나타납니다.

키워드 인쇄 영역 설정, 인쇄 영역 해제
예제 파일 Part1\예제파일\1-31.xlsx

01 '내용증명' 워크시트에서 [B10:E19]를 블록으로 지정한 다음 [페이지 레이아웃] 탭-[페이지 설정] 그룹-인쇄 영역(🖼)을 클릭하고 [인쇄 영역 설정]을 선택합니다.

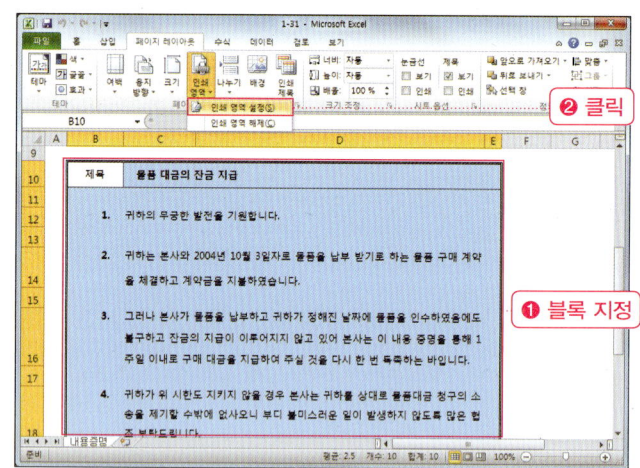

> **POINT** 설정된 인쇄 영역을 해제할 때는 인쇄 영역(🖼)을 클릭하고 [인쇄 영역 해제]를 선택합니다.

02 [파일] 탭을 클릭하고 [인쇄]를 선택합니다. 미리 보기 페이지에 인쇄 영역으로 설정한 부분만 표시되는 것을 알 수 있습니다.

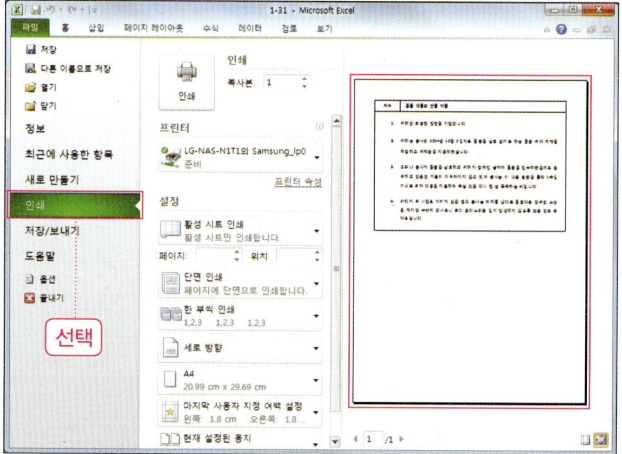

워크시트 확대 및 축소

워크시트는 기본적으로 100% 크기로 화면에 표시됩니다. 사용자의 필요에 따라 워크시트가 화면에 표시되는 배율을 10%부터 400% 범위에서 조정할 수 있습니다. 화면 표시 배율은 인쇄 배율에는 영향을 주지 않습니다.

키워드 워크시트 확대/축소, 선택 영역 확대/축소
예제 파일 Part1\예제파일\1-32.xlsx

01 상태 표시줄에서 현재 워크시트가 어떤 배율로 표시되어 있는지를 나타내는 [확대/축소]를 클릭합니다.

> **POINT** [확대/축소]가 표시되어 있지 않으면 상태 표시줄에서 마우스 오른쪽 버튼을 클릭하고 [확대/축소]를 선택합니다.

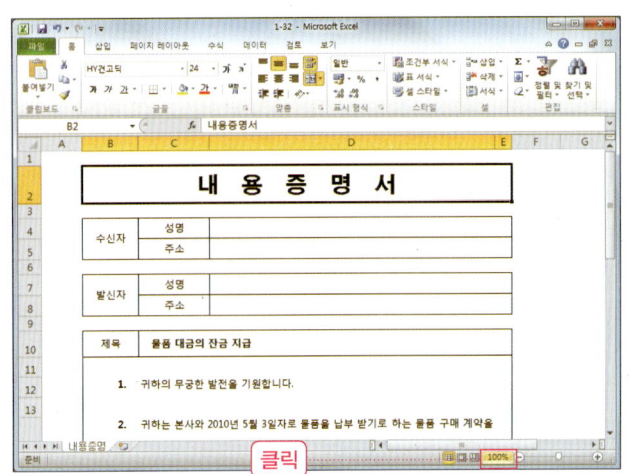

02 [확대/축소] 대화상자가 실행되면 확대 또는 축소할 표시 배율을 선택하고 [확인] 버튼을 클릭합니다. 여기서는 '50%'를 선택했습니다.

> **POINT** [보기] 탭-[확대/축소] 그룹-확대/축소를 클릭해서 [확대/축소] 대화상자를 실행할 수도 있습니다.

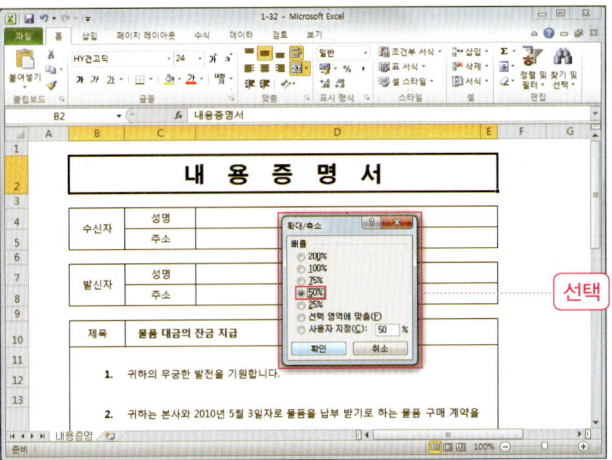

03 다음과 같이 워크시트 표시 배율이 '50%'로 축소되어 더 많은 셀이 화면에 표시됩니다. 이번에는 [B10:E19]를 마우스로 드래그하여 블록으로 지정한 다음 [보기] 탭-[확대/축소] 그룹-선택 영역 확대/축소( )를 클릭합니다.

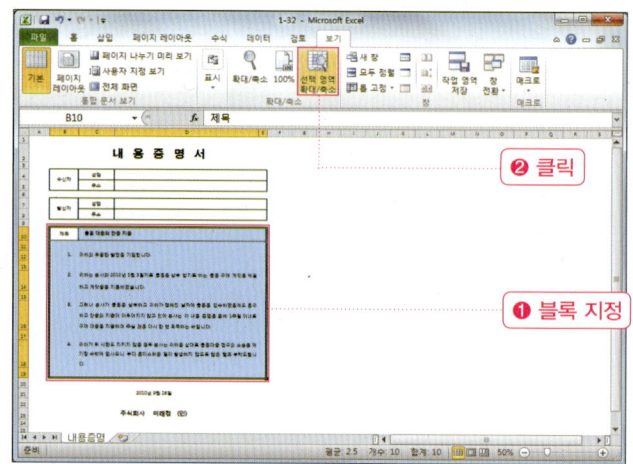

04 이렇게 하면 블록으로 지정한 영역을 최대한 크게 표시할 수 있도록 확대/축소 배율이 자동으로 조정됩니다.

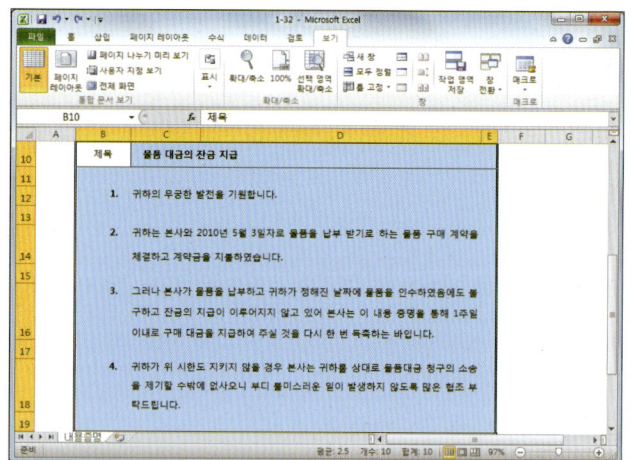

05 문서를 원래 크기인 100% 배율로 표시하려면 [보기] 탭-[확대/축소] 그룹-100%( )를 클릭합니다.

> **POINT** 상태 표시줄의 [확대/축소 슬라이더]에서 슬라이더를 마우스로 드래그하여 화면 표시 배율을 조절할 수 있습니다. 또 [+] 버튼을 클릭하면 10% 단위로 확대 표시되고, [-] 버튼을 클릭하면 10% 단위로 축소 표시됩니다.

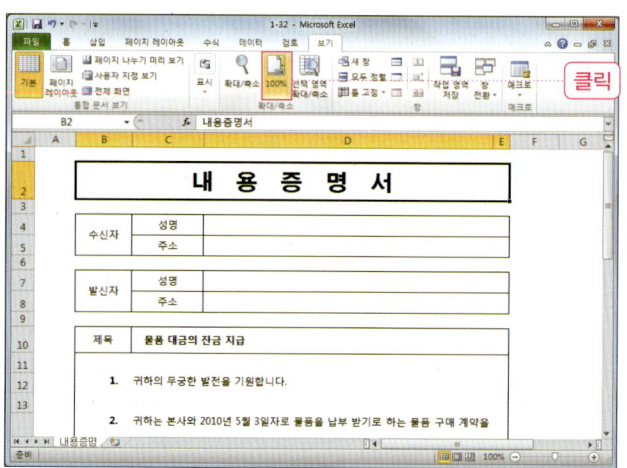

Section 33 창 정렬하기

엑셀은 여러 개의 파일을 동시에 열어 놓고 작업할 수 있습니다. 각 파일 사이로 이동하려면 [보기] 탭-[창] 그룹-창 전환()을 클릭하고 원하는 파일 이름을 클릭하면 됩니다. 창 정렬은 여러 개의 파일을 엑셀 창에서 동시에 보기 위한 기능입니다. 서로 참조해야 할 파일을 엑셀 창에 나란히 배열해 놓고 작업할 수 있습니다.

키워드 창 정렬 방식, 새 창, 현재 통합 문서의 창 정렬하기

예제 파일 Part1\예제파일\1-33.xlsx

01 두 개의 예제 파일을 모두 열어 놓은 다음 [보기] 탭-[창] 그룹-창 전환()을 클릭한 다음 원하는 파일 이름을 클릭하여 다른 파일로 이동할 수 있습니다.

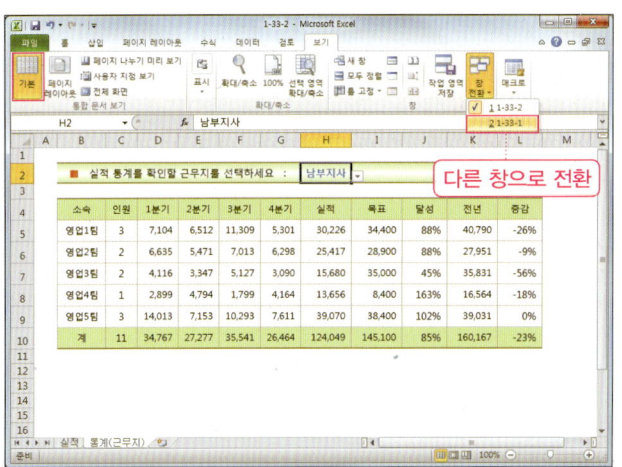

02 두 개의 파일을 함께 보기 위해 창을 정렬해 보겠습니다. [보기] 탭-[창] 그룹-모두 정렬()을 클릭합니다. [창 정렬] 대화상자에서 [정렬]을 '가로'로 선택한 다음 [확인] 버튼을 클릭합니다.

> **POINT** 창 정렬 방식은 '바둑판식', '가로', '세로', '계단식' 중에서 선택할 수 있습니다.

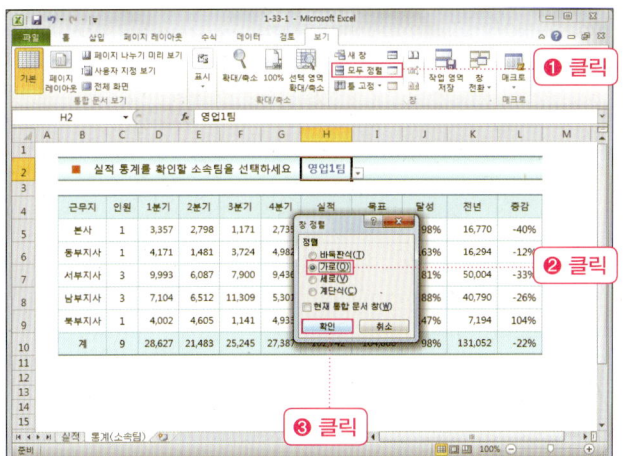

03 다음과 같이 열려 있는 통합 문서가 가로로 정렬됩니다. 이렇게 정렬해 놓고 작업하다가 특정 통합 문서를 전체 화면으로 표시하고 싶다면 해당 통합 문서의 제목 표시줄을 더블클릭합니다.

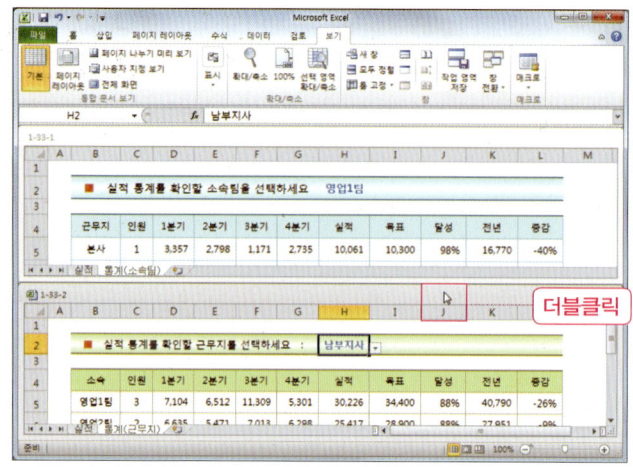

04 같은 통합 문서에서 두 개의 서로 다른 워크시트를 나란히 놓고 작업해야 한다면 같은 통합 문서의 창을 하나 더 만들어야 합니다. [보기] 탭-[창] 그룹-새 창(　)을 클릭합니다.

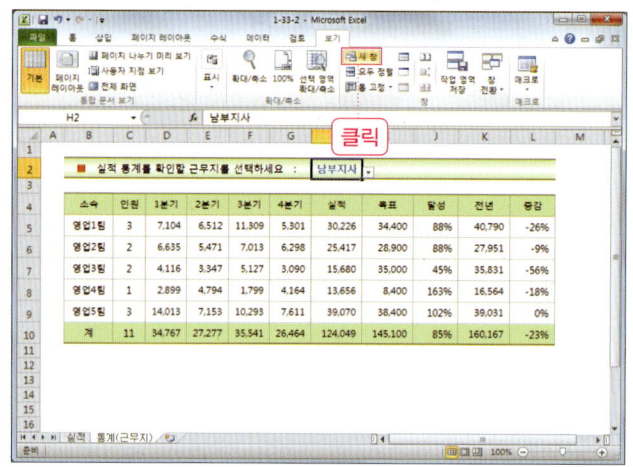

05 다음과 같이 현재 통합 문서의 창이 추가로 만들어지면 [보기] 탭-[창] 그룹-모두 정렬(　)을 클릭합니다.

> **POINT** 새 창을 만들어 추가하면 각 창을 구분하기 위해 제목 표시줄에 [파일명:1], [파일명:2]와 같이 일련 번호가 매겨집니다.

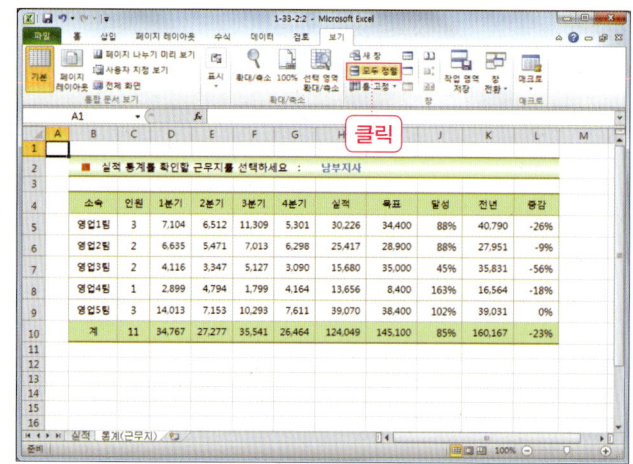

06 [창 정렬] 대화상자에서 [정렬]을 '가로'로 선택한 다음 '현재 통합 문서 창'을 체크하고 [확인] 버튼을 클릭합니다.

> **POINT** '현재 통합 문서 창'을 체크하지 않으면 열려 있는 모든 통합 문서 창이 함께 정렬됩니다.

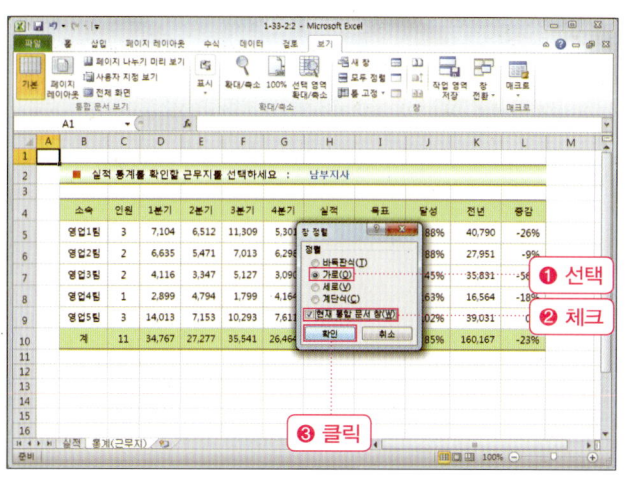

07 다음과 같이 현재 통합 문서 창이 가로로 정렬되었습니다. 각 창에서 서로 다른 워크시트를 선택하여 서로 참조하면서 원하는 작업을 수행할 수 있습니다.

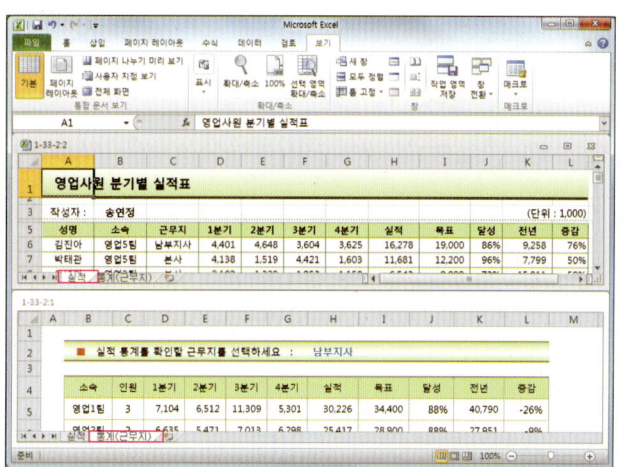

08 작업이 모두 끝난 다음에서 두 개의 창 중 하나의 닫기( ) 버튼을 클릭해서 닫고, 나머지 창의 제목 표시줄을 더블클릭하여 전체 화면으로 확대한 후 작업합니다.

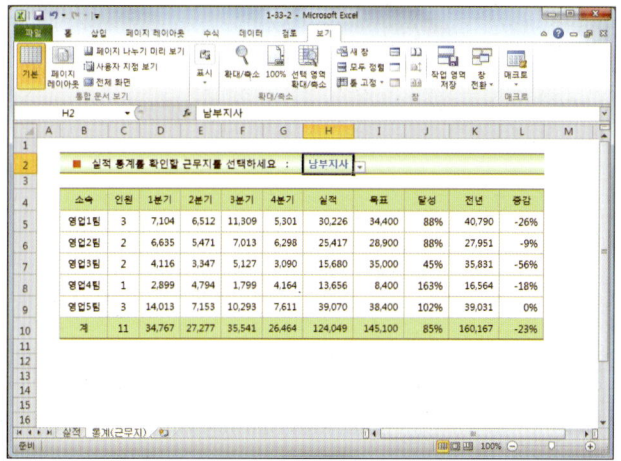

Section 34
창 나누기

워크시트에 작성한 내용이 매우 많아서 한 화면에 모두 표시되지 않는 경우가 있습니다. 창 나누기는 하나의 워크시트를 최대 4개로 나누어 각 영역마다 워크시트의 서로 다른 부분을 표시할 때 사용합니다.

키워드 나누기, 수직/수평으로 나누기
예제 파일 Part1\예제파일\1-34.xlsx

01 [E10]셀에서 [보기] 탭-[창] 그룹-나누기(나누기)를 클릭합니다. 셀 포인터를 기준으로 왼쪽과 위쪽에 분할 막대가 나타나고 창이 4개 영역으로 나눠집니다.

> **POINT** 화면을 수평으로만 나누려면 셀 포인터를 [A]열에 두고, 수직으로만 나누려면 셀 포인터를 [1]행에 두고 나누기(나누기)를 클릭합니다.

02 창을 나눈 다음에 각 영역에서 워크시트의 서로 다른 부분을 표시하고 작업할 수 있습니다. 멀리 떨어져 있는 여러 부분을 한 눈에 볼 수 있기 때문에 각 셀을 서로 참조하거나 확인해야 할 때 매우 편리합니다.

> **POINT** 창이 나눠진 상태에서 나누기(나누기)를 다시 클릭하거나 분할 막대를 더블클릭하여 나누기를 해제합니다.

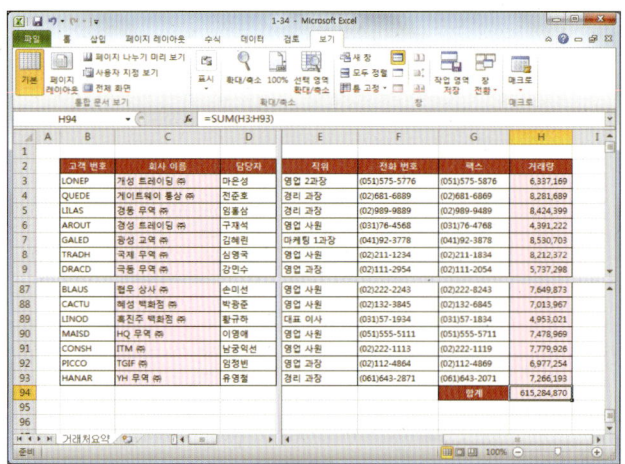

틀 고정하기

Section 35

워크시트에 입력한 데이터의 양이 매우 많아서 한 화면에 모두 표시할 수 없을 때 표의 제목 행이나 제목 열이 항상 화면에 표시되도록 하려면 틀 고정(🔲)을 사용합니다. 예를 들어 거래처 목록에서 아래쪽의 데이터를 보기 위해 화면을 이동해도 각 열의 제목은 항상 화면에 표시되도록 고정시킬 수 있습니다.

키워드 틀 고정, 틀 고정 취소

예제 파일 Part1\예제파일\1-35.xlsx

---

01 [D3]셀에서 [보기] 탭-[창] 그룹-틀 고정(🔲)을 클릭하고 [틀 고정]을 선택합니다.

> **POINT** 틀 고정을 해제하려면 틀 고정(🔲)을 클릭하고 [틀 고정 취소]를 선택합니다.

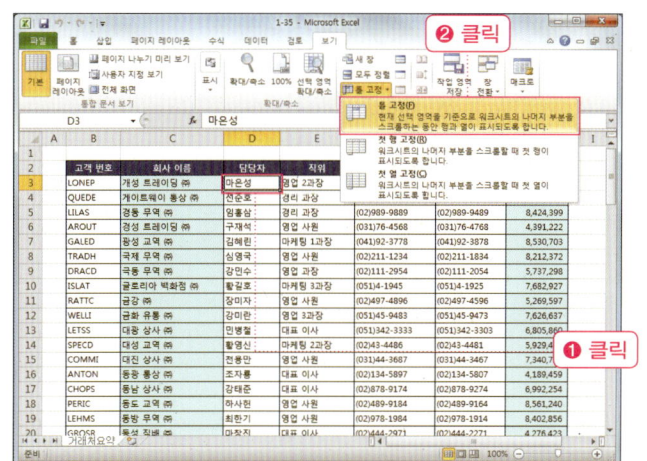

02 셀 포인터의 위쪽과 왼쪽에 틀 고정선이 생깁니다. 스크롤 막대를 이용하거나 방향키를 이용하여 화면을 아래 또는 오른쪽으로 이동해보면 [1]행부터 [2]행까지와 [A]열부터 [C]열까지가 항상 화면에 표시되는 것을 확인할 수 있습니다.

> **POINT** 현재 셀 포인터의 위쪽 행과 왼쪽 열이 고정됩니다. 행만 고정하려면 셀 포인터를 [A]열에 두고, 열만 고정하려면 셀 포인터를 [1]행에 두고 틀 고정(🔲)을 실행합니다.

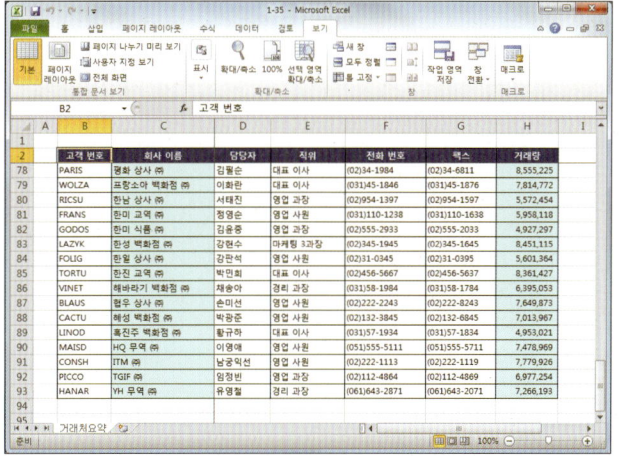

Section 36 수식 입력하기

수식은 연산 기호를 사용하여 숫자 상수나 셀 참조 등의 계산을 수행합니다. 수식을 입력한 셀에는 수식의 계산 결과가 표시되고 입력한 원본 수식은 수식 입력줄에 표시됩니다. 수식은 반드시 등호(=)로 시작해야 합니다.

키워드 수식 입력, 수식 복사, 수식 표시
예제 파일 Part1\예제파일\1-36.xlsx

01 [E3]셀에서 등호(=)를 입력한 다음 마우스로 [D3]셀을 클릭하고 '*', '7%'를 이어서 입력하면 =D3*7%로 수식이 작성됩니다.

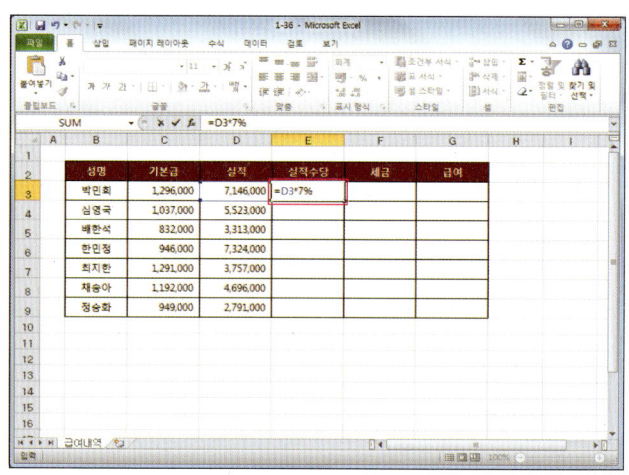

> **POINT** 셀 참조를 수식에 포함하려면 마우스로 해당 셀을 클릭하거나 방향키로 원하는 셀까지 셀 포인터를 이동합니다. 또는 키보드로 직접 셀 주소를 입력합니다.

02 Enter 키를 눌러 작성한 수식을 입력하면 실적 수당이 계산되어 [E3]셀에 결과가 표시됩니다. [E3]셀의 채우기 핸들을 [E9]셀까지 드래그하여 수식을 복사합니다.

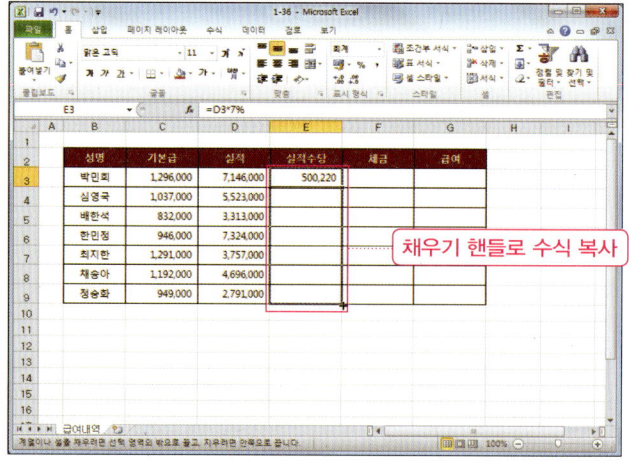

채우기 핸들로 수식 복사

> **POINT** 산술 연산을 수행할 때 더하기(+), 빼기(-), 곱하기(*), 나누기(/) 등의 연산 기호를 사용합니다.

03 수식을 복사하면 수식에 포함되어 있는 셀 주소가 자동으로 변하게 되어 다음과 같이 각 행에서 실적의 7%로 실적 수당이 구해집니다.

> **POINT** [E4]셀에 복사된 수식은 =D4*7%이고, [E5]셀에 복사된 수식은 =D5*7%입니다.

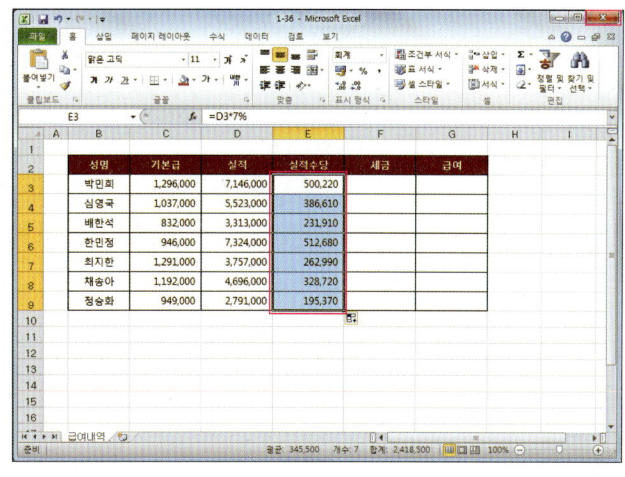

04 [F3]셀에 =C3*5%, [G3]셀에 =C3+E3-F3을 입력하여 세금과 급여를 계산합니다. [F3:G3]을 블록으로 지정하고 채우기 핸들을 [F9]셀까지 드래그하여 수식을 복사하면 각 행에서 세금과 급여를 모두 구할 수 있습니다.

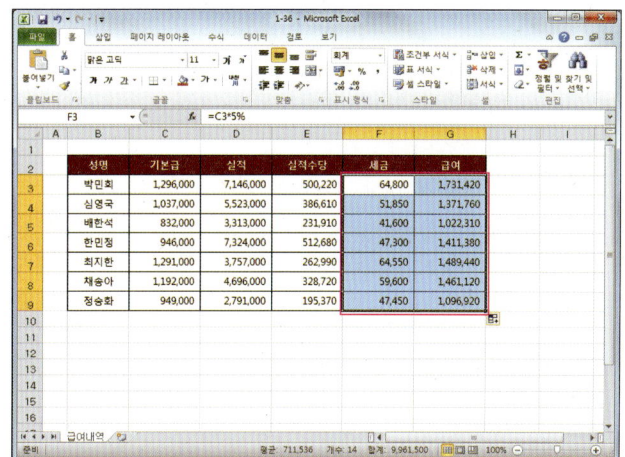

생초보 레벨업

셀에 수식 표시하기

셀에는 수식의 결과가 표시되기 때문에 각 셀에 입력된 수식을 확인하기 위해서는 셀을 클릭한 다음 수식 입력줄을 참조해야 합니다. 셀에 수식의 결과가 아닌 입력한 수식을 그대로 표시하여 수식을 검토하고 확인하려면 [수식] 탭-[수식 분석] 그룹-수식 표시(수식 표시)를 클릭합니다. 또는 바로 가기 키 Ctrl + ` 를 사용해도 됩니다. 셀에 수식을 표시한 상태에서 수식 표시(수식 표시)를 다시 클릭하면 원래대로 셀에 수식 결과가 표시됩니다.

Section 37
셀 참조 이해하기

수식에서 다른 셀에 입력되어 있는 값으로 계산을 수행하기 위해 셀 주소를 사용하는 것을 셀 참조라고 합니다. 수식의 셀 참조는 그 형태에 따라 상대 참조와 절대 참조 등으로 구분할 수 있습니다. 상대 참조는 다른 곳으로 수식을 복사했을 때 복사한 위치에 따라 자동으로 셀 주소가 변경되지만, 절대 참조는 항상 같은 셀을 참조합니다.

키워드 상대 참조, 절대 참조, 혼합 참조
예제 파일 Part1\예제파일\1-37.xlsx

01 실적수당은 실적과 [G2]셀의 실적수당율을 곱하여 계산해야 합니다. [E6]셀에 =D6*G2를 입력한 다음 [E6]셀의 채우기 핸들을 [E12]셀까지 드래그하여 수식을 복사합니다.

> **POINT** 수식에서 셀 주소를 입력할 때 키보드로 입력하는 것보다 해당 셀을 마우스로 클릭하여 참조하는 것이 더 편리합니다.

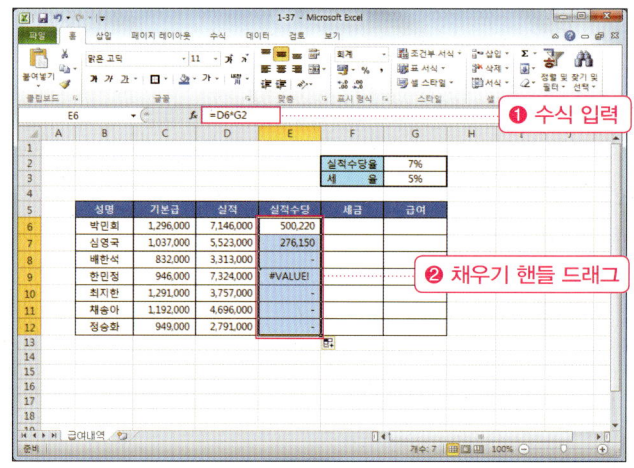

02 수식을 복사한 다음 [E7]셀을 더블클릭해 보면 수식이 참조하는 셀이 표시되는데 실적은 [D7]셀을 바르게 참조하고 있지만, 실적수당율은 [G2]셀이 아닌 [G3]셀을 잘못 참조하고 있다는 것을 알 수 있습니다.

> **POINT** 'G2'와 같은 형태의 참조를 상대 참조라고 합니다. 상대 참조는 복사되는 위치에 따라 자동으로 셀 주소가 변하게 됩니다.

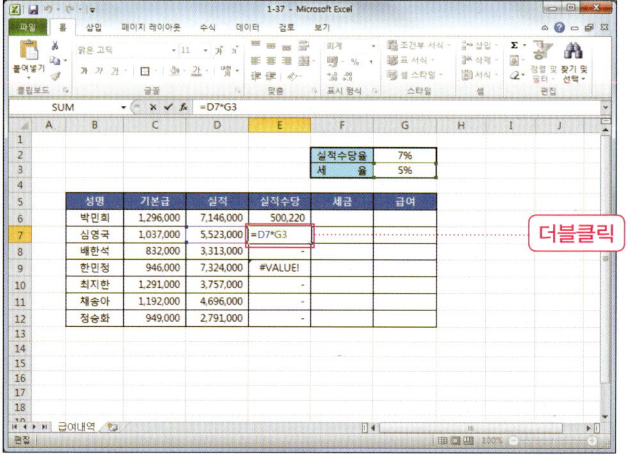

03 [E6]셀의 수식을 =D6*$G$2로 수정한 다음 채우기 핸들을 이용하여 수식을 아래로 복사합니다.

> **POINT** [E6]셀에서 수식 입력줄의 'G2'를 클릭하고 F4 키를 누르면 'G2'를 '$G$2'로 쉽게 수정할 수 있습니다. 수정한 후 Enter 키를 눌러 수정을 완료해야 합니다.

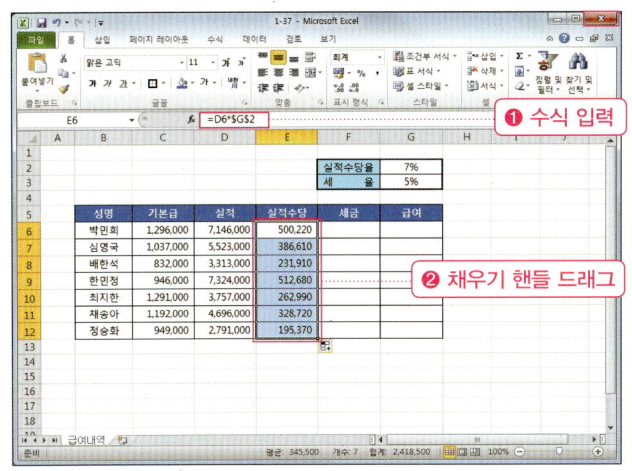

04 [E7]셀을 더블클릭해서 복사된 수식을 확인해 보면 =D7*$G$2이 입력되어 있어 실적수당율로 [G2]셀을 바르게 참조한다는 것을 알 수 있습니다.

> **POINT** '$G$2'와 같이 '$' 기호를 열 문자와 행 번호 앞에 붙인 형태의 절대 참조는 상대 참조와는 달리 수식을 복사해도 셀 주소가 변하지 않고 항상 [G2]셀을 참조합니다.

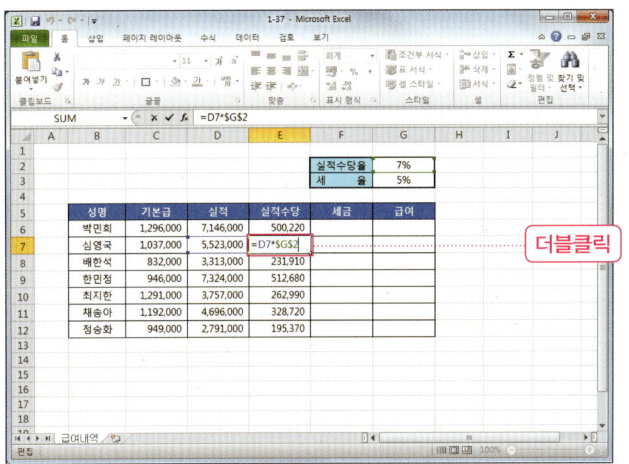

셀 참조 형태 바꾸기

수식에 셀 참조를 포함시킬 때 특정 셀을 클릭하면 'G2'와 같이 상대 참조로 입력됩니다. 이때 F4 키를 사용하면 상대 참조를 절대 참조나 혼합 참조로 쉽게 바꿀 수 있습니다. F4 키를 누를 때마다 다음과 같이 수식의 셀 참조 형태가 바뀌게 됩니다.

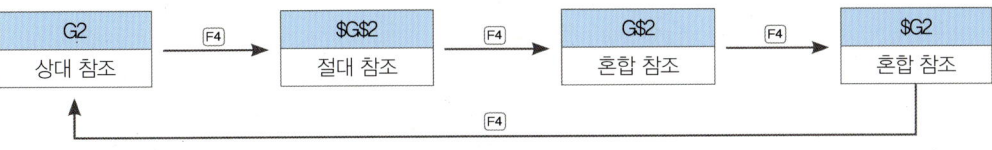

05 [F6]셀에 =C6*$G$3을 입력하고, [G6]셀에는 =C6+E6-F6을 입력합니다. 그런 다음 [F6:G6]을 블록으로 지정하고 채우기 핸들을 [G12]셀까지 드래그하여 수식을 복사합니다.

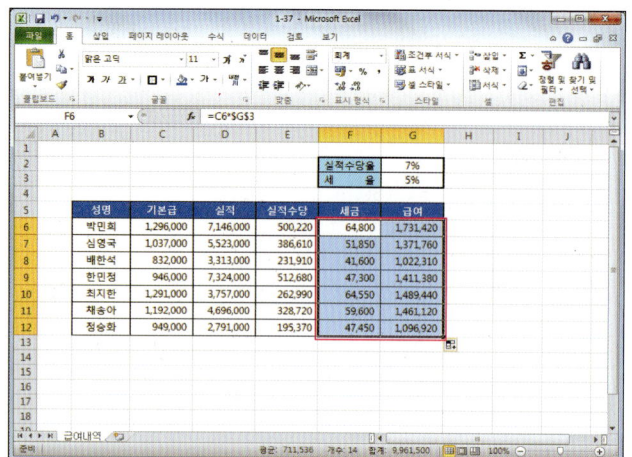

POINT [G2]셀과 [G3]셀의 값을 변경하면 [E6:E12]와 [F6:F12]의 수식 결과가 달라집니다.

생초보 레벨업

상대 참조, 절대 참조, 혼합 참조

- **상대 참조** : 상대 셀 참조(예: A1)는 수식이 입력되어 있는 셀의 위치와 수식이 참조하는 셀의 위치를 기반으로 합니다. 수식이 들어 있는 셀의 위치가 바뀌거나 수식을 다른 위치에 복사하면 상대 참조는 자동으로 조정됩니다.

	A	B	C	D	E	F
1				수식 결과	입력한 수식	
2	100	300		400	=A2+B2	
3	200	400		600	=A3+B3	
4						

예: [D2]셀의 수식을 [D3]셀로 복사

- **절대 참조** : 절대 셀 참조(예: $A$1)는 항상 특정 위치의 셀을 가리킵니다. 수식이 들어 있는 셀의 위치가 바뀌거나 수식을 다른 위치에 복사해도 절대 참조는 조정되지 않고 항상 그대로 유지됩니다.

	A	B	C	D	E	F
1				수식 결과	입력한 수식	
2	100	300		400	=$A$2+$B$2	
3	200	400		400	=$A$2+$B$2	
4						

예: [D2]셀의 수식을 [D3]셀로 복사

- **혼합 참조** : 혼합 셀 참조는 열과 행 중에서 한쪽은 절대 참조, 한쪽은 상대 참조를 사용하는 형태입니다. 예를 들어 $A1, $B2 등은 열을 고정시킨 것이고, A$1, B$2 등은 행을 고정시킨 형태의 혼합 참조입니다. 혼합 참조에서 $ 기호가 붙은 부분만 조정되지 않고 원래 형태를 그대로 유지합니다.

	A	B	C	D	E	F	G
1				수식 결과		입력한 수식	
2	100	300		400		=A$2+$B2	
3	200	400			700	=B$2+$B3	
4							

예: [D2]셀의 수식을 [E3]셀로 복사

Section 38 함수 입력하기

함수는 어떤 값을 계산하기 위해 미리 입력 구조와 계산 방법이 정의되어 있는 공식입니다. 함수는 함수 이름과 여는 괄호, 쉼표로 구분한 인수, 닫는 괄호 순서로 입력합니다. 여기서는 직접 함수식을 입력하는 방법과 함수 마법사를 사용하여 함수식을 입력하는 방법에 대해 알아봅니다.

키워드 함수 입력 방법, 함수 마법사, SUM, AVERAGE

예제 파일 Part1\예제파일\1-38.xlsx

01 SUM 함수는 합계를 구하는 함수입니다. [H3]셀에서 등호(=)를 입력하고 함수 이름과 여는 괄호까지, =SUM(을 입력하면 SUM 함수의 사용 형식이 스크린 팁으로 표시됩니다.

> **POINT** 직접 함수식을 입력하려면 사용할 함수 이름 정도는 알고 있어야 합니다.

02 [C3:G3]을 마우스로 드래그하여 SUM 함수의 계산 범위를 지정하고 닫는 괄호 ')'를 입력한 다음 Enter 키를 누릅니다. [H3]셀에 =SUM(C3:G3)이 입력되어 합계가 구해지면 [H3]셀의 채우기 핸들을 [H14]셀까지 드래그하여 수식을 복사합니다.

> **POINT** SUM 함수는 인수로 지정한 [C3:D3] 범위의 합계, 즉 국어, 수학, 사회, 과학, 영어 점수를 모두 더한 값을 구합니다.

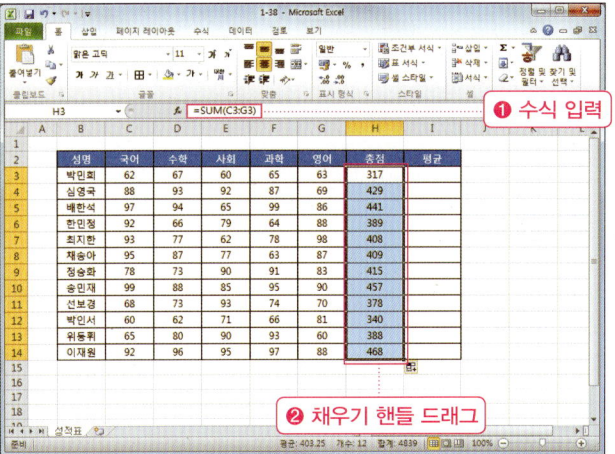

03 [I3]셀에서 수식 입력줄에 있는 함수 삽입(f_x) 버튼을 클릭하면 [함수 마법사] 대화상자가 실행됩니다. [범주 선택]에서 '통계'를 선택하고, [함수 선택] 목록에서 'AVERAGE'를 선택한 다음 [확인] 버튼을 클릭합니다.

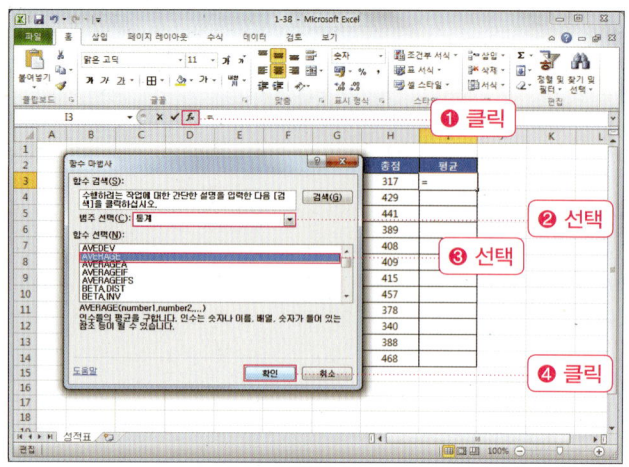

04 [함수 인수] 대화상자에서 [AVERAGE]의 첫 번째 인수 상자 [Number1]을 클릭한 다음 워크시트에서 [C3:G3]을 드래그하여 AVERAGE 함수의 계산 범위로 지정하고 [확인] 버튼을 클릭합니다.

> **POINT** 함수에 따라 지정해야 할 인수와 인수의 입력 순서가 모두 다릅니다. 함수는 인수로 지정한 값을 미리 정의되어 있는 공식에 따라 계산합니다.

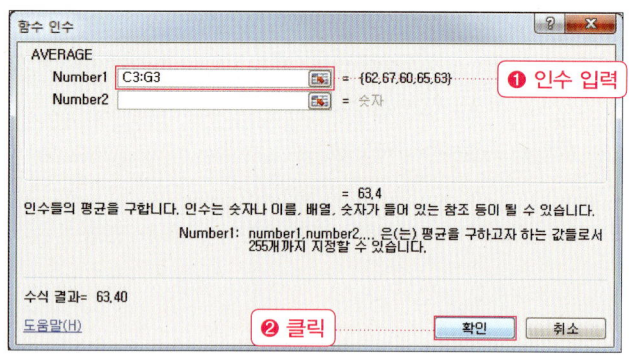

05 [I3]셀에 =AVERAGE(C3:G3)이 입력되어 [C3:G3]의 평균이 계산되면 [I3]셀의 채우기 핸들을 [I14]셀까지 드래그하여 수식을 복사합니다.

> **POINT** AVERAGE 함수는 인수로 지정한 값(범위)의 산술 평균을 계산합니다.

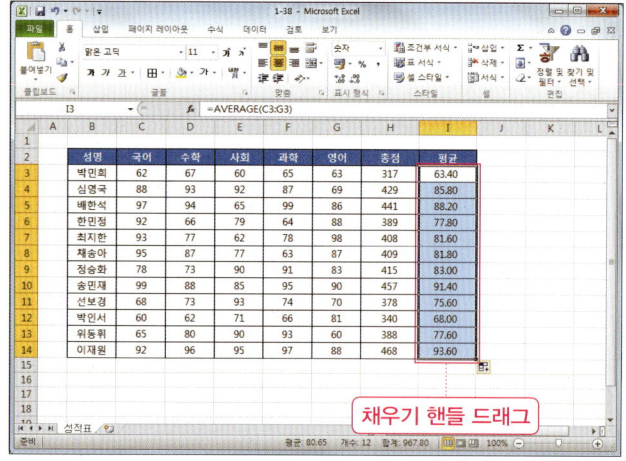

Section 39 자동 합계 사용하기

자동 합계(Σ)는 합계, 평균, 최대, 최소, 개수 등 일반적으로 많이 사용하는 몇 개의 함수를 빠르게 입력하기 위해 사용합니다. 함수를 입력할 셀에서 자동 합계(Σ)를 클릭하면 SUM 함수가 입력됩니다. 다른 함수를 입력하려면 드롭다운 버튼을 클릭하고 입력할 함수를 선택합니다.

키워드 자동 합계, 합계, 평균, 최대 및 최소
예제 파일 Part1\예제파일\1-39.xlsx

01 [H3]셀에서 [수식] 탭-[함수 라이브러리] 그룹-자동 합계(Σ)를 클릭하면 =SUM(C3:G3)이 입력됩니다. 목적에 맞게 함수식이 입력되었으므로 그대로 Enter 키를 눌러 입력합니다.

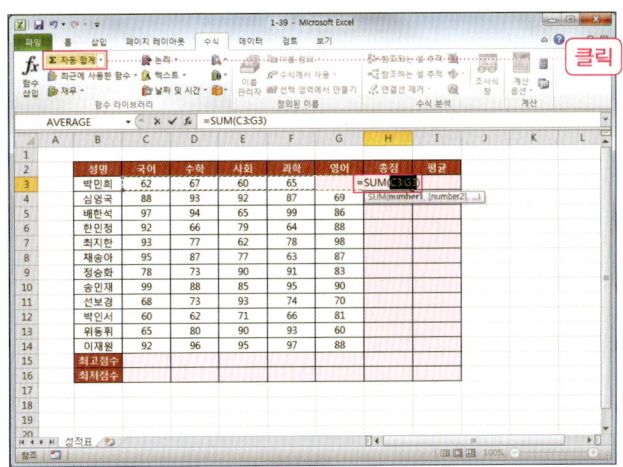

02 [I3]셀에서는 평균(AVERAGE)을 계산해야 하므로 자동 합계(Σ)의 드롭다운 버튼을 클릭하고 [평균]을 선택합니다.

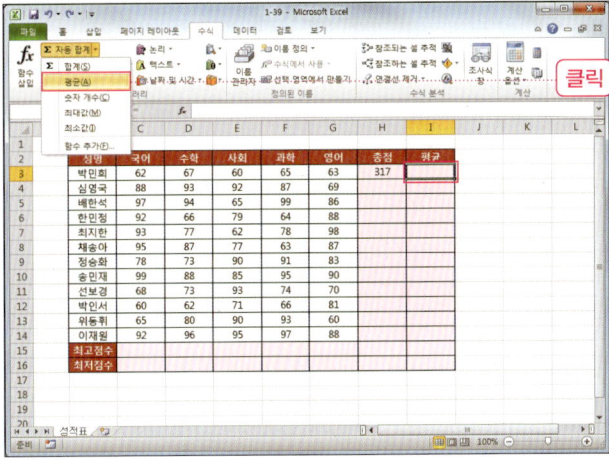

03 자동 합계(Σ)는 계산 범위를 인접한 숫자 셀로 자동 설정하기 때문에 =AVERAGE(C3:H3)이 자동 입력됩니다. 하지만 여기서는 [C3:G3]의 평균을 계산해야 하므로 자동 설정된 계산 범위를 그대로 사용하면 안 됩니다.

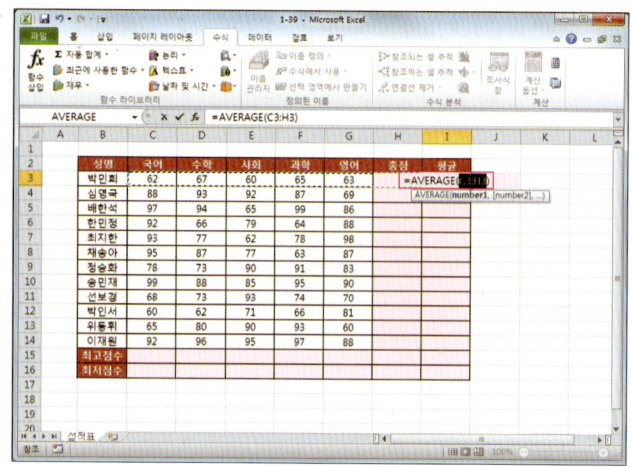

04 AVERAGE 함수의 계산 범위인 'C3:H3'이 선택되어 있는 상태에서 [C3:G3]을 드래그하여 =AVERAGE(C3:G3)으로 함수식을 수정한 다음 Enter 키를 눌러 입력합니다.

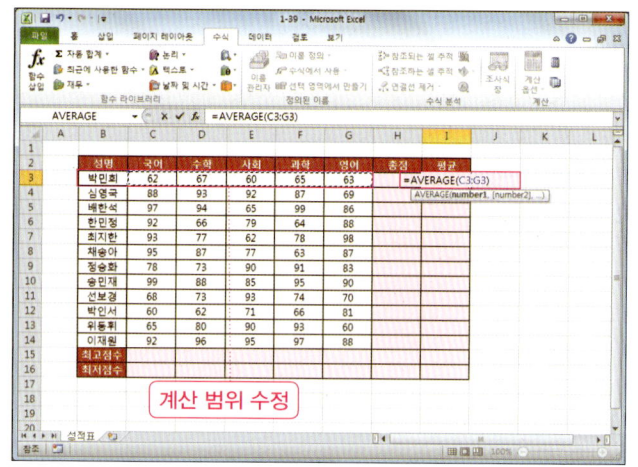

05 총점과 평균이 바르게 구해지면 [H3:I3]을 블록으로 지정하고 채우기 핸들을 [I14]셀까지 드래그하여 수식을 복사합니다.

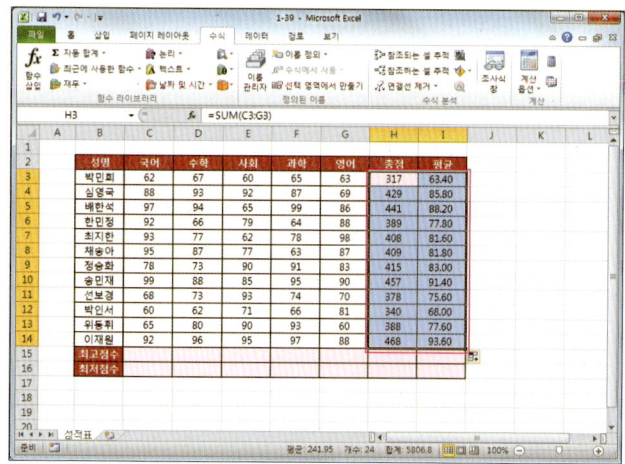

06 [C15]셀에서 자동 합계(Σ)의 드롭다운 버튼을 클릭하고 [최대값]을 선택합니다. 셀에 =MAX(C3:C14)로 함수식이 입력되면 계산 범위가 맞는지 확인하고 바로 Enter 키를 누릅니다.

> **POINT** 이 함수식은 MAX 함수로 [C3:C14]에서 최대값 즉, 가장 큰 값을 계산합니다.

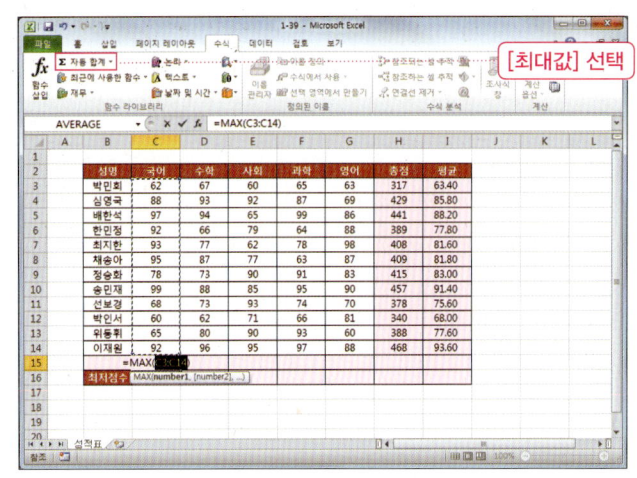

07 이번에는 [C16]셀에서 자동 합계(Σ)의 드롭다운 버튼을 클릭하고 [최소값]을 선택합니다. =MIN(C3:C15)로 함수식이 입력되면 [C3:C14]를 마우스로 드래그하여 계산 범위를 수정한 다음 Enter 키를 누릅니다.

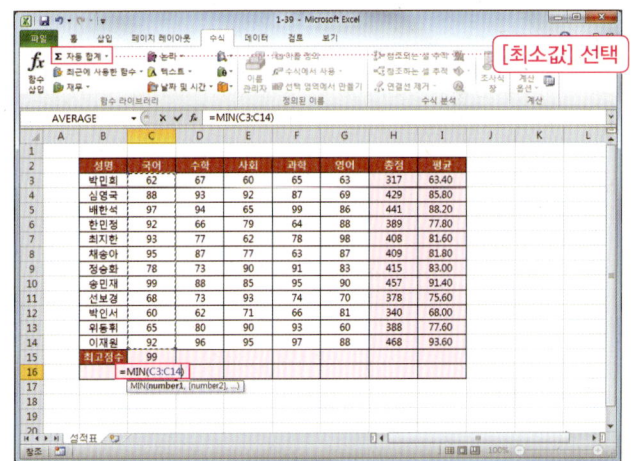

08 [C15:C16]을 블록으로 지정한 다음 채우기 핸들을 [I16]셀까지 드래그하여 수식을 복사합니다.

> **POINT** 수식을 복사한 후 자동 채우기 옵션(📋) 버튼을 클릭하고 [서식 없이 채우기] 옵션을 선택해야 미리 설정된 서식을 그대로 유지할 수 있습니다.

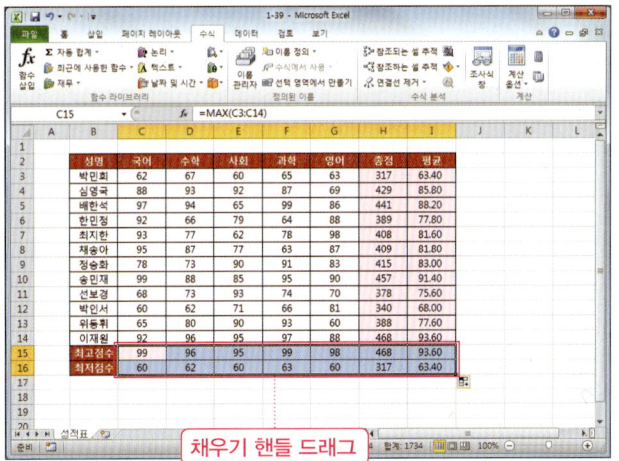

111

Section 40 차트 만들기

워크시트의 데이터를 서로 비교하고 값의 흐름을 알기 쉽게 그래픽으로 표현하는 것을 차트라고 합니다. 엑셀 2010에서는 매우 간단한 방법으로 워크시트 데이터를 원하는 형태의 차트로 만들어 삽입할 수 있습니다. 차트를 만들고 차트 제목과 축 제목을 삽입한 다음 크기와 위치를 조절하는 과정을 살펴봅니다.

키워드 차트 삽입, 차트 제목, 축 제목, 크기와 위치
예제 파일 Part1\예제파일\1-40.xlsx

01 차트를 만들 데이터 범위 [B3:F7]을 블록으로 지정하고 [삽입] 탭-[차트] 그룹-세로 막대형(📊)을 클릭하고 [2차원 세로 막대형]-[묶은 세로 막대형]을 선택합니다.

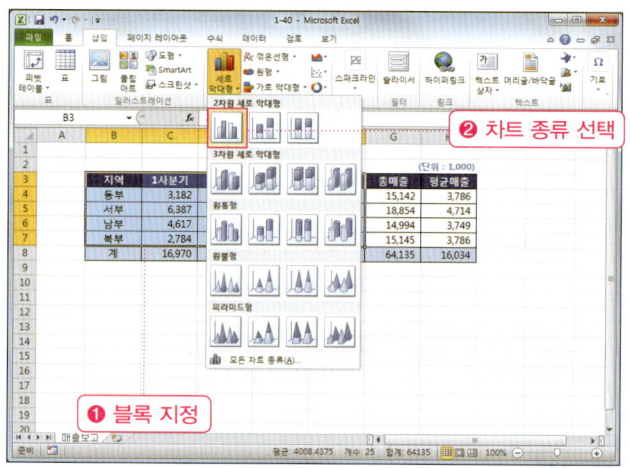

02 워크시트 중앙에 차트가 삽입되고 리본 메뉴에 [차트 도구]가 표시됩니다. [차트 도구]의 [디자인] 탭-[차트 스타일] 그룹-[스타일 10]을 클릭하여 차트 스타일을 변경합니다.

> **POINT** [차트 도구]는 차트가 선택 상태일 때만 일시적으로 표시됩니다.

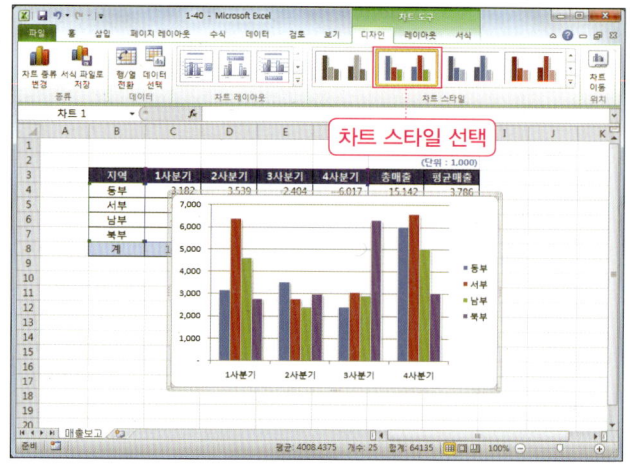

03 작성한 차트에 제목을 추가해 보겠습니다. [레이아웃] 탭-[레이블] 그룹-차트 제목( )을 클릭하고 [차트 위]를 선택합니다.

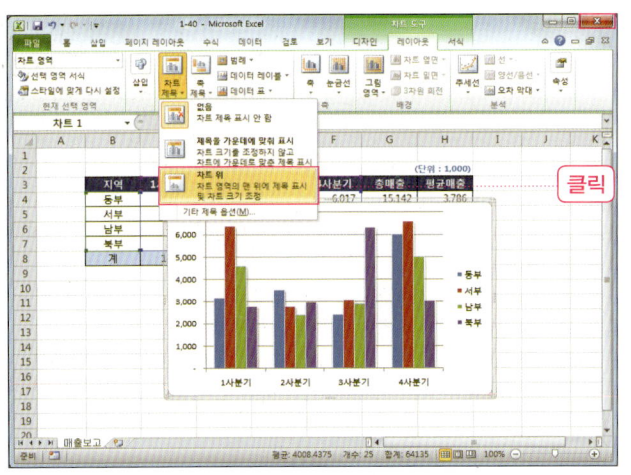

04 '차트 제목'이라는 텍스트로 차트 위에 제목이 삽입되면 텍스트를 '연간 매출 현황'으로 수정합니다. 그런 다음 차트 제목 상자의 테두리를 클릭하여 차트 제목을 선택하고 [홈] 탭-[글꼴] 그룹에서 텍스트의 글꼴 서식을 지정합니다.

> **POINT** 커서가 차트 제목 상자 내에 있을 때는 상자 테두리가 점선으로 표시됩니다. 상자 테두리를 클릭하면 테두리가 실선으로 바뀌면서 전체 선택 상태가 되는데 이 상태에서 글꼴 서식을 지정해야 합니다.

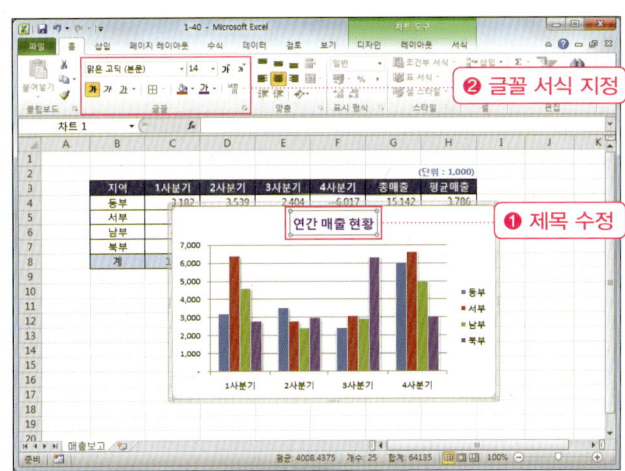

05 [레이아웃] 탭-[레이블] 그룹-축 제목( )을 클릭하고 [기본 세로 축 제목]-[세로 제목]을 선택한 다음 축 제목을 '매출액'으로 수정합니다.

> **POINT** 축 제목( )을 클릭하고 [기본 가로 축 제목]-[축 아래 제목]을 선택하여 가로 축 제목도 추가할 수 있습니다.

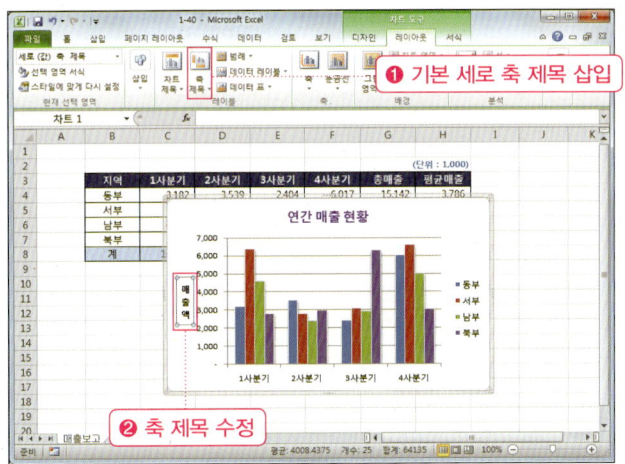

06 차트 위에서 마우스를 움직이면 마우스 포인터가 위치한 곳에 있는 차트 요소의 이름이 스크린 팁으로 표시됩니다.

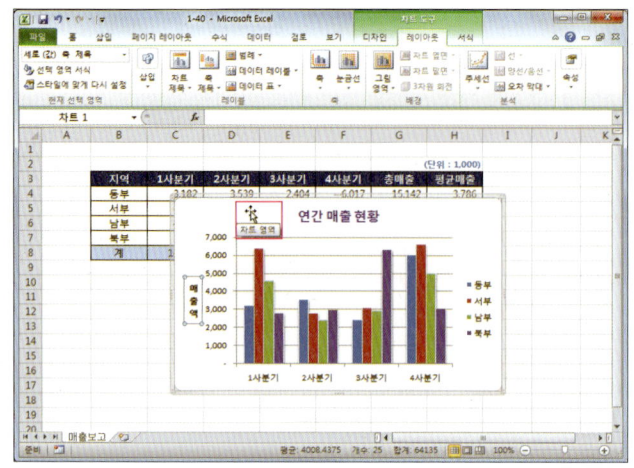

07 차트 영역에서 마우스 왼쪽 버튼을 누른 채 드래그하여 차트를 원하는 곳으로 이동할 수 있습니다.

> **POINT** 차트를 이동할 때는 반드시 차트 영역이나 차트 테두리를 드래그해야 합니다.

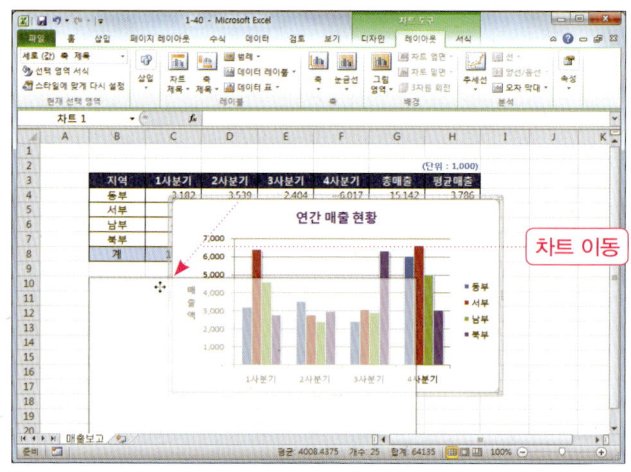

08 차트 테두리에 있는 크기 조절 핸들을 드래그하여 차트 크기를 조절합니다. 크기 조절 핸들은 모두 여덟 개로 상하 좌우와 각 모서리에 있고, 크기 조절 핸들 위에서 마우스 포인터는 양방향 화살표 모양으로 표시됩니다.

> **POINT** 차트 작성을 마치고 워크시트에서 임의의 셀을 클릭하면 차트 선택 상태가 해제되고, 리본 메뉴의 [차트 도구]도 사라집니다.

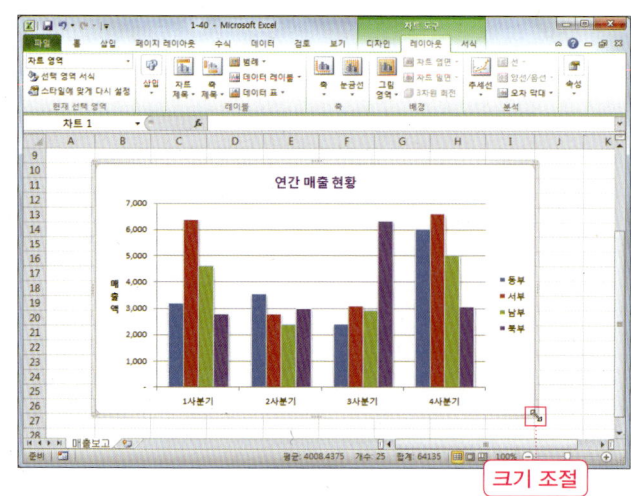

Section 41
차트 종류 바꾸기

처음 차트를 만들 때 선택한 차트 종류는 언제든지 바꿀 수 있습니다. 여기서는 차트 전체의 차트 종류를 변경하는 방법과 함께 특정 데이터 계열의 차트 종류만 변경하여 혼합 차트를 만드는 방법까지 설명합니다.

키워드 차트 종류 변경, 행/열 전환
예제 파일 Part1\예제파일\1-41.xlsx

01 워크시트에 작성되어 있는 꺾은선형 차트를 클릭하면 리본 메뉴에 [차트 도구]가 표시됩니다. 현재 차트는 기간별로 각 지역의 매출을 표시하고 있습니다. 이 차트를 지역별로 각 기간의 매출을 표시하도록 변경하기 위해 [디자인] 탭-[데이터] 그룹-행/열 전환( )을 클릭합니다.

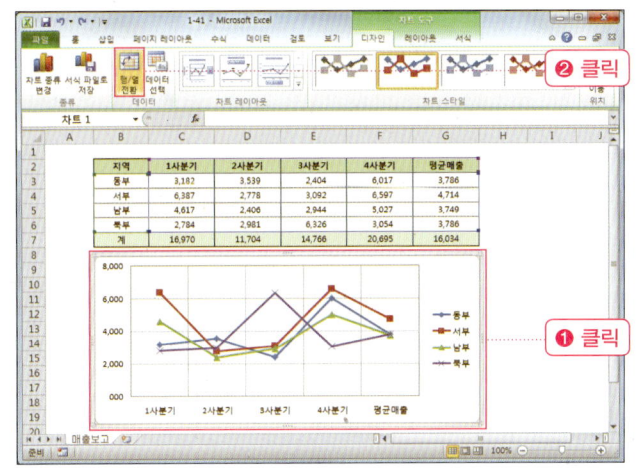

02 차트의 방향(행/열)이 전환되면 이번에는 차트 종류를 변경하기 위해 [종류] 그룹-차트 종류 변경( )을 클릭합니다.

POINT 행/열 전환( )을 실행하면 차트의 가로 축과 범례가 서로 바뀌게 됩니다.

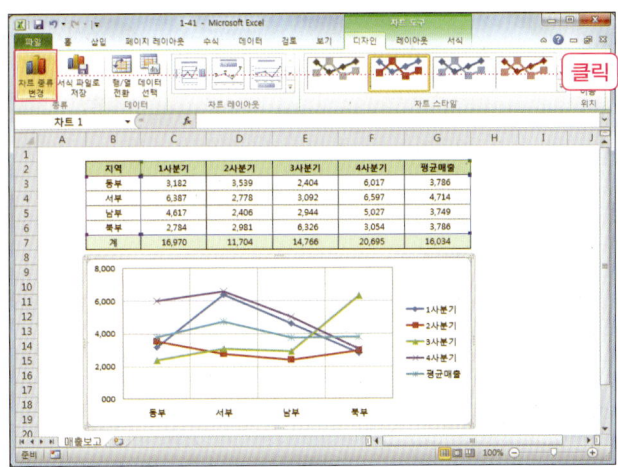

03 [차트 종류 변경] 대화상자가 실행되면 [세로 막대형]의 [묶은 세로 막대형]을 선택하고 [확인] 버튼을 클릭합니다.

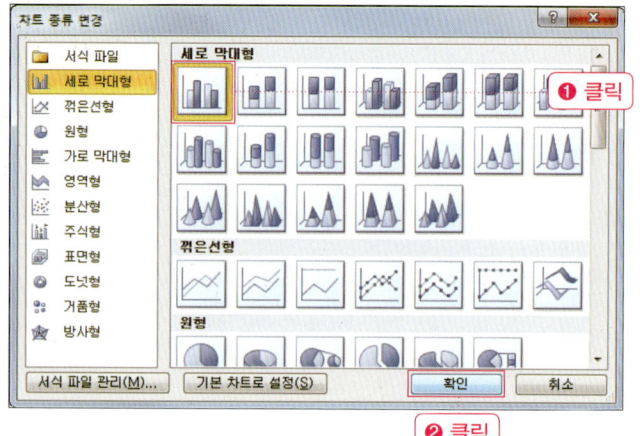

04 꺾은선형 차트가 세로 막대형 차트로 변경되었습니다. 이번에는 차트 계열에서 '평균매출' 계열을 나타내는 마지막 세로 막대를 클릭하여 선택한 다음 차트 종류 변경( )을 클릭합니다.

> **POINT** 지역별로 다섯 개의 계열이 각각 다른 색의 세로 막대로 표시되어 있습니다. 다섯 번째 세로 막대를 클릭하면 각 지역의 '평균매출'에 해당하는 세로 막대가 함께 선택됩니다.

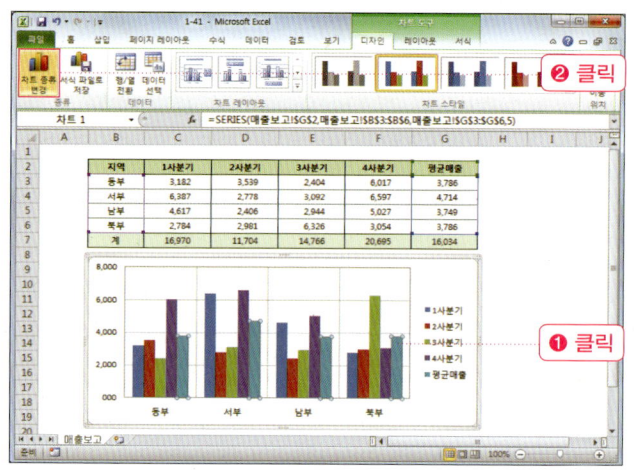

05 [차트 종류 변경] 대화상자에서 [꺾은선형]의 [표식이 있는 꺾은선형] 차트를 선택한 다음 [확인] 버튼을 클릭합니다.

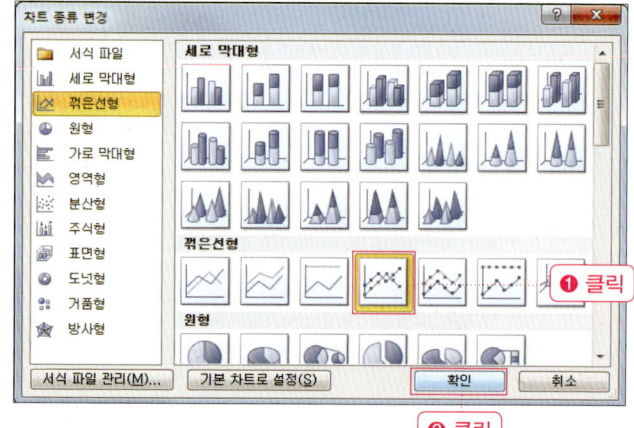

06 '평균매출' 계열만 꺾은선형 차트로 변경된 결과는 다음과 같습니다. 이렇게 서로 다른 종류의 차트를 함께 사용하는 차트를 혼합 차트라고 합니다.

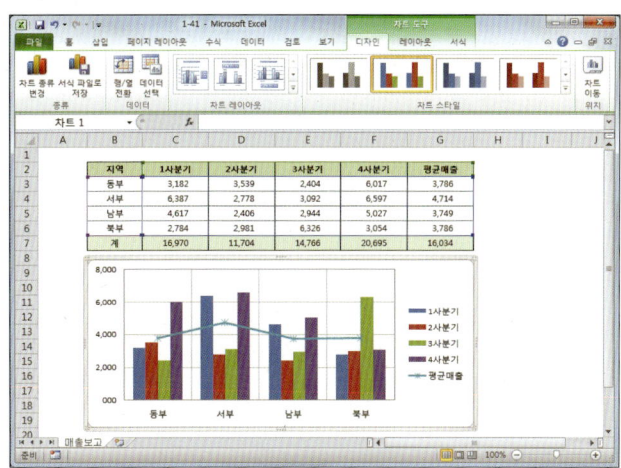

데이터 계열과 데이터 요소 구분하기

차트를 구성하는 여러 가지 요소 중에서 가장 핵심이 되는 것은 데이터 값의 크기를 나타내는 '계열'입니다. 다음 차트는 1사분기, 2사분기, 3사분기, 4사분기의 4개 계열로 이루어져 있으며, 각 계열은 또 동부, 서부, 남부, 북부의 4개 요소로 이루어져 있습니다. 차트 작업을 수행할 때 계열과 요소의 선택 상태를 구분할 수 있어야 합니다.

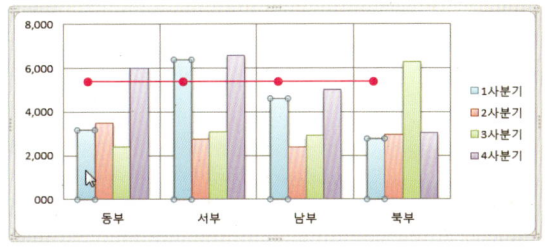
[그림 1] 데이터 계열의 선택

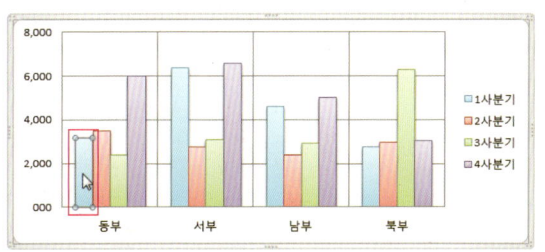
[그림 2] 데이터 요소의 선택

- [그림 1] 차트에서 특정 계열을 나타내는 도형(여기서는 막대 모양)을 클릭하면 해당 계열의 모든 요소가 선택됩니다. 즉, 계열을 선택한다는 것은 계열을 구성하는 요소를 모두 선택한다는 것과 의미가 같습니다.
- [그림 2] 계열이 선택된 상태에서 특정 요소를 다시 클릭하면 계열 중에서 클릭한 요소 하나만 선택할 수 있습니다.

차트의 원본 데이터 바꾸기

차트를 작성할 때 사용한 워크시트의 셀 범위를 차트의 데이터 범위라고 합니다. 여기서는 차트의 데이터 범위를 변경하는 두 가지 방법에 대해 설명합니다. 첫 번째 방법은 차트 데이터 범위를 다시 설정하는 것입니다. 그리고 두 번째 방법은 원래 데이터 범위에 새로운 범위를 추가하는 것입니다.

키워드 데이터 선택, 데이터 추가

예제 파일 Part1\예제파일\1-42.xlsx

---

01 차트를 클릭하면 워크시트에 원본 데이터 범위가 표시됩니다. 현재 차트는 [B2:G6]을 원본 데이터 범위로 사용하고 있습니다. 데이터 범위를 변경하기 위해 [디자인] 탭-[데이터] 그룹-데이터 선택(🖼)을 클릭합니다.

> **POINT** 차트가 선택 상태일 때 워크시트의 원본 데이터 범위에 색 상자가 표시됩니다. 색 상자의 모서리에 있는 크기 조절점을 마우스로 드래그하여 데이터 범위를 늘리거나 줄일 수 있습니다.

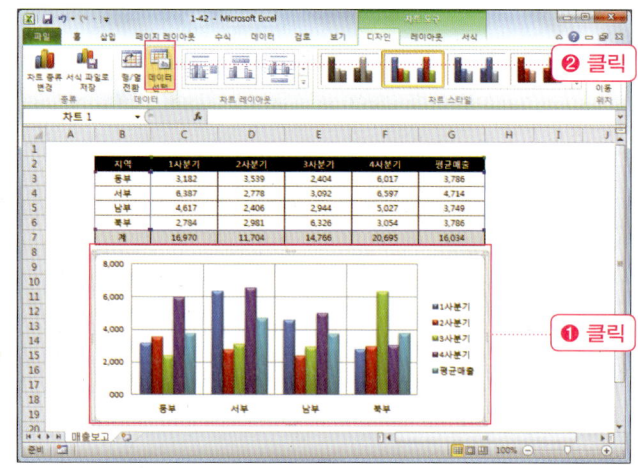

02 [데이터 원본 선택] 대화상자가 실행되면 [차트 데이터 범위]를 [B2:F2]로 변경하고 [확인] 버튼을 클릭합니다.

> **POINT** 서로 떨어져 있는 범위를 지정할 때는 첫 번째 범위를 지정한 다음 Ctrl 키를 누른 상태에서 두 번째 범위를 지정합니다.

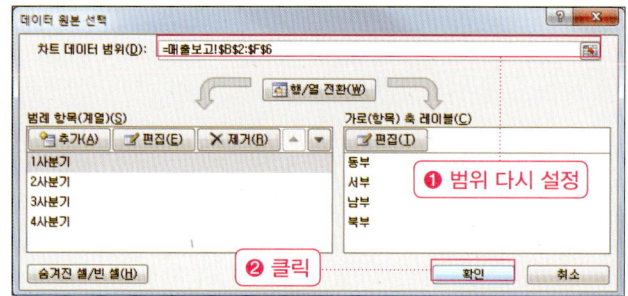

03 다음과 같이 원본 데이터 범위가 [B2:F2]로 변경되어 차트에서 '평균매출' 계열이 사라집니다.

> **POINT** 차트에서 데이터 계열을 선택한 다음 Delete 키를 눌러 바로 계열을 삭제할 수도 있습니다.

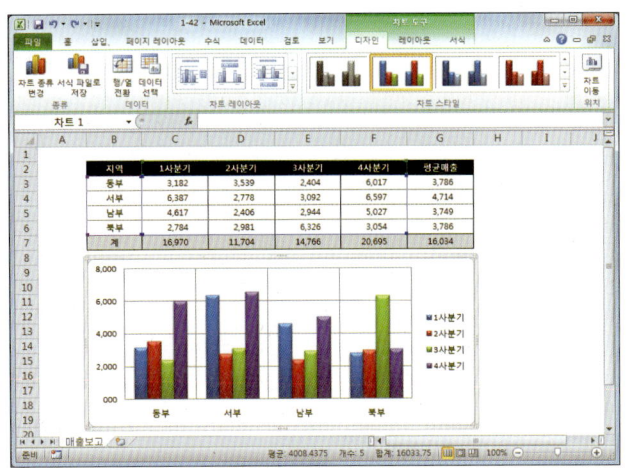

04 이번에는 '평균매출' 계열을 다시 차트에 추가하는 방법입니다. [G2:G6]을 블록으로 지정하고 Ctrl + C 를 눌러 복사한 다음, 차트를 선택하고 Ctrl + V 를 누릅니다. 이렇게 하면 '평균매출' 계열이 차트에 추가됩니다.

> **POINT** 계열을 추가할 때는 해당 계열의 데이터 값뿐 아니라 계열 이름(여기서는 [G2]셀의 '평균매출')까지 추가해야 합니다.

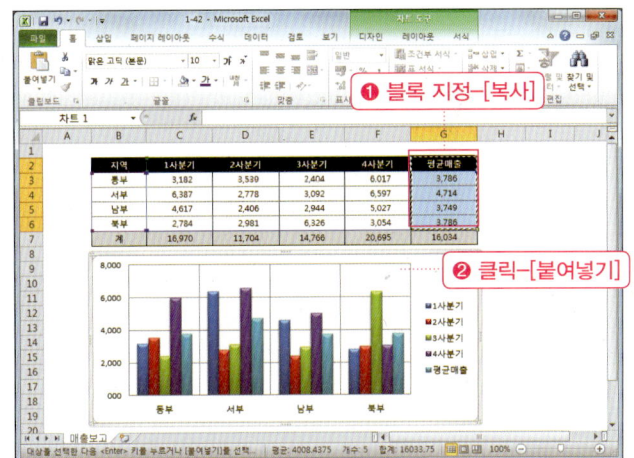

🌱 왕초보 레벨업

계열을 추가하는 또 다른 방법

차트를 선택하고 [디자인] 탭-[데이터] 그룹-데이터 선택(📊)을 클릭하면 [데이터 원본 선택] 대화상자가 열립니다. 이 대화상자에서 [추가] 버튼을 클릭한 다음 [계열 편집] 대화상자를 통해 데이터 계열을 추가할 수 있습니다. [계열 이름] 입력 상자를 클릭하고 데이터 계열의 이름으로 사용할 텍스트가 들어 있는 셀을 지정한 다음, [계열 값] 입력 상자에 데이터가 들어 있는 셀 범위를 지정하고 [확인] 버튼을 클릭합니다.

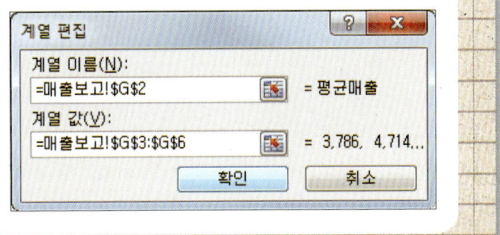

Section 43 차트 레이아웃 변경하기

차트는 가장 기본이 되는 차트 영역을 비롯하여 그림 영역, 데이터 계열, 차트 제목과 축 제목, 범례 등 여러 가지 요소로 구성됩니다. 차트의 레이아웃은 이러한 차트 요소를 포함시킬 것인지의 여부를 지정하는 것이라고 할 수 있습니다. 여기서는 원형 차트에 범례와 데이터 레이블을 표시하는 과정을 통해 차트 레이아웃의 변경 방법을 학습합니다.

키워드 원형 차트, 데이터 레이블, 범례
예제 파일 Part1\예제파일\1-43.xlsx

---

01 차트를 선택한 다음 [차트 도구]의 [레이아웃] 탭-[레이블] 그룹-범례(📊)를 클릭하고 [왼쪽에 범례 표시]를 선택합니다. 이 방법으로 범례의 표시 위치를 변경할 수 있습니다. [없음]을 선택하면 차트에서 범례를 제거합니다.

POINT 원형 차트는 항상 하나의 데이터 계열만 표시합니다.

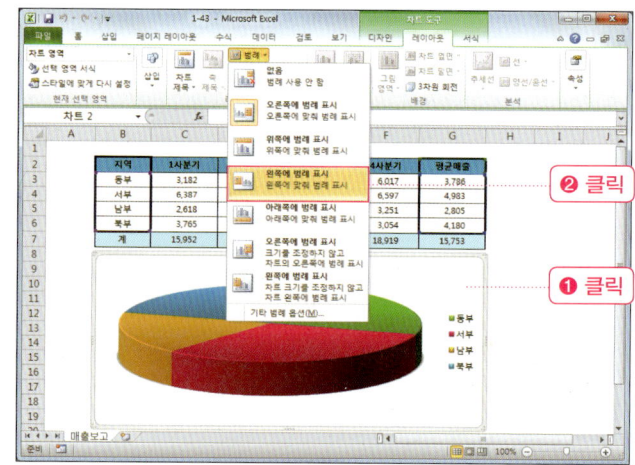

02 이번에는 데이터 레이블(📊)을 클릭하고 [기타 데이터 레이블 옵션]을 선택합니다.

POINT 데이터 레이블(📊)을 클릭하고 목록에서 [가운데], [안쪽 끝에] 등 데이터 레이블의 표시 위치를 바로 선택할 수 있습니다.

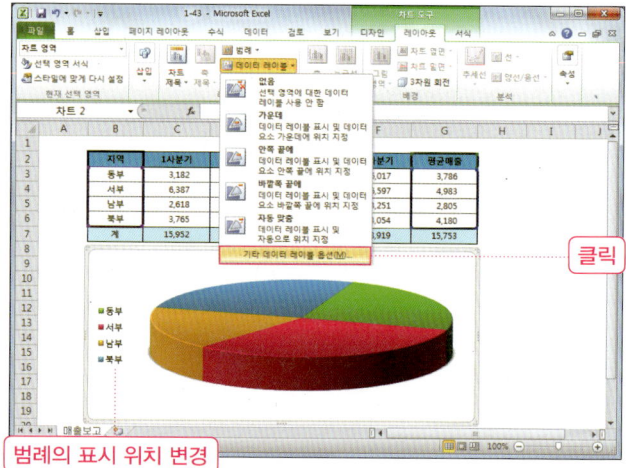

03 [데이터 레이블 서식] 대화상자가 실행되면 [레이블 내용]에서 '백분율'을 체크하고, [레이블 위치]를 '바깥쪽 끝에'로 지정한 다음 [닫기] 버튼을 클릭합니다.

> **POINT** 레이블 내용을 두 개 이상 선택할 수도 있습니다. 이때는 레이블과 레이블을 구분하는 [구분 기호]를 지정합니다.

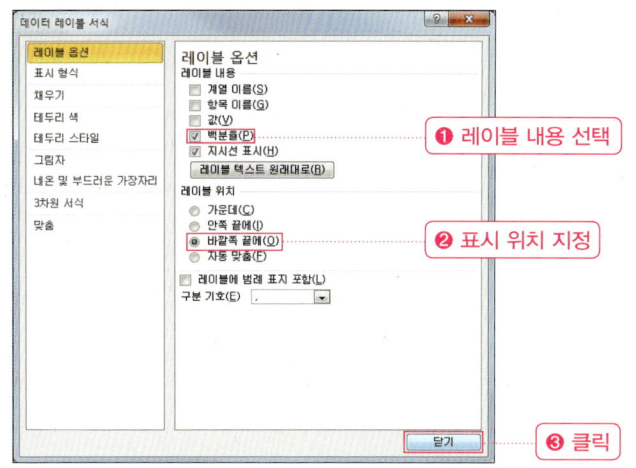

04 다음과 같이 원형 조각의 바깥쪽 끝에 데이터 값이 백분율로 표시되었습니다.

> **POINT** 데이터 레이블의 내용은 차트 종류에 선택 가능한 항목이 다릅니다.

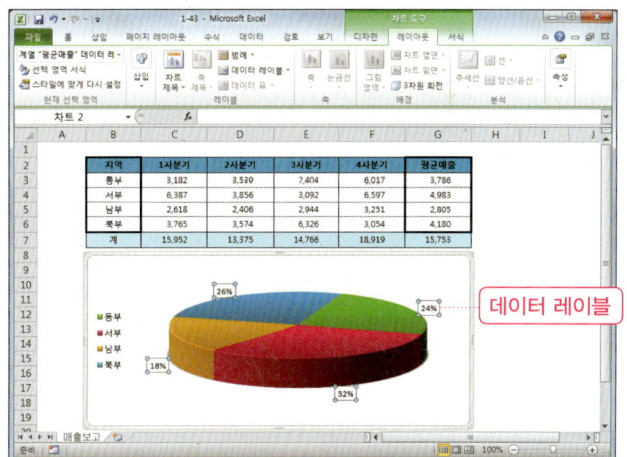

왕초보 레벨업

원형 차트의 조각 분리하기

원형 차트는 데이터 요소의 개수만큼 여러 개의 원형 조각으로 이루어져 있습니다. 원형 차트에서 특정 데이터 요소를 강조하기 위해 한 두 개의 원형 조각만 중심에서 분리하는 방법이 많이 사용됩니다. 원형 조각을 한 번 클릭하면 모든 원형 조각이 함께 선택됩니다. 이 상태에서 분리하고자 하는 원형 조각을 한 번 더 클릭하여 따로 선택 상태가 되면 마우스 왼쪽 버튼을 누른 채 바깥쪽으로 드래그하여 조각을 분리합니다.

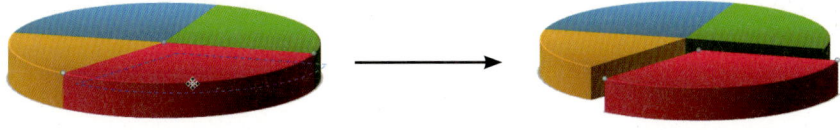

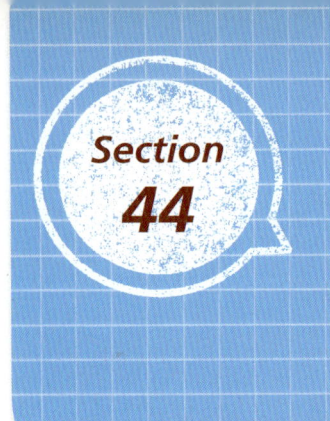

차트 서식 지정하기

차트에 포함되어 있는 여러 가지 차트 요소를 더 세밀하게 조정하고 서식을 지정하는 과정을 살펴보겠습니다. 이 과정의 대부분은 차트 요소의 서식 대화상자를 이용하여 진행됩니다. 선택한 차트 요소에 따라 서식 대화상자의 구성이 조금씩 달라지는데 한 번 열어 놓은 서식 대화상자는 차트에서 요소 선택만 바꿔가며 계속 사용할 수 있는 특징이 있습니다.

키워드 차트 요소의 선택, 서식 대화상자
예제 파일 Part1\예제파일\1-44.xlsx

01 워크시트에 작성해 놓은 차트를 클릭해서 선택합니다. 제일 먼저 그림 영역의 서식을 지정하기 위해 '그림 영역'을 더블클릭합니다.

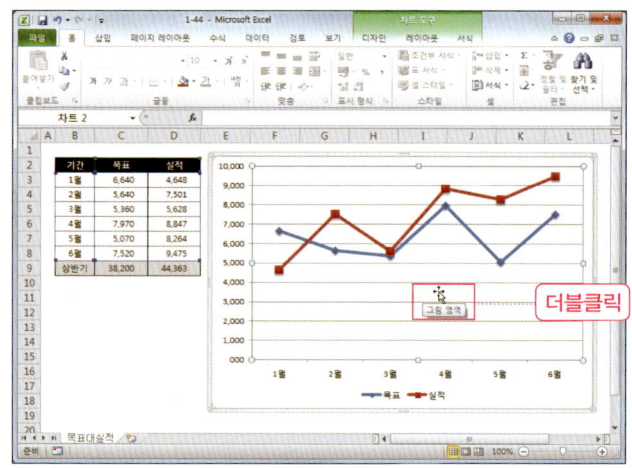

02 [그림 영역 서식] 대화상자가 열리면 [채우기] 탭에서 '단색 채우기'를 선택한 다음, [채우기 색]의 [색]에서 그림 영역을 채울 색을 선택합니다.

> **POINT** 서식 대화상자에서 지정하는 서식은 바로 차트에 적용됩니다.

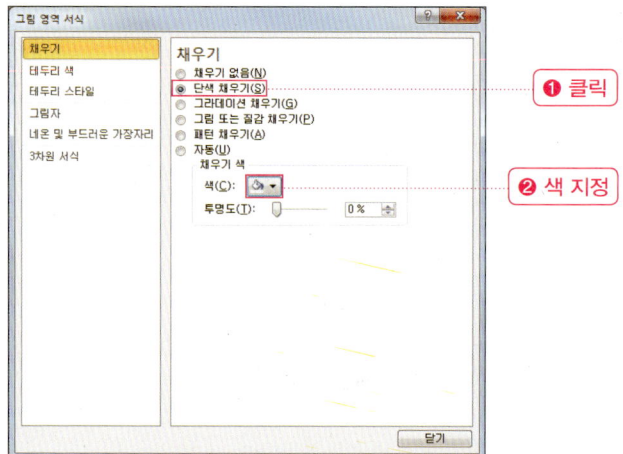

03 [테두리 색] 탭에서 '실선'을 선택한 다음 [색]에서 그림 영역의 테두리 색을 지정합니다. 여기까지 그림 영역의 서식 지정은 모두 끝났지만 서식 대화상자는 닫지 않고 그대로 둡니다.

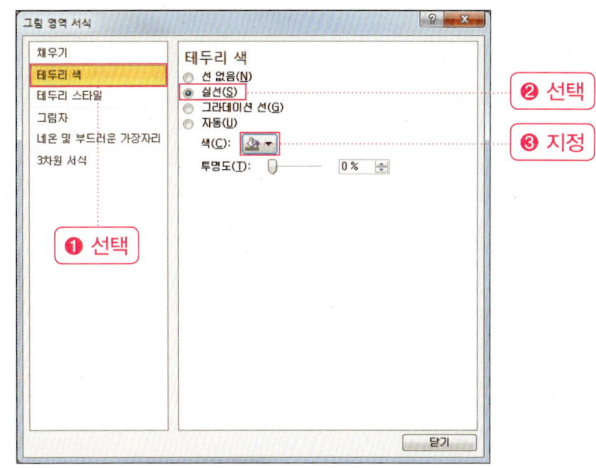

04 차트에서 '세로 (값) 축'을 클릭합니다. [그림 영역 서식] 대화상자가 열려 있는 상태에서 이렇게 차트에서 다른 요소를 선택하면 자동으로 대화상자가 선택한 요소의 서식 대화상자로 전환됩니다.

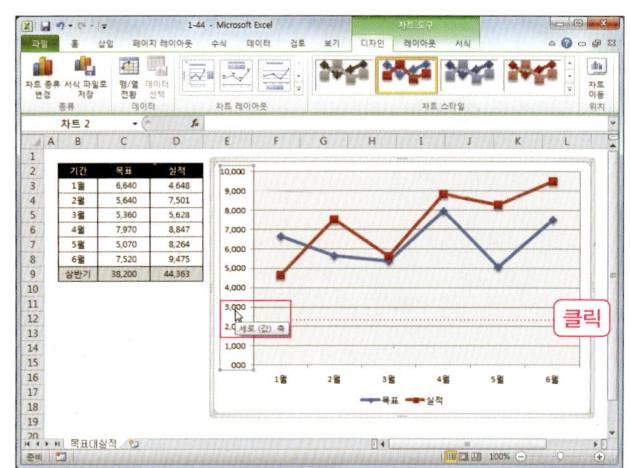

05 [축 서식] 대화상자의 [축 옵션] 탭에서 [최대값]과 [주 단위]를 모두 [고정]으로 변경하고, [주 단위]의 입력 상자에 '2000'을 입력합니다. 그런 다음 [주 눈금]을 '없음'으로 지정합니다.

> **POINT** [최대값]과 [주 단위]를 [자동] 옵션으로 지정하면 차트 크기 등의 영향을 받아 눈금의 값이 자동으로 설정됩니다. [고정] 옵션은 항상 고정된 값으로 눈금 값을 표시할 때 사용합니다.

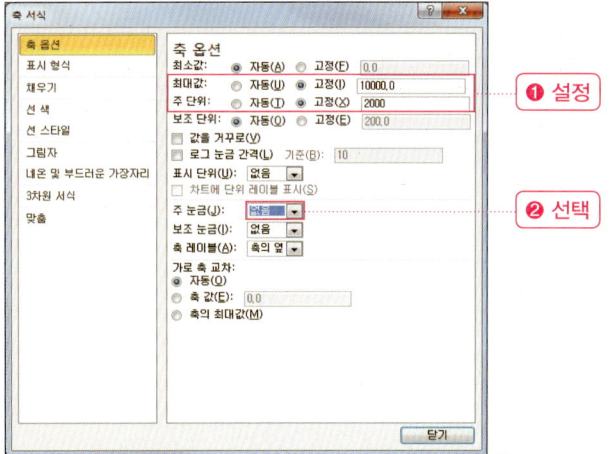

06 이번에는 차트에서 계열 '실적'을 표시하는 빨간색 꺾은선을 클릭합니다. 이렇게 하면 서식 대화상자가 자동으로 [데이터 계열 서식] 대화상자로 전환됩니다.

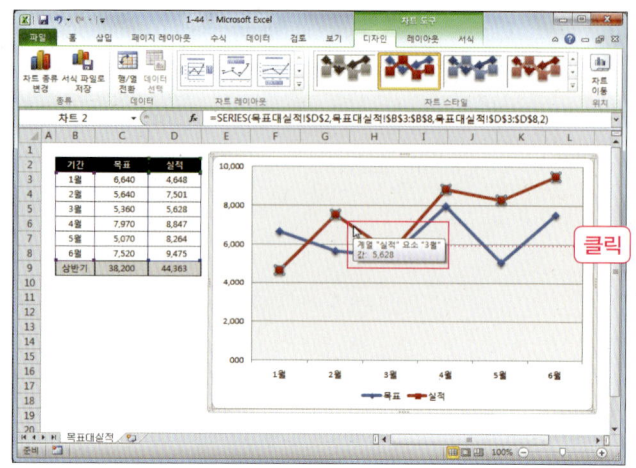

07 [표식 옵션] 탭에서 [표식 종류]를 '기본 제공'으로 지정한 다음 [형식]에서 표식의 모양을 지정하고, [크기]를 '7'로 지정합니다.

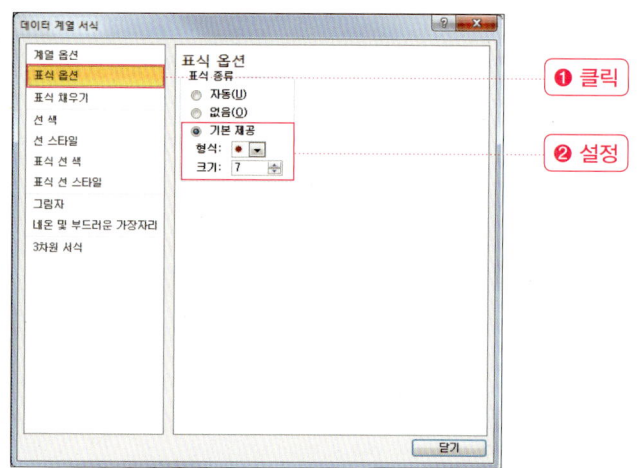

08 [표식 채우기] 탭에서 '단색 채우기'를 선택한 다음 [색]에서 표식의 안쪽을 채울 색을 지정합니다.

> **POINT** 표식의 테두리를 그리는 선은 [표식 선 색] 탭이나 [표식 선 스타일] 탭을 선택한 다음 지정합니다.

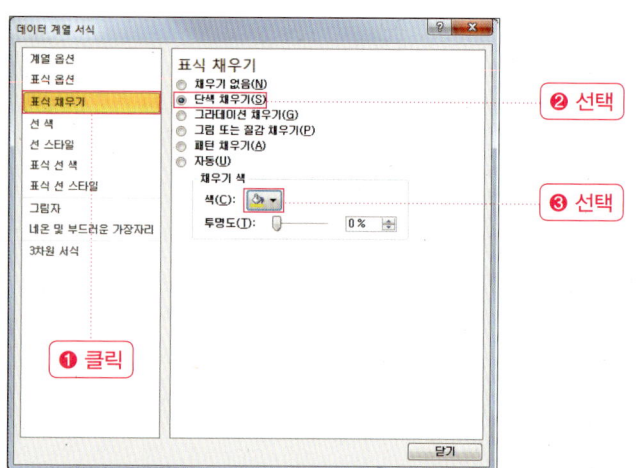

09 마지막으로 [선 스타일] 탭에서 [너비]를 '2.5 pt'로 줄여 꺾은선의 굵기를 조절한 다음 '완만한 선'을 체크합니다.

> **POINT** '완만한 선'을 선택하면 꺾은선이 곡선 형태로 표시됩니다.

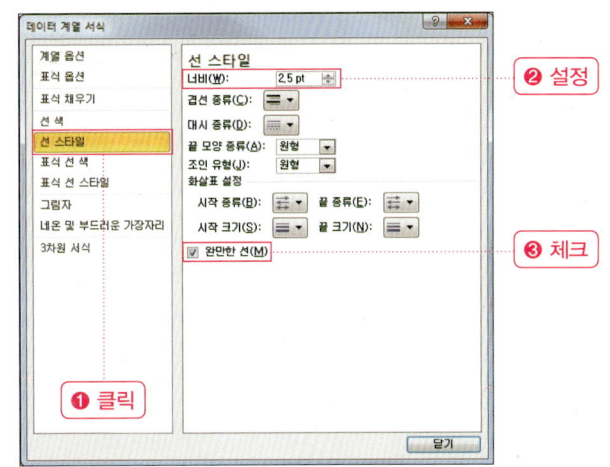

10 차트에서 계열 '목표'를 클릭한 다음 [데이터 계열 서식] 대화상자에서 앞에서와 같은 방법으로 서식을 지정합니다. 계열 '목표'의 서식까지 모두 지정한 다음에는 대화상자에서 [닫기] 버튼을 클릭하여 대화상자를 닫습니다.

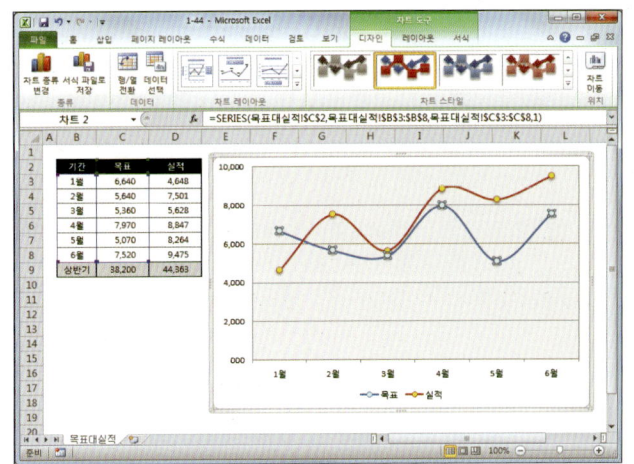

11 차트에서 '세로 (값) 축 주 눈금선'을 클릭한 다음 [서식] 탭-[도형 스타일] 그룹-도형 윤곽선(도형 윤곽선 ▼)을 클릭하고 [대시]-[사각 점선]을 선택합니다. 이와 같이 차트 서식은 서식 대화상자를 이용하기도 하지만 [서식] 탭의 [도형 스타일] 그룹에 있는 도구를 사용할 수도 있습니다.

> **POINT** [도형 스타일] 그룹에서는 도형의 채우기 색과 윤곽선 등의 서식만 지정할 수 있습니다.

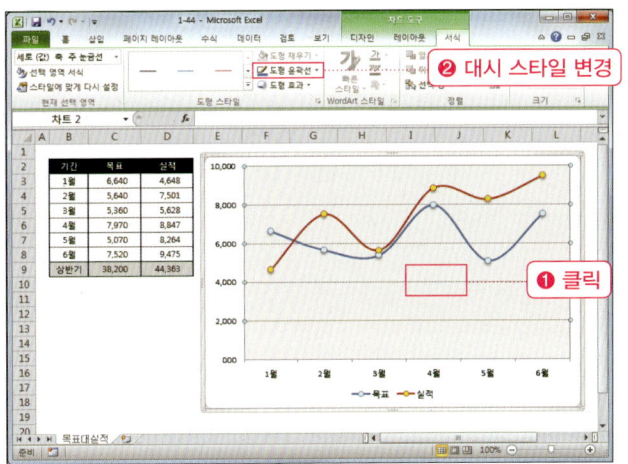

Section 45

데이터를 표로 만들어 관리하기

'표'는 워크시트 데이터 목록을 다른 데이터와 독립적으로 관리할 수 있도록 하는 도구입니다. 셀 범위를 표로 만들어 두면 여러 가지 작업이 편리해집니다. 표에 원하는 스타일을 적용시켜 한 번에 표 서식을 바꿀 수 있고 홀수 행과 짝수 행을 구분하기 좋게 줄 무늬를 넣을 수 있습니다. 또 요약 행을 추가해서 합계, 평균, 최대, 최소 등의 요약 정보를 나타낼 수 있고 각 열에서 필터 작업을 수행할 수도 있습니다. 셀 범위를 표로 만들어 활용하는 몇 가지 기술을 알아봅니다.

키워드 표 만들기, 표 스타일, 요약 행

예제 파일 Part1\예제파일\1-45.xlsx

01 [B2]셀에서 [삽입] 탭-[표] 그룹-표(▦)를 클릭합니다. [표 만들기] 대화상자가 실행되고 자동으로 데이터 범위가 설정되면 그대로 [확인] 버튼을 클릭합니다.

> **POINT** 원하는 데이터 범위를 블록으로 지정하거나 셀 포인터를 표로 만들 데이터 범위로 이동한 다음 표를 만듭니다.

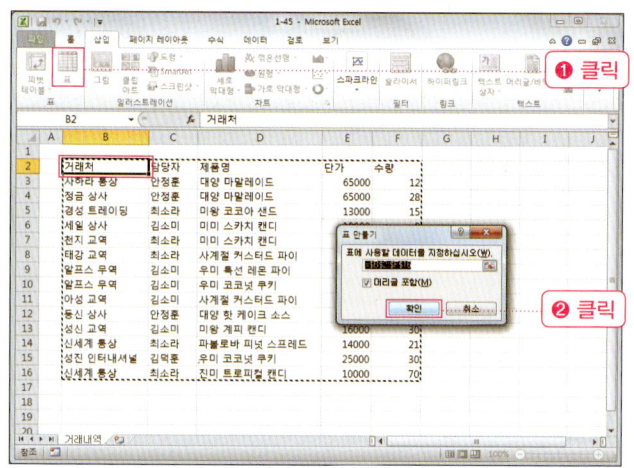

02 [B2:F16]이 표로 만들어지면 [표 도구]의 [디자인] 탭-[표 스타일] 그룹에서 원하는 표 스타일을 선택합니다. 이렇게 하면 표 전체의 서식을 한 번에 변경할 수 있습니다.

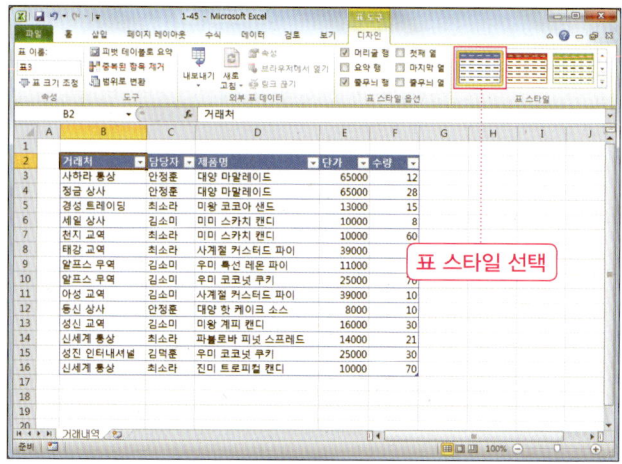

03 [G2]셀에 '금액'을 입력하고 Enter 키를 누르면 자동으로 표가 [G]열까지 확장됩니다. [G3]셀에서 '='를 입력한 다음 [E3]셀을 클릭하고 '*'를 입력합니다. 그리고 [F2]셀을 클릭하여 =[@단가]*[@수량]과 같이 수식이 만들어지면 Enter 키를 눌러 입력합니다.

> POINT 표에서 수식을 작성하면 셀 주소 대신 '[@단가]'와 같이 열 이름을 이용하여 셀을 참조합니다.

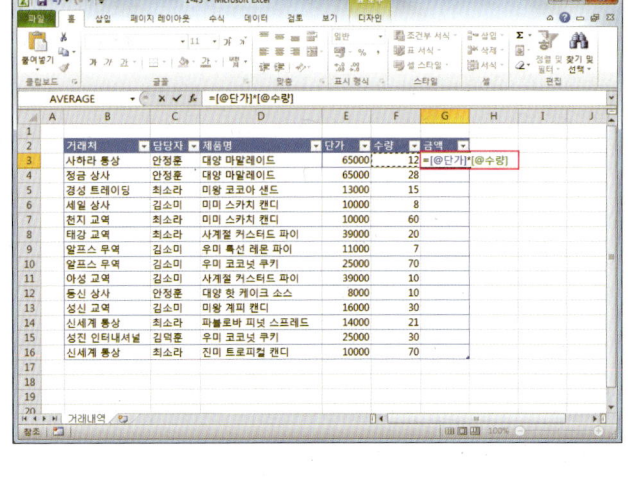

04 [G3]셀에서 수식을 입력하고 Enter 키를 누르면 자동으로 같은 열의 나머지 셀에 같은 수식이 채워집니다. [E3:G16]을 블록으로 지정한 다음 [홈] 탭-[표시 형식] 그룹-쉼표 스타일(,)을 클릭하여 표시 형식을 설정합니다.

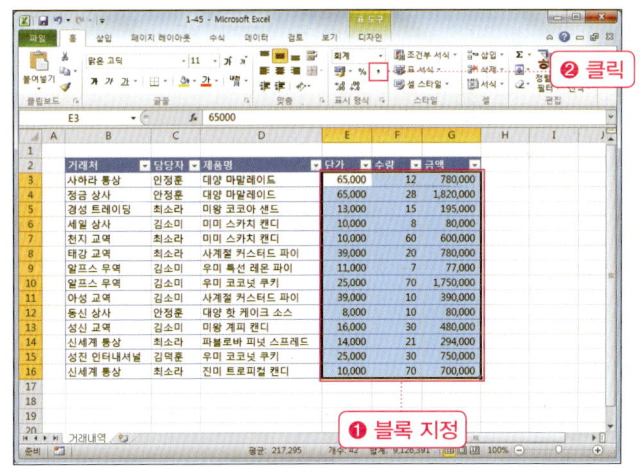

05 이번에는 행을 추가해 보겠습니다. [B17]셀에 새로운 거래처를 입력하고 Enter 키를 누르면 자동으로 표가 아래로 확장됩니다. [C17:F17]의 각 셀에 나머지 데이터를 입력합니다. [G17]셀은 단가와 수량을 입력하면 자동으로 수식이 채워져 금액이 계산됩니다.

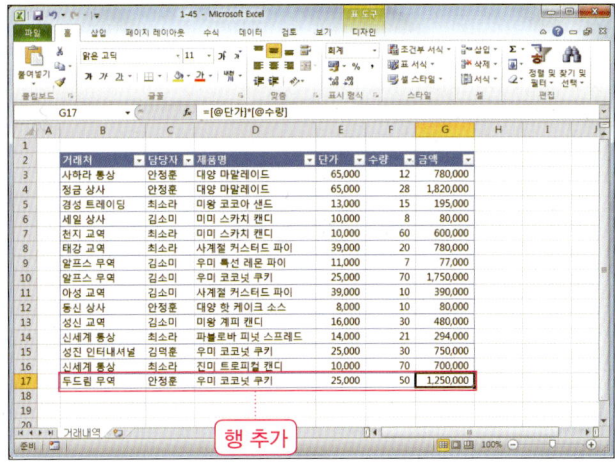

06 [표 도구]의 [디자인] 탭-[표 스타일 옵션] 그룹에서 [요약 행]을 클릭하여 선택합니다. 그러면 표의 마지막에 요약 행이 추가되고 가장 마지막 열인 '금액' 열의 합계가 계산됩니다.

> **POINT** 열의 너비 때문에 계산 결과가 '#####'으로 표시될 경우 열 머리글의 오른쪽 경계선을 더블클릭해서 열 너비를 조절합니다.

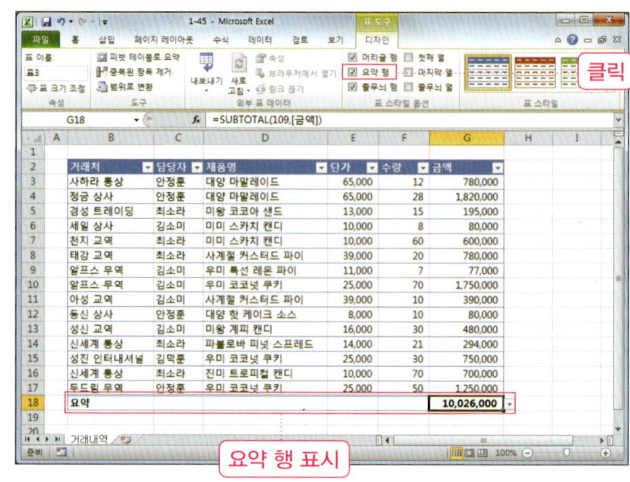

07 요약 행의 다른 열에도 요약된 값을 표시할 수 있습니다. '수량'의 합계를 표시하기 위해 요약 행의 [F18]셀에서 드롭다운 버튼을 클릭한 다음 [합계]를 선택합니다.

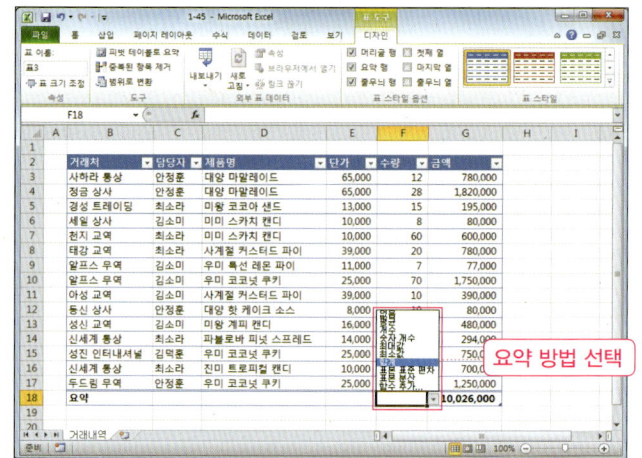

08 다음과 같이 '수량'의 합계가 요약 행에 표시됩니다. 요약된 값을 표시하고 싶지 않으면 드롭다운 버튼을 클릭하고 [없음]을 선택하면 됩니다.

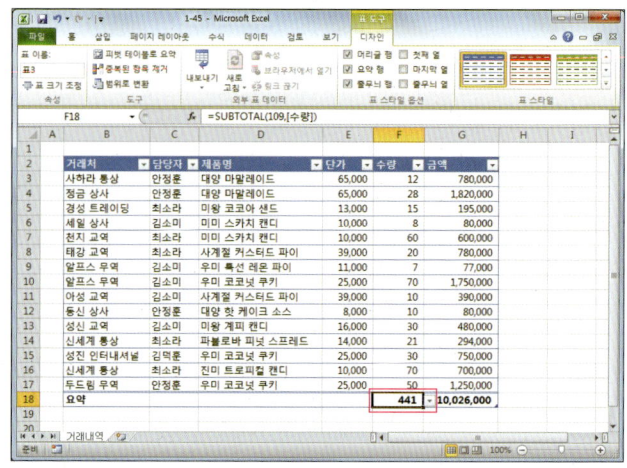

09 표의 첫 번째 행에는 각 열의 이름이 있고, 필터 버튼이 표시되어 있습니다. '담당자' 열의 필터 버튼을 클릭한 다음 [안정훈]만 선택하고 [확인] 버튼을 클릭합니다.

> **POINT** 먼저 [(모두 선택)]을 클릭하여 모든 항목의 선택을 해제합니다. 그런 다음 [안정훈]만 다시 클릭하여 선택합니다.

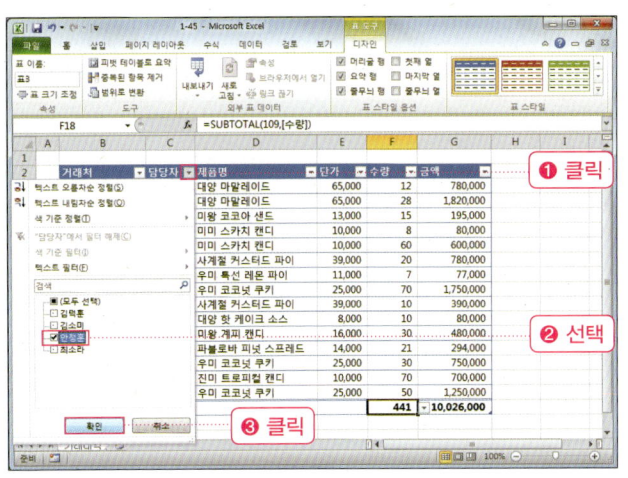

10 다음과 같이 담당자가 '안정훈'인 행만 화면에 표시되고 나머지 행은 일시적으로 숨겨집니다. 요약 행에는 현재 화면에 표시되어 있는 데이터의 요약 결과가 표시됩니다.

> **POINT** '담당자'의 필터 버튼을 클릭한 다음 ["담당자"에서 필터 해제]를 선택하면 다시 원래대로 모든 데이터가 표시됩니다.

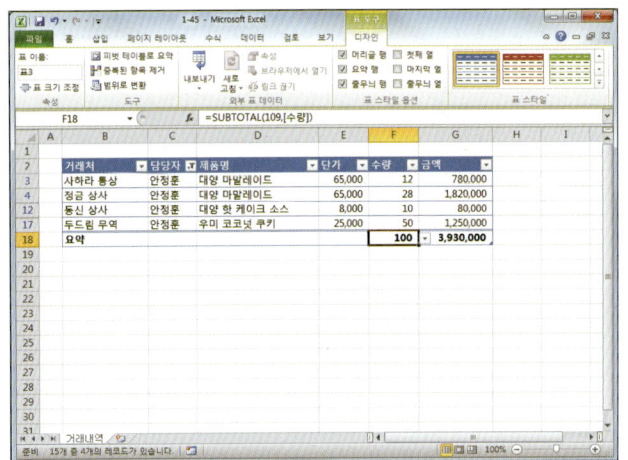

생초보 레벨업

표를 다시 범위로 변환하기

표에서 [표 도구]의 [디자인] 탭-[도구] 그룹-범위로 변환(범위로 변환)을 클릭하면 다음과 같이 표를 정상 범위로 변환할 것인지 묻는 메시지가 표시됩니다. 여기서 [예] 버튼을 클릭하면 표에 설정된 서식과 요약 행을 그대로 유지한 채 표를 일반적인 셀 범위로 변환합니다.

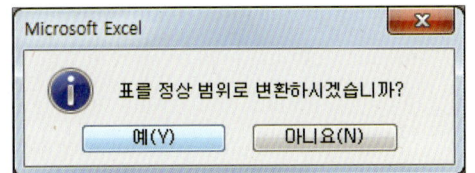

Section 46

데이터 정렬하기

정렬이란 데이터를 크기 순서대로 다시 배열하는 기능으로 오름차순 정렬과 내림차순 정렬의 두 종류가 있습니다. 오름차순 정렬은 데이터를 작은 값에서 큰 값 순서로 배열하고, 내림차순 정렬은 오름차순 정렬의 반대로 데이터를 배열합니다.

키워드 오름차순 정렬, 내림차순 정렬, 여러 기준으로 정렬

예제 파일 Part1\예제파일\1-46.xlsx

01 '거래처' 열에 있는 임의의 셀을 클릭한 다음 [데이터] 탭-[정렬 및 필터] 그룹-오름차순 정렬(⬇)을 클릭합니다.

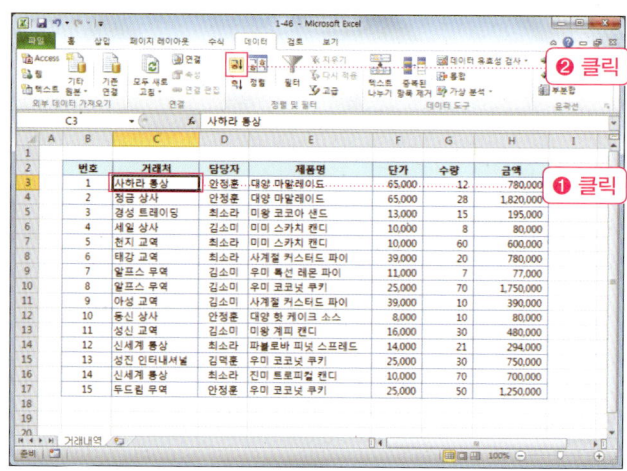

02 다음과 같이 거래처의 가, 나, 다, …. 순서로 데이터가 정렬됩니다. 이번에는 '금액' 열에 있는 임의의 셀을 클릭하고 내림차순 정렬(⬇)을 클릭합니다.

> **POINT** 만약 정렬하려는 열에 빈 셀이 포함되어 있다면 빈 셀은 오름차순 정렬과 내림차순 정렬에서 항상 맨 마지막으로 정렬됩니다.

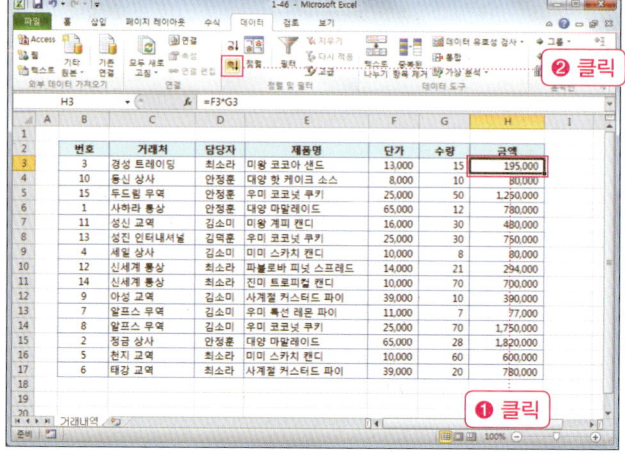

03 다음과 같이 금액이 큰 값에서 작은 값 순서로 데이터가 정렬됩니다. 이번에는 두 개 이상의 열을 기준으로 데이터를 정렬하기 위해 정렬(📊)을 클릭합니다.

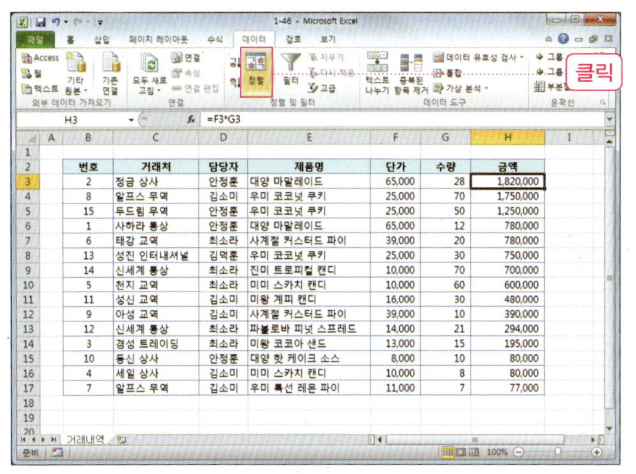

04 [정렬] 대화상자에서 첫 번째 정렬 기준을 '담당자', '값', '오름차순'으로 지정한 다음 [기준 추가] 버튼을 클릭합니다. 다음 기준이 추가되면 '금액', '값', '내림차순'으로 지정하고 [확인] 버튼을 클릭합니다.

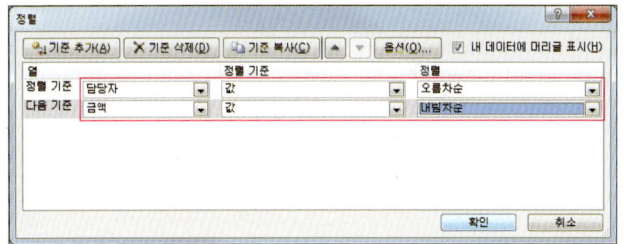

> **POINT** 특정 기준을 선택하고 [기준 삭제] 버튼을 클릭하여 기준을 제거할 수 있습니다. 또 위로(▲) 버튼이나 아래로(▼) 버튼을 클릭해서 정렬 기준의 우선 순위를 조절할 수 있습니다.

05 두 개의 기준을 사용하여 데이터를 정렬한 결과는 다음과 같습니다. 먼저 '담당자'의 오름차순으로 데이터를 정렬한 다음 '담당자'가 같으면 '금액'의 내림차순으로 데이터가 정렬됩니다.

> **POINT** [정렬] 대화상자에서 최대 64개까지 정렬 기준을 지정할 수 있습니다.

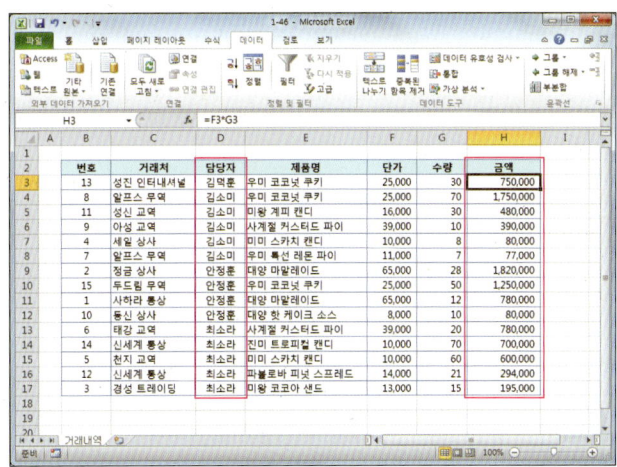

사용자 지정 목록으로 정렬하기

기본적으로 정렬은 1, 2, 3 또는 가, 나, 다 등의 순서에 따라 실행됩니다. 여기서는 사용자의 목적에 따라 '수, 우, 미, 양, 가' 또는 '파워회원, 우대회원, 일반회원'과 같이 임의로 규칙을 정해 데이터를 정렬하는 방법에 대해 알아봅니다. 또 셀 색이나 글꼴 색 등과 같이 데이터 값이 아닌 서식을 기준으로 정렬하는 특별한 기술도 함께 살펴보겠습니다.

키워드 사용자 지정 목록으로 정렬, 서식으로 정렬
예제 파일 Part1\예제파일\1-47.xlsx

01 [B4]셀부터 시작되는 데이터 목록에 있는 임의의 셀에서 [데이터] 탭-[정렬 및 필터] 그룹-정렬(정렬)을 클릭합니다.

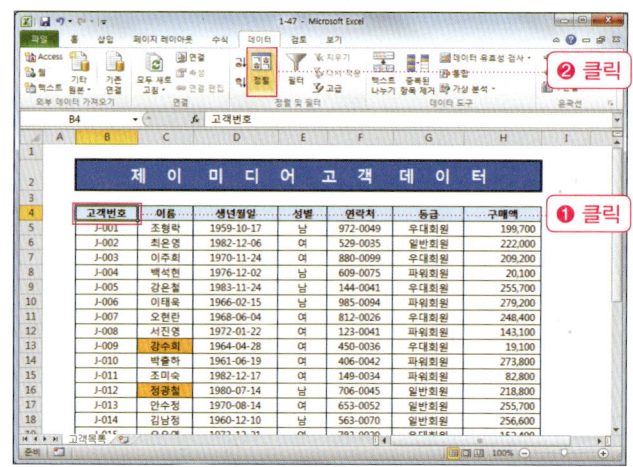

02 [정렬] 대화상자가 실행되면 [정렬 기준]을 '등급', '값'으로 지정하고 [정렬]의 드롭다운 버튼을 클릭한 다음 '사용자 지정 목록'을 선택합니다.

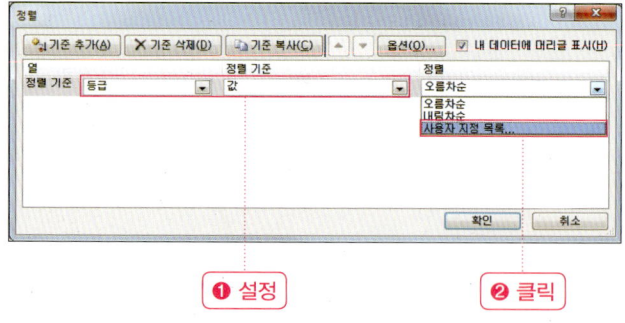

03 [사용자 지정 목록] 대화상자가 실행되면 [목록 항목]에 '파워회원', '우대회원', '일반회원'을 Enter 키로 줄을 바꿔가면서 입력하고 [확인] 버튼을 클릭합니다.

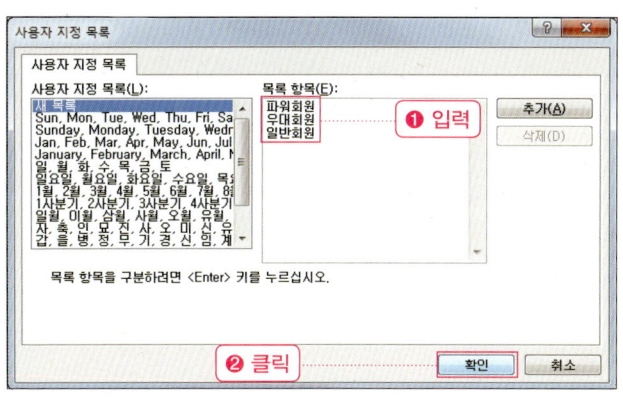

04 [정렬] 대화상자로 돌아오면 [기준 추가] 버튼을 클릭하여 다음 기준을 추가하고 '이름', '값', '오름차순'으로 기준을 정한 다음 [확인] 버튼을 클릭합니다.

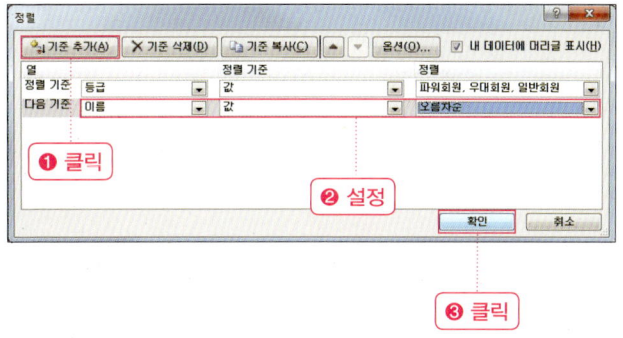

05 데이터 정렬 결과는 다음과 같습니다. 등급이 파워회원, 우대회원, 일반회원 순서로 정렬되고, 등급이 같을 경우 이름의 오름차순으로 다시 정렬됩니다.

> **POINT** 사용자 지정 목록으로 정렬하지 않을 경우 등급은 우대회원, 일반회원, 파워회원 순서로 오름차순 정렬됩니다. 내림차순 정렬은 파워회원, 일반회원, 우대회원 순서가 됩니다.

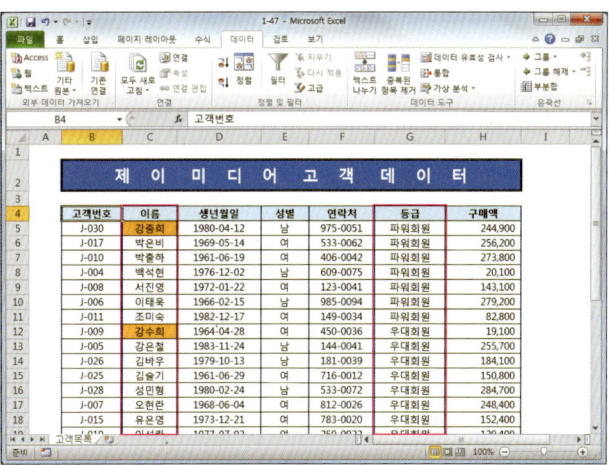

06 다시 정렬( )을 클릭한 다음 [기준 추가] 버튼을 클릭합니다. 추가된 기준을 '이름', '셀 색'으로 지정한 다음 색 상자의 드롭다운 버튼을 클릭하고 주황색을 선택합니다. 표시 위치는 '위에 표시'를 그대로 사용하고 위로( ) 버튼을 클릭해서 가장 위로 기준을 이동한 후 [확인] 버튼을 클릭합니다.

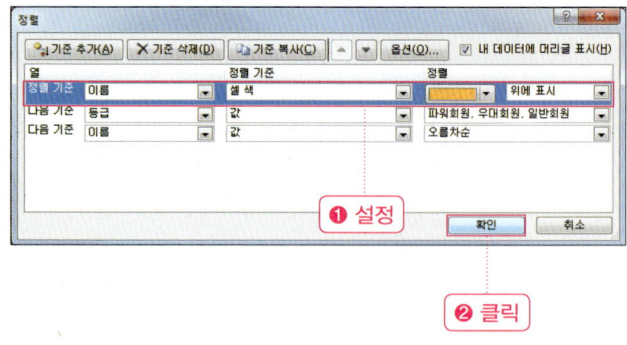

> **POINT** 정렬 기준은 기본적으로 '값'을 사용하지만 셀 색, 글꼴 색, 셀 아이콘 등 셀에 지정한 서식을 이용할 수도 있습니다.

07 정렬 결과는 다음과 같습니다. 이름의 셀 색이 주황색인 데이터가 가장 위에 표시됩니다.

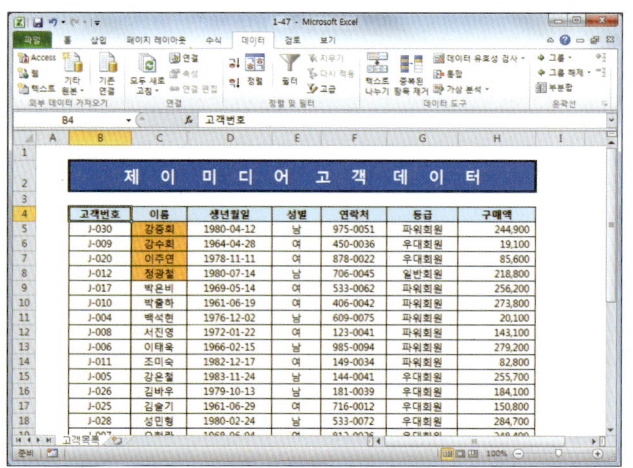

왕초보 레벨업

정렬 옵션 사용하기

[정렬] 대화상자에서 [옵션] 버튼을 클릭하면 [정렬 옵션] 대화상자가 실행됩니다. 여기서 '대/소문자 구분'을 체크하면 영어 대문자와 소문자를 구분해서 정렬하는데, 오름차순 정렬일 때 같은 영단어인 경우 소문자가 대문자보다 먼저 정렬됩니다. [방향]은 '위쪽에서 아래쪽'으로 지정하면 열 정렬을 실행하고, '왼쪽에서 오른쪽'으로 지정하면 행 정렬을 실행합니다.

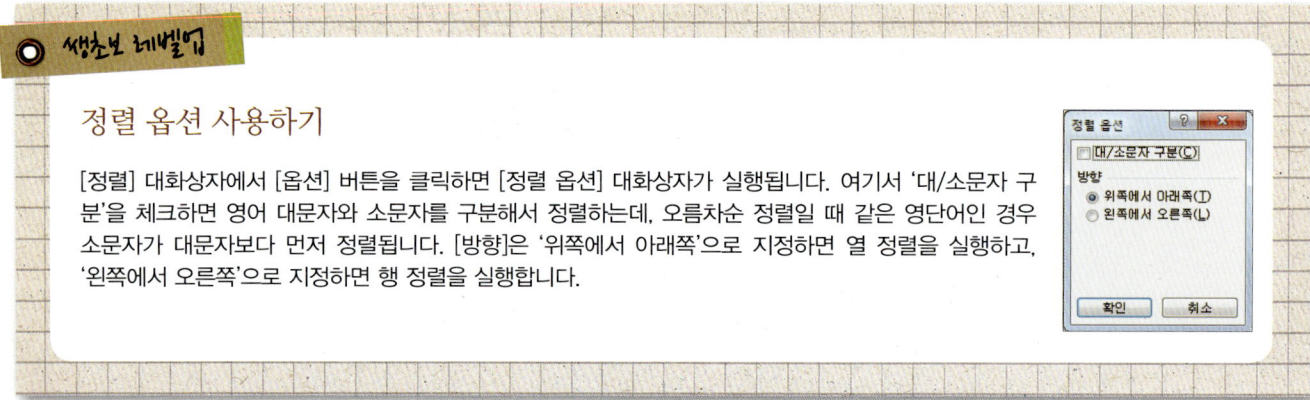

Section 48 부분합 만들기

데이터베이스를 특정 필드를 기준으로 정렬하여 같은 값끼리 그룹으로 만든 다음 그룹별로 합계, 평균, 최대, 최소, 개수 등의 요약 함수를 사용하여 소계를 계산하는 것을 부분합이라고 합니다. 예를 들어 소속에 따라 매출의 합계를 계산하는 부분합을 작성할 수 있습니다. 부분합을 작성하기 전에 미리 데이터를 특정 기준에 의해 정렬하는 작업이 선행되어야 합니다.

키워드 정렬, 부분합, 윤곽 기호
예제 파일 Part1\예제파일\1-48.xlsx

---

01 '소속'을 기준으로 1사분기~4사분기, 총매출의 합계를 계산하는 부분합을 삽입하고자 합니다. 먼저 기준이 되는 열(필드)로 데이터를 정렬해야 하므로 '소속'에 있는 임의의 셀에서 [데이터] 탭-[정렬 및 필터] 그룹-오름차순 정렬(↓)을 클릭합니다.

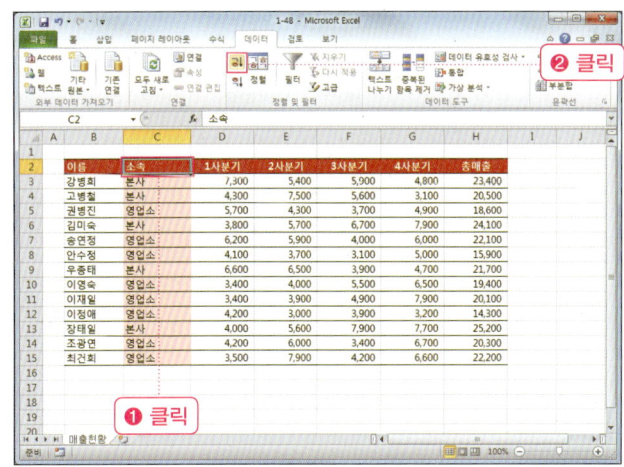

02 데이터가 '소속'의 오름차순으로 정렬되면 [데이터] 탭-[윤곽선] 그룹-부분합()을 클릭합니다.

> **POINT** 부분합을 작성하려는 데이터 목록에 셀 포인터가 있어야 합니다.

03 [부분합] 대화상자에서 [그룹화할 항목]을 '소속'으로 선택합니다. [사용할 함수]는 '합계'를 그대로 사용하고 [부분합 계산 항목]에서 '1사분기', '2사분기', '3사분기', '4사분기', '총매출'을 체크한 다음 [확인] 버튼을 클릭합니다.

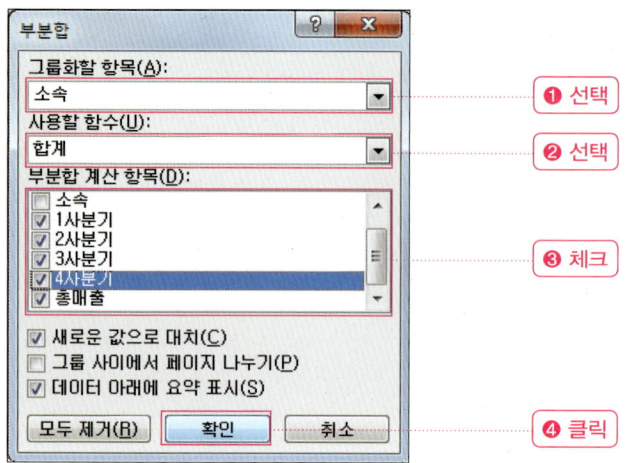

04 다음과 같이 '소속'에 따라 1사분기~4사분기, 총매출의 합계가 삽입되고 마지막에 총합계가 표시됩니다. 워크시트의 왼쪽에는 부분합을 여러 방법으로 볼 때 사용하는 윤곽 기호가 표시됩니다.

> **POINT** [부분합] 대화상자에서 [모두 제거] 버튼을 클릭하면 현재 목록에 삽입되어 있는 부분합을 제거합니다.

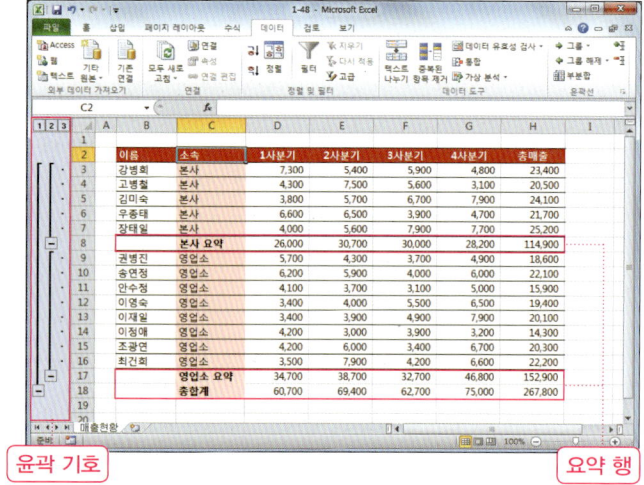

생초보 레벨업

윤곽 기호 사용하기

부분합을 삽입한 데이터 목록에서 윤곽 기호를 사용하여 그룹에 대한 정보를 표시하거나 숨길 수 있습니다.

- 1 2 3 4 : 전체 윤곽을 특정 수준으로 확장하거나 축소할 때 사용합니다. 원하는 수준 번호를 클릭하면 수준이 낮은 정보가 숨겨집니다. 예를 들어 [1] 버튼을 클릭하면 첫 번째 수준의 정보인 총합계만 표시되고 나머지 정보는 모두 숨겨집니다. [3] 버튼을 클릭하면 세 번째 수준의 정보까지 표시됩니다.
- − / + : 그룹의 요약 행에 표시되는 − 버튼을 클릭하면 + 버튼으로 바뀌면서 해당 그룹의 세부 데이터를 숨깁니다. 그룹의 세부 데이터를 표시하려면 해당 그룹에 대한 + 버튼을 클릭합니다.

Section 49 중첩 부분합 만들기

기본 부분합 그룹 안에 더 작은 그룹의 부분합을 삽입하는 것을 중첩 부분합이라고 합니다. 예를 들어 학년별로 점수의 평균을 구하는 부분합을 작성한 다음, 같은 학년에서 반별로 점수의 평균을 계산하는 부분합을 중첩시킬 수 있습니다. 여기서는 소속별로 각 분기와 총매출에 대한 최대값을 구하는 부분합을 삽입하고 다시 최소값을 구하는 중첩 부분합을 만듭니다.

키워드 중첩 부분합, 새로운 값으로 대치

예제 파일 Part1\예제파일\1-49.xlsx

---

01 현재 데이터는 미리 '소속'의 오름차순으로 정렬해 놓은 상태입니다. 데이터 목록에 있는 임의의 셀에서 [데이터] 탭-[윤곽선] 그룹-부분합(📊)을 클릭합니다.

> **POINT** 데이터가 그룹화하려는 열(필드)을 기준으로 정렬되어 있지 않으면 부분합(📊)을 실행하기 전에 미리 데이터를 정렬해야 합니다.

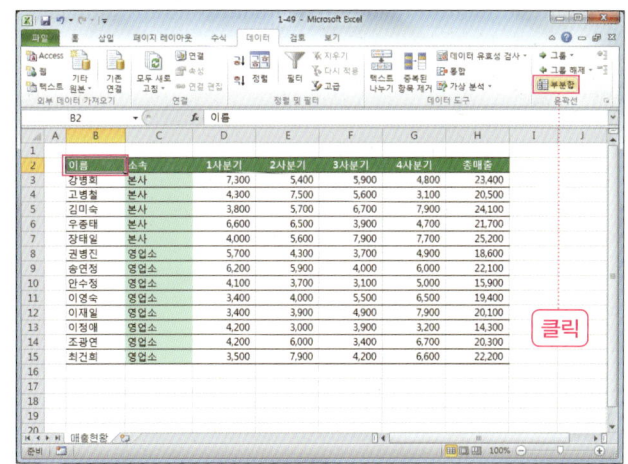

02 [부분합] 대화상자에서 [그룹화할 항목]은 '소속', [사용할 함수]는 '최대값', [부분합 계산 항목]은 '1사분기', '2사분기', '3사분기', '4사분기', '총매출'로 지정하고 [확인] 버튼을 클릭합니다.

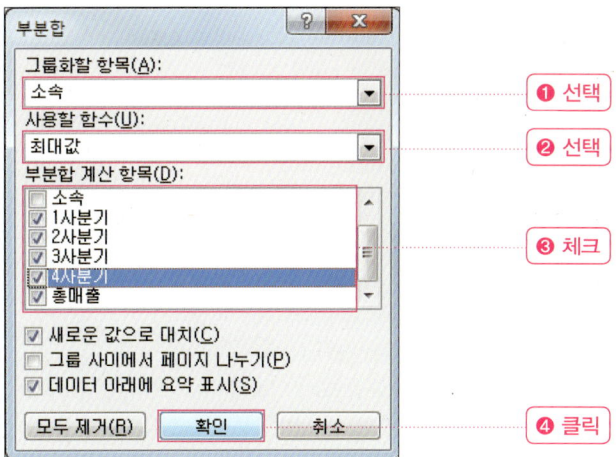

❶ 선택
❷ 선택
❸ 체크
❹ 클릭

03 최대값으로 부분합이 삽입되면 다시 부분합(　)을 클릭하고 [부분합] 대화상자에서 [사용할 함수]를 '최소값'으로 변경합니다. 그런 다음 '새로운 값으로 대치'를 선택하여 체크를 해제한 다음 [확인] 버튼을 클릭합니다.

> **POINT** '새로운 값으로 대치'가 체크되어 있으면 기존 부분합을 제거하고 현재 설정대로 새로운 부분합을 삽입합니다.

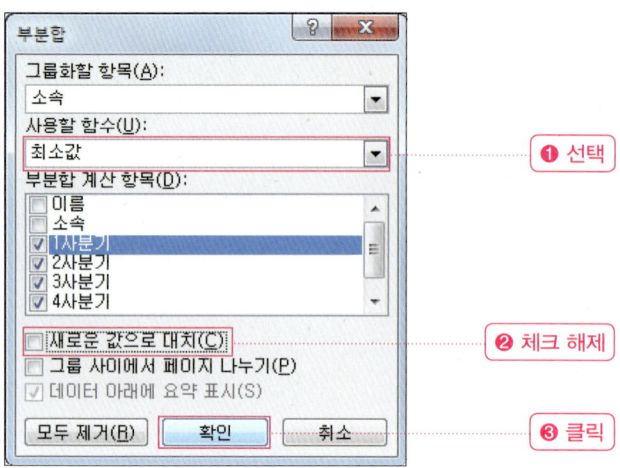

04 두 개의 부분합을 중첩시킨 결과는 다음과 같습니다.

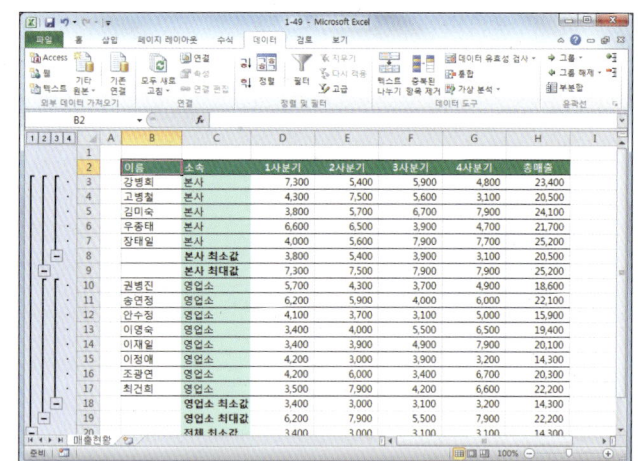

생초보 레벨업

[부분합] 대화상자의 설정

- **그룹화할 항목** : 데이터 목록에서 부분합을 구할 때 그룹으로 만들 필드를 선택합니다. 이 필드는 오름차순 또는 내림차순으로 정렬되어 있어야 합니다.
- **사용할 함수** : 부분합을 구할 때 사용할 함수를 선택합니다. 합계, 평균, 개수, 최대값, 최소값 등 모두 11개의 함수 중에서 선택할 수 있습니다.
- **부분합 계산 항목** : 사용할 함수에서 선택된 함수를 사용하여 계산하고자 하는 필드를 한 개 이상 선택합니다.
- **새로운 값으로 대치** : 이미 데이터 목록에 부분합이 삽입되어 있을 때 이 항목을 선택하면 기존 부분합을 제거하고 새 부분합을 삽입합니다. 기존 부분합에 현재 부분합을 중첩시키려면 이 항목의 선택을 해제해야 합니다.
- **그룹 사이에서 페이지 나누기** : 그룹별로 부분합을 삽입한 후 다음 행부터 다른 페이지에 인쇄할 때 선택합니다.
- **데이터 아래에 요약 표시** : 이 항목을 선택하면 데이터 아래에 부분합이 삽입됩니다. 이 항목을 선택하지 않으면 부분합이 먼저 표시되고 아래에 데이터가 표시됩니다.

Section 50
자동 필터로 데이터 검색하기

필터(Filter)는 데이터 목록에서 검색 조건을 지정하여 이 조건을 만족하는 레코드(행)만 화면에 표시하는 기능입니다. 엑셀은 데이터를 검색하기 위해 자동 필터와 고급 필터의 두 가지 방식을 제공하는데 여기서 설명하는 자동 필터는 간단한 검색 조건을 사용하여 데이터를 필터링할 때 사용하는 방법입니다.

키워드 자동 필터, 다중 열 필터, 검색 상자 사용
예제 파일 Part1\예제파일\1-47.xlsx

01 [데이터] 탭-[정렬 및 필터] 그룹-필터(▽)를 클릭합니다. 그러면 현재 셀 포인터가 포함되어 있는 데이터 범위의 첫 행, 각 열의 이름 마다 필터 버튼이 나타납니다.

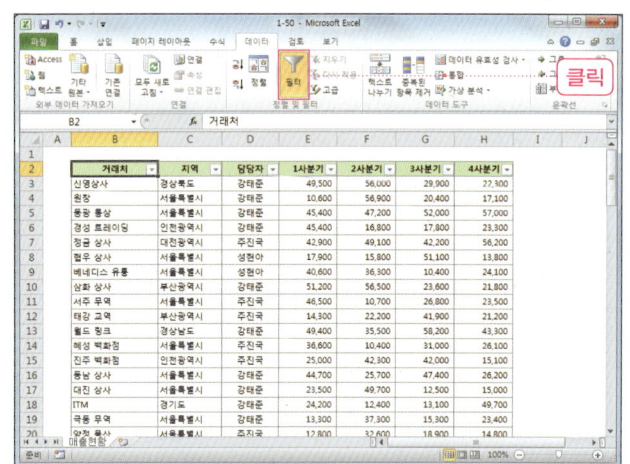

02 '지역'의 필터 버튼을 클릭한 다음 필터 목록에서 '서울특별시'만 체크하고 [확인] 버튼을 클릭합니다.

> **POINT** 필터 목록에서 '(모두 선택)'을 체크하면 모든 항목의 선택이 해제됩니다. 그런 다음 '서울특별시'를 클릭해서 체크하도록 합니다.

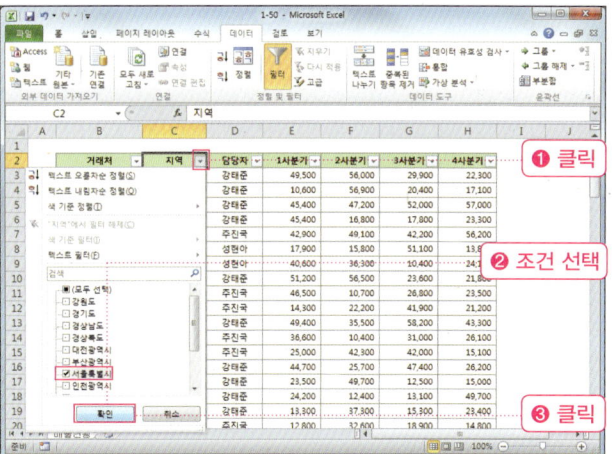

03 다음과 같이 '지역'에서 '서울특별시'에 해당되는 행만 화면에 표시되고 나머지 행은 일시적으로 화면에서 숨겨집니다.

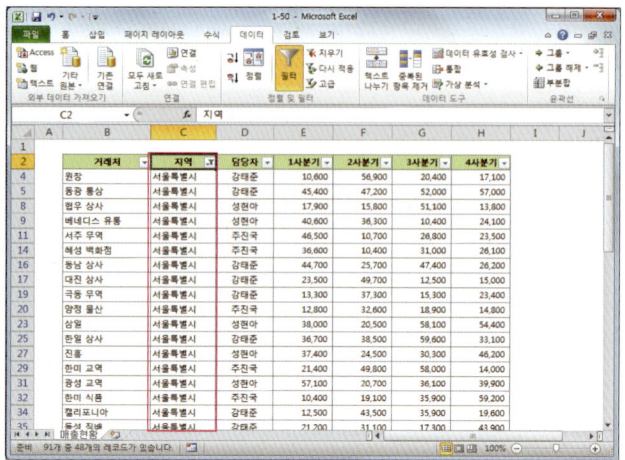

04 이번에는 '지역'의 필터 버튼을 클릭한 다음 검색 상자에 '광역시'를 입력합니다. 필터 목록에 '광역시'가 포함되어 있는 데이터 항목이 선택 상태로 표시되면 '필터에 현재 선택 내용 추가'를 선택하고 [확인] 버튼을 클릭합니다.

> **POINT** '필터에 현재 선택 내용 추가'를 체크하지 않으면 기존 필터 결과가 취소되고 '광역시'가 포함되어 있는 행만 화면에 표시됩니다.

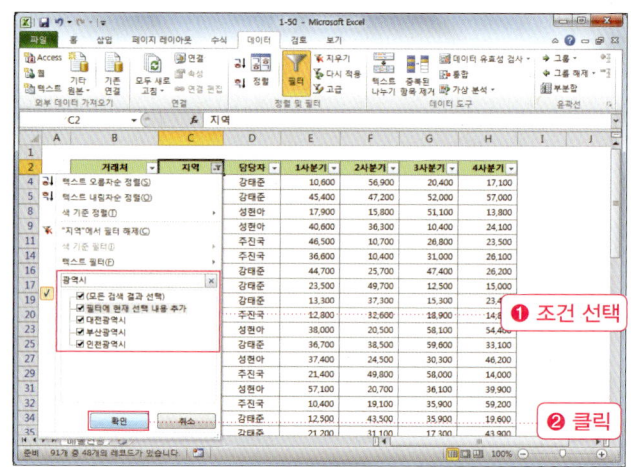

05 다음과 같이 '지역'에서 '서울특별시'이거나 '광역시'가 포함되어 있는 행만 화면에 표시됩니다.

> **POINT** 필터에서 검색 상자를 이용하는 기능은 엑셀 2010에서 새로 추가되었습니다. 필터 목록에 데이터 항목이 많을 때 매우 유용한 새 기능입니다.

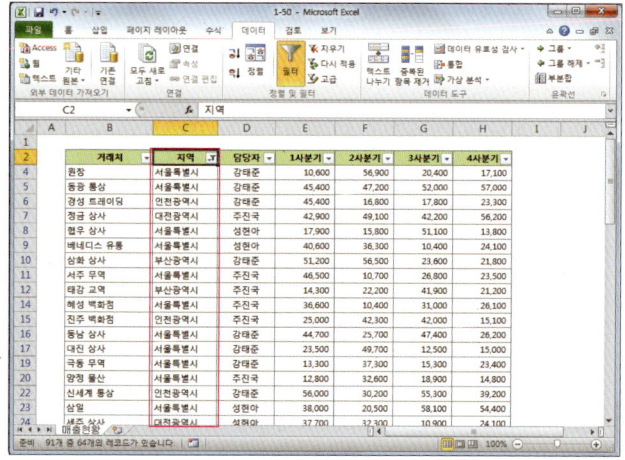

06 '지역'으로 필터링이 실행된 상태에서 '담당자'의 필터 버튼을 클릭하고, 필터 목록에서 '성현아'만 선택한 다음 [확인] 버튼을 클릭합니다.

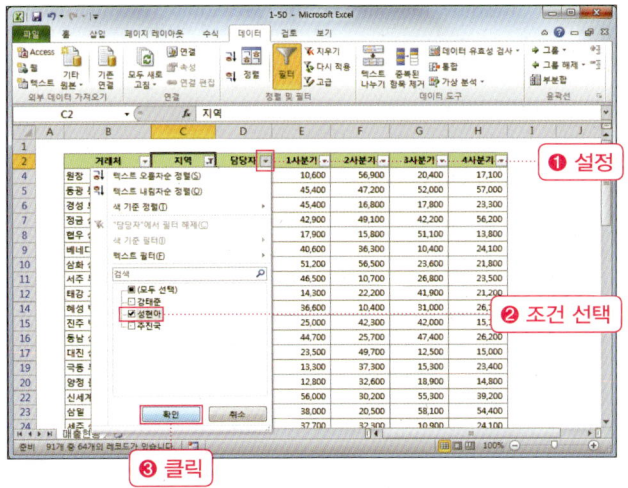

07 결과는 다음과 같습니다. 자동 필터는 두 개 이상의 열에 필터 조건을 설정한 경우 지정한 조건을 모두 만족하는 행만 화면에 표시합니다.

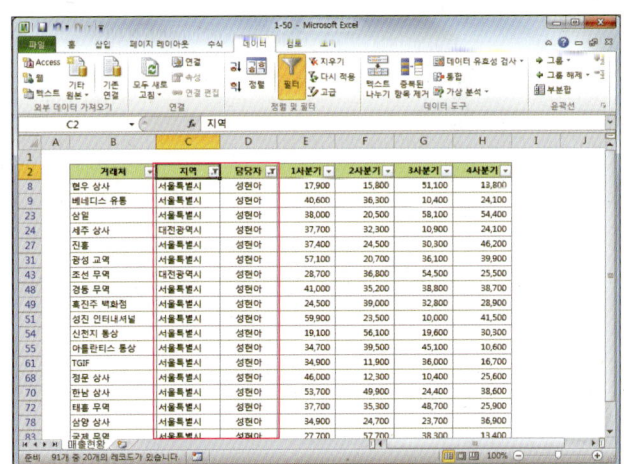

왕초보 레벨업

필터 해제하기

- 필터 조건이 설정된 열의 필터 버튼을 클릭한 다음 ["필드이름"에서 필터 해제]를 선택하면 해당 열의 필터 조건이 해제됩니다.
- [데이터] 탭-[정렬 및 필터] 그룹-지우기(지우기)를 클릭하면 현재 데이터 목록에 설정되어 있는 모든 열의 필터 조건이 한 번에 해제됩니다.
- [데이터] 탭-[정렬 및 필터] 그룹-필터( )를 클릭하여 자동 필터를 취소하면 각 열의 이름 옆에 표시되어 있던 필터 버튼이 사라지고, 모든 데이터 행이 원래대로 표시됩니다.

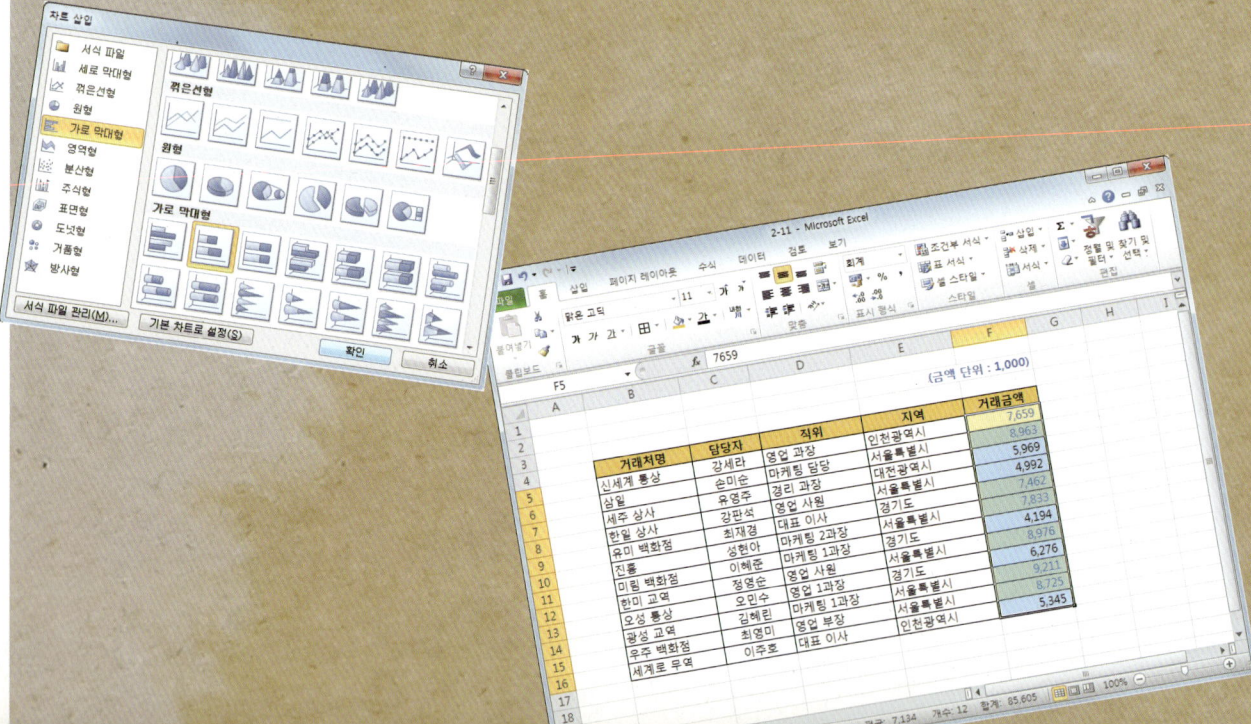

확실하게 실력이 업되는 활용 50가지

엑셀에서 데이터 입력 및 편집, 가공, 분석 등의 작업을 효과적으로 수행하기 위해 필요한 활용 기능에 대해 알아봅니다. Part 2에는 이미 Part 1에서 살펴 본 기본 기능을 더욱 강화하는 과정이 포함되어 있으며, 대량의 데이터를 쉽고 빠르게 관리하고 분석하기 위한 새롭고 강력한 기능을 소개할 것입니다. 이러한 기능들에 익숙해지면 여러분이 엑셀을 통해 처리할 수 있는 업무 능력이 더 확대되고 탄탄해집니다. 또한 Part 3에서 다루게 될 다양한 엑셀 함수들과 Part 2에서 학습 할 활용 기능을 결합하면 더욱 사용하기 쉽고 안전한 통합 문서를 만들 수 있습니다.

Section 01 유효성 검사 설정하기

유효성 검사는 셀에 입력할 수 있는 데이터 범위를 제한하는 기능입니다. 예를 들어 부서를 입력할 때 미리 정해져 있는 부서만 입력하게 하거나, 점수를 입력할 때 0점부터 100점까지 범위에서만 입력하도록 할 수 있습니다.

키워드 데이터 유효성 검사, 유효성 조건
예제 파일 Part2\예제파일\2-01.xlsx

01 [C3:C19]를 블록으로 지정하고 [데이터] 탭-[데이터 도구] 그룹-데이터 유효성 검사( )를 클릭합니다.

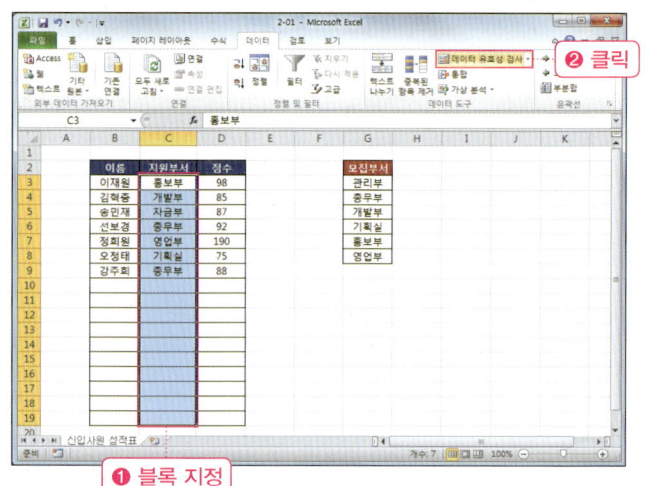

02 [데이터 유효성] 대화상자의 [설정] 탭에서 [제한 대상]을 '목록'으로 지정합니다. [원본] 상자를 클릭한 다음 워크시트에서 [G3:G8]을 드래그하여 =$G$3:$G$8로 지정하고 [확인] 버튼을 클릭합니다.

> **POINT** [원본] 상자에 '관리부,총무부,개발부,기획실,홍보부,영업부'와 같이 직접 목록으로 사용할 데이터 항목을 입력해도 됩니다.

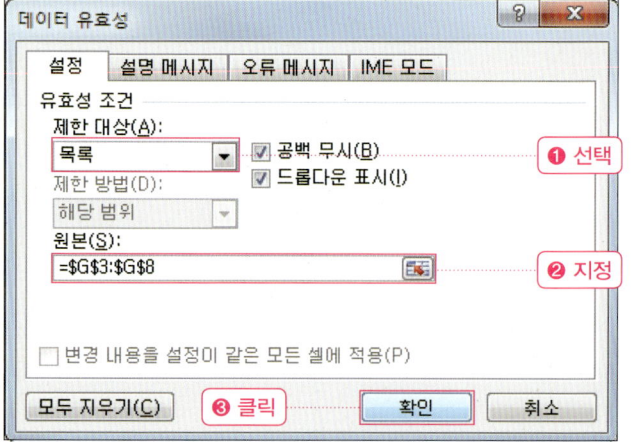

03 [B10]셀에 임의로 이름을 입력합니다. 그런 다음 [C10]셀에서 드롭다운 버튼을 클릭하고 목록에 표시된 데이터 항목 중 하나를 클릭하여 입력합니다.

> **POINT** 데이터 유효성 검사에서 [제한 대상]을 '목록'으로 지정했을 때만 셀에 드롭다운 버튼이 나타납니다.

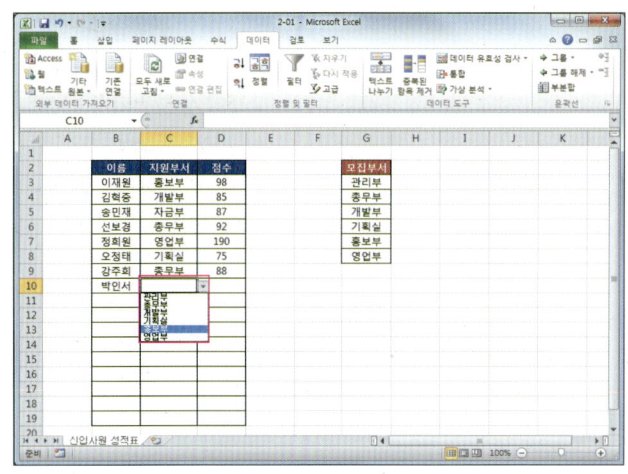

04 이번에는 [D3:D19]를 블록으로 지정하고 데이터 유효성 검사(📋)를 클릭합니다. [제한 대상]을 '정수'로 지정하고 [제한 방법]은 '해당 범위'를 그대로 사용합니다. [최소값]에 '0', [최대값]에 '100'을 입력한 다음 [확인] 버튼을 클릭합니다.

> **POINT** [제한 방법]에 따라 이후 지정할 값의 종류가 달라집니다. 예를 들어 [제한 방법]이 '>='이면 [최소값]만 지정할 수 있으며, '<'이면 [최대값]만 지정할 수 있습니다.

05 [D10]셀에 '120'을 입력하고 Enter 키를 누르면 0~100의 범위에서 벗어나는 값이므로 다음과 같이 오류 메시지가 표시됩니다. 여기서는 [다시 시도] 버튼을 클릭한 다음 0~100의 범위에 있는 정수를 다시 입력하도록 합니다.

> **POINT** [데이터 유효성] 대화상자의 [오류 메시지] 탭을 이용하면 오류 메시지의 제목과 메시지 내용 등을 사용자 지정할 수 있습니다.

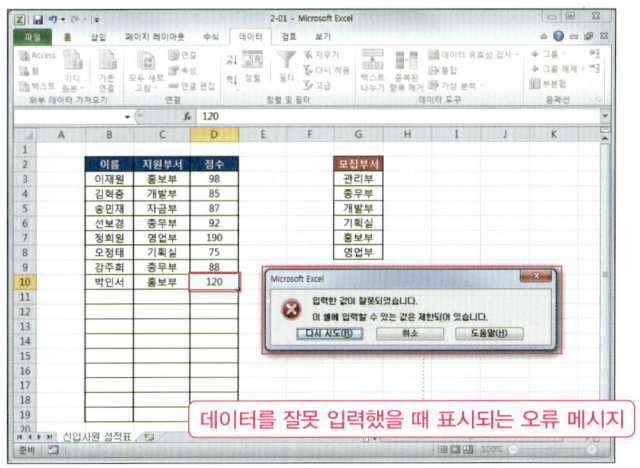

데이터를 잘못 입력했을 때 표시되는 오류 메시지

06 이미 입력해 놓은 데이터에 대해서도 데이터 유효성 검사를 적용할 수 있습니다. 데이터 유효성 검사(📋)의 드롭다운 버튼을 클릭하고 [잘못된 데이터]를 선택합니다.

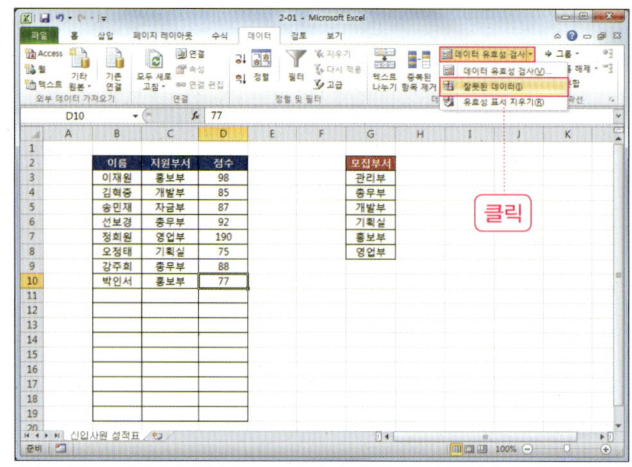

07 다음과 같이 데이터 유효성 검사를 설정하기 전에 미리 입력해 둔 데이터 중에서 유효성 검사에 어긋나는 셀에 유효성 표시(빨간색 동그라미)가 표시됩니다. 유효성 표시가 있는 셀에 데이터를 다시 바르게 입력하면 유효성 표시가 사라집니다.

> **POINT** 데이터 유효성 검사(📋)의 드롭다운 버튼을 클릭하고 [유효성 표시 지우기]를 선택하면 데이터를 바르게 고치지 않고도 빨간색 동그라미를 지울 수 있습니다.

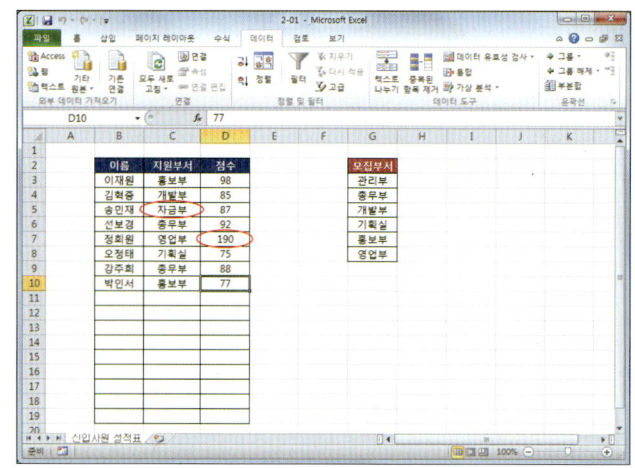

생초보 레벨업

한글/영문 자동 전환하기

셀에 데이터를 입력할 때 한글 입력 모드 또는 영문 입력 모드로 자동 전환되게 하는 방법입니다. 데이터 유효성 검사(📋)를 클릭한 다음 [데이터 유효성] 대화상자의 [IME 모드] 탭에서 [모드]의 드롭다운 버튼을 클릭하고 '한글' 또는 '영문' 모드를 선택하고 [확인] 버튼을 클릭합니다.

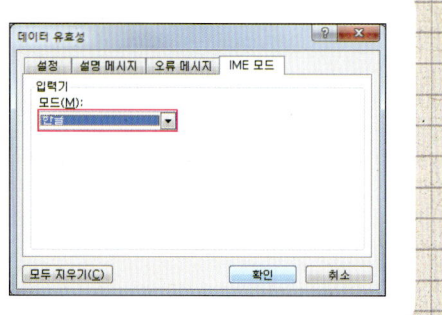

Section 02 서식 복사하기

셀에 입력되어 있는 데이터는 제외하고 설정되어 있는 서식만 다른 곳에 그대로 복사하는 기능입니다. 번거롭게 같은 서식을 여러 번 반복해서 지정하지 않아도 되므로 시간을 절약할 수 있습니다.

키워드 서식 복사, 선택하여 붙여넣기
예제 파일 Part2\예제파일\2-02.xlsx

01 [B2:E3]을 블록으로 지정하고 [홈] 탭-[클립보드] 그룹-서식 복사(서식 복사)를 클릭합니다.

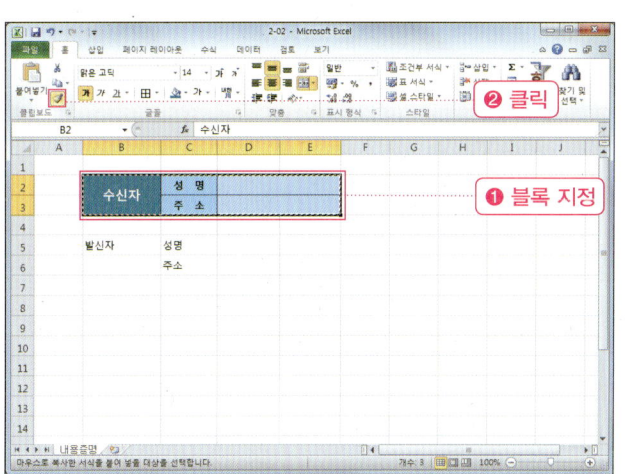

02 마우스 포인터가 와 같은 모양으로 변하면 마우스 왼쪽 버튼을 누른 채 복사한 서식을 적용할 범위인 [B5:E6]을 드래그합니다.

> **POINT** 서식을 적용할 범위의 시작 셀인 [B5]셀을 클릭해도 됩니다.

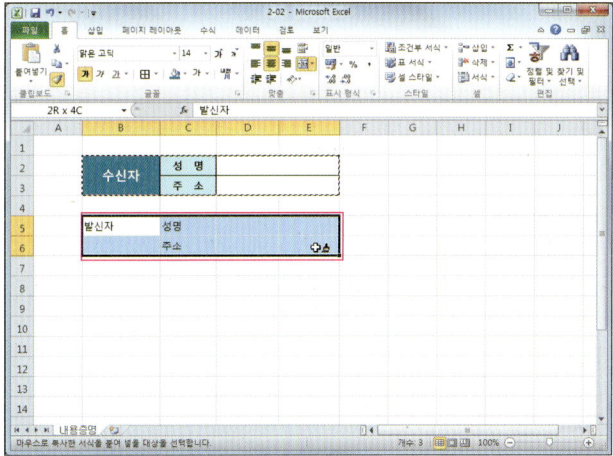

03 [B2:E3]과 똑같은 서식이 [B5:E6] 범위에 복사됩니다.

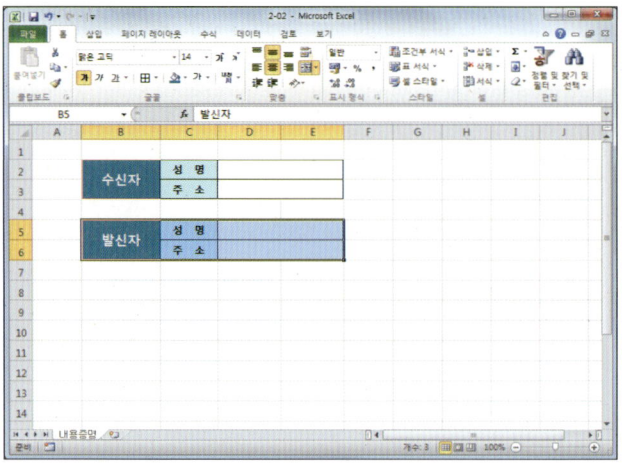

> **POINT** 같은 서식을 여러 위치에 복사하려면 서식 복사(서식 복사)를 더블클릭하고, 원하는 범위를 차례로 드래그합니다. 마지막에 서식 복사(서식 복사)를 다시 클릭하거나 Esc 키를 눌러 서식 복사를 종료합니다.

🔘 생초보 레벨업

[선택하여 붙여넣기]로 서식 복사하기

서식만 복사하는 또 다른 방법입니다. 먼저 복사할 서식이 있는 셀 범위를 블록으로 지정하고 Ctrl + C 를 눌러 복사합니다. 그런 다음 복사한 영역의 서식을 적용할 범위의 시작 셀에서 [홈] 탭-[클립보드] 그룹-붙여넣기( )의 드롭다운 버튼을 클릭하고 [원본 서식 유지]를 선택합니다. 이렇게 하면 서식 복사(서식 복사)를 사용했을 때와 같은 결과를 얻을 수 있습니다. 또 [선택하여 붙여넣기] 대화상자를 이용할 수도 있는데 [복사]를 실행한 다음 붙여넣기( )의 드롭다운 버튼을 클릭하고 [선택하여 붙여넣기]를 선택하면 [선택하여 붙여넣기] 대화상자가 열립니다. 이 대화상자에서 [붙여넣기]를 '서식'으로 지정하고 [확인] 버튼을 클릭합니다.

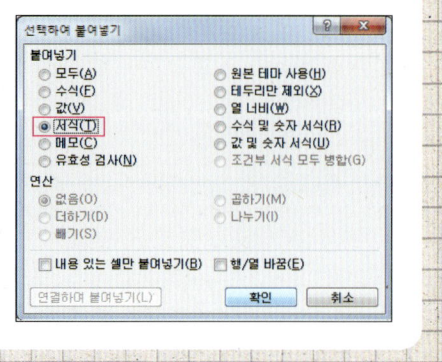

Section 03 선택하여 붙여넣기

[선택하여 붙여넣기]는 셀이나 셀 범위를 복사한 다음 다른 위치에 붙여넣기를 실행할 때 수식, 값, 서식 등 필요한 항목만 선택하여 붙여넣기를 실행하는 기능입니다. 예를 들어 수식이 입력되어 있는 셀 범위를 복사하여 다른 위치에 '값'으로 선택하여 붙여넣기를 실행하면 수식이 아닌 수식의 결과를 복사할 수 있습니다.

키워드 선택하여 붙여넣기, 붙여넣기 옵션, 연산 옵션
예제 파일 Part2\예제파일\2-03.xlsx

01 [E4:E6]을 블록으로 지정하고 [홈] 탭-[클립보드] 그룹-복사(📋복사▼)를 클릭하거나 Ctrl+C를 누릅니다. 이 범위의 각 셀에는 단가와 수량을 곱하여 금액을 구하는 수식이 입력되어 있습니다.

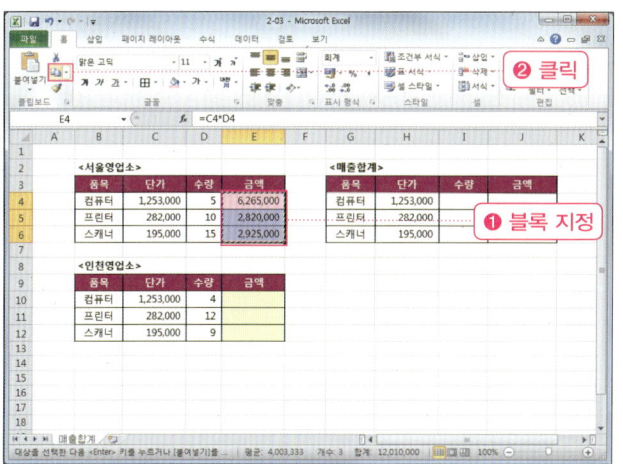

02 [E10]셀에서 붙여넣기(📋)의 드롭다운 버튼을 클릭하고 [수식]을 선택합니다. 이렇게 하면 복사한 영역의 서식은 제외하고 수식만 복사할 수 있습니다.

> **POINT** 엑셀 2010은 [붙여넣기]를 실행하기 전에 미리 그 결과를 보여줍니다. 임시로 표시된 결과를 미리 확인할 수 있으므로 어떤 [붙여넣기]를 사용해야 할지 더 정확하게 선택할 수 있습니다.

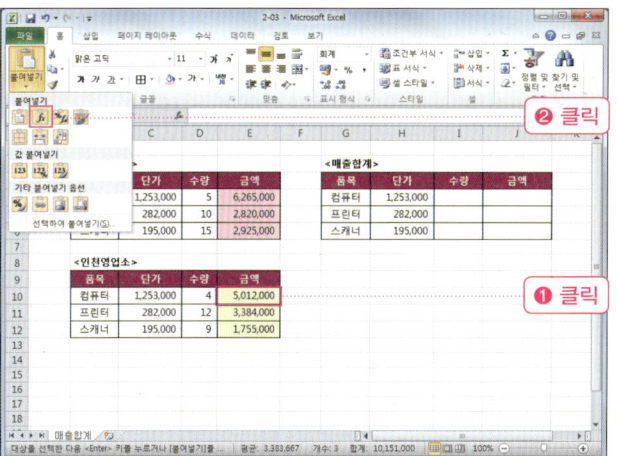

03 이번에는 [D4:E6]을 블록으로 지정하고 Ctrl+C를 눌러 복사합니다. 그런 다음 [I4]셀에서 붙여넣기( )의 드롭다운 버튼을 클릭하고 [값]을 선택합니다.

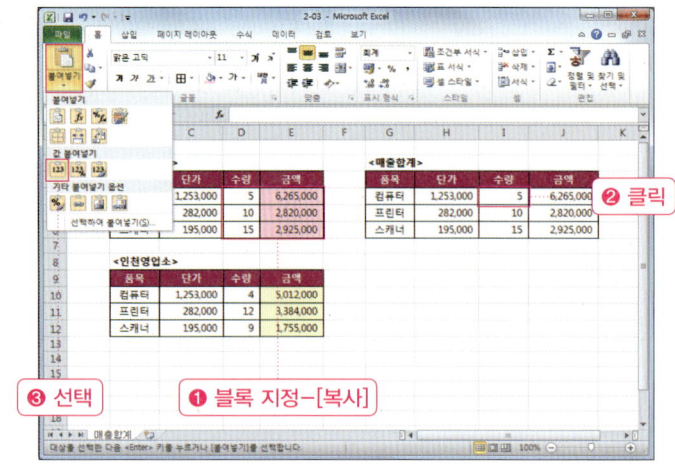

04 [I4:J6] 범위의 각 셀에 복사한 내용이 '값'으로 붙여 넣어집니다. '값'은 서식과 수식을 제외하고 입력한 데이터와 수식의 결과를 복사할 때 사용합니다.

> **POINT** [J4]셀을 클릭하고 수식 입력줄을 살펴보면 금액을 계산하는 수식이 사라지고 계산 결과가 입력된 것을 알 수 있습니다.

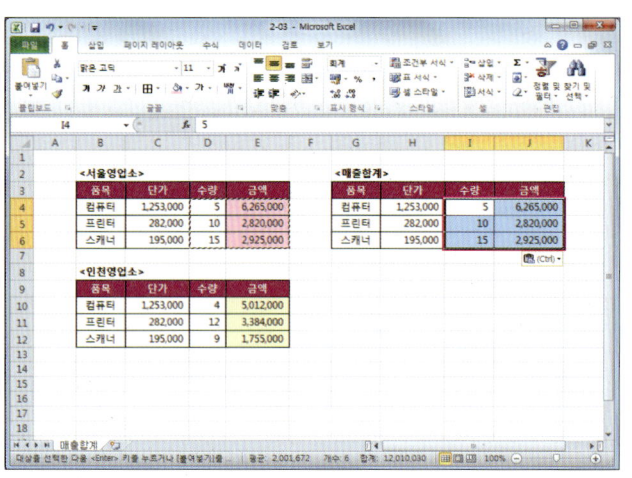

05 [D10:E12]를 블록으로 지정하고 Ctrl+C를 눌러 [복사]를 실행합니다. 그런 다음 [I4]셀에서 붙여넣기( )의 드롭다운 버튼을 클릭하고 [선택하여 붙여넣기]를 선택합니다.

> **POINT** [선택하여 붙여넣기]는 [복사]를 실행한 다음에만 사용할 수 있습니다.

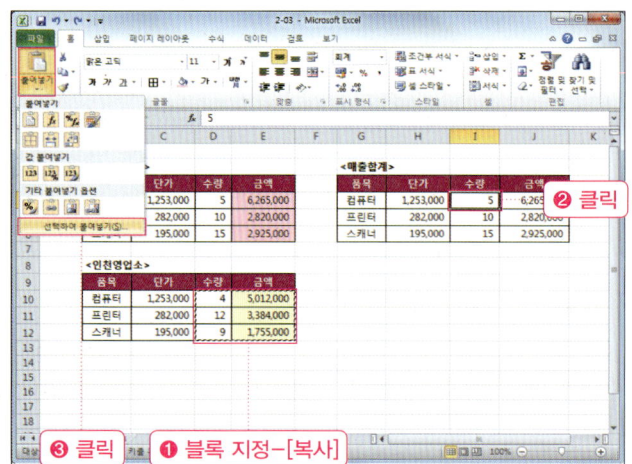

06 [선택하여 붙여넣기] 대화상자에서 [붙여넣기]에서 '값'을 선택하고, [연산]에서 '더하기'를 선택한 다음 [확인] 버튼을 클릭합니다.

> **POINT** '값'은 수식의 결과 값을 붙여넣기 위하여, '더하기'는 복사한 값을 대상 범위의 원래 값에 더하기 위하여 사용합니다.

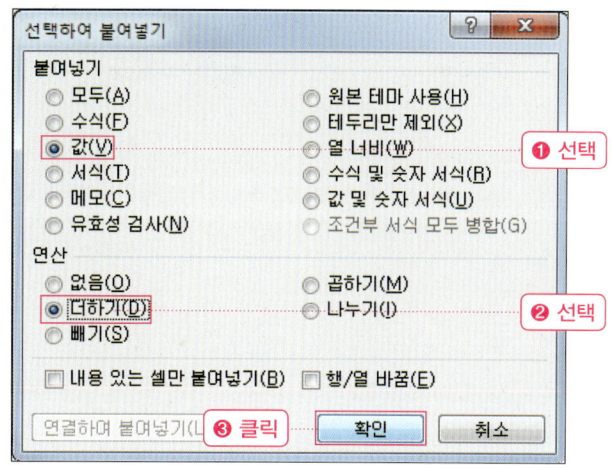

07 '더하기'를 사용하여 붙여 넣은 결과는 다음과 같습니다. [D10:E12]의 값이 [I4:J6]의 원래 값에 더해집니다.

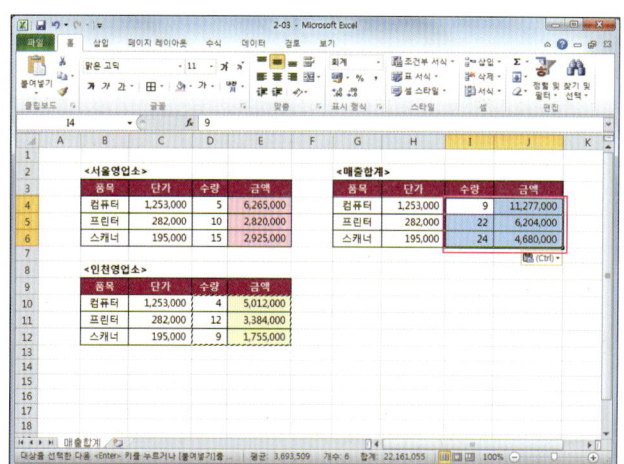

🔵 생초보 레벨업

유용한 붙여넣기 방법들

[선택하여 붙여넣기] 대화상자를 사용하면 다양한 방법으로 붙여넣기를 실행할 수 있습니다. 다음은 [복사] 명령을 실행한 후 [홈] 탭-[클립보드] 그룹-붙여넣기(   )의 드롭다운 버튼을 클릭하고 [선택하여 붙여넣기]를 선택하면 나타나는 [선택하여 붙여넣기] 대화상자에서 실행할 수 있는 몇 가지 쓸모 있는 붙여넣기 방법입니다.

- **열 너비** : 복사한 영역의 데이터나 셀 서식은 가져오지 않고 열 너비만 가져옵니다.
- **유효성 검사** : 복사한 영역에 있는 데이터 유효성 검사 규칙만 가져옵니다.
- **조건부 서식 모두 병합** : 복사한 영역의 조건부 서식을 가져와 대상 영역의 조건부 서식에 합칩니다.
- **내용 있는 셀만 붙여넣기** : 복사한 영역에 빈 셀이 포함되어 있을 경우, 빈 셀을 제외하고 붙여넣기를 실행합니다. 이렇게 하면 대상 영역에 있는 셀 값을 그대로 유지시킬 수 있습니다.
- **행/열 바꿈** : 복사한 영역의 행과 열을 바꾸어 붙여넣기를 실행합니다.

셀 범위를 그림으로 붙여넣기

워크시트는 같은 행에 있는 모든 셀의 높이와 같은 열에 있는 모든 셀의 너비가 동일합니다. 이런 특징 때문에 한 페이지에 행과 열의 너비가 서로 다른 두 개 이상의 표를 작성하기가 매우 어렵습니다. 문제의 해결책으로 서로 다른 워크시트에 각각 표를 작성한 다음 표(셀 범위)를 복사하여 다른 워크시트에 그림으로 붙여넣기를 실행합니다.

키워드 그림으로 붙여넣기, 연결된 그림으로 붙여넣기
예제 파일 Part2\예제파일\2-04.xlsx

01 '결재란' 워크시트에 작성해 둔 결재란을 복사하여 '업무일지' 워크시트에 그림으로 붙여넣기를 실행하고자 합니다. '결재란' 워크시트에서 [B2:H3]을 블록으로 지정하고 Ctrl+C를 눌러 복사합니다.

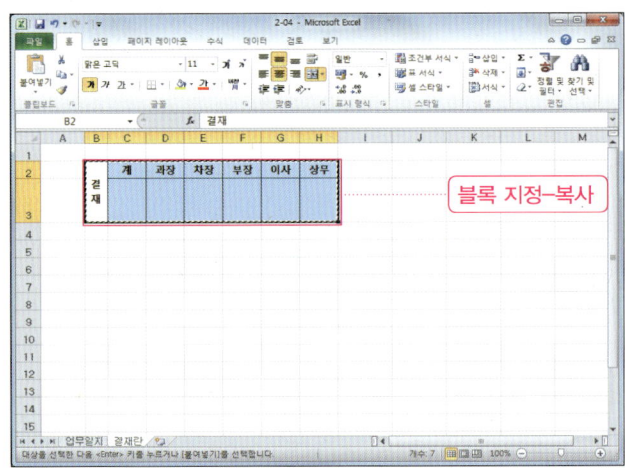

02 '업무일지' 워크시트에서 [E2]셀을 클릭한 다음 [홈] 탭-[클립보드] 그룹-붙여넣기( )의 드롭다운 버튼을 클릭하고 [그림]을 선택합니다.

> **POINT** 복사한 셀 범위를 그림으로 붙여 넣었을 때 결과가 미리 표시됩니다.

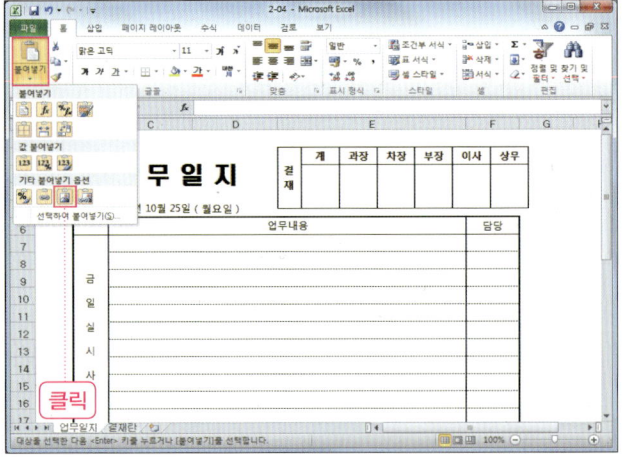

152

03 복사한 셀 범위가 그림으로 붙여넣기 되면 마우스로 그림을 드래그하여 원하는 위치로 이동합니다. 이런 방법으로 서로 다른 형태의 표를 한 페이지에 표시하고 인쇄할 수 있습니다.

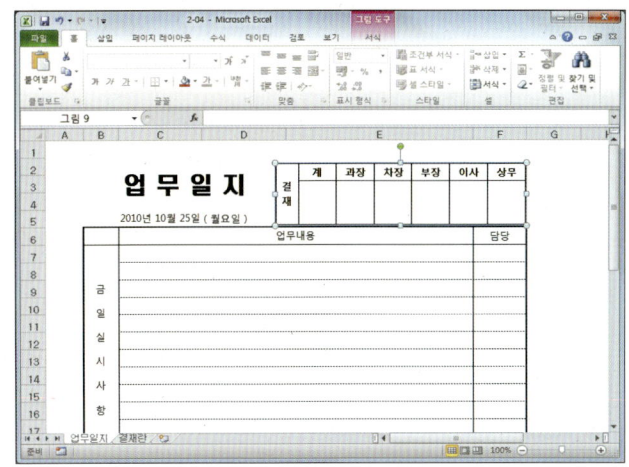

연결된 그림으로 붙여넣기

복사한 셀 범위를 [그림] 형식으로 붙여넣기를 실행하면 원본 셀 범위와 그림은 서로 연결되지 않은 상태입니다. 만약 원본 셀 범위의 변경 사항이 그림에 그대로 나타나길 원한다면 [연결된 그림] 형식으로 붙여넣기를 실행해야 합니다. 셀 범위를 블록으로 지정한 다음 Ctrl+C를 눌러 복사하고, 대상 영역에서 [홈] 탭-[클립보드] 그룹-붙여넣기( )의 드롭다운 버튼을 클릭한 다음 [연결된 그림]을 선택합니다. 이렇게 하면 셀 범위에 입력한 내용이나 서식을 변경했을 때 연결된 그림에도 변경 사항이 그대로 표시됩니다.

Section 05 시트 배경 설정하기

워크시트의 배경에 그림 파일을 가져와 사용하는 것을 시트 배경이라고 합니다. 시트 배경은 화면에서 워크시트를 색다르게 꾸미는 방법으로, 워크시트를 인쇄할 때 시트 배경은 인쇄되지 않습니다.

키워드 시트 배경, 시트 배경 삭제
예제 파일 Part2\예제파일\2-05.xlsx / back.gif

01 현재 워크시트의 배경으로 그림을 표시하려고 합니다. [페이지 레이아웃] 탭-[페이지 설정] 그룹-배경(🖼)을 클릭합니다.

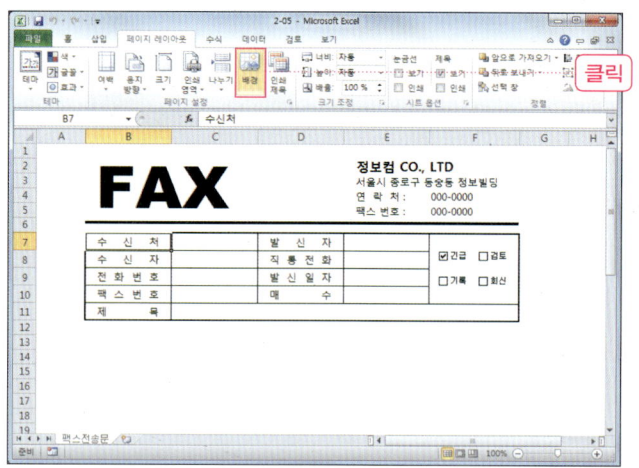

02 [시트 배경] 대화상자가 실행되면 배경으로 사용할 그림 파일을 선택하고 [삽입] 버튼을 클릭합니다.

> **POINT** 여기서는 'Part2\예제파일' 폴더에 있는 'back.gif' 그림 파일을 사용합니다.

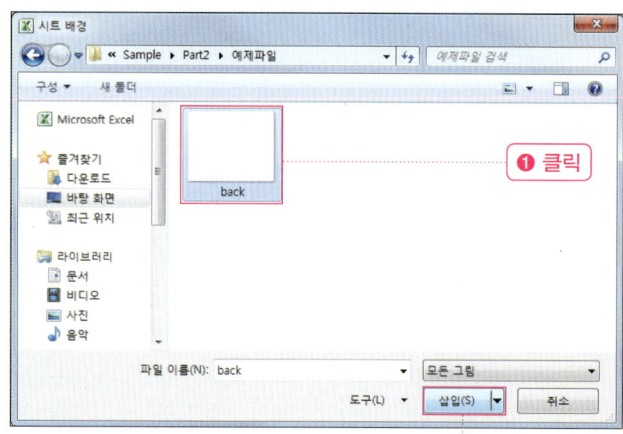

03 선택한 그림이 현재 워크시트의 배경으로 표시됩니다. 이때 그림은 바둑판식으로 반복해서 워크시트에 채워집니다.

> **POINT** 시트 배경을 삭제하려면 [페이지 레이아웃] 탭-[페이지 설정] 그룹-배경 삭제( )를 클릭합니다.

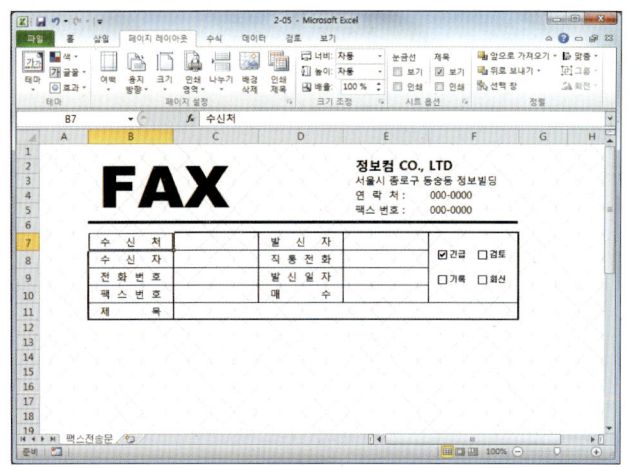

04 [파일] 탭을 클릭하고 백스테이지 보기에서 [인쇄]를 선택하여 현재 워크시트를 프린터로 인쇄할 때 시트 배경이 인쇄되지 않는다는 것을 확인하도록 합니다.

> **POINT** 시트 배경을 인쇄하는 방법에 대해서는 Section 17에서 설명합니다.

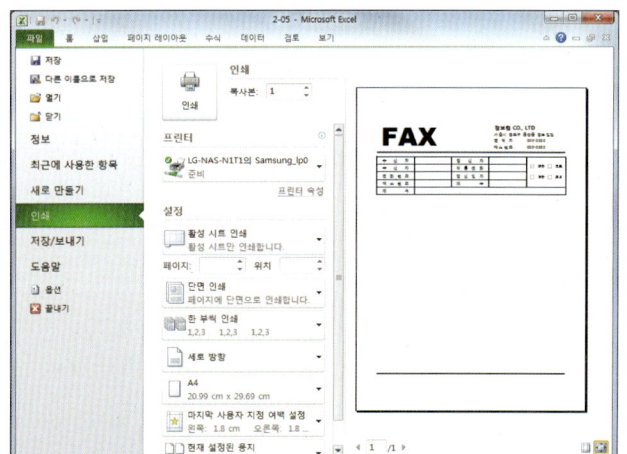

생초보 레벨업

시트 숨기기

하나의 통합 문서에는 여러 개의 워크시트가 포함될 수 있습니다. 통합 문서에 두 개 이상의 시트가 포함되어 있을 때, 임시로 사용한 데이터가 들어 있거나 참고용으로 작성한 시트를 화면에서 숨길 수 있습니다.

- **시트 숨기기** : 시트 탭에서 숨기고자 하는 시트 이름을 마우스 오른쪽 버튼으로 클릭한 다음 [숨기기] 메뉴를 선택합니다.
- **시트 숨기기 취소** : 시트 탭에서 마우스 오른쪽 버튼을 클릭하고 [숨기기 취소]를 선택합니다. [숨기기 취소] 대화상자에서 숨기기를 취소할 시트를 선택하고 [확인] 버튼을 클릭합니다. [숨기기 취소]는 숨긴 시트가 있는 경우에만 사용할 수 있습니다.

Section 06
워크시트와 셀 범위 보호하기

워크시트에 입력한 데이터나 수식 등을 다른 사용자가 함부로 변경하지 못하도록 셀을 보호하기 위해서는 두 단계의 처리가 필요합니다. 먼저 셀의 '잠금' 속성을 설정해야 하며 그 다음에 워크시트를 보호해야 합니다. 셀의 '잠금' 속성이 설정되어 있어도 시트를 보호하지 않으면 셀을 보호할 수 없습니다. 역으로 시트를 보호했더라도 셀의 '잠금' 속성이 해제되어 있으면 셀을 보호할 수 없습니다.

키워드 잠금, 숨김, 시트 보호, 시트 보호 해제
예제 파일 Part2\예제파일\2-06.xlsx

01 [B2:G14]를 블록으로 지정하고 [홈] 탭-[셀] 그룹-서식(🔲)을 클릭한 다음 [셀 잠금]을 선택합니다. 이 과정은 [B2:G14]의 [셀 잠금]을 해제하기 위한 것입니다.

> **POINT** 기본적으로 모든 셀은 [셀 잠금]이 선택되어 있는 상태입니다. [셀 잠금]을 해제하면 시트를 보호한 후에도 데이터를 변경할 수 있습니다.

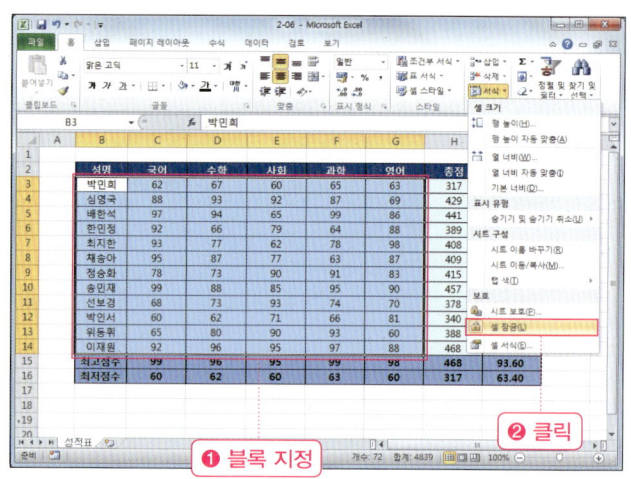

02 현재 워크시트에서 [B2:G14]를 제외한 모든 셀은 잠금이 설정되어 있는 상태입니다. [B2:G14]를 제외한 나머지 셀을 보호하기 위해 시트를 보호해야 합니다. 임의의 셀을 클릭해서 블록을 해제하고 서식(🔲)을 클릭한 다음 [시트 보호]를 선택합니다.

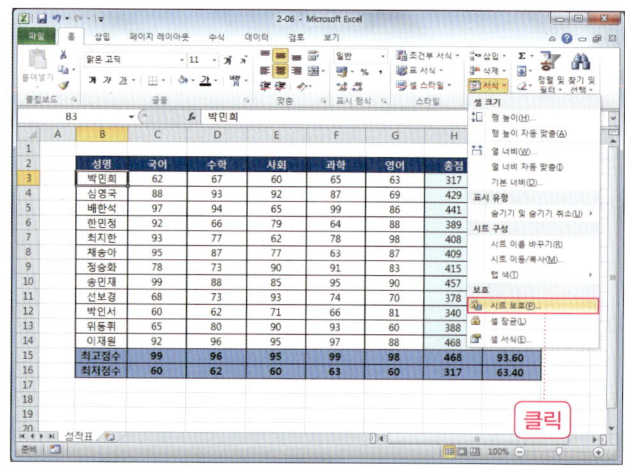

03 [시트 보호] 대화상자가 실행되면 [시트 보호 해제 암호]에 '12345'를 입력하고 [확인] 버튼을 클릭합니다. 암호는 화면에 '＊'로 표시됩니다.

> **POINT** [워크시트에 허용할 내용]에서 시트를 보호한 후에도 사용 가능한 작업을 선택할 수 있습니다. 여기서는 기본값인 '잠긴 셀 선택'과 '잠기지 않은 셀 선택'만 허용하는 것으로 합니다.

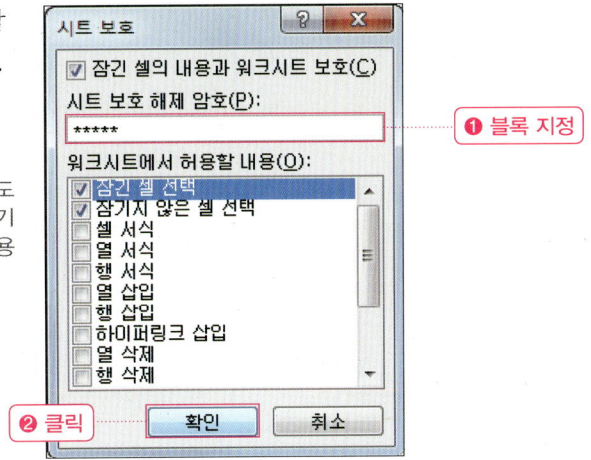

04 [암호 확인] 대화상자가 나타나면 앞에서 입력한 암호 '12345'를 똑같이 한 번 더 입력하고 [확인] 버튼을 클릭합니다.

> **POINT** 이 암호는 시트 보호를 해제할 때 필요합니다. 암호를 잊지 않도록 주의해야 합니다.

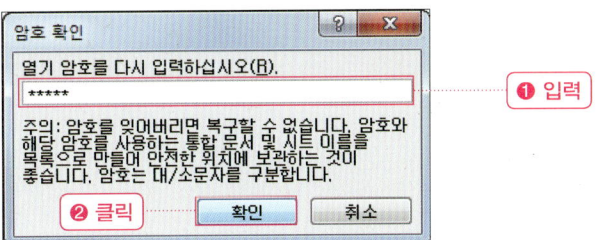

05 [B2:G14]를 제외한 다른 셀에서 데이터 입력을 시도하면 다음과 같이 경고 메시지가 나타납니다. [B2:G14]는 잠금이 해제된 상태이기 때문에 경고 메시지 없이 자유롭게 편집이 가능합니다.

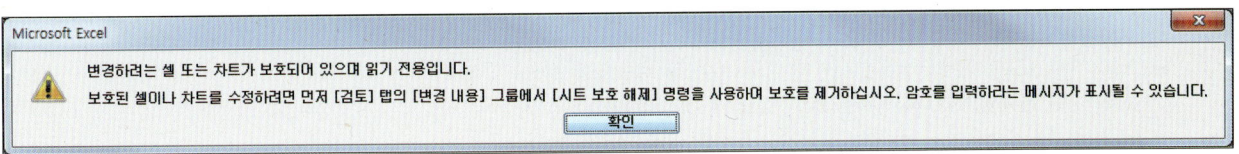

06 보호되어 있는 셀을 편집하기 위해서는 시트 보호를 해제해야 합니다. 서식(□)을 클릭한 다음 [시트 보호 해제]를 선택합니다.

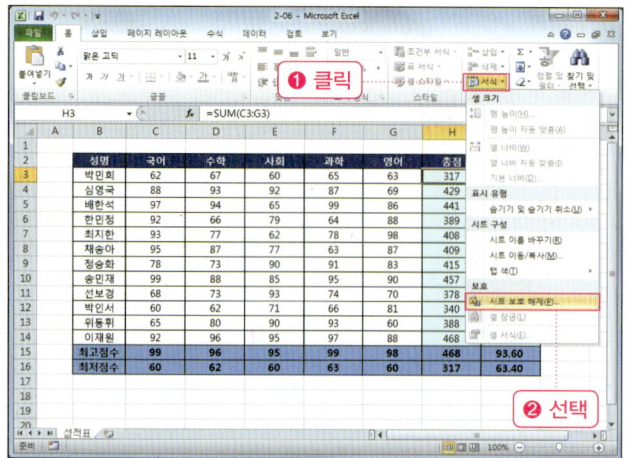

07 [시트 보호 해제] 대화상자가 실행되면 [암호]에 '12345'를 입력하고 [확인] 버튼을 클릭하여 시트 보호를 해제합니다.

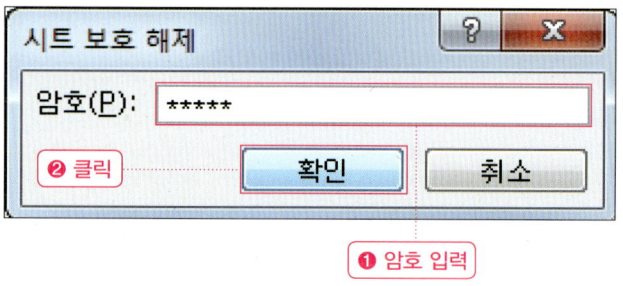

왕초보 레벨업

셀의 '숨김' 속성 사용하기

셀의 '숨김' 속성은 기본적으로 모두 해제되어 있는 상태입니다. '숨김' 속성을 설정하려면 [홈] 탭-[셀] 그룹-서식(□)을 클릭하고 [셀 서식]을 선택합니다. [셀 서식] 대화상자의 [보호] 탭에서 '숨김'을 체크하여 선택한 다음 [확인]을 클릭합니다. 여기에서 셀의 '잠금' 속성도 설정하거나 해제할 수 있습니다. 셀의 '숨김' 속성을 설정하고 시트를 보호하면 해당 셀을 클릭했을 때 수식 입력줄에 아무 것도 표시되지 않습니다. 즉 '숨김' 속성은 셀에 입력되어 있는 데이터와 수식을 다른 사람이 볼 수 없도록 보호하고 싶을 때 사용합니다.

Section 07 통합문서 보호하기

통합문서의 보호는 '구조'와 '창'으로 구분됩니다. '구조'를 보호하면 워크시트의 삽입과 삭제, 이동과 복사 등 통합 문서의 시트 구조를 바꾸는 모든 작업을 실행할 수 없습니다. '창'을 보호하면 통합 문서 창의 크기를 조절하거나 이동할 수 없게 됩니다.

키워드 통합 문서 보호, 구조 및 창 보호
예제 파일 Part2\예제파일\2-07.xlsx

01 현재 통합 문서는 3개의 워크시트로 구성되어 있습니다. [검토] 탭-[변경 내용] 그룹-통합 문서 보호( )를 클릭합니다.

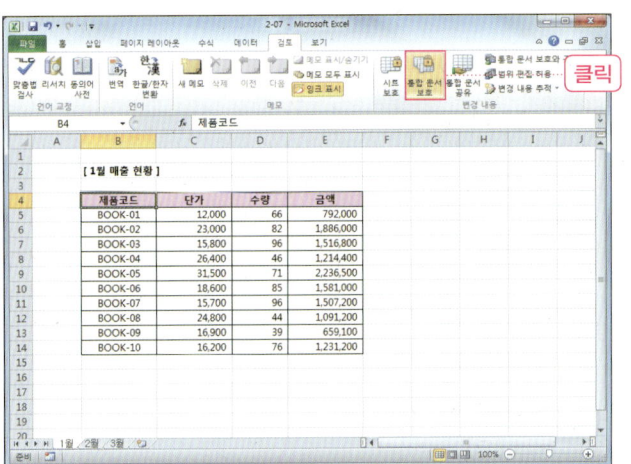

02 [구조 및 창 보호] 대화상자가 실행되면 '구조'와 '창'을 모두 체크하고 [확인] 버튼을 클릭합니다.

POINT 여기서는 [암호]를 사용하지 않았습니다.

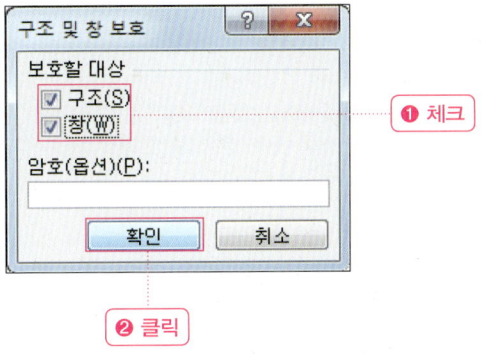

03 통합 문서의 구조와 창이 보호된 상태입니다. 시트 탭에서 마우스 오른쪽 버튼을 클릭해 보면 삽입, 삭제, 이름 바꾸기, 이동/복사 등 시트 구조를 보호하는 모든 명령이 사용 불가능한 상태로 표시됩니다. 또 통합 문서 창의 오른쪽 상단에 있던 창 조절 버튼이 숨겨져, 창을 이동하거나 크기를 변경할 수 없게 되었음을 알 수 있습니다.

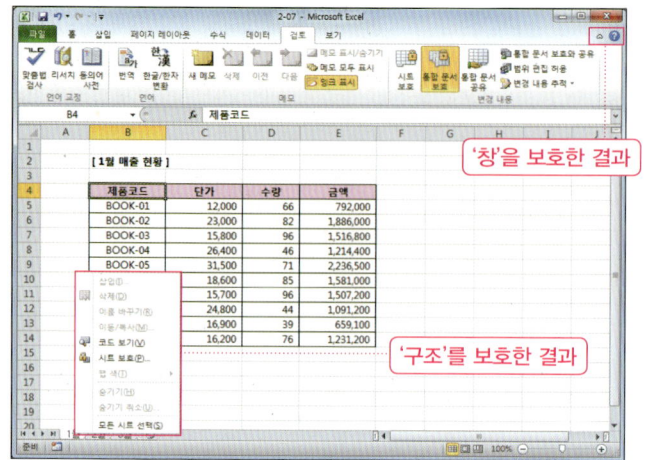

생초보 레벨업

보호 암호 사용하기

통합 문서를 보호할 때 [구조 및 창 보호] 대화상자에서 [암호]를 입력하고 [확인] 버튼을 클릭하면 [암호 확인] 대화상자가 실행됩니다. 여기에서 입력한 암호를 똑같이 한 번 더 입력한 다음 [확인] 버튼을 클릭하면 암호를 사용하여 통합 문서를 보호할 수 있습니다.

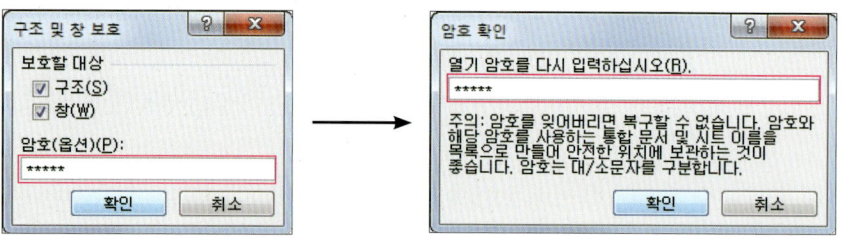

암호를 사용하여 통합 문서를 보호한 다음 [검토] 탭-[변경 내용] 그룹-통합 문서 보호( )를 클릭하여 통합 문서의 보호를 해제하려고 하면 다음과 같이 [통합 문서 보호 해제] 대화상자가 표시됩니다. 여기에 통합 문서를 보호할 때 사용한 암호를 입력하고 [확인] 버튼을 클릭해야 보호가 해제됩니다. 통합 문서를 보호할 때 암호를 사용하지 않았다면 통합 문서 보호( )를 클릭하여 바로 보호를 해제할 수 있습니다.

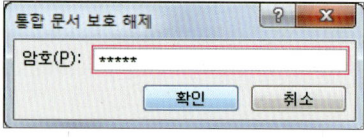

파일 보호하기

Section 08

중요한 통합 문서 파일을 다른 사람이 함부로 열어보지 못하게 하거나 내용을 변경한 다음 저장하지 못하도록 암호를 설정하여 파일을 보호하는 방법입니다. 열기 암호와 쓰기 암호를 설정하여 통합 문서 파일을 보호할 수 있습니다.

키워드 열기 암호, 쓰기 암호
예제 파일 Part2\예제파일\2-08.xlsx

01 예제 파일을 연 다음 [파일] 탭에서 [다른 이름으로 저장] 메뉴를 선택합니다. [다른 이름으로 저장] 대화상자가 실행되면 [도구] 드롭다운 버튼을 클릭하고 [일반 옵션]을 선택합니다.

> **POINT** 파일을 보호하려면 암호를 지정하여 다시 저장해야 합니다.

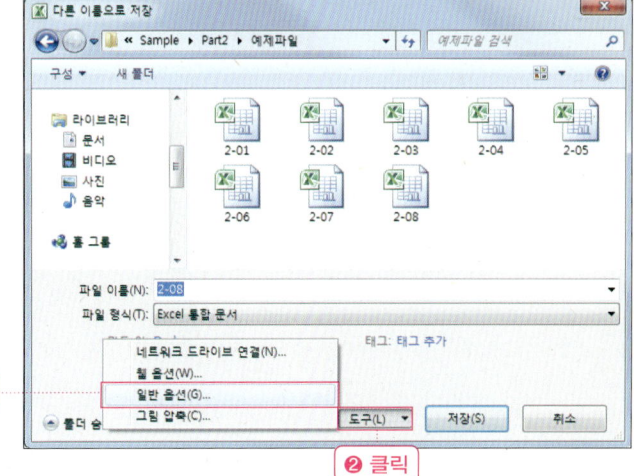

02 [일반 옵션] 대화상자가 열리면 [열기 암호]와 [쓰기 암호] 입력란에 모두 '12345'를 입력하고 [확인] 버튼을 클릭합니다. 열기 암호와 쓰기 암호를 다르게 입력해도 됩니다.

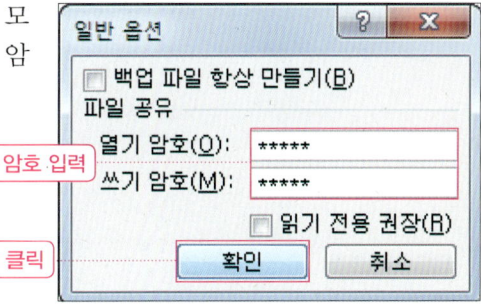

03 [암호 확인] 대화상자에서 열기 암호를 다시 한 번 입력하고 [확인] 버튼을 클릭합니다.

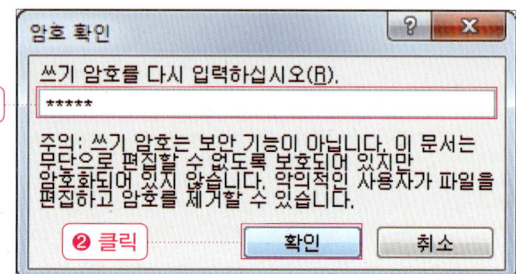

04 다시 [암호 확인] 대화상자가 나타나면 이번에는 쓰기 암호를 다시 한 번 입력하고 [확인] 버튼을 클릭합니다.

> **POINT** [열기 암호]나 [쓰기 암호] 중 하나만 입력했다면 [암호 확인] 대화상자도 한 번만 나타납니다.

05 [다른 이름으로 저장] 대화상자에서 [저장] 버튼을 클릭합니다. 원한다면 [저장] 버튼을 클릭하기 전에 저장 위치(폴더)나 파일 이름 등을 변경합니다.

06 다음과 같이 파일이 이미 있다는 메시지가 나오면 [예] 버튼을 클릭하여 기존 파일을 지우고 현재 설정한 사항으로 다시 파일을 저장합니다.

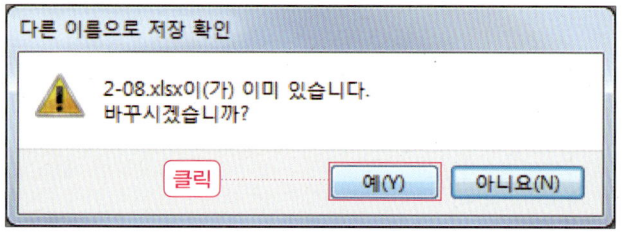

> **POINT** 저장하는 폴더에 같은 이름의 파일이 없다면 [다른 이름으로 저장 확인] 대화상자는 나타나지 않습니다.

07 [파일] 탭에서 [닫기]를 클릭하여 현재 통합 문서를 닫고, 다시 [파일] 탭에서 [열기]를 클릭합니다. [열기] 대화상자가 열리면 앞에서 저장한 파일을 선택하고 [열기] 버튼을 클릭합니다.

08 [암호] 대화상자가 열리면 열기 암호를 입력하고 [확인] 버튼을 클릭합니다. 만약 암호를 틀리게 입력한다면 통합 문서를 열 수 없습니다.

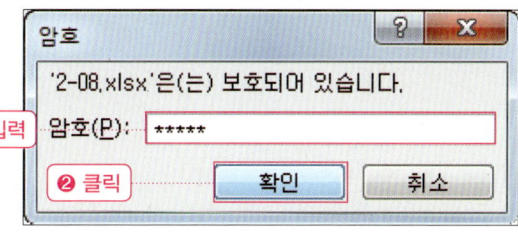

09 다시 [암호] 대화상자가 열리면 이번에는 쓰기 암호를 입력하고 [확인] 버튼을 클릭합니다.

> **POINT** 쓰기 암호를 모를 때 [읽기 전용] 버튼을 클릭하면 파일을 읽기 전용으로 열 수 있습니다. 읽기 전용으로 연 파일은 원래 위치에 원래 이름으로 저장할 수는 없지만 [파일] 탭에서 [다른 이름으로 저장]을 클릭하여 다른 위치 또는 다른 이름으로 저장할 수 있습니다.

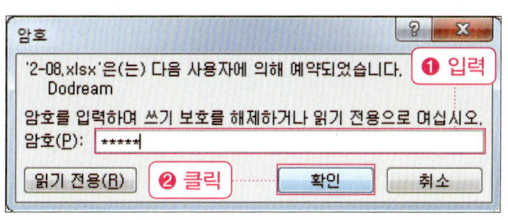

10 열기 암호와 쓰기 암호를 모두 바르게 입력했다면 다음과 같이 통합 문서를 정상적으로 열 수 있습니다.

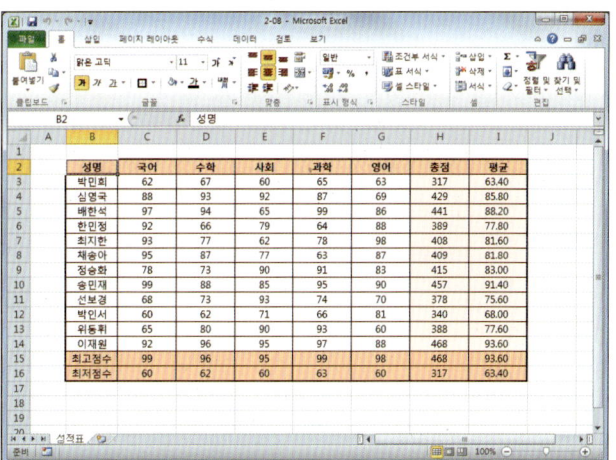

숫자의 사용자 지정 표시 형식

[셀 서식] 대화상자의 [표시 형식] 탭에서 숫자를 셀에 표시하는 여러 형식을 선택하여 사용할 수 있습니다. 사용자 지정 표시 형식은 사용자가 직접 서식 코드를 입력하여 원하는 형태로 데이터를 표시하는 방법입니다.

키워드 표시 형식, 숫자 서식 코드
예제 파일 Part2\예제파일\2-09.xlsx

01 [C3:C12]와 [E3:E12]를 Ctrl 키를 이용하여 블록을 지정하고 [홈] 탭-[셀] 그룹-서식(📋)을 클릭한 다음 [셀 서식]을 선택합니다.

> **POINT** [홈] 탭-[표시 형식] 그룹에서 대화상자 표시(📋) 버튼을 클릭해서 [셀 서식] 대화상자를 열 수도 있습니다.

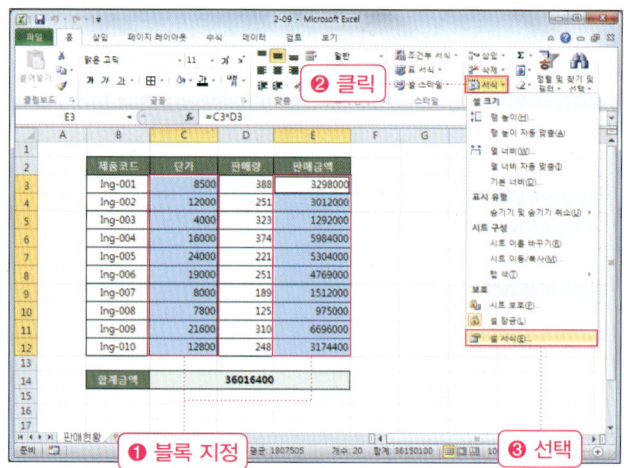

02 [셀 서식] 대화상자의 [표시 형식] 탭에서 [범주]를 '사용자 지정'으로 선택합니다. [형식] 입력란에 서식 코드 '₩ #,##0_-'을 입력한 다음 [확인] 버튼을 클릭합니다.

> **POINT** 서식 코드 마지막의 밑줄(_)은 다음 문자만큼 공백을 표시하는 역할을 합니다. 여기서는 밑줄(_)과 하이픈(-)을 사용했기 때문에 숫자를 표시하고 마지막에 하이픈(-)의 너비만큼 공백을 추가합니다.

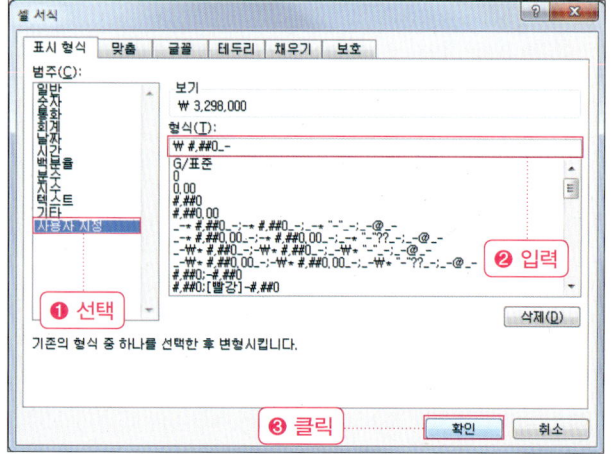

사용자 지정 숫자 서식 코드

(1) 소수 자릿수와 유효 자릿수
#, 0, ? 등의 코드를 사용자 지정 서식에 포함시켜 숫자를 표시합니다. 소수점 오른쪽의 자릿수가 서식에 지정된 코드보다 많으면 숫자는 반올림되어 지정한 코드만큼만 표시됩니다. 소수점 왼쪽의 자릿수가 지정된 코드보다 많으면 남는 자릿수도 그대로 표시됩니다.
- **# 코드** : 유효 자릿수만 나타내고 유효하지 않은 0은 나타내지 않습니다.
- **0 코드** : 유효하지 않은 0을 나타냅니다.
- **? 코드** : 유효하지 않은 0 대신 공백을 추가합니다.
- 예

서식 코드	설명
#.##	'12.3456'은 '12.35'로 표시하고, '0.567'은 '.57'로 표시합니다.
#.000	'12.3'은 '12.300'으로 표시하고, '0.8'은 '.800'으로 표시합니다.
000.00	'34'는 '034.00'으로 표시하고, '1234.5'는 '1234.50'으로 표시합니다.
???.???	'12.3', '1234.567', '88.25'를 소수점을 맞춰 표시합니다.

(2) 천 단위 구분 기호
숫자 서식에 쉼표(,)를 사용하여 천 단위 구분 기호로 사용합니다. 쉼표(,) 다음에 서식 코드를 입력하지 않으면 천의 배수로 숫자를 표시합니다.
- 예

서식 코드	설명
#,###	'12345'를 '12,345'로 표시합니다.
#,###,	'1200000'을 '1,200'으로 표시합니다.
#,###,,	'1200000000'을 '1,200'으로 표시합니다.

(3) 색 지정하기
사용자 지정 서식에 색을 지정하려면 대괄호([ ])로 색 이름을 묶어 입력합니다. 색 코드는 다른 코드보다 항상 앞에 와야 합니다. 색 이름은 [검정], [흰색], [파랑], [빨강], [녹색], [노랑], [자홍], [녹청] 중에서 선택하여 사용합니다.

(4) 조건 지정하기
지정한 조건을 만족하는 숫자에만 특정 서식을 적용하려면 대괄호([ ])로 조건을 묶어 입력합니다. 조건은 비교 연산자와 값으로 이루어집니다. 예를 들어 100 이하인 숫자를 빨간색으로 표시하려면 '[빨강][<=100]'과 같이 서식 코드를 입력합니다.

03 [C3:C12]와 [E3:E12]의 숫자 앞에 통화 기호(₩)가 표시되고 숫자 천 단위마다 쉼표(,)가 삽입되었으며 오른쪽 끝에 공백이 추가되었습니다. 이번에는 [D3:D12]를 블록으로 지정하고 서식(圖)을 클릭한 다음 [셀 서식]을 선택합니다.

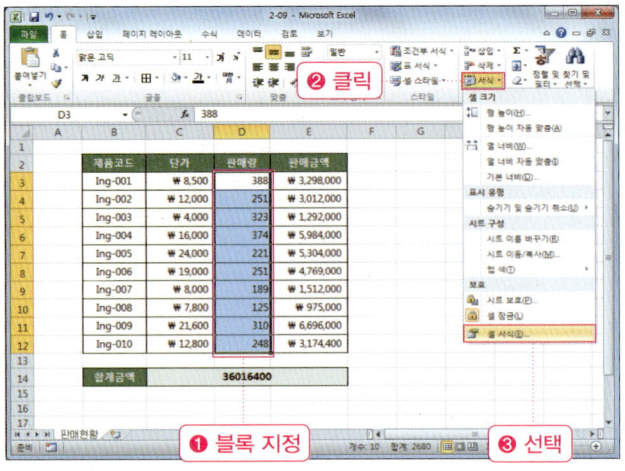

04 [셀 서식] 대화상자의 [표시 형식] 탭에서 [범주]를 '사용자 지정'으로 선택하고 [형식] 입력란에 '#,##0 개_-'를 입력한 다음 [확인] 버튼을 클릭합니다.

> **POINT** 숫자 천 단위마다 쉼표(,)를 삽입하고 문자 한 칸을 띄운 다음 '개'를 표시하는 서식 코드입니다. 마지막의 밑줄(_)과 하이픈(-)은 오른쪽 끝에 하이픈(-)의 너비만큼 공백을 추가합니다.

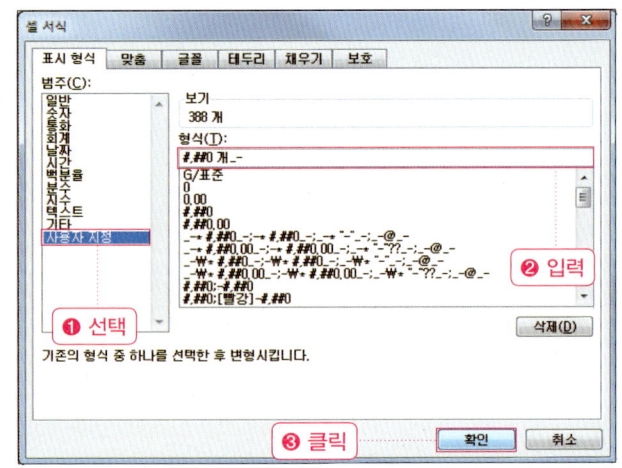

05 이번에는 [C14]셀의 숫자를 한글로 표시해보겠습니다. [C14]셀에서 서식(圖)을 클릭한 다음 [셀 서식]을 선택합니다.

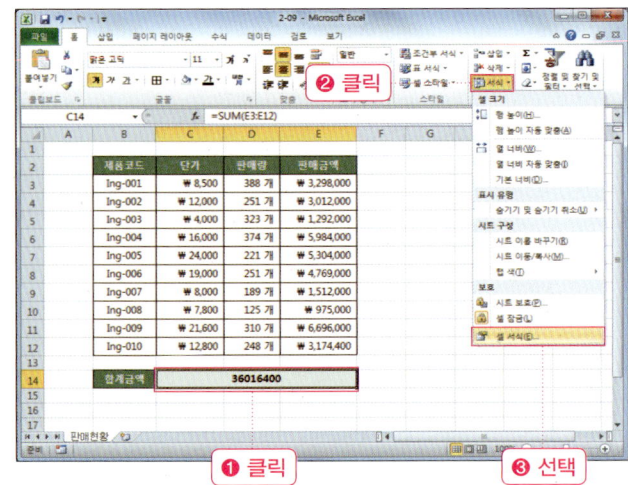

06 [셀 서식] 대화상자의 [표시 형식] 탭에서 [범주]를 '기타'로 선택하고 [형식]에서 '숫자(한글)'을 선택합니다. 아직 [확인] 버튼을 클릭하지 마십시오.

> **POINT** [보기] 영역에서 '숫자(한글)' 표시 형식을 사용했을 때 결과를 미리 확인할 수 있습니다.

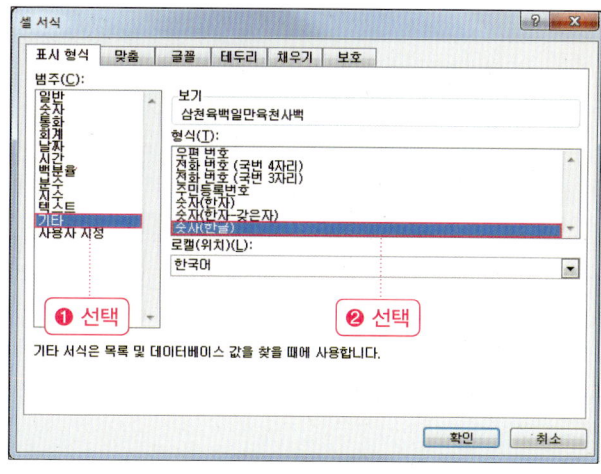

07 [범주]를 '사용자 지정'으로 선택하면 [형식] 입력란에 '숫자(한글)'의 서식 코드 '[DBNum4][$-412]G/표준'이 표시됩니다. 서식 코드 앞에 '일금 '을 입력하고, 서식 코드 뒤에 ' 원정'을 입력하여 '일금 [DBNum4][$-412]G/표준 원정'과 같이 완성되면 [확인] 버튼을 클릭합니다.

> **POINT** '[DBNum4]'는 한글 표시를 의미하고, '[$-412]'는 한국어를 의미하는 국가 코드입니다. 'G/표준'은 실제 숫자를 한글로 표시하는 자리를 나타냅니다.

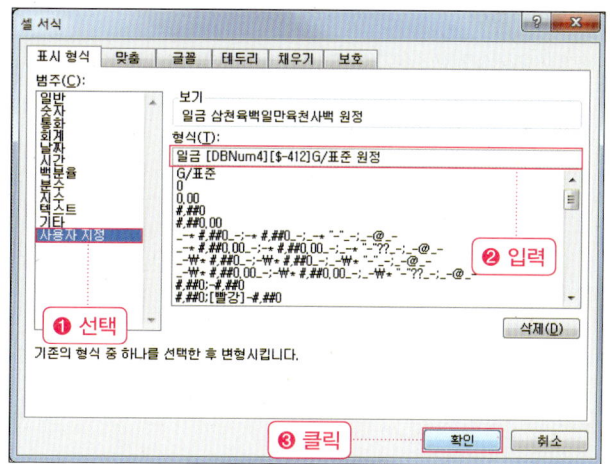

08 다음과 같이 숫자가 한글로 표시되고 앞에 '일금 ', 뒤에 ' 원정'이 추가됩니다.

> **POINT** 숫자를 한글이나 한자로 표시하기 위해 [DBNum1], [DBNum2], [DBNum3], [DBNum4] 등의 서식 코드가 사용됩니다.

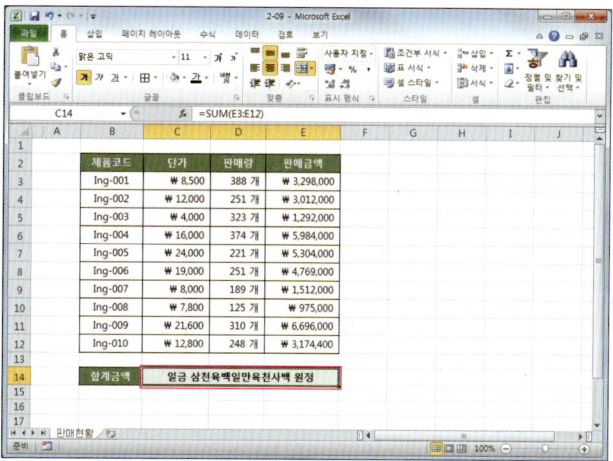

Section 10 : 날짜의 사용자 지정 표시 형식

날짜 데이터는 년, 월, 일을 슬래시(/) 또는 하이픈(-)으로 구분하여 입력합니다. 기본적으로 날짜는 'YYYY-MM-DD' 형식으로 표시됩니다. 사용자 지정 서식 코드를 사용하여 날짜를 다양한 형태로 표시할 수 있습니다.

키워드 날짜 서식 코드, 시간 서식 코드
예제 파일 Part2\예제파일\2-10.xlsx

01 [D3:D12]를 블록으로 지정하고 [홈] 탭-[셀] 그룹-서식(🔲)을 클릭한 다음 [셀 서식]을 선택합니다.

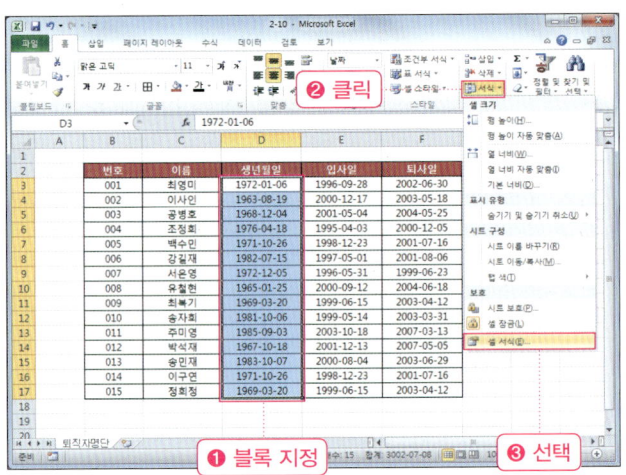

02 [셀 서식] 대화상자의 [표시 형식] 탭에서 [범주]를 '사용자 지정'으로 선택하고, [형식] 입력란에 'yyyy년 m월생'을 입력한 다음 [확인] 버튼을 클릭합니다.

> **POINT** [범주]에서 '날짜'를 선택하고 [형식] 목록에서 원하는 날짜 형식을 찾아 지정할 수도 있습니다.

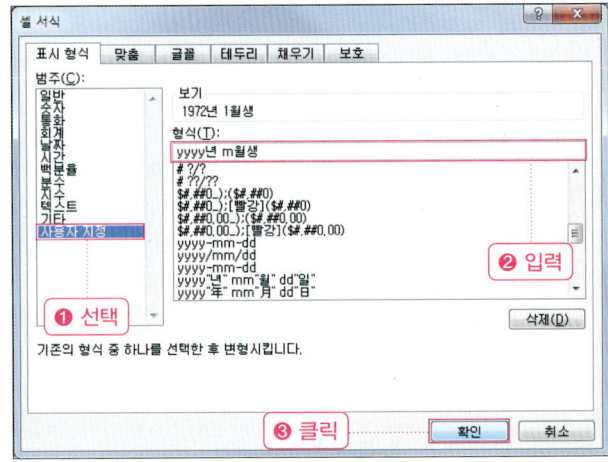

03 다음과 같이 블록으로 지정한 영역의 날짜 표시 형식이 변경됩니다. 여기서는 연도를 4자리로 표시하고 월을 1~12로 표시했습니다. 코드 'yyyy'와 'm' 이외의 문자는 입력한 자리에 그대로 표시됩니다.

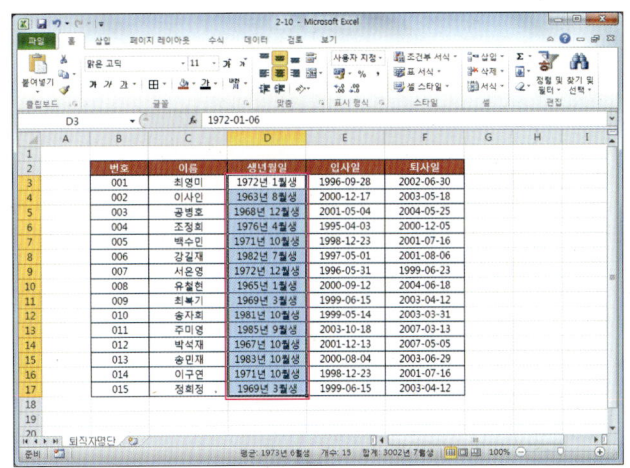

사용자 지정 날짜/시간 서식 코드

서식 코드	설명
yy	연도를 00–99로 표시합니다.
yyyy	연도를 1900–9999로 표시합니다.
m	월을 1–12로 표시합니다.
mm	월을 01–12로 표시합니다.
mmm	월을 Jan–Dec로 표시합니다.
mmmm	월을 January–December로 표시합니다.
mmmmm	월을 J–D로 표시합니다.
d	일을 1–31로 표시합니다.
dd	일을 01–31로 표시합니다.
ddd	요일을 Sun–Sat로 표시합니다.
dddd	요일을 Sunday–Saturday로 표시합니다.
aaa	요일을 일–토로 표시합니다.
aaaa	요일을 일요일–토요일로 표시합니다.
h, hh	시를 0–23으로, 00–23으로 표시합니다.
m, mm	분을 0–59로, 00–59로 표시합니다.
s, ss	초를 0–59로, 00–59로 표시합니다.
AM/PM, A/P	오전과 오후를 AM과 PM, A와 P로 표시합니다.
[h], [mm], [ss]	경과된 시간을 시, 분, 초로 표시합니다.

04 이번에는 [E3:F17]을 블록으로 지정하고 서식(📄)을 클릭한 다음 [셀 서식]을 선택합니다.

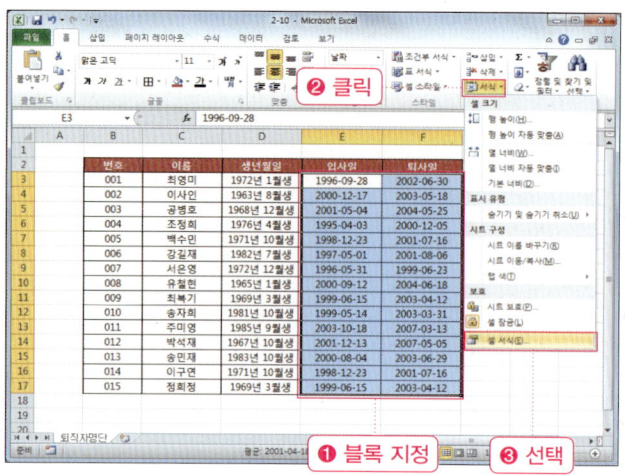

05 [셀 서식] 대화상자의 [표시 형식] 탭에서 [범주]를 '사용자 지정'으로 선택하고, [형식]을 'mmm-d, yyyy (ddd)'로 입력한 다음 [확인] 버튼을 클릭합니다.

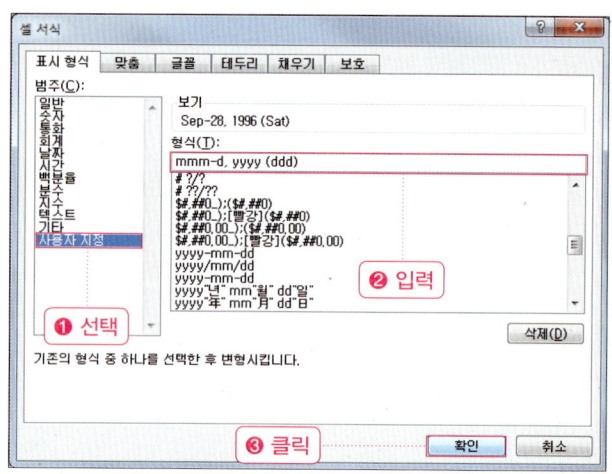

06 입사일과 퇴사일의 날짜 표시 형식이 다음과 같이 변경되었습니다.

> **POINT** 날짜를 한글 요일로 표시할 때는 'aaa' 또는 'aaaa' 서식 코드를 사용합니다.

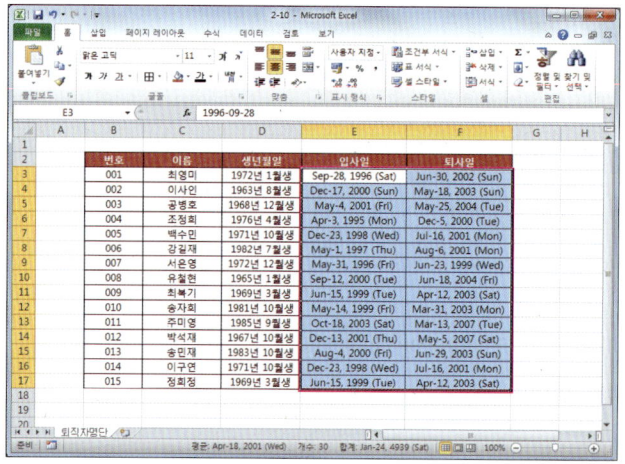

Section 11 조건부 서식 만들기

조건부 서식은 주어진 조건을 만족하는 셀의 서식을 지정하는 기능으로 같은 영역에서 최대 64개까지 조건부 서식을 지정할 수 있습니다. 여러 개의 조건부 서식 중 두 개 이상의 조건을 만족할 경우 서식이 서로 충돌하지 않는다면 각 조건의 서식이 모두 적용되지만, 서식이 충돌하면 우선 순위가 높은 조건의 서식만 적용됩니다.

키워드 조건부 서식, 새 규칙, 규칙 관리
예제 파일 Part2\예제파일\2-11.xlsx

01 [F5:F16]을 블록으로 지정하고 [홈] 탭-[스타일] 그룹-조건부 서식()을 클릭한 다음 [상위/하위 규칙]-[상위 10개 항목]을 선택합니다.

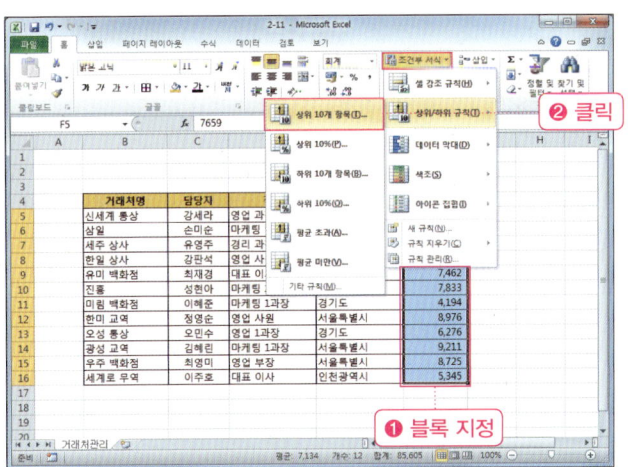

02 [상위 10개 항목] 대화상자에서 순위를 '3'으로 지정하고 [적용할 서식]에서 '빨강 텍스트'를 선택한 다음 [확인] 버튼을 클릭합니다. 이렇게 하면 가장 큰 값이 들어 있는 3개의 셀만 빨강 텍스트 서식이 적용됩니다.

POINT 블록으로 지정한 영역에서 상위 3개 항목 즉, 값이 큰 순서대로 3개의 셀에 서식을 지정하는 조건부 서식입니다.

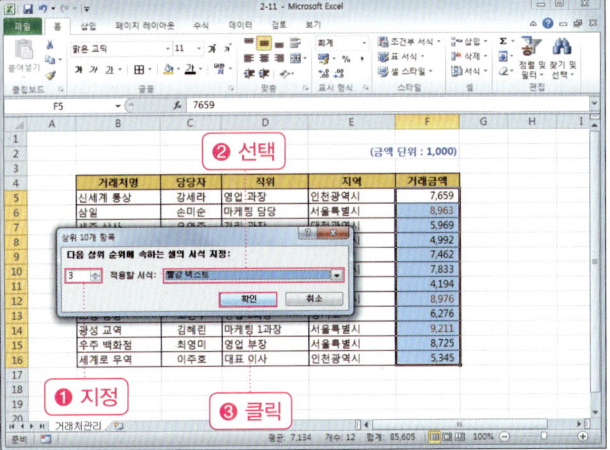

03 [F5:F16]이 블록으로 지정되어 있는 상태에서 이번에는 조건부 서식(📋)을 클릭하고 [셀 강조 규칙]-[보다 큼]을 선택합니다.

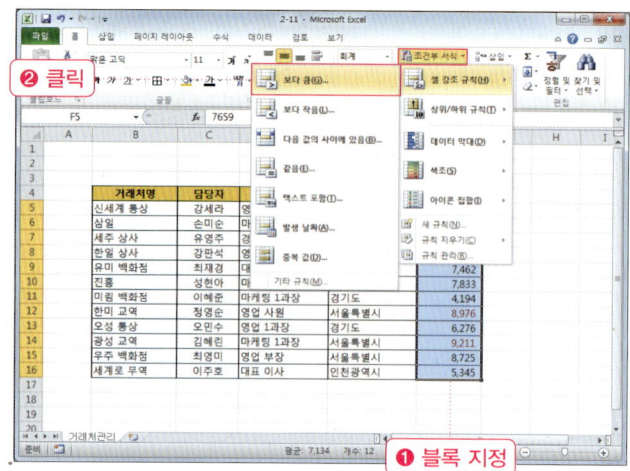

04 [보다 큼] 대화상자에서 비교할 값에 '7000'을 입력합니다. 그런 다음 [적용할 서식]의 드롭다운 버튼을 클릭하고 [사용자 지정 서식]을 선택합니다.

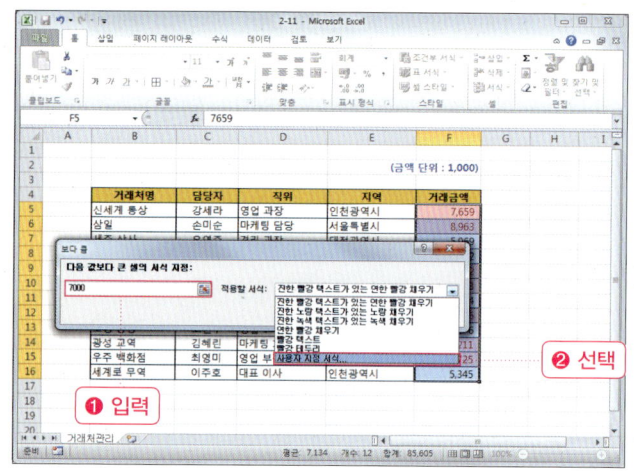

05 [셀 서식] 대화상자가 실행되면 [글꼴] 탭에서 [색]을 '파랑'으로 지정합니다.

> **POINT** 조건부 서식에서는 [셀 서식] 대화상자의 [표시 형식], [글꼴], [테두리], [채우기] 서식만 지정할 수 있습니다.

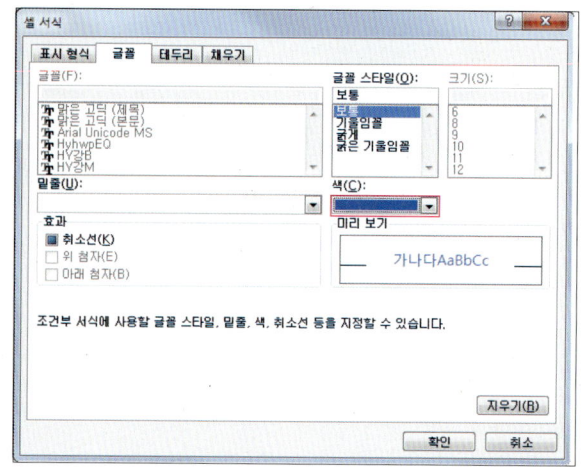

06 [채우기] 탭으로 이동한 다음 조건을 만족하는 셀의 [배경색]을 선택하고 [확인] 버튼을 클릭합니다.

07 [보다 큼] 대화상자에서 [확인] 버튼을 클릭하면 다음과 같이 [F5:F16]에서 '7000'보다 큰 값이 들어 있는 셀에 서식이 적용됩니다.

> **POINT** 나중에 설정한 조건부 서식이 우선 적용되므로 상위 3개 항목에 적용했던 조건부 서식(빨강 텍스트)은 무시됩니다. 두 개의 조건부 서식에서 글꼴 색이 서로 충돌하기 때문입니다.

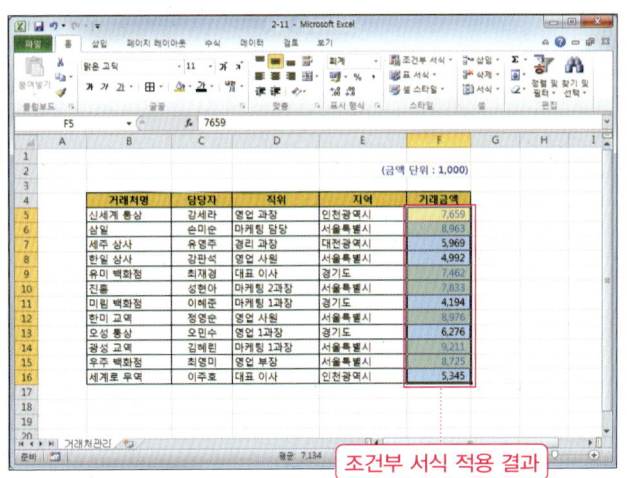

08 [F5:F16]이 블록으로 지정된 상태에서 조건부 서식(📋)을 클릭하고 [규칙 관리]를 선택합니다. [조건부 서식 규칙 관리자] 대화상자에서 '셀 값 〉 7000' 규칙을 선택하고 아래로 이동(▼) 버튼을 클릭하여 순서를 변경한 다음 [확인] 버튼을 클릭합니다.

> **POINT** 조건부 서식은 표시된 순서대로 우선 적용됩니다.

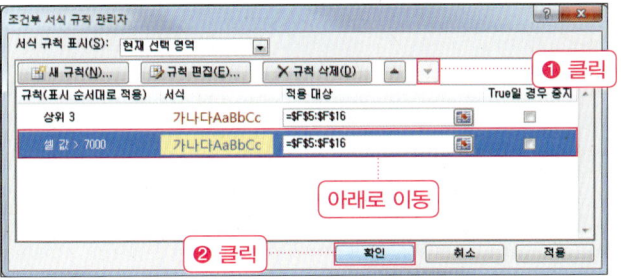

09 조건부 서식의 우선 순위를 변경한 결과는 다음과 같습니다. 상위 3개 항목에 먼저 서식(빨강 텍스트)이 적용되고, '7000'보다 값이 큰 셀에 서식(노랑 배경에 파랑 텍스트)이 적용되었습니다.

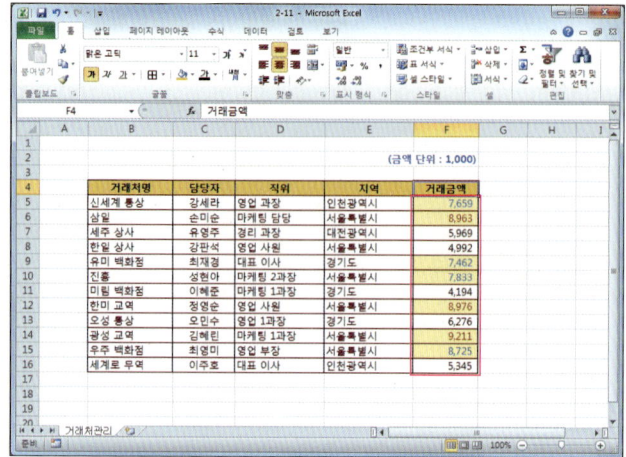

> **POINT** 상위 3개 항목은 두 개의 조건부 서식을 모두 만족하므로 빨강 텍스트에 노랑 배경으로 표시됩니다.

왕초보 레벨업

[조건부 서식 규칙 관리자] 대화상자

조건부 서식(🔳)을 클릭하고 [규칙 관리]를 선택하면 [조건부 서식 규칙 관리자] 대화상자가 실행됩니다. 이 대화상자를 이용하여 새로운 조건부 서식을 작성하거나 기존의 조건부 서식을 편집하고 삭제할 수 있습니다.

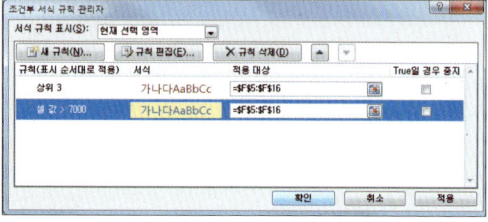

- **서식 규칙 표시** : '현재 선택 영역'을 선택하면 현재 선택 영역의 조건부 서식만 표시됩니다. '현재 워크시트'를 선택하면 현재 워크시트의 모든 조건부 서식이 표시됩니다.
- **새 규칙** : 새로운 조건부 서식을 작성하기 위해 [새 서식 규칙] 대화상자를 실행합니다.
- **규칙 편집** : [서식 규칙 편집] 대화상자를 실행하여 현재 선택한 조건부 서식을 수정합니다.
- **규칙 삭제** : 현재 선택한 조건부 서식을 삭제합니다.
- **위로 이동(▲) / 아래로 이동(▼)** : 선택한 조건부 서식의 표시 순서를 위로 또는 아래로 이동합니다. 표시 순서에 따라 조건부 서식의 우선 순위가 결정됩니다.
- **적용 대상** : 해당 조건부 서식을 적용할 셀 범위를 변경할 수 있습니다.
- **True일 경우 중지** : 선택한 조건부 서식을 적용한 다음 우선 순위가 낮은 나머지 조건부 서식을 적용하고 싶지 않을 경우 'True일 경우 중지'를 체크합니다.

Section 12 수식으로 조건부 서식 만들기

조건부 서식을 작성할 때 수식으로 조건을 만드는 방법을 알아봅니다. 수식 조건은 등호(=)로 시작하고 비교 연산자가 포함되어 그 결과가 TRUE 또는 FALSE로 얻어져야 합니다. 주로 행 전체나 열 전체에서 특정 셀 값을 조건으로 비교한 다음 행 전체 또는 열 전체에 같은 서식을 적용하기 위해 사용합니다.

키워드 조건부 서식, 수식 조건
예제 파일 Part2\예제파일\2-12.xlsx

01 [B5:F16]을 블록으로 지정하고 [홈] 탭-[스타일] 그룹-조건부 서식(🔲)을 클릭한 다음 [새 규칙]을 선택합니다.

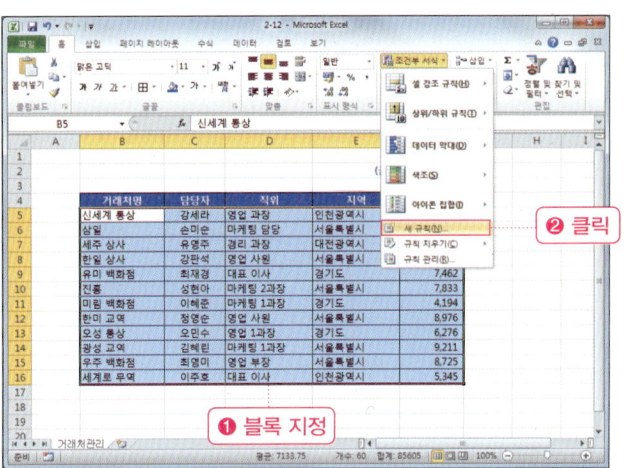

02 [새 서식 규칙] 대화상자가 실행되면 [규칙 유형 선택]에서 '수식을 사용하여 서식을 지정할 셀 결정'을 클릭합니다. 그런 다음 수식 입력란에 =$F5>=7000을 입력하고 [서식] 버튼을 클릭합니다.

> **POINT** 수식 =$F5>=7000에서 '$F5'는 [F]열을 참조하기 위한 것입니다. [B5:F16]을 블록으로 지정했을 때 현재 셀이 [B5]셀이므로 [B5]셀을 기준으로 현재 행([5]행)의 [F]열에 있는 값(거래금액)을 의미합니다.

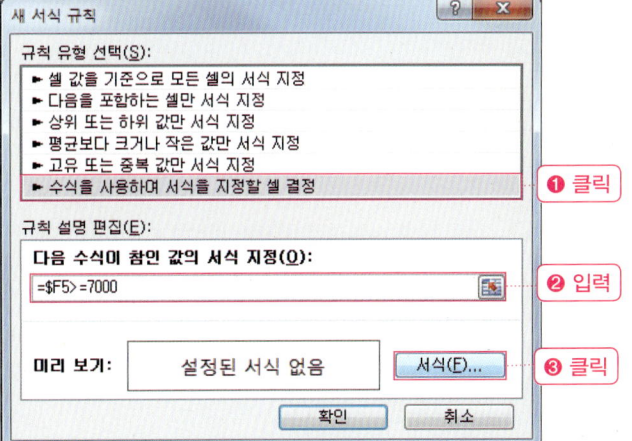

175

03 [셀 서식] 대화상자의 [채우기] 탭에서 조건을 만족하는 셀에 적용할 [배경색]을 선택하고 [확인] 버튼을 클릭합니다.

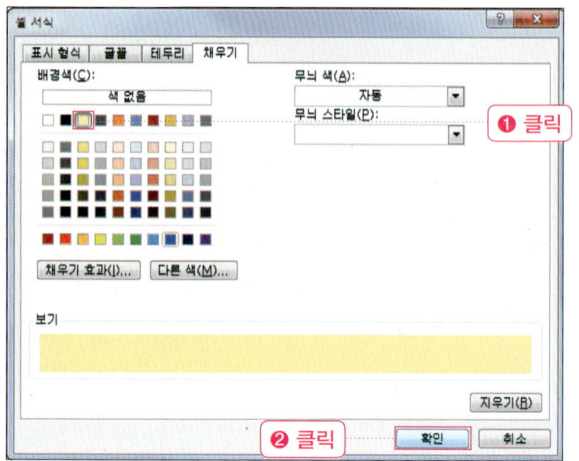

04 [새 서식 규칙] 대화상자로 돌아오면 [확인] 버튼을 클릭합니다. 이 조건부 서식은 각 행에서 [F]열에 있는 거래금액이 '7000'보다 크거나 같을 때 적용됩니다.

> **POINT** 수식은 항상 등호(=)로 시작되어야 하며 수식의 결과는 True(참) 또는 False(거짓) 중 하나여야 합니다.

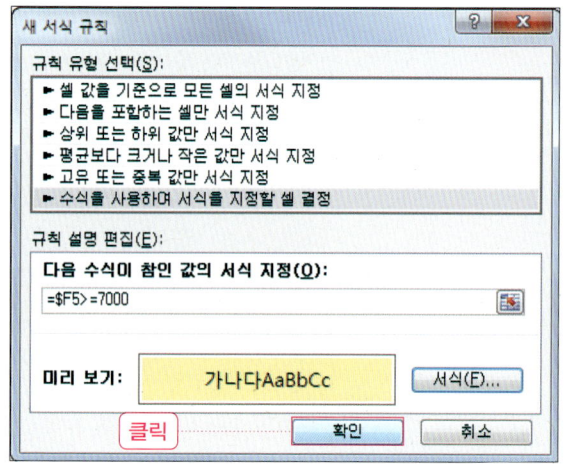

05 수식 조건으로 설정한 조건부 서식의 적용 결과는 다음과 같습니다. 각 행에서 거래금액이 '7000' 이상일 때 행 전체에 배경색이 설정되었습니다.

> **POINT** 조건부 서식(🔲)을 클릭한 다음 [규칙 지우기]에서 [선택한 셀의 규칙 지우기] 또는 [시트 전체에서 규칙 지우기]를 선택하면 조건부 서식을 삭제할 수 있습니다.

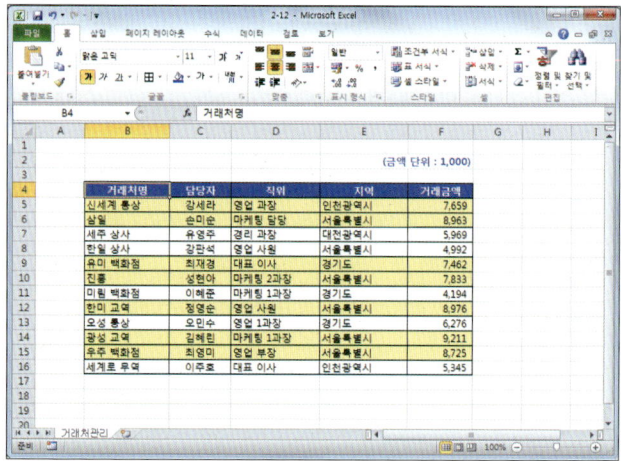

Section 13

데이터 막대, 색조, 아이콘 집합 조건부 서식

엑셀 2007 버전부터 새로 추가된 데이터 막대, 색조, 아이콘 집합 조건부 서식이 엑셀 2010 버전에서 더욱 강력해졌습니다. 이 기능을 이용하면 데이터의 크기와 분포, 값의 범위 등을 더 알아보기 쉽게 특별한 형태로 표시할 수 있습니다.

키워드 조건부 서식, 데이터 막대, 색조, 아이콘 집합
예제 파일 Part2\예제파일\2-13.xlsx

---

01 [C5:C16]을 블록으로 지정하고 [홈] 탭-[스타일] 그룹-조건부 서식( )을 클릭한 다음 [색조]-[녹색 – 흰색 색조]를 선택합니다. 2가지 색을 이용하여 값이 클수록 '녹색'에 가깝게, 값이 작을수록 '흰색'에 가깝게 색을 표시하는 조건부 서식입니다.

> **POINT** 3가지 색조를 이용하면 최대값, 중간값, 최소값에 각각 색을 지정합니다.

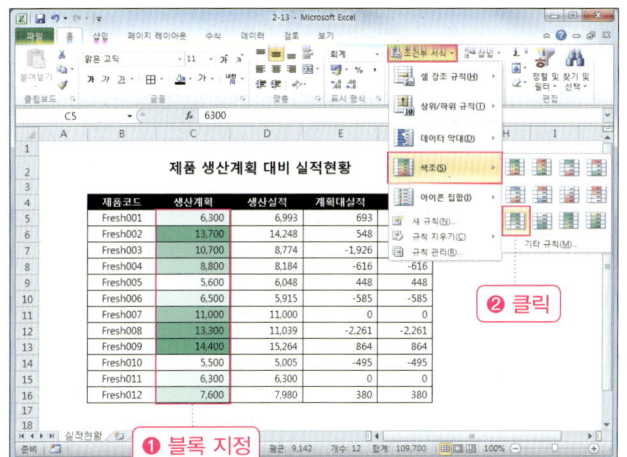

02 [E5:E16]을 블록으로 지정하고 조건부 서식( )을 클릭한 다음 [데이터 막대]-[연한 파랑 데이터 막대]를 선택합니다. 데이터 막대 조건부 서식은 값의 크기에 따라 길이가 다른 막대를 셀에 표시합니다. 값이 클수록 데이터 막대의 길이가 더 길어집니다.

> **POINT** 셀 값에 음수가 포함되어 있으면 점선으로 표시된 축을 기준으로 음수를 의미하는 빨강 막대가 표시됩니다.

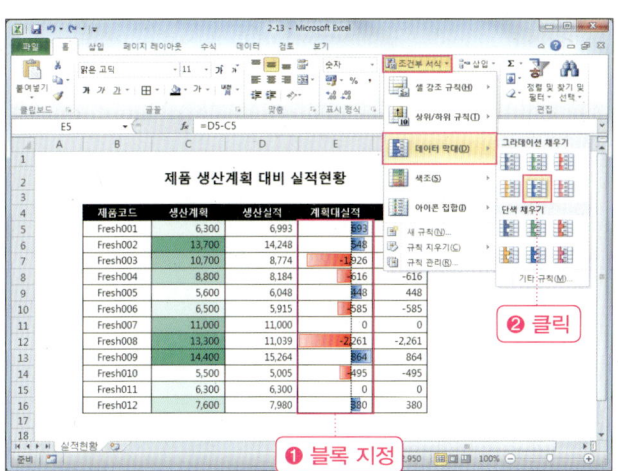

03 이번에는 [F5:F16]을 블록으로 지정하고 조건부 서식(📊)을 클릭한 다음 [아이콘 집합]-[기타 규칙]을 선택합니다. [새 서식 규칙] 대화상자에서 [아이콘 스타일]을 '삼각형 3개'로 선택하고 '아이콘만 표시'를 체크합니다. 그런 다음 첫 번째 삼각형의 규칙을 '>', '0', '숫자'로 지정하고 두 번째 삼각형의 규칙을 '>=', '0', '숫자'로 지정한 다음 [확인] 버튼을 클릭합니다.

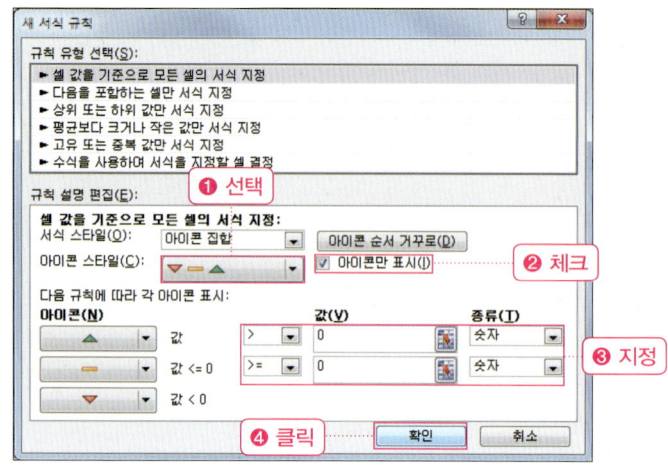

04 아이콘 집합 조건부 서식이 적용되면 가운데 맞춤(≡)을 클릭합니다. 아이콘 집합 조건부 서식은 셀 값이 '0'보다 클 때, '0'과 같을 때, '0'보다 작을 때 각각 다른 형태의 삼각형을 표시합니다. [아이콘만 표시]를 체크했기 때문에 셀 값은 숨겨지고 아이콘만 표시됩니다.

> **POINT** 아이콘 집합은 3~5가지 범주로 데이터를 구분하여 각 범주에 해당하는 아이콘을 표시합니다.

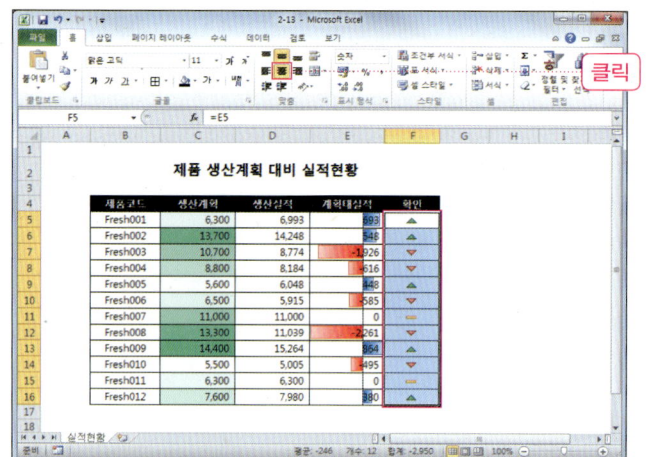

생초보 레벨업

데이터 막대 사용자 지정

조건부 서식(📊)을 클릭한 다음 [데이터 막대]-[기타 규칙]을 선택하면 [새 서식 규칙] 대화상자가 실행됩니다. 여기에서 막대의 채우기 방식과 색, 테두리 등을 지정할 수 있습니다. 또 [음수 값 및 축] 버튼을 클릭하고 음수 막대의 채우기 색과 테두리, 축의 위치와 색을 지정할 수 있습니다.

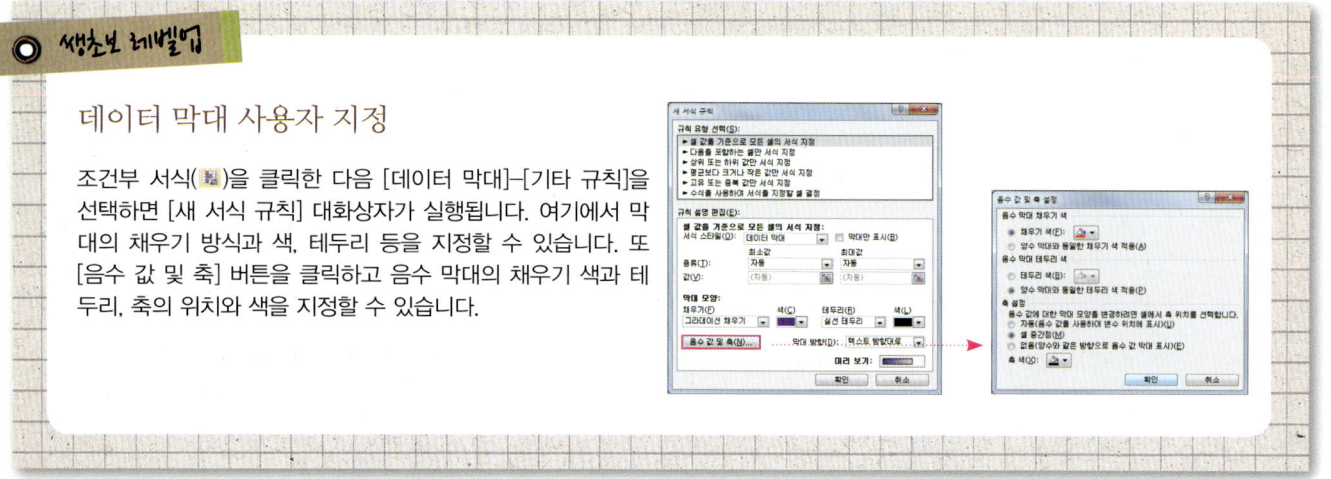

178

Section 14 머리글과 바닥글 만들기

워크시트를 인쇄할 때 모든 페이지의 상단에 표시할 내용을 머리글로 작성합니다. 또한 모든 페이지의 하단에 표시할 내용을 바닥글로 작성합니다. 여기서는 엑셀 2007 버전부터 지원하기 시작한 페이지 레이아웃 보기에서 머리글과 바닥글을 작성합니다. 페이지 레이아웃 보기는 워크시트를 인쇄 모양 그대로 표시합니다.

키워드 페이지 레이아웃 보기, 머리글, 바닥글, 머리글/바닥글 요소
예제 파일 Part2\예제파일\2-14.xlsx

01 [보기] 탭-[통합 문서 보기] 그룹-페이지 레이아웃(□)을 클릭하여 페이지 레이아웃 보기로 전환합니다. 모든 페이지의 오른쪽 상단에 머리글을 작성하기 위해 다음과 같이 머리글의 오른쪽 구역을 클릭합니다.

> **POINT** [보기] 탭-[통합 문서 보기] 그룹-기본(□)을 클릭하면 페이지 레이아웃 보기에서 기본 보기로 전환됩니다.

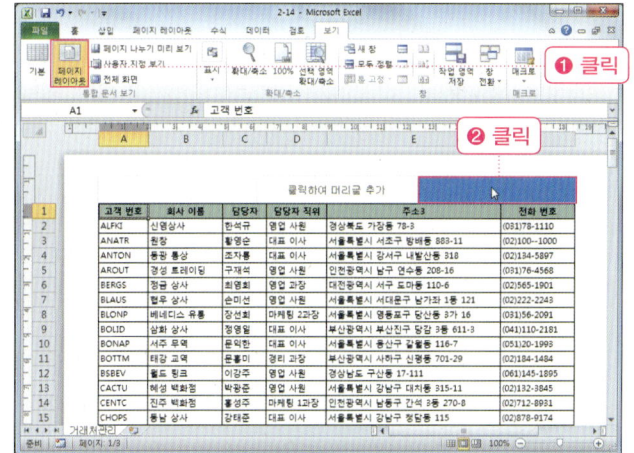

02 오른쪽 구역에 'World Best Brand "Miss.Lee"'를 입력한 다음 마우스로 텍스트를 드래그하여 블록을 지정하고 [홈] 탭-[글꼴] 그룹에서 원하는 글꼴 서식을 지정합니다.

> **POINT** 머리글과 바닥글은 모두 왼쪽, 가운데, 오른쪽 구역으로 구분됩니다.

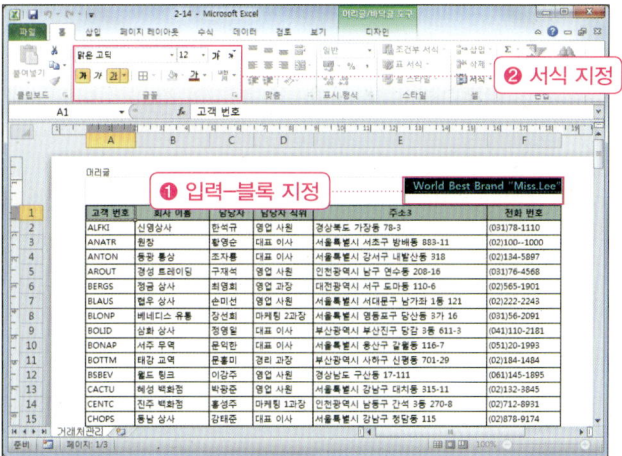

03 [머리글/바닥글 도구]의 [디자인] 탭-[탐색] 그룹-바닥글로 이동( )을 클릭해서 현재 페이지의 바닥글로 이동합니다. 그런 다음 바닥글의 가운데 구역을 클릭하고 [디자인] 탭-[머리글/바닥글 요소] 그룹-페이지 번호( )를 클릭합니다. '&[페이지 번호]'가 입력되면 ' / '를 입력하고 페이지 수( )를 클릭하여 '&[페이지 번호] / &[전체 페이지 수]'와 같이 완성합니다.

> **POINT** 페이지 번호( )는 현재 커서 위치에 '&[페이지 번호]'를 입력하고, 페이지 수( )는 '&[전체 페이지 수]'를 입력합니다. 이것을 인쇄 코드라고 부릅니다.

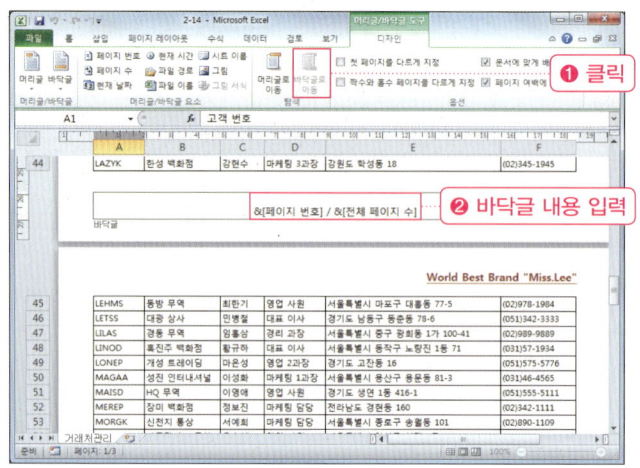

04 임의의 셀을 클릭하여 바닥글 편집을 종료하면 다음과 같이 머리글과 바닥글이 실제 인쇄되는 모양을 확인할 수 있습니다. 머리글은 모든 페이지의 상단에, 바닥글은 모든 페이지의 하단에 표시됩니다.

> **POINT** [파일] 탭을 클릭하고 [인쇄]를 선택하여 인쇄 미리 보기 페이지에서 각 페이지의 머리글과 바닥글을 확인해 봅니다.

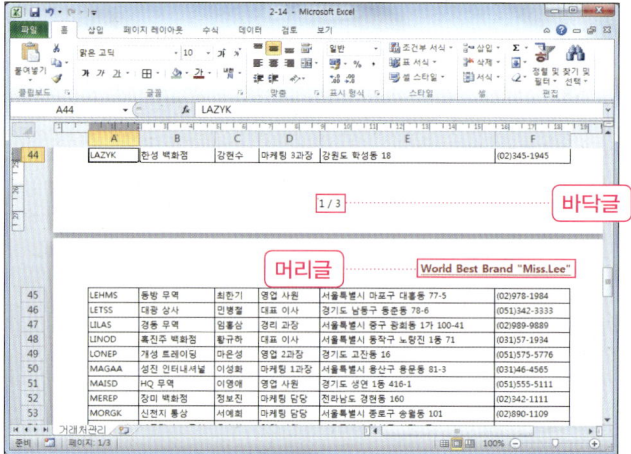

🌱 생초보 레벨업

머리글/바닥글 요소

페이지 레이아웃 보기에서 머리글이나 바닥글을 입력할 때 자동으로 [머리글/바닥글 도구]의 [디자인] 탭이 표시됩니다. 머리글/바닥글 입력 상태가 아닐 때는 [디자인] 탭이 나타나지 않습니다. [디자인] 탭-[머리글/바닥글 요소] 그룹에서 머리글이나 바닥글에 페이지 번호, 현재 날짜와 같이 자동으로 업데이트 되는 내용을 인쇄 코드로 입력할 수 있습니다. 머리글이나 바닥글 입력 상태에서는 이러한 요소가 '&[페이지 번호]'와 같이 코드 형식으로 나타나지만 실제 인쇄할 때는 해당 내용으로 자동 변환됩니다.

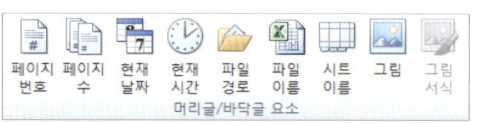

Section 15 제목 행과 제목 열 지정하기

워크시트에 인쇄할 내용이 두 페이지 이상일 때 원하는 행이나 열을 제목 행과 제목 열로 지정하면 모든 페이지에서 선택한 행과 열이 반복 인쇄됩니다. 예를 들어 거래처 목록을 인쇄할 때 필드 이름이 모든 페이지에 인쇄되도록 제목 행을 설정할 수 있습니다.

키워드 인쇄 제목, 반복할 행, 반복할 열
예제 파일 Part2\예제파일\2-15.xlsx

01 [1]행의 필드 이름을 모든 페이지에서 반복 인쇄하려고 합니다. [페이지 레이아웃] 탭-[페이지 설정] 그룹-인쇄 제목( )을 클릭합니다.

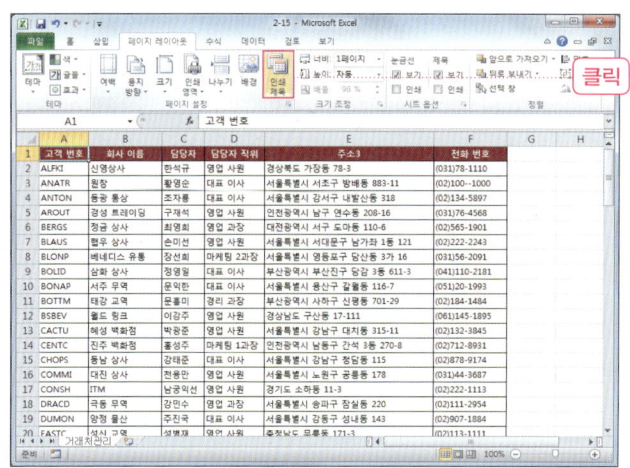

02 [페이지 설정] 대화상자의 [시트] 탭이 실행되면 [반복할 행]을 클릭합니다. 그런 다음 워크시트에서 [1]행을 클릭하여 '$1:$1'이 입력되면 [인쇄 미리 보기] 버튼을 클릭합니다.

> **POINT** [반복할 행]과 [반복할 열]을 모두 지정할 수도 있습니다. [반복할 열]을 지정하면 '$A:$B' 형태로 입력됩니다.

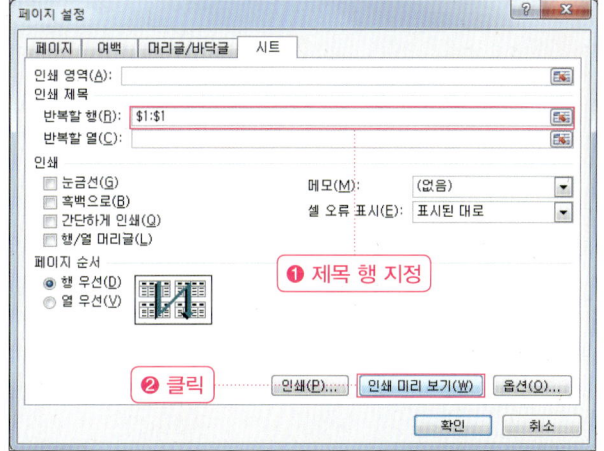

03 [파일] 탭의 [인쇄]가 실행되어 인쇄 미리 보기 페이지가 나타납니다. 첫 번째 페이지의 인쇄 모양을 확인하고 다음 페이지(▶) 버튼을 클릭합니다.

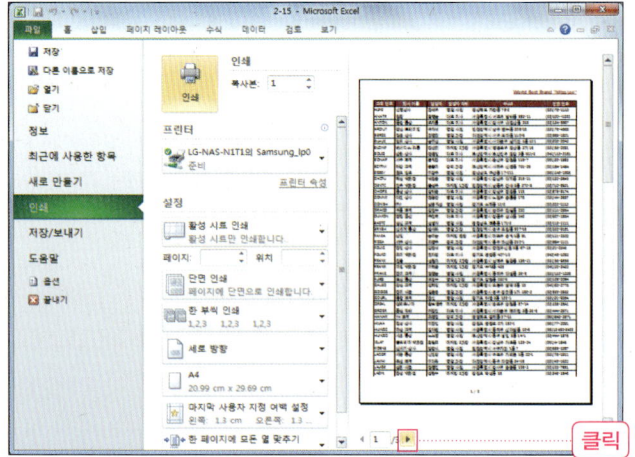

04 두 번째 페이지의 상단에서 [1]행의 필드 이름이 반복 인쇄된 것을 확인합니다. 계속해서 다음 페이지(▶) 버튼을 클릭하여 모든 페이지에서 [1]행의 필드 이름이 반복 인쇄되는 것을 확인할 수 있습니다.

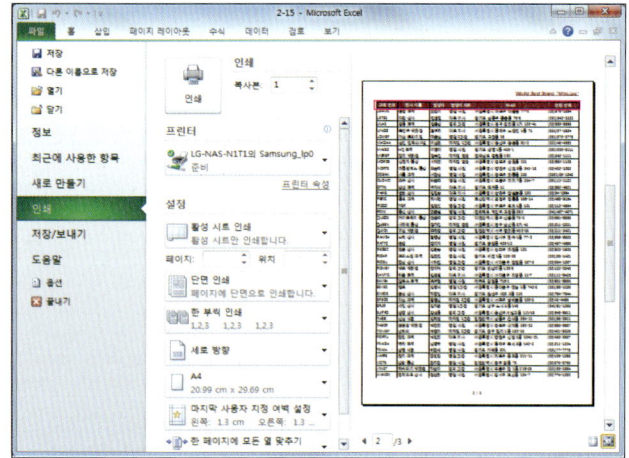

생초보 레벨업

통합 문서 보기 바로 가기

상태 표시줄에 있는 [보기 바로 가기] 버튼을 사용하면 통합 문서의 보기를 빠르게 전환할 수 있습니다. 이 버튼들은 [보기] 탭-[통합 문서 보기] 그룹에 있는 명령 도구를 대신합니다.

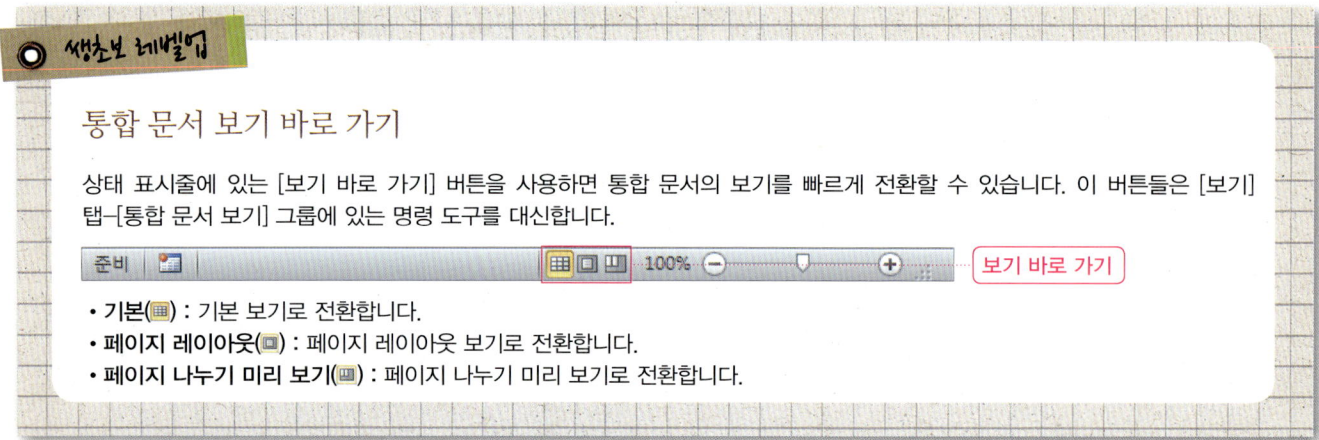

- **기본(圖)** : 기본 보기로 전환합니다.
- **페이지 레이아웃(圖)** : 페이지 레이아웃 보기로 전환합니다.
- **페이지 나누기 미리 보기(圖)** : 페이지 나누기 미리 보기로 전환합니다.

Section 16
페이지 나누기 미리 보기

일반적으로 기본 보기 상태에서 워크시트에 데이터를 입력하고 서식을 지정하는 등 대부분의 작업을 수행합니다. 페이지 나누기 미리 보기는 인쇄 모양을 미리 확인하기 위한 보기로 페이지 나누기와 인쇄 영역 등이 워크시트에 표시됩니다.

키워드 페이지 나누기 미리 보기, 페이지 나누기, 인쇄 영역
예제 파일 Part2\예제파일\2-16.xlsx

01 [보기] 탭-[통합 문서 보기] 그룹-페이지 나누기 미리 보기(🗔)를 클릭한 다음 [페이지 나누기 미리 보기] 대화상자가 표시되면 [확인] 버튼을 클릭합니다.

> **POINT** [페이지 나누기 미리 보기] 대화상자에서 '이 대화 상자를 다시 표시 안 함'을 체크하고 [확인] 버튼을 클릭하면 다음부터는 이 대화상자가 다시 표시되지 않습니다.

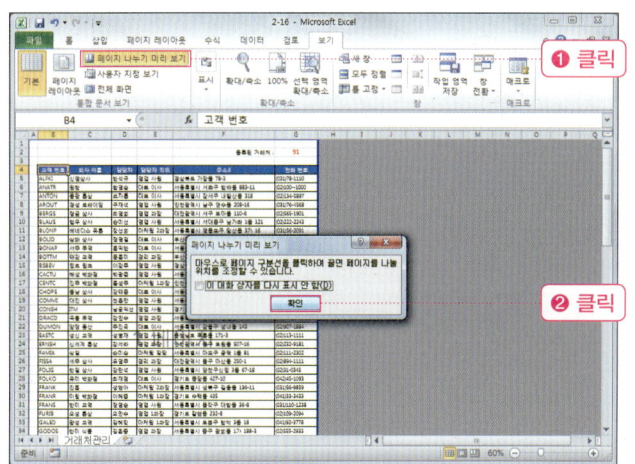

02 페이지 나누기 미리 보기에서는 인쇄되지 않는 영역이 회색으로 표시되고, 인쇄되는 영역은 파란색의 굵은 실선으로 테두리가 표시됩니다. 왼쪽 테두리를 오른쪽으로 드래그하여 [B]열부터 인쇄되도록 조정한 다음, 위쪽 테두리를 아래쪽으로 드래그하여 [4]행부터 인쇄되도록 인쇄 영역을 조정합니다.

> **POINT** 인쇄 영역의 테두리에서 마우스 포인터는 양방향 화살표 모양으로 표시됩니다.

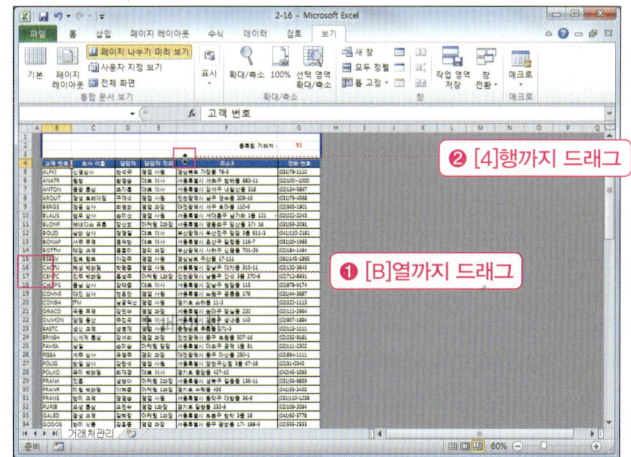

03 파란색의 점선은 자동으로 페이지가 나눠지는 위치를 의미합니다. 사용자가 원하는 위치에서 강제로 페이지를 나누고 싶다면 이 파란색 점선을 원하는 위치까지 드래그합니다.

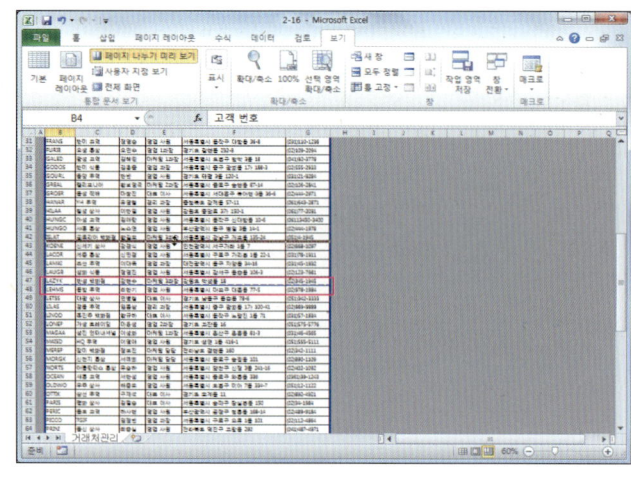

> **POINT** 자동 페이지 나누기는 용지의 크기와 여백 등에 의해 자동 설정됩니다.

04 자동 페이지 나누기를 드래그하여 이동하면 파란색 실선으로 바뀌는데 이것은 사용자가 강제로 페이지를 나눈 위치라는 것을 의미합니다. 이러한 사용자 지정 페이지 나누기를 기준으로 이후의 자동 페이지 나누기가 다시 설정됩니다.

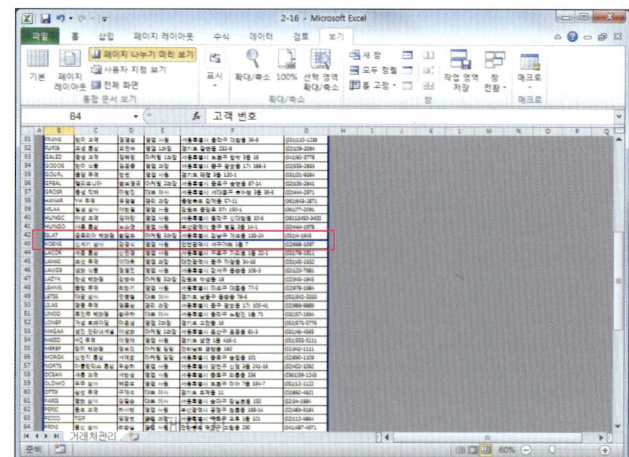

왕초보 레벨업

페이지 나누기 삽입과 제거

[페이지 레이아웃] 탭-[페이지 설정] 그룹-나누기(H)를 사용하여 사용자 지정 페이지 나누기를 삽입하거나 제거합니다. 사용자 지정 페이지 나누기는 페이지 나누기 미리 보기에서 파란색 굵은 실선으로 표시됩니다.

- **페이지 나누기 삽입** : 셀 포인터를 원하는 곳으로 이동한 다음 나누기(H)를 클릭하고 [페이지 나누기 삽입]을 선택합니다. 현재 셀 포인터를 기준으로 위쪽과 왼쪽에 사용자 지정 페이지 나누기가 삽입됩니다. 셀 포인터가 [1]행에 있으면 왼쪽에만, [A]열에 있으면 위쪽에만 페이지 나누기가 삽입됩니다.
- **페이지 나누기 제거** : 사용자 지정 페이지 나누기의 오른쪽이나 아래쪽 셀로 셀 포인터를 이동한 다음 나누기(H)를 클릭하고 [페이지 나누기 제거]를 선택합니다.
- **페이지 나누기 모두 제거하기** : 나누기(H)를 클릭하고 [페이지 나누기 모두 원래대로]를 선택하면 사용자 지정 페이지 나누기가 모두 제거되고, 용지 크기와 여백 등에 의해 자동 페이지 나누기가 다시 설정됩니다.

Section 17
시트 배경 인쇄하기

[페이지 레이아웃] 탭-[페이지 설정] 그룹-배경( )을 사용하여 워크시트 배경에 그림을 표시할 수 있는데, 이렇게 설정한 배경은 실제 워크시트를 인쇄할 때 함께 인쇄할 수 없습니다. 여기서는 머리글이나 바닥글에 그림 파일을 삽입하여 워크시트 배경으로 함께 인쇄하는 방법에 대해 살펴봅니다.

키워드 시트 배경 인쇄, 머리글/바닥글, 그림 삽입, 그림 서식
예제 파일 Part2\예제파일\2-17.xlsx

---

01 [보기] 탭-[통합 문서 보기] 그룹-페이지 레이아웃( )을 클릭하여 페이지 레이아웃 보기로 이동합니다. 그런 다음 머리글의 가운데 구역을 클릭합니다.

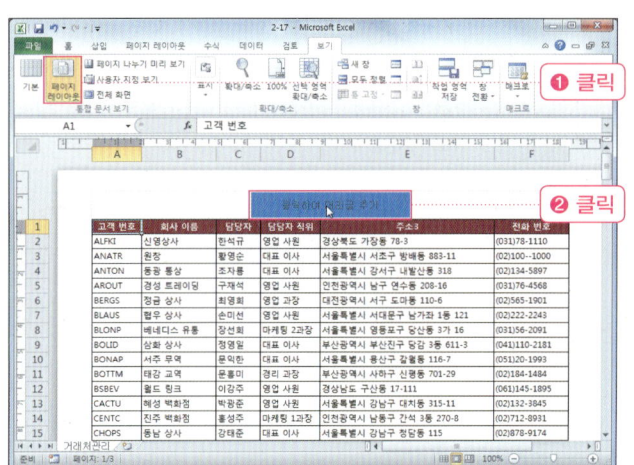

02 머리글의 가운데 구역에 커서가 표시되면 [머리글/바닥글 도구]의 [디자인] 탭-[머리글/바닥글 요소] 그룹-그림( )을 클릭합니다.

> **POINT** 머리글이나 바닥글의 왼쪽, 가운데, 오른쪽 구역 중에서 그림 표시의 기준이 될 구역에 그림을 삽입합니다. 예를 들어 머리글의 오른쪽 구역에 그림을 삽입하면 문서의 오른쪽 상단부터 시작해서 그림이 표시됩니다.

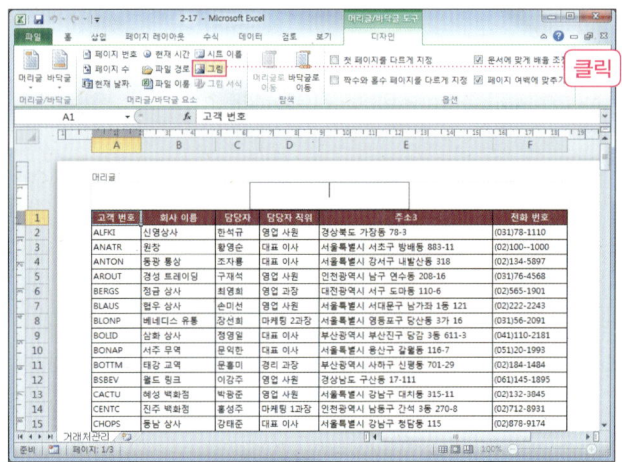

03 [그림 삽입] 대화상자가 실행되면 배경으로 사용할 그림 파일을 선택하고 [삽입] 버튼을 클릭합니다.

> POINT 여기서는 'Part2 \ 예제파일' 폴더에 있는 'computer. jpg' 그림 파일을 배경으로 사용합니다.

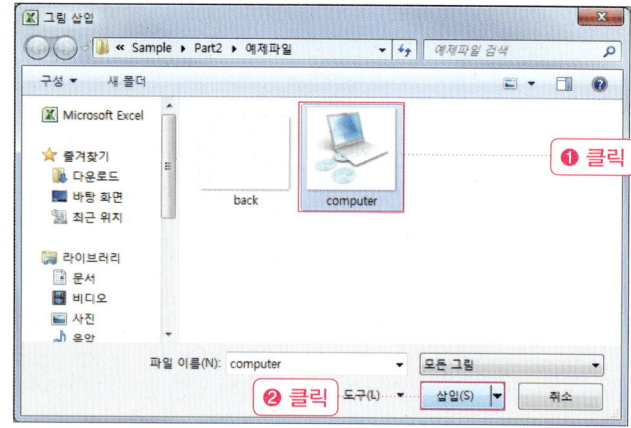

04 머리글의 가운데 구역에 '&[그림]'으로 인쇄 코드가 삽입되면 워크시트에서 임의의 셀을 클릭합니다. 이렇게 하면 머리글로 삽입한 그림을 워크시트에서 확인할 수 있습니다.

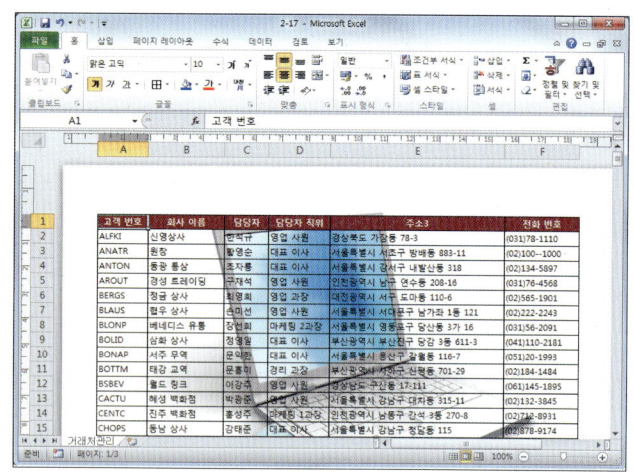

05 다시 머리글의 가운데 구역을 클릭한 다음 '&[그림]' 인쇄 코드가 블록으로 지정된 상태에서 [디자인] 탭-[머리글/바닥글 요소] 그룹-그림 서식(🖼)을 클릭합니다.

> POINT 그림 서식(🖼)은 '&[그림]' 인쇄 코드가 삽입되어 있을 때만 사용할 수 있습니다.

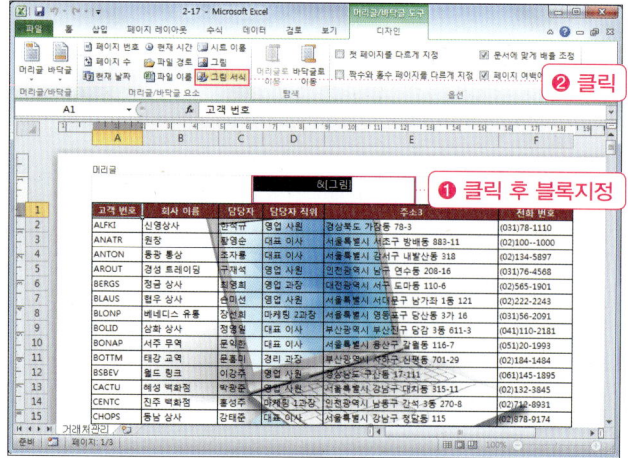

06 [그림 서식] 대화상자가 실행되면 [크기] 탭에서 배율의 [높이]를 '80%'로 지정하고 [확인] 버튼을 클릭합니다. '가로 세로 비율 고정'이 체크되어 있으면 [높이]나 [너비] 중 하나의 배율만 변경해도 똑같이 배율이 변경됩니다.

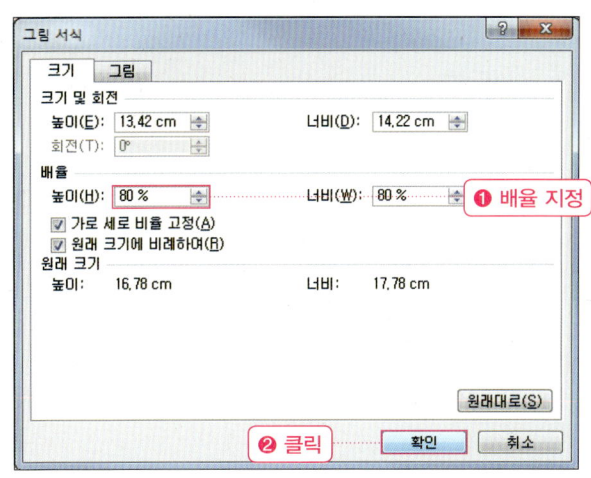

07 머리글의 가운데 구역에서 인쇄 코드 '&[그림]'의 앞에 커서가 있을 때 Enter 키를 여러 번 눌러 인쇄 코드를 아래로 이동시킵니다. 인쇄 코드 앞에 추가된 빈 줄 만큼 삽입한 그림도 위쪽에서 떨어져 표시됩니다.

> POINT 그림을 페이지 중앙에 표시하기 위한 과정입니다.

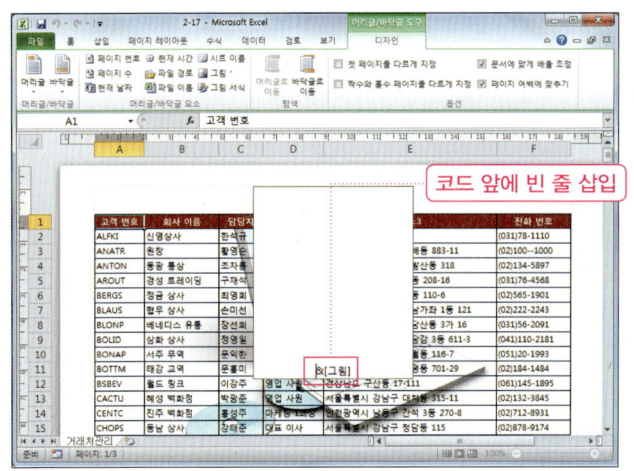

08 워크시트에서 임의의 셀을 클릭하여 머리글 편집을 종료한 다음 배경으로 삽입한 그림의 크기와 위치를 확인합니다. 다음과 같이 페이지 중앙에 그림이 표시되는 것을 알 수 있습니다.

> POINT [파일] 탭에서 [인쇄]를 선택한 다음 인쇄 미리 보기 페이지에서 삽입한 그림이 바르게 인쇄되는지 확인합니다.

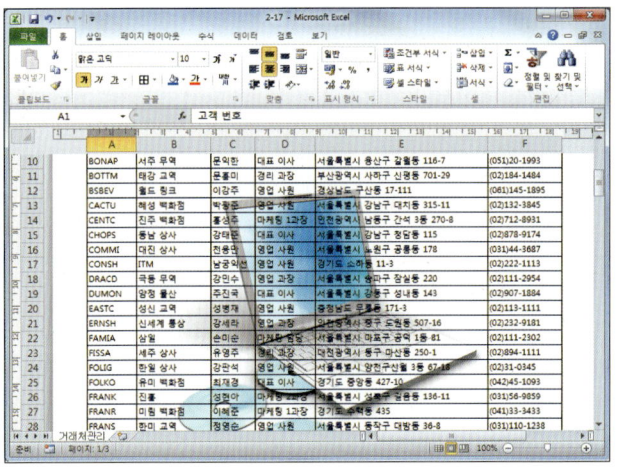

Section 18

이름 정의하기

수식을 작성할 때 셀 주소 대신 이름을 사용하면 수식을 이해하기가 훨씬 쉬워집니다. 예를 들어 성적표에서 영어 점수가 입력된 셀 범위에 '영어'라는 이름을 정의해 두면 영어 과목의 평균을 계산할 때 =AVERAGE(영어)로 수식을 작성할 수 있습니다. 이러한 수식은 =AVERAGE($K$5:$K$20)과 같은 수식보다 그 의미를 파악하기가 훨씬 쉽다는 장점이 있습니다.

키워드 이름 상자, 선택 영역에서 이름 만들기
예제 파일 Part2\예제파일\2-18.xlsx

01 [H2]셀에서 이름 상자를 클릭한 다음 '기준'을 입력하고 Enter 키를 누릅니다. 이렇게 하면 [H2]셀의 이름이 '기준'으로 정의됩니다.

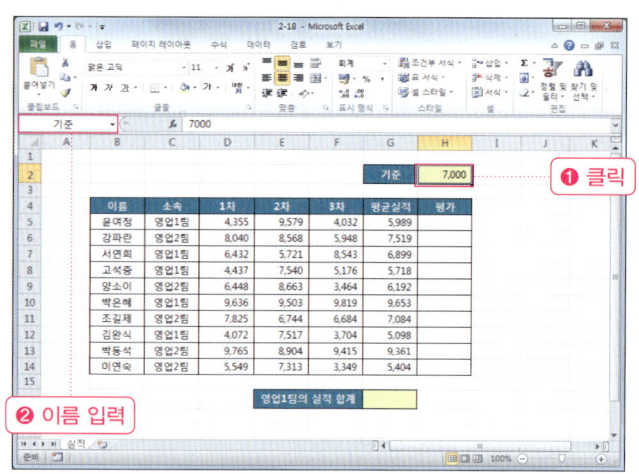

02 [H5]셀에 =IF(G5>=기준,"우수","")를 입력한 다음 [H5]셀의 채우기 핸들을 [H14] 셀까지 드래그해서 수식을 복사합니다. 그러면 평균 실적이 [기준]셀보다 크거나 같을 때만 '우수'를 표시합니다.

> **POINT** 이름은 절대 참조로 정의되기 때문에 수식에서 사용한 '기준'은 '$H$2'와 같은 의미입니다.

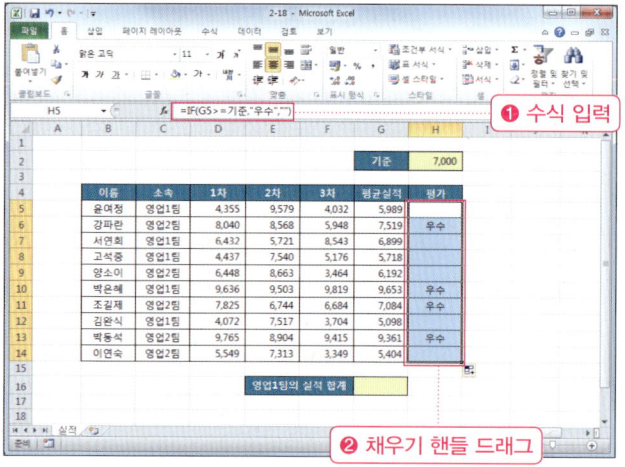

03 데이터 목록에서 첫 행이나 왼쪽 열의 텍스트를 각 범위의 이름으로 한꺼번에 정의하는 방법을 알아보겠습니다. [B4:H14]를 블록으로 지정하고 [수식] 탭-[정의된 이름] 그룹-선택 영역에서 만들기(선택 영역에서 만들기)를 클릭합니다.

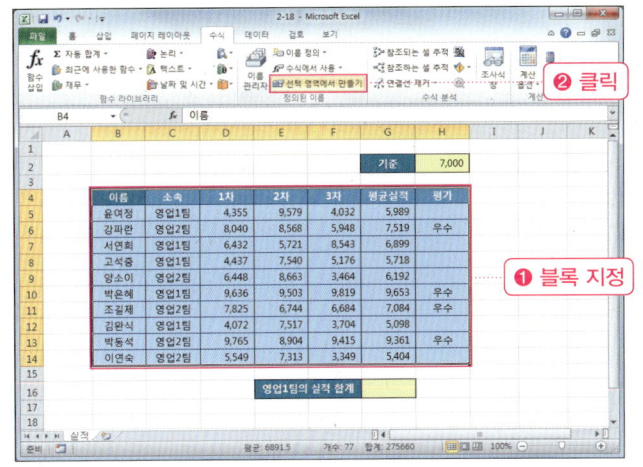

04 [선택 영역에서 이름 만들기] 대화상자에서 '첫 행'만 체크하고 [확인] 버튼을 클릭합니다. 이렇게 하면 [B5:B14] 범위의 이름은 '이름', [C5:C14] 범위의 이름은 '소속' 등으로 한꺼번에 이름이 정의됩니다.

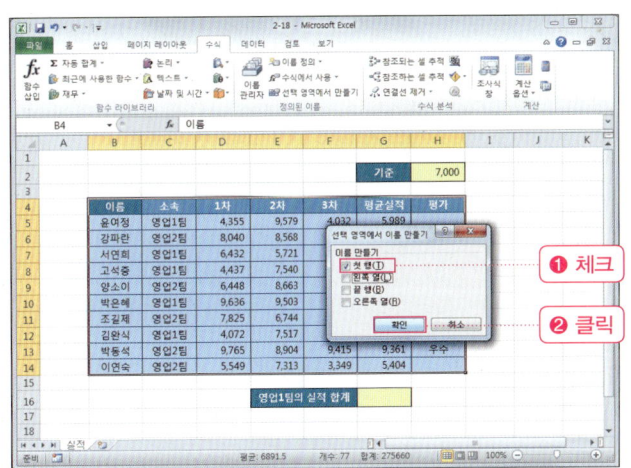

왕초보 레벨업

이름을 만드는 규칙

- 이름의 첫 글자는 문자나 밑줄(_)로 시작해야 합니다. 두 번째 글자부터는 문자, 밑줄(_), 숫자 등이 올 수 있습니다.
- 이름에 공백을 포함시킬 수 없습니다.
- 대소문자를 구분하지 않습니다.
- 이름이 참조하는 셀, 셀 범위는 기본적으로 절대 참조를 사용합니다.
- 이름의 최대 길이는 255글자입니다.

05 [이름 상자]의 드롭다운 버튼을 클릭해 보면 현재까지 정의된 이름 목록을 확인할 수 있습니다.

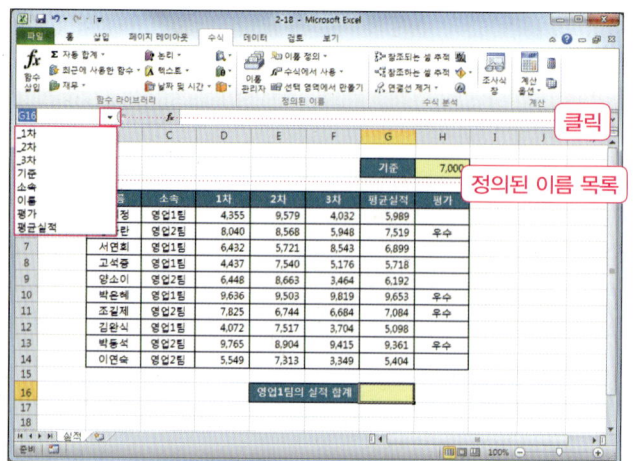

06 정의한 이름 목록 중 '평균실적'을 선택해 보면 '평균실적'으로 정의된 범위를 확인할 수 있습니다.

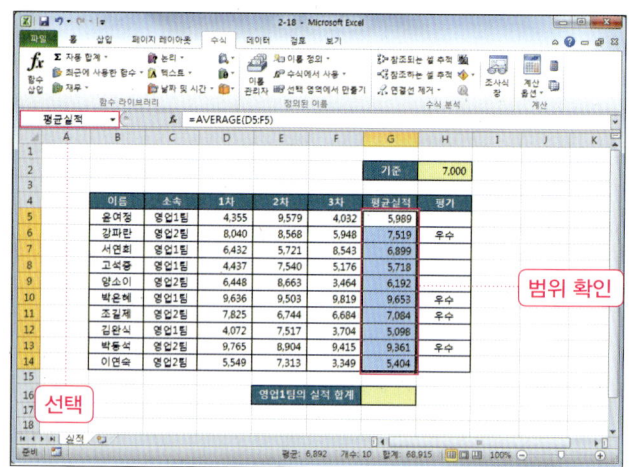

07 [G16]셀에 =SUMIF(소속,"영업1팀",평균실적)을 입력합니다. 이 수식은 '소속'이 '영업1팀'인 셀을 찾아 대응하는 '평균실적'의 합계를 계산합니다. 이름을 정의하지 않았다면 =SUMIF($C$5:$C$14,"영업1팀",$G$5:$G$14와 같이 셀 주소를 모두 입력해야 합니다.

> **POINT** 'SUMIF(범위1, 조건, 범위2)' 함수는 범위1에서 주어진 조건을 만족하는 셀을 찾아 범위2에서 같은 위치에 있는 셀의 합계를 계산합니다.

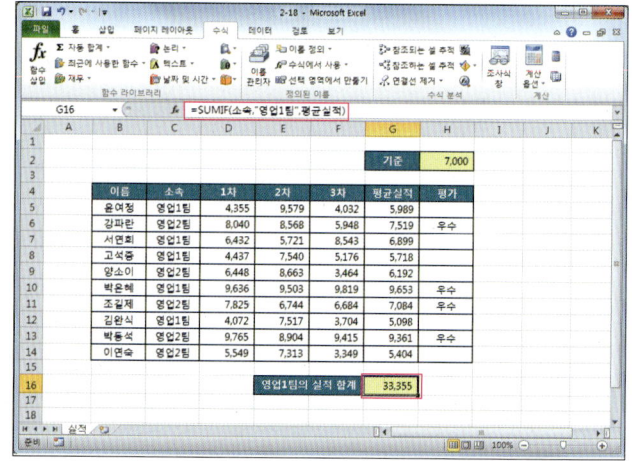

Section 19
차트 제목과 셀 연결하기

차트 제목에 워크시트의 셀을 연결하여 셀에 입력한 내용을 차트 제목에 그대로 표시하는 방법입니다. 셀을 차트 제목에 연결하면 셀의 내용이 변경되었을 때 자동으로 차트 제목도 변경됩니다.

키워드 차트 제목, 연결 수식
예제 파일 Part2\예제파일\2-19.xlsx

01 제품명과 거래금액을 원본 데이터로 사용하여 작성한 3차원 원형 차트입니다. 이 차트에서 차트 제목을 클릭하여 선택합니다.

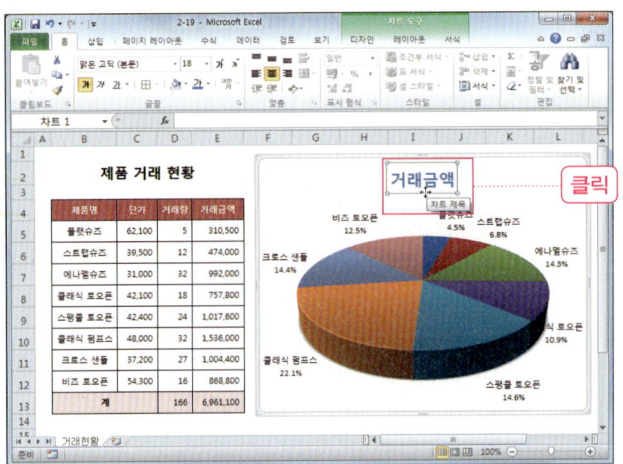

02 수식 입력줄을 클릭하고 등호(=)를 입력한 다음 [B2]셀을 클릭해서 =거래현황!$B$2로 수식이 만들어지면 Enter 키를 누릅니다. 그러면 차트 제목이 [B2]셀과 연결됩니다.

> **POINT** [B2]셀에서 제목을 수정하게 되면 차트의 제목도 자동으로 변경됩니다.

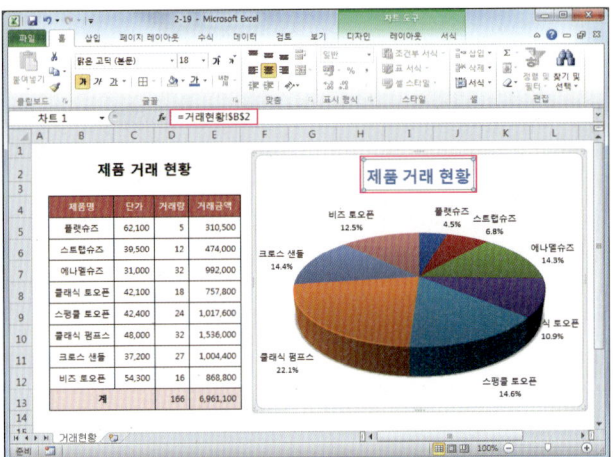

Section 20

보조 축을 사용한 차트 만들기

차트에 표현할 데이터 계열의 단위가 서로 다르거나 값의 차이가 매우 크면 차트에 모든 데이터 계열이 제대로 표시되지 않을 수가 있습니다. 이런 경우에는 특정 데이터 계열을 보조 축(이중 축)을 사용하여 표현합니다.

키워드 차트 종류 변경, 보조 축
예제 파일 Part2\예제파일\2-20.xlsx

01 제품명에 따라 거래량과 거래금액을 표현한 세로 막대형 차트에서 거래량과 거래금액의 값 차이가 매우 커, 거래량이 표시되지 않고 있습니다. 거래금액을 표시한 세로 막대를 클릭한 다음 [디자인] 탭-[종류] 그룹-차트 종류 변경( )을 클릭합니다.

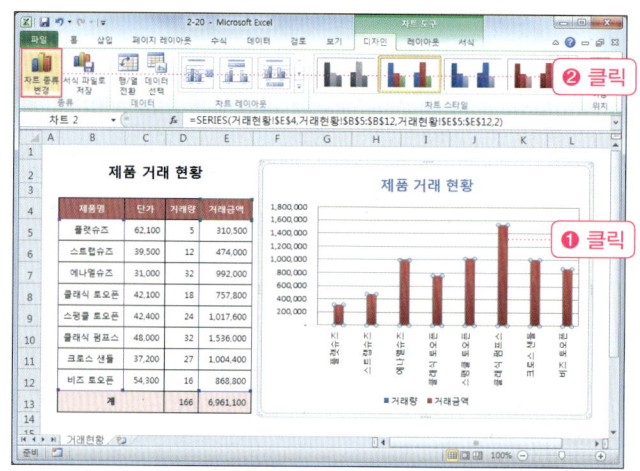

02 [차트 종류 변경] 대화상자에서 차트 종류를 [꺾은선형]으로 선택합니다. 차트 하위 항목에서 '표식이 있는 꺾은선형' 차트를 선택하고 [확인] 버튼을 클릭합니다.

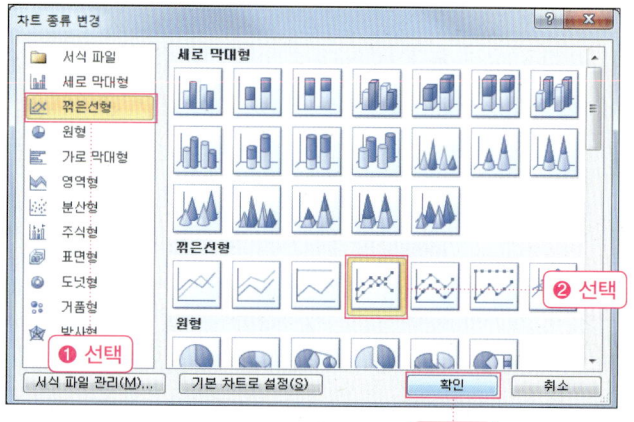

03 거래금액의 차트 종류가 표식이 있는 꺾은선형 차트로 변경되면 꺾은선형 차트를 더블클릭합니다.

> **POINT** 엑셀 2010 버전부터 차트 요소를 더블클릭해서 해당 요소에 대한 서식 대화상자를 바로 열 수 있게 되었습니다.

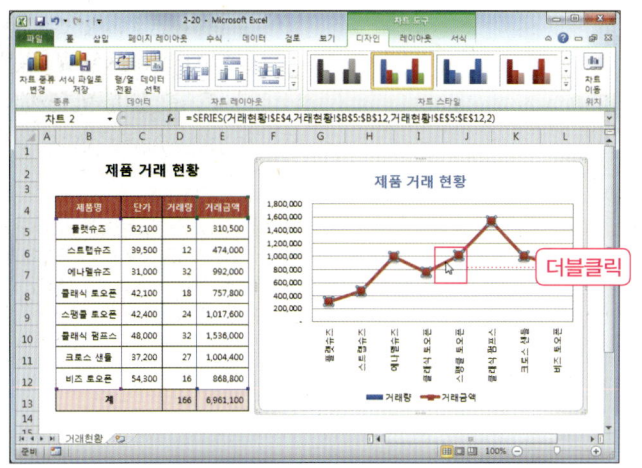

04 [데이터 계열 서식] 대화상자가 열리면 [계열 옵션]에서 '보조 축'을 선택하고 [닫기] 버튼을 클릭합니다.

> **POINT** 거래금액은 보조 축을 사용하고, 거래량은 기본 축을 사용하겠다는 의미입니다.

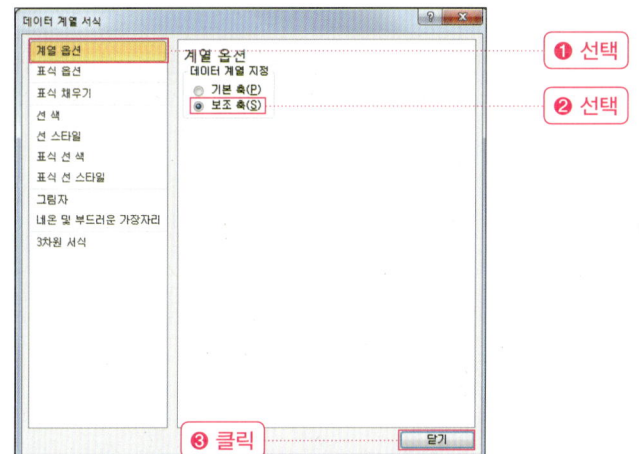

05 거래금액이 보조 축을 사용하게 되므로 기본 축은 거래량의 값을 표시하게 되어 다음과 같이 거래량과 거래금액이 모두 차트에 표시됩니다.

> **POINT** 차트 요소를 선택한 다음 [차트 도구]의 [서식] 탭에 있는 도구를 이용하거나, 차트 요소를 더블클릭해서 서식 대화상자를 연 다음 서식을 지정합니다.

Section 21

원형 대 원형 차트 만들기

원형 대 원형 차트는 원형 차트에서 일부 데이터 계열을 또 다른 원형 차트에 모아서 표현합니다. 두 번째 원형 차트에 포함시킬 값을 사용자가 지정할 수 있습니다. 여기서는 원형 대 원형 차트로 설명하지만 원형 대 가로 막대형 차트도 같은 방법을 사용합니다.

키워드 차트 종류, 원형 대 원형
예제 파일 Part2\예제파일\2-21.xlsx

01 지역별 매출량을 표현한 원형 차트가 작성되어 있습니다. 차트를 클릭한 다음 [디자인] 탭-[종류] 그룹-차트 종류 변경( )을 클릭합니다.

> **POINT** 차트 영역 위에서 마우스 오른쪽 버튼을 누른 다음 [차트 종류 변경] 메뉴를 선택해도 됩니다.

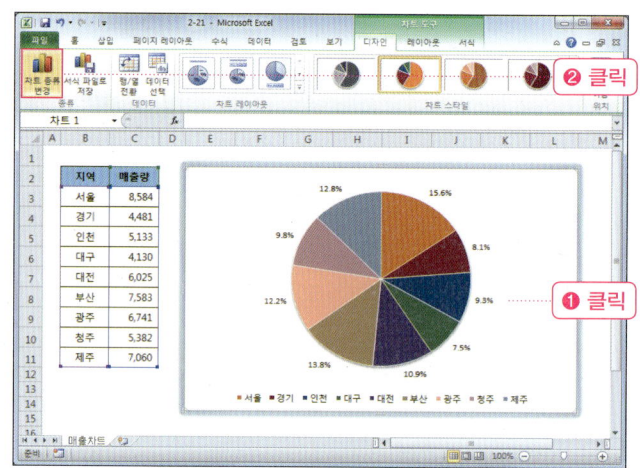

02 [차트 종류 변경] 대화상자가 열리면 차트종류에서 [원형]을 선택합니다. 하위 항목에서 '원형 대 원형' 차트를 선택하고 [확인] 버튼을 클릭합니다.

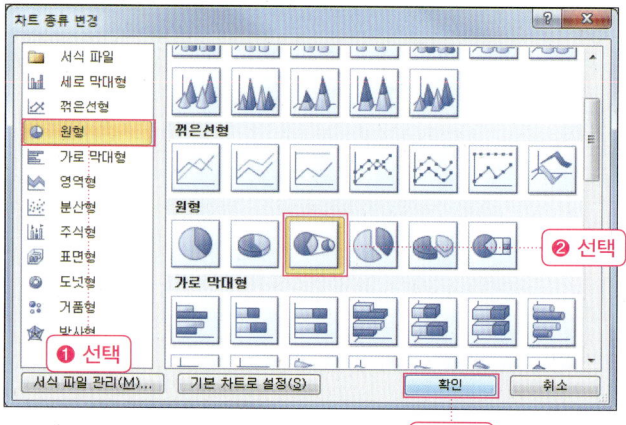

03 차트 종류가 다음과 같이 변경됩니다. 두 번째 원형 차트는 마지막 세 개의 값을 포함하고 있는데, 이 포함 개수를 조정하기 위해 데이터 계열을 더블클릭해서 [데이터 계열 서식] 대화상자를 엽니다.

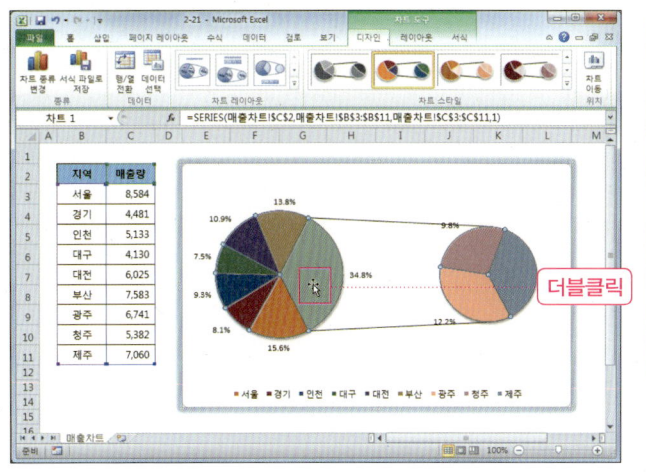

04 [데이터 계열 서식] 대화상자가 열리면 [계열 옵션]에서 [둘째 영역에 포함할 마지막 값]을 '6'으로 지정하고 [닫기] 버튼을 클릭해서 대화상자를 닫습니다.

> **POINT** [둘째 영역 크기]에서는 첫 번째 원형 차트에 대한 백분율로 두 번째 원형 차트의 크기를 지정할 수 있습니다. 값의 범위는 5부터 200까지이며, '120'으로 지정하면 첫 번째 원형 차트보다 20% 더 크게 두 번째 원형 차트를 만들 수 있습니다.

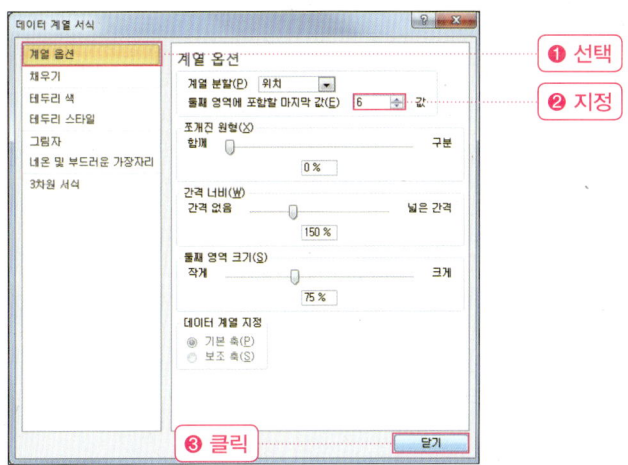

05 다음과 같이 두 번째 원형 차트에 모두 6개의 마지막 값이 포함된 형태로 차트가 변경됩니다.

> **POINT** 두 번째 원형 차트에는 최대 9개까지 마지막 값을 포함시킬 수 있습니다.

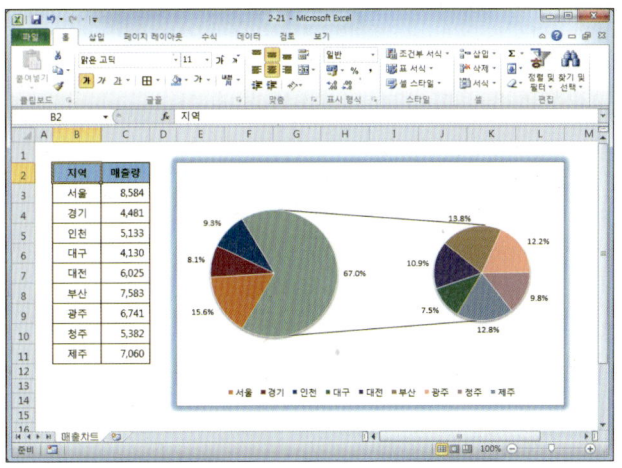

Section 22 스파크라인 만들기

스파크라인은 엑셀 2010에 새로 추가된 기능으로, 셀에 표시하는 작은 차트입니다. 이 기능을 이용하면 인접한 셀에 입력된 데이터를 간단한 차트로 셀에 표시하여, 데이터의 흐름을 시각화할 수 있습니다.

키워드 스파크라인, 스타일 지정
예제 파일 Part2\예제파일\2-22.xlsx

01 [I5:I15]를 블록으로 지정한 다음 [삽입] 탭-[스파크라인] 그룹-열( )을 클릭합니다.

> **POINT** 꺾은선형, 열, 승패 중에서 스파크라인의 종류를 선택합니다.

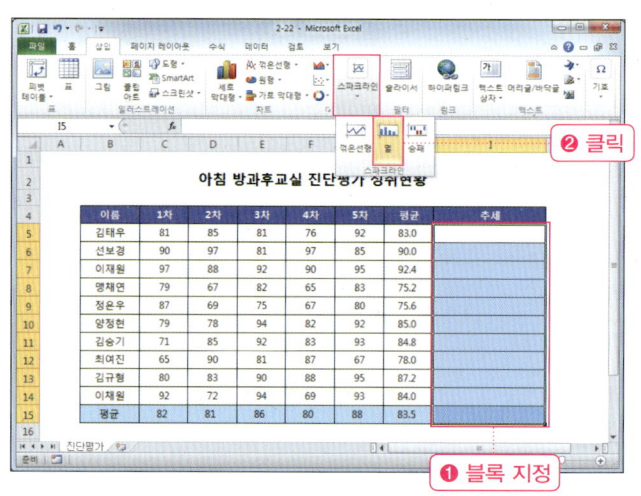

02 [스파크라인 만들기] 대화상자가 실행되면 [데이터 범위]를 [C5:H15]로 지정하고 [확인] 버튼을 클릭합니다. 위치 범위는 미리 블록으로 지정한 [I5:I15]가 자동 설정되므로 그대로 사용합니다.

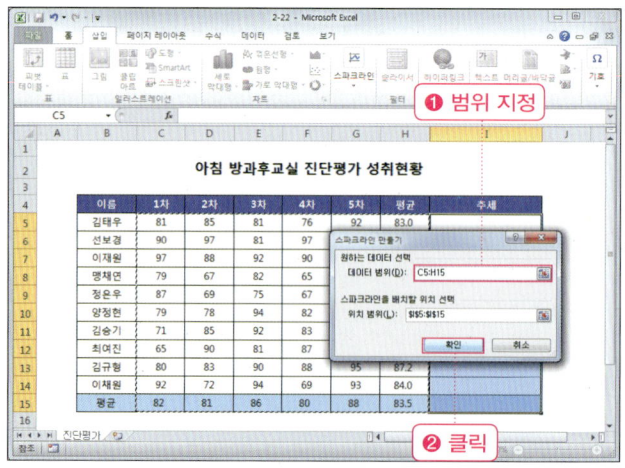

03 [I5:I15]에 다음과 같이 열 스파크라인이 만들어지면 [스파크라인 도구]의 [디자인] 탭-[스타일] 그룹에서 스파크라인에 적용할 스타일을 선택합니다.

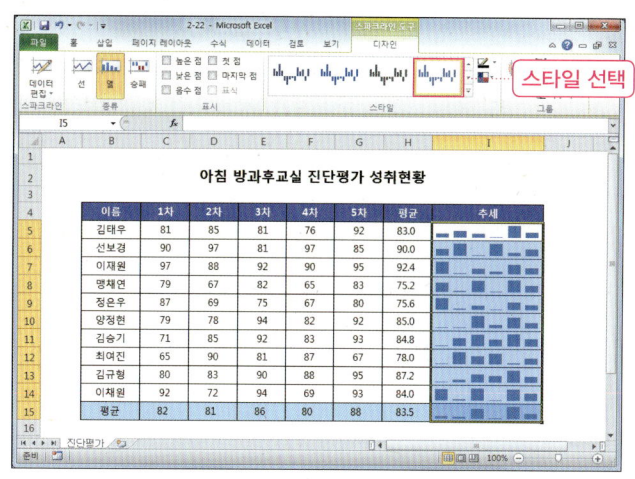

> **POINT** [스파크라인 도구]는 셀 포인터가 스파크라인에 있을 때만 자동으로 표시됩니다.

04 [디자인] 탭-[스타일] 그룹-표식 색(표식 색▼)을 클릭하고 [마지막 점]에서 마지막 점을 표시할 색을 선택합니다.

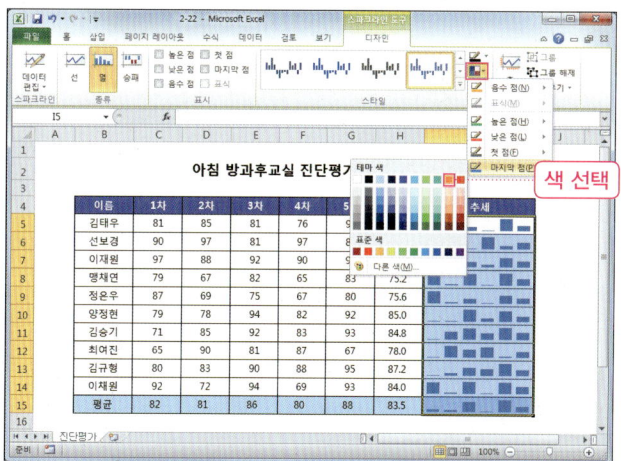

> **POINT** 스파크라인 색(스파크라인 색▼)을 클릭한 다음 스파크라인의 색을 지정할 수 있습니다.

05 다음과 같이 스파크라인의 가장 마지막 점이 선택한 색으로 표시되어 다른 점과 구별이 쉬워졌습니다.

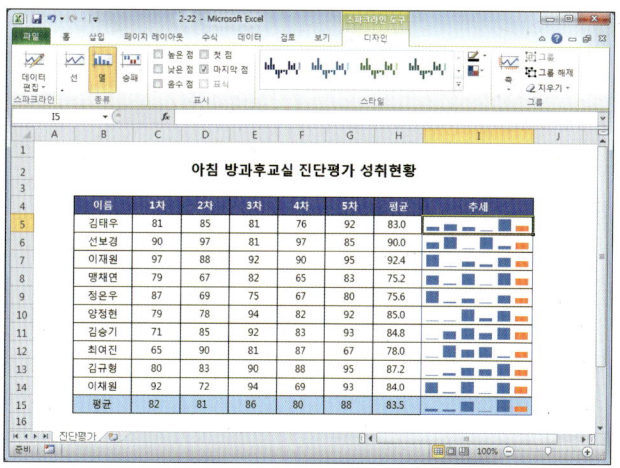

> **POINT** 스파크라인이 있는 셀을 클릭하고 [디자인] 탭-[종류] 그룹에서 스파크라인의 종류를 변경할 수 있습니다.

Section 23 도형 그리기

도형은 셀과 상관없이 워크시트 위에 떠 있는 개체라고 할 수 있습니다. 엑셀이 제공하는 여러 종류의 도형을 사용하면 도형을 그리고 서식을 지정하여 문서를 화려하게 꾸밀 수 있습니다.

키워드 도형, 도형 스타일, 도형 윤곽선, 도형 효과
예제 파일 Part2\예제파일\2-23.xlsx

01 [삽입] 탭-[일러스트레이션] 그룹-도형( )을 클릭하고 [별 및 현수막] 영역에서 '위쪽 리본'을 선택합니다.

> **POINT** 도형의 높이를 고려해서 미리 [1]행의 높이를 충분히 늘려준 상태입니다.

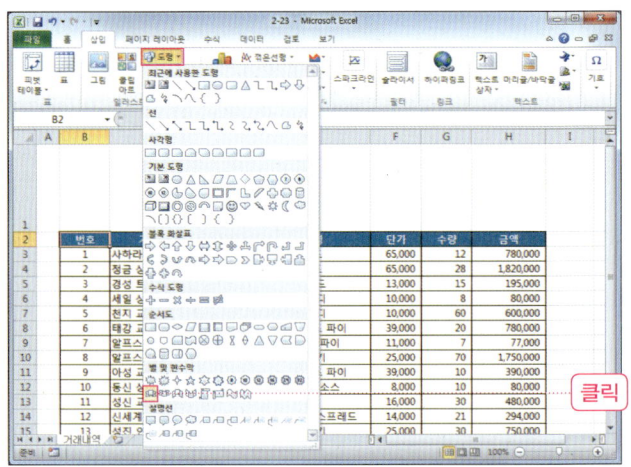

02 마우스 포인터가 더하기(+) 모양으로 변하면 도형의 시작 위치에서 마우스 왼쪽 버튼을 누른 채 드래그하여 원하는 크기로 도형을 그립니다.

> **POINT** 도형을 선택하고 워크시트에서 클릭하면 기본 크기의 도형이 그려집니다.

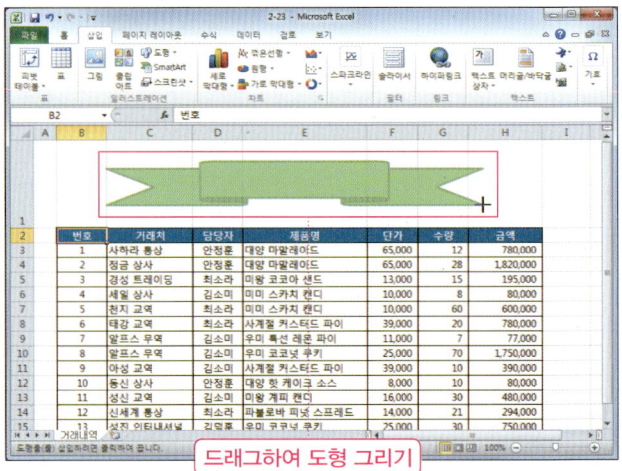

198

03 도형이 선택 상태일 때 여덟 개의 크기 조절 핸들과 모양 조절 핸들, 그리고 초록색의 회전 핸들이 나타납니다. 이 핸들들을 드래그하여 크기와 모양을 조절하고 도형을 회전시킬 수 있습니다.

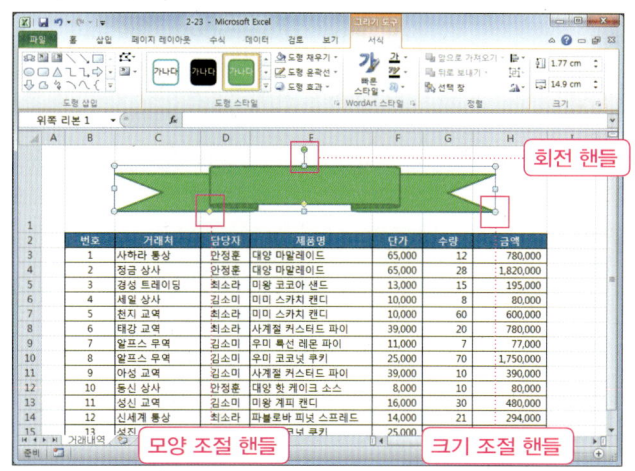

04 모양 조절 핸들을 드래그해서 다음과 같이 위쪽 리본의 모양을 조절합니다. 모양 조절 핸들은 도형마다 표시되는 위치와 개수가 다릅니다.

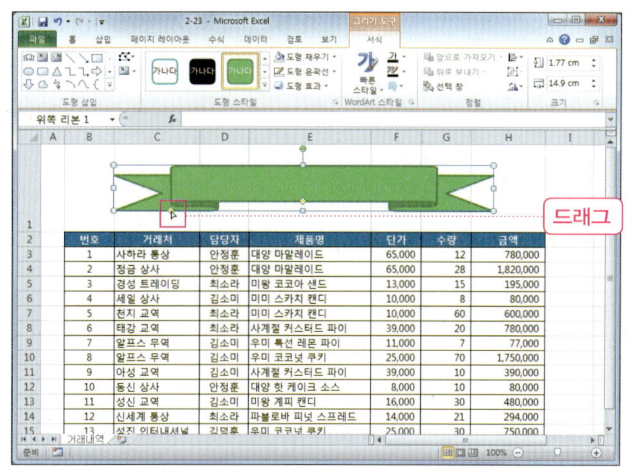

05 [그리기 도구]의 [서식] 탭-[도형 스타일] 그룹의 갤러리에서 원하는 도형 스타일을 클릭하면 미리 제공되는 서식으로 도형의 채우기와 윤곽선 등의 서식을 변경할 수 있습니다.

> **POINT** 도형 스타일에서 사용하는 색은 [페이지 레이아웃] 탭-[테마] 그룹에서 선택한 문서 테마와 테마 색의 영향을 받습니다.

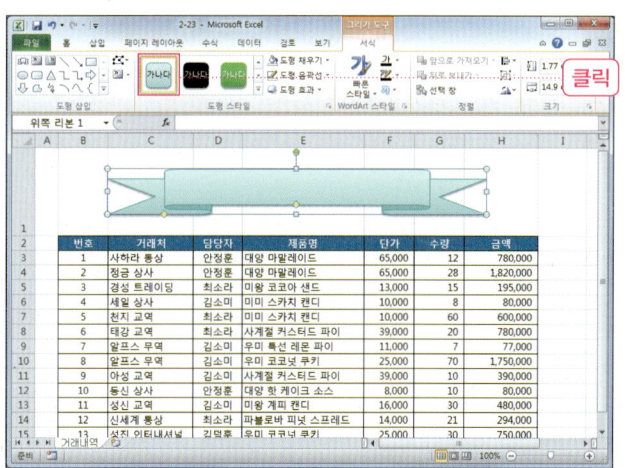

199

06 이번에는 [서식] 탭-[도형 스타일] 그룹-도형 윤곽선(도형 윤곽선▼)을 클릭하고 [대시]에서 [사각 점선]을 선택하여 윤곽선의 대시 스타일을 변경합니다.

> **POINT** 도형의 채우기 색을 변경하려면 도형 채우기(도형 채우기▼)를 클릭하고 원하는 색을 선택합니다.

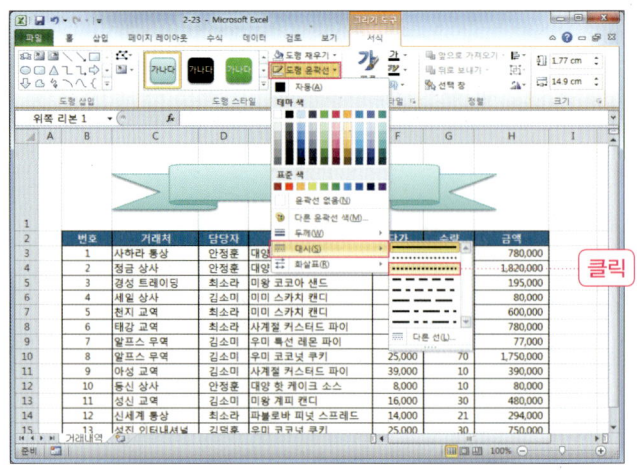

07 면이 있는 도형에는 텍스트를 입력할 수 있습니다. 도형이 선택되어 있는 상태에서 다음과 같이 '맛있는 식품 거래 현황'으로 텍스트를 입력합니다.

> **POINT** 텍스트를 입력할 때 도형 테두리가 점선으로 표시되는데 이런 상태를 편집 상태라고 합니다.

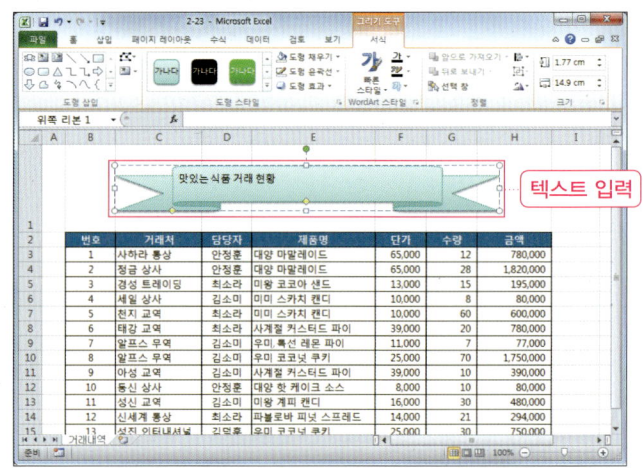

08 텍스트 입력이 끝나면 Esc 키를 눌러 편집 상태를 종료합니다. 그런 다음 [홈] 탭-[글꼴] 그룹에 있는 도구를 이용하여 글꼴 서식을 지정하고, [맞춤] 그룹에 있는 도구를 이용하여 텍스트의 가로 및 세로 맞춤을 지정합니다.

> **POINT** 편집 상태에서 Esc 키를 누르면 편집 상태가 종료되고 선택 상태로 바뀌면서 테두리가 실선으로 바뀝니다.

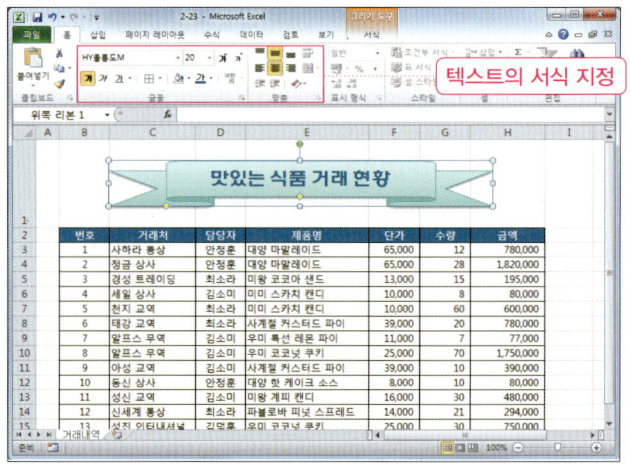

09 이번에는 도형 효과를 사용해 보겠습니다. [서식] 탭-[도형 스타일] 그룹-도형 효과(도형 효과▼)를 클릭하고 [네온]에서 원하는 네온 변형을 클릭합니다.

> **POINT** [네온]-[다른 네온 색]에서 목록에 없는 다른 색을 선택하여 네온 효과를 설정할 수 있습니다.

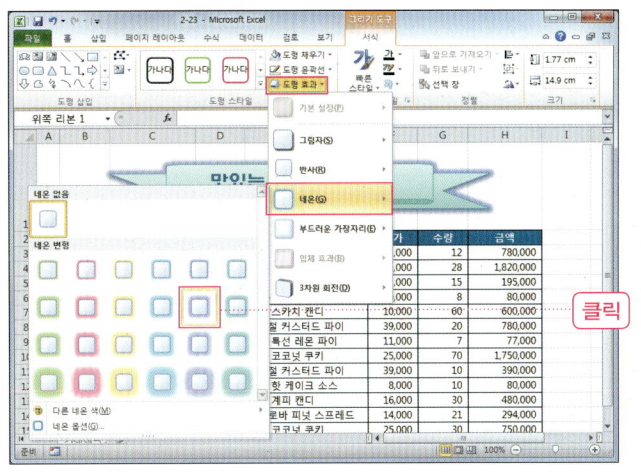

10 도형에 네온 효과가 적용된 결과는 다음과 같습니다. 워크시트에 있는 다른 셀을 클릭하면 도형의 선택 상태가 해제됩니다.

> **POINT** 도형 효과(도형 효과▼)를 클릭한 다음 그림자, 반사, 네온, 부드러운 가장자리, 입체 효과 등을 지정합니다.

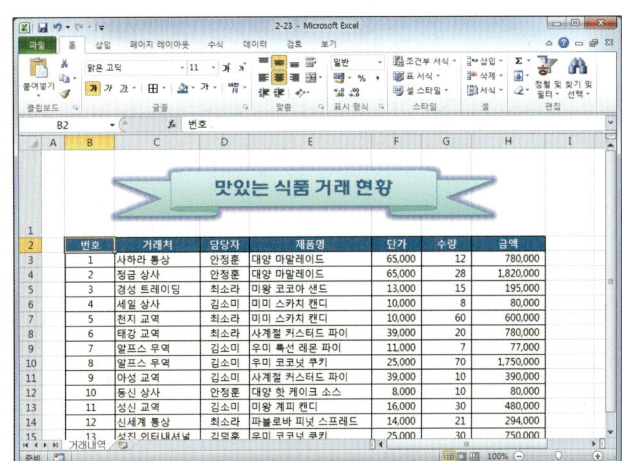

🔵 생초보 레벨업

도형을 그리는 여러 가지 방법

- **기본 크기로 그리기** : 도형이 시작될 위치를 클릭하면 기본 크기로 도형이 그려집니다.
- **원하는 크기로 그리기** : 도형이 시작될 위치에서 마우스 왼쪽 버튼을 누른 채 원하는 크기만큼 드래그하여 그립니다.
- **Shift 키 사용하기** : Shift 키를 누른 상태에서 드래그하면 정사각형, 반지름의 길이가 일정한 정원, 15도 각도의 직선 등을 쉽게 그릴 수 있습니다.
- **Ctrl 키 사용하기** : Ctrl 키를 누른 상태에서 드래그하면 그리기 도형의 중심점부터 그립니다.

채우기 효과 사용하기

Section 24

도형에 단색으로 채우기 색을 설정하는 방법 이외에도 다양한 채우기 효과를 이용할 수 있습니다. 여기에서는 그라데이션, 질감, 그림 등의 채우기 효과를 사용하여 면이 있는 도형을 채우는 방법에 대해 알아봅니다.

키워드 그라데이션, 질감, 그림으로 채우기
예제 파일 Part2\예제파일\2-24.xlsx

---

01 첫 번째 도형을 클릭해서 선택한 다음 [그리기 도구]의 [서식] 탭-[도형 스타일] 그룹-도형 채우기(도형 채우기▼)를 클릭하고 [그라데이션]-[기타 그라데이션]을 클릭합니다.

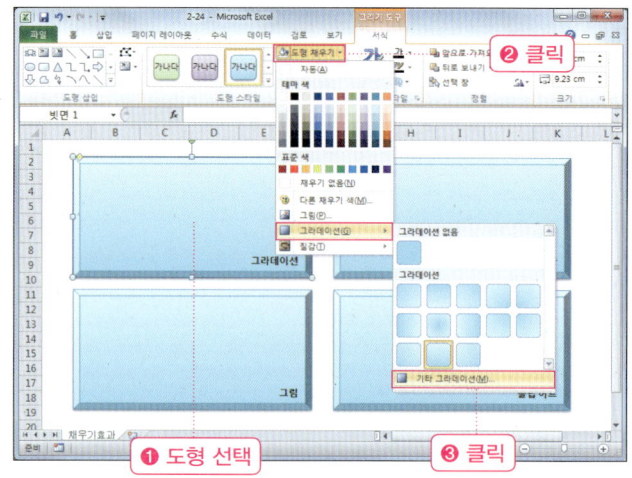

02 [도형 서식] 대화상자의 [채우기] 탭의 '그라데이션 채우기'가 선택됩니다. 3개의 [그라데이션 중지점] 중에서 원하는 중지점을 드래그하여 위치를 지정한 다음, 색 버튼을 클릭해서 색을 지정합니다.

> **POINT** 그라데이션 중지점 추가(📋) 버튼을 클릭해서 중지점을 추가하고, 그라데이션 중지점 제거(📋) 버튼을 클릭해서 현재 선택한 중지점을 제거할 수 있습니다.

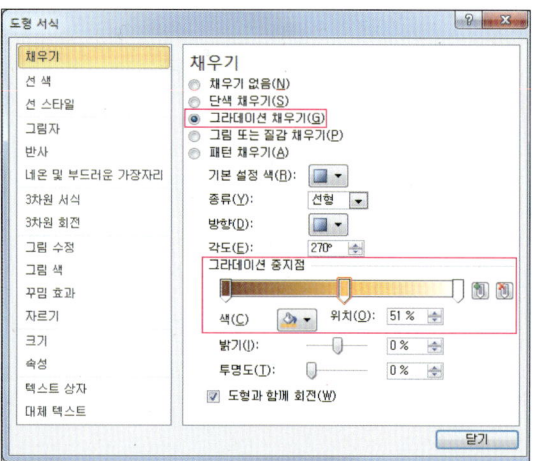

03 [도형 서식] 대화상자가 열린 상태에서 워크시트에 있는 두 번째 도형을 선택합니다. 그런 다음 '그림 또는 질감 채우기' 옵션을 선택하고 [질감] 드롭다운 버튼에서 '물고기 화석' 질감을 클릭합니다.

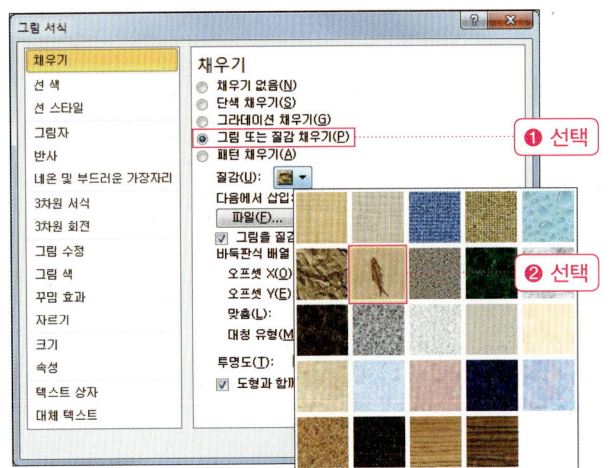

04 워크시트에서 다시 세 번째 도형을 선택합니다. 그런 다음 '그림 또는 질감 채우기' 옵션을 선택하고 [파일] 버튼을 클릭합니다.

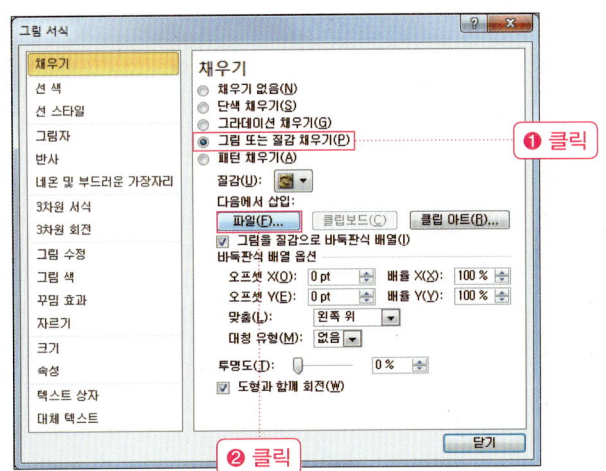

05 [그림 삽입] 대화상자가 실행되면 '해리포터.jpg' 그림 파일을 찾아 선택하고 [삽입] 버튼을 클릭합니다.

06 마지막으로 워크시트에서 네 번째 도형을 선택합니다. 그리고 '그림 또는 질감 채우기' 옵션을 선택한 다음 [클립 아트] 버튼을 클릭합니다.

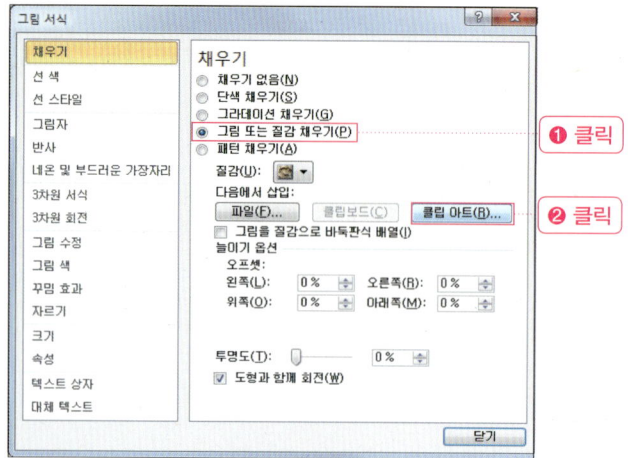

07 [그림 선택] 대화상자가 실행되면 [텍스트 검색]에 '하트'를 입력하고 [이동] 버튼을 클릭합니다. '하트'와 관련된 검색 결과가 표시되면 원하는 클립 아트를 찾아 선택하고 [확인] 버튼을 클릭합니다.

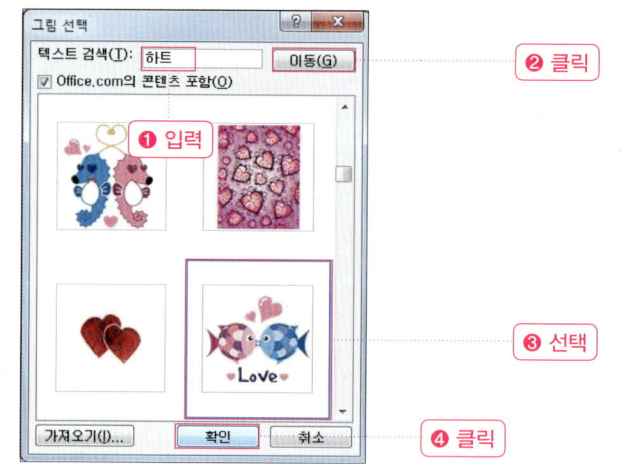

08 [그림 서식] 대화상자에서 [닫기] 버튼을 클릭하여 대화상자를 닫습니다. 지금까지 과정을 거쳐 4개의 도형에 각각 다른 채우기 효과를 설정한 결과는 다음과 같습니다.

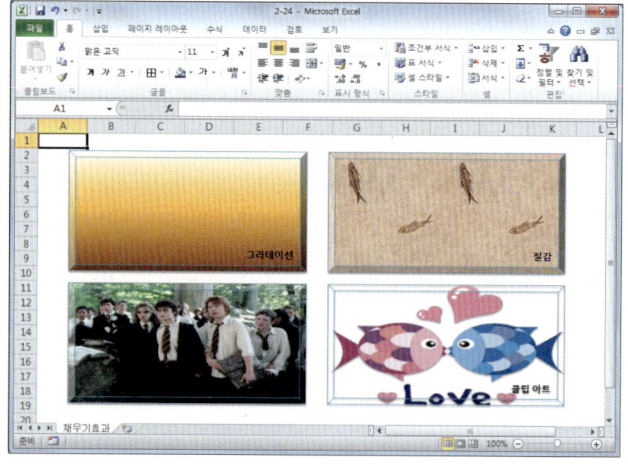

Section 25

WordArt 만들기

WordArt는 여러 가지 효과를 사용하여 텍스트를 강조할 때 사용하는 개체입니다. WordArt를 이용하면 텍스트를 색다르게 표현하여 시선을 집중시킬 수 있습니다.

키워드 WordArt, 텍스트 효과
예제 파일 Part2\예제파일\2-25.xlsx

01 [삽입] 탭-[텍스트] 그룹-WordArt( )를 클릭하고 원하는 워드아트 스타일을 선택합니다.

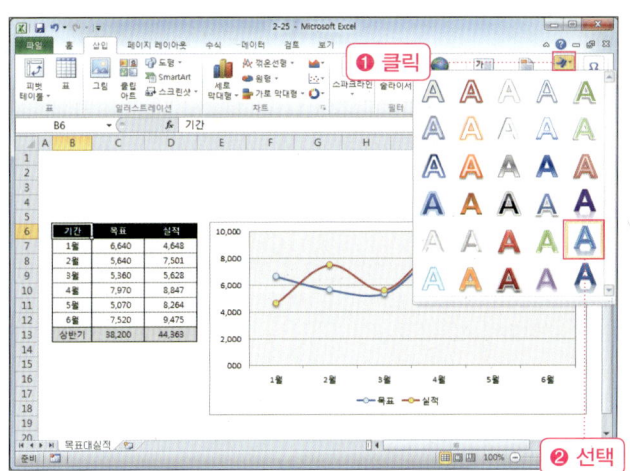

02 워크시트 중앙에 '필요한 텍스트를 입력하십시오.'라는 임시 텍스트로 워드아트가 삽입되면 '무한 가치 창출'을 입력합니다.

POINT 텍스트를 입력할 때는 워드아트 테두리가 점선(편집 상태)으로 표시됩니다.

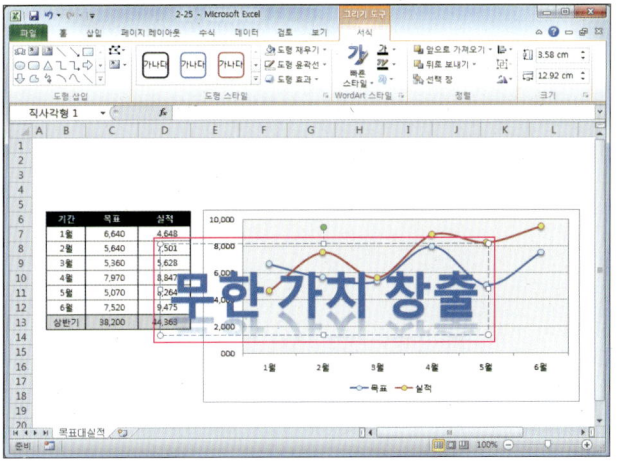

03 [그리기 도구]의 [서식] 탭-[WordArt 스타일] 그룹-텍스트 효과(텍스트 효과▼)를 클릭하고 [변환]-[물결 1]을 선택하여 워드아트의 도형 모양을 변경합니다.

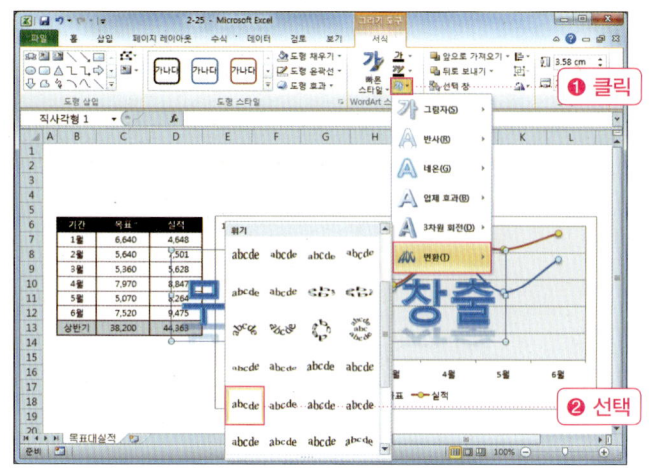

04 워드아트 테두리에 표시된 크기 조절 핸들로 워드아트의 크기를 조절한 다음 드래그하여 원하는 곳으로 이동합니다.

> **POINT** 변환 과정을 거치면 크기 조절 핸들로 워드아트의 크기를 임의로 조절할 수 있습니다. 변환 과정을 거치지 않았을 때는 [홈] 탭-[글꼴] 그룹-글꼴 크기(11 ▼)로 크기를 조절해야 합니다.

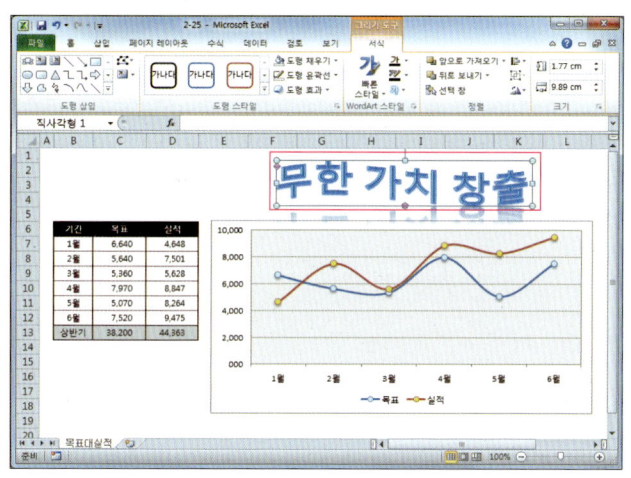

05 [그리기 도구]의 [서식] 탭-[WordArt 스타일] 그룹에서 워드아트 스타일을 수정하거나 텍스트 채우기(가 텍스트 채우기▼), 텍스트 윤곽선(가 텍스트 윤곽선▼), 텍스트 효과(가 텍스트 효과▼)를 사용하여 워드아트의 서식을 수정할 수 있습니다.

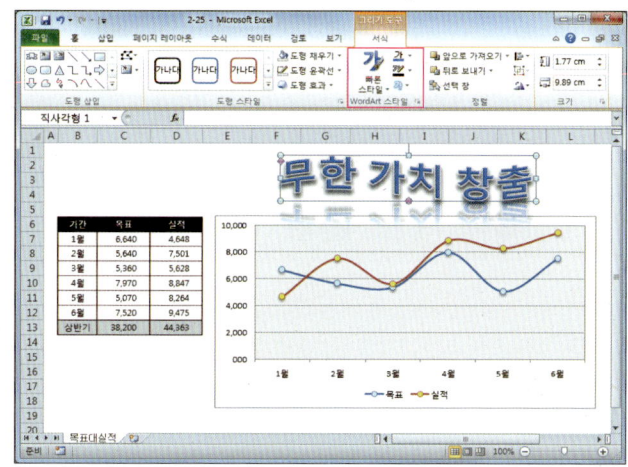

Section 26
클립 아트 삽입하기

엑셀에서 제공하는 클립 아트 중에서 문서 내용과 어울리는 클립을 찾아 워크시트에 삽입합니다. 인터넷을 사용 중이면 Microsoft Office Online 사이트에서 제공하는 클립을 검색하여 사용할 수도 있습니다.

키워드 클립 아트, 그림 스타일
예제 파일 Part2\예제파일\2-26.xlsx

---

01 [삽입] 탭-[일러스트레이션] 그룹-클립 아트( )를 클릭하여 [클립 아트] 작업 창을 엽니다. [검색 대상]에 '사과'를 입력하고 [이동] 버튼을 클릭하면 '사과'와 관련된 클립 아트를 검색하여 표시해 줍니다.

> **POINT** [클립 아트] 작업 창의 [검색할 형식]에서 드롭다운 버튼을 클릭한 다음 그림, 사진, 비디오, 오디오 중에서 특정 형식만 선택할 수 있습니다.

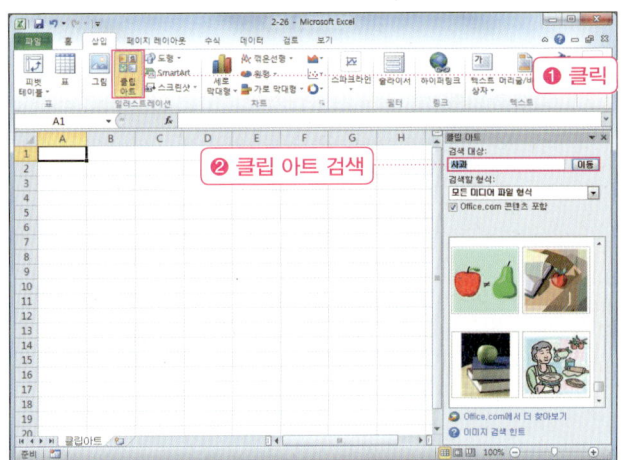

02 검색 결과에서 워크시트에 삽입할 클립을 찾아 클릭하면 워크시트에 클립 아트가 삽입됩니다. 클립 아트를 삽입한 다음에는 [클립 아트] 작업 창을 닫아도 좋습니다.

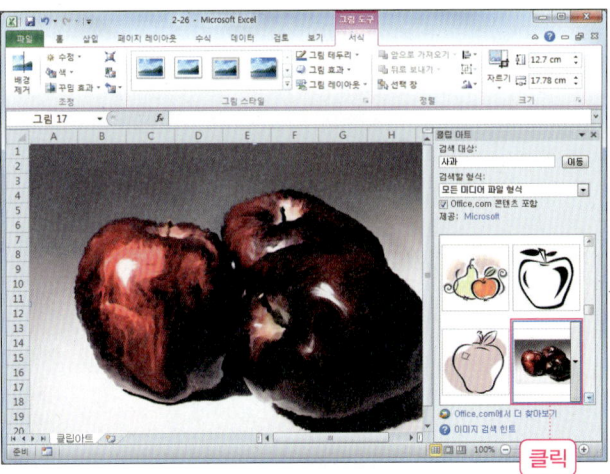

03 [그림 도구]의 [서식] 탭, [크기] 그룹에서 [높이]에 '7'을 입력하고 Enter 키를 누릅니다. 이렇게 하면 클립 아트의 높이가 '7 cm'로 조절되고, 클립 아트의 너비는 높이에 비례해서 자동 조절됩니다.

> **POINT** 클립 아트 테두리에 표시된 크기 조절 핸들로 크기를 조절해도 됩니다. 클립 아트의 크기가 매우 커 크기 조절 핸들을 사용하기가 쉽지 않은 경우, [크기] 그룹에서 직접 수치로 높이와 너비를 조절합니다.

클립 아트의 높이와 너비

04 클립 아트를 드래그해서 위치를 조절한 다음 [서식] 탭-[그림 스타일] 그룹의 갤러리에서 원하는 그림 스타일을 클릭합니다. 이렇게 하면 미리 정해진 그림 테두리와 그림 효과 등을 사용할 수 있습니다.

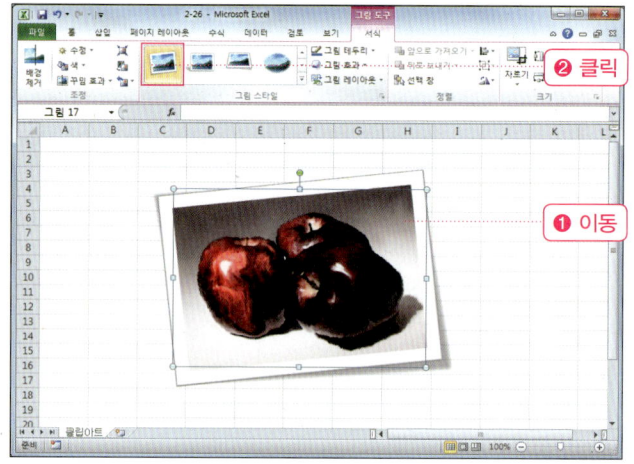

❶ 이동
❷ 클릭

생초보 레벨업

그림 파일 삽입하기

디스크에 저장되어 있는 그림 파일을 워크시트에 삽입하려면 [삽입] 탭-[일러스트레이션] 그룹-그림(🖼)을 클릭합니다. [그림 삽입] 대화상자가 실행되면 삽입할 그림 파일을 찾아 선택하고 [삽입] 버튼을 클릭합니다.

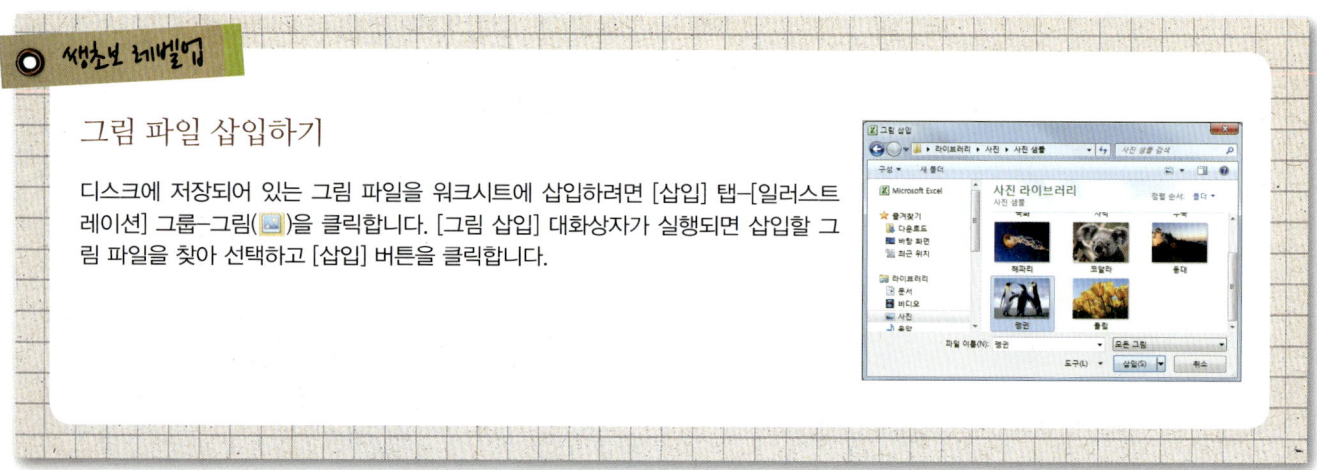

Section 27
그래픽 조정과 배경 제거하기

워크시트에 삽입한 클립 아트나 그림의 밝기, 대비, 선명도, 색 등을 조정하면 문서 분위기에 더 잘 어울리는 이미지로 수정할 수 있습니다. 엑셀 2010 버전에서는 특히 전문 그래픽 프로그램에서와 같이 여러 가지 꾸밈 효과를 사용하여 이미지를 꾸밀 수 있게 되었으며, 자동으로 배경을 제거하는 기능이 추가되었습니다.

키워드 선명도, 밝기, 대비, 꾸밈 효과, 배경 제거
예제 파일 Part2\예제파일\2-27.xlsx

01 첫 번째 줄에 있는 두 번째 그림을 클릭해서 선택합니다. 그림을 선택하면 리본 메뉴에 [그림 도구]의 [서식] 탭이 자동으로 표시됩니다.

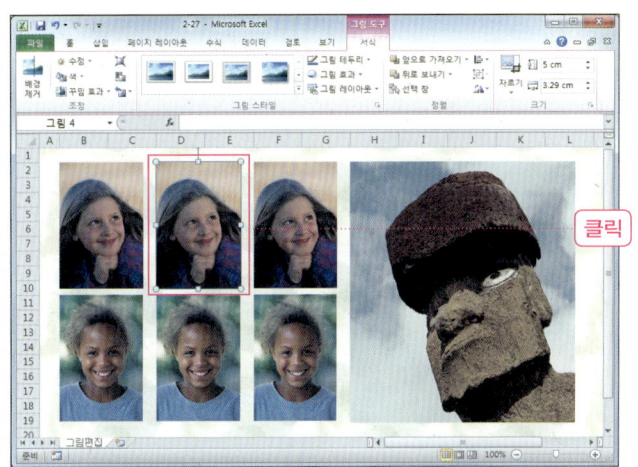

02 두 번째 그림이 선택되어 있는 상태에서 [서식] 탭-[조정] 그룹-수정(☀)을 클릭하고 [선명도 조절] 영역에서 '선명하게: 50%'를 선택합니다.

> **POINT** 수정(☀)을 클릭한 다음 그림의 선명도와 밝기 및 대비를 조절합니다. 선택한 그림으로 미리 보기가 표시되므로 쉽게 원하는 수정 옵션을 선택할 수 있습니다.

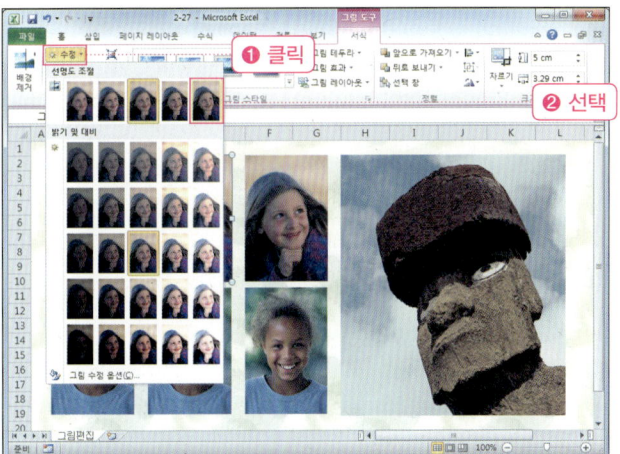

03 이번에는 첫 번째 줄의 세 번째 그림을 클릭합니다. 그런 다음 색(　)을 클릭하고 [다시 칠하기] 영역에서 원하는 색을 선택합니다.

> **POINT** 색(　)에서는 색의 채도와 색조, 다시 칠하기 색을 선택할 수 있습니다.

04 첫 번째 줄에 있는 첫 번째 그림은 원본 이미지입니다. 두 번째 그림에서 그림의 선명도가 더 높아지고, 세 번째 그림에서 그림의 색이 달라진 것을 확인할 수 있습니다.

> **POINT** [서식] 탭-[조정] 그룹-그림 원래대로(　그림 원래대로 ▼)를 클릭하면 그림에 설정한 서식을 지우고 원래 이미지로 돌아갈 수 있습니다.

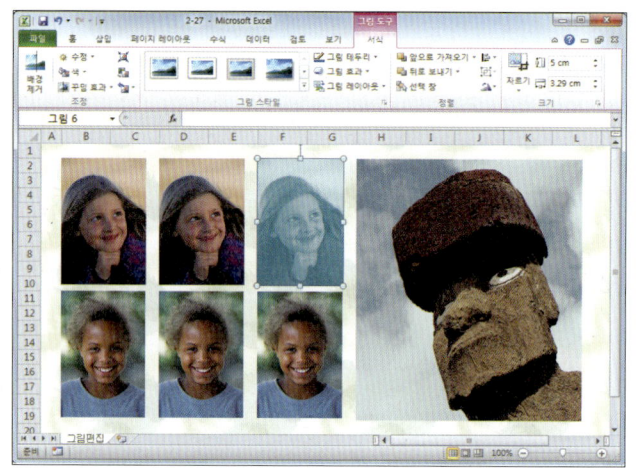

05 이번에는 두 번째 줄에서 두 번째 그림을 클릭합니다. 그런 다음 꾸밈 효과(　)를 클릭하고 '선 그리기' 효과를 선택합니다.

06 두 번째 그림에 '선 그리기' 꾸밈 효과가 적용되면 같은 방법으로 세 번째 그림을 선택한 다음 꾸밈 효과(🖼)를 클릭하고 '시멘트' 효과를 선택해서 적용합니다.

> **POINT** 꾸밈 효과(🖼)를 클릭하고 [꾸밈 효과 옵션]을 선택하면 [그림 서식] 대화상자가 실행됩니다. 여기에서 꾸밈 효과를 선택하고, 선택한 효과에 대해 더 상세한 옵션을 설정할 수 있습니다.

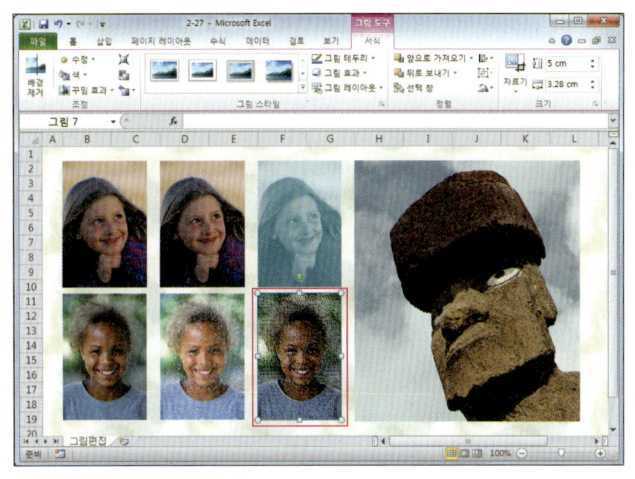

07 워크시트 오른쪽에 삽입한 그림을 클릭한 다음 [서식] 탭-[조정] 그룹-배경 제거(🖼)를 클릭합니다.

08 다음과 같이 리본 메뉴에 [배경 제거] 탭이 표시되고, 선택한 그림의 배경이 자동으로 제거됩니다. 자동으로 배경이 제거된 그림에서 실제 제거할 영역과 유지해야 할 영역을 조절해야 합니다.

> **POINT** 맨 처음에 자동으로 배경이 제거된 그림을 그대로 사용하려면 워크시트에서 임의의 셀을 클릭해서 [배경 제거]를 종료합니다.

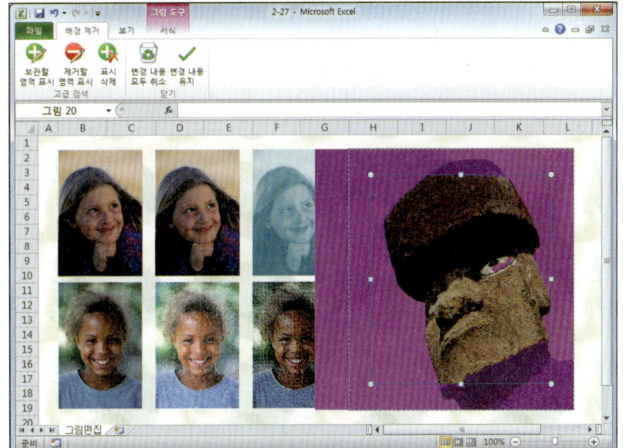

09 제거하지 않고 남기고 싶은 부분이 포함되도록 테두리에 표시된 크기 조절 핸들로 크기를 조절합니다. 따로 유지해야 할 부분이 있다면 보관할 영역 표시(⊕)을 클릭한 다음, 유지하고 싶은 부분을 드래그 합니다.

> **POINT** 제거하고 싶은 부분이 있으면 제거할 영역 표시(⊖)을 클릭하고 제거하고 싶은 부분을 드래그합니다.

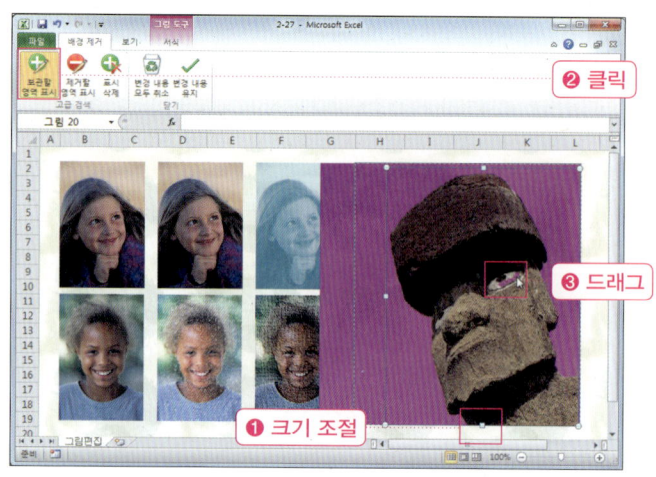

10 원하는 형태로 배경 제거가 이루어졌으면 변경 내용 유지(✓)를 클릭하거나 워크시트에서 임의의 셀을 클릭합니다.

> **POINT** 변경 내용 모두 취소(✗)를 클릭하면 배경 제거 작업이 취소됩니다.

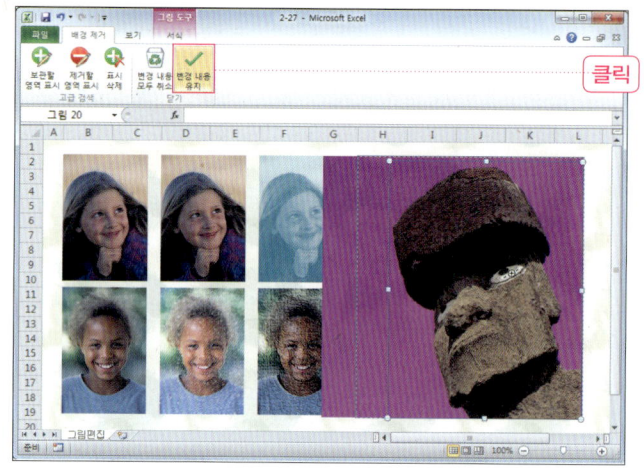

11 배경을 제거한 결과는 다음과 같습니다. 이렇게 배경 제거 기능을 이용하여 그림에서 필요한 부분만 남겨둘 수 있습니다.

Section 28 사용자 지정 자동 필터

자동 필터는 데이터 목록에서 주어진 조건을 만족하는 레코드만 표시할 때 사용합니다. 사용자 지정 자동 필터는 조건을 지정할 때 여러 가지 비교 연산자를 사용할 수 있습니다. 또한 그리고(AND)와 또는(OR) 연산을 사용하여 한 필드에서 두 개의 조건을 지정하여 결합시킬 수 있습니다.

키워드 텍스트 필터, 숫자 필터, 사용자 지정 필터
예제 파일 Part2\예제파일\2-28.xlsx

01 [B2]셀부터 시작되는 데이터 목록에서 [데이터] 탭-[정렬 및 필터] 그룹-필터(⊽)를 클릭합니다. 이렇게 하면 각 필드(열)의 이름 옆에 필터 버튼이 표시됩니다.

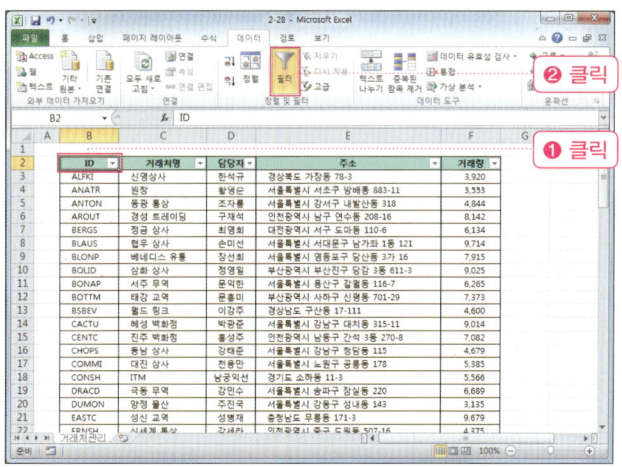

02 [주소] 필드의 필터 버튼을 클릭하고 [텍스트 필터]-[사용자 지정 필터]를 선택합니다.

> **POINT** [텍스트 필터]에서 [같음], [같지 않음] 등을 선택하면 [사용자 지정 필터] 대화상자에 자동으로 비교 방식이 선택되어 나타납니다.

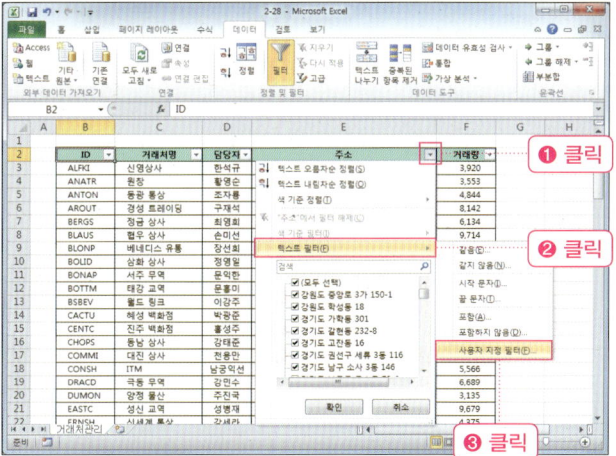

03 [사용자 지정 자동 필터] 대화상자가 열리면 첫 번째 조건을 '포함', '서울특별시'로 지정합니다.

> POINT 비교할 값의 드롭다운 목록을 클릭한 다음 특정 데이터 항목을 선택해도 됩니다.

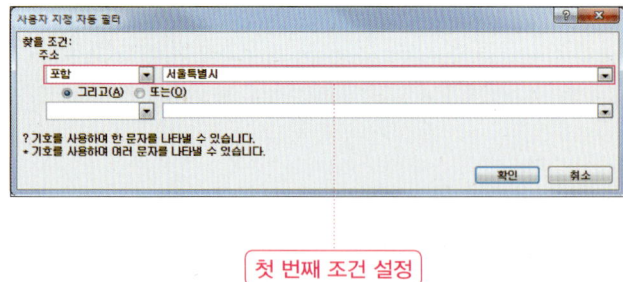

첫 번째 조건 설정

04 '또는'을 선택하고 두 번째 조건을 '포함', '부산광역시'로 지정한 다음 [확인] 버튼을 클릭합니다.

> POINT '또는'은 두 개의 조건 중 하나만 만족해도 된다는 뜻입니다. '그리고'는 두 개의 조건을 모두 만족해야 합니다.

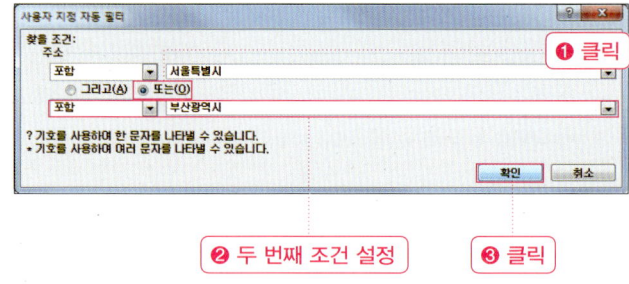

❶ 클릭
❷ 두 번째 조건 설정
❸ 클릭

05 주소에 '서울특별시' 또는 '부산광역시'가 포함되어 있는 데이터 행만 표시됩니다. 나머지 데이터 행은 일시적으로 숨기기 상태가 됩니다.

> POINT 상태 표시줄에서 몇 개의 레코드(행)가 검색되었는지 필터링 결과를 확인할 수 있습니다.

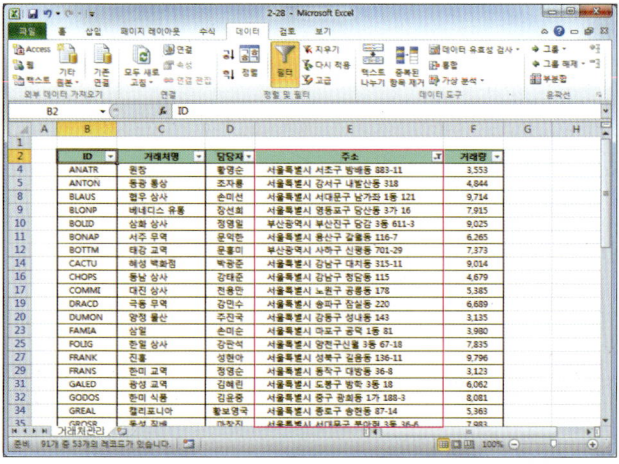

06 이번에는 거래량 필드의 필터 버튼을 클릭하고 [숫자 필터]-[사용자 지정 필터]를 선택합니다.

> **POINT** 선택한 필드의 데이터 종류에 따라 [텍스트 필터], [숫자 필터], [날짜 필터] 등으로 필터 종류가 표시됩니다.

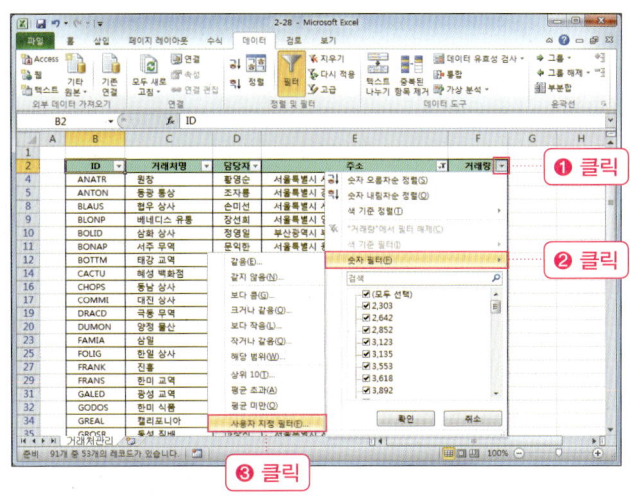

07 [사용자 지정 자동 필터] 대화상자에서 첫 번째 조건을 '>=', '5000'으로 지정합니다. '그리고'가 선택된 상태에서 두 번째 조건을 '<', '8000'으로 지정한 다음 [확인] 버튼을 클릭합니다.

> **POINT** 첫 번째 조건만 지정하면 거래량이 '5000'보다 크거나 같은 데이터를 필터링합니다.

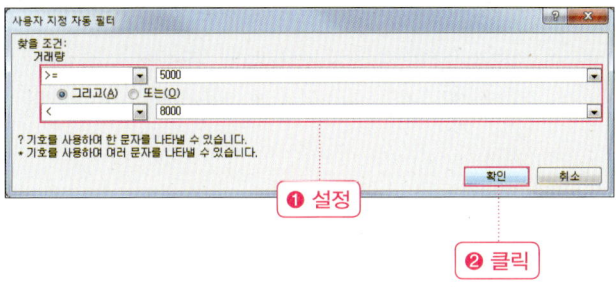

08 다음과 같이 주소가 '서울특별시' 또는 '부산광역시'인 데이터 중에서 다시 거래량이 '5000' 이상(>=)이고 '8000' 미만(<)인 데이터 행만 표시됩니다.

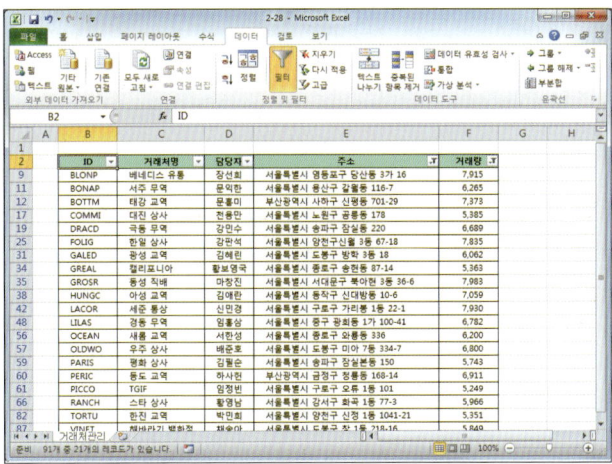

Section 29 선택적 자동 필터

선택적 자동 필터는 주로 숫자가 입력되어 있는 필드에서 사용합니다. 데이터 값이 큰 순서로 10개 항목만 표시하거나, 데이터 값이 작은 순서로 30% 내에 들어가는 행만 표시하는 등의 지정을 할 수 있습니다.

키워드 숫자 필터, 상위 10
예제 파일 Part2\예제파일\2-29.xlsx

01 데이터 목록에서 [데이터] 탭-[정렬 및 필터] 그룹-필터(▼)를 클릭합니다. [거래량] 필드의 드롭다운 버튼을 클릭하고 [숫자 필터]-[상위 10]을 선택합니다.

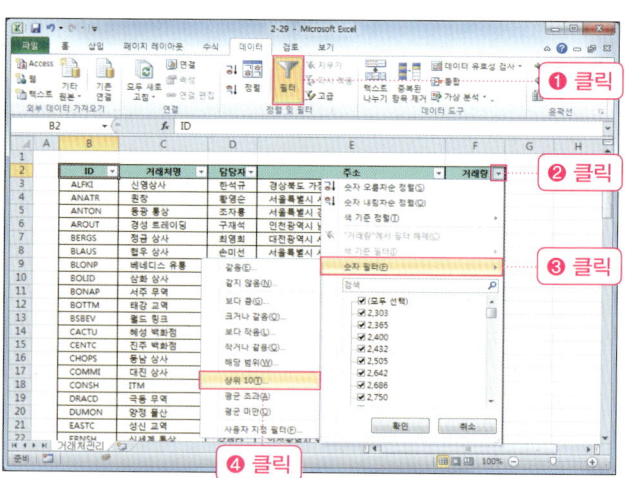

02 [상위 10 자동 필터] 대화상자가 열리면 데이터를 표시할 범위를 '하위', '10', '항목'으로 지정하고 [확인] 버튼을 클릭합니다.

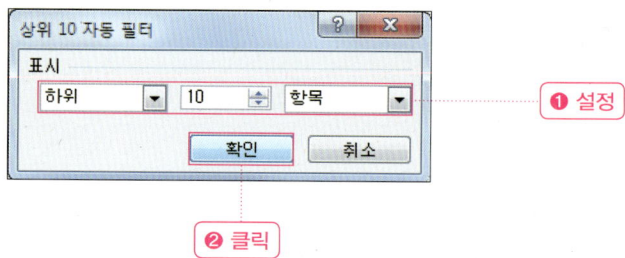

03 다음과 같이 거래량이 작은 순서대로 10개의 항목만 표시되고 나머지 행은 일시적으로 숨겨집니다.

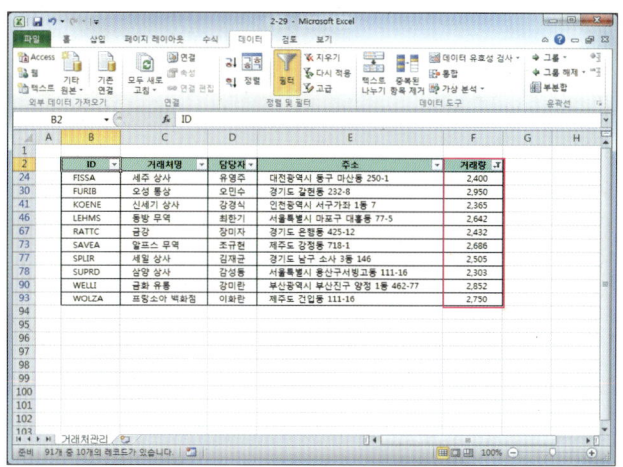

04 다시 거래량의 필터 버튼을 클릭하고 [숫자 필터]-[상위 10]을 선택한 다음 이번에는 표시 범위를 '상위', '20', '%'로 지정하고 [확인] 버튼을 클릭합니다.

05 이번에는 다음과 같이 거래량의 값이 큰 순서대로 '20%' 범위에 들어가는 데이터만 표시됩니다.

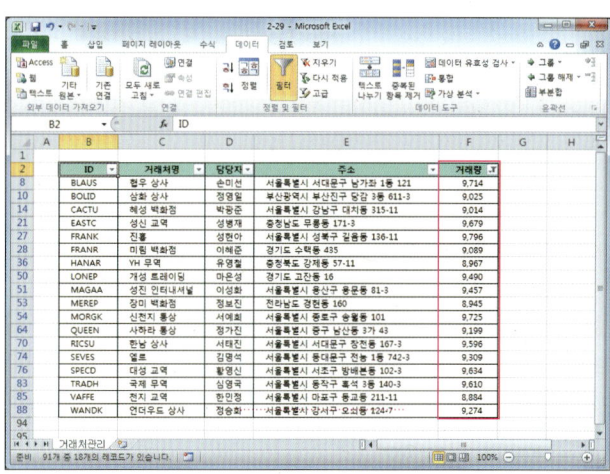

고급 필터로 데이터 검색하기

Section 30

고급 필터는 자동 필터에 비해 복잡한 조건을 사용하여 데이터를 검색할 때 주로 사용합니다. 고급 필터를 실행하려면 반드시 조건 범위를 먼저 작성해 두어야 합니다. 고급 필터는 주어진 조건을 만족하는 데이터 행을 찾아 다른 장소에 복사할 수도 있습니다.

키워드 고급 필터, 조건 범위
예제 파일 Part2\예제파일\2-30.xlsx

---

01 3행 머리글을 클릭한 다음 [보기] 탭-[창] 그룹-틀 고정(▦)을 클릭하고 [틀 고정]을 선택합니다. 이렇게 하면 1행과 2행이 화면에 고정되므로 화면을 아래로 스크롤해도 항상 필드 이름을 볼 수 있습니다.

> **POINT** 현재 선택한 셀의 위쪽 행과 왼쪽 열이 화면에 고정됩니다. 행 머리글을 클릭한 경우에는 위쪽 행만 화면에 고정됩니다.

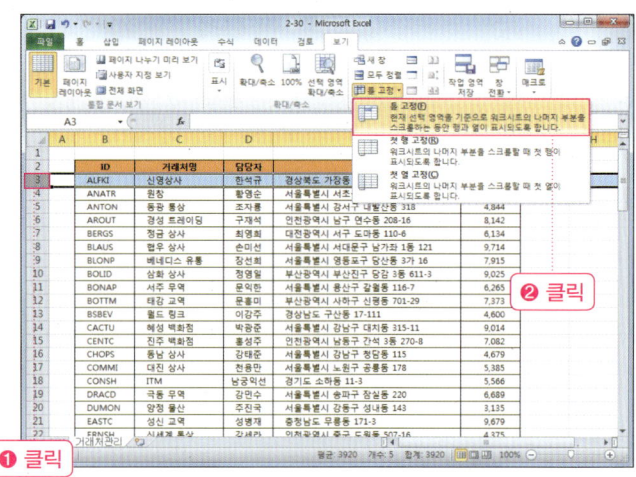

02 다음과 같이 [B95:C96] 영역에 조건 범위를 작성합니다. 이 조건은 주소가 '서울'로 시작하면서 거래량이 '9000 이상'인 데이터를 검색하기 위한 것입니다.

> **POINT** 조건 범위의 첫 행에 데이터 목록에 있는 필드 이름과 동일한 필드 이름을 입력하고, 두 번째 행부터 조건으로 사용할 값을 입력합니다.

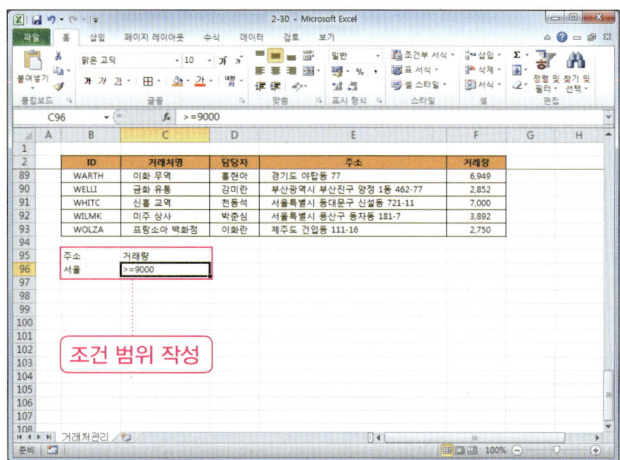

03 [B2]셀부터 시작되는 데이터 목록에 있는 임의의 셀에서 [데이터] 탭-[정렬 및 필터] 그룹-고급(고급)을 클릭합니다.

> **POINT** 고급 필터로 검색할 데이터가 들어 있는 데이터 목록에서 고급 필터를 시작합니다.

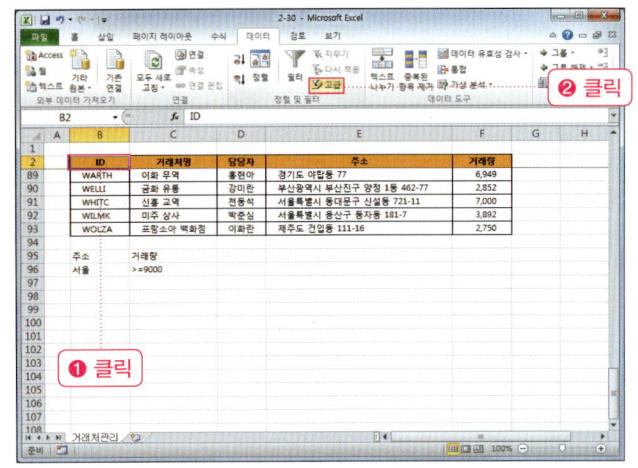

04 [고급 필터] 대화상자가 실행되면 '현재 위치에 필터'가 선택되어 있는 상태에서 [조건 범위]를 [B95:C96]으로 지정한 다음 [확인] 버튼을 클릭합니다.

> **POINT** 목록 범위는 자동 설정된 범위($B$2:$F$93)를 그대로 사용합니다.

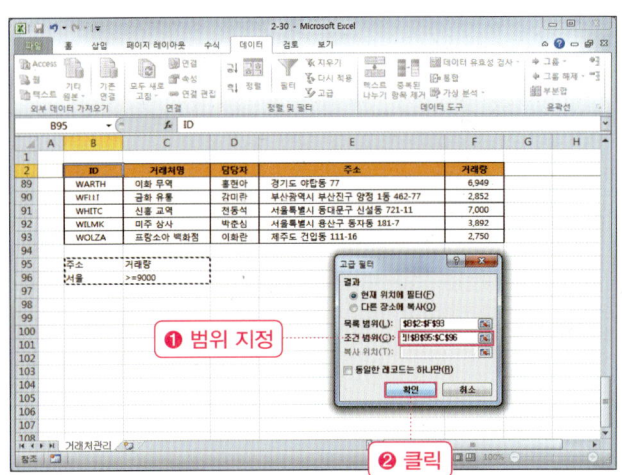

🔘 생초보 레벨업

조건 범위 만들기

조건 범위의 첫 행에는 데이터 목록에 있는 필드 이름과 똑같이 필드 이름을 입력하고 다음 행부터 해당 필드에서 사용할 조건 값을 입력합니다.
- **조건1** : 지역이 서울로 시작되는 데이터 검색
- **조건2** : 지역이 서울이고 거래량이 5000 이상인 데이터 검색 (AND 조건)
- **조건3** : 지역이 서울이거나 거래량이 5000 이상인 데이터 검색(OR 조건)

05 [결과]를 '현재 위치에 필터'로 지정했기 때문에, 다음과 같이 데이터 목록에서 조건을 만족하는 행만 남고 나머지 행은 일시적으로 숨겨진 상태로 표시됩니다.

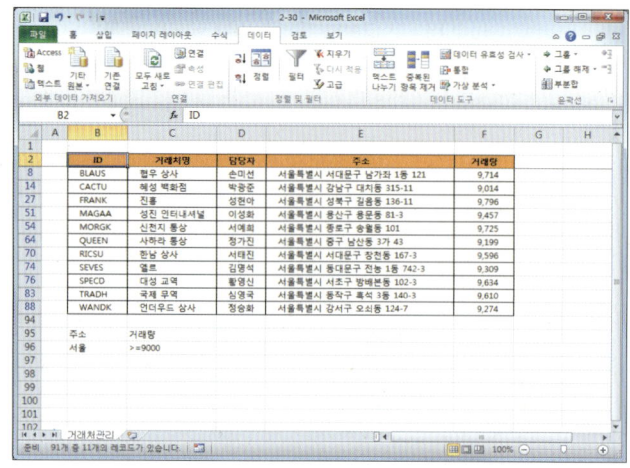

> **POINT** 현재 위치에 필터한 결과를 지우고 원래 목록을 모두 표시하려면 [데이터] 탭-[정렬 및 필터] 그룹-지우기(지우기)를 클릭합니다.

06 다시 [B2]셀에서 고급(고급)을 클릭한 다음 [고급 필터] 대화상자에서 [결과]를 '다른 장소에 복사'로 지정합니다. [목록 범위]와 [조건 범위]는 이전에 사용했던 범위를 그대로 두고, [복사 위치]를 [B98]셀로 지정한 다음 [확인] 버튼을 클릭합니다.

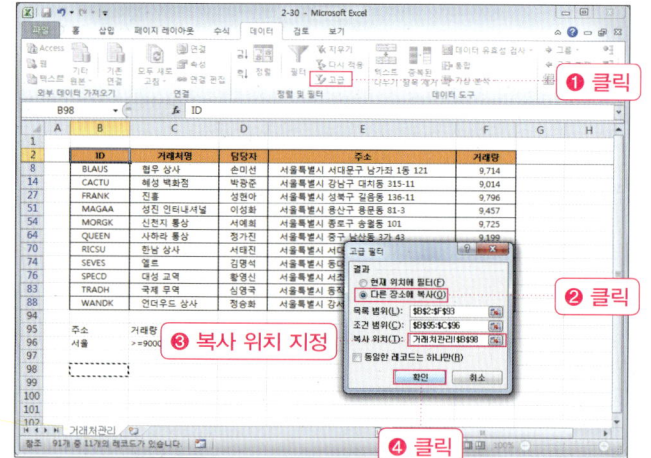

07 [복사 위치]로 지정한 [B98]셀부터 데이터 목록에서 조건을 만족하는 행이 다음과 같이 필드 이름과 함께 복사됩니다.

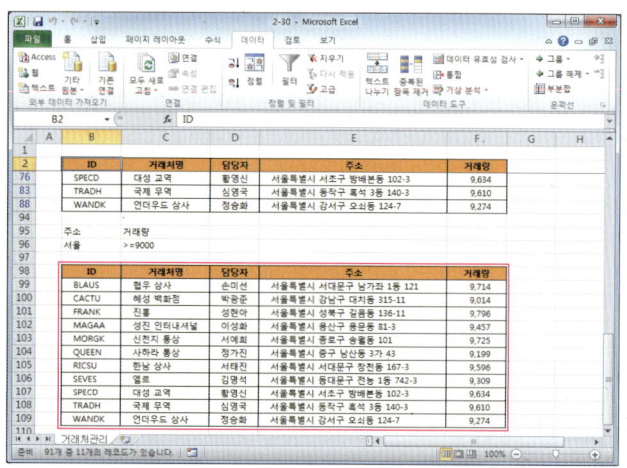

> **POINT** 데이터 목록에서 원하는 필드만 복사하고 싶다면 미리 필드 이름을 입력해 두고 복사 위치를 필드 이름이 있는 범위로 지정해야 합니다.

Section 31
텍스트 나누기

텍스트 나누기는 하나의 셀에 입력되어 있는 데이터를 두 개 이상의 셀로 나누어 입력하는 기능입니다. 예를 들어 '서울특별시 강남구'가 입력되어 있을 때 '서울특별시'와 '강남구'를 텍스트 나누기 마법사를 사용하여 각각 다른 셀에 나누어 입력할 수 있습니다.

키워드 텍스트 나누기, 텍스트 마법사
예제 파일 Part2\예제파일\2-31.xlsx

01 텍스트 나누기를 실행할 [E3:E17]을 블록으로 지정하고 [데이터] 탭-[데이터 도구] 그룹-텍스트 나누기(📊)를 클릭합니다.

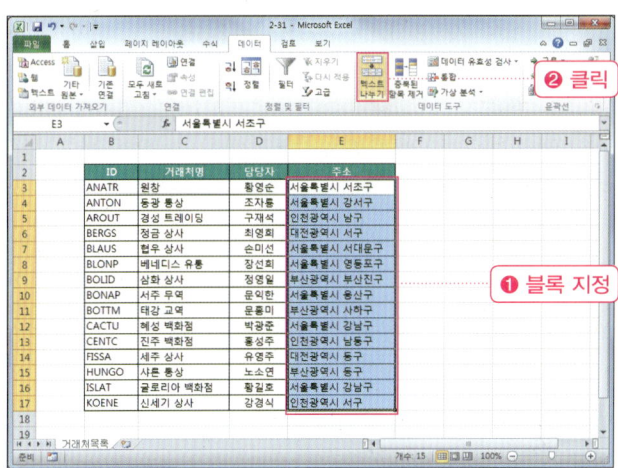

02 [텍스트 마법사]가 실행되면 1단계에서 [원본 데이터 형식]을 '구분 기호로 분리됨'으로 선택하고 [다음] 버튼을 클릭합니다.

> **POINT** '너비가 일정함'을 선택할 때는 나누고자 하는 필드마다 데이터 너비가 일정해야 합니다.

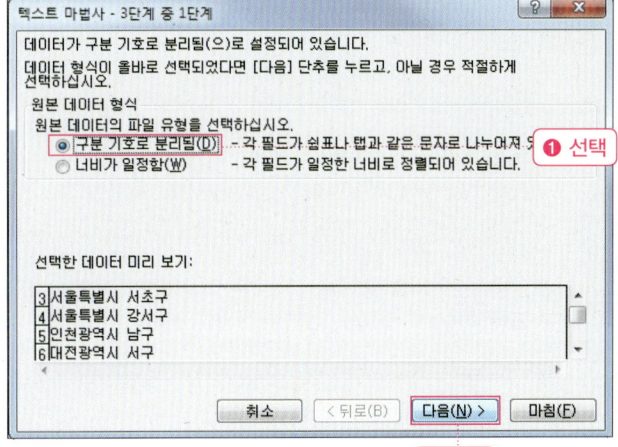

03 [텍스트 마법사] 2단계에서 [구분 기호]의 '공백'을 체크하고 [다음] 버튼을 클릭합니다.

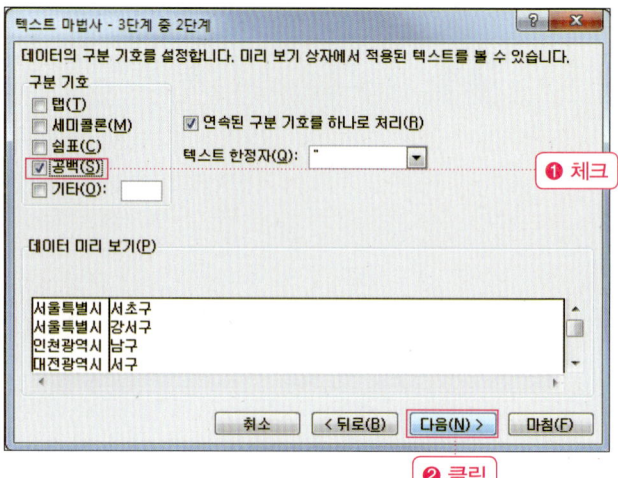

04 [텍스트 마법사] 3단계에서는 각 필드의 데이터 서식을 지정합니다. [데이터 미리 보기]에서 원하는 필드를 선택한 다음 [열 데이터 서식]에서 원하는 옵션을 선택합니다. 여기서는 기본값을 그대로 두고 [마침] 버튼을 누릅니다.

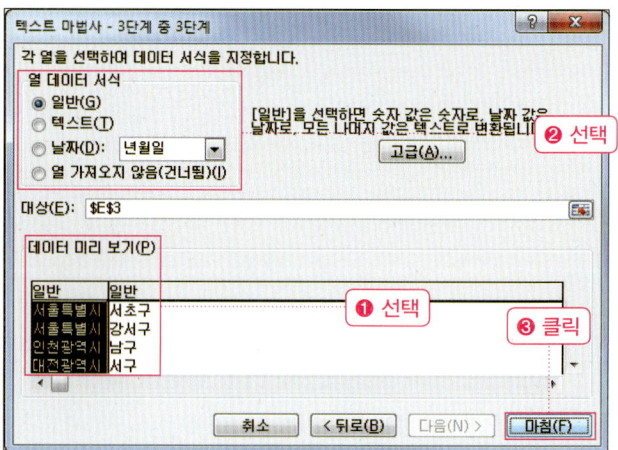

> **POINT** 각 필드의 데이터 서식을 '일반'으로 설정하면 텍스트는 텍스트로, 숫자는 숫자로, 날짜는 날짜로 데이터 형식이 자동 설정됩니다. 자동 설정되는 값을 바꿀 때만 열 데이터 서식 옵션을 지정합니다.

생초보 레벨업

일정한 너비로 구분하기

원본 데이터에서 각 필드의 너비가 일정하면 텍스트 마법사 1단계에서 원본 데이터를 나누는 방식을 '너비가 일정함'으로 지정합니다. 그러면 텍스트 마법사 2단계는 다음과 같이 나타납니다. 데이터 미리 보기에서 필드와 필드 사이를 구분하고 있는 화살표를 마우스로 드래그하여 원하는 위치로 이동할 수 있습니다. 또 원하는 위치를 클릭해서 새로운 화살표를 추가할 수 있으며, 기존 화살표를 더블클릭해서 화살표를 제거할 수 있습니다.

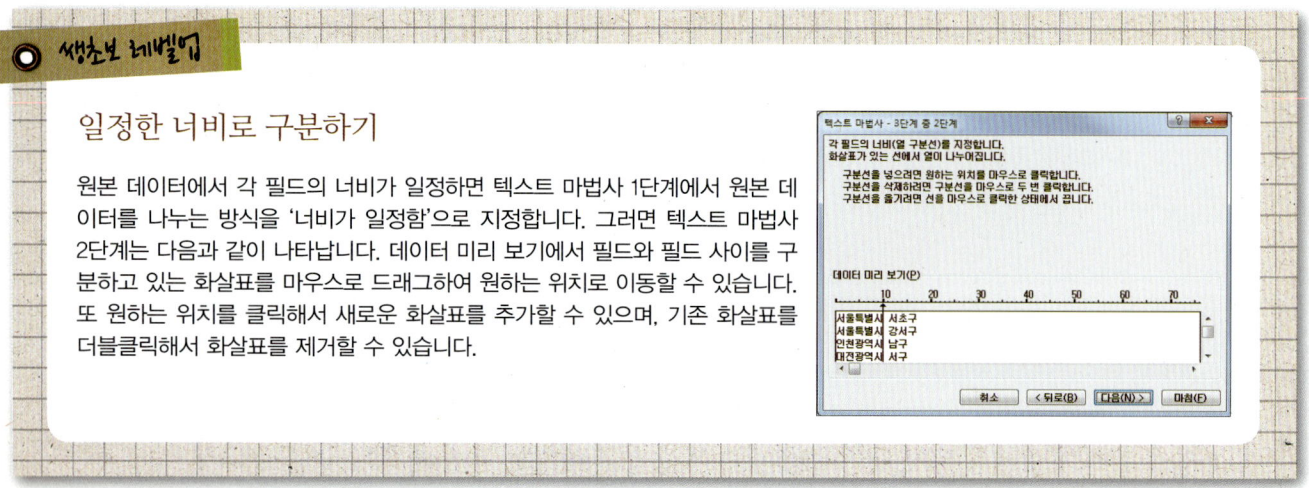

05 다음과 같이 [E3:E17]의 텍스트가 공백을 기점으로 나누어져 [F3:F17]에 입력되는 것을 알 수 있습니다.

> **POINT** 텍스트 나누기를 실행하기 전에 미리 오른쪽에 새로 데이터가 추가될 빈 영역을 확보해야 합니다.

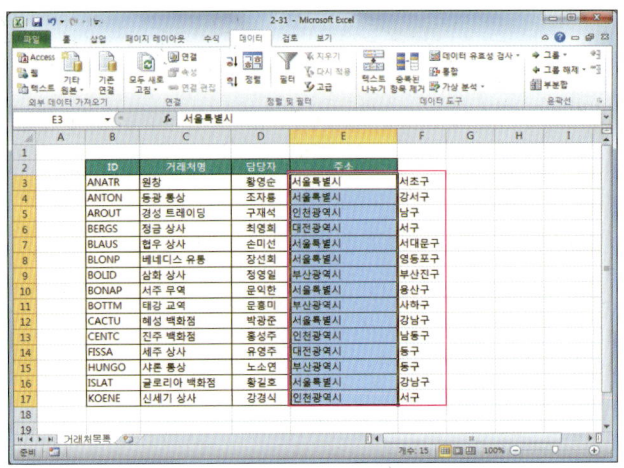

06 새로 추가된 열에 다음과 같이 적절한 서식을 지정하여 완성합니다.

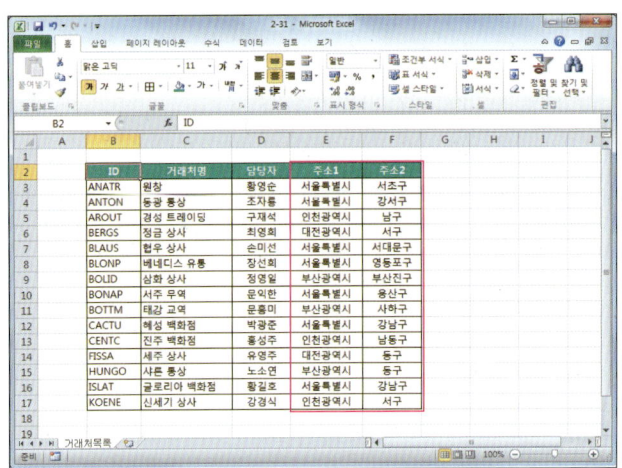

○ 생초보 레벨업

텍스트 나누기의 구분 기호

텍스트 나누기 마법사 2단계에서 텍스트를 나눌 때 사용할 구분 기호를 설정하게 됩니다. 만약 '탭'이나 '세미콜론', '쉼표', '공백' 등 원본 데이터에 해당하는 구분 기호가 없다면 텍스트 나누기 명령은 아무런 동작을 하지 않습니다. '탭'이나 '세미콜론', '쉼표', '공백' 외에 텍스트를 구분할 수 있는 기호가 있다면 '기타'를 선택하고 구분할 수 있는 기호를 입력합니다.

Section 32

중복된 항목 제거하기

데이터를 입력하다보면 사용자의 실수 등에 의해 똑같은 데이터를 중복해서 입력하는 일이 발생할 수 있습니다. 엑셀 2007 버전부터 제공되기 시작한 중복된 항목 제거 기능은 데이터 목록에서 중복된 항목을 걸러 제거하고 고유한 목록을 유지할 때 유용합니다.

키워드 중복된 항목 제거, 고유 목록
예제 파일 Part2\예제파일\2-32.xlsx

01 데이터 목록에 있는 임의의 셀을 클릭하고 [데이터] 탭-[데이터 도구] 그룹-중복된 항목 제거(🔲)를 클릭합니다.

> **POINT** 작업 결과를 쉽게 알 수 있도록 미리 중복 입력된 데이터에 배경색을 설정해 두었습니다.

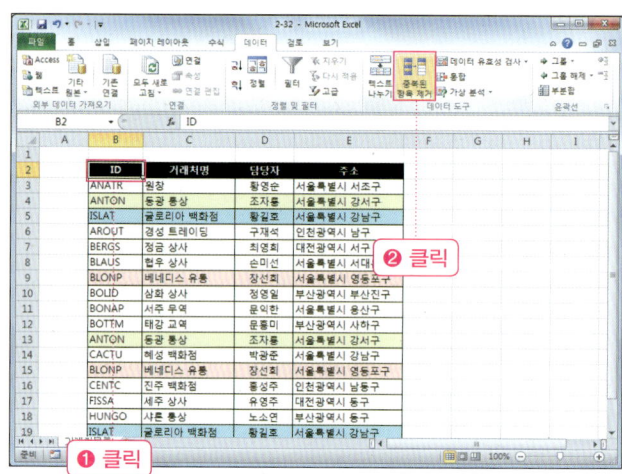

02 [중복된 항목 제거] 대화상자가 실행되면 모든 열이 선택되어 있는 상태에서 바로 [확인] 버튼을 클릭합니다.

> **POINT** 데이터 목록의 특정 열(필드)에서만 중복을 검사해서 제거하려면 [열] 목록에서 원하는 열만 선택합니다.

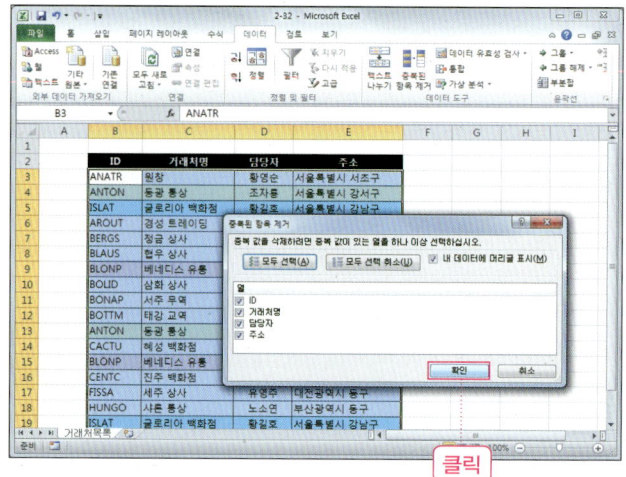

03 중복된 값을 제거했다는 메시지가 나오면 [확인] 버튼을 클릭합니다. 이 메시지를 통해 몇 개의 데이터가 제거되고 몇 개의 데이터가 남게 되는지 알 수 있습니다.

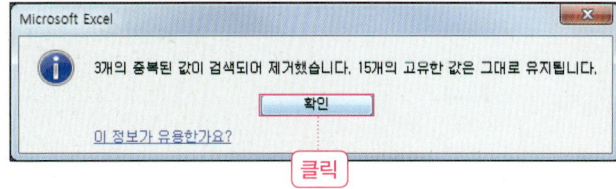

04 중복 입력된 데이터를 제거한 결과는 다음과 같습니다.

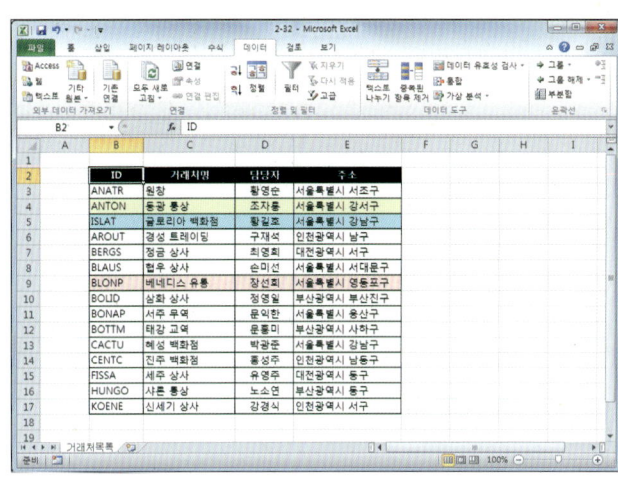

생초보 레벨업

데이터 중복 입력 제한하기

데이터 유효성 검사 명령을 사용하여 특정 셀 범위에서 데이터를 중복 입력하지 못하도록 설정할 수 있습니다. 예를 들어 [A1:A10] 범위에서 중복 데이터를 입력하지 못하게 하려면 다음 순서대로 명령을 실행합니다.

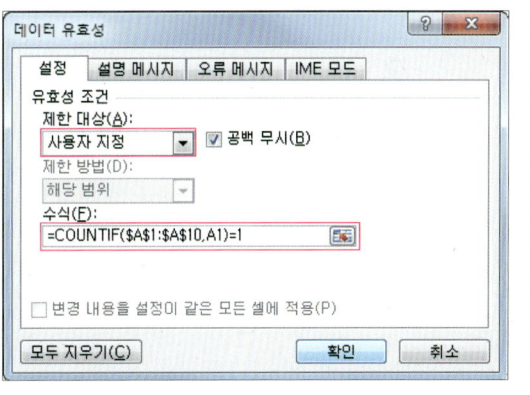

① [A1:A10]을 블록으로 지정하고 [데이터] 탭-[데이터 도구] 그룹-데이터 유효성 검사( )를 클릭합니다.
② [데이터 유효성] 대화상자에서 [제한 대상]을 '사용자 지정'으로 선택합니다.
③ 수식 입력란에 =COUNTIF($A$1:$A$10,A1)=1을 입력하고 [확인] 버튼을 클릭합니다.
④ [A1:A10] 범위에서 같은 데이터를 다시 입력하려고 하면 오류 메시지가 표시됩니다.

'COUNTIF(범위, 조건)' 함수는 지정한 범위에서 조건을 만족하는 셀의 개수를 구합니다. 데이터 유효성 검사에서 사용한 수식 =COUNTIF($A$1:$A$10,A1)=1은, [A1:A10]에서 [A1]셀과 같은 값을 가진 셀의 개수를 구하여 그 결과가 1인 경우에만 데이터 입력을 허용합니다. 이 수식에서 조건으로 사용한 'A1'은 [A2]셀에서 'A2'로 변경됩니다.

Section 33

3차원 수식을 이용한 데이터 통합

여러 개의 워크시트에 같은 형식으로 데이터가 정리되어 있을 때 이것을 하나의 워크시트에 통합하는 방법에는 여러 가지가 있습니다. 여기서는 여러 방법 중 수식을 이용하여 데이터를 통합하는 과정을 설명합니다. 이 방법을 사용하기 위해서는 통합할 여러 워크시트의 데이터 입력 형태와 순서가 모두 동일해야 합니다.

키워드 통합, 3차원 수식

예제 파일 Part2\예제파일\2-33.xlsx

01 1차, 2차, 3차 워크시트에는 다음과 같은 형태로 성적 자료가 입력되어 있습니다. 이 세 개의 워크시트에 있는 데이터를 같은 위치에 있는 셀끼리 평균을 구하여 '통합' 워크시트에 통합하려고 합니다.

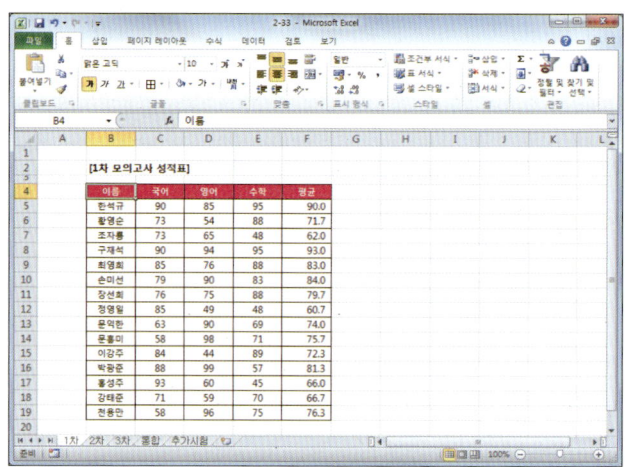

02 1차, 2차, 3차 워크시트에 있는 첫 번째 학생의 국어 과목에 대한 평균을 구하는 수식을 입력하려고 합니다. '통합' 워크시트의 [C5]셀에 =AVERAGE(까지 입력합니다.

> **POINT** =AVERAGE(범위)와 같은 형식의 수식으로 지정한 범위의 평균을 계산해야 합니다.

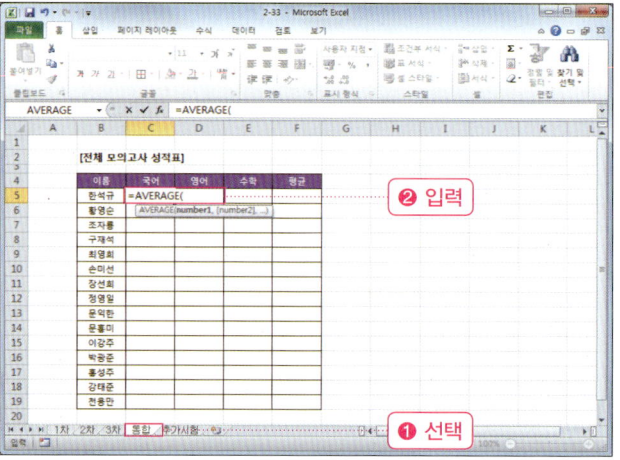

03 시트 탭에서 '1차' 워크시트를 클릭한 다음 [C5]셀을 클릭하면 수식은 =AVERAGE('1차'!C5와 같은 형태로 입력됩니다.

> **POINT** '1차'!C5는 '1차' 워크시트의 [C5]셀을 의미합니다.

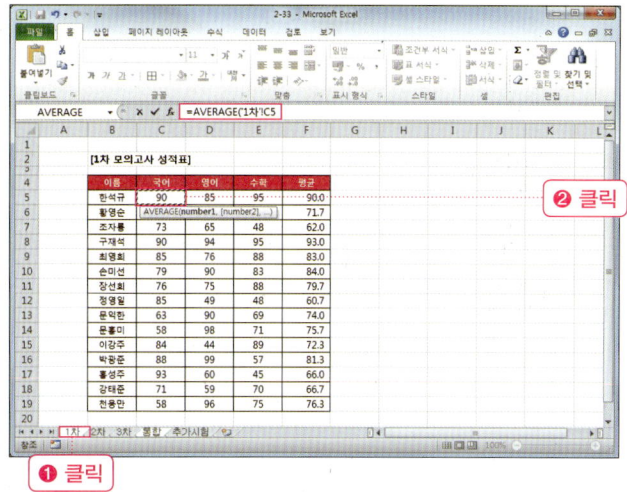

04 Shift 키를 누른 상태로 시트 탭에서 '3차' 워크시트를 클릭합니다. 그러면 수식은 =AVERAGE('1차:3차'!C5와 같은 형태로 입력됩니다.

> **POINT** '1차:3차'!C5는 '1차' 워크시트부터 '3차' 워크시트까지의 [C5]셀을 의미합니다.

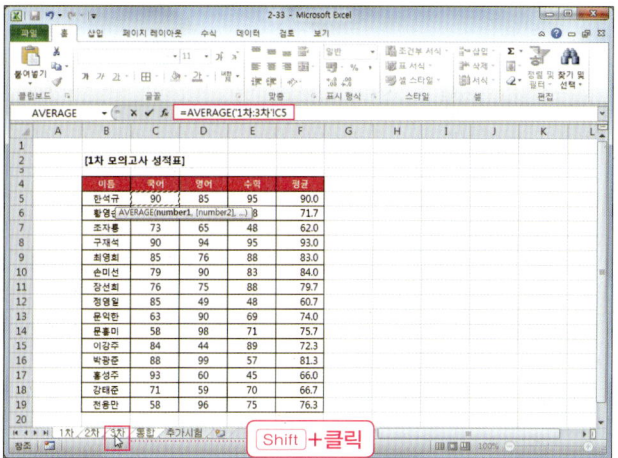

05 마지막으로 닫는 괄호를 입력하여 =AVERAGE('1차:3차'!C5)가 되면 Enter 키를 눌러 수식 입력을 확정합니다. '통합' 워크시트의 [C5]셀에 '1차'부터 '3차' 워크시트의 [C5]셀 평균이 계산되면 [C5]셀의 채우기 핸들을 [F5]셀까지 드래그하여 수식을 복사합니다.

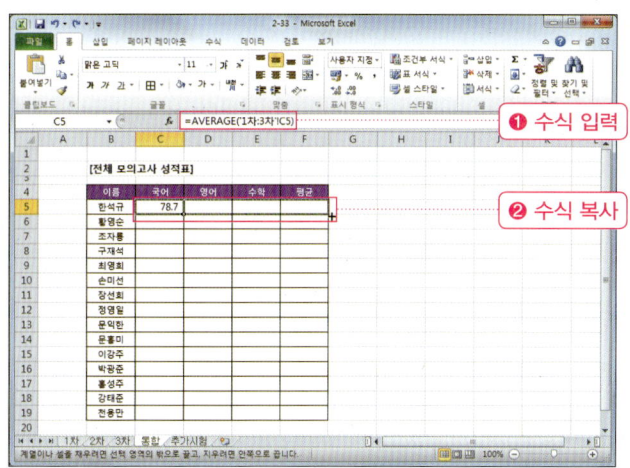

06 [C5:F5]가 블록으로 지정된 상태에서 채우기 핸들을 [F19]셀까지 드래그해서 수식을 복사합니다. 그러면 '1차'부터 '3차'까지 같은 위치에 있는 셀 값의 평균이 다음과 같이 구해집니다.

> **POINT** 수식 =AVERAGE('1차:3차'!C5)는 '1차', '2차', '3차' 워크시트에서 [C5]셀의 평균(AVERAGE)을 계산합니다.

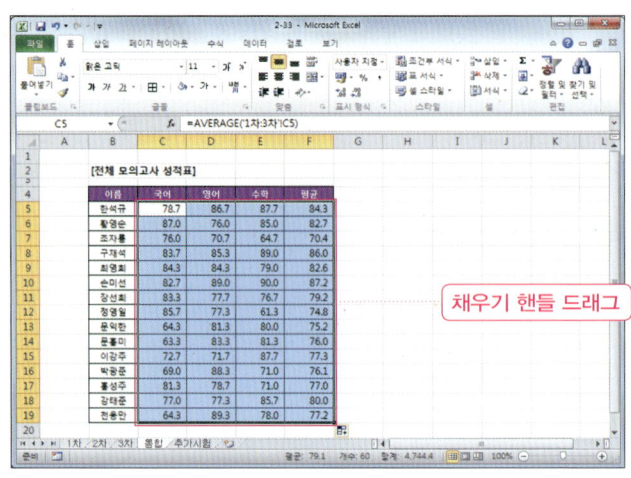

07 시트 탭의 '추가시험' 워크시트에서 마우스 왼쪽 버튼을 누른 채 '3차' 워크시트 앞으로 드래그해서 시트를 이동합니다.

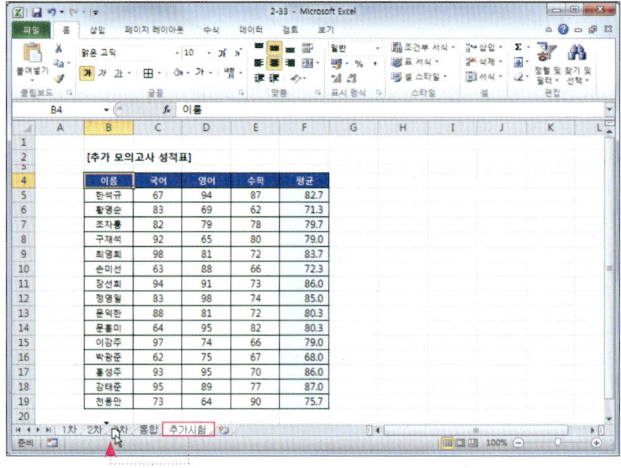

08 '1차'부터 '3차' 워크시트 사이로 '추가시험' 워크시트를 이동하면 '통합' 워크시트의 수식 =AVERAGE('1차:3차'!C5)는 '1차', '2차', '추가시험', '3차' 워크시트의 [C5]셀에 평균을 계산하게 되므로 다음과 같이 수식 결과가 이전과 달라집니다.

Section 34
여러 범위의 데이터 통합

여러 범위에 있는 데이터를 하나로 통합하는 방법에는 3차원 수식을 사용하는 방법 외에도 데이터 통합 기능을 이용하는 방법이 있습니다. 이 방법은 통합의 대상이 되는 데이터의 입력 형태가 동일하지 않아도 사용할 수 있습니다.

키워드 데이터 통합
예제 파일 Part2\예제파일\2-34.xlsx

01 '종합성적' 워크시트의 [B4]셀에서 [데이터] 탭-[데이터 도구] 그룹-통합( )을 클릭합니다.

> **POINT** 데이터를 통합한 결과가 나타날 범위의 시작 셀에서 통합 명령을 시작합니다.

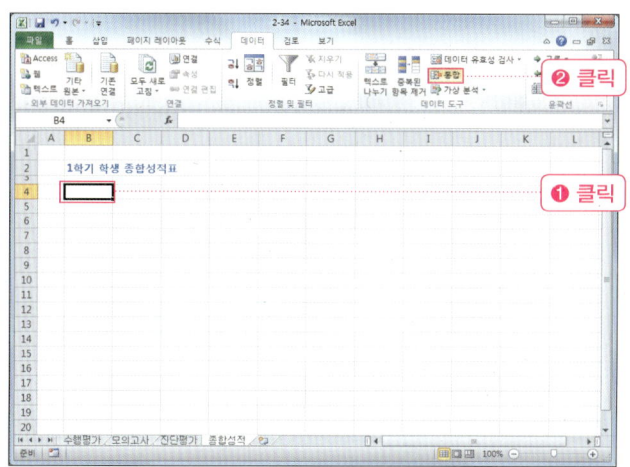

02 [통합] 대화상자가 실행되면 [함수]를 '평균'으로 지정합니다. 그런 다음 [참조] 입력 상자를 클릭하고, '수행평가' 워크시트의 [B4:F19]를 드래그해서 지정한 다음 [추가] 버튼을 클릭합니다.

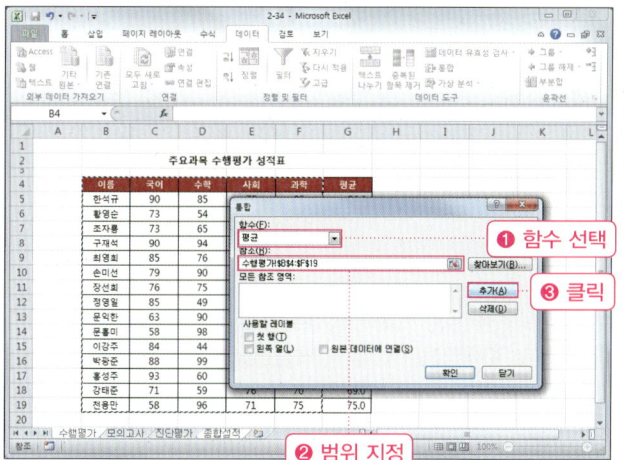

03 계속해서 이번에는 '모의고사' 워크시트에서 [B4:E19]를 드래그해서 참조 범위를 지정하고 [추가] 버튼을 클릭합니다.

> **POINT** 모든 참조 영역에 추가한 참조 범위가 표시됩니다.

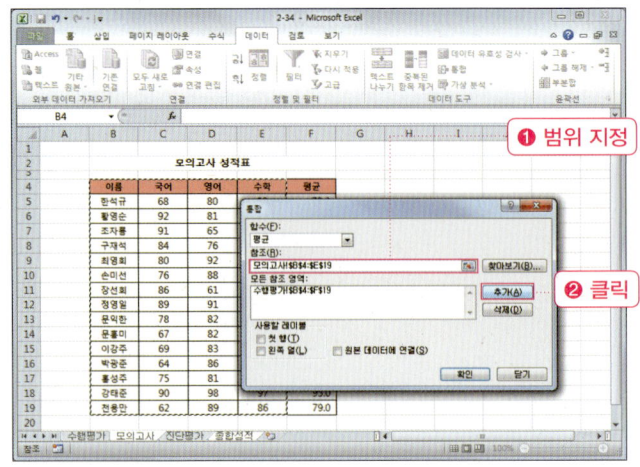

04 마지막으로 '진단평가' 워크시트에서 [B4:G19]를 드래그하여 참조 범위를 지정한 다음 [추가] 버튼을 클릭합니다.

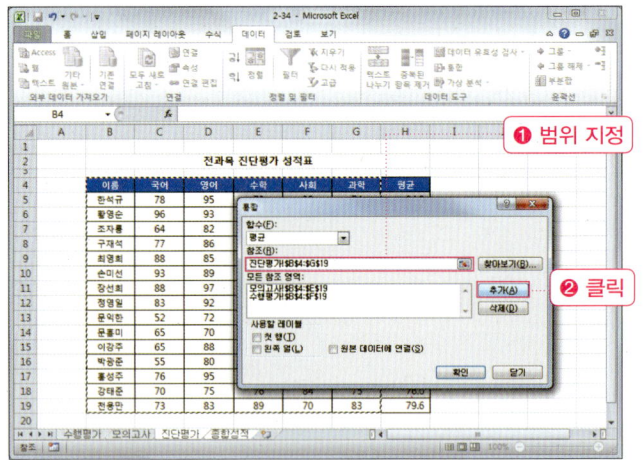

05 모두 세 개의 참조 범위를 추가했으면 [사용할 레이블]에서 '첫 행'과 '왼쪽 열'을 모두 클릭해서 선택하고 [확인] 버튼을 클릭합니다.

> **POINT** '원본 데이터에 연결'을 체크하여 통합하면 통합 결과가 참조 범위와 연결되어 참조 범위에서 데이터를 변경했을 때 통합 결과에 영향을 줍니다.

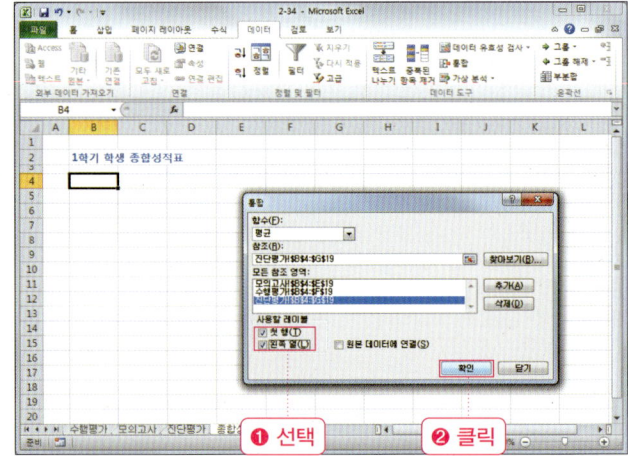

06 다음과 같이 '종합성적' 워크시트의 [B4]셀부터 '수행평가', '모의고사', '진단평가' 워크시트에 있는 데이터를 통합한 결과가 표시됩니다.

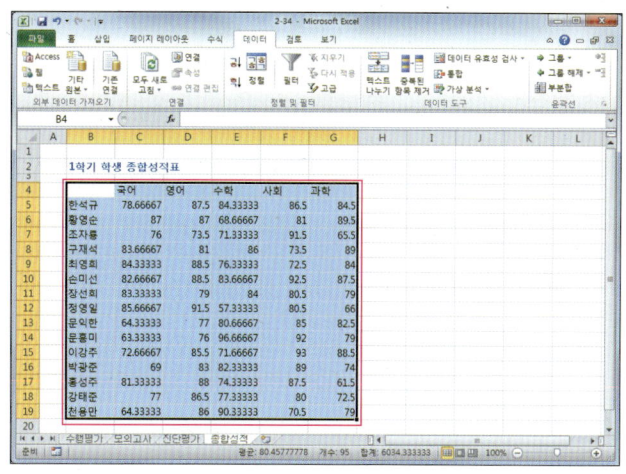

07 통합 결과에 임의로 다음과 같이 적절한 서식을 지정합니다. H열에 평균을 계산할 수 있는 범위를 만든 다음 [H5]셀에 =AVERAGE(C5:G5)를 입력해서 평균을 계산합니다. 그런 다음 [H5]셀의 채우기 핸들을 [H19]셀까지 드래그합니다.

> **POINT** [H5]셀의 채우기 핸들을 더블클릭해도 됩니다.

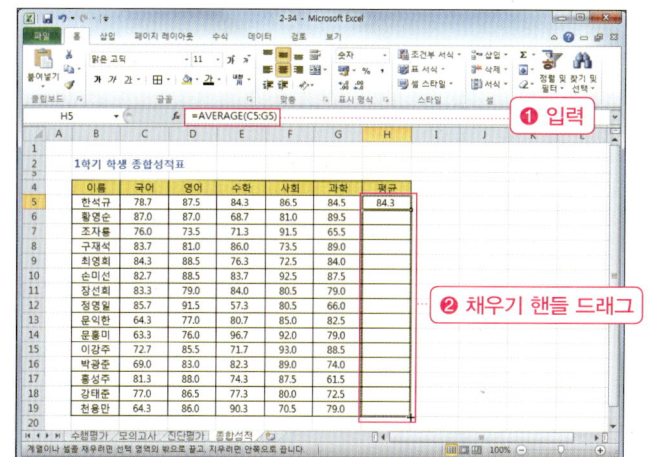

08 평균을 구하는 수식을 아래로 복사한 결과는 다음과 같습니다.

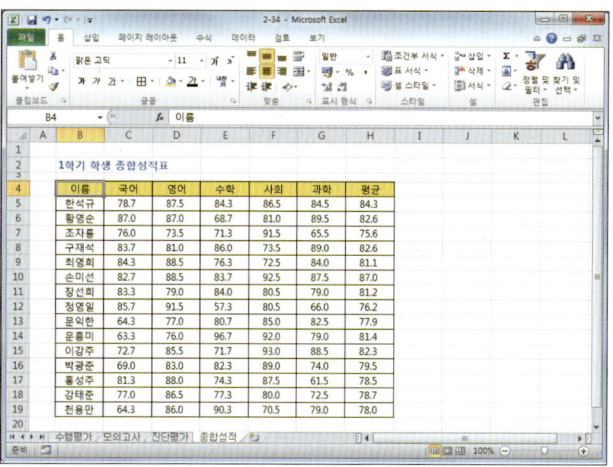

231

Section 35

서식 파일 사용하기

서식 파일은 새 통합 문서나 새 워크시트를 만들 때 기초가 되는 서식이 들어 있는 파일입니다. 새 통합 문서의 기본 서식 파일은 확장자가 xlsx입니다. 여기서는 기본 서식 파일 외에 엑셀에서 제공하는 다른 서식 파일을 사용하는 방법에 대해 알아봅니다. 서식 파일을 사용하면 비슷한 형식의 문서를 빠르게 작성할 수 있습니다.

키워드 새로 만들기, 서식 파일
예제 파일 Part2\예제파일\2-35.xlsx

01 [파일] 탭에서 [새로 만들기]를 클릭한 다음 [사용 가능한 서식 파일] 영역에서 [예제 서식 파일]을 클릭합니다.

> **POINT** [새 통합 문서]에서 바로 [만들기] 버튼을 클릭하면 기본 서식 파일로 새 통합 문서가 만들어집니다.

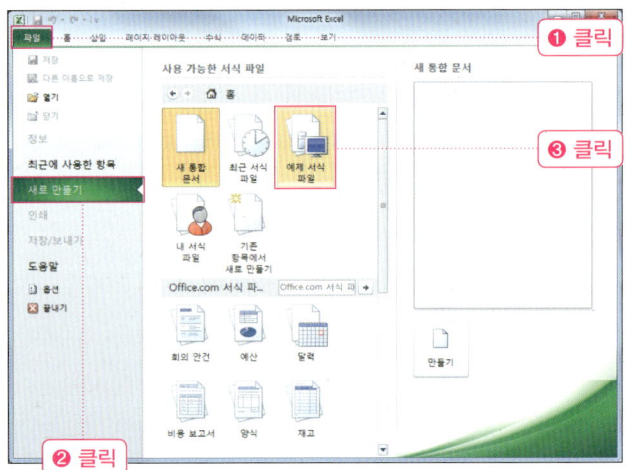

02 다음과 같이 엑셀 2010을 설치할 때 기본적으로 제공되는 서식 파일이 표시되면 여기에서 [대출 상환] 서식 파일을 선택하고 [만들기] 버튼을 클릭합니다.

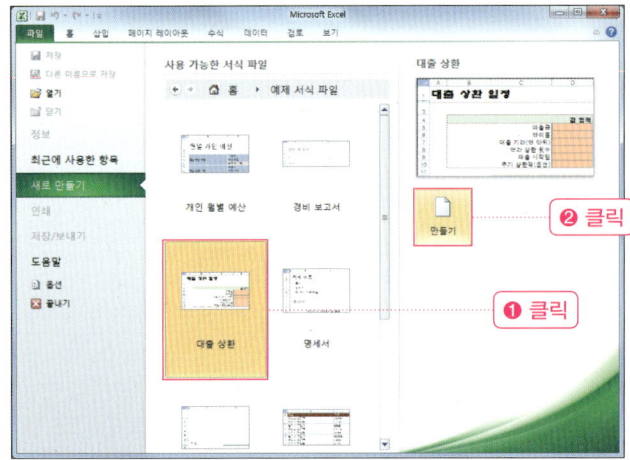

03 다음과 같이 '대출 상환' 서식 파일을 이용한 새 통합 문서가 만들어 집니다. 이미 내용이 입력되어 있지만 새 통합 문서이므로 원하는 내용을 입력한 다음, 새로운 이름을 지정하여 저장해야 합니다.

> **POINT** 새 문서로 열린 '대출 상환' 서식 파일의 제목 표시줄에는 '대출 상환1'이라는 이름이 표시됩니다. 서식 파일을 사용하지 않고 새 통합 문서를 열면 제목 표시줄에 '통합 문서1', '통합 문서2', ... 등으로 임시 파일 이름이 나타나는 것처럼, 서식 파일을 사용해서 새 문서를 만들면 서식 파일의 이름과 번호로 임시 파일 이름이 나타납니다.

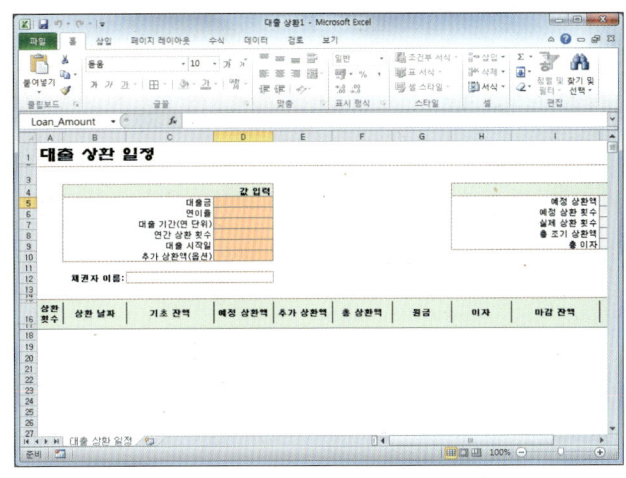

04 이번에는 [파일] 탭에서 [새로 만들기]를 클릭한 다음 [Office.com 서식 파일] 영역에서 [달력]을 클릭합니다. 여러 종류의 달력 서식 파일이 나오면 원하는 서식 파일을 선택하고 [다운로드] 버튼을 클릭합니다.

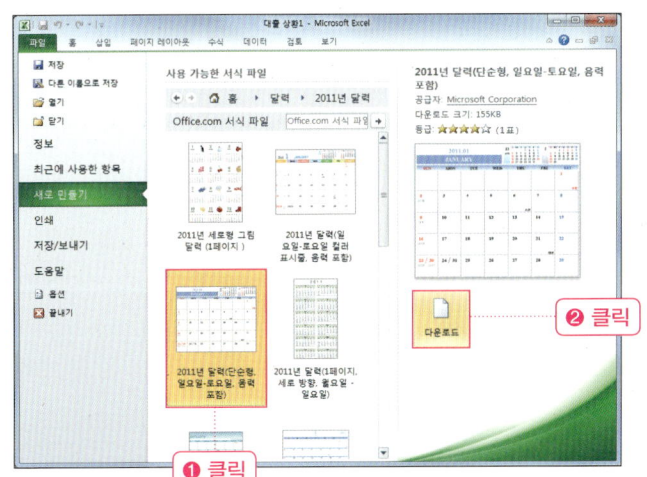

05 다운로드가 진행되면 다음과 같이 선택한 서식 파일로 만들어진 새 통합 문서가 표시됩니다.

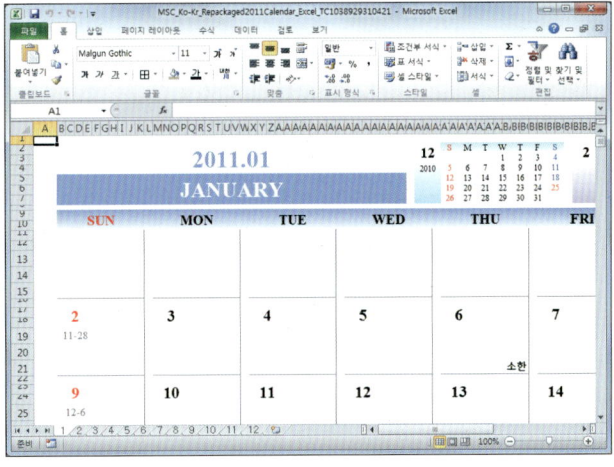

피벗 테이블 보고서 만들기

Section 36

워크시트에 입력한 데이터의 양이 매우 많을 때, 피벗 테이블 보고서를 이용하면 대량의 데이터를 목적에 맞게 재구성하고 요약할 수 있습니다. 피벗 테이블 보고서는 단순한 데이터 나열의 차원을 넘어서, 데이터 사이의 관계를 발견하고 데이터 흐름을 분석하는 등 데이터를 쓸모 있는 정보로 만드는 매우 효과적인 방법을 제공합니다.

키워드 피벗 테이블, 필드 목록, 피벗 테이블 레이아웃
예제 파일 Part2\예제파일\2-36.xlsx

01 [B2]셀부터 시작되는 데이터 목록에 있는 임의의 셀에서 [삽입] 탭-[표] 그룹-피벗 테이블( )을 클릭합니다.

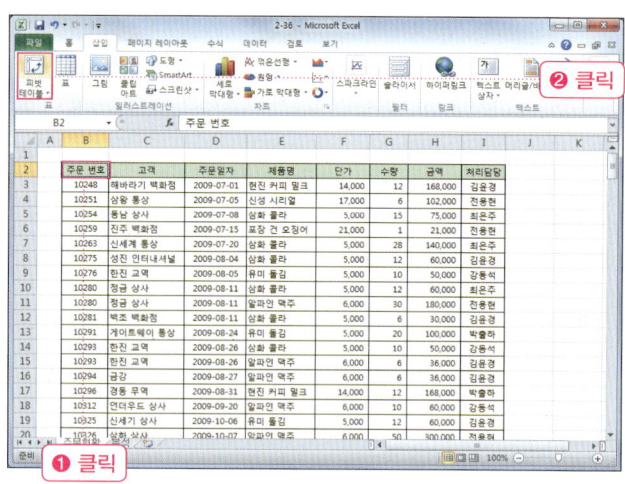

02 [피벗 테이블 만들기] 대화상자에서 분석할 데이터 [표/범위]는 현재 셀이 포함되어있는 데이터 목록 범위가 자동으로 설정됩니다.

> **POINT** 분석할 데이터 범위는 현재 셀을 중심으로 자동 설정되며 사용자 임의로 수정할 수도 있습니다.

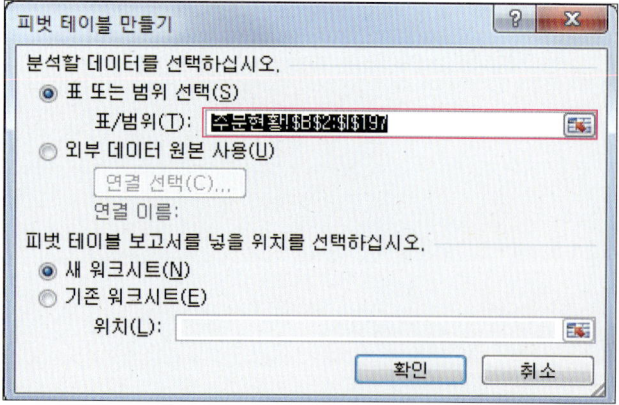

03 피벗 테이블 보고서를 작성할 위치를 '기존 워크시트'로 선택하고, [위치]는 '분석' 워크시트의 [B4]셀로 지정한 다음 [확인] 버튼을 클릭합니다.

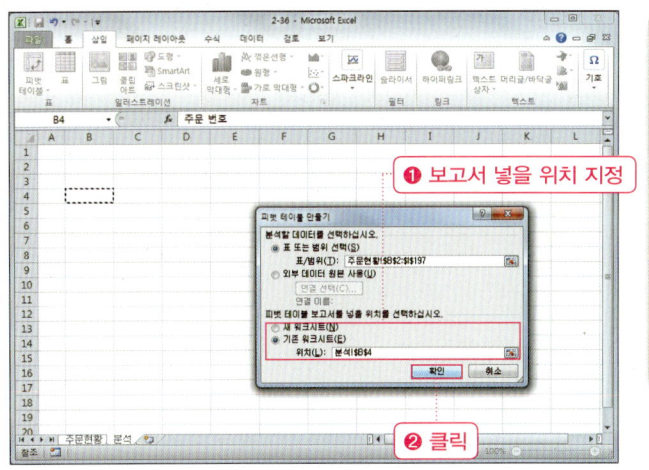

❶ 보고서 넣을 위치 지정
❷ 클릭

04 '분석' 시트의 [B4]셀부터 다음과 같이 비어 있는 피벗 테이블 레이아웃이 나타납니다.

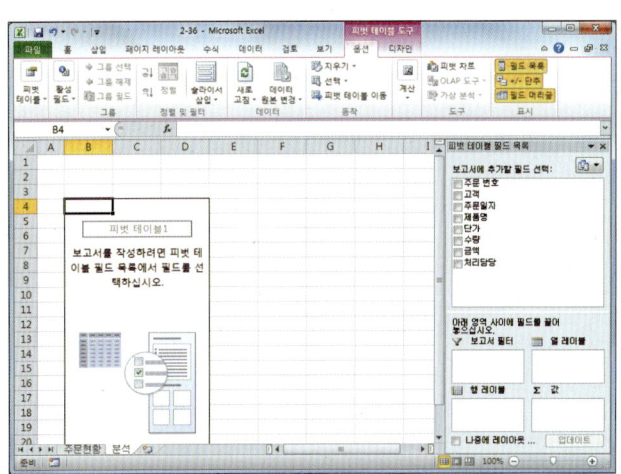

05 오른쪽에 표시된 [피벗 테이블 필드 목록] 작업 창에서 원하는 필드를 아래쪽의 해당 영역으로 드래그합니다. 여기서는 '고객' 필드를 [보고서 필터] 영역으로, '제품명' 필드를 [행 레이블] 영역으로, '처리담당' 필드를 [열 레이블] 영역으로, '수량'과 '금액' 필드를 [값] 영역으로 끌어다 놓았습니다.

> **POINT** 필드를 각 영역에 끌어다 놓으면 워크시트의 피벗 테이블 레이아웃에서 결과를 바로 확인할 수 있습니다.

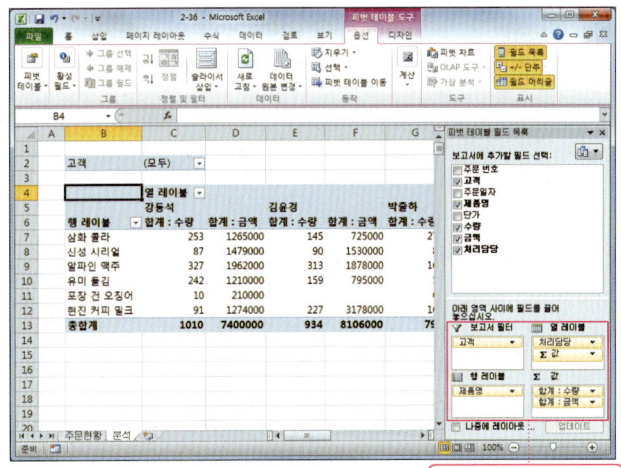

각 영역에 필드 배치

06 수량과 금액의 합계를 다른 방식으로 표시해 보겠습니다. [열 레이블] 영역에서 '값' 필드를 [행 레이블] 영역으로 끌어다 놓습니다.

> **POINT** '값' 필드는 [값] 영역에 두 개 이상의 필드를 배치했을 경우에만 표시됩니다.

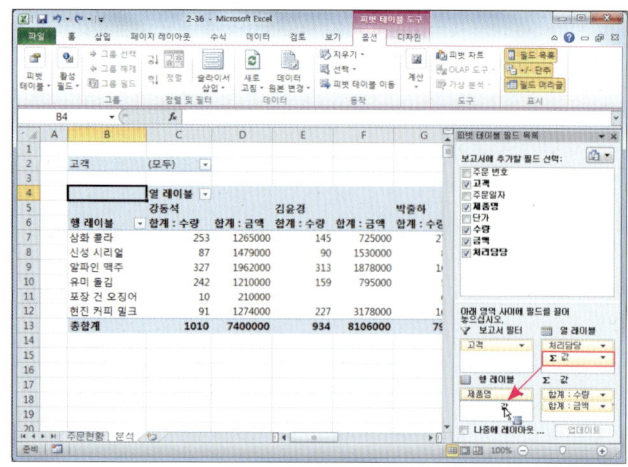

07 다음과 같이 [행 레이블] 영역에 수량과 금액의 합계가 표시되는 형태로 피벗 테이블 레이아웃이 변경됩니다. 이제 [피벗 테이블 필드 목록] 작업 창의 닫기 (☒) 버튼을 클릭해서 작업 창을 닫습니다.

> **POINT** [피벗 테이블 도구]의 [옵션] 탭-[표시] 그룹-필드 목록 (📋)을 클릭해서 [피벗 테이블 필드 목록] 작업 창을 표시하거나 숨길 수 있습니다.

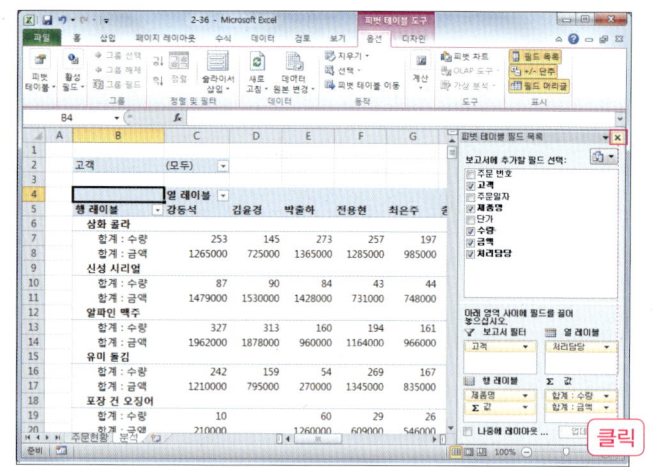

08 [디자인] 탭-[피벗 테이블 스타일] 그룹에서 피벗 테이블에 적용할 스타일을 클릭합니다. 또 [피벗 테이블 스타일 옵션] 그룹에서 '줄무늬 행'과 '줄무늬 열' 등을 사용해서 피벗 테이블 디자인을 변경할 수 있습니다.

> **POINT** 피벗 테이블 보고서는 원본 데이터 목록과 연결되어 있습니다. 원본 데이터가 변경되었을 때 변경 사항을 피벗 테이블에 적용하려면 피벗 테이블에서 [옵션] 탭-[데이터] 그룹-새로 고침(🔄)을 클릭합니다.

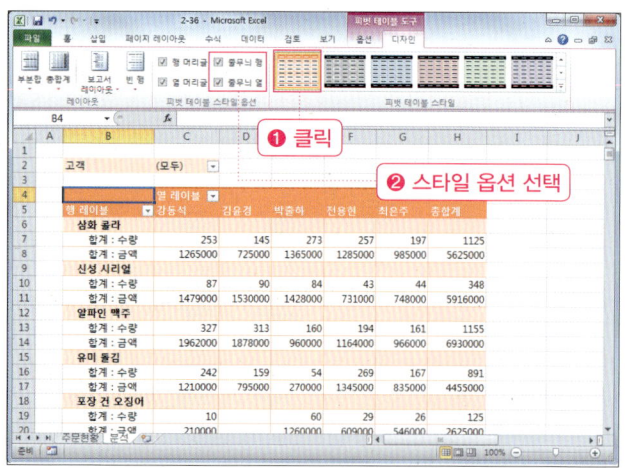

피벗 테이블의 레이아웃 바꾸기

피벗 테이블 보고서를 작성한 다음 보고서 필터, 행 레이블, 열 레이블, 값 등을 이용하여 보고서의 각 영역에 원하는 항목만 표시할 수 있습니다. 또한 각 영역에 필드를 추가 및 제거하기, 필드 이동하기 등을 이용하면 피벗 테이블을 여러 가지 방법으로 표시할 수 있습니다.

키워드 필드 추가, 필드 제거, 필드 설정
예제 파일 Part2\예제파일\2-37 .xlsx

01 피벗 테이블 보고서의 [보고서 필터] 영역에 있는 '고객' 필드의 드롭다운 버튼을 클릭합니다. 데이터 항목에서 '금강'을 선택하고 [확인] 버튼을 클릭합니다.

> **POINT** 목록에서 두 개 이상의 데이터 항목을 선택하려면 '여러 항목 선택'을 체크해야 합니다.

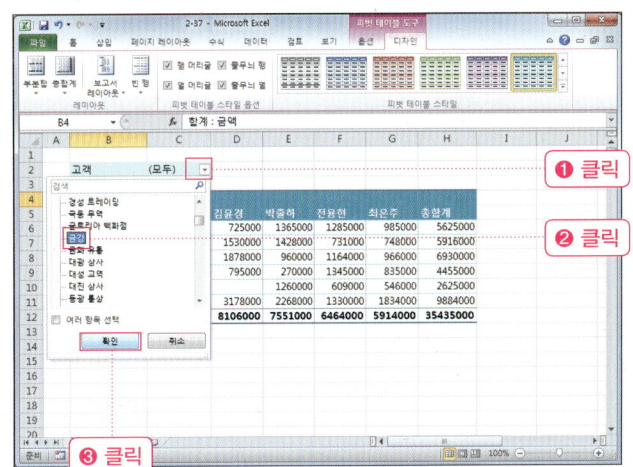

02 다음과 같이 피벗 테이블 보고서가 '고객' 필드의 값이 '금강'인 내용으로만 재구성됩니다.

> **POINT** [보고서 필터] 영역의 드롭다운 버튼을 클릭하고 '(모두)'를 선택하면 다시 모든 데이터가 피벗 테이블 보고서에 포함됩니다.

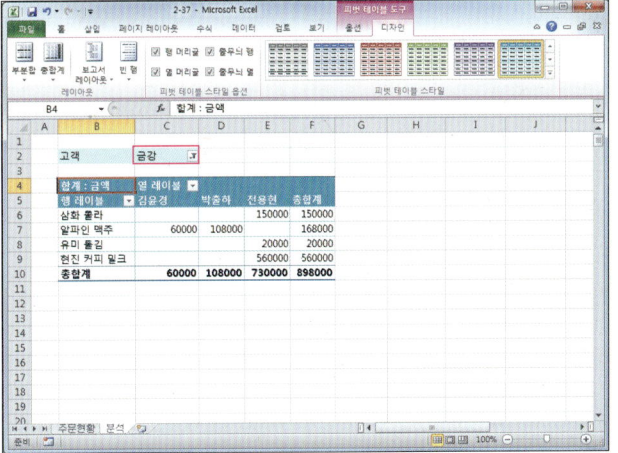

03 다시 '고객' 필드의 드롭다운 버튼을 클릭한 다음 '여러 항목 선택'을 체크합니다. 그리고 검색 상자에 '백화점'을 입력하면 '백화점'이 포함된 데이터 항목만 목록에 표시됩니다. 여기에서 피벗 테이블 보고서에 나타낼 항목만 클릭해서 선택한 다음 '필터에 현재 선택 내용 추가'를 선택하고 [확인] 버튼을 클릭합니다.

> **POINT** '여러 항목 검색'을 체크하면 데이터 항목 앞에 각 항목을 선택할 수 있는 체크 박스가 표시됩니다.

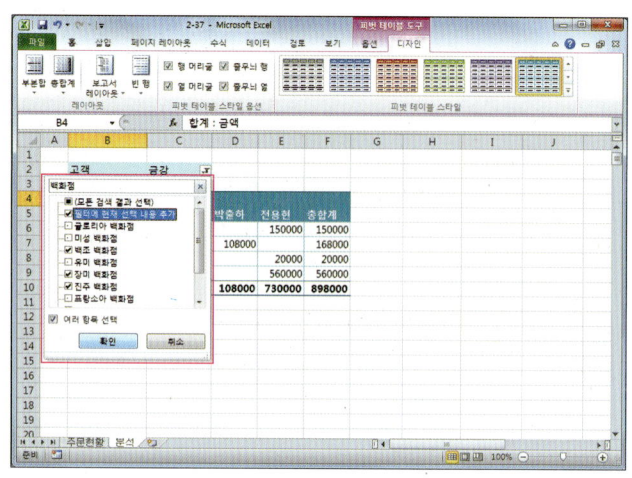

04 여러 개의 항목으로 피벗 테이블 보고서를 재구성한 결과는 다음과 같습니다. 만약에 '필터에 현재 선택 내용 추가'를 선택하지 않았다면 이전에 선택한 '금강'을 무시하고 새로 선택한 데이터 항목으로만 피벗 테이블을 재구성합니다.

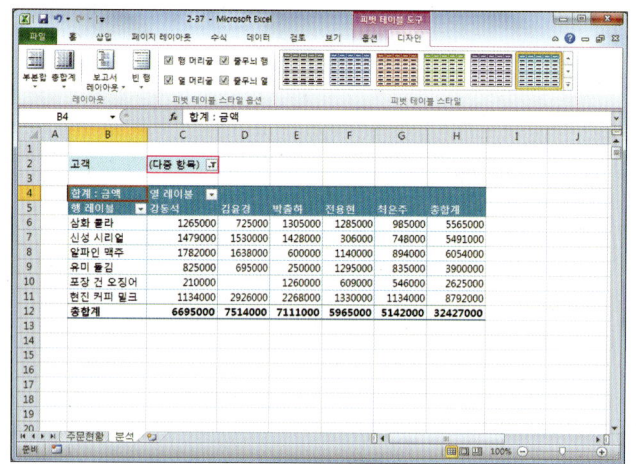

05 [행 레이블]이나 [열 레이블]도 [보고서 필터]와 같은 방법으로 데이터 항목을 선택할 수 있습니다. 여기서는 [행 레이블]의 드롭다운 버튼을 클릭한 다음 필터 목록에서 원하는 항목만 선택하고 [확인] 버튼을 클릭합니다.

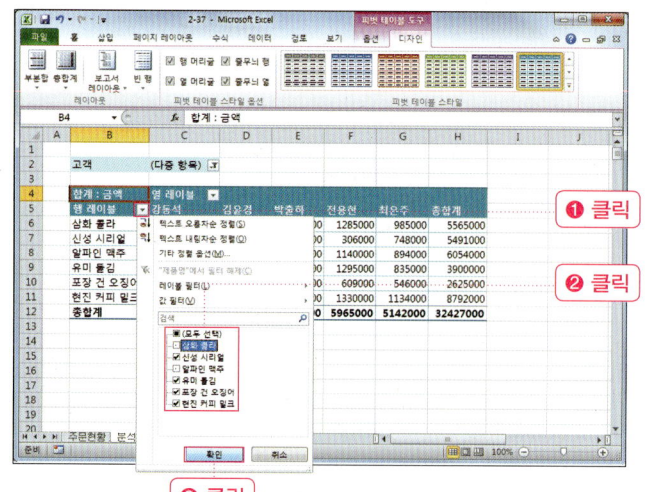

06 다음과 같이 [행 레이블]에서 선택한 항목만 피벗 테이블 보고서에 표시됩니다. 같은 방법으로 [열 레이블]에서도 원하는 항목만 선택해서 피벗 테이블 보고서에 표시할 수 있습니다.

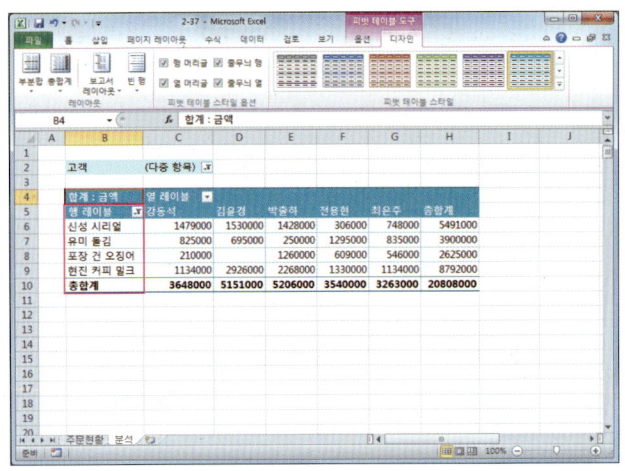

07 [옵션] 탭-[표시] 그룹-필드 목록( )을 클릭해서 [피벗 테이블 필드 목록] 작업 창을 엽니다. 피벗 테이블에 있는 필드를 제거하기 위해 [보고서 필터]에 있는 '고객' 필드에서 마우스 왼쪽 버튼을 누른 채 바깥으로 드래그합니다.

> **POINT** [보고서에 추가할 필드 선택] 목록에서 제거하려는 필드를 클릭해서 선택을 해제해도 됩니다.

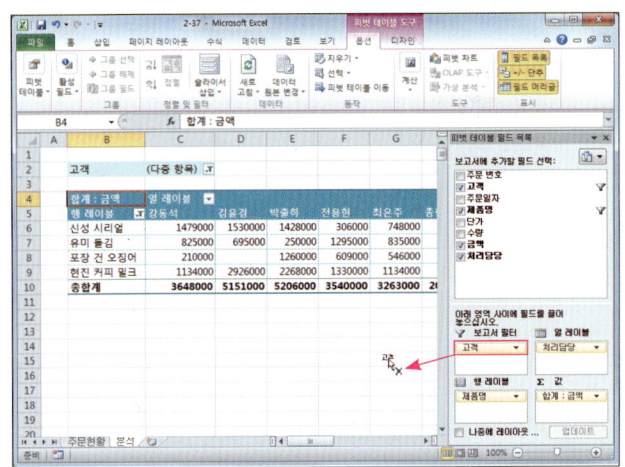

08 '고객' 필드가 제거되면 이번에는 [보고서에 추가할 필드 선택] 목록에서 '주문일자' 필드를 [보고서 필터] 영역으로 드래그하여 필드를 추가합니다.

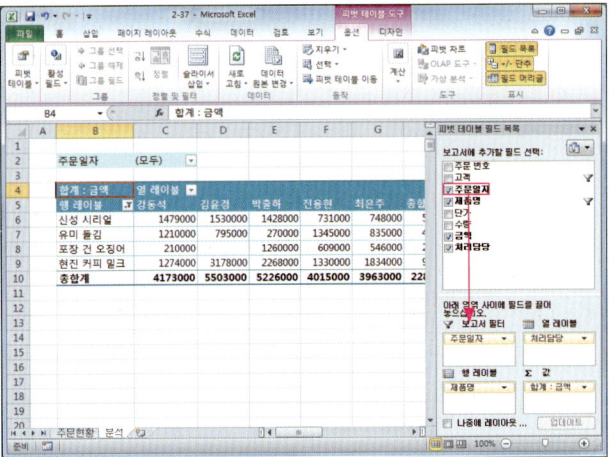

Section 38
피벗 테이블의 필드 설정하기

피벗 테이블 보고서는 '보고서 필터', '행 레이블', '열 레이블', '값' 영역에 배치한 필드 값을 이용하여 만들어집니다. 여기서는 '값' 영역에 배치한 필드를 계산하는 함수를 변경하고 표시 형식을 바꾸는 방법에 대해 알아봅니다.

키워드 필드 설정, 표시 형식
예제 파일 Part2\예제파일\2-38.xlsx

01 '분석' 워크시트에서 피벗 테이블 보고서의 [B4]셀을 선택한 다음 [피벗 테이블 도구]의 [옵션] 탭-[활성 필드] 그룹-필드 설정(필드 설정)을 클릭합니다.

> **POINT** '값' 영역에 있는 임의의 셀에서 필드 설정(필드 설정)을 클릭해야 합니다.

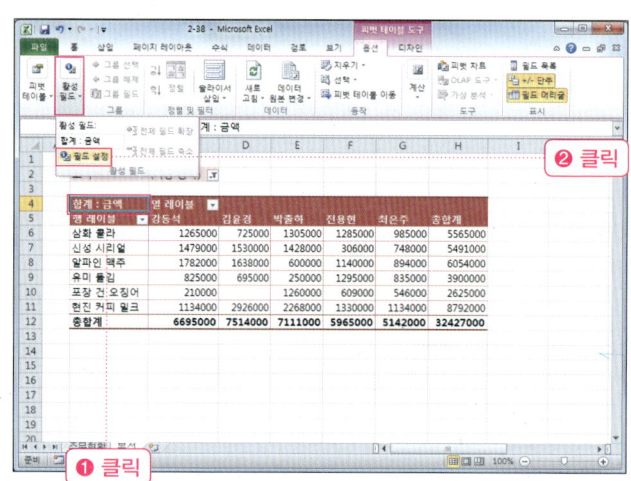

02 [값 필드 설정] 대화상자가 열리면 사용할 함수를 '평균'으로 변경한 다음 [표시 형식] 버튼을 클릭합니다.

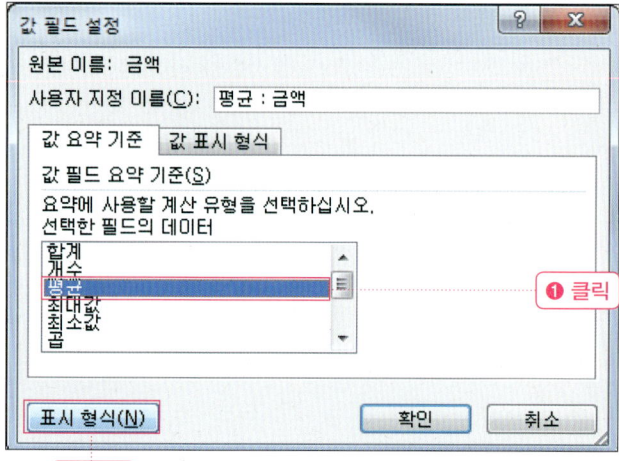

03 [셀 서식] 대화상자가 열리면 [표시 형식]의 [범주]를 '숫자'로 지정하고 '1000 단위 구분 기호(,) 사용'을 체크한 다음 [확인] 버튼을 클릭합니다.

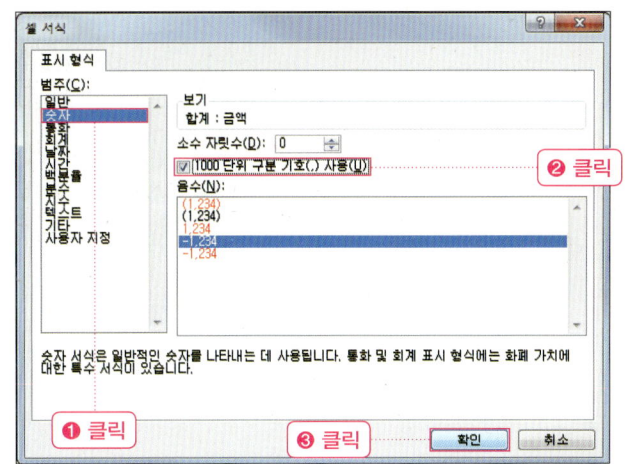

04 [값 필드 설정] 대화상자로 돌아오면 [확인] 버튼을 클릭합니다.

> **POINT** [사용자 지정 이름]에는 선택한 함수와 활성 필드명으로 '평균 : 금액'과 같은 이름이 정해집니다. 여기에 사용자 임의로 새 이름을 입력할 수 있습니다.

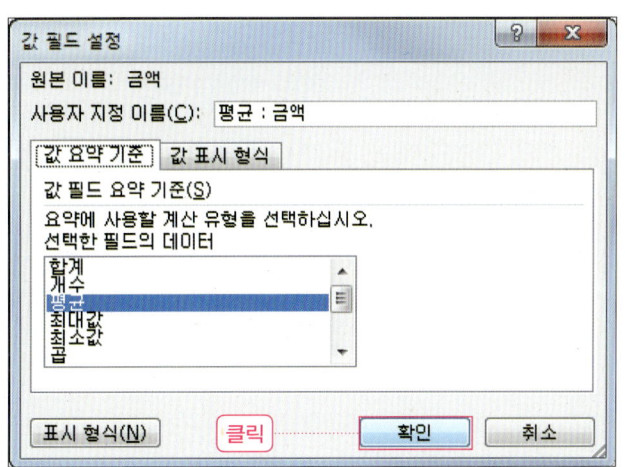

05 다음과 같이 금액 필드에 대한 평균이 계산되고 천 단위마다 쉼표(,)가 삽입된 형태로 표시 형식이 변경됩니다.

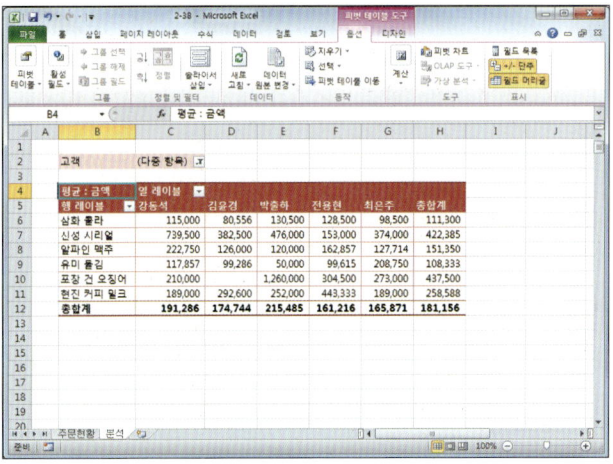

피벗 테이블의 항목 그룹화

피벗 테이블의 행 레이블, 또는 열 레이블 영역에 배치한 필드의 값을 그룹으로 설정할 수 있습니다. 예를 들어 날짜 데이터인 경우 년, 분기, 월 단위 등으로 그룹화하거나 숫자 데이터인 경우에는 간격을 지정하여 그룹화 할 수 있습니다.

키워드 그룹 필드, 부분합, 필드 확장, 필드 축소
예제 파일 Part2\예제파일\2-39.xlsx

01 '분석' 워크시트의 피벗 테이블에서 '행 레이블'에 배치한 주문일자를 년과 분기 단위로 그룹화하려고 합니다. 주문일자가 있는 셀을 선택하고 [피벗 테이블 도구]의 [옵션] 탭-[그룹] 그룹-그룹 필드(그룹 필드)를 클릭합니다.

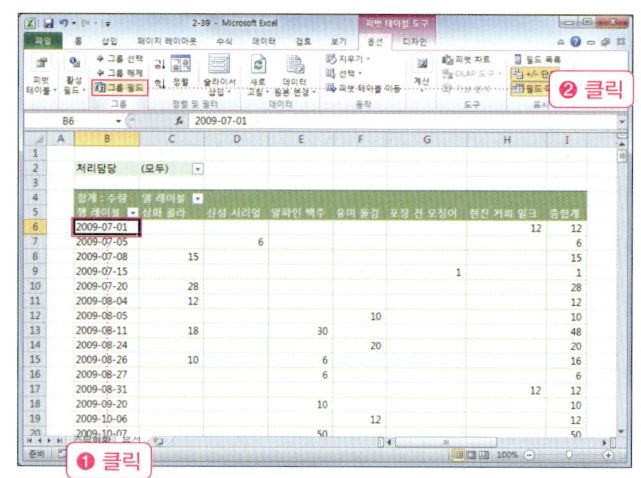

02 [그룹화] 대화상자가 실행되면 '시작'과 '끝'의 날짜는 설정된 값을 그대로 두고, [단위]에서 '연'과 '분기'를 선택한 다음 [확인] 버튼을 클릭합니다.

> **POINT** [단위]에서 항목을 한 번 클릭하면 선택되고 다시 한 번 클릭하면 선택이 해제됩니다.

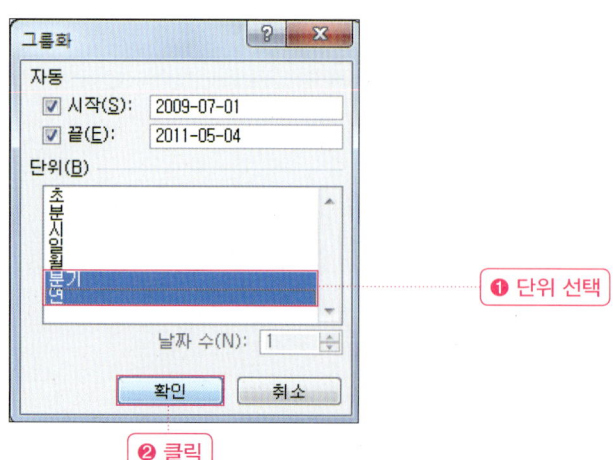

03 다음과 같이 주문일자 필드가 '년' 단위와 '분기' 단위의 그룹으로 설정되었습니다.

> **POINT** 그룹으로 설정된 필드에서 [옵션] 탭-[그룹] 그룹-그룹 해제(그룹 해제)를 클릭하면 그룹 설정이 취소됩니다.

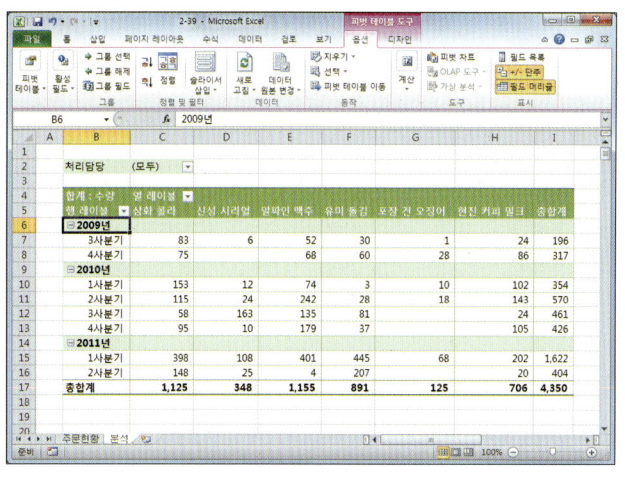

04 그룹으로 설정된 주문일자 필드에서 [디자인] 탭-[레이아웃] 그룹-부분합( )을 클릭한 다음 [그룹 상단에 모든 부분합 표시]를 선택합니다.

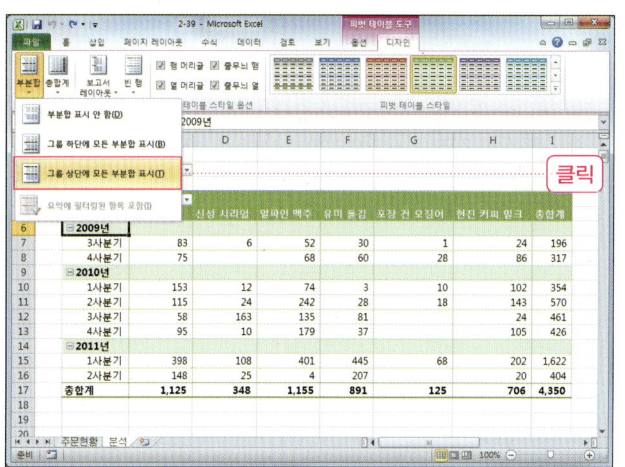

05 다음과 같이 그룹 상단에 '년' 단위의 부분합이 표시됩니다. 부분합( )을 클릭하고 [부분합 표시 안 함]을 선택하면 부분합 표시를 해제할 수 있습니다.

> **POINT** [디자인] 탭-[레이아웃] 그룹-총합계( )를 클릭하면 행과 열의 총합계를 표시할 것인지 여부를 지정할 수 있습니다.

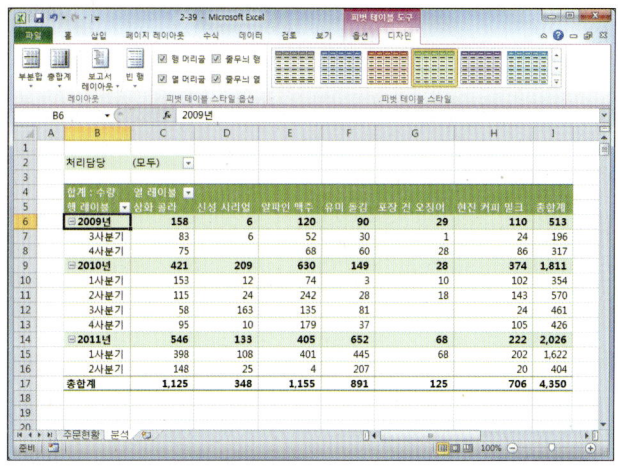

06 그룹으로 설정된 필드에서 [옵션] 탭-[활성 필드] 그룹-전체 필드 축소(전체 필드 축소)를 클릭합니다.

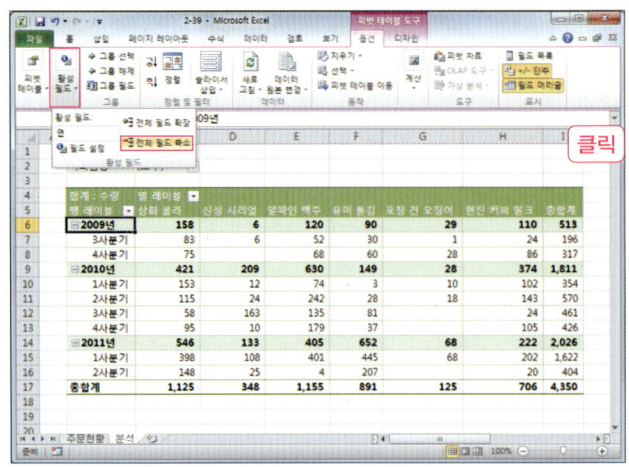

07 주문일자 필드 그룹에 대해 전체 필드를 축소한 결과는 다음과 같습니다. '년' 단위의 그룹만 표시되고 '분기' 단위의 그룹은 축소된 상태로 나타납니다.

> **POINT** [옵션] 탭-[활성 필드] 그룹-전체 필드 확장(전체 필드 확장)을 클릭하면 원래 상태로 표시됩니다.

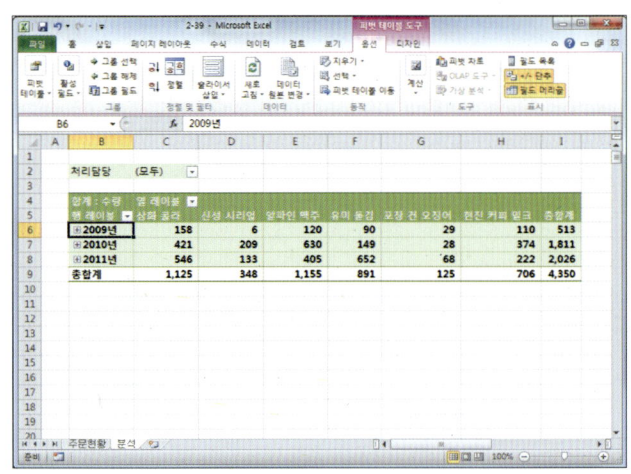

08 필드가 축소된 상태에서는 각 항목 앞에 [+] 단추가 표시됩니다. 이 단추를 클릭하면 [-] 단추로 바뀌면서 해당 항목에 대한 하위 그룹이 표시됩니다.

> **POINT** [옵션] 탭-[표시] 그룹-+/- 단추(+/- 단추)를 사용하여 그룹으로 설정된 항목 앞의 [+] 단추나 [-] 단추를 숨기거나 표시합니다.

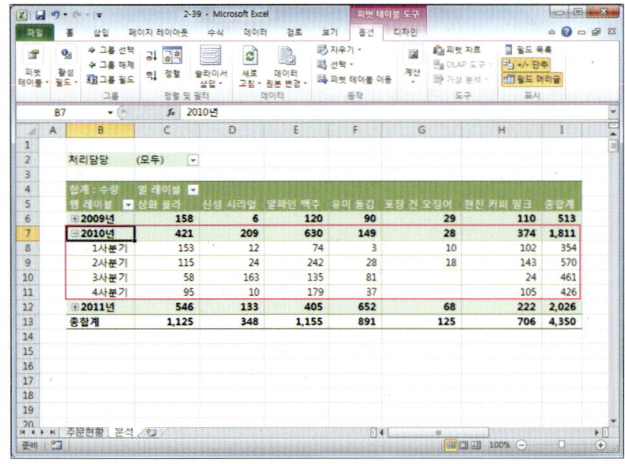

Section 40 피벗 차트 만들기

피벗 차트는 피벗 테이블 보고서를 원본으로 사용하여 작성합니다. 피벗 테이블에서 [옵션] 탭-[도구] 그룹-피벗 차트( )를 사용하여 작성하거나, 피벗 테이블을 만들 때 [삽입] 탭-[표] 그룹-피벗 테이블( )의 화살표를 클릭하고 [피벗 차트]를 선택하여 피벗 테이블과 피벗 차트를 동시에 작성할 수도 있습니다.

키워드 피벗 차트, 차트 이동
예제 파일 Part2\예제파일\2-40.xlsx

01 '분석' 워크시트의 피벗 테이블 보고서에서 임의의 셀을 선택한 다음 [피벗 테이블 도구]의 [옵션] 탭-[도구] 그룹-피벗 차트( )를 클릭합니다.

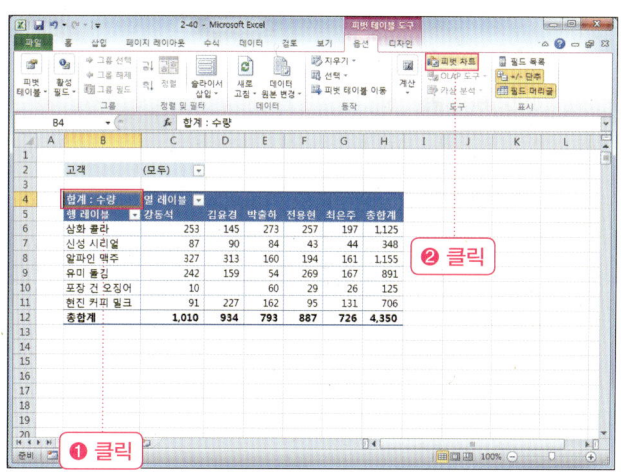

02 [차트 삽입] 대화상자에서 [가로 막대형] 탭을 선택하고 차트 하위 종류에서 '누적 가로 막대형'을 선택한 다음 [확인] 버튼을 클릭합니다.

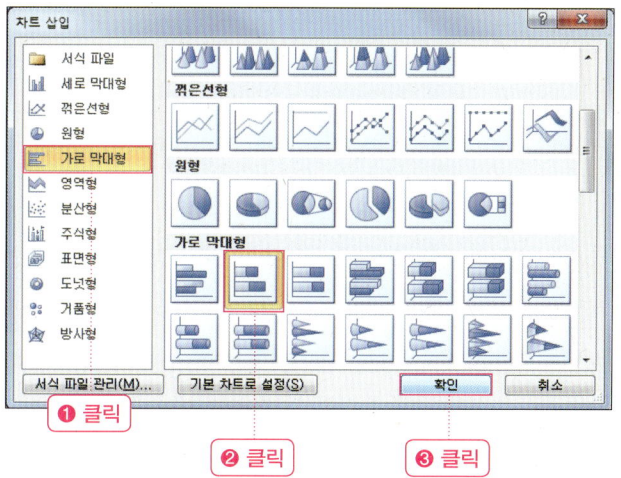

03 다음과 같이 현재 워크시트에 피벗 차트가 삽입됩니다. 이 피벗 차트에 표시된 필드 단추를 이용하여 피벗 테이블에서와 같은 방법으로 데이터를 필터링 할 수 있습니다.

> **POINT** 피벗 차트에 표시된 필드 단추는 [분석] 탭-[표시/숨기기] 그룹-필드 단추( )를 사용하여 표시하거나 숨길 수 있습니다.

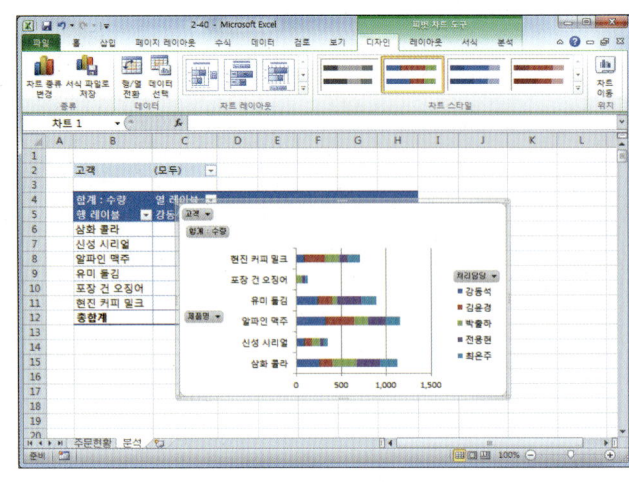

04 피벗 차트를 다른 시트로 이동하려면 [디자인] 탭-[위치] 그룹-차트 이동( )을 클릭합니다. [차트 이동] 대화상자에서 '새 시트'를 선택하고 '분석차트'를 입력한 다음 [확인] 버튼을 클릭합니다.

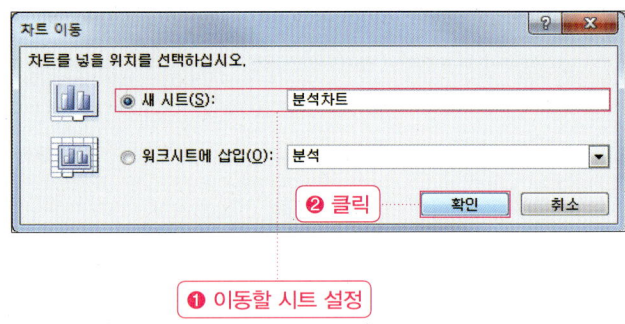

05 다음과 같이 '분석' 워크시트 앞에 새로운 차트 시트 '분석차트'가 삽입되고 피벗 차트가 이동됩니다. 일반 차트를 편집하는 방법과 동일한 방법으로 차트의 서식을 지정하고 여러 가지 옵션을 지정할 수 있습니다.

> **POINT** 피벗 차트는 항상 피벗 테이블 보고서와 연결되어 있습니다. 둘 중 하나의 레이아웃을 변경하면 다른 쪽도 자동으로 변경됩니다.

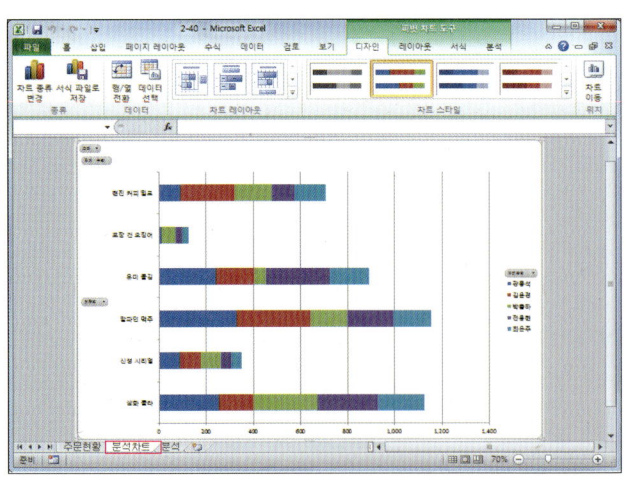

Section 41 슬라이서로 데이터 검색하기

슬라이서는 엑셀 2010 버전에 새로 추가된 기능으로 피벗 테이블에서 데이터를 더 쉽고 빠르게 필터링 할 수 있도록 도와주는 도구입니다.

키워드 슬라이서
예제 파일 Part2\예제파일\2-41.xlsx

01 '분석' 워크시트의 피벗 테이블에서 [피벗 테이블 도구]의 [옵션] 탭-[정렬 및 필터] 그룹-슬라이서 삽입(🗔)을 클릭합니다. [슬라이서 삽입] 대화상자가 실행되면 '제품명'을 체크하고 [확인] 버튼을 클릭합니다.

> **POINT** 한 개 이상의 필드를 선택해서 여러 개의 슬라이서를 삽입할 수도 있습니다.

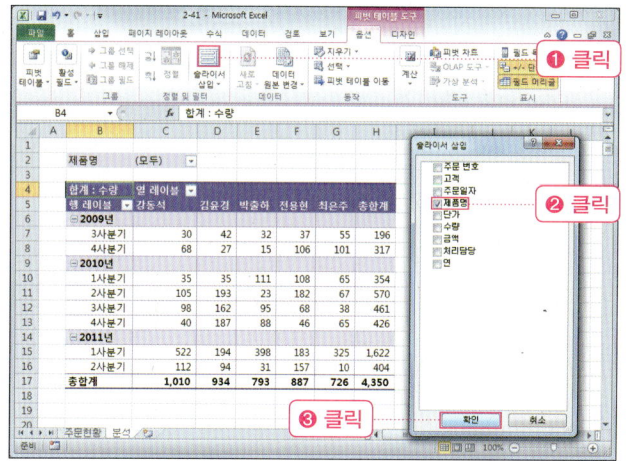

02 '제품명' 필드에 대한 슬라이서가 삽입됩니다. 슬라이서의 테두리를 드래그하여 원하는 위치로 이동한 다음 [옵션] 탭-[슬라이서 스타일] 그룹의 갤러리에서 원하는 스타일을 선택하여 슬라이서에 적용합니다.

> **POINT** 슬라이서 테두리에 표시된 크기 조절 핸들을 드래그해서 슬라이서의 크기를 조절합니다.

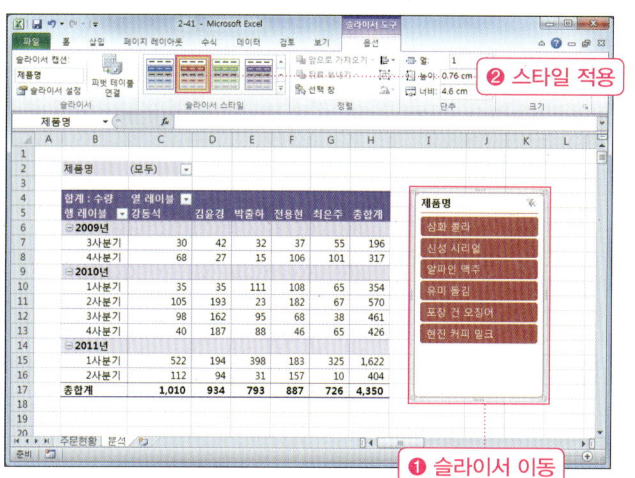

03 제품명 슬라이서에서 '알파인 맥주'를 클릭하면 제품명이 '알파인 맥주'에 해당되는 데이터만 피벗 테이블 보고서에 표시됩니다. 슬라이서에서 선택한 항목과 선택하지 않은 항목의 색이 다르게 표시되므로 어떤 데이터가 피벗 테이블에 포함되었는지 쉽게 알 수 있습니다.

> **POINT** 슬라이서의 오른쪽 상단에 있는 필터 지우기( ) 버튼을 클릭하면 필터가 해제되고 모든 데이터 항목이 선택됩니다.

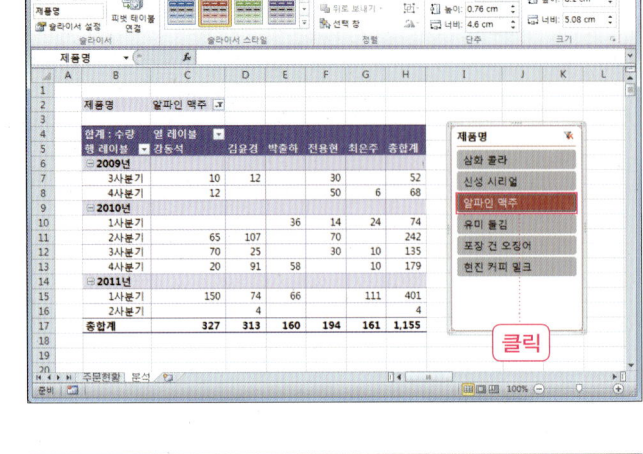

04 슬라이서에서 두 개 이상의 데이터 항목을 선택하려면 Ctrl 키를 누른 채 데이터 항목을 클릭합니다. 다음은 '삼화 콜라'와 '알파인 맥주', '현진 커피 밀크'를 선택하여 피벗 테이블 보고서를 필터링한 결과입니다.

> **POINT** Ctrl 키를 누른 채 이미 선택한 데이터 항목을 다시 클릭하면 선택이 취소됩니다.

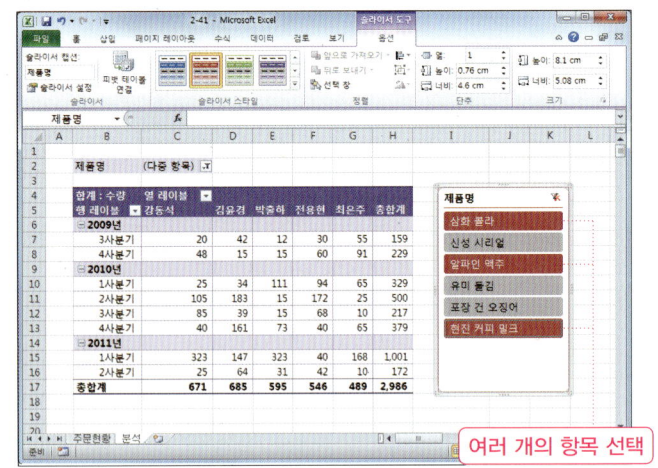

05 여러 개의 슬라이서를 이용하여 피벗 테이블의 데이터를 필터링할 수 있습니다. 다음은 '고객' 필드에 대한 슬라이서를 하나 더 삽입한 다음 데이터를 필터링한 결과입니다.

> **POINT** 슬라이서가 선택된 상태에서 Delete 키를 누르면 슬라이서가 제거됩니다.

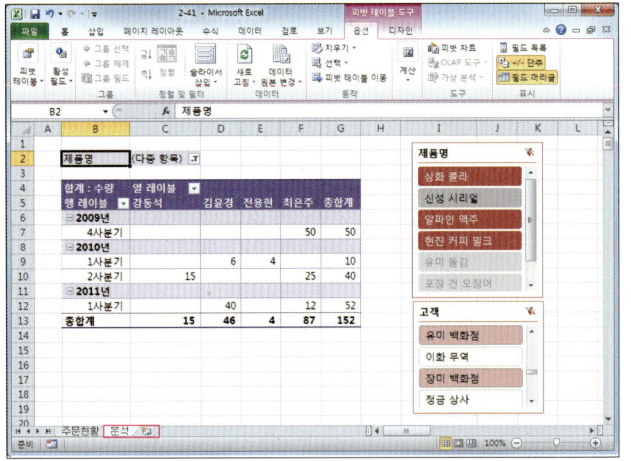

Section 42 목표값 찾기

목표값 찾기는 수식이 참조하고 있는 특정 셀의 값을 변경하여 수식이 입력되어 있는 셀의 결과를 원하는 값으로 바꾸기 위해 사용합니다. 수식의 목표값을 찾을 때, 원하는 값이 찾아질 때까지 지정한 특정 셀의 값이 계속 변경됩니다. 예를 들어 광고비의 합계를 오백만원으로 제한하기 위해 신문 광고비를 조정할 수 있습니다.

키워드 가상 분석, 목표값 찾기
예제 파일 Part2\예제파일\2-42.xlsx

01 [G11]셀의 예상 매출 금액 합계를 300,000,000원으로 만들기 위해 특정 제품의 예상 매출 수량을 조정해 보겠습니다. [G11]셀을 선택한 후 [데이터] 탭-[데이터 도구] 그룹-가상 분석(📊)을 클릭하고 [목표값 찾기]를 선택합니다.

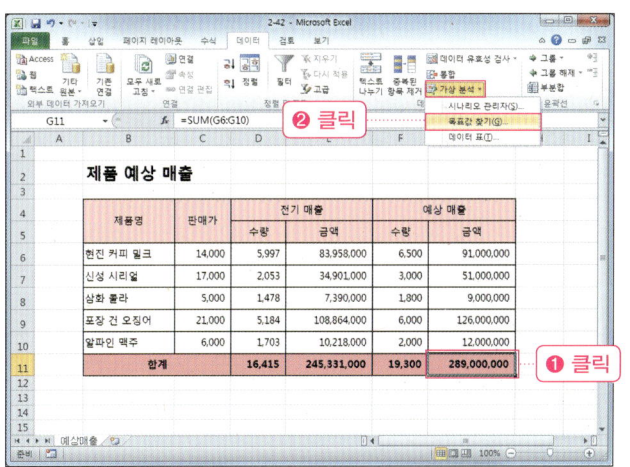

02 [목표값 찾기] 대화상자가 열리면 [수식 셀]은 자동으로 설정된 [G11]셀을 그대로 두고 [찾는 값]에 '300000000'을 입력합니다. [값을 바꿀 셀]을 [F9]셀로 지정한 다음 [확인] 버튼을 클릭합니다.

> **POINT** [G11]셀의 수식 결과가 '300000000'이 되기 위해 [F9]셀의 값을 어떻게 조정해야 하는지를 구하는 목표값 찾기입니다.

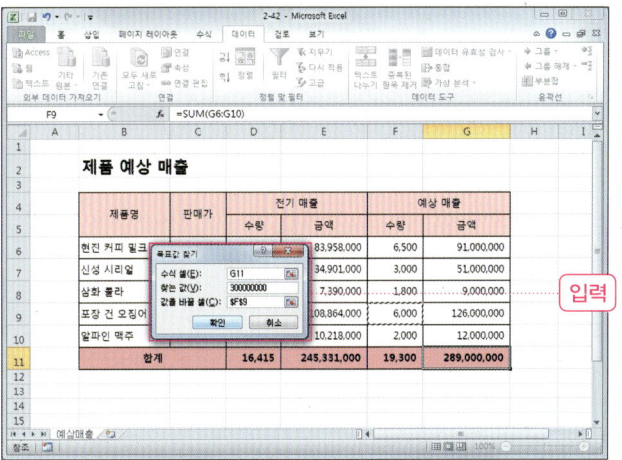

03 [목표값 찾기 상태] 대화상자가 열리면 [확인] 버튼을 클릭해서 목표값 찾기의 결과를 워크시트에 적용합니다.

> **POINT** 현재 워크시트에 적용된 내용만 확인하고 실제로 값을 바꾸지 않을 때는 [취소] 버튼을 클릭합니다.

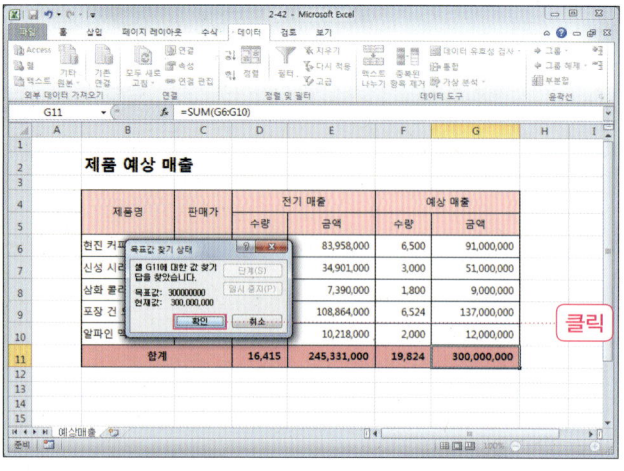

04 다시 [G11]셀에서 가상 분석( )을 클릭하고 [목표값 찾기]를 선택합니다. [목표값 찾기] 대화상자가 실행되면 [찾는 값]에 '320000000'을 입력하고, [값을 바꿀 셀]을 [F10]셀로 지정한 다음 [확인] 버튼을 클릭합니다.

> **POINT** [G11]셀의 수식 결과가 '320000000'이 되기 위해 [F10]셀의 값을 어떻게 조정해야 하는지를 구하는 목표값 찾기입니다.

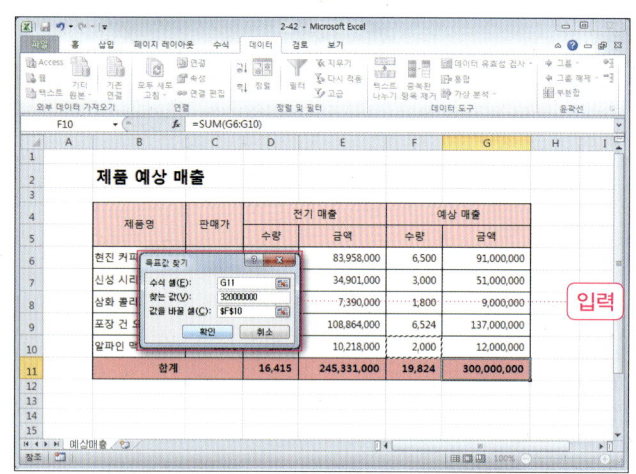

05 [목표값 찾기 상태] 대화상자가 열리면 [확인] 버튼을 클릭해서 결과를 워크시트에 적용합니다.

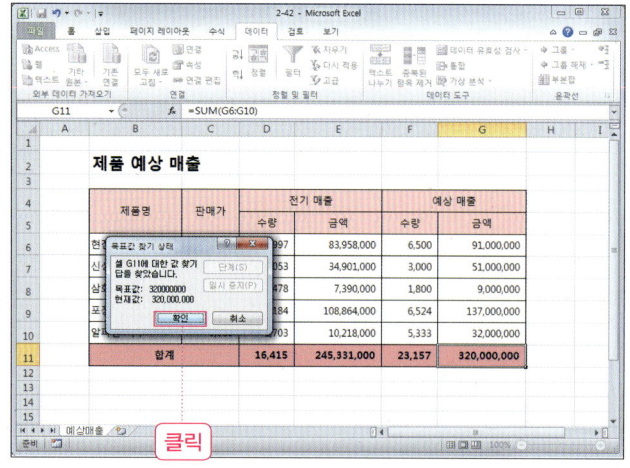

Section 43

시나리오 만들기

시나리오는 워크시트에 작성한 계산표에서 특정 셀 범위의 값을 다른 값으로 바꿀 수 있도록 미리 저장해 놓은 값의 집합입니다. 시나리오로 여러 가지 값의 그룹을 만들어 저장해 놓은 다음 필요에 따라 원하는 시나리오를 선택하여 워크시트 셀의 값을 바꾸어 표시할 수 있습니다.

키워드 시나리오 관리자, 시나리오 요약 보고서
예제 파일 Part2\예제파일\2-43.xlsx

01 여기서는 판매가를 세 개의 시나리오에 각각 다른 값으로 저장해 두는 과정을 알아봅니다. [데이터] 탭-[데이터 도구] 그룹-가상 분석(📊)을 클릭하고 [시나리오 관리자]를 선택합니다.

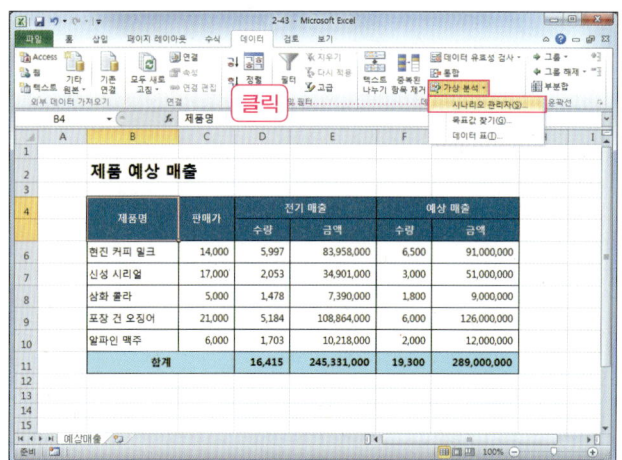

02 [시나리오 관리자] 대화상자가 열리면 새로운 시나리오를 만들기 위해 [추가] 버튼을 클릭합니다.

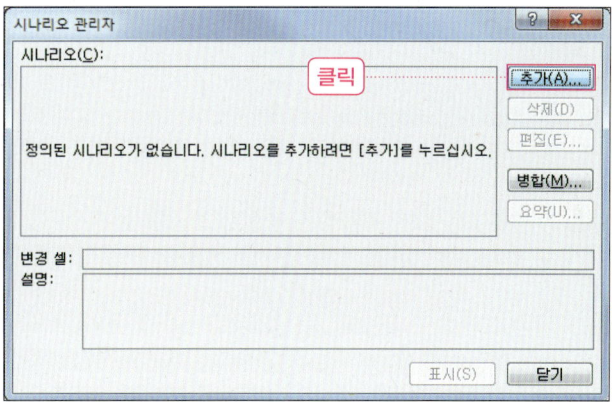

03 [시나리오 편집] 대화상자에서 [시나리오 이름]을 '정상판매'로 입력하고 [변경 셀]을 [C6:C10]으로 지정한 다음 [확인] 버튼을 클릭합니다.

> **POINT** 변경 셀이 떨어져 있으면 Ctrl 키를 사용하여 범위를 지정합니다.

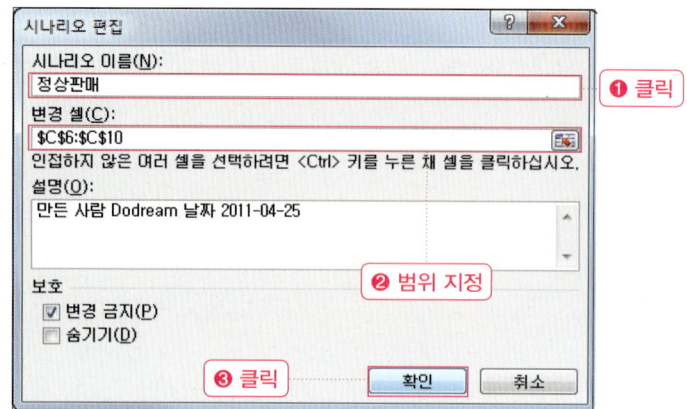

04 [시나리오 값] 대화상자가 열리면 변경 셀로 지정한 [C6:C10]의 각 셀에 대한 값을 입력합니다. 여기서는 원래 값을 그대로 사용하기 위해 바로 [추가] 버튼을 클릭합니다.

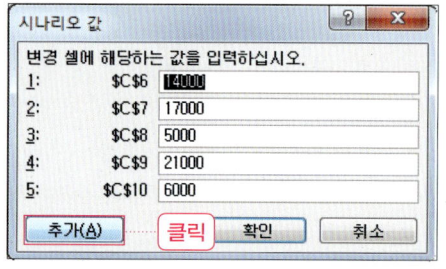

05 [시나리오 추가] 대화상자에서 [시나리오 이름]을 '할인판매(1)'로 입력하고 [확인] 버튼을 클립합니다. 여기서 [변경 셀]은 이전 시나리오와 같은 범위를 그대로 사용합니다.

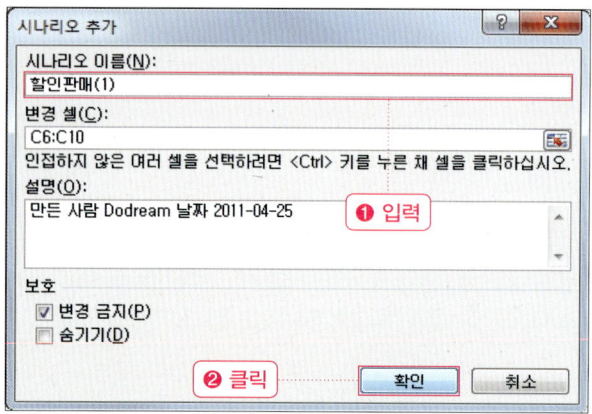

06 [시나리오 값] 대화상자에서 [C6:C10]의 각 셀 값을 다음과 같이 입력하고 [추가] 버튼을 클릭합니다.

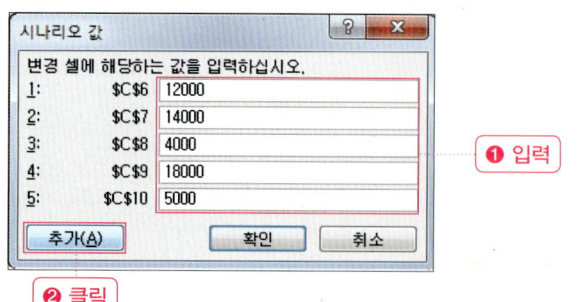

07 [시나리오 추가] 대화상자에서 [시나리오 이름]을 '할인판매(2)'로 입력하고 [확인] 버튼을 클릭합니다. 여기서도 [변경 셀]은 이전 시나리오와 같은 범위를 그대로 사용합니다.

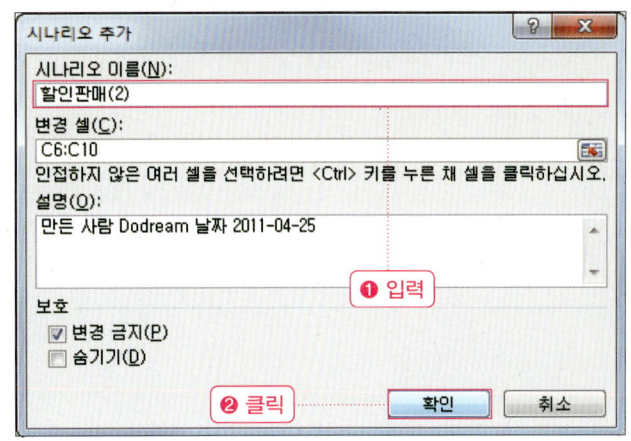

08 [시나리오 값] 대화상자에서 [C6:C10]의 각 셀 값을 다음과 같이 입력하고 더 이상 작성할 시나리오가 없으므로 [확인] 버튼을 클릭합니다.

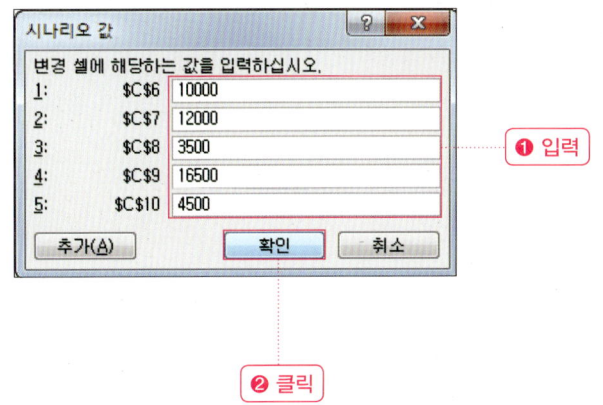

09 [시나리오 관리자] 대화상자가 나타나고 앞에서 작성한 세 개의 시나리오가 목록에 표시됩니다. 여기서 '할인판매(1)' 시나리오를 선택한 다음 [표시] 버튼을 클릭하면 워크시트의 [C6:C10]에 선택한 시나리오에 저장된 값이 표시됩니다.

> **POINT** [변경 셀]로 지정한 범위의 셀 값이 바뀌면 이 셀을 참조하는 수식의 결과가 달라집니다.

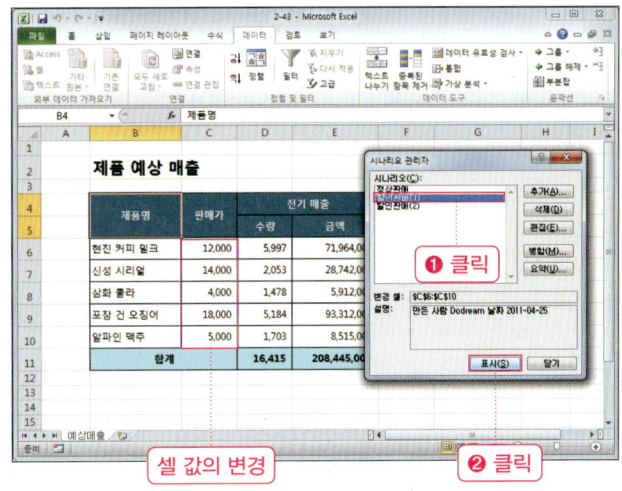

10 작성한 시나리오가 수식에 어떤 영향을 미치는지 보고서 형태로 작성해 보겠습니다. [요약] 버튼을 클릭합니다.

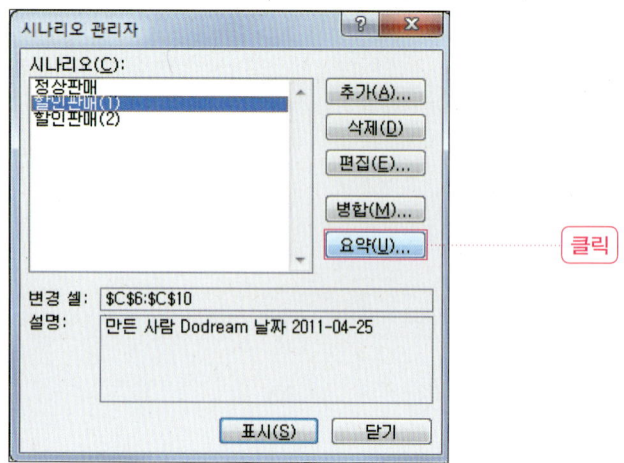

11 [시나리오 요약] 대화상자가 열리면 [보고서 종류]가 '시나리오 요약'으로 선택된 상태에서 [결과 셀]로 [F11:G11]을 지정한 다음 [확인] 버튼을 클릭합니다.

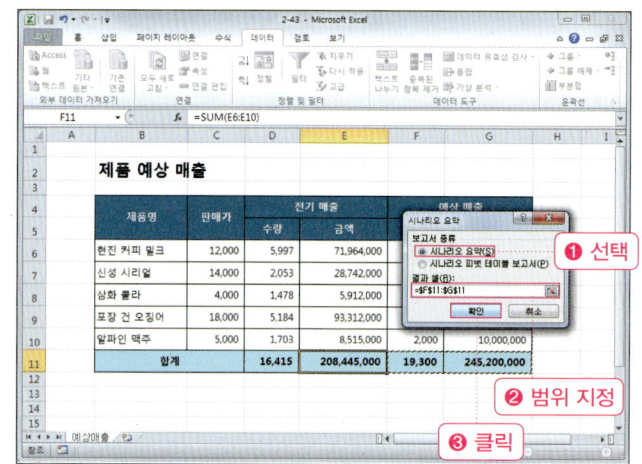

12 현재 워크시트 앞에 '시나리오 요약' 워크시트가 삽입되고 다음과 같이 시나리오 요약 보고서가 만들어집니다.

> **POINT** 시나리오 요약 보고서에 변경 셀과 결과 셀을 더 알아보기 쉽게 하려면 보고서를 작성하기 전에 미리 각 셀에 이름을 정의해 두는 것이 좋습니다.

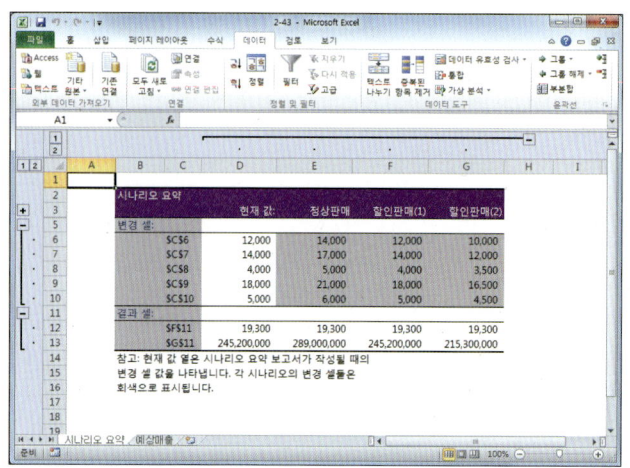

Section 44

단일 변수 데이터 표

수식이 참조하고 있는 셀 값을 다양하게 변화시켜 수식의 결과가 어떻게 달라지는지 알아보기 위해 데이터 표를 사용합니다. 수식이 참조하는 하나의 셀 값만 변화시키는 단일 변수 데이터 표와 두 개의 셀 값을 변화시키는 이중 변수 데이터 표가 있는데 여기서는 단일 변수 데이터 표를 이용한 계산 방법에 대해 알아봅니다.

키워드 행 입력 셀, 열 입력 셀, 가상 분석, 데이터 표

예제 파일 Part2\예제파일\2-44.xlsx

---

01 주문량의 변화에 따라 할인율, 할인금액, 주문금액이 어떻게 달라지는지 알아보기 위해 데이터 표 기능을 사용하려고 합니다. 먼저 [F3]셀에 =C5를 입력합니다. 그러면 [C5]셀의 수식 결과와 동일한 값이 표시됩니다.

> **POINT** [C5]셀에는 =C4/10/100이 입력되어 있습니다. [F3]셀에 [C5]셀과 동일한 수식을 입력해도 됩니다.

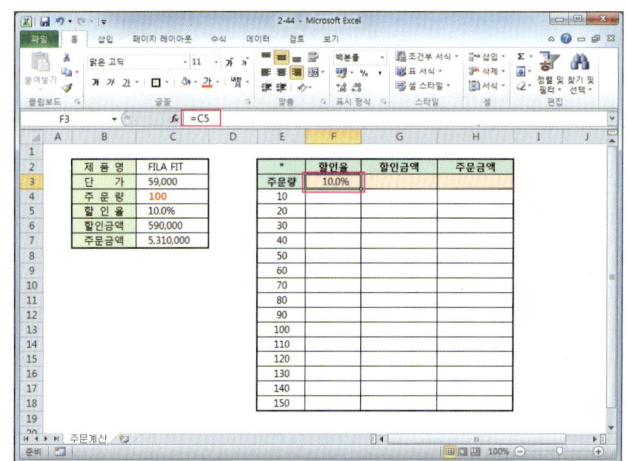

02 같은 의미로 [G3]셀에는 =C6을 입력하고, [H3]셀에는 =C7을 입력해서 [C6]셀과 [C7]셀의 수식 결과를 각각 가져옵니다.

> **POINT** [C6]셀에는 =C3*C4*C5가 입력되어 있고, [C7]셀에는 =C3*C4-C6이 입력되어 있습니다.

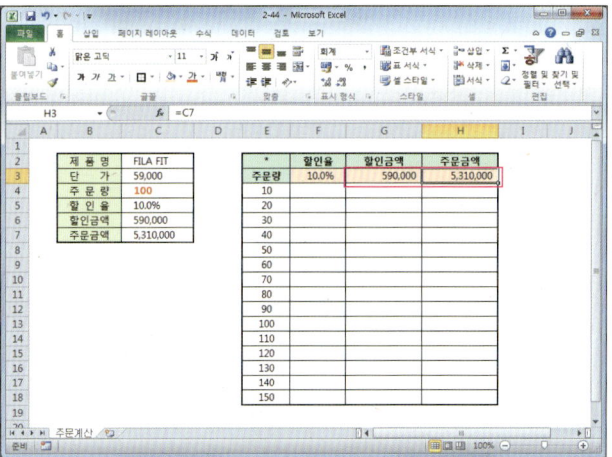

03 [E3:H18]을 블록으로 지정한 다음 [데이터] 탭-[데이터 도구] 그룹-가상 분석( )을 클릭하고 [데이터 표]를 선택합니다.

> **POINT** 셀 범위의 왼쪽에 주문량의 변화 값이 입력되어 있고, 셀 범위의 첫 번째 행에 수식이 입력되어 있습니다.

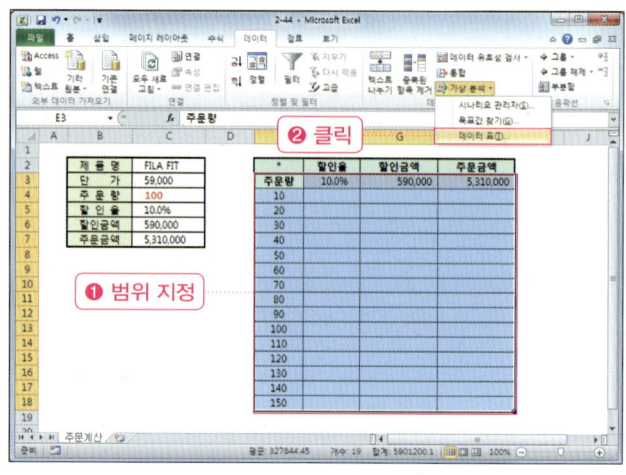

04 [데이터 표] 대화상자가 실행되면 [행 입력 셀]은 비워 두고, [열 입력 셀]을 [C4]셀로 지정한 다음 [확인] 버튼을 클릭합니다. [C4]셀은 [F3:H3]의 수식이 참조하고 있는 주문량입니다.

> **POINT** 단일 변수 데이터 표는 입력 셀을 하나만 지정합니다. 데이터 변화 값이 같은 행에 입력되어 있을 때는 행 입력 셀을 지정하고, 여기에서처럼 같은 열([E]열)에 입력되어 있으면 열 입력 셀을 지정합니다.

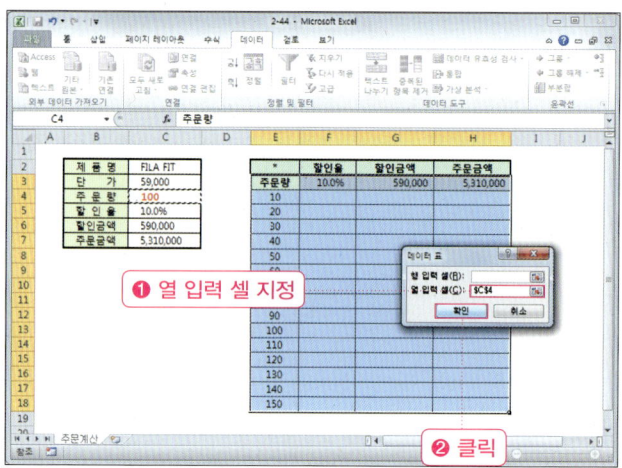

05 데이터 표로 계산한 결과는 다음과 같습니다. [F4:H18]의 모든 셀에는 {=TABLE(,C4)}와 같은 수식이 입력되어 있습니다.

> **POINT** 데이터 표로 계산한 결과를 지우려면 같은 수식이 들어 있는 [F4:H18]을 블록으로 지정하고 Delete 키를 누릅니다. 이 범위의 일부분만 지울 수는 없습니다.

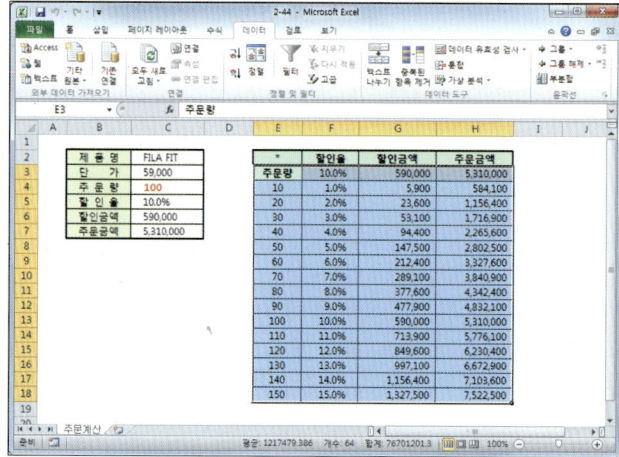

Section 45
이중 변수 데이터 표

이중 변수 데이터 표는 수식이 참조하는 두 개의 셀 값에 대한 변화량을 표 범위의 왼쪽 열과 첫째 행에 각각 입력하여 계산합니다. 단일 변수 데이터 표는 입력 셀을 하나만 사용하지만 이중 변수 데이터 표는 행 입력 셀과 열 입력 셀을 모두 사용합니다.

키워드 행 입력 셀, 열 입력 셀, 데이터 표
예제 파일 Part2\예제파일\2-45.xlsx

01 단가와 주문량의 변화에 따라 주문금액이 어떻게 달라지는지 데이터 표를 이용하여 계산하려고 합니다. [B5]셀에 =G3을 입력해서 [G3]셀에 있는 주문금액 수식을 그대로 가져옵니다.

> **POINT** 이중 변수 데이터 표에서는 표 범위의 첫 번째 셀에 단 하나의 수식만 입력할 수 있습니다.

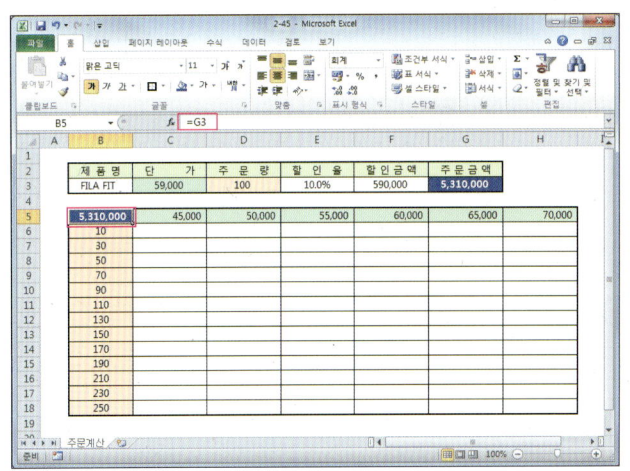

02 [B5:H18]을 블록으로 지정한 다음 [데이터] 탭-[데이터 도구] 그룹-가상 분석( )을 클릭하고 [데이터 표]를 선택합니다.

> **POINT** 표 범위의 첫째 행에 단가의 변화량, 왼쪽 열에 주문량의 변화량이 입력되어 있습니다.

03 [데이터 표] 대화상자가 실행되면 [행 입력 셀]을 [C3]셀로 지정하고, [열 입력 셀]을 [D3]셀로 지정한 다음 [확인] 버튼을 클릭합니다.

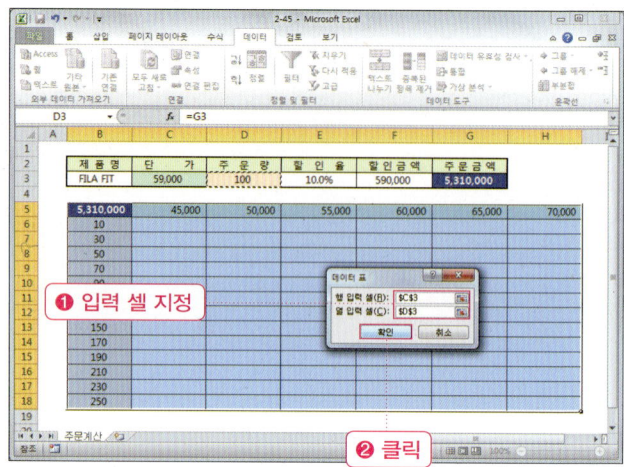

04 다음과 같이 첫째 행의 단가와 왼쪽 열의 주문량을 이용한 주문금액의 계산 결과가 나타납니다.

> **POINT** [C6:H18]의 각 셀에는 {=TABLE(C3,D3)}과 같은 수식이 모두 동일하게 입력됩니다.

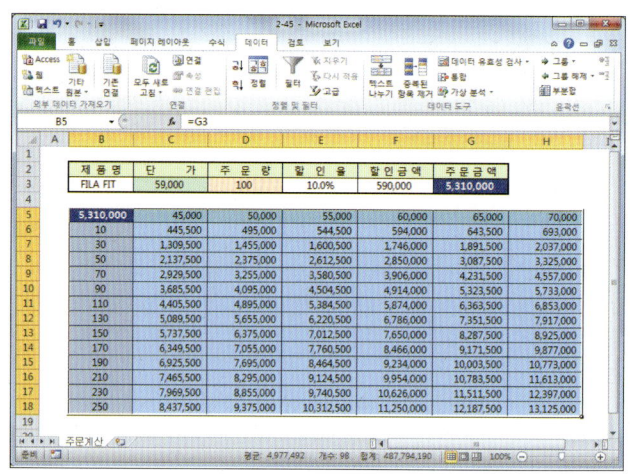

05 수식을 변경하면 데이터 표의 계산 결과도 달라집니다. [B5]셀의 수식을 =F3으로 수정하면 데이터 표 범위는 주문금액이 아닌 할인금액의 계산 결과를 보여주게 됩니다.

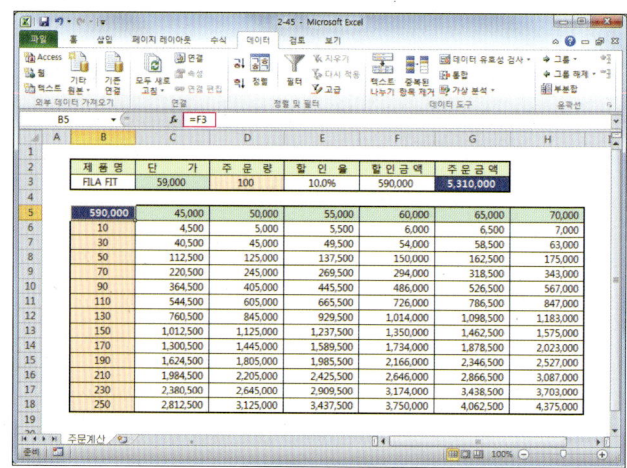

매크로 기록하기

Section 46

매크로는 일련의 작업 과정을 VBA(Visual Basic for Application) 언어를 사용하여 '모듈 시트'라는 곳에 기록합니다. 한 번 매크로를 기록해 두면 필요할 때마다 이 매크로를 실행하여 자동으로 해당 작업을 빠르고 쉽게 처리할 수 있습니다.

키워드 매크로 기록, 기록 중지, 매크로 사용 통합 문서
예제 파일 Part2\예제파일\2-46.xlsm

01 [파일] 탭에서 [열기] 메뉴를 선택합니다. [열기] 대화 상자에서 '2-46.xlsm' 파일을 찾아 선택하고 [열기] 버튼을 클릭합니다.

POINT 일반 통합 문서의 확장자는 'xlsx'이지만 매크로가 사용된 통합 문서의 확장자는 'xlsm'입니다.

02 매크로가 사용된 통합 문서가 열리고 리본 메뉴 아래에 보안 경고 메시지가 표시되면 [콘텐츠 사용]을 클릭해서 매크로를 사용할 수 있는 상태로 만듭니다.

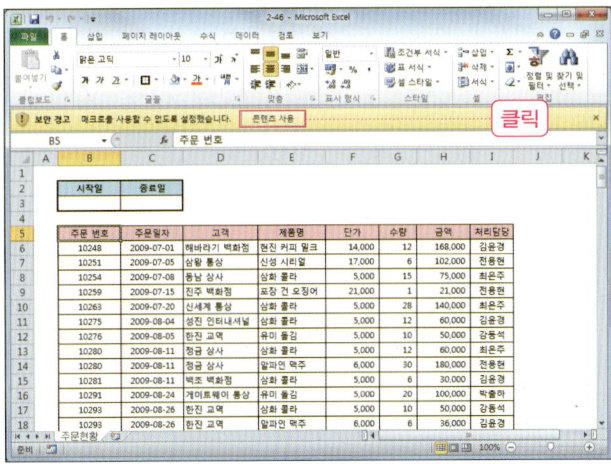

03 이 통합 문서에는 파일을 열 때 자동으로 실행되는 매크로가 포함되어 있습니다. [콘텐츠 사용]을 클릭해서 매크로 사용 가능 상태로 만들면 이 매크로가 자동으로 실행되어 다음과 같은 메시지가 표시됩니다. [확인] 버튼을 클릭하면 메시지 상자를 닫을 수 있습니다.

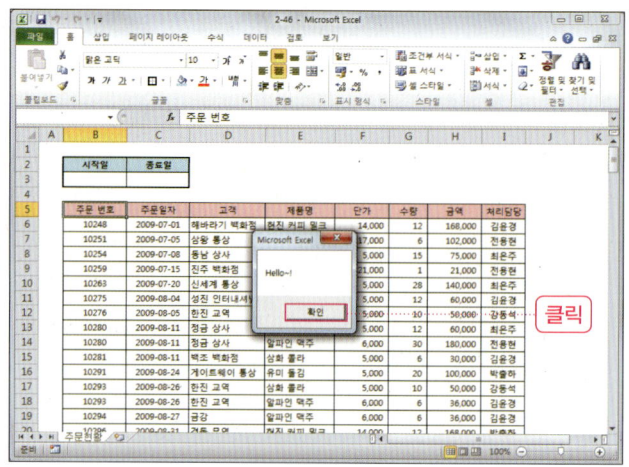

04 [B3]셀에 시작일, [C3]셀에 종료일을 임의로 입력합니다. [D2]셀에는 '주문일자'를 입력하고, [D3]셀에 수식 =">="&B3을 입력해서 주문일자에 대한 조건을 만듭니다. 고급 필터에 사용될 이 조건은 주문일자가 [B3]셀의 날짜보다 크거나 같은지를 검사합니다.

> **POINT** [B5:I200]의 데이터 목록에서 주문일자가 시작일(B3)부터 종료일(C3)까지에 해당되는 데이터를 필터링하는 과정을 매크로로 작성하려고 합니다.

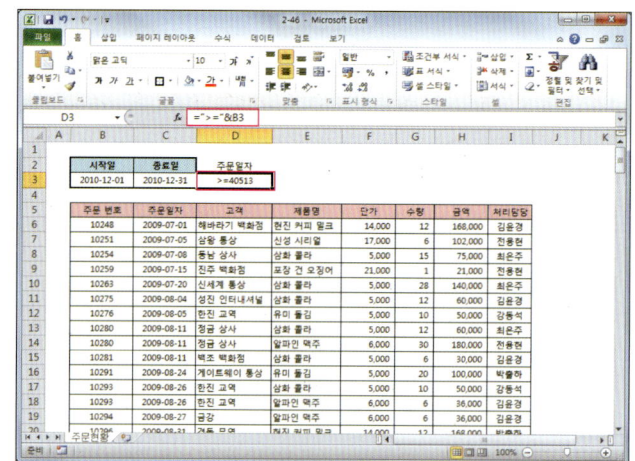

왕초보 레벨업

매크로가 있는 통합 문서 저장하기

엑셀 2003 버전까지는 매크로 포함 여부에 상관없이 엑셀 통합 문서의 확장자는 'xls'로 정해졌습니다. 하지만 엑셀 2007 버전부터 매크로가 없는 통합 문서는 'xlsx'로 확장자가 설정되고, 매크로가 있는 통합 문서는 'xlsm'으로 확장자가 설정됩니다. 통합 문서에 매크로를 작성했다면 매크로가 있는 통합 문서로 파일을 저장해야만 합니다. [파일] 탭에서 [저장] 메뉴를 선택한 다음 [다른 이름으로 저장] 대화상자에서 파일 형식을 [Excel 매크로 사용 통합 문서]로 변경하고 저장하면 'xlsm' 확장자가 붙는 파일로 매크로와 함께 통합 문서가 저장됩니다.

05 [E2]셀에 다시 '주문일자'를 입력하고 [E3]셀에 수식 ="<="&C3을 입력합니다. 이 조건은 주문일자가 [C3]셀의 종료일보다 작거나 같은지 검사합니다.

> **POINT** 고급 필터에서 [D2:E3]을 조건 범위로 사용하면 주문일자가 시작일(B3)보다 크거나 같고, 종료일(C3)보다 작거나 같은 데이터만 검색할 수 있습니다.

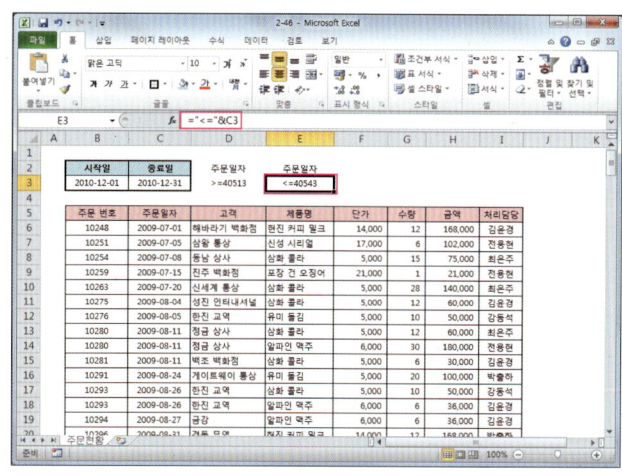

06 이제 고급 필터를 수행하는 과정을 매크로로 기록해 봅니다. 상태 표시줄에서 매크로 기록( ) 버튼을 클릭합니다. [매크로 기록] 대화상자가 실행되면 [매크로 이름]에 '기간검색'을 입력하고, [바로 가기 키]에 소문자 'd'를 입력합니다. [설명]에 간단하게 매크로를 설명할 수 있는 텍스트를 입력한 다음 [확인] 버튼을 클릭합니다.

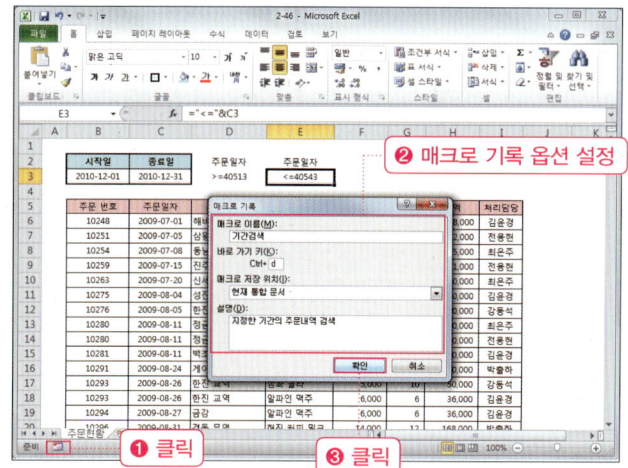

매크로 기록 옵션

- **매크로 이름** : 공백 없이 매크로 이름을 입력합니다. 매크로 첫 글자는 반드시 문자나 밑줄(_)로 시작해야 합니다. 두 번째 글자부터는 숫자를 사용할 수 있습니다.
- **바로 가기 키** : 영문 한 글자로 매크로를 실행할 때 사용할 바로 가기 키를 입력합니다. 소문자로 입력하면 Ctrl 키와 함께, 대문자로 입력하면 Ctrl + Shift 와 함께 해당 문자 키를 눌러 매크로를 실행할 수 있습니다. 선택 사항으로 생략할 수 있습니다.
- **매크로 저장 위치** : 현재 통합 문서, 새 통합 문서, 개인용 매크로 통합 문서 중에서 매크로의 저장 위치를 지정합니다. 일반적으로 현재 통합 문서에 매크로를 저장합니다.
- **설명** : 기록하려는 매크로에 대한 간단한 설명을 입력합니다. 선택 사항으로 생략할 수 있습니다.

07 매크로 기록이 시작되면 데이터 목록이 시작되는 [B5]셀을 클릭하고 [데이터] 탭-[정렬 및 필터] 그룹-고급(고급)을 클릭합니다.

> **POINT** 고급 필터의 목록 범위는 현재 셀을 중심으로 자동 설정되므로 [B5]셀부터 시작되는 데이터 목록에 있는 임의의 셀에서 고급 필터를 시작하도록 합니다.

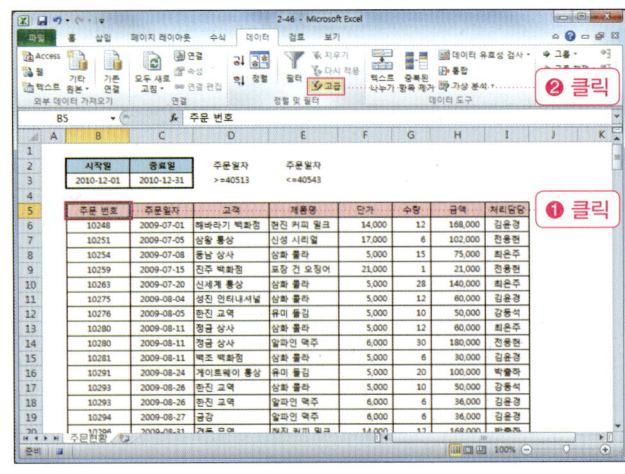

08 [고급 필터] 대화상자가 실행되면 [결과] 옵션과 [목록 범위]는 자동 설정된 상태 그대로 두고 [조건 범위]를 [D2:E3]으로 지정한 다음 [확인] 버튼을 클릭합니다.

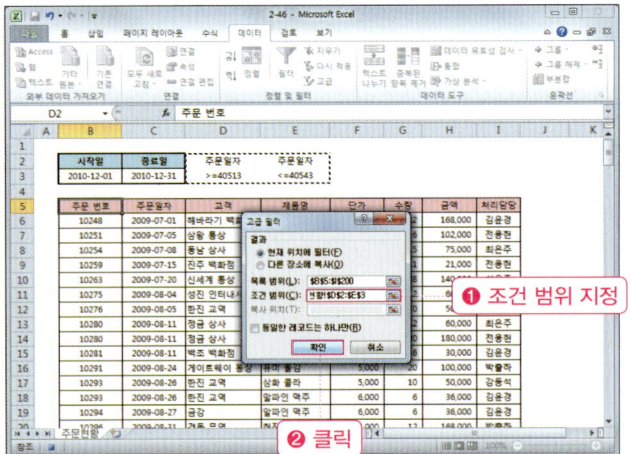

09 다음과 같이 데이터 목록이 있는 현재 위치에 [D2:E3]의 조건을 만족하는 데이터가 필터링 됩니다. 원하는 작업이 모두 이루어졌으므로 상태 표시줄에서 기록 중지(■) 버튼을 클릭합니다.

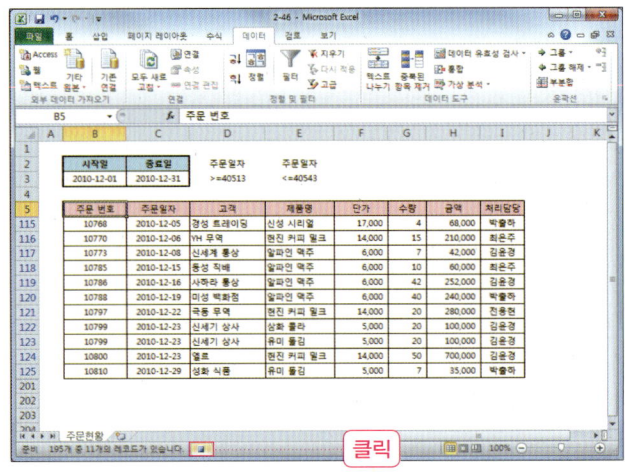

10 이제 기록한 매크로가 정확하게 동작하는지 확인해 보겠습니다. [B3]셀과 [C3]셀에 임의로 날짜를 입력한 다음 [보기] 탭-[매크로] 그룹-매크로(📊)를 클릭합니다.

> **POINT** [C3]셀은 [B3]셀의 날짜보다 항상 크거나 같아야 하기 때문에 미리 데이터 유효성 검사를 설정해 두었습니다. [B3]셀보다 작은 날짜를 입력하면 경고 메시지가 나타납니다.

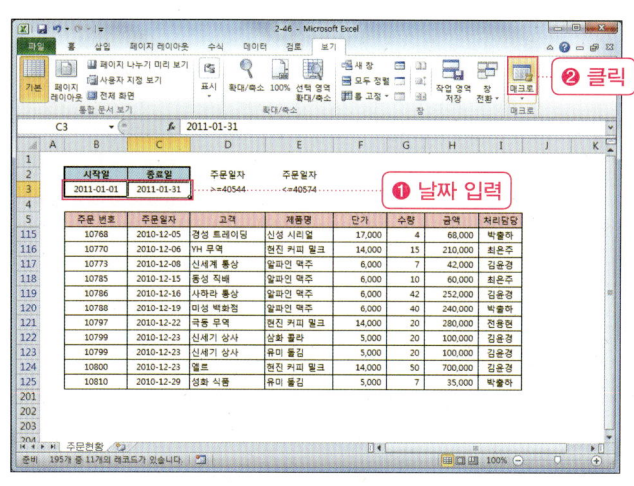

11 [매크로] 대화상자에서 '기간검색' 매크로를 선택한 다음 [실행] 버튼을 클릭합니다.

> **POINT** 작성한 매크로를 삭제할 때는 [매크로] 대화상자에서 원하는 매크로를 선택하고 [삭제] 버튼을 클릭합니다. [옵션] 버튼은 선택한 매크로의 바로 가기 키와 설명을 수정할 때 사용합니다.

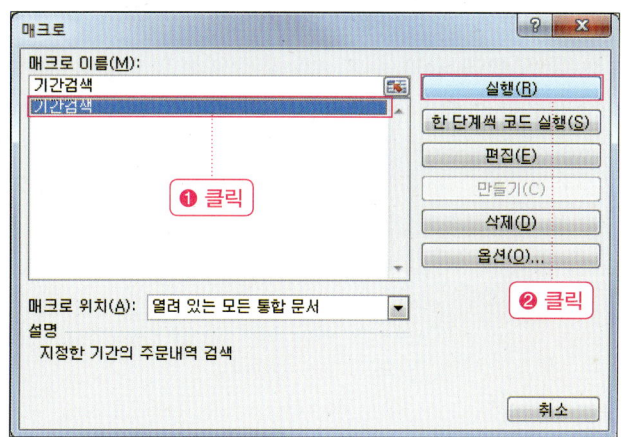

12 다음과 같이 '기간검색' 매크로가 실행되어 사용자가 지정한 기간 동안의 데이터가 필터링 되어 표시됩니다.

> **POINT** 매크로를 기록할 때 소문자 'd'로 바로 가기 키를 지정했으므로 Ctrl+D를 눌러서 '기간검색' 매크로를 실행할 수도 있습니다.

Section 47

매크로 실행하기

앞에서 바로 가기 키를 사용하거나 [매크로] 대화상자를 사용하여 매크로를 실행해 보았습니다. 여기서는 더 널리 사용되는 이미지나 도형 등을 클릭해서 매크로를 실행하는 방법을 살펴보겠습니다. 개체를 클릭해서 매크로를 실행하려면 개체에 매크로를 연결해 두어야 합니다.

키워드 매크로 지정, 매크로 실행
예제 파일 Part2\예제파일\2-47.xlsm

01 [삽입] 탭-[일러스트레이션] 그룹-도형( )에서 적당한 도형을 골라 워크시트에 삽입하고 다음과 같이 텍스트를 입력한 후 서식을 지정합니다. 모두 두 개의 도형을 그려야 하는데 첫 번째 도형에는 '주문내역 검색하기'를 입력하고 두 번째 도형에는 '모든 주문내역 표시하기'를 입력합니다.

> **POINT** 도형을 삽입하고 서식을 지정한 다음 Ctrl 키를 누른 채 오른쪽으로 드래그하면 같은 모양의 도형이 복사되므로 더 쉽게 도형을 그릴 수 있습니다.

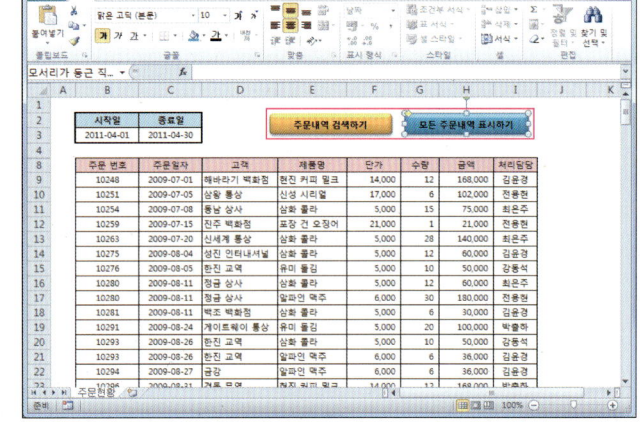

02 첫 번째 도형을 마우스 오른쪽 버튼으로 클릭한 다음 [매크로 지정]을 선택합니다. [매크로 지정] 대화상자에서 '기간검색' 매크로를 선택하고 [확인] 버튼을 클릭하면 도형에 매크로가 연결됩니다.

> **POINT** 이 통합 문서에는 미리 작성해 둔 두 개의 매크로가 존재합니다.

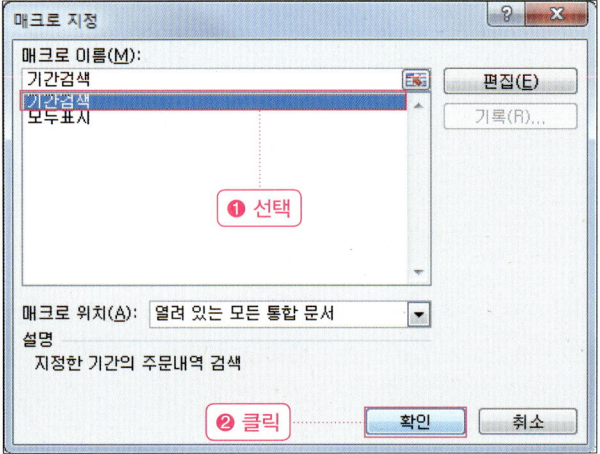

03 같은 방법으로 두 번째 도형을 마우스 오른쪽 버튼으로 클릭한 다음 [매크로 지정] 메뉴를 선택합니다. [매크로 지정] 대화상자에서 '모두표시' 매크로를 선택하고 [확인] 버튼을 클릭합니다.

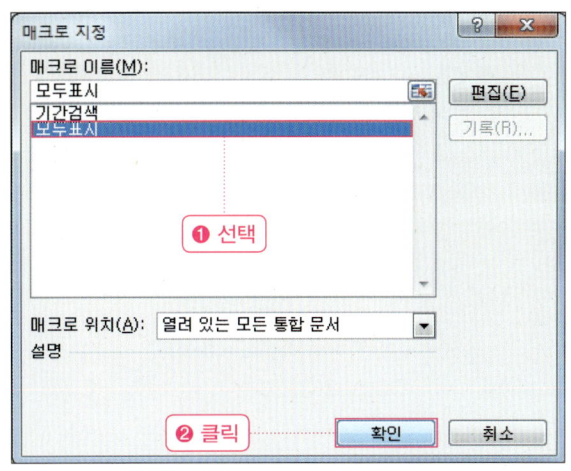

04 임의의 셀을 클릭해서 도형 선택을 해제합니다. [B3]셀과 [C3]셀에 임의로 날짜를 입력한 다음 [주문내역 검색하기] 버튼을 클릭하면 '기간검색' 매크로가 실행됩니다.

> **POINT** '기간검색' 매크로는 고급 필터를 실행하는 매크로입니다. 고급 필터에서 사용된 조건 범위는 5행부터 7행까지에 입력되어 있는데 현재 이 부분은 숨겨져 있습니다.

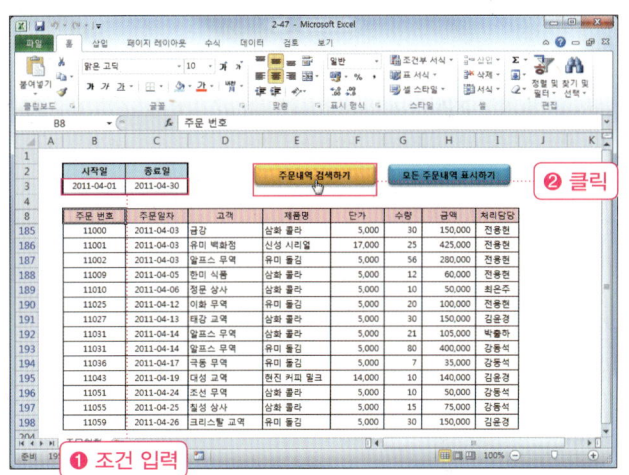

05 이번에는 [모든 주문내역 표시하기] 도형을 클릭합니다. 그러면 '모두표시' 매크로가 실행되어 데이터 목록에 나타난 고급 필터의 실행 결과를 모두 지웁니다.

> **POINT** '모두표시' 매크로에는 [B8]셀을 선택하고 [데이터] 탭-[정렬 및 필터] 그룹-지우기(지우기)를 클릭하는 과정이 기록되어 있습니다.

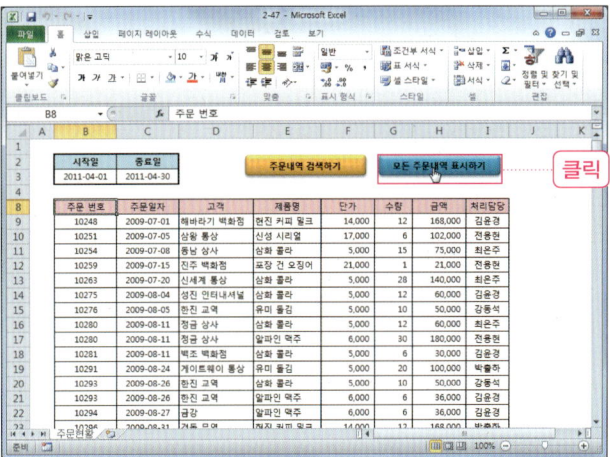

Section 48. 확인란과 옵션 단추 컨트롤 사용하기

확인란 컨트롤과 옵션 단추 컨트롤은 모두 옵션을 설정하거나 해제할 때 사용합니다. 확인란 컨트롤은 두 개 이상의 확인란을 선택할 수 있지만 옵션 단추 컨트롤은 같은 그룹에서 단 하나만 선택할 수 있습니다. 이러한 컨트롤을 워크시트에 삽입하기 위해서는 리본 메뉴에 [개발 도구] 탭을 표시해야 합니다.

키워드 개발 도구, 양식 컨트롤, 확인란, 옵션 단추
예제 파일 Part2\예제파일\2-48.xlsx

01 워크시트에 양식 컨트롤을 삽입하기 위해서는 먼저 리본 메뉴에 [개발 도구] 탭을 표시해야 합니다. 리본 메뉴에서 마우스 오른쪽 버튼을 클릭하고 [리본 메뉴 사용자 지정] 메뉴를 선택합니다.

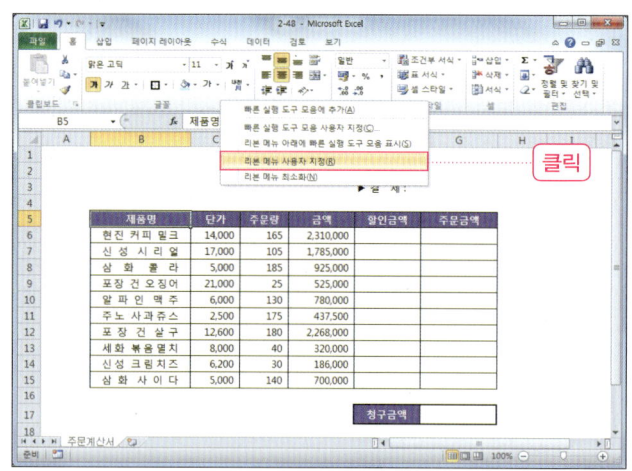

02 [Excel 옵션] 대화상자가 실행되고 [리본 사용자 지정] 탭이 표시됩니다. 오른쪽의 리본 메뉴 사용자 지정 목록에서 [개발 도구]를 체크한 다음 [확인] 버튼을 클릭합니다.

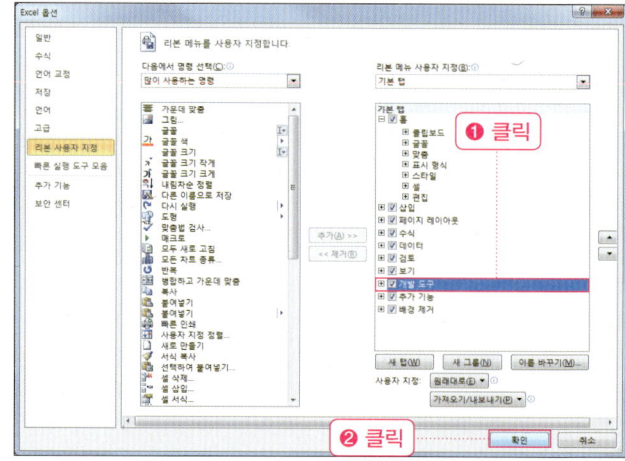

03 리본 메뉴에 [개발 도구] 탭이 표시되면 [컨트롤] 그룹-삽입(🔧)을 클릭하고 [양식 컨트롤]에서 확인란(☑)을 선택합니다.

> **POINT** ActiveX 컨트롤에도 똑같은 모양의 확인란 컨트롤이 있습니다. 여기서는 양식 컨트롤에 있는 확인란 컨트롤을 선택해야 합니다.

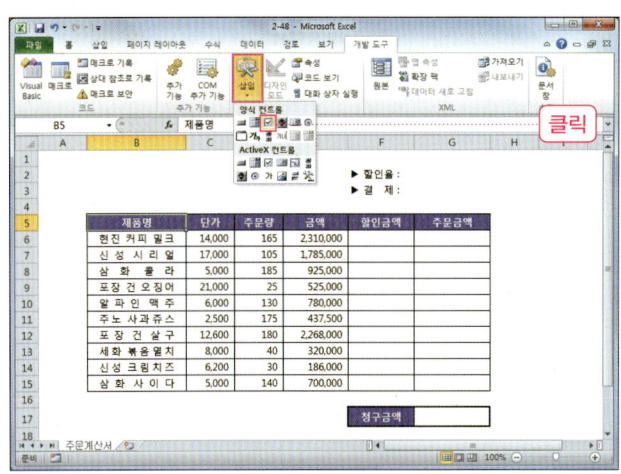

04 마우스 왼쪽 버튼을 누른 채 드래그해서 적당한 크기로 확인란 컨트롤을 그립니다. 기본 크기로 컨트롤을 그리려면 컨트롤의 시작 지점을 클릭합니다.

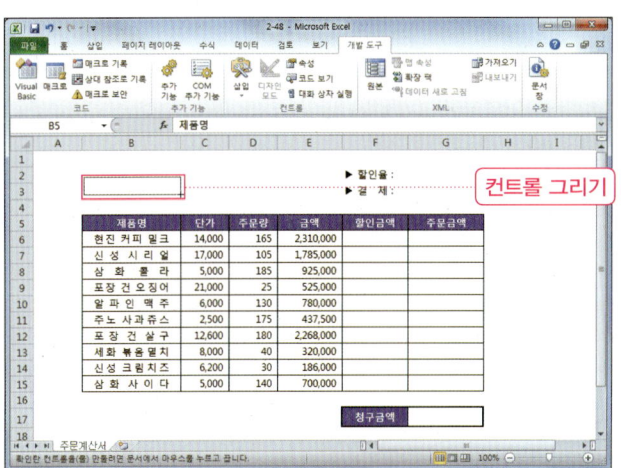

05 확인란 컨트롤이 그려지고 '확인란 1'과 같이 기본 텍스트가 표시됩니다. 컨트롤 안쪽을 클릭한 다음 텍스트를 '10% 할인 적용'으로 수정합니다.

> **POINT** 텍스트 수정이 끝나면 워크시트에서 임의의 셀을 클릭해서 편집 상태를 종료합니다.

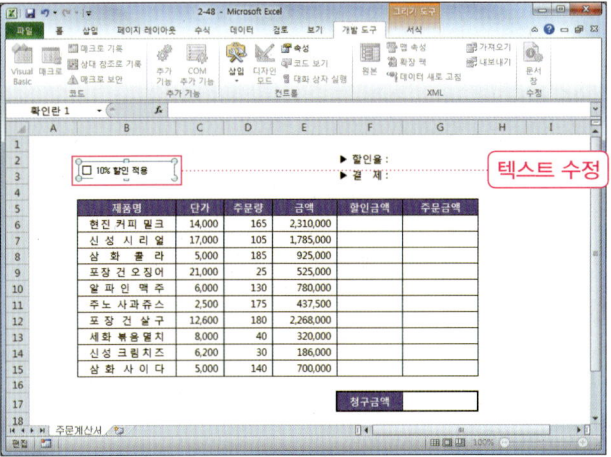

06 이제 확인란 컨트롤에 워크시트의 특정 셀을 연결하는 과정이 필요합니다. 확인란 컨트롤을 마우스 오른쪽 버튼으로 클릭한 다음 [컨트롤 서식] 메뉴를 선택합니다.

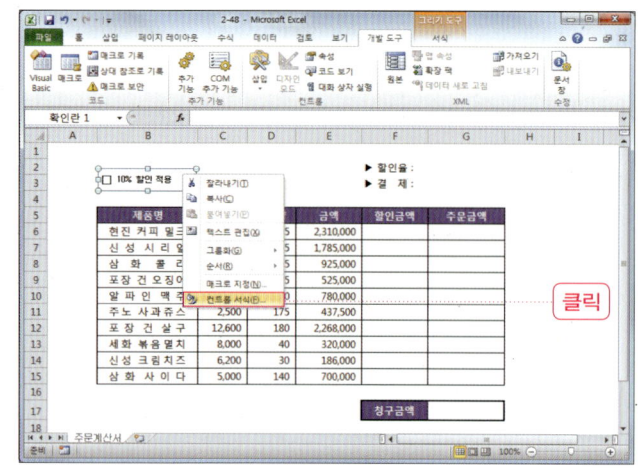

07 [컨트롤 서식] 대화상자가 실행되면 [컨트롤] 탭의 [셀 연결] 입력 상자를 클릭하고 워크시트에서 [H2]셀을 클릭해서 지정합니다. 셀 지정이 끝나면 [확인] 버튼을 클릭합니다.

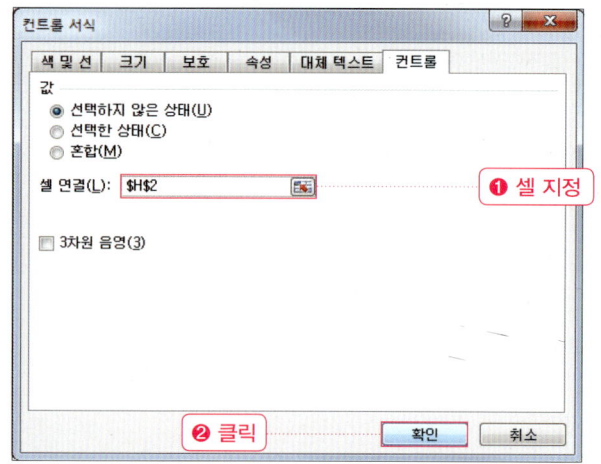

08 임의의 셀을 클릭해서 확인란 컨트롤의 편집 상태를 해제합니다. 그런 다음 마우스로 확인란 컨트롤을 클릭해서 체크 표시가 되도록 선택합니다. 그러면 셀 연결로 지정한 [H2]셀에 'TRUE'가 표시됩니다. 이것은 현재 확인란이 선택 상태라는 것을 의미합니다.

> **POINT** 확인란 컨트롤을 다시 클릭하면 체크 표시가 사라지면서 선택이 해제됩니다. 그러면 셀 연결로 지정한 [H2]셀에는 'FALSE'가 표시됩니다.

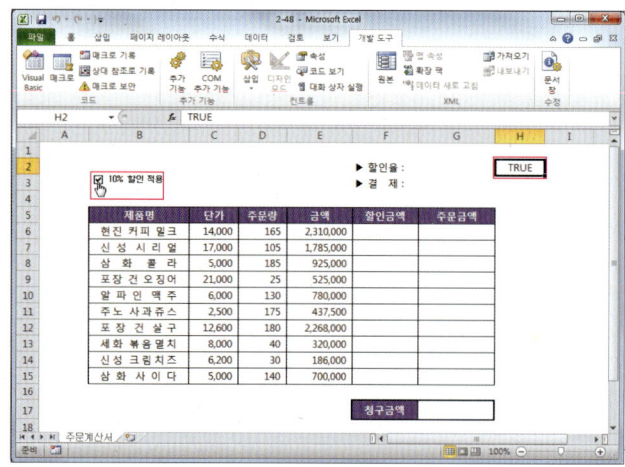

09 확인란의 선택 여부는 [H2]셀의 값으로 알 수 있습니다. [G2]셀에 수식 =IF(H2,10%,0%)를 입력하면 [H2]셀이 TRUE일 때 10%를 표시하고, FALSE일 때 0%를 표시하게 됩니다. [G2]셀의 표시 형식을 백분율 스타일(%)로 설정합니다.

> **POINT** 'IF(조건,값1,값2)' 함수식은 조건이 참(TRUE)일 때 값1, 조건이 거짓(FALSE)일 때 값2를 수식의 결과로 반환합니다.

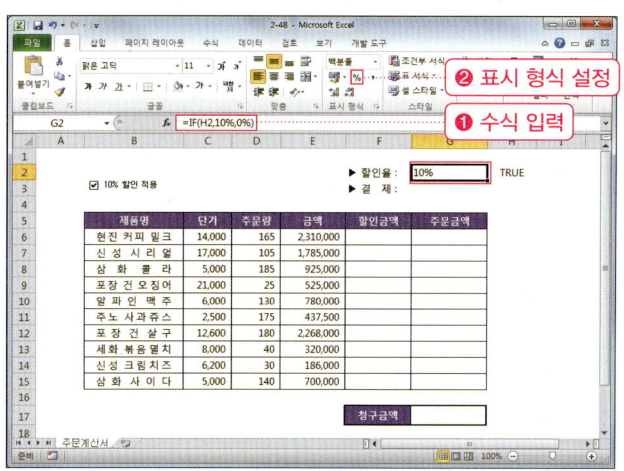

10 이번에는 옵션 단추 컨트롤을 삽입할 차례입니다. [개발 도구] 탭-[컨트롤] 그룹-삽입을 클릭하고 [양식 컨트롤]에서 옵션 단추(◉)를 선택합니다.

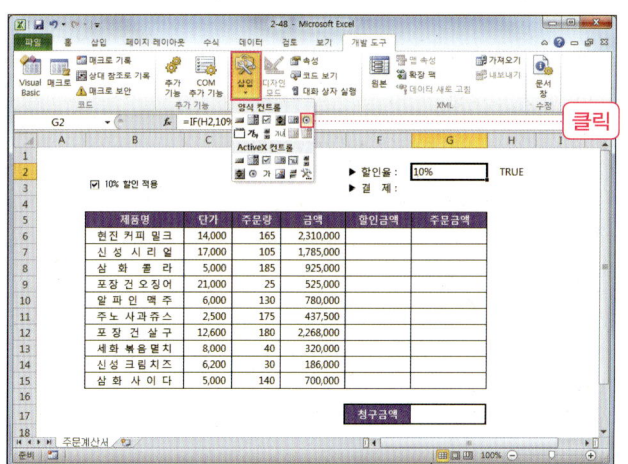

11 마우스를 드래그해서 적당한 크기로 옵션 단추 컨트롤을 그린 다음 텍스트를 '현금'으로 수정합니다.

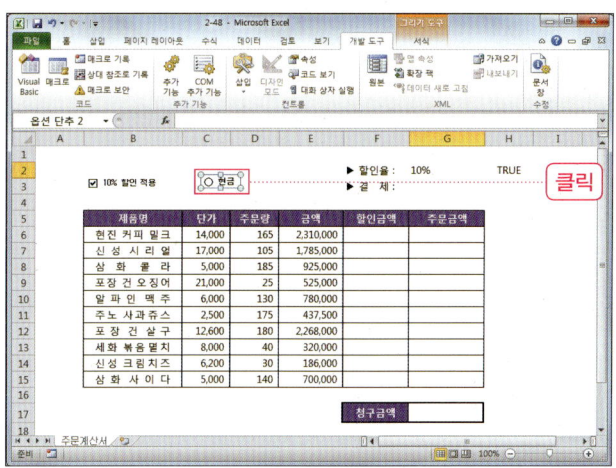

12 같은 방법으로 옵션 단추 컨트롤을 하나 더 삽입하고 텍스트를 '카드'로 수정합니다. 두 개의 옵션 단추 중 하나를 마우스 오른쪽 버튼으로 클릭하고 [컨트롤 서식]을 선택합니다.

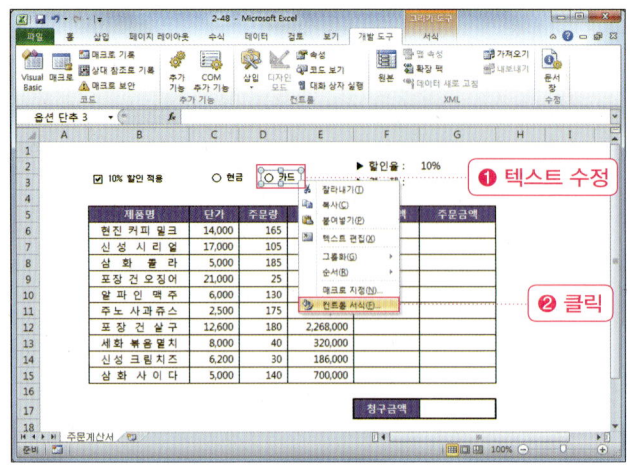

13 [컨트롤 서식] 대화상자가 실행되면 [컨트롤] 탭에서 [셀 연결]을 [H3]셀로 지정하고 [확인] 버튼을 클릭합니다.

> **POINT** 같은 워크시트에 있는 두 개의 옵션 단추는 모두 같은 셀 연결을 사용하므로, 두 개 중 하나에만 셀 연결을 지정합니다.

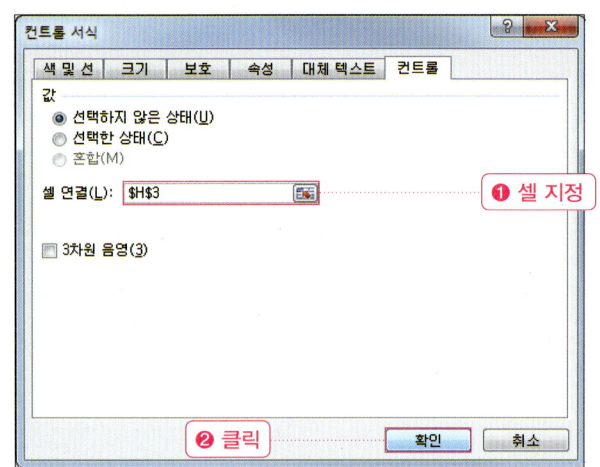

14 임의의 셀을 클릭해서 컨트롤 선택 상태를 해제합니다. 그런 다음 두 개의 옵션 단추 중 하나를 클릭하면 [H3]셀에 선택한 옵션 단추의 번호가 표시됩니다. 여기서는 '현금' 옵션을 선택했을 때 '1'이 표시되고, '카드' 옵션을 선택했을 때 '2'가 표시됩니다.

> **POINT** 옵션 단추는 항상 하나만 선택 상태로 둘 수 있습니다. '현금'을 클릭하면 '카드'의 선택은 자동으로 해제되고 반대의 경우도 마찬가지입니다.

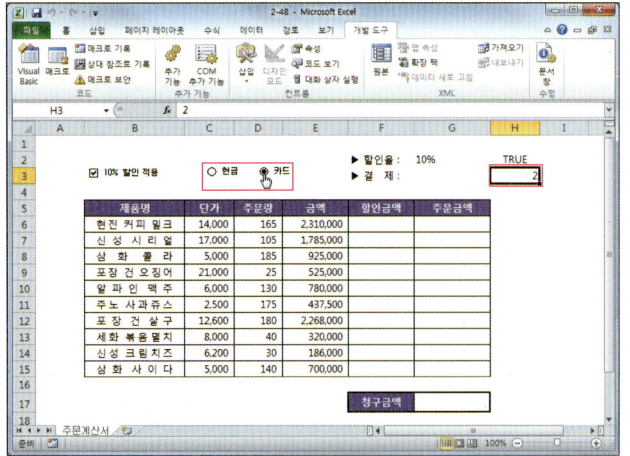

15 [G3]셀에 =IF(H3=1,"현금결제","카드결제")를 입력해서 [H3]셀이 '1'이면 '현금결제', 아니면(2이면) '카드결제'라고 표시합니다.

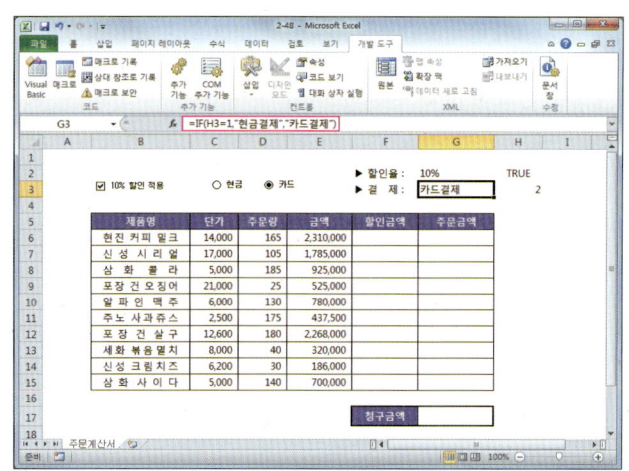

16 [F6]셀에 =E6*$G$2를 입력하고, [G6]셀에 =E6-F6를 입력합니다. 그리고 [F6:G6]을 블록으로 지정하고 채우기 핸들을 [G15]셀까지 드래그해서 수식을 복사합니다.

> **POINT** 할인금액은 '금액*할인율'로 계산하고, 주문금액은 '금액-할인금액'으로 계산합니다.

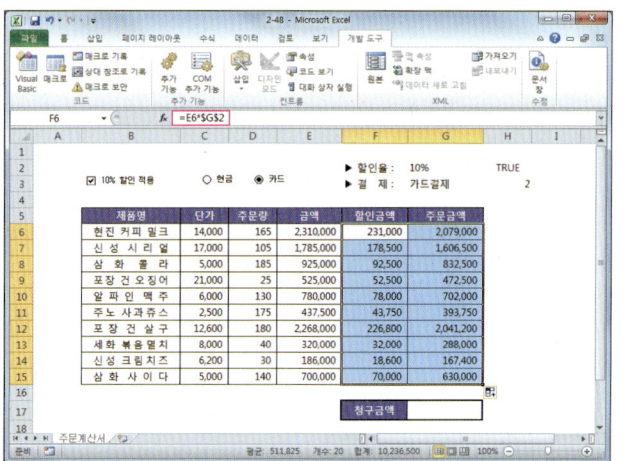

17 마지막으로 [G17]셀에 =SUM(G6:G15)+IF(H3=1,0,SUM(G6:G15)*5%)를 입력합니다. 이 수식은 SUM 함수로 주문금액(G6:G15)의 합계를 구한 다음 IF 함수로 [H3]셀이 1일 때 0, 1이 아닐 때(2일 때) SUM 함수로 구한 주문금액의 합계에 5%를 곱한 값을 더합니다.

> **POINT** 청구금액은 '주문금액의 합계+카드 수수료 5%'로 계산됩니다. 옵션 단추에서 어떤 것을 선택하느냐에 따라 청구금액이 달라집니다.

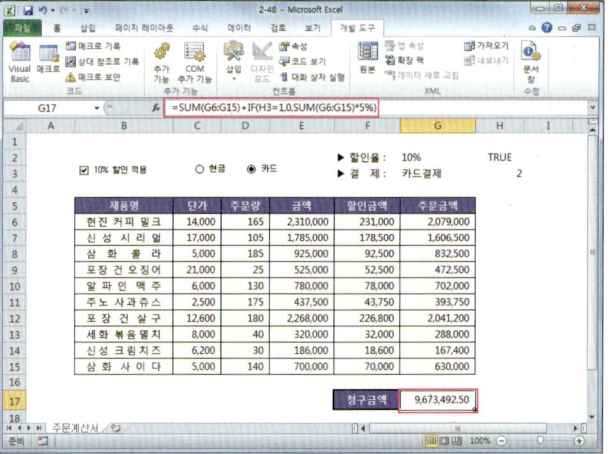

271

Section 49

콤보 상자와 목록 상자 컨트롤 사용하기

콤보 상자 컨트롤과 목록 상자 컨트롤은 모두 목록에서 특정 항목을 선택할 때 사용합니다. 목록 상자 컨트롤은 포함되어 있는 데이터 항목이 목록 상자의 높이만큼 표시됩니다. 이에 비해 콤보 상자 컨트롤은 입력란과 목록 상자가 결합되어 있는 형태로 목록 버튼을 눌렀을 때만 데이터 항목이 표시되고 이 중에서 선택한 데이터 항목이 입력란에 나타납니다.

키워드 콤보 상자, 목록 상자, 입력 범위
예제 파일 Part2\예제파일\2-49.xlsx

---

01 [개발 도구] 탭-[컨트롤] 그룹-삽입( )을 클릭하고 [양식 컨트롤]에서 콤보 상자( )를 선택합니다.

> **POINT** 제품명을 직접 입력하지 않고 콤보 상자 컨트롤에서 선택하여 입력하려고 합니다.

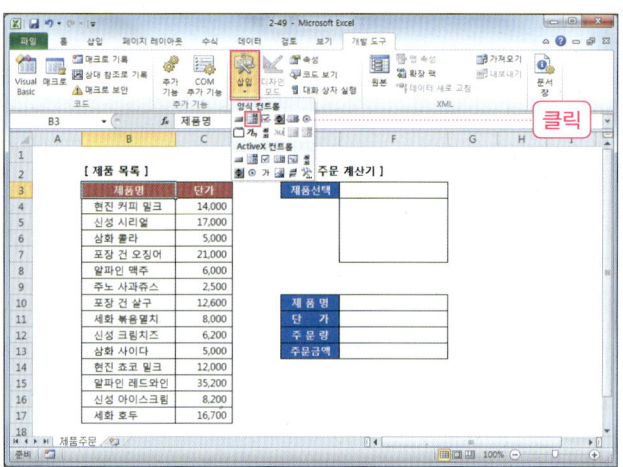

02 [F3]셀의 크기에 맞춰 콤보 상자 컨트롤을 그린 다음, 컨트롤을 마우스 오른쪽 버튼으로 클릭하고 [컨트롤 서식] 메뉴를 선택합니다.

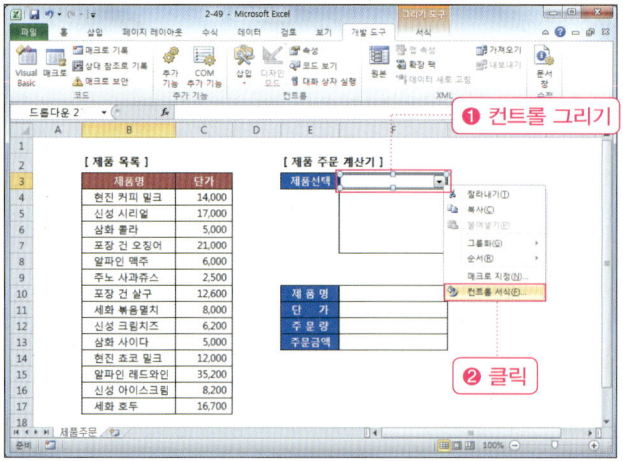

03 [개체 서식] 대화상자의 [컨트롤] 탭에서 [입력 범위]를 [B4:B17]로 지정하고, [셀 연결]을 [G3]셀로 지정한 다음 [확인] 버튼을 클릭합니다.

> POINT 입력 범위는 콤보 상자의 목록에 표시될 데이터 항목이 들어 있는 범위로 지정하고, 셀 연결은 콤보 상자에서 선택한 데이터 항목의 번호가 표시될 셀로 지정합니다.

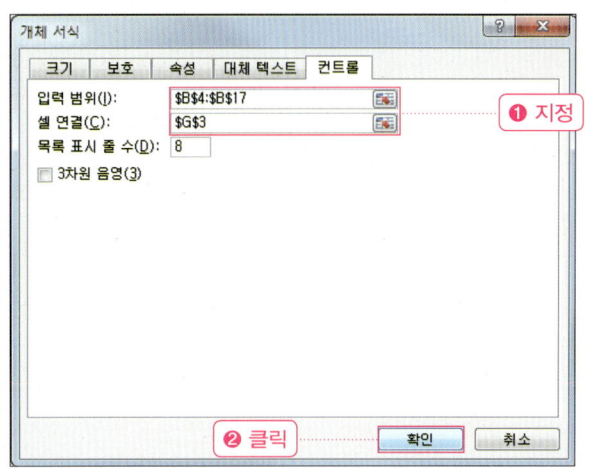

04 임의의 셀을 클릭한 다음 콤보 상자의 드롭다운 버튼을 클릭하고 원하는 데이터 항목을 선택합니다. 여기서 선택한 데이터 항목이 입력 범위(B4:B17)에서 몇 번째에 있는지가 셀 연결로 지정한 [G3]셀에 번호로 표시됩니다.

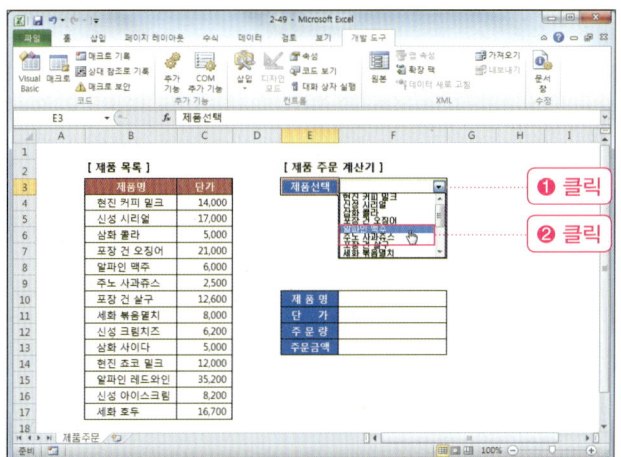

05 이번에는 삽입(   )을 클릭하고 양식 컨트롤에서 목록 상자(   )를 선택하여 [F4:F7]에 맞춰 컨트롤을 그립니다. 그런 다음 목록 상자를 마우스 오른쪽 버튼으로 클릭하고 [컨트롤 서식]을 선택합니다.

> POINT 콤보 상자와 목록 상자가 각각 어떤 모양인지 비교해 보기 위해 두 가지 컨트롤로 모두 제품명을 선택할 수 있게 할 것입니다.

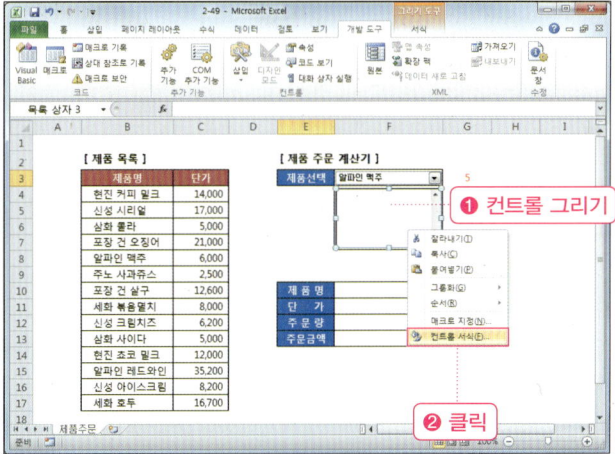

06 [컨트롤 서식] 대화상자가 실행되면 콤보 상자와 동일하게 [입력 범위]를 [B4:B17]로 지정하고, [셀 연결]을 [G3]셀로 지정한 다음 [확인] 버튼을 클릭합니다.

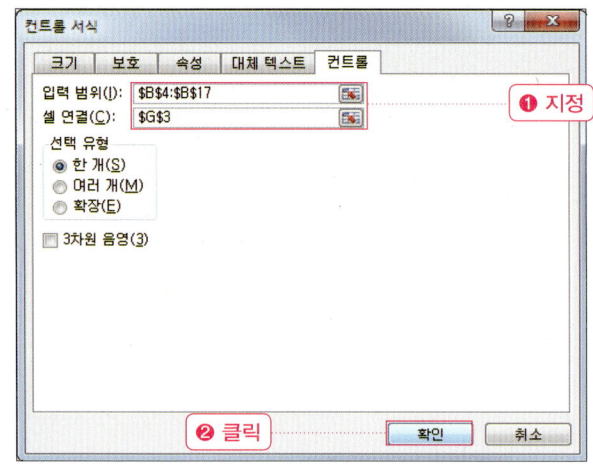

07 임의의 셀을 클릭한 다음 목록 상자에서 원하는 데이터 항목을 클릭합니다. 그러면 입력 범위(B4:B17)에서 선택한 데이터 항목의 위치가 [G3]셀에 번호로 표시됩니다.

> **POINT** 콤보 상자와 목록 상자가 모두 같은 셀 연결(G3)을 사용하기 때문에 목록 상자에서 선택한 데이터 항목이 콤보 상자에서도 자동 선택됩니다. 반대의 경우도 마찬가지입니다.

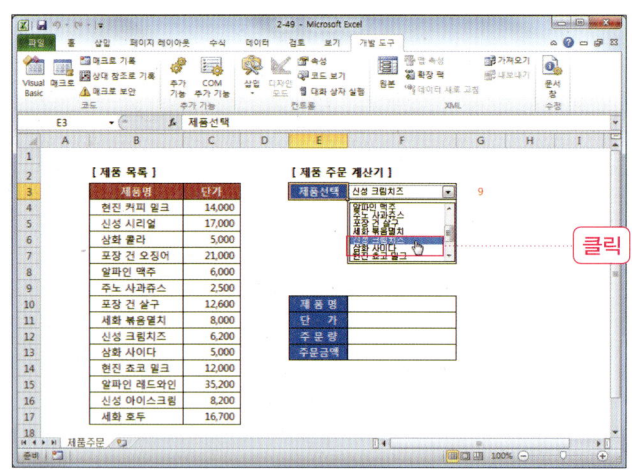

08 콤보 상자나 목록 상자에서 선택한 데이터 항목을 구하는 수식을 작성해 보겠습니다. [F10]셀에 =INDEX(B4:B17,G3)을 입력하면 [G3]셀의 값이 '9'일 때 [B4:B17]에서 9번째에 있는 값이 반환됩니다.

> **POINT** 'INDEX(범위, 위치)' 함수는 지정한 '범위'에서 주어진 '위치'에 해당되는 값을 반환합니다.

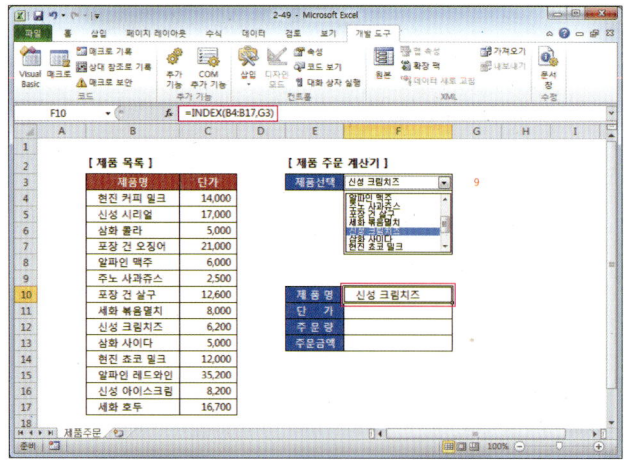

09 같은 형식의 함수로 [F11]셀에 =INDEX(C4:C17,G3)을 입력합니다. 그러면 [C4:C17]에서 [G3]번째에 해당되는 단가가 표시됩니다. 이 단가는 [F10]셀의 제품명에 해당되는 단가입니다.

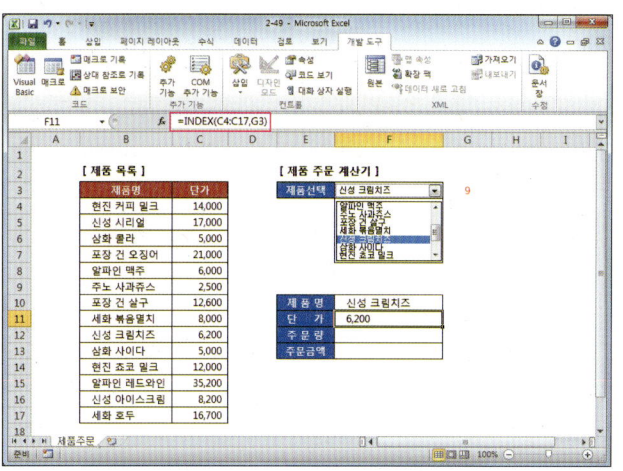

10 [F12]셀에 임의로 주문량을 입력하고, [F13]셀에 =F11*F12를 입력합니다. 이렇게 해서 선택한 제품명의 단가와 주문량을 곱한 값으로 주문금액이 계산됩니다.

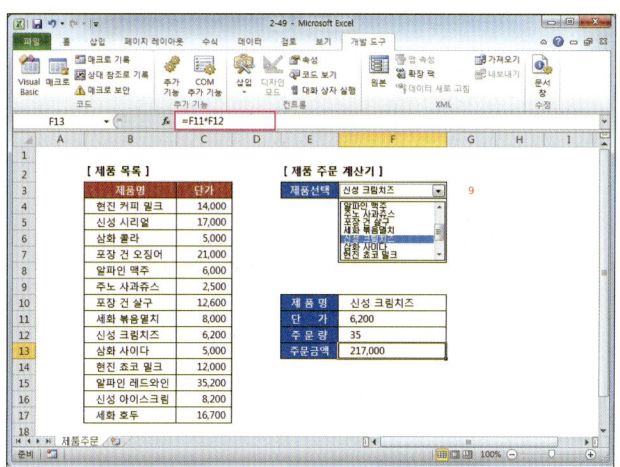

11 콤보 상자나 목록 상자에서 다른 제품명을 선택해 봅니다. 그러면 [G3]셀에 선택한 데이터 항목의 번호가 표시되고, 이 값에 의해 [F10]셀과 [F11]셀의 제품명과 단가가 달라집니다.

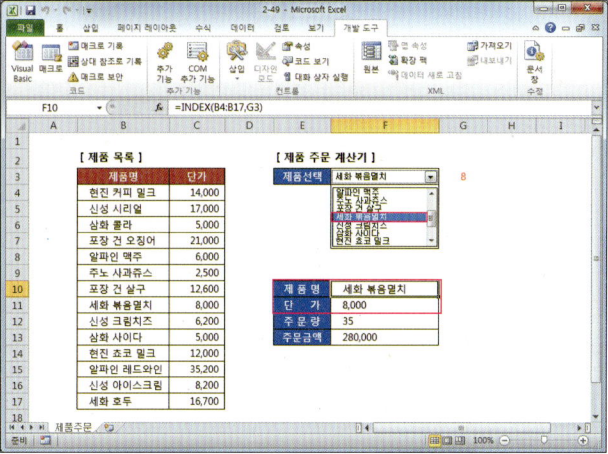

Section 50
웹에서 엑셀 사용하기

엑셀 통합 문서를 마이크로 소프트에서 제공하는 스카이 드라이브에 저장해 두면 인터넷 사용이 가능한 다른 컴퓨터에서 이 통합 문서에 대한 열람 및 편집 작업을 수행할 수 있습니다. 웹에서 엑셀을 사용하는 것이기 때문에 컴퓨터에 엑셀 프로그램이 설치되어 있지 않아도 됩니다. 이러한 웹앱스 기능은 엑셀 2010 버전에서 새로 지원하는 기능입니다.

키워드 스카이 드라이브, 웹앱스
예제 파일 Part2\예제파일\2-50.xlsx

01 웹 브라우저에서 http://skydrive.live.com 사이트에 접속한 다음 Windows Live ID와 암호를 입력하고 [로그인] 버튼을 클릭합니다.

> **POINT** [등록] 버튼을 클릭하고 Windows Live ID를 새로 만들 수 있습니다. 웹앱스를 사용하기 위해서는 Windows Live ID가 꼭 필요합니다.

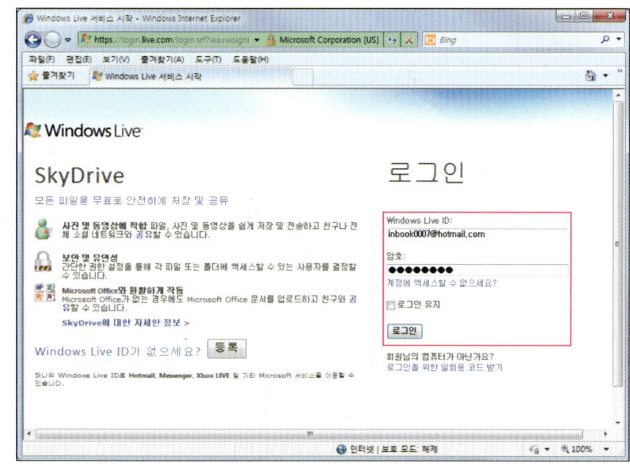

02 로그인이 완료되면 마이크로소프트에서 제공하는 웹 하드인 스카이 드라이브(SkyDrive)에 여러분의 컴퓨터에 있는 통합 문서 파일을 업로드하기 위해 [파일 추가] 링크를 클릭합니다.

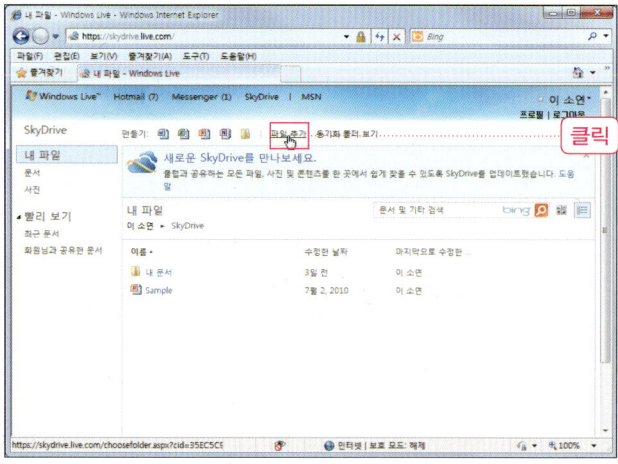

03 파일을 스카이 드라이브의 어느 폴더로 업로드할 것인지를 선택하는 과정입니다. 여기서는 [내 문서] 폴더를 클릭합니다.

> **POINT** 새 폴더를 만들어 사용하고 싶다면 [새 폴더]를 클릭합니다.

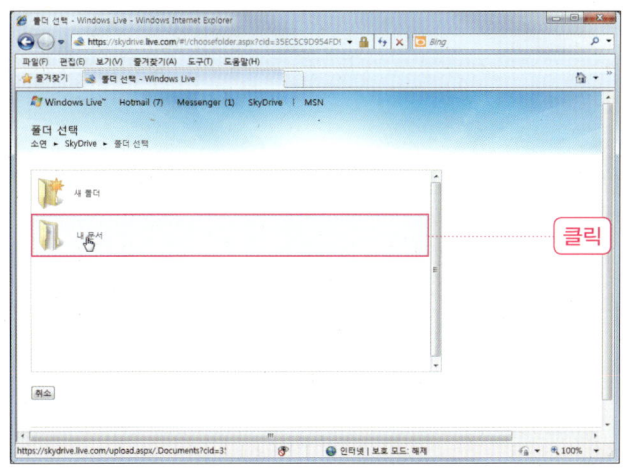

04 폴더에 파일을 추가하는 방법은 두 가지가 있습니다. 여기서는 [열기] 대화상자를 이용하기 위해 [컴퓨터에서 선택] 링크를 클릭합니다.

> **POINT** 탐색기 등으로 업로드 할 파일이 들어 있는 폴더를 연 다음 파일을 문서 추가 영역으로 드래그해서 파일을 추가할 수도 있습니다.

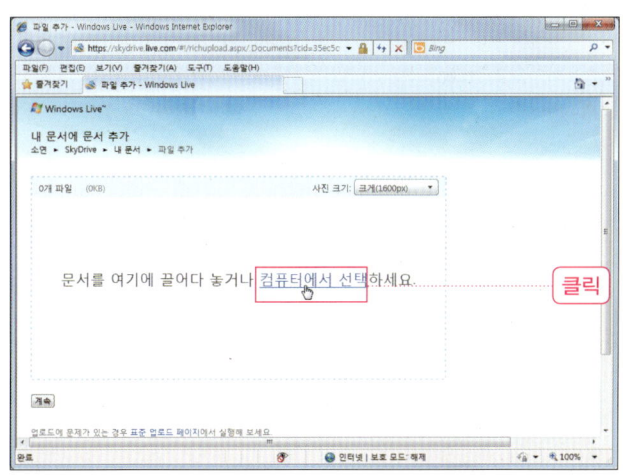

05 [열기] 대화상자가 실행되면 '2-50.xlsx' 파일을 찾아 선택하고 [열기] 버튼을 클릭합니다.

06 다음과 같이 문서 추가 영역에 선택한 파일이 업로드 됩니다. 이제 페이지 상단에서 [내 문서] 폴더를 클릭합니다.

> **POINT** 파일 추가가 끝나면 다른 파일도 같은 방법으로 업로드 할 수 있습니다.

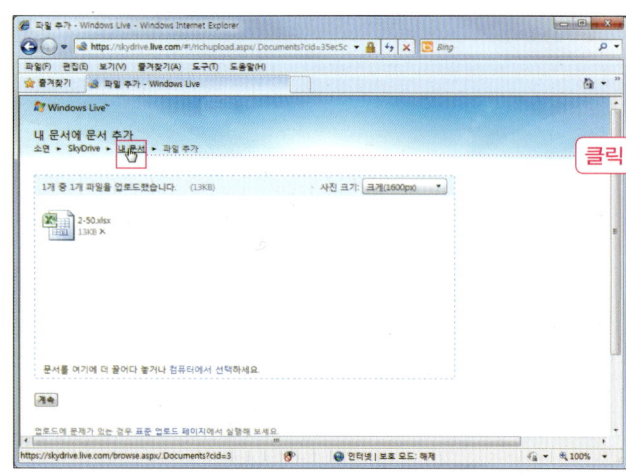

07 다음과 같이 [내 문서] 폴더에 추가된 파일을 확인할 수 있습니다. 이 파일을 웹에서 편집하려면 해당 파일을 선택하고 [브라우저에서 편집]을 클릭합니다.

> **POINT** 파일 이름을 바로 클릭하면 선택한 파일이 편집용이 아닌 읽기용 보기로 표시됩니다. 읽기용 보기에서 파일을 편집 상태로 전환하려면 [브라우저에서 편집] 링크를 클릭합니다.

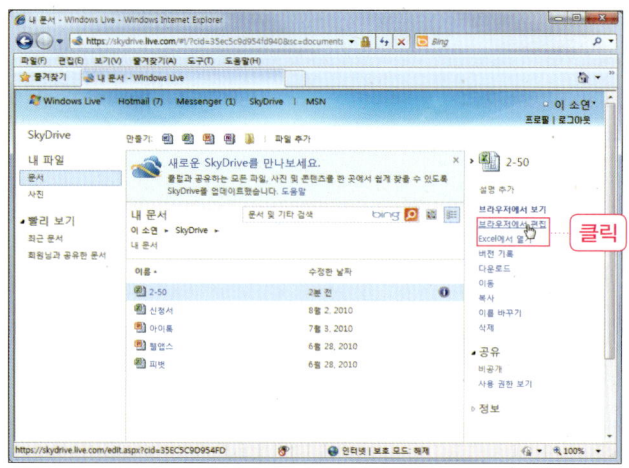

08 다음과 같이 Excel Web App이 시작되고 선택한 파일이 편집할 수 있는 상태로 열립니다. 웹앱스에서는 리본 메뉴에 [파일], [홈], [삽입], [보기] 탭만 표시됩니다. 여기서 리본 메뉴에 있는 명령을 이용하여 통합 문서를 편집합니다.

> **POINT** 웹앱스를 통해 파일을 편집하면 사용자가 저장 명령을 내리지 않아도 실시간으로 바로 웹에 저장됩니다.

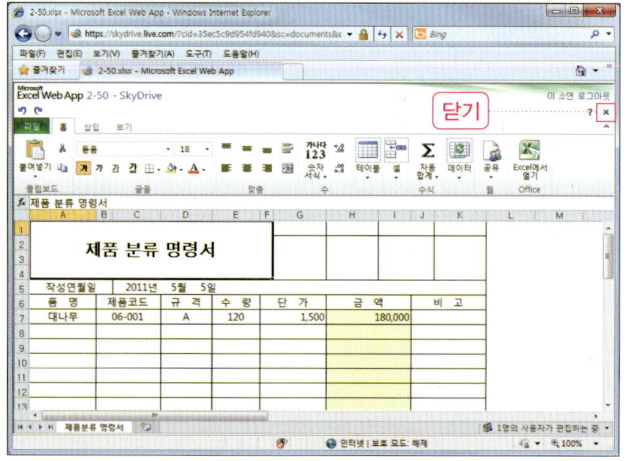

09 웹앱스에 불러온 통합문서를 엑셀로 열어보도록 하겠습니다. [홈] 탭의 [Office] 그룹에서 [Excel에서 열기]를 클릭합니다.

> **POINT** [Office] 그룹의 [Excel에서 열기] 명령은 엑셀이 실행되어 있지 않으면 나타나지 않습니다. 따라서 웹앱스를 이용하여 통합문서를 열기 전에 엑셀이 실행되어 있어야 합니다.

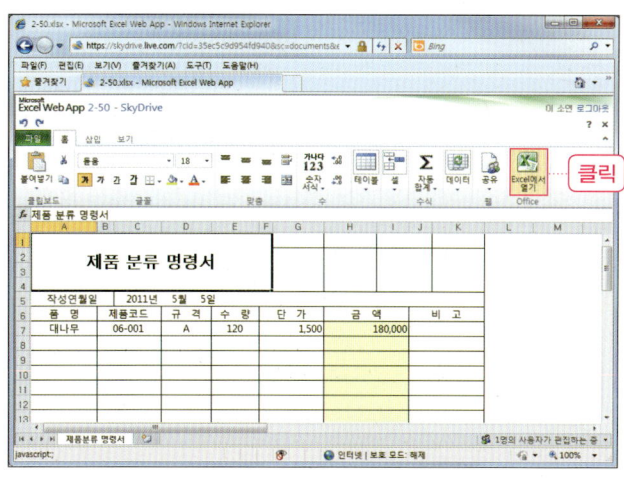

10 경고 메시지가 표시되면 [확인] 버튼을 클릭합니다. 다음과 같이 Live.net에 연결할 자격 증명을 입력하는 화면이 나타나면 메일 주소와 암호를 입력하고 [확인] 버튼을 클릭합니다.

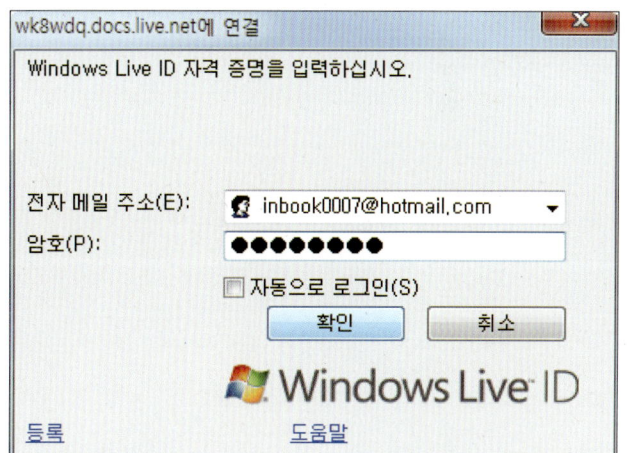

11 웹앱스의 통합문서는 닫히고 엑셀 화면으로 불러옵니다.

> **POINT** 통합문서를 저장하면 Skydrive 서버의 사용자 계정에 저장됩니다.

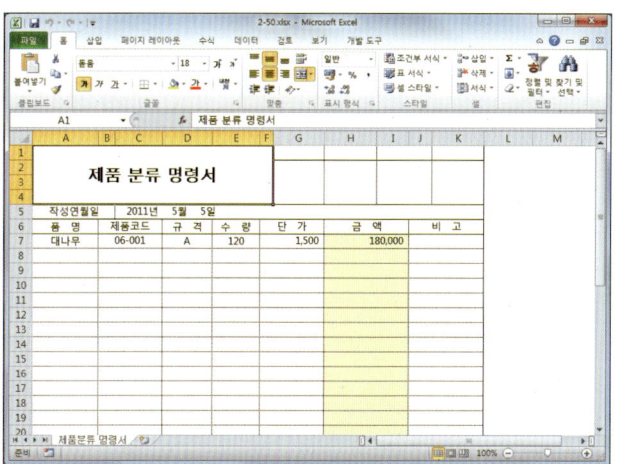

Part 03

모르면 절대 곤란한 함수 50가지

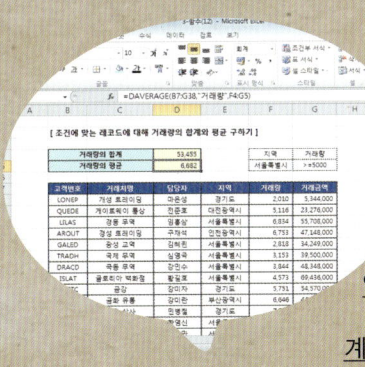

엑셀 프로그램에 대해 조금이라도 알고 있는 사람이라면

엑셀을 떠올렸을 때 가장 먼저 수식과 함수를 생각할 것입니다.

엑셀은 300여개가 넘는 다양한 함수를 제공하기 때문에 여러분이 원하는

계산 결과를 얻기 위해서는 함수를 이용한 수식 구성에 능숙해져야 합니다.

그러나 300여개의 함수를 모두 알고 있기란 거의 불가능한 일이고,

그럴 필요도 없습니다. 업무 성격에 따라 필요한 함수는 지극히 제한적이기 때문입니다.

이번 파트에서는 가장 많은 업무에서 가장 일반적으로 활용되고 있는 기초 함수와

실무 함수를 엄선해서 살펴봅니다. 여기에 소개되어 있는 함수의 사용 방법에 익숙해진다면

다른 함수가 필요한 경우라도 어렵지 않게 수식을 응용하여 사용할 수 있을 것입니다.

Section 01

합계 구하기 - SUM

SUM 함수는 인수로 지정한 셀, 셀 범위, 숫자 등의 합계를 계산할 때 사용하는 함수입니다. 인수는 최대 255개까지 지정할 수 있으며 숫자와 TRUE/FALSE 등의 논리값, 숫자로 변환할 수 있는 텍스트까지 모두 계산에 포함시킵니다. 숫자로 변환할 수 없는 텍스트를 인수로 사용하면 오류가 발생합니다.

키워드 합계, SUM
예제 파일 Part3\예제파일\3-함수(1).xlsx

01 'SUM' 워크시트의 [F5]셀에 =SUM(C5:E5)를 입력하고 채우기 핸들을 [F17]셀까지 드래그해서 수식을 복사합니다. 1월, 2월, 3월의 합계를 구하는 수식입니다.

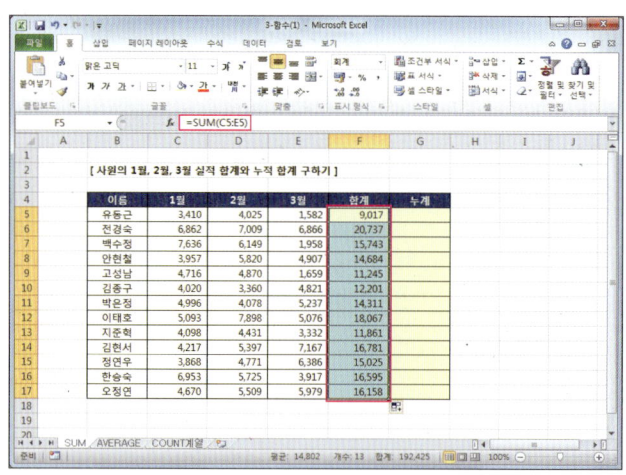

02 [G5]셀에 =SUM($F$5:F5)를 입력하고 채우기 핸들을 [G17]셀까지 드래그하여 수식을 복사합니다. 이 수식에서는 계산 범위의 시작 셀이 절대 참조로 고정되어 있으므로 항상 [F5]셀부터 현재까지 누적 합계를 구하게 됩니다.

> **POINT** [G6]셀은 =SUM($F$5:F6)으로 [F5:F6]까지 합계를 구하고, [G7]셀은 =SUM($F$5:F7)로 [F5:F7]의 합계를 구합니다.

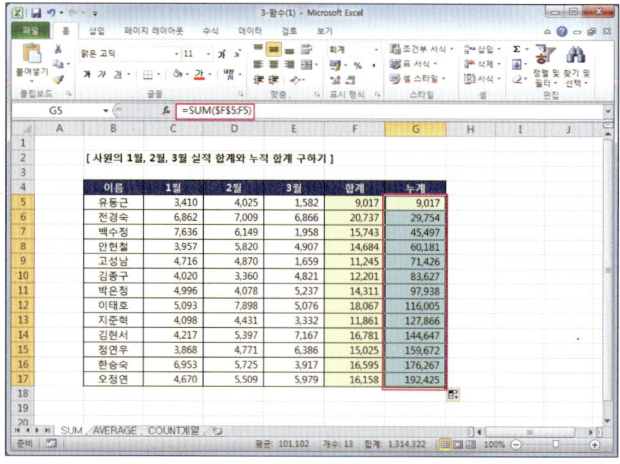

Section 02 평균 구하기 - AVERAGE

인수로 지정한 셀, 셀 범위, 숫자의 산술 평균을 구하는 함수입니다. 인수는 최대 255개까지 지정할 수 있습니다. 인수로 지정한 셀이 빈 셀이면 평균 계산에서 제외되지만 값이 0인 셀은 계산에 포함됩니다.

키워드 평균, AVERAGE
예제 파일 Part3\예제파일\3-함수(1).xlsx

---

01 'AVERAGE' 워크시트의 [F5]셀에 =AVERAGE(C5:E5)를 입력하고 채우기 핸들을 [F17]셀까지 드래그하여 수식을 복사합니다. 이 수식은 1월부터 3월까지 실적의 평균을 계산합니다.

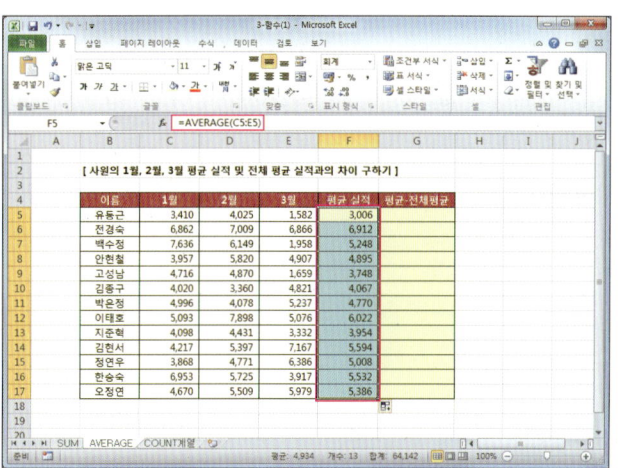

02 [G5]셀에 =F5-AVERAGE($C$5:$E$17)을 입력하고 [G17]셀까지 수식을 복사합니다. 이 수식은 평균(F5)에서 전체 평균(AVERAGE)을 뺀 값을 구합니다.

> **POINT** 전체 평균을 구하는 AVERAGE($C$5:$E$17)에서 계산 범위를 절대 참조로 지정해야 수식을 아래로 복사했을 때 항상 [C5:E17]의 평균으로 계산됩니다.

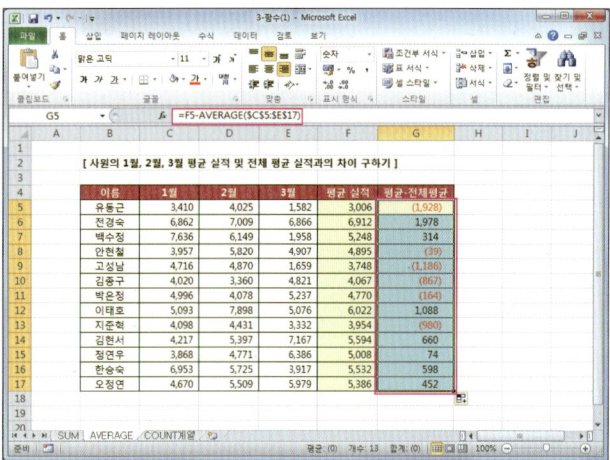

셀 개수 구하기
-COUNT/COUNTA/COUNTBLANK

COUNT 함수는 숫자의 개수를 구할 때, COUNTA 함수는 비어 있지 않은 셀의 개수를 구할 때, COUNTBLANK 함수는 비어있는 셀의 개수를 구할 때 사용합니다. 모두 셀의 개수를 센다는 점에서 비슷하지만 개수를 구하는 대상이 서로 다릅니다. 각 함수의 인수는 최대 255개까지 지정할 수 있습니다.

키워드 개수, COUNT, CUNTA, COUNTBLANK
예제 파일 Part3\예제파일\3-함수(1).xlsx

01 'COUNT계열' 워크시트의 [H5]셀에 =COUNTA(C5:G5)를 입력하고 [H17]셀까지 채우기 핸들을 드래그해서 수식을 복사합니다. 이 수식은 [C]열부터 [G]열까지 중에서 비어 있지 않은 셀의 개수를 구합니다.

> **POINT** COUNT(범위) 함수는 지정한 범위에서 숫자가 들어 있는 셀의 개수를 구합니다.

02 [I5]셀에 =COUNTBLANK(C5:G5)를 입력하고 [I17]셀까지 수식을 복사하면 각 행의 [C]열부터 [G]열까지 중에서 비어 있는 셀의 개수를 구할 수 있습니다.

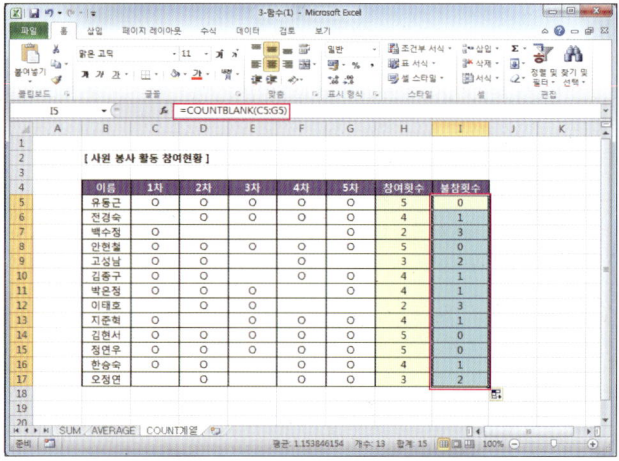

절대값과 부호 구하기 - ABS/SIGN

Section 04

ABS 함수는 인수로 지정한 숫자의 절대값(부호 없는 양수)을 구합니다. SIGN 함수는 지정한 수가 양수이면 1, 0이면 0, 음수이면 –1로 숫자의 부호를 표시합니다.

키워드 절대값, 부호, ABS, SIGN
예제 파일 Part3\예제파일\3-함수(2).xlsx

01 'ABS-SIGN' 워크시트의 [E5]셀에 =D5-C5를 입력한 다음 [E17]셀까지 수식을 복사해서 상반기에서 하반기로 매출량이 얼마나 증가 또는 감소했는지를 계산합니다. 하반기에 매출량이 감소한 경우 이 수식의 결과 값이 음수로 표시됩니다.

> **POINT** 음수의 표시 형식은 [셀 서식] 대화상자의 [표시 형식] 탭에서 [범주]를 '숫자'로 선택하고 지정했습니다.

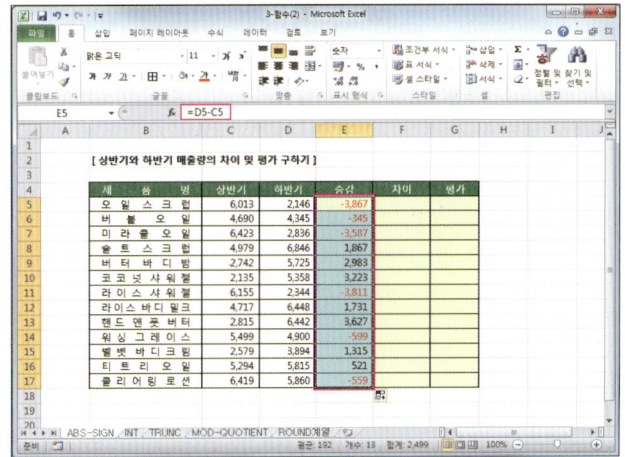

02 이번에는 [F5]셀에 =ABS(E5)를 입력하고 [F17]셀까지 수식을 복사합니다. [E5]셀의 값을 ABS 함수를 사용하여 절대값으로 만드는 이 수식은, 증가 또는 감소를 무시하고 순수하게 상반기와 하반기의 매출량 차이만 알고 싶을 때 사용합니다.

> **POINT** =ABS(D5-C5)를 입력해도 동일한 결과를 얻을 수 있습니다.

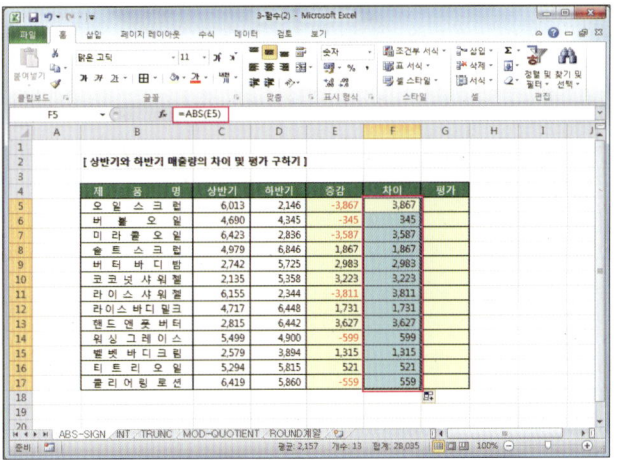

03 [G5]셀에 =SIGN(E5)를 입력하고 [G17]셀까지 수식을 복사합니다. 이 수식은 [E5]셀의 부호를 판단해서 양수이면 '1', 음수이면 '-1', 0이면 '0'을 반환합니다.

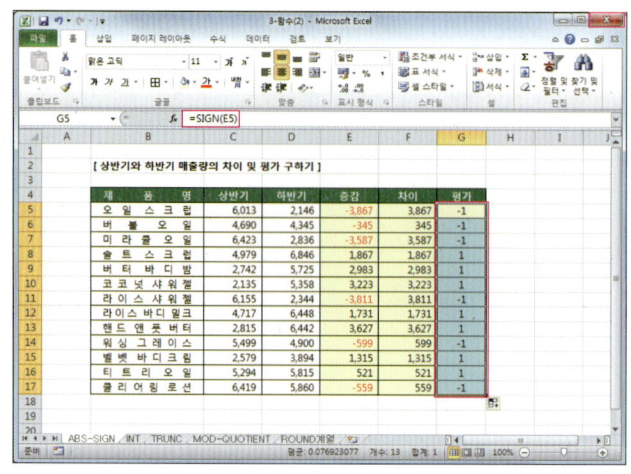

04 [G5:G17]이 블록으로 지정된 상태에서 [홈] 탭-[표시 형식] 그룹의 대화상자 표시( ) 버튼을 클릭합니다. [셀 서식] 대화상자의 [표시 형식] 탭에서 [범주]를 '사용자 지정'으로 선택한 다음 [형식]에 '증가;감소;유지'를 입력하고 [확인] 버튼을 클릭합니다.

> **POINT** 사용자 지정 서식 코드는 세미콜론으로 구분하며 '양수;음수;0;텍스트' 순서로 지정합니다.

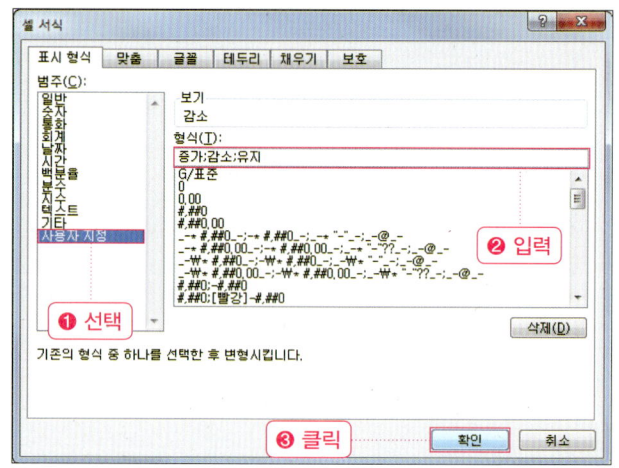

05 [G5:G17]에 사용자 지정 표시 형식이 적용되어 양수는 '증가', 음수는 '감소'로 표시됩니다. [D9]셀의 값을 '2742'로 수정해서 두 값의 차이를 0으로 만들면 [G9]셀의 계산 결과가 0이 되어 '유지'가 표시되는 것을 확인할 수 있습니다.

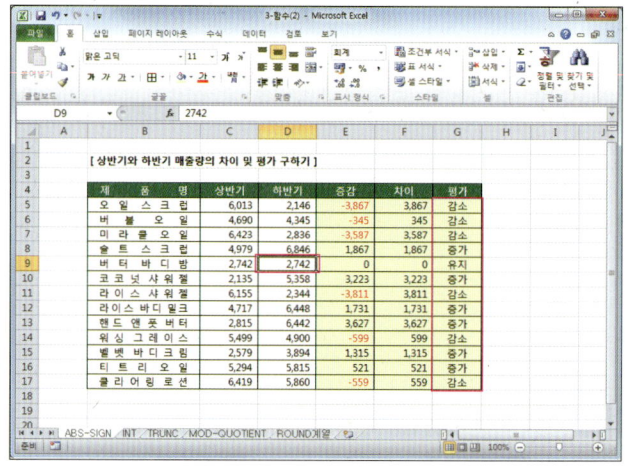

Section 05

정수 구하기 - INT

INT 함수는 인수로 지정한 숫자를 가장 가까운 정수로 내릴 때 사용합니다. 예를 들어 =INT(8.8)은 8로 계산되고, =INT(-8.8)은 -9로 계산됩니다.

키워드 정수, INT
예제 파일 Part3\예제파일\3-함수(2).xlsx

---

01 'INT' 워크시트의 [D5]셀에 =INT(C5*5%)를 입력하고 채우기 핸들을 [D17]셀까지 끌어 수식을 복사합니다. 이 수식은 매출액의 5%로 포인트를 구합니다. 단, 소수점 이하는 무시합니다.

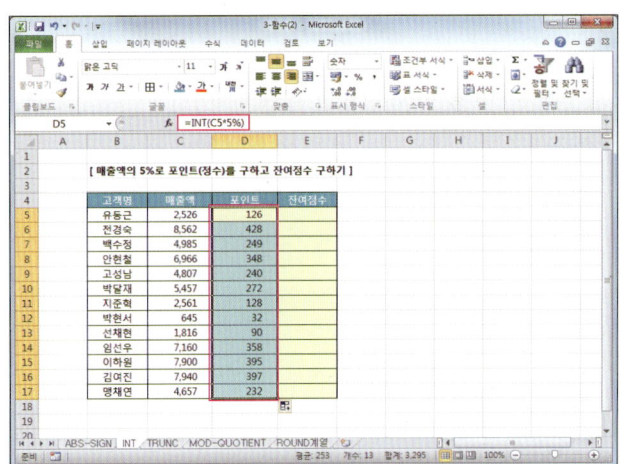

02 [E5]셀에 =C5*5%-INT(C5*5%)를 입력하고 채우기 핸들을 [E17]셀까지 끌어 수식을 복사합니다. 매출액의 5%를 구한 값에서 INT 함수로 정수 부분을 빼 소수점 이하 부분만 구하는 수식입니다.

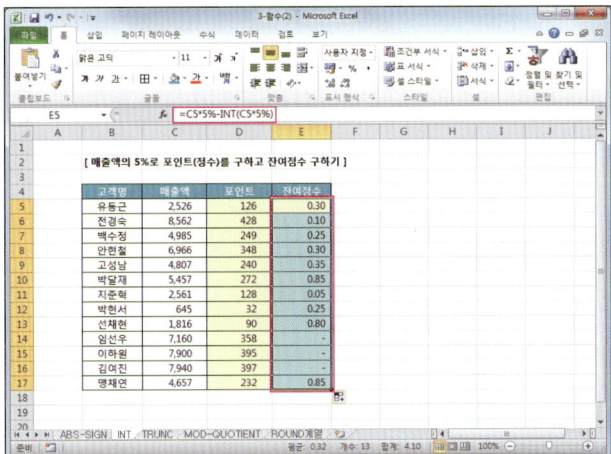

Section 06

소수점 이하 버리기 - TRUNC

TRUNC 함수는 인수로 지정한 숫자의 소수점 이하를 버리고 정수로 변환할 때 사용합니다. INT 함수와 비슷하지만 인수로 음수를 지정했을 때 결과가 달라집니다. =INT(-8.8)은 '-9'로 계산되지만, =TRUNC(-8.8)은 '-8'로 계산됩니다.

키워드 정수, TRUNC
예제 파일 Part3\예제파일\3-함수(2).xlsx

---

01 'TRUNC' 워크시트의 [F5]셀에 =TRUNC(AVERAGE(C5:E5))를 입력하고 [F17]셀까지 수식을 복사합니다. AVERAGE 함수로 구한 평균을 TRUNC 함수를 사용하여 소수점 이하를 버리고 정수로 변환하는 수식입니다.

> **POINT** TRUNC 함수는 반올림을 하지 않고 무조건 소수 이하를 절삭합니다.

02 이번에는 [G5]셀에 =TRUNC(AVERAGE(C5:E5),1)을 입력하고 [G17]셀까지 수식을 복사합니다. 앞의 수식과 비슷하지만 이번에는 TRUNC 함수에 '1'로 자릿수를 지정해서 소수점 이하 둘째 자리 아래는 무조건 버리고 소수점 이하 첫째 자리까지 값을 반환합니다

> **POINT** TRUNC 함수는 'TRUNC(값, 자릿수)' 형식으로 사용하는데 자릿수를 생략할 경우 '0'으로 처리되어 정수까지 반환합니다. 자릿수를 양수로 지정하면 소수점 이하에서 지정한 자릿수까지 값을 구하고, 음수로 지정하면 소수점 왼쪽에서 지정한 자릿수까지 값을 구합니다.

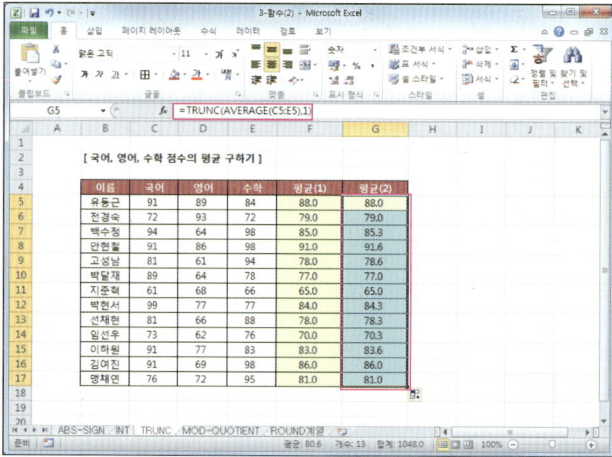

나머지와 몫 구하기
- MOD / QUOTIENT

MOD 함수는 'MOD(수1, 수2)' 형식으로 사용하며 수1을 수2로 나눈 나머지를 구합니다. 예를 들어 =MOD(100,3)의 결과는 '1'이고, =MOD(100,7)의 결과는 '2'입니다. MOD 함수에서 나누는 수(수2)를 0으로 지정하면 #DIV/0! 오류가 발생합니다. QUOTIENT 함수는 같은 형식으로 사용하지만 나머지가 아닌 몫을 구하는 함수입니다.

키워드 나머지, 몫, MOD, QUOTIENT
예제 파일 Part3\예제파일\3-함수(2).xlsx

01 'MOD-QUOTIENT' 워크시트의 [D5]셀에 =QUOTIENT(C5,2500)을 입력하고 [D17]셀까지 수식을 복사합니다. [C5]의 포인트를 '2500'으로 나눈 몫을 구하는 수식입니다.

> **POINT** =INT(C5/2500)으로 수식을 작성해도 같은 결과를 얻을 수 있습니다.

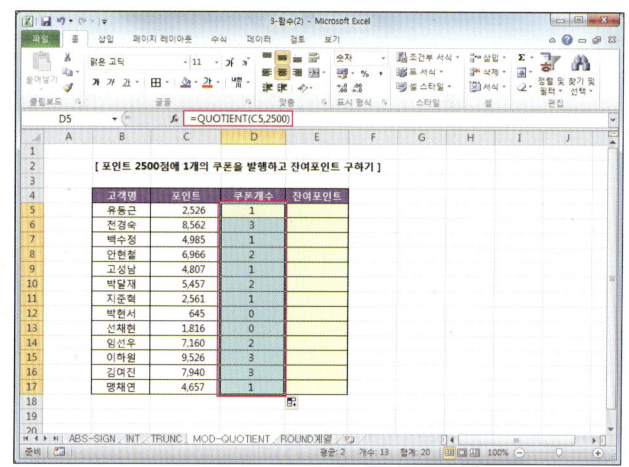

02 [E5]셀에 =MOD(C5,2500)을 입력하고 [E17]셀까지 수식을 복사합니다. 이 수식은 [C5]의 포인트를 '2500'으로 나눈 나머지를 구합니다.

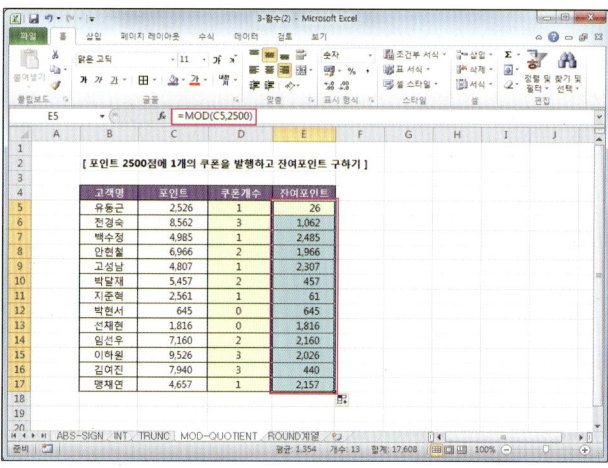

반올림, 올림, 내림 구하기
- ROUND/ROUNDUP/ROUNDDOWN

Section 08

ROUND 함수는 지정한 자릿수로 반올림한 값을 구합니다. ROUNDUP 함수는 지정한 자릿수로 무조건 올린 값을 구하고, ROUNDDOWN 함수는 지정한 자릿수로 무조건 내린 값을 구합니다. 자릿수는 양수, 음수, 0 중에서 지정할 수 있습니다.

키워드 반올림, 올림, 내림, ROUND, ROUNDUP, ROUNDDOWN
예제 파일 Part3\예제파일\3-함수(2).xlsx

01 'ROUND계열' 워크시트의 [F5]셀에 =ROUND(AVERAGE(C5:E5),2)를 입력하고 [F17]셀까지 수식을 복사합니다. AVERAGE 함수로 1월, 2월, 3월의 평균을 계산한 다음 ROUND 함수로 반올림하여 소수점 이하 둘째 자리까지 구하는 수식입니다.

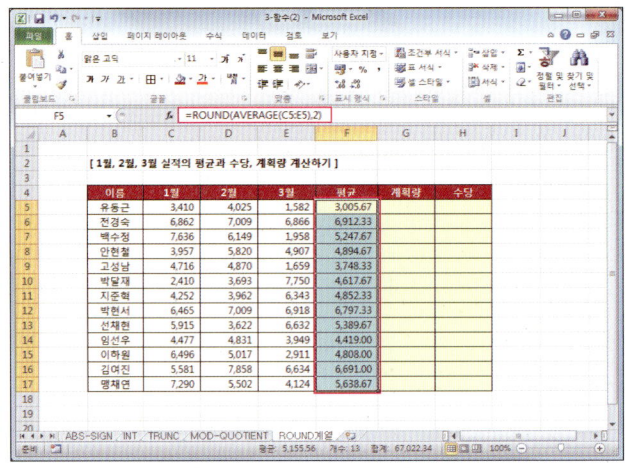

02 [G5]셀에 =ROUNDUP(F5,0)을 입력하고 [G17]셀까지 수식을 복사합니다. 이 수식에서 ROUNDUP 함수는 평균(F5)을 소수점 이하 자리에서 무조건 올림하여 정수를 반환합니다.

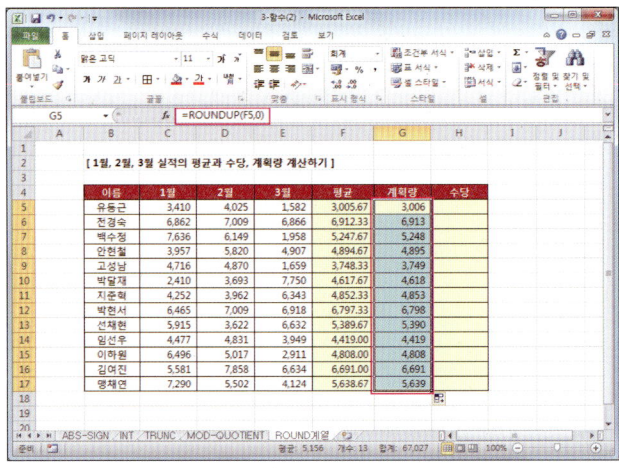

03 [H5]셀에 =ROUNDDOWN(F5*50%,-1)을 입력하고 [H17]셀까지 수식을 복사합니다. 평균에 50%를 곱한 값을 ROUNDDOWN 함수를 사용하여 소수점 왼쪽 첫째 자리까지 무조건 내림한 값을 구하는 수식입니다.

> **POINT** =TRUNC(F5*50%,-1)과 같은 수식을 사용해도 같은 결과를 얻을 수 있습니다.

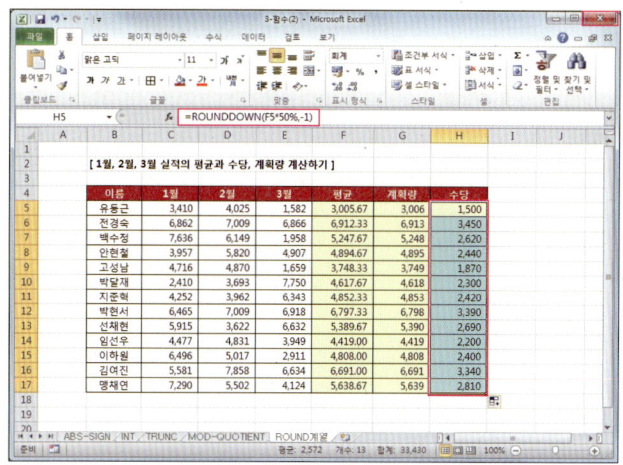

모르면 절대 곤란한 함수 50가지

🔵 생초보 레벨업

자릿수 지정하기

ROUND, ROUNDUP, ROUNDDOWN 함수의 두 번째 인수는 소수점으로부터의 자릿수를 의미합니다. 자릿수는 양수, 음수, 0 등으로 지정할 수 있으며 의미는 다음과 같습니다.

함수	설명
양수	소수점 이하 자릿수를 의미합니다.
음수	소수점 왼쪽 자릿수를 의미합니다.
0	정수를 의미합니다.

예를 들어 ROUNDDOWN 함수에서 다음과 같이 자릿수에 따라 반환하는 값이 달라집니다.

함수	결과	설명
=ROUNDDOWN(4567.4567,0)	4567	정수로 변환합니다.
=ROUNDDOWN(4567.4567,2)	4567.45	소수점 이하 둘째 자리까지 구합니다.
=ROUNDDOWN(4567.4567,-2)	4500	소수점 왼쪽 둘째 자리까지 구합니다.

최대값과 최소값 구하기 - MAX/MIN

Section 09

MAX 함수는 인수로 지정한 수 목록에서 가장 큰 값을 구할 때 사용합니다. MIN 함수는 MAX 함수의 반대로 인수로 지정한 수 목록에서 가장 작은 값을 구할 때 사용합니다. MAX 함수와 MIN 함수의 인수는 최대 255개까지 지정할 수 있으며 숫자, 빈 셀, 논리값, 숫자로 변환할 수 있는 텍스트를 인수로 지정합니다.

키워드 최대, 최소, MAX, MIN
예제 파일 Part3\예제파일\3-함수(3).xlsx

---

01 'MAX-MIN' 워크시트의 [E5]셀에 =ROUND(MAX(C5:D5),-3)을 입력하고 [E17]셀까지 수식을 복사합니다. MAX 함수로 상반기와 하반기에서 큰 값을 구한 다음 반올림하여 소수점 왼쪽 세 자리까지 구하는 수식입니다.

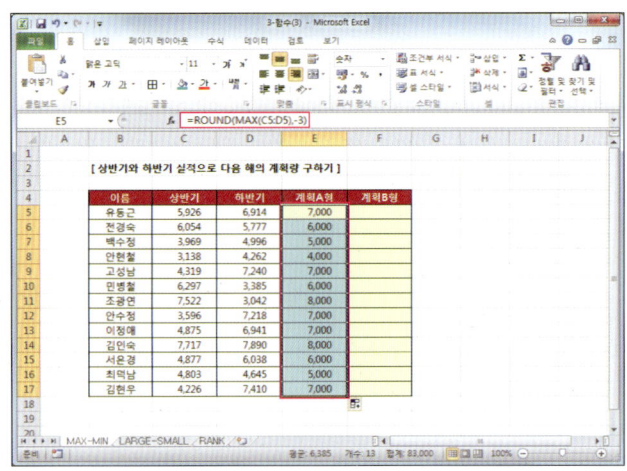

02 [F5]셀에 =ROUND(MIN(C5:D5),-3)을 입력하고 [F17]셀까지 수식을 복사합니다. MIN 함수로 상반기와 하반기에서 작은 값을 구한 다음 반올림하여 소수점 왼쪽 세 자리까지 구하는 수식입니다.

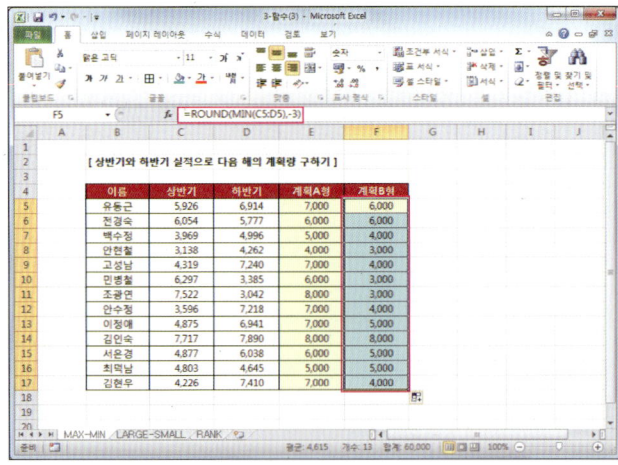

Section 10

큰 값, 작은 값 구하기 - LARGE/SMALL

LARGE 함수는 k번째로 큰 값을 구할 때, SMALL 함수는 k번째로 작은 값을 구할 때 사용합니다. 예를 들어 =LARGE(A1:A10,3)은 [A1:A10]에서 3번째로 큰 값을 구합니다. =SMALL(A1:A10,2)는 [A1:A10]에서 2번째로 작은 값을 구합니다.

키워드 큰 값, 작은 값, LARGE, SMALL
예제 파일 Part3\예제파일\3-함수(3).xlsx

---

01 'LARGE-SMALL' 워크시트의 [F5]셀에 =LARGE($C$5:$C$18,E5)를 입력하고 [F7]셀까지 수식을 복사합니다. [F5:F7]의 각 셀에 입력한 수식은 [C5:C18]에서 1번째로 큰 값, 2번째로 큰 값, 3번째로 큰 값을 각각 구합니다.

> **POINT** 수식 '=LARGE(범위,1)'의 결과는 '=MAX(범위)'와 동일합니다.

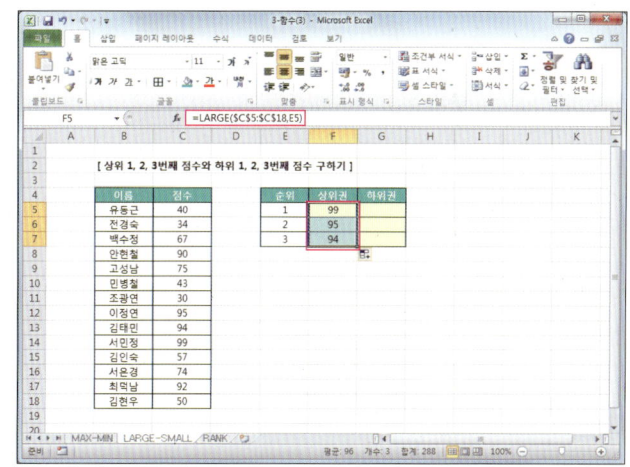

02 [G5]셀에 =SMALL($C$5:$C$18,E5)를 입력하고 [G7]셀까지 수식을 복사합니다. 이 수식은 [C5:C18]의 점수 범위에서 1번째로 작은 값, 2번째로 작은 값, 3번째로 작은 값을 구합니다.

> **POINT** 수식 '=SMALL(범위,1)'의 결과는 '=MIN(범위)'와 동일합니다.

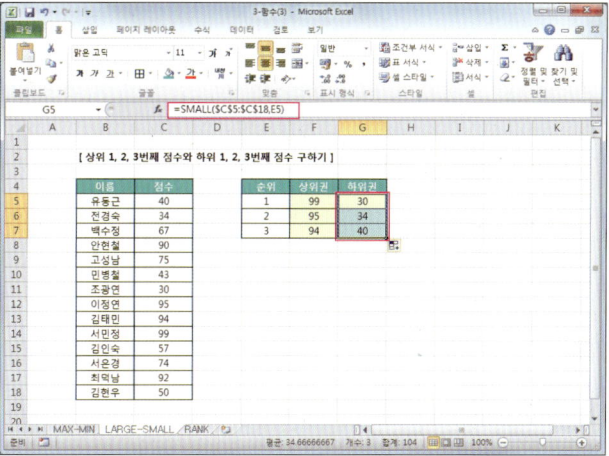

Section 11

순위 구하기 - RANK/RANK.EQ/RANK.AVG

엑셀 2007 버전까지 사용되던 RANK 함수가 엑셀 2010 버전에서는 RANK.EQ 함수와 RANK.AVG 함수로 구분되었습니다. RANK.EQ 함수는 이전 버전의 RANK 함수와 같은 방법으로 계산되는데 동일한 값에 대해 최상위 순위를 똑같이 부여합니다. RANK.AVG 함수는 동일한 값에 대해 평균 순위를 똑같이 부여합니다. 이전 버전과의 호환성을 고려한다면 RANK.EQ 함수를 쓰는 대신 계속 써 오던 RANK 함수를 사용하는 것이 좋습니다.

키워드 순위, RANK, RANK.EQ, RANK.AVG
예제 파일 Part3\예제파일\3-함수(3).xlsx

---

01 'RANK' 워크시트의 [G5]셀에 =RANK.EQ(F5, $F$5:$F$18)을 입력하고 [G18]셀까지 수식을 복사합니다. 절대 참조로 지정한 [F5:F18]에서 [F5]의 순위를 구하는 이 수식은 76점이 3개일 경우 10, 11, 12로 순위를 부여하지 않고 모두 최상위 순위 10을 부여합니다.

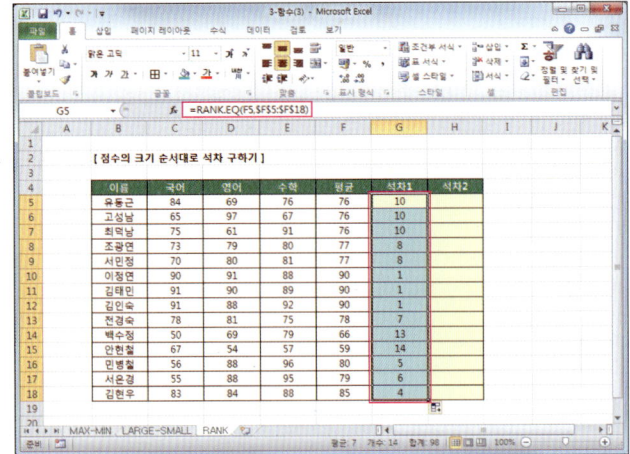

> **POINT** RANK 함수들의 사용 형식은 'RANK(수, 범위, 옵션)'으로 옵션을 생략하거나 0으로 지정하면 가장 큰 값을 1위로 계산하고, 옵션에 0이 아닌 값을 지정하면 가장 작은 값을 1위로 계산합니다.

02 [H5]셀에 =RANK.AVG(F5,$F$5:$F$18)을 입력하고 [H18]셀까지 수식을 복사합니다. RANK.AVG 함수는 76점이 3개일 경우 10, 11, 12의 평균인 '11'로 순위를 부여합니다.

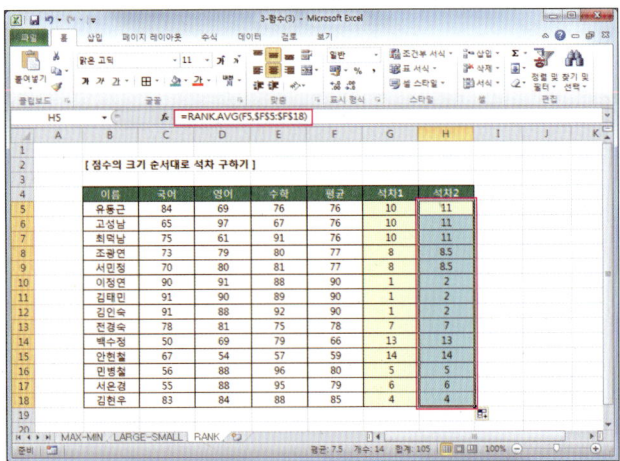

> **POINT** 만일 76점이 2개라면 10과 11의 평균인 '10.5'로 순위가 부여됩니다.

Section 12

조건에 따라 처리하기 - IF

IF 함수는 조건을 검사하여 조건이 참인지 거짓인지에 따라 각각 다른 값을 구하고자 할 때 사용합니다. 'IF(조건, 값1, 값2)'와 같은 형식으로 사용하며 조건이 참이면 값1, 조건이 거짓이면 값2를 구합니다. 값1과 값2에는 상수, 셀 참조, 수식 등을 지정할 수 있습니다.

키워드 조건, IF
예제 파일 Part3\예제파일\3-함수(4).xlsx

01 'IF' 워크시트의 [G5]셀에 =IF(F5>=75,"합격","탈락")을 입력하고 [G18]셀까지 수식을 복사합니다. 이 수식은 평균([F]열)의 값이 75보다 크거나 같으면 '합격'을 반환하고, 나머지는 '탈락'을 반환합니다.

> **POINT** 조건을 지정할 때 주로 비교 연산자를 사용합니다. 비교 연산자에는 크다(>), 작다(<), 크거나 같다(>=), 작거나 같다(<=), 같다(=), 같지 않다(<>) 등이 있습니다.

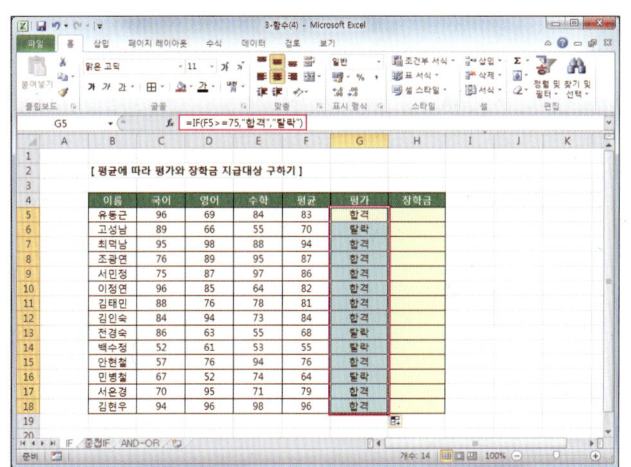

02 [H5]셀에 =IF(F5>=LARGE($F$5:$F$18,3),"지급대상","")을 입력하고 [H18]셀까지 수식을 복사합니다. 이 수식은 평균([F]열)의 값이 [F5:F18]에서 3번째로 큰 값보다 크거나 같으면 '지급대상'을 표시합니다.

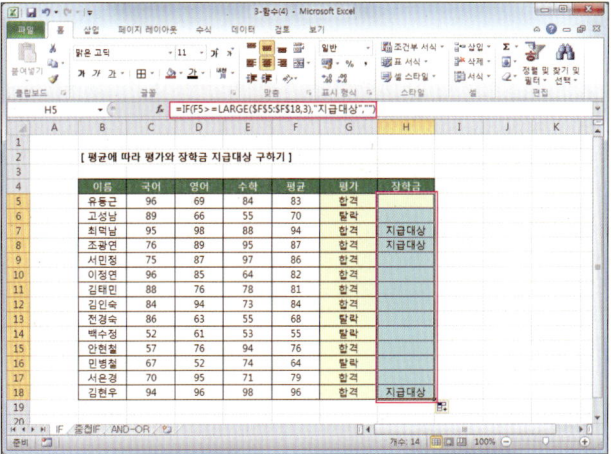

295

Section 13

IF 함수 겹치기 - 중첩 IF

IF 함수는 조건의 참, 거짓에 따라 각각 다른 두 개의 값을 반환할 수 있습니다. 두 개 이상의 조건을 사용하고 두 개 이상의 값을 반환해야 한다면 IF 함수를 여러 개 겹쳐 사용하면 됩니다. '=IF(조건1, 값1, IF(조건2, 값2, 값3))' 형식의 중첩 IF는 조건1이 참일 때 값1을 반환하고, 거짓일 때 두 번째 IF 함수로 조건2를 검사합니다. 조건1이 거짓이고 조건2가 참이면 값2를 반환하고, 조건2가 거짓이면 값3을 반환합니다.

키워드 조건, IF, 중첩 IF
예제 파일 Part3\예제파일\3-함수(4).xlsx

---

01 '중첩IF' 워크시트의 [H5]셀에 =IF(F5>=85,"A", IF(F5>=70,"B","C"))를 입력하고 [H18]셀까지 수식을 복사합니다. 첫 번째 IF 함수는 평균([F]열)이 85이상이면 'A'를 반환하고, 85미만이면 두 번째 IF 함수를 계산합니다. 두 번째 IF 함수는 평균이 70이상일 때 'B', 나머지는 'C'를 반환합니다.

> **POINT** 평균이 85미만이고 70이상일 때 'B'가 반환됩니다.

02 이번에는 [I5]셀에 =IF(G5=1,"최우수상",IF(G5<=4,"우수상",""))을 입력하고 [I18]셀까지 수식을 복사합니다. 이 수식은 석차([G]열)가 1과 같을 때 '최우수상'을 반환하고, 석차가 1과 같지 않으면서 4이하일 때 '우수상'을 반환합니다. 나머지 경우는 빈 문자열("")을 반환합니다.

> **POINT** IF 함수를 겹쳐 사용할 때는 여는 괄호와 닫는 괄호의 짝을 맞추는 것에 주의할 필요가 있습니다.

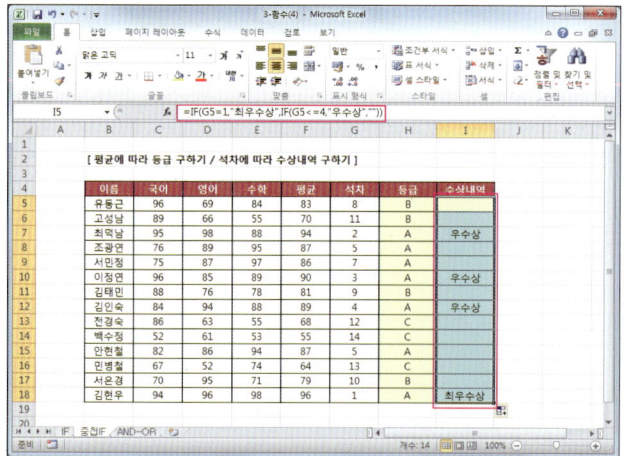

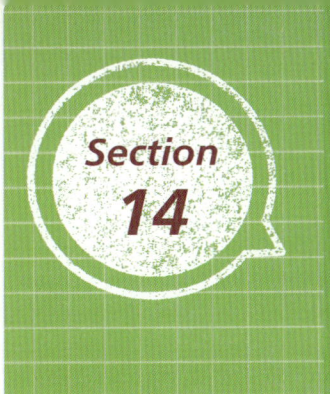

Section 14

여러 개의 조건 검사하기 - AND/OR

AND(조건1, 조건2, ...) 함수는 인수로 지정한 모든 조건이 참일 때 참(TRUE), 하나 이상의 조건이 거짓이면 거짓(FALSE)으로 계산됩니다. OR(조건1, 조건2, ...) 함수는 인수로 지정한 조건 중 하나 이상이 참이면 참(TRUE), 모든 조건이 거짓이면 거짓(FALSE)으로 계산됩니다. 주로 IF 함수와 함께 사용하여 여러 조건을 검사합니다.

키워드 다중 조건, AND, OR, IF
예제 파일 Part3\예제파일\3-함수(4).xlsx

01 'AND-OR' 워크시트의 [G5]셀에 =IF(AND(C5〉=80, D5〉=80, E5〉=80), "합격", "탈락")을 입력하고 [G18]셀까지 수식을 복사합니다. 이 수식은 국어, 영어, 수학이 모두 80이상일 때만 참이 되어 '합격'을 반환하고, 세 과목 중 하나 이상이 80미만이면 '탈락'을 반환합니다.

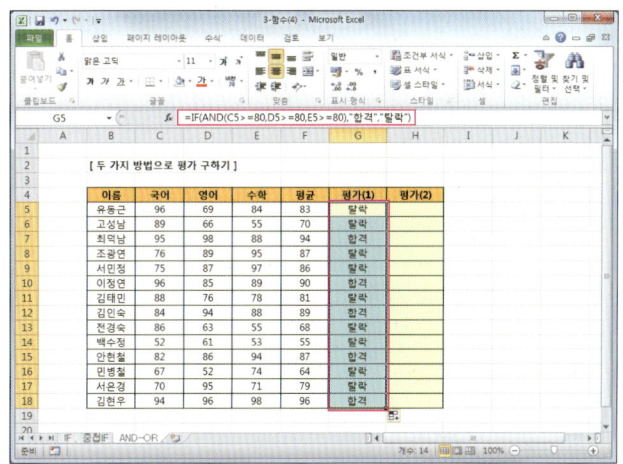

02 [H5]셀에 =IF(OR(C5〈60, D5〈60, E5〈60), "재시험", "")을 입력하고 [H18]셀까지 수식을 복사합니다. 이 수식은 국어, 영어, 수학 중 하나 이상이 60미만이면 참이 되어 '재시험'을 반환하고 모든 과목이 60이상이면 빈 문자열("")을 반환합니다.

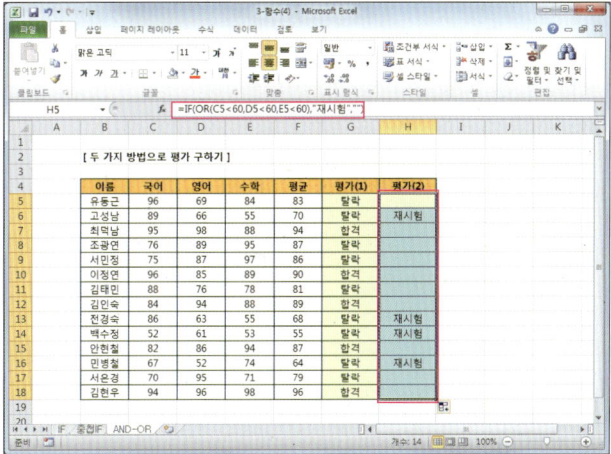

Section 15

문자 추출하기 - LEFT/RIGHT/MID

LEFT, RIGHT, MID 함수는 모두 텍스트에서 일부 문자만 추출할 때 사용합니다. LEFT 함수는 지정한 텍스트의 왼쪽에서, RIGHT 함수는 오른쪽에서, MID 함수는 중간에서 주어진 개수만큼의 문자를 추출합니다.

키워드 문자 추출, LEFT, RIGHT, MID, CHOOSE
예제 파일 Part3\예제파일\3-함수(5).xlsx

---

01 'LEFT-RIGHT-MID' 워크시트의 [D5]셀에 =LEFT(B5,1)을 입력하고 [D17]셀까지 수식을 복사합니다. 이 수식은 이름([B]열)에서 왼쪽 1글자 즉, 성 부분만 추출합니다.

> **POINT** 'LEFT(텍스트, 숫자)' 형식으로 텍스트의 왼쪽에서 지정한 숫자만큼 문자를 추출합니다.

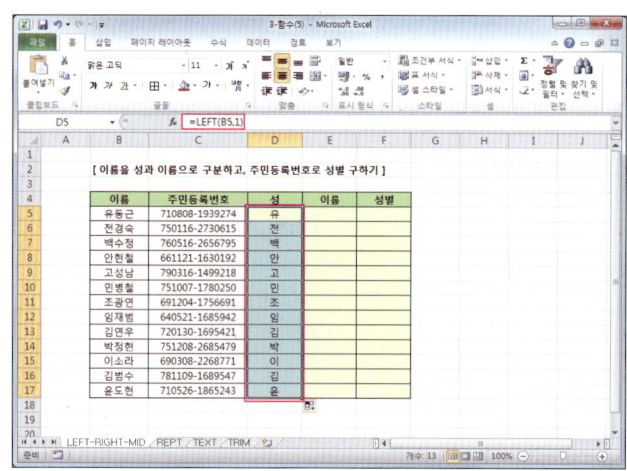

02 [E5]셀에 =RIGHT(B5,2)를 입력하고 [E17]셀까지 수식을 복사합니다. 이 수식은 이름에서 오른쪽 두 글자 즉, 성을 제외하고 이름만 추출합니다.

> **POINT** 'RIGHT(텍스트, 숫자)' 형식으로 텍스트의 오른쪽에서 지정한 숫자만큼 문자를 추출합니다.

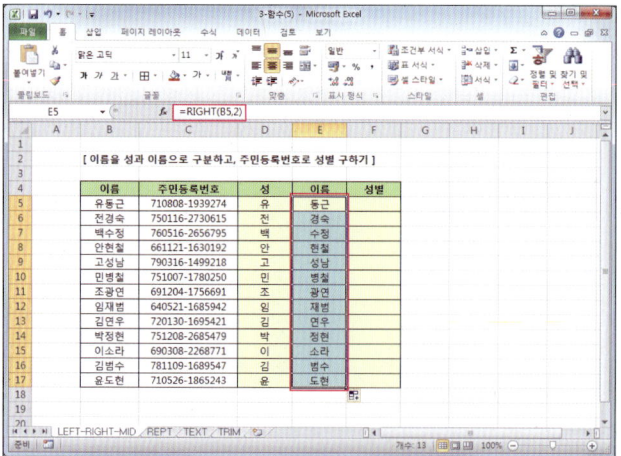

03 [F5]셀에 =IF(MID(C5,8,1)="1","남자","여자")를 입력하고 [F17]셀까지 수식을 복사합니다. MID 함수로 주민등록번호의 8번째부터 1글자를 추출한 다음 '1'과 같으면 '남자', 같지 않으면 '여자'를 표시하는 수식입니다.

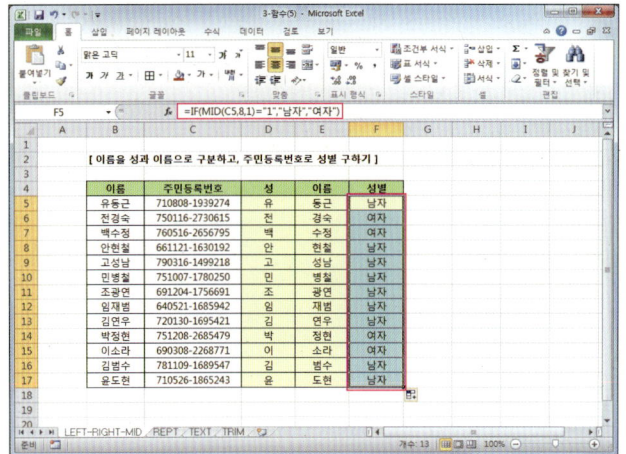

POINT 'MID(텍스트, 시작 위치, 숫자)' 형식으로 텍스트의 시작 위치부터 지정한 숫자만큼 문자를 추출합니다.

생초보 레벨업

주민등록번호로 성별을 구하는 다른 방법

2000년도부터 남자는 주민등록번호 뒷자리가 3으로 시작되고 여자는 4로 시작됩니다. 이 문제까지 처리하려면 MID 함수를 중첩해서 사용하거나, IF 함수 대신 CHOOSE 함수를 MID 함수와 함께 사용하는 것이 좋습니다. CHOOSE 함수는 'CHOOSE(기준, 값1, 값2, 값3, …)' 형식으로 사용하여 기준이 1이면 값1, 2이면 값2, 3이면 값3, … 순서로 각각 다른 값을 반환합니다.

- **=CHOOSE(MID(C5,8,1), '남자', '여자', '남자', '여자')** : [C5]셀에 주민등록번호가 입력되어 있을 때 주민등록번호의 8번째부터 1글자를 추출한 다음 1이면 '남자', 2이면 '여자', 3이면 '남자', 4이면 '여자'를 각각 결과로 표시합니다.
- **=MID("남여남여",MID(C5,8,1),1)** : 두 번째 MID 함수로 주민등록번호의 8번째부터 1글자를 추출하고, 그 값에 따라 첫 번째 MID 함수로 '남여남여'의 1번째부터 1글자, 2번째부터 1글자, 3번째부터 1글자, 4번째부터 1글자를 각각 결과로 반환합니다.

Section 16

문자 반복 표시하기 - REPT

REPT 함수는 'REPT(텍스트, 수)' 형식으로 사용하여 텍스트를 지정한 수만큼 반복해서 표시합니다. 지정한 수가 0이면 빈 텍스트를 표시하고, 정수가 아닌 실수로 지정하면 소수 이하를 무시합니다.

키워드 문자 반복, REPT
예제 파일 Part3\예제파일\3-함수(5).xlsx

01 'REPT' 워크시트의 [D5]셀에 =IF(C5<0,REPT("◀",ABS(C5)),"")를 입력하고 [D18]셀까지 수식을 복사합니다. 이 수식은 포인트가 0보다 작은 음수이면 포인트(C5)를 절대값(ABS)으로 변환한 수만큼 '◀' 문자를 반복 표시합니다.

> **POINT** 포인트가 0 이상이면 빈 텍스트를 표시합니다.

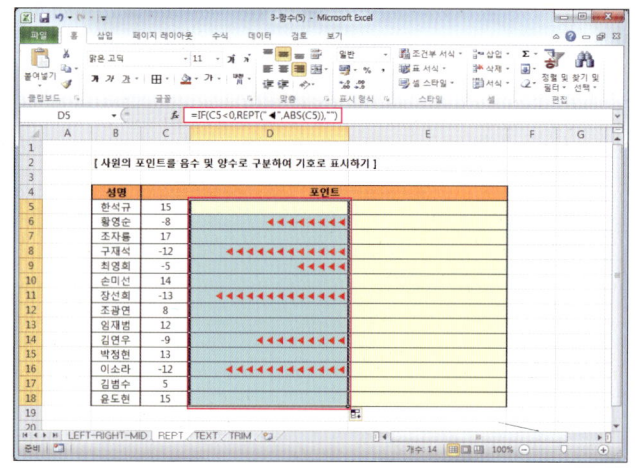

02 [E5]셀에 =IF(C5>=0,REPT("▶",C5),"")를 입력하고 [E18]셀까지 수식을 복사합니다. 이 수식은 포인트가 0 이상인 경우 '▶' 문자를 포인트만큼 반복 표시하고, 0보다 작은 음수이면 빈 텍스트를 표시합니다.

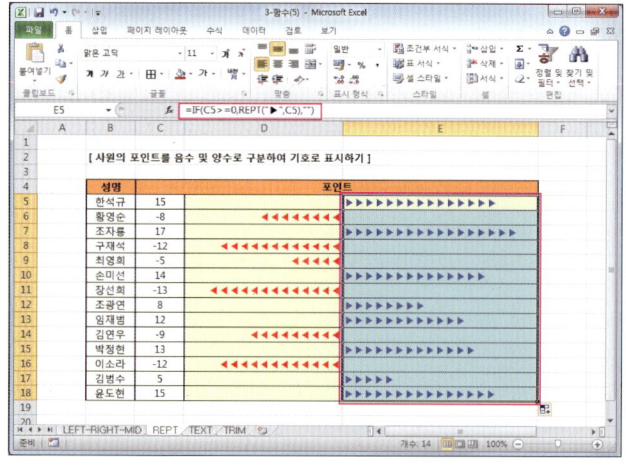

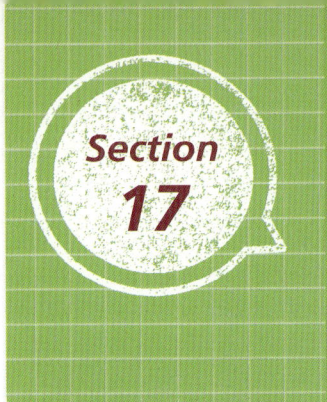

텍스트로 변환하기 - TEXT

Section 17

TEXT 함수는 인수로 지정한 값에 주어진 표시 형식을 적용한 다음 텍스트로 변환할 때 사용합니다. 수식의 결과와 텍스트를 연결하여 표시해야 하는 경우 수식의 결과에 원하는 표시 형식을 적용하기 위해 주로 사용합니다. 'TEXT(값, '표시 형식')'과 같은 구조로 사용하며 표시 형식을 의미하는 사용자 지정 서식 코드는 큰 따옴표(" ")로 묶어야 합니다.

키워드 텍스트 변환, TEXT
예제 파일 Part3\예제파일\3-함수(5).xlsx

---

01 [C4]셀에 ="오늘은 "&TODAY()&"입니다."를 입력합니다. & 연산자를 사용하여 큰 따옴표(" ")로 묶은 텍스트와 TODAY 함수의 결과를 연결하여 표시하는 수식입니다. TODAY 함수는 오늘 날짜를 구하는 함수로 텍스트와 연결할 경우 날짜의 일련 번호(숫자)로 표시됩니다.

> **POINT** 날짜의 일련 번호는 시스템의 날짜에 따라 다르게 나타납니다.

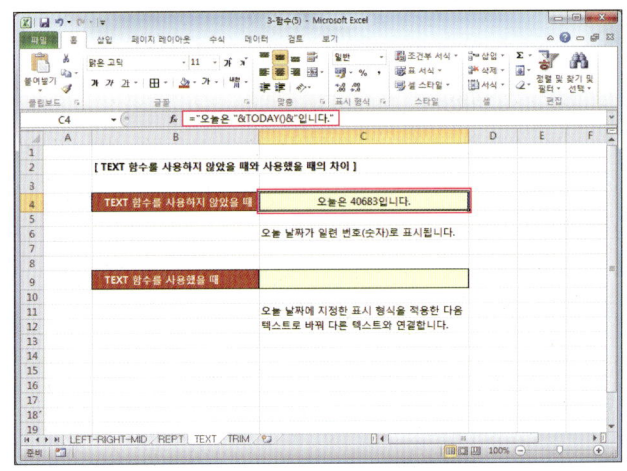

02 [C9]셀에 ="오늘은 "&TEXT(TODAY(),"yyyy년 m월 d일")&"입니다."를 입력합니다. TODAY 함수의 결과를 TEXT 함수를 사용하여 'yyyy년 m월 d일' 형식으로 바꾼 다음 다른 텍스트와 연결하여 표시하는 수식입니다.

> **POINT** & 연산자로 값을 연결하는 대신 CONCATENATE 함수를 사용해도 됩니다. =CONCATENATE("오늘은 ",TEXT(TODAY(),"yyyy년 m월 d일"),"입니다.")와 같이 연결할 값들을 쉼표(,)로 구분해서 인수로 지정합니다.

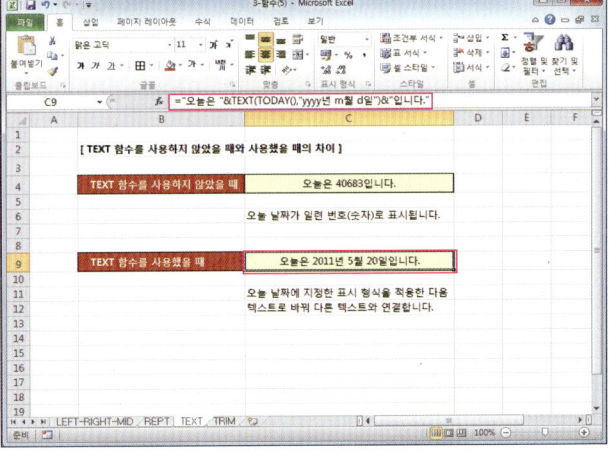

Section 18

불필요한 공백 제거하기 - TRIM

TRIM 함수는 인수로 지정한 텍스트에서 양쪽의 공백을 제거합니다. 또한 단어 중간에 여러 개의 공백이 있을 경우 하나의 공백만 남기고 나머지를 모두 제거합니다. TRIM 함수는 다른 프로그램에서 작성한 텍스트를 엑셀로 가져와 사용할 때 불필요한 공백을 제거하기 위해 사용합니다.

키워드 TRIM, LEN
예제 파일 Part3\예제파일\3-함수(5).xlsx

---

01 'TRIM' 워크시트의 [E5]셀에 =TRIM(C5)를 입력하고 [E17]셀까지 수식을 복사합니다. 이 수식은 주소([C]열)에서 양쪽 끝의 공백을 제거하고 단어 사이에서 하나의 공백만 남기고 나머지 공백을 모두 제거합니다.

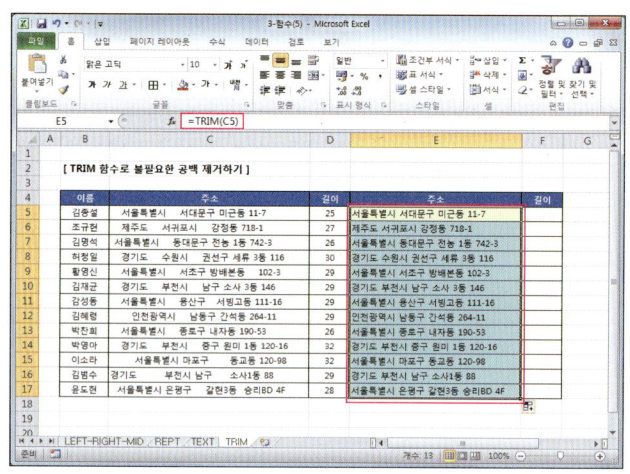

02 [F5]셀에 =LEN(E5)를 입력하고 [F17]셀까지 수식을 복사합니다. 이 수식은 LEN 함수로 공백을 제거한 후의 주소([E]열)에 대한 길이를 구합니다. [D5:D17]의 원래 길이와 비교해 보면 몇 개의 공백이 제거되었는지 확인할 수 있습니다.

> **POINT** LEN(텍스트) 함수는 주어진 텍스트의 길이를 계산합니다. 이때 공백도 하나의 문자로 처리합니다.

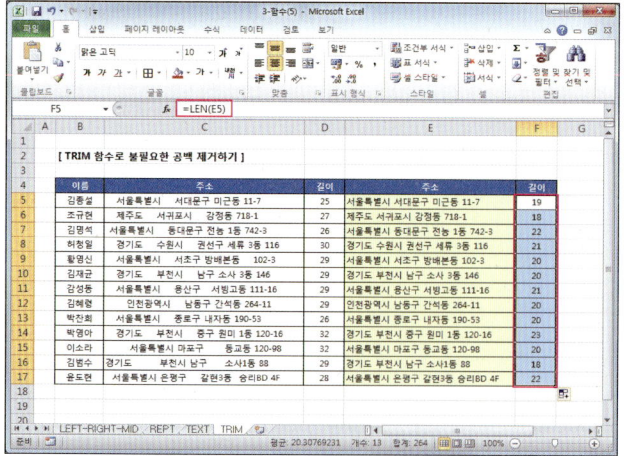

현재 날짜와 현재 시간 구하기
- TODAY/NOW

Section 19

TODAY 함수는 현재 날짜를 구하고 NOW 함수는 현재 날짜와 시간을 함께 구합니다. 현재 날짜와 현재 시간은 사용자의 컴퓨터 시스템에 설정되어 있는 것을 따릅니다. 현재 시간을 구하는 함수는 지원하지 않기 때문에 NOW 함수로 현재 날짜와 시간을 구한 다음 표시 형식을 변경하는 방법으로 현재 시간을 표시합니다.

키워드 현재 날짜, 현재 시간, 사용자 지정 표시 형식
예제 파일 Part3\예제파일\3-함수(6).xlsx

---

01 'TODAY-NOW' 워크시트의 [C4]셀에 =TODAY()를 입력하면 현재 날짜가 'YYYY-MM-DD' 형식으로 표시됩니다.

> **POINT** TODAY 함수는 인수를 사용하지 않습니다. 인수를 사용하지 않더라도 괄호는 함께 입력해야 합니다.

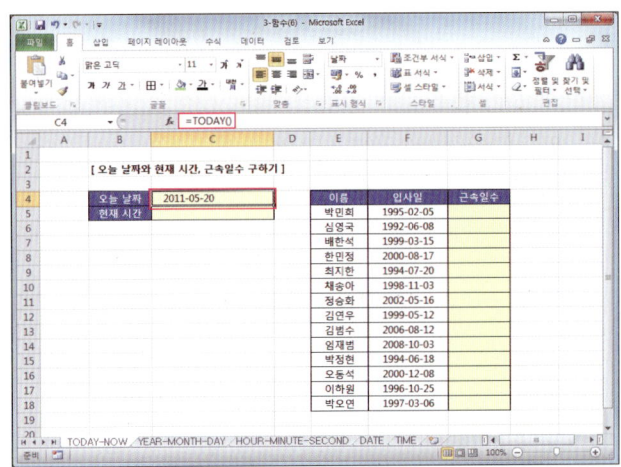

02 [C5]셀에 =NOW()를 입력하면 현재 날짜와 현재 시간이 함께 표시됩니다.

> **POINT** 셀 너비가 좁으면 수식의 결과가 '##########'으로 표시될 수 있습니다. 이런 경우 셀 너비를 늘려주면 정상적으로 결과가 표시됩니다.

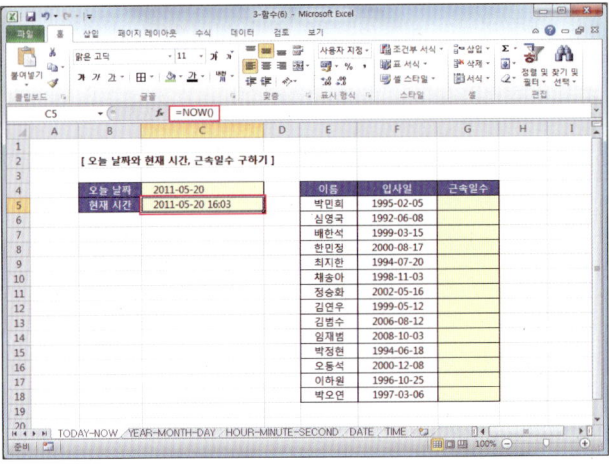

03 현재 시간만 표시하기 위해 [C5]셀이 선택된 상태에서 [홈] 탭-[표시 형식] 그룹의 대화상자 표시( ) 버튼을 클릭합니다. [셀 서식] 대화상자의 [표시 형식] 탭에서 [범주]를 '시간'으로 선택하고, [형식]에서 원하는 시간의 표시 형식을 선택한 다음 [확인] 버튼을 클릭합니다.

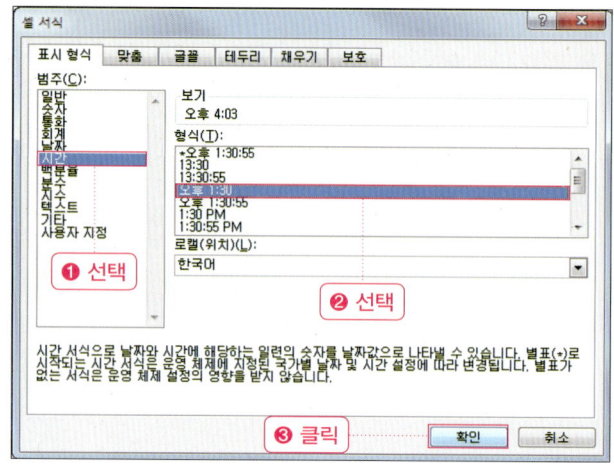

04 다음과 같이 [C5]셀에 NOW 함수 결과가 시간으로만 표시됩니다. TODAY 함수와 NOW 함수의 결과는 워크시트가 변경될 때마다 항상 컴퓨터 시스템의 날짜와 시간에 맞춰 업데이트됩니다.

> **POINT** 현재 시간만 구하는 함수는 따로 존재하지 않습니다.

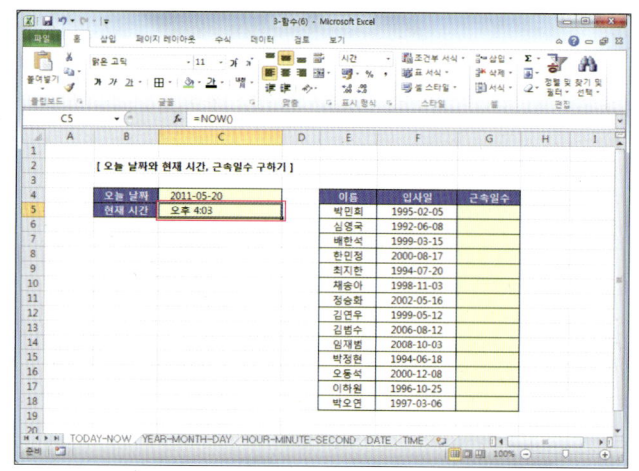

05 [G5]셀에 =$C$4-F5를 입력해서 [C4]셀의 현재 날짜에서 [F5]셀의 입사일을 뺀 값이 계산되어 나타나면, [G18]셀까지 수식을 복사합니다.

> **POINT** 항상 현재 날짜에서 입사일을 빼야 하므로 현재 날짜 (C4)는 절대 참조로 지정합니다.

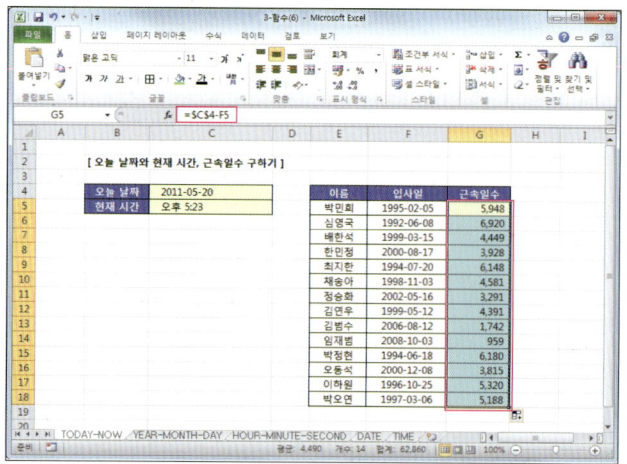

Section 20

년, 월, 일 구하기 - YEAR/MONTH/DAY

YEAR 함수는 인수로 지정한 날짜에서 연도만 구할 때 사용합니다. MONTH 함수는 날짜의 월만, DAY 함수는 날짜의 일만 구할 때 사용합니다. 세 함수 모두 인수로 날짜가 입력되어 있는 셀을 참조하거나 큰 따옴표(" ")로 날짜를 묶어 지정해야 합니다.

키워드 연도, 월, 일, YEAR, MONTH, DAY
예제 파일 Part3\예제파일\3-함수(6).xlsx

---

01 'YEAR-MONTH-DAY' 워크시트의 [D5]셀에 =YEAR(C5)&"년"을 입력하고 [D18]셀까지 수식을 복사합니다. 이 수식은 생년월일에서 YEAR 함수로 연도만 추출한 값을 '년'과 & 연산자로 연결하여 표시합니다.

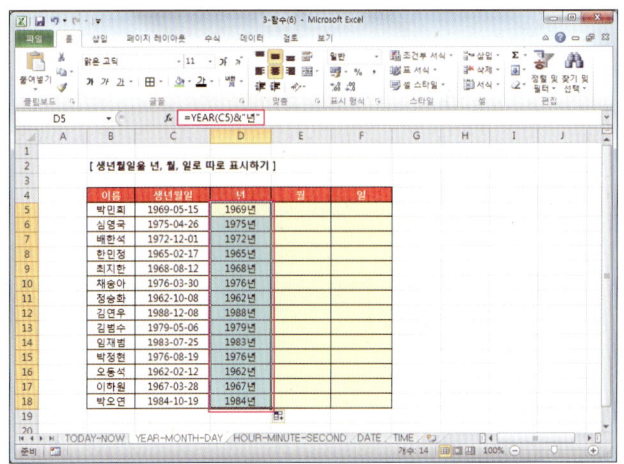

02 [E5]셀에 =MONTH(C5)&"월"을 입력하고 [E18]셀까지 수식을 복사합니다. 이 수식은 생년월일에서 MONTH 함수로 월만 추출한 값을 '월'과 & 연산자로 연결하여 표시합니다.

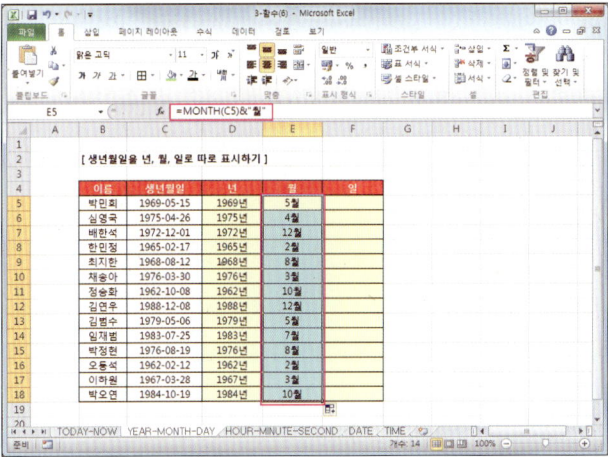

03 [F5]셀에 =DAY(C5)&"일"을 입력하고 [F18]셀까지 수식을 복사합니다. 이 수식은 생년월일에서 DAY 함수로 일만 추출한 값을 '일'과 & 연산자로 연결하여 표시합니다.

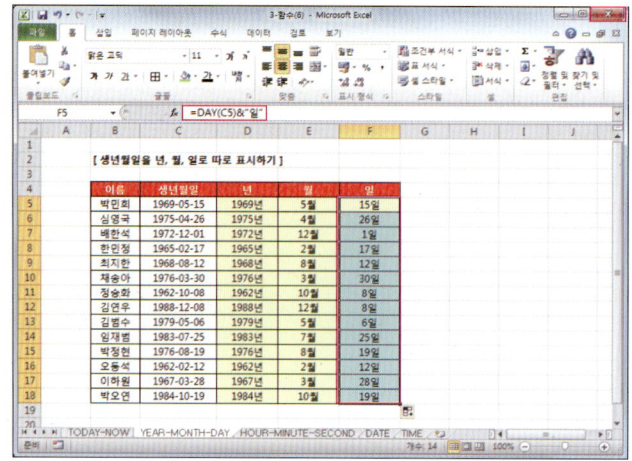

생초보 레벨업

윤년 판단하기

셀에 날짜를 입력하여 윤년인지, 평년인지를 간단하게 판단할 수 있는 방법이 있습니다. 윤년은 2월이 29일까지 있습니다. 만약 2004년이 윤년인지, 아닌지 알아보려면 셀에 '2004-2-29'를 입력합니다. 이 데이터가 날짜 데이터로 입력되면 해당 연도는 윤년입니다. 하지만 날짜 데이터로 입력되지 않고 텍스트로 입력된다면 2월에 29일이 없다는 뜻이므로 해당 연도는 윤년이 아닌 평년입니다.

시, 분, 초 구하기
– HOUR/MINUTE/SECOND

Section 21

HOUR 함수는 인수로 지정한 시간 데이터에서 시간만 추출하는 함수이며, MINUTE 함수는 분만, SECOND 함수는 초만 추출할 때 사용합니다. 시간은 오전 12시를 가리키는 0부터 오후 11시를 가리키는 23까지의 숫자 중 하나로 표시됩니다. 분과 초는 각각 0부터 59까지의 숫자 중 하나로 표시됩니다.

키워드 시, 분, 초, HOUR, MINUTE, SECOND
예제 파일 Part3\예제파일\3-함수(6).xlsx

---

01 'HOUR-MINUTE-SECOND' 워크시트의 [E5]셀에 =HOUR(D5-C5)&"시간"을 입력하고 [E18]셀까지 수식을 복사합니다. 이 수식은 퇴근시간에서 출근시간을 뺀 결과에서 HOUR 함수로 시간만 구한 다음 '시간'과 & 연산자로 연결하여 표시합니다.

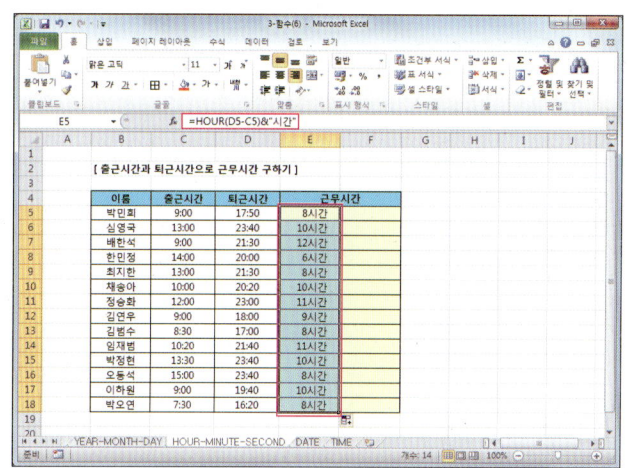

02 [F5]셀에 =MINUTE(D5-C5)&"분"을 입력하고 [F18]셀까지 수식을 복사합니다. 이 수식은 퇴근시간에서 출근시간을 뺀 결과에서 MINUTE 함수로 분만 구한 다음 '분'과 & 연산자로 연결하여 표시합니다.

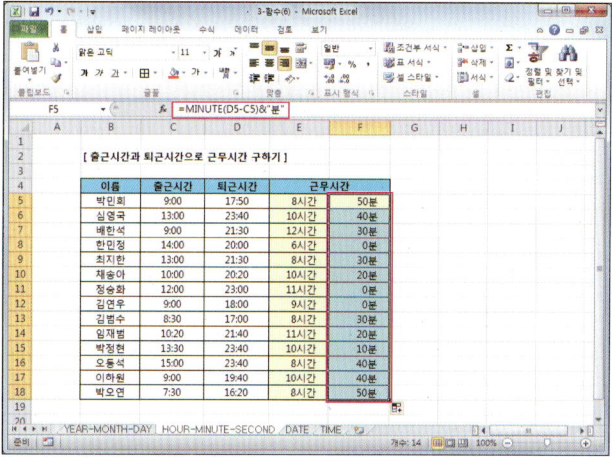

Section 22

날짜 만들기 - DATE

DATE 함수는 년, 월, 일에 해당하는 숫자를 인수로 지정하여 날짜 데이터를 만들 때 사용합니다. 연도를 0부터 1899까지의 숫자로 지정하면 1900을 더하여 연도를 계산합니다. 연도를 1900부터 9999까지의 숫자로 지정하면 그 값이 그대로 연도로 사용됩니다.

키워드 날짜, DATE
예제 파일 Part3\예제파일\3-함수(6).xlsx

---

01 'DATE' 워크시트의 [D5]셀에 =DATE(LEFT(C5,2), MID(C5,3,2),MID(C5,5,2))를 입력하고 [D18]셀까지 수식을 복사합니다. 이 수식은 주민등록번호에서 왼쪽 2글자, 3번째부터 2글자, 5번째부터 2글자를 각각 추출하여 DATE 함수로 날짜를 만듭니다.

POINT 'DATE(년,월,일)' 형식으로 사용합니다.

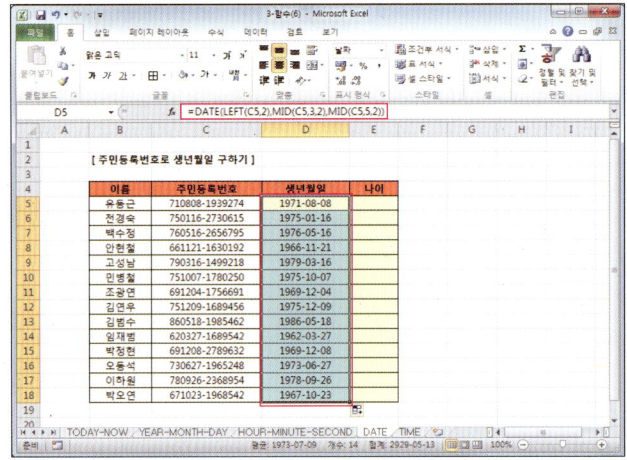

02 [E5]셀에 =YEAR(TODAY())-YEAR(D5)+1 을 입력한 다음 [E18]셀까지 수식을 복사합니다. 'YEAR(TODAY())'는 오늘 날짜에서 YEAR 함수로 연도만 구하고, 'YEAR(D5)'는 생년월일의 연도만 구합니다. '현재 연도-태어난 연도+1'로 계산하여 나이를 계산한 것입니다.

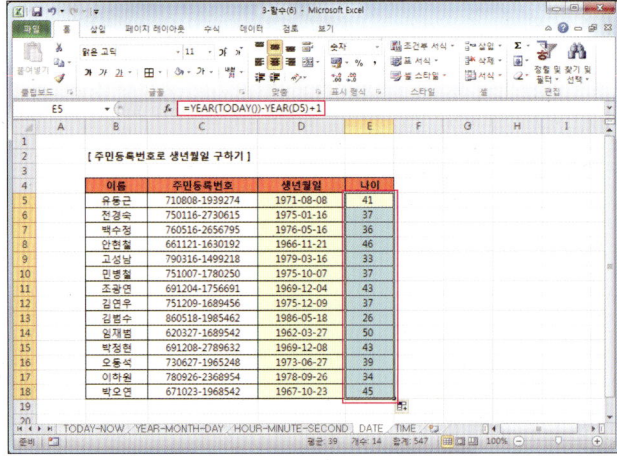

Section 23

시간 만들기 - TIME

TIME 함수는 시간, 분, 초를 인수로 지정하여 시간 데이터를 만들 때 사용합니다. 시간을 23보다 큰 값으로 지정하면 24로 나눈 나머지가 시간으로 처리됩니다. 분을 59보다 큰 값으로 지정하면 시간과 분으로 변환되고, 초를 59보다 큰 값으로 지정하면 시간, 분, 초로 변환됩니다.

키워드 시간, TIME

예제 파일 Part3\예제파일\3-함수(6).xlsx

---

01 'TIME' 워크시트의 [F5]셀에 =C5+TIME(D5,E5,0)을 입력하고 [F18]셀까지 수식을 복사합니다. 이 수식은 TIME 함수로 근무시간과 휴게시간을 이용하여 시간 데이터를 만든 다음 출근시간에 이 값을 더하여 퇴근시간을 계산합니다.

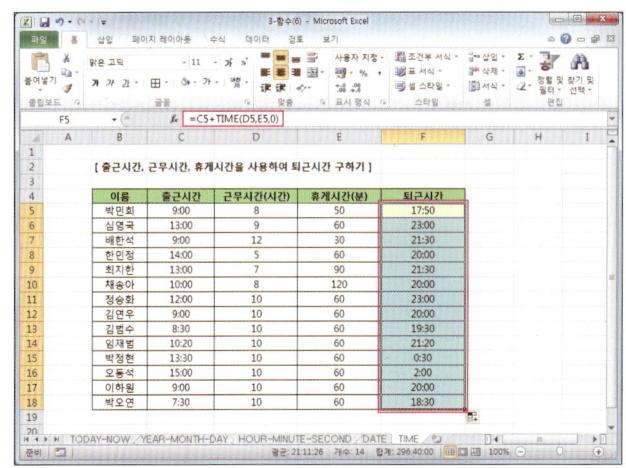

02 [F5:F18]셀을 블록으로 지정한 뒤 [홈] 탭-[표시 형식] 그룹에서 대화상자 표시( ) 버튼을 클릭합니다. [셀 서식] 대화상자의 [표시 형식] 탭에서 [범주]를 '시간'으로 선택하여 다음과 같이 시간의 표시 형식을 변경할 수 있습니다.

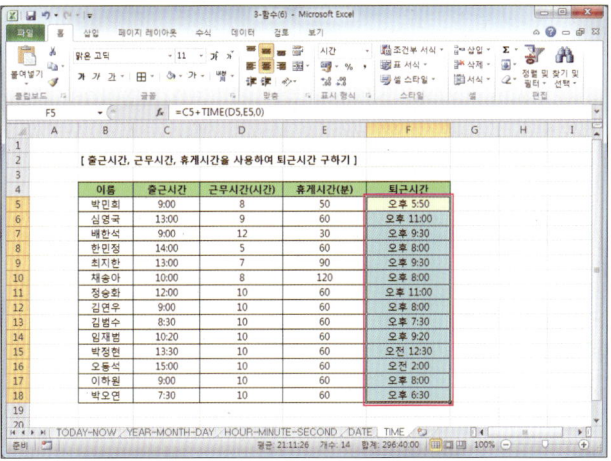

Section 24

요일 번호 알아내기 - WEEKDAY

WEEKDAY 함수는 인수로 지정한 날짜에 해당하는 요일을 숫자로 표시합니다. 숫자는 1부터 7까지의 정수로 표시되는데 기본적으로 일요일이 1입니다. WEEDAY 함수와 CHOOSE 함수 등을 함께 사용하여 한글이나 영문 등으로 요일을 나타낼 수 있습니다.

키워드 요일 번호, 요일, WEEKDAY, CHOOSE
예제 파일 Part3\예제파일\3-함수(7).xlsx

01 [D5]셀에 =WEEKDAY(C5)를 입력하고 [D18]셀까지 수식을 복사합니다. 이 수식은 생년월일의 요일 번호를 계산합니다.

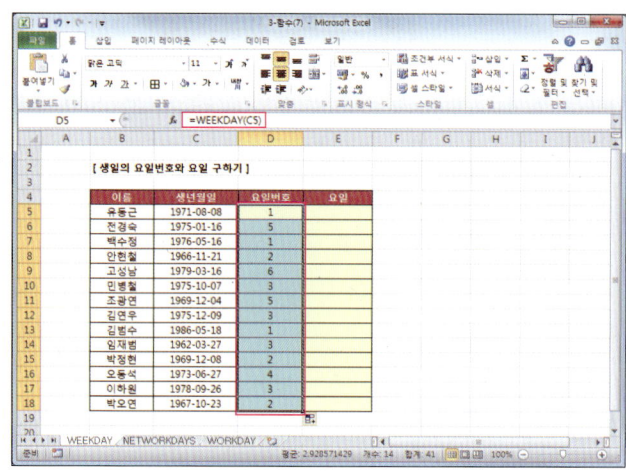

02 [E5]셀에 =CHOOSE(WEEKDAY(C5),"日","月","火","水","木","金","土")&"曜日"을 입력하고 [E18]셀까지 수식을 복사합니다. 이 수식은 WEEKDAY 함수로 구한 요일 번호가 1이면 '日', 2이면 '月', 3이면 '火', … 순서로 요일을 구한 다음 & 연산자로 '曜日'과 연결하여 표시합니다.

> **POINT** 'CHOOSE(기준, 값1, 값2, …)' 함수는 기준이 1이면 값1, 2이면 값2, … 순서로 기준에 따라 각각 다른 값을 구합니다.

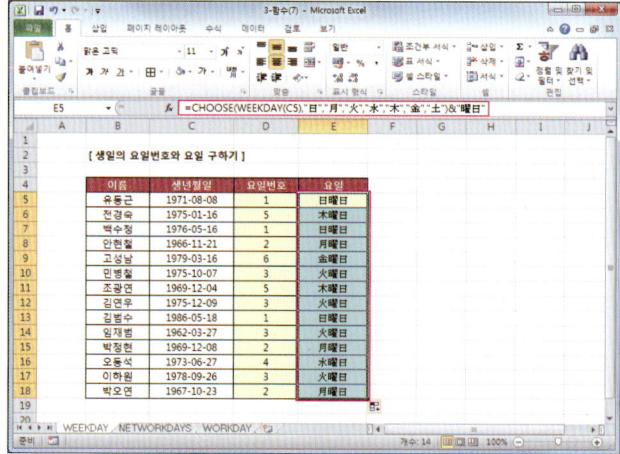

Section 25

작업 일수 계산하기 - NETWORKDAYS

두 날짜 사이에서 주말과 휴일을 제외한 전체 작업 일수를 구할 때 사용하는 함수입니다. 주말과 휴일 이외에도 국경일이나 임시 휴일 등 작업 일수에서 제외할 한 개 이상의 날짜를 지정할 수도 있습니다. 엑셀 2010 버전부터 새로 지원하는 NETWORKDAYS.INTL 함수를 사용하면 전체 작업 일수에 포함되지 않는 주말인 요일을 사용자가 직접 지정할 수 있습니다.

키워드 작업 일수, NETWORKDAYS, NETWORKDAYS.INTL
예제 파일 Part3\예제파일\3-함수(7).xlsx

01 'NETWORKDAYS' 워크시트의 [E5]셀에 =NETWORKDAYS(C5,D5,$I$5:$I$7)을 입력한 다음 [E18]셀까지 수식을 복사합니다. 시작일(C5)부터 종료일(D5)까지 토요일과 일요일, 그리고 [I5:I7]의 공휴일을 제외한 작업 일수를 계산하는 수식입니다.

> **POINT** 'NETWORKDAYS(시작일,종료일,공휴일)' 형식으로 사용하며 공휴일은 생략할 수 있습니다. 주말인 요일을 사용자 지정하려면 'NETWORKDAYS.INTL(시작일,종료일,주말,공휴일)' 함수를 사용해야 합니다.

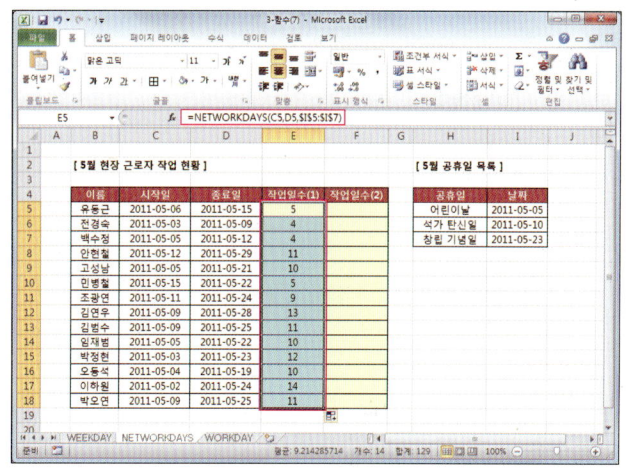

02 [F5]셀에 =NETWORKDAYS.INTL(C5,D5,11,$I$5:$I$7)을 입력한 다음 [F18]셀까지 수식을 복사합니다. 세 번째 인수를 '11'로 지정하여 일요일만 주말로 처리하고 작업 일수를 계산하는 수식입니다.

> **POINT** 세 번째 인수는 전체 업무 일수에 포함되지 않는 주말인 요일을 의미하는 숫자로 1~17 사이의 숫자로 지정합니다. 생략하거나 '1'로 지정할 경우 토요일과 일요일을 주말로 처리합니다.

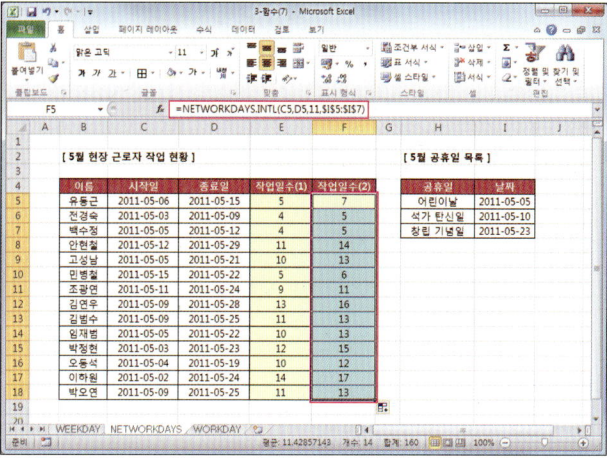

Section 26
작업일수의 이전/이후 날짜 구하기 - WORKDAY

WORKDAY 함수는 'WORKDAY(시작일, 작업일수, 공휴일)' 형식으로 사용하여 시작일로부터 지정한 작업일 이전 또는 이후의 날짜를 반환합니다. 작업일수에 토요일과 일요일은 포함되지 않으며 공휴일을 지정할 경우 공휴일도 포함하지 않습니다. 주말인 날짜를 사용자 지정하려면 엑셀 2010 버전에 추가된 'WORKDAY.INTL(시작일, 작업일수, 주말, 공휴일)' 함수를 사용합니다.

키워드 작업 일수, WORKDAY, WORKDAY.INTL
예제 파일 Part3\예제파일\3-함수(7).xlsx

01 'WORKDAY' 워크시트의 [E5]셀에 =WORKDAY(C5,D5,$I$5:$I$7)을 입력한 다음 [E18]셀까지 수식을 복사합니다. 이 수식은 시작일(C5)에서 작업일수(D5) 이후의 날짜를 구합니다. 토요일과 일요일, 그리고 공휴일(I5:I7)은 작업일수에서 제외됩니다.

> **POINT** 작업일수를 음수로 지정하면 시작일로부터 지정한 작업일수 이전의 날짜를 구할 수 있습니다.

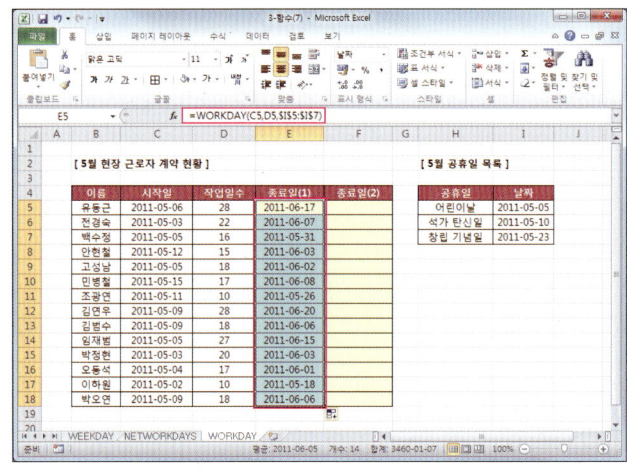

02 [F5]셀에 =WORKDAY.INTL(C5,D5,11,$I$5:$I$7)을 입력하고 [F18]셀까지 수식을 복사합니다. 이 함수의 세 번째 인수는 주말인 요일을 지정하는 것으로, 여기서는 '11'로 지정하여 일요일만 주말로 처리하였습니다.

> **POINT** WORKDAY.INTL 함수의 세 번째 인수는 작업일수에 포함되지 않는 주말인 요일을 의미하는 숫자로 1~17 사이의 숫자로 지정합니다. 생략하거나 '1'로 지정할 경우 토요일과 일요일을 주말로 처리합니다.

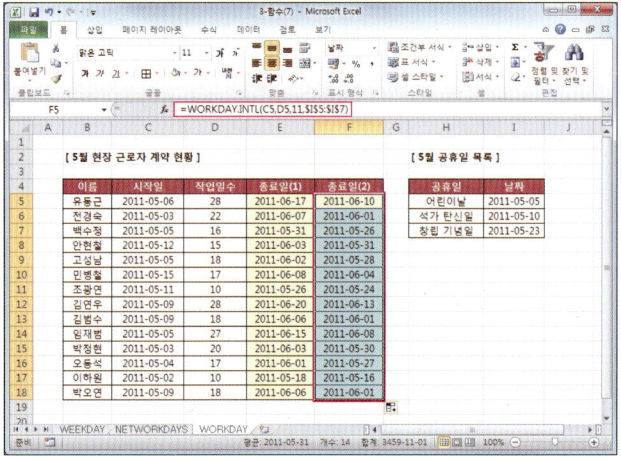

Section 27
조건에 맞는 셀의 개수 - COUNTIF

지정한 셀 범위에서 주어진 조건을 만족하는 셀의 개수를 계산할 때 사용하는 함수입니다. 'COUNTIF(범위, 조건)' 형식으로 사용하며 조건은 숫자, 수식, 텍스트 등으로 지정합니다.

키워드 조건, 셀 개수, COUNTIF
예제 파일 Part3\예제파일\3-함수(8).xlsx

---

01 'COUNTIF' 워크시트의 [J5]셀에 =COUNTIF($G$5:$G$19,I5)를 입력하고 [J7]셀까지 수식을 복사합니다. [G5:G19]에서 [I5]셀과 같은 값을 가진 셀의 개수를 구하는 수식입니다.

> **POINT** 수식을 아래로 복사할 때 범위가 변하지 않도록 절대 참조를 사용합니다.

02 [J10]셀에 '20'을 입력하고 [J11]셀에 =COUNTIF(E5:E19,">="&J10)을 입력합니다. 이렇게 하면 COUNTIF 함수의 조건이 '>=20'과 같이 만들어져 [E5:E19]에서 '20'보다 크거나 같은 셀의 개수를 구합니다. [J10]셀의 값을 변경하면 [J11]셀의 수식 결과도 함께 달라집니다.

> **POINT** COUNTIF 함수의 조건은 숫자나 텍스트를 직접 입력하거나 조건으로 사용할 값이 들어 있는 셀을 참조해서 지정할 수 있습니다. 비교 연산자를 사용하려면 ">=100"과 같이 큰 따옴표로 조건을 묶어야 합니다.

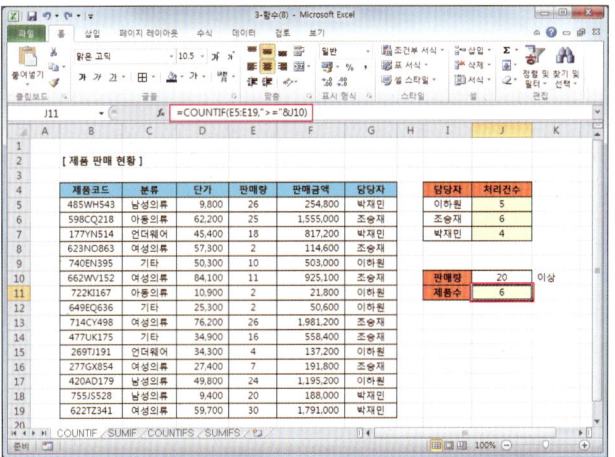

Section 28. 조건에 맞는 셀의 합계 구하기 - SUMIF

SUMIF 함수는 지정한 셀 범위에서 조건을 만족하는 셀을 모두 더한 합계를 구할 때 사용합니다. 'SUMIF(범위1, 조건, 범위2)' 형식으로 사용하며 범위1의 각 셀이 조건을 만족하는지 검사하고 범위2에서 합계를 계산합니다. 범위2를 생략할 경우 범위1에서 조건을 검사하고 합계를 계산합니다.

키워드 조건, 셀 합계, SUMIF

예제 파일 Part3\예제파일\3-함수(8).xlsx

01 'SUMIF' 워크시트에서 [C4:C19]를 블록으로 지정하고 Ctrl 키를 누른 상태에서 [E4:F19]를 블록으로 지정합니다. 그런 다음 [수식] 탭-[정의된 이름] 그룹-선택 영역에서 만들기(선택 영역에서 만들기)를 클릭합니다.

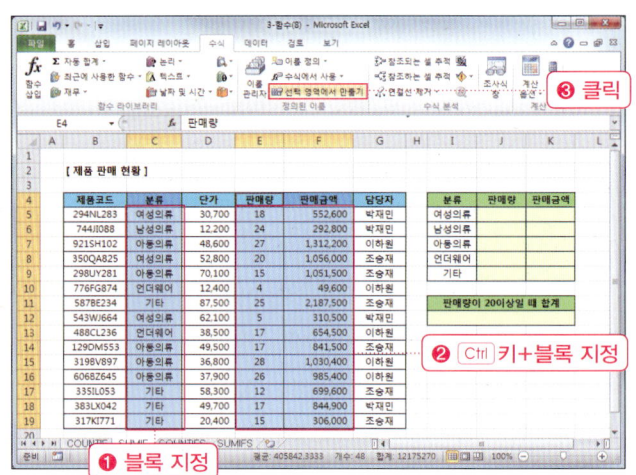

02 [선택 영역에서 이름 만들기] 대화상자가 실행되면 '첫 행'만 체크한 상태에서 [확인] 버튼을 클릭합니다.

> **POINT** 이 과정을 거치면 분류, 판매량, 판매금액으로 세 개의 이름이 한 번에 만들어집니다.

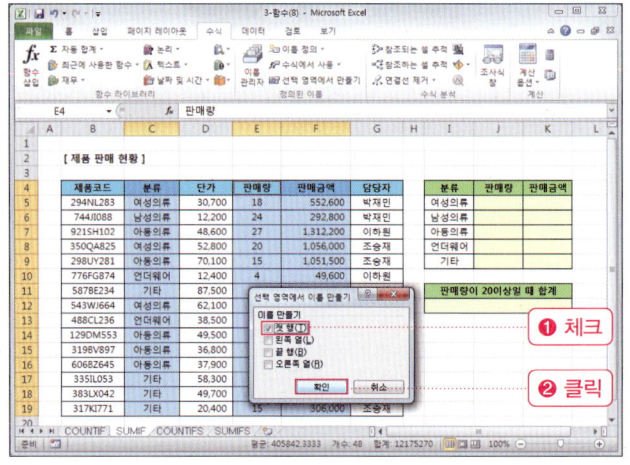

03 [J5]셀에 =SUMIF(분류,I5,판매량)을 입력한 다음 [J9]셀까지 수식을 복사하면 분류(I5)에 따라 판매량의 합계를 구할 수 있습니다.

04 [K5]셀에 =SUMIF(분류,I5,판매금액)을 입력한 다음 [K9]셀까지 수식을 복사하면 분류(I5)에 따라 판매금액의 합계를 구할 수 있습니다.

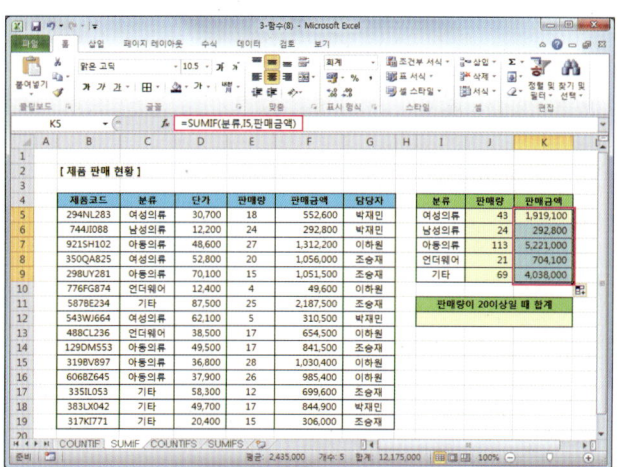

05 [I12]셀에 =SUMIF(판매량,">=20")를 입력합니다. 이 수식은 판매량 범위에서 '20'보다 크거나 같은 셀의 합계를 구하는 것으로 조건을 검사할 범위와 합계를 구할 범위가 같을 때 SUMIF 함수의 세 번째 인수를 생략한 것입니다.

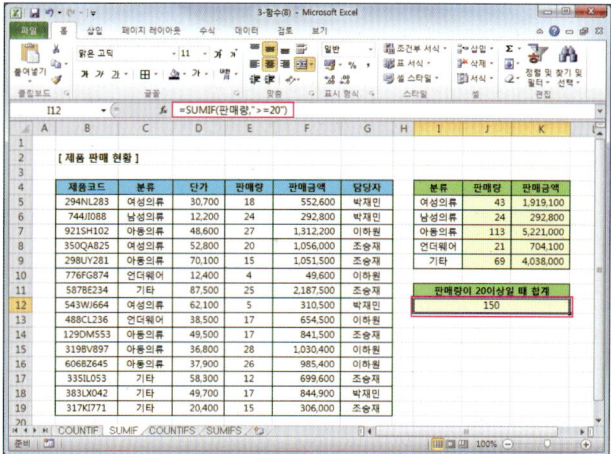

모르면 절대 곤란한 함수 50가지

Section 29

다중 조건에 의한 셀 개수 - COUNTIFS

COUNTIF 함수가 하나의 조건을 검사하여 셀의 개수를 세는데 비해 COUNTIFS 함수는 여러 개의 조건을 검사할 수 있습니다. 'COUNTIFS(범위1, 조건1, 범위2, 조건2, …)'의 형식으로 쓰이며 범위와 조건을 쌍으로 지정해야 합니다.

키워드 다중 조건, 셀 개수, COUNTIFS
예제 파일 Part3\예제파일\3-함수(8).xlsx

---

01 'COUNTIFS' 워크시트의 [J5]셀에 =COUNTIFS(분류,$I5,담당자,J$4)를 입력합니다. 이 수식은 분류가 [I5]셀과 같고, 담당자가 [J4]셀과 같을 경우 셀 개수를 계산합니다.

> **POINT** [C5:C19]에 '분류', [G5:G19]에 '담당자'로 미리 이름을 정의해 두었습니다.

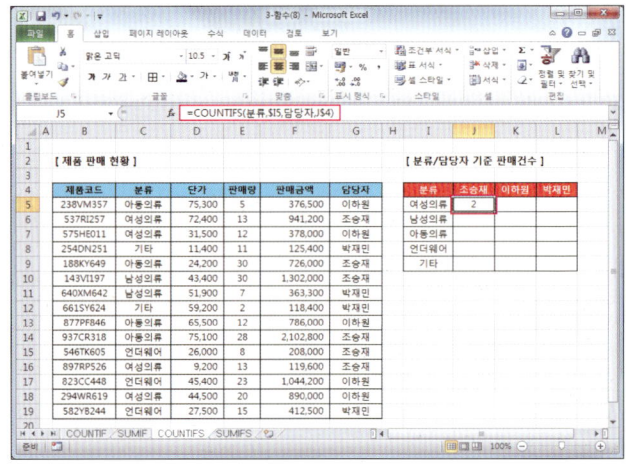

02 [J5]셀의 채우기 핸들을 [L5]셀까지 드래그하고, [J5:L5]의 채우기 핸들을 [L9]셀까지 드래그해서 수식을 복사하면 분류와 담당자에 따라 각각 셀 개수를 구할 수 있습니다.

> **POINT** 수식을 오른쪽으로 복사할 때 항상 [I]열의 분류를 참조하기 위해 '$I5'로 조건을 지정하고, 수식을 아래쪽으로 복사할 때 항상 [4]행의 담당자를 참조하기 위해 'J$4'로 조건을 지정했습니다.

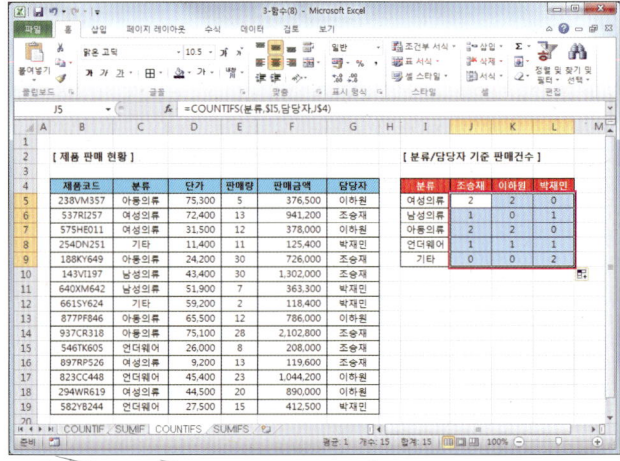

Section 30 — 다중 조건에 의한 셀 합계 - SUMIFS

COUNTIF 함수를 보완하기 위해 COUNTIFS 함수가 추가된 것처럼 SUMIF 함수를 보완하기 위한 SUMIFS 함수가 엑셀 2007 버전부터 추가되었습니다. 이 함수는 'SUMIFS(합계범위, 범위1, 조건1, 범위2, 조건2, …)'의 형식으로 사용하여 여러 개의 조건을 만족할 때 합계 범위에서 합계를 계산합니다.

키워드 다중 조건, 셀 합계, SUMIFS
예제 파일 Part3\예제파일\3-함수(8).xlsx

01 'SUMIFS' 워크시트의 [J5]셀에 =SUMIFS(판매량,분류,$I5,담당자,J$4)를 입력합니다. 이 수식은 분류가 [I5]셀과 같고, 담당자가 [J4]셀과 같을 때 판매량의 합계를 계산합니다. 판매량, 분류, 담당자는 모두 미리 정의해 둔 이름입니다.

> **POINT** SUMIFS 함수는 첫 번째 인수로 합계를 구할 범위를 지정합니다.

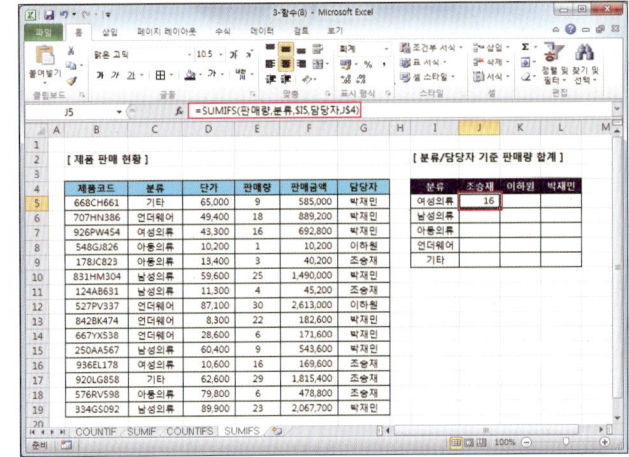

02 [J5]셀의 채우기 핸들을 [L5]셀까지 드래그하고, [J5:L5]의 채우기 핸들을 [L9]셀까지 드래그해서 수식을 복사하면 분류와 담당자에 따라 판매량의 합계를 구할 수 있습니다.

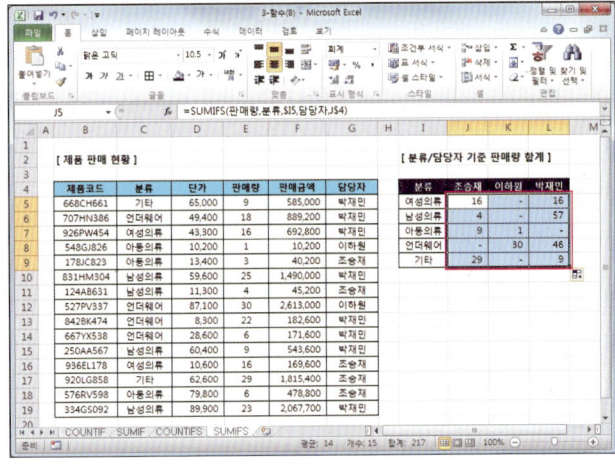

Section 31

조건에 맞는 셀의 평균 구하기
- AVERAGEIF

엑셀 2007 버전부터 조건에 맞는 셀의 평균을 계산하는 AVERAGEIF 함수가 추가되었습니다. 이 함수는 SUMIF 함수와 동일하게 'AVERAGEIF(범위, 조건, 평균범위)' 형식으로 사용하여 지정한 범위에서 조건을 만족할 때 평균범위에서 산술 평균을 계산합니다.

키워드 조건, 평균, AVERAGEIF
예제 파일 Part3\예제파일\3-함수(9).xlsx

---

01 'AVERAGEIF' 워크시트의 [H5]셀에 =AVERAGEIF(소속,G5,상반기)를 입력하고 [H7]셀까지 수식을 복사합니다. 이 수식은 소속이 [G5]셀과 같을 때 상반기의 평균을 계산합니다.

> **POINT** [C5:C18]에 소속, [D5:D18]에 상반기, [E5:E18]에 하반기로 미리 이름을 정의해 두었습니다.

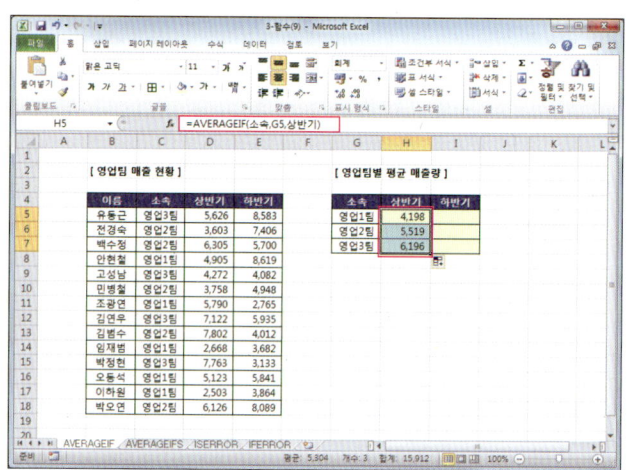

02 [I5]셀에 =AVERAGEIF(소속,G5,하반기)를 입력하고 [I7]셀까지 수식을 복사하면 소속이 [G5]셀과 같을 때 하반기의 평균을 구할 수 있습니다.

> **POINT** AVERAGEIF 함수에서 조건을 만족하는 셀이 하나도 없을 경우에는 #DIV/0! 수식 오류가 발생합니다. 오류 처리 방법에 대해서는 ISERROR 함수와 IFERROR 함수에서 학습합니다.

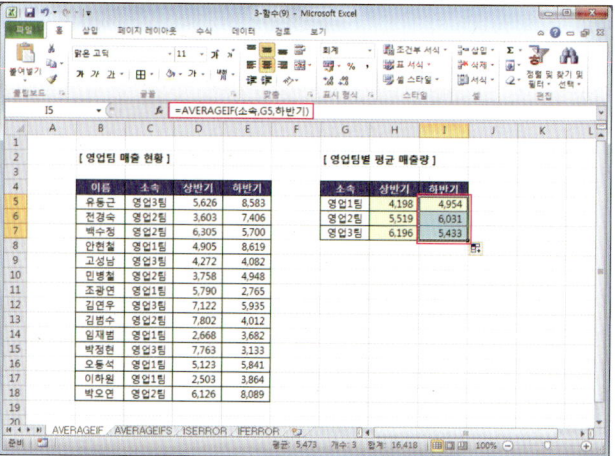

다중 조건에 의한 평균 구하기
– AVERAGEIFS

여러 개의 조건을 검사하여 셀의 평균을 구하려면 AVERAGEIFS 함수를 사용합니다. 이 함수는 SUMIFS 함수와 동일하게 'AVERAGEIFS(합계범위, 범위1, 조건1, 범위2, 조건2, …)' 형식으로 사용합니다.

키워드 조건, 평균, AVERAGEIFS
예제 파일 Part3\예제파일\3-함수(9).xlsx

01 'AVERAGEIFS' 워크시트의 [H5]셀에 =AVERAGEIFS(구매액,지역,$G5,성별,H$4)를 입력하여 지역이 [G5]셀과 같고, 성별이 [H4]셀과 같을 때 구매액의 평균을 계산합니다.

> **POINT** 왼쪽의 데이터 목록에서 각 열에 지역, 성별, 구매액으로 미리 이름을 정의해 두었습니다.

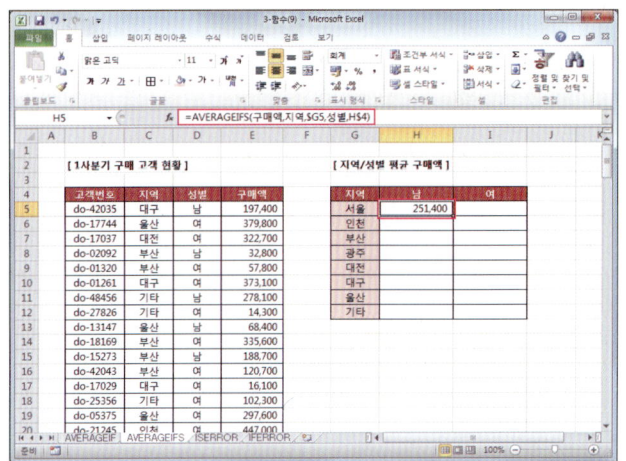

02 [H5]셀의 채우기 핸들을 [I5]셀까지 드래그하고, [H5:I5]의 채우기 핸들을 [I12]셀까지 드래그하여 수식을 복사합니다. 이렇게 하면 지역과 성별에 따라 구매액의 평균이 구해집니다.

> **POINT** 수식을 오른쪽으로 복사할 때 항상 [G]열의 지역을 참조하기 위해 '$G5', 수식을 아래쪽으로 복사할 때 항상 [4]행의 성별을 참조하기 위해 'H$4'와 같이 혼합 참조를 사용하여 조건을 지정해야 합니다.

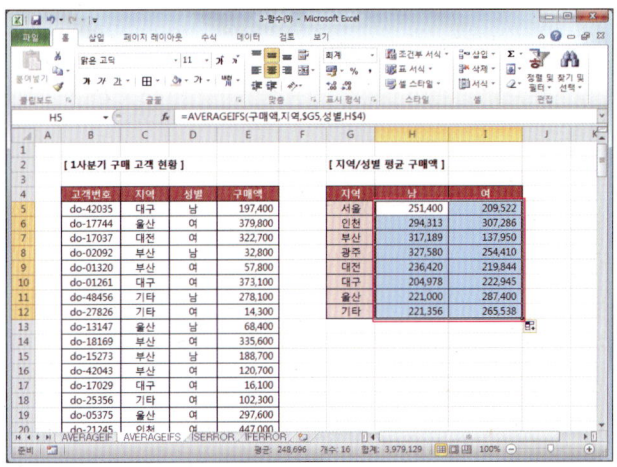

Section 33

오류 검사하기 - ISERROR

ISERROR 함수는 인수로 지정한 값이 오류 값(#N/A, #VALUE!, #REF!, #DIV/0!, #NUM!, #NAME?, #NULL!)일 때 TRUE를 결과로 반환합니다. 지정한 값이 오류 값이 아니면 FALSE를 반환합니다. 여기서는 AVERAGEIFS 함수에서 조건을 만족하는 셀이 하나도 없을 경우 발생하는 #DIV/0! 오류 값을 ISERROR 함수를 사용하여 처리하는 방법을 알아봅니다.

키워드 오류 값, ISERROR
예제 파일 Part3\예제파일\3-함수(9).xlsx

---

01 'ISERROR' 워크시트의 [J5]셀에 **=AVERAGEIFS(판매량,분류,$I5,담당자,J$4)**를 입력하고 수식을 [L9]셀까지 복사합니다. 분류와 담당자에 따라 판매량의 평균을 구하는 이 수식은 조건을 만족하는 셀이 하나도 없을 경우 '#DIV/0!' 오류 값을 반환합니다.

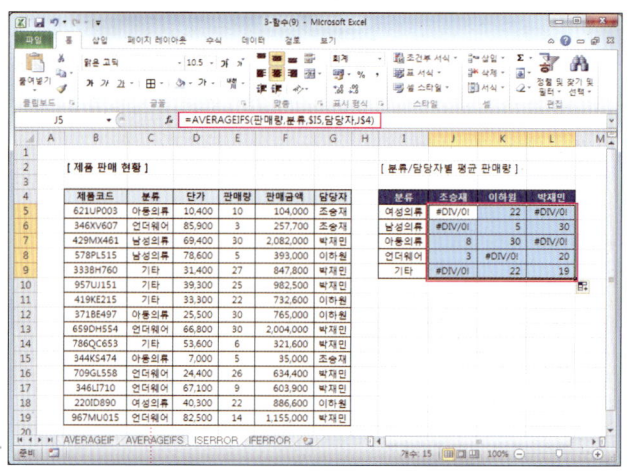

02 [J5:L9]가 블록으로 지정된 상태에서 [홈] 탭-[스타일] 그룹-조건부 서식을 클릭한 다음 [새 규칙]을 선택합니다.

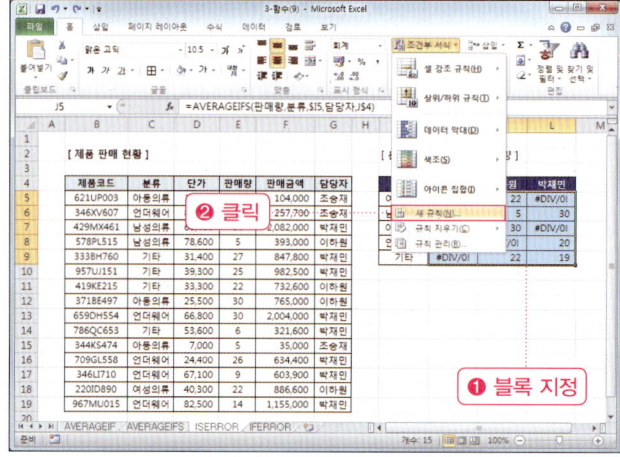

03 [새 서식 규칙] 대화상자에서 '수식을 사용하여 서식을 지정할 셀 결정'으로 규칙 유형을 선택합니다. 수식 입력 상자에 =ISERROR(J5)를 입력한 다음 [서식] 버튼을 클릭합니다.

> **POINT** 수식 조건은 등호(=)로 시작하고 그 결과가 TRUE 또는 FALSE 중 하나여야 합니다. 여기서는 ISERROR 함수가 현재 셀의 값이 오류일 때 TRUE를 반환합니다.

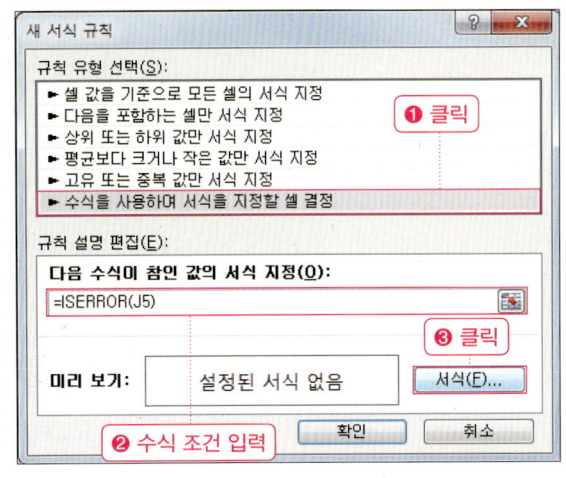

04 [셀 서식] 대화상자의 [글꼴] 탭에서 글꼴 색을 '흰 색'으로 지정한 다음 [확인] 버튼을 클릭합니다.

> **POINT** 글꼴 색을 배경과 같은 색으로 설정하여 오류 값이 보이지 않도록 합니다.

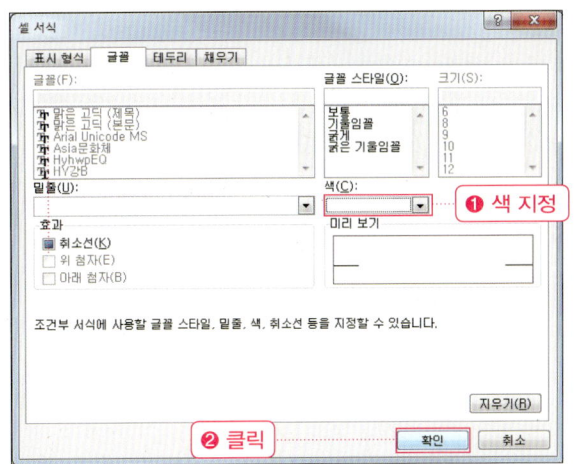

05 [새 서식 규칙] 대화상자에서 [확인] 버튼을 클릭하면 오류가 발생된 셀에 서식이 적용됩니다.

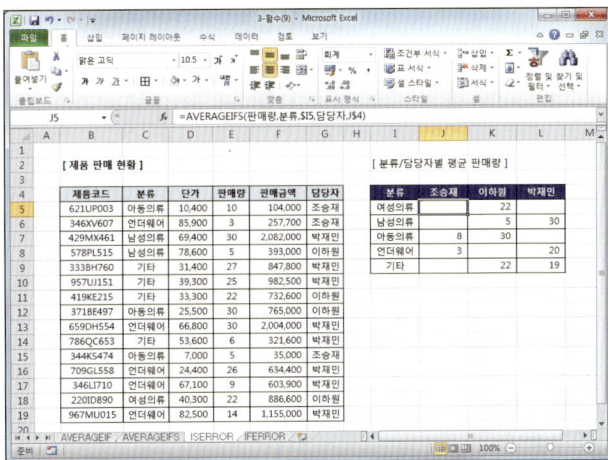

Section 34

수식의 오류 값 처리하기 - IFERROR

IFERROR 함수는 엑셀 2007 버전부터 추가된 함수로 'IFERROR(수식,값)' 형식으로 사용합니다. 이 함수는 첫 번째 인수로 지정한 수식에서 오류가 발생하면 두 번째 인수로 지정한 값을 오류 값 대신 반환합니다. 수식의 결과가 오류가 아니면 정상적으로 수식의 결과를 그대로 표시합니다.

키워드 오류 값, IFERROR
예제 파일 Part3\예제파일\3-함수(9).xlsx

---

01 'IFERROR' 워크시트의 [J4]셀과 [J5]셀에서 각각 드롭다운 버튼을 클릭하고 분류와 담당자를 선택하여 입력합니다.

> **POINT** [J4]셀과 [J5]셀에 데이터 유효성 검사 기능으로 각각 목록이 설정되어 있습니다.

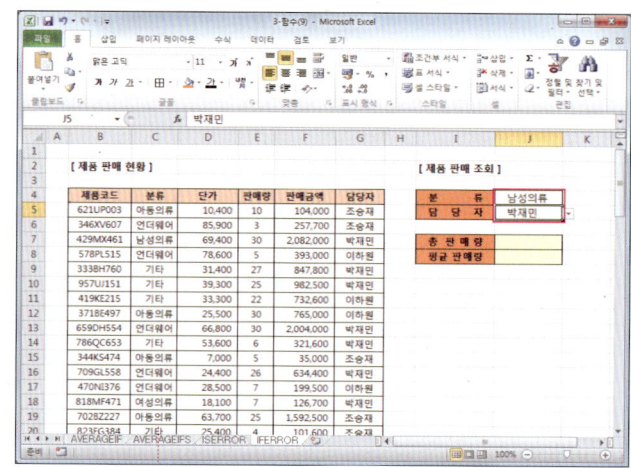

02 [J7]셀에 =SUMIFS(판매량,분류,J4,담당자,J5)를 입력하면, 분류가 [J4]셀과 같고 담당자가 [J5]셀과 같을 때 판매량의 합계를 구할 수 있습니다.

> **POINT** 분류, 판매량, 담당자는 미리 정의해 둔 이름입니다.

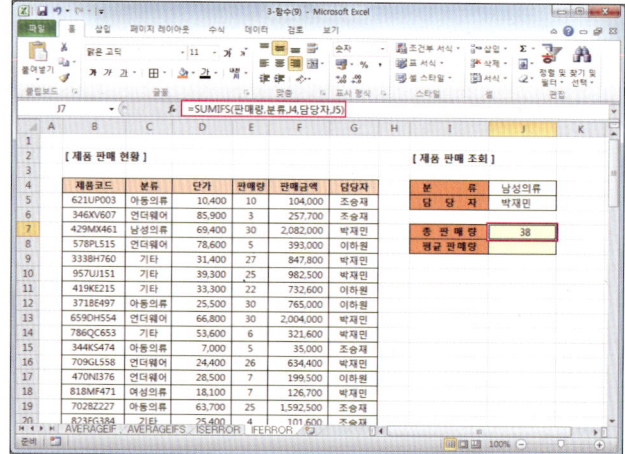

03 [J8]셀에 =AVERAGEIFS(판매량,분류,J4,담당자,J5)를 입력합니다. 이 수식은 분류가 [J4]셀과 같고 담당자가 [J5]셀과 같을 때 판매량의 평균을 계산합니다.

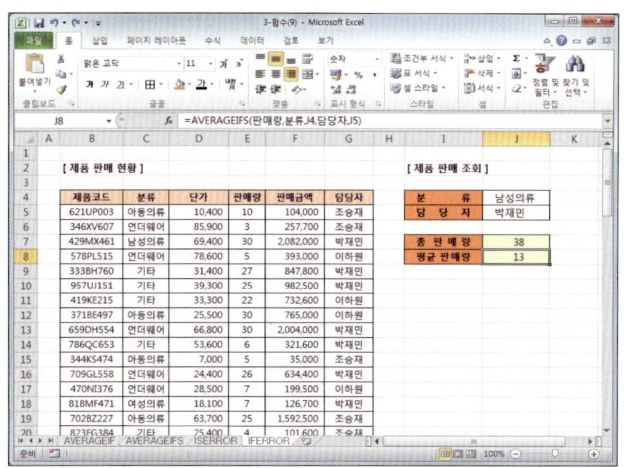

04 [J4]셀과 [J5]셀에서 분류를 '남성의류'로 선택하고, 담당자를 '이하원'으로 선택합니다. 이 조건에 대한 데이터가 하나도 존재하지 않기 때문에 SUMIFS 함수의 결과는 '0'으로 나타나지만, AVERAGEIFS 함수의 결과는 오류 값으로 나타납니다.

> **POINT** #DIV/0! 오류는 0으로 값을 나눌 때 발생합니다.

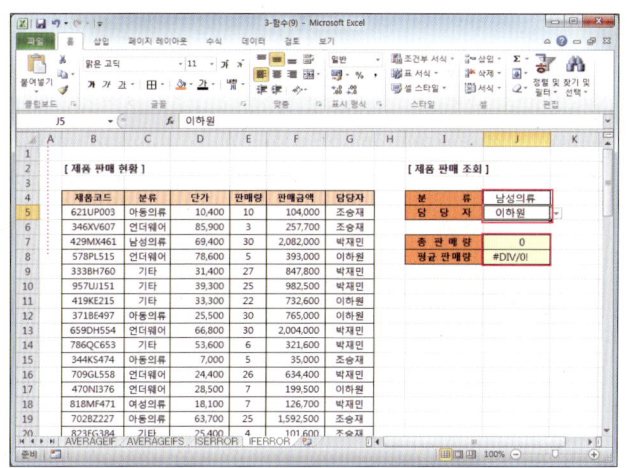

05 [J8]셀의 수식을 =IFERROR(AVERAGEIFS(판매량,분류,J4,담당자,J5),"없음")으로 수정합니다. 이렇게 하면 AVERAGEIFS 함수의 결과가 오류 값일 때 '없음'을 대신 표시합니다.

> **POINT** ISERROR 함수를 이용하려면 수식을 =IF(ISERROR(AVERAGEIFS(판매량,분류,J4,담당자,J5)),"없음",AVERAGEIFS(판매량,분류,J4,담당자,J5))로 작성해야 합니다.

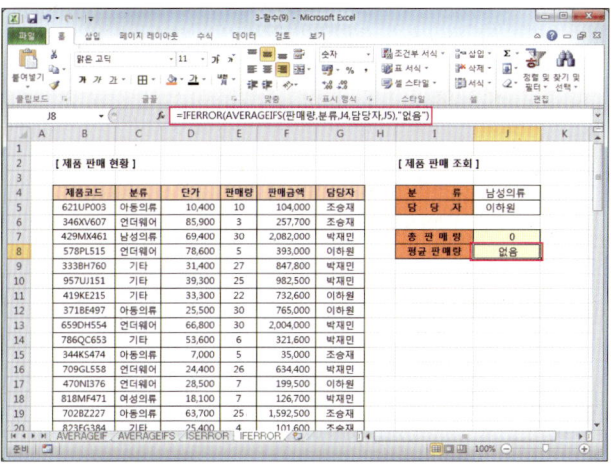

조건에 맞는 셀의 개수와 합계 구하기
- SUMPRODUCT

SUMPRODUCT 함수는 인수로 지정한 배열(셀 범위)에서 같은 위치에 있는 요소끼리 곱하고 그 곱의 합계를 구합니다. 일반적으로 곱의 합계를 구하는 용도보다는 조건에 맞는 셀의 개수와 합계를 구하기 위해 SUMPRODUCT 함수를 사용합니다.

키워드 곱의 합계, 조건부 합계, SUMPRODUCT
예제 파일 Part3\예제파일\3-함수(10).xlsx

01 'SUMPRODUCT' 워크시트의 [C5]셀에서 드롭다운 버튼을 클릭하고 주문처를 선택하여 입력합니다. [D5]셀에서는 제품명을 선택하여 입력합니다. 이 두 개의 값을 조건으로 주문횟수와 총수량, 총금액을 계산할 것입니다.

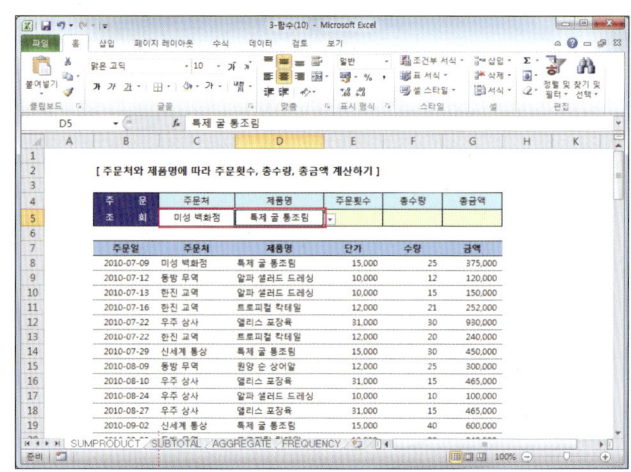

02 [E5]셀에 =SUMPRODUCT((주문처=C5)*(제품명=D5))를 입력하면 주문처가 [C5]셀과 같고, 제품명이 [D5]셀과 같을 때 개수를 구할 수 있습니다.

POINT 'SUMPRODUCT((조건1)*(조건2)*…)' 형식으로 사용하여 여러 개의 조건을 만족할 때 개수를 구합니다.

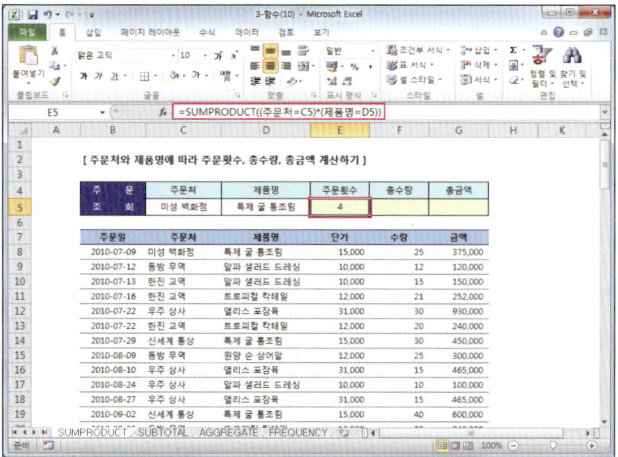

03 [F5]셀에 =SUMPRODUCT((주문처=C5)*(제품명=D5),수량)을 입력하면 주문처가 [C5]셀과 같고, 제품명이 [D5]셀과 같을 때 수량의 합계가 구해집니다.

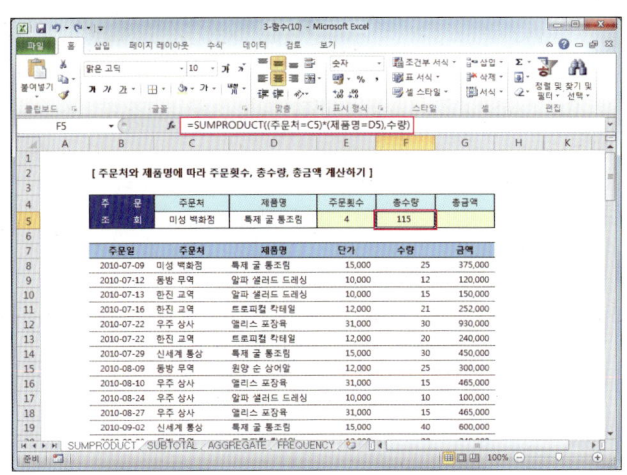

> **POINT** 'SUMPRODUCT((조건1)*(조건2)*…, 계산범위)' 형식으로 사용하여 여러 개의 조건을 만족할 때 지정한 계산 범위의 합계를 구합니다.

04 [G5]셀에 =SUMPRODUCT((주문처=C5)*(제품명=D5),금액)을 입력하면 주문처가 [C5]셀과 같고, 제품명이 [D5]셀과 같을 때 금액의 합계를 구할 수 있습니다.

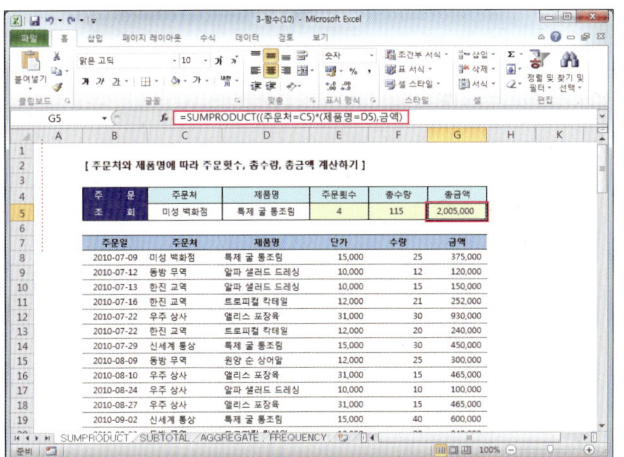

05 [C5]셀과 [D5]셀을 다른 주문처와 제품명으로 변경해 봅니다. 조건이 달라졌으므로 [E5:G5]의 수식 결과가 달라지는 것을 확인할 수 있습니다.

> **POINT** 같은 역할을 하는 COUNTIFS 함수와 SUMIFS 함수는 엑셀 2007 버전부터 제공됩니다. 더 하위 버전의 엑셀에서 사용할 문서라면 SUMPRODUCT 함수를 사용해야 합니다.

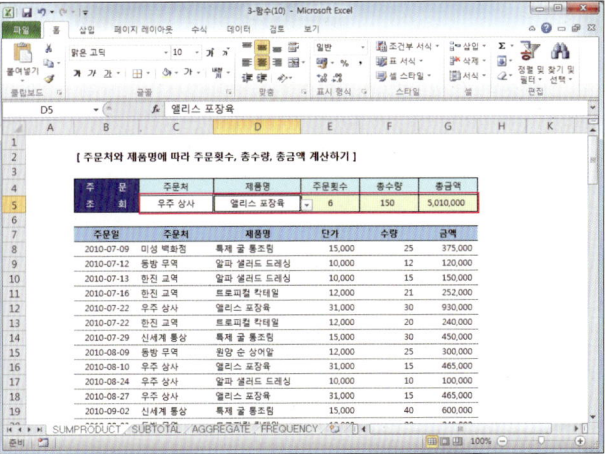

Section 36
부분합 구하기 - SUBTOTAL

SUBTOTAL 함수는 데이터 목록에서 합계, 평균, 최대, 최소, 개수 등 부분합을 구할 때 사용하는 함수로 'SUBTOTAL(함수 번호, 범위1, 범위2, ...)' 형식으로 사용합니다. 함수 번호에 따라 인수로 지정한 범위에 대한 계산 방법이 달라집니다. SUBTOTAL 함수는 화면에 표시되어 있는 데이터만 계산에 포함시키므로 자동 필터와 함께 자주 사용합니다.

키워드 부분합, SUBTOTAL
예제 파일 Part3\예제파일\3-함수(10).xlsx

---

01 [B5]셀에 함수 번호 '9'를 입력합니다. [F5]셀에 =SUBTOTAL($B$5,F8:F37)을 입력하고 채우기 핸들을 [G5]셀까지 끌어 수식을 복사합니다. 이 수식은 [B5]셀의 함수 번호에 따라 수량과 금액을 각각 계산합니다.

> **POINT** 함수 번호는 1부터 11까지 사용할 수 있습니다. 1-AVERAGE, 2-COUNT, 3-COUNTA, 4-MAX, 5-MIN, 6-PRODUCT, 7-STDEV, 8-STDEVP, 9-SUM, 10-VAR, 11-VARP

02 [B7]셀부터 입력되어 있는 데이터 목록에서 임의의 셀을 선택하고 [데이터] 탭-[정렬 및 필터] 그룹-필터( )를 클릭합니다. '담당자'의 드롭다운 버튼을 클릭하고 '(모두 선택)'을 해제한 후 '안정훈'을 선택합니다. 이렇게 해서 '안정훈'에 해당하는 데이터만 표시하면 화면에 표시된 데이터만 계산한 결과가 [F5:G5]의 각 셀에 표시됩니다.

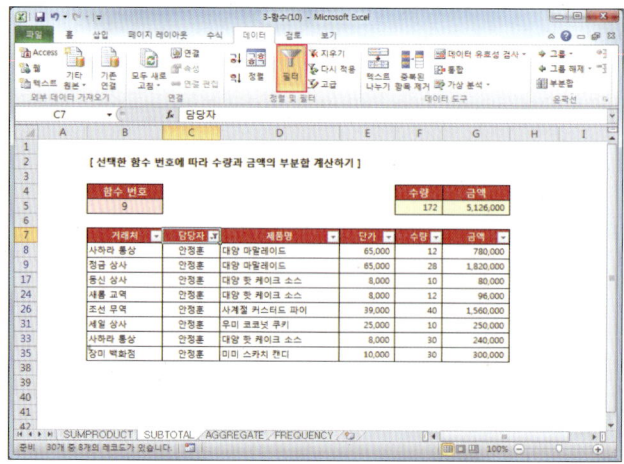

Section 37 데이터 집계하기 - AGGREGATE

AGGREGATE 함수는 엑셀 2010 버전부터 새로 추가된 함수로 SUBTOTAL 함수와 유사하지만 훨씬 유연하고 다양한 옵션을 제공합니다. 이 함수는 'AGGREGATE(함수 번호, 옵션, 참조 범위, k)' 형식으로 사용하는데 지정한 함수 번호에 따라 데이터베이스(참조 범위)에서 합계, 평균, 최대값, 최소값, 중간값 등 19개의 계산을 수행합니다.

키워드 집계, AGGREGATE

예제 파일 Part3\예제파일\3-함수(10).xlsx

---

01 'AGGREGATE' 워크시트의 [E3]셀에 =AGGREGATE (까지 입력하면 사용 가능한 함수 번호와 해당되는 함수 이름이 표시됩니다. 여기서는 '14'번의 LARGE 함수를 더블클릭해서 선택합니다.

POINT 함수 번호는 1~19 범위에서 입력할 수 있습니다.

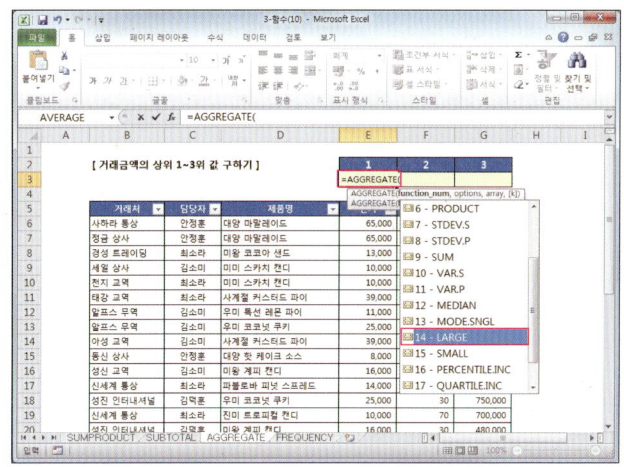

02 함수 번호 뒤에 쉼표(,)를 입력해서 =AGGREGATE (14, 까지 입력되면 사용 가능한 옵션의 종류가 나타납니다. 여기서는 '7'번의 '숨겨진 행 및 오류 값 무시' 옵션을 더블클릭합니다.

POINT 옵션은 1~7 범위 내에서 입력할 수 있습니다.

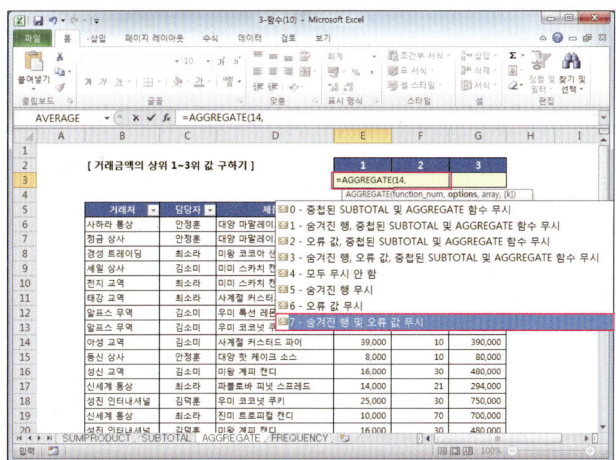

03 세 번째 인수인 참조 범위는 '거래금액'으로 지정하고 마지막 k 인수 값으로 [E2]을 지정해서 =AGGREGATE(14,7,거래금액,E2)로 수식을 완성합니다. 이렇게 하면 [E2]셀의 값이 '1'이므로 '거래금액' 범위에서 1번째로 큰 값을 LARGE 함수로 구할 수 있습니다.

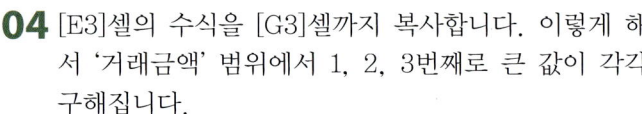 마지막 인수 k는 선택한 함수에 따라 필요한 경우에만 지정합니다.

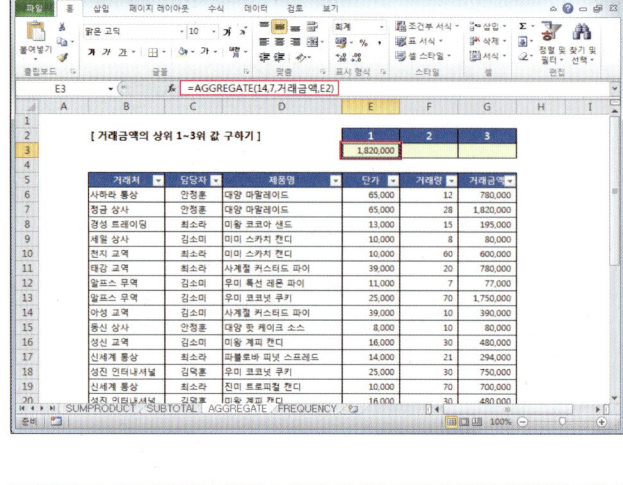

04 [E3]셀의 수식을 [G3]셀까지 복사합니다. 이렇게 해서 '거래금액' 범위에서 1, 2, 3번째로 큰 값이 각각 구해집니다.

수식에서 사용된 '거래금액'은 [G6:G35]에 미리 정의해 둔 이름입니다.

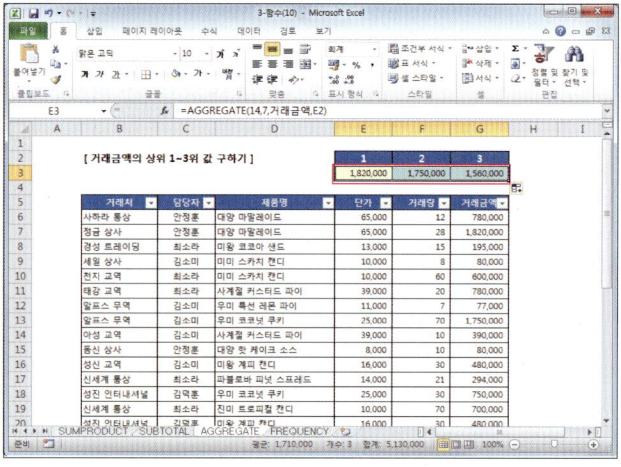

05 '담당자' 필드의 드롭다운 버튼을 클릭한 다음 '최소라'만 선택하고 [확인] 버튼을 클릭해서 데이터를 필터링합니다. 화면에 담당자가 '최소라'인 행만 남고 나머지 행이 숨겨진 상태이므로 AGGREGATE 함수의 옵션(두 번째 인수)에 따라 [E3:G3]의 계산 결과가 달라집니다.

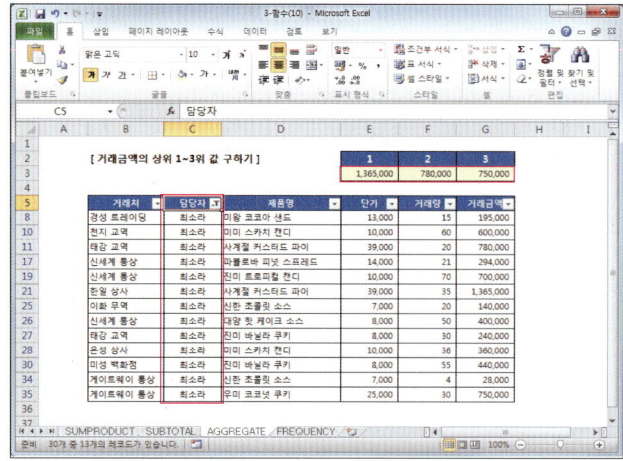

Section 38

FREQUENCY

FREQUENCY 함수는 데이터 범위에서 값의 발생 빈도를 주어진 구간에 따라 세로 형태로 반환하는 함수입니다. 예를 들어 회원의 나이에 대해 0~10, 11~20, 21~30 등 구간을 정해 몇 명이 해당 연령대에 포함되는지 계산할 수 있습니다. 'FREQUENCY(데이터 범위, 구간 범위)' 형식으로 입력합니다.

키워드 빈도, FREQUENCY

예제 파일 Part3\예제파일\3-함수(10).xlsx

01 'FREQUENCY' 워크시트에서 [J5:J9]를 블록으로 지정하고 **=FREQUENCY(평균,I5:I9)**를 입력한 다음 Ctrl + Shift + Enter 를 누릅니다. 그러면 수식 앞뒤에 중괄호({ })가 자동으로 삽입되어 배열 수식이 입력됩니다.

> **POINT** 구간이 59, 69, 79, 89, 100으로 되어 있으면 FREQUENCY 함수는 59이하, 60부터 69이하, 70부터 79이하, 80부터 89이하, 90부터 100이하의 빈도를 각각 구합니다.

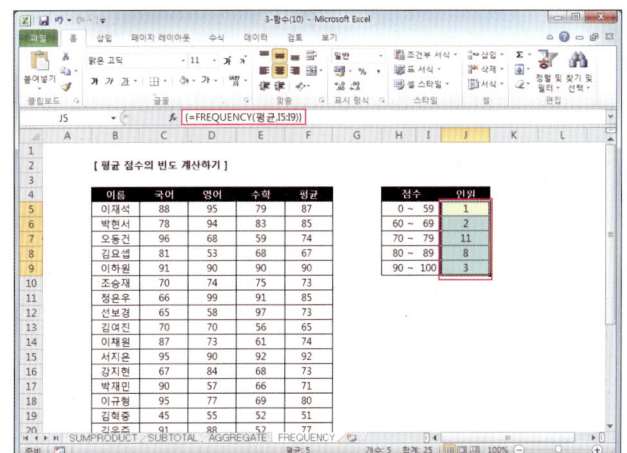

생초보 레벨업

배열 수식 입력하기

워크시트 함수 중의 몇 가지는 배열 수식으로 입력해야 정확한 결과를 얻을 수 있습니다. 배열 수식은 일반 수식과 같은 방법으로 작성하지만 Enter 키를 눌러 입력하는 것이 아니라 Ctrl + Shift + Enter 를 눌러 입력한다는 점이 다릅니다. 배열 수식은 수식 앞뒤에 자동으로 중괄호({ })가 삽입되며 배열 수식의 일부를 따로 수정하거나 삭제할 수 없이 한 묶음으로 처리됩니다.

Section 39
행 번호와 열 번호 활용 - ROW/COLUMN

ROW(참조) 함수는 행 번호, COLUMN(참조) 함수는 열 번호를 알아낼 때 사용하는 함수입니다. 예를 들어 =ROW(K3)은 [K3]셀의 행 번호 '3'을 반환하고, =COLUMN(K3)은 [K3]셀의 열 번호 '11'을 반환합니다. 참조를 지정하지 않고 사용하면 현재 수식을 입력하고 있는 셀의 행 번호, 열 번호를 반환합니다.

키워드 행 번호, 열 번호, ROW, COLUMN
예제 파일 Part3\예제파일\3-함수(11).xlsx

---

01 'ROW-COLUMN' 워크시트의 [B5]셀에 =ROW()-4 를 입력하면 현재 셀의 행 번호 '5'에서 '4'를 뺀 값인 '1'이 수식 결과로 반환됩니다.

> **POINT** =ROW(A1) 또는 =ROW()-ROW($B$4)와 같이 입력해도 됩니다.

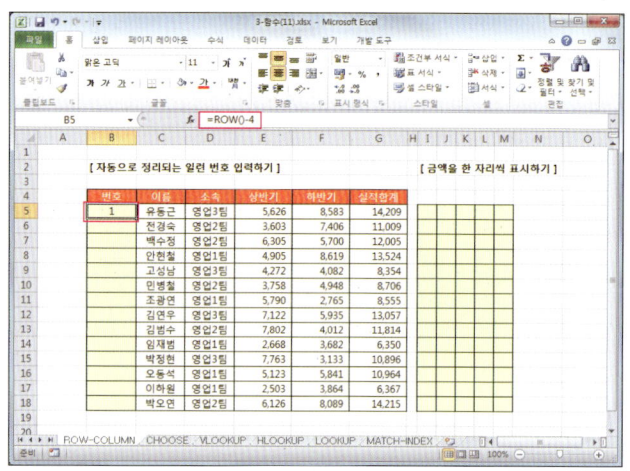

02 [B5]셀의 채우기 핸들을 [B18]셀까지 끌어 수식을 복사합니다. 이렇게 하면 1, 2, 3, … 순서로 일련 번호가 매겨집니다.

> **POINT** ROW 함수를 사용해서 입력한 일련 번호는 중간에서 행을 삽입하거나 삭제했을 때 자동으로 다시 매겨지므로 직접 입력한 번호보다 사용이 더 편리합니다.

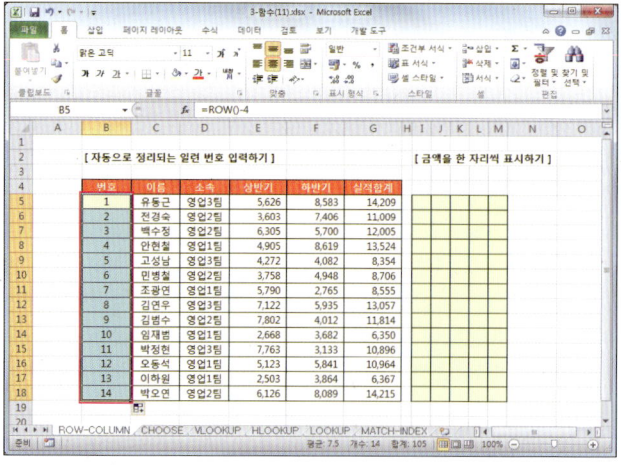

03 [I5]셀에 =MID(TEXT($G5,"?????"),COLUMN(A1),1)로 입력하면 TEXT 함수를 사용하여 [G5]셀의 값을 5자리의 텍스트로 변환한 후 [A1]셀의 열 번호를 이용하여 1번째 문자열을 표시합니다.

> **POINT** =COLUMN()−COLUMN($H$5) 또는 =COLUMN()−8과 같이 입력해도 됩니다.

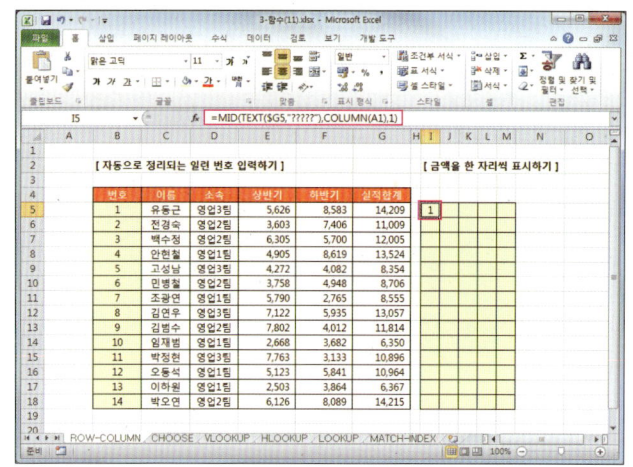

숫자를 하나씩 추출하기

=MID(TEXT($G5,"?????"),COLUMN(A1),1)
- **TEXT($G5,"?????")** : '?' 코드는 해당 자리에 숫자가 있으면 표시하고 숫자가 없으면 대신 공백을 표시합니다. 여기서는 '?' 코드를 '5'개 사용했으므로 TEXT 함수는 [G5]셀의 숫자를 '5'자리로 만들어 텍스트로 변환합니다. [G5]셀의 숫자가 '4'자리이면 맨 앞에 공백을 하나 추가하여 '5'자리로 만듭니다.
- 원래 숫자의 앞에 공백을 추가하여 5자리로 만든 다음 MID 함수로 숫자를 하나씩 추출하는 수식입니다.
- **COLUMN(A1)** : COLUMN 함수는 인수 'A1'의 열 번호 '1'을 반환합니다. 이 함수는 오른쪽으로 복사되면 COLUMN(B1), COLUMN(C1), COLUMN(D1), … 순서로 셀 참조가 조정되므로 열 번호 2, 3, 4, …를 반환합니다.

04 [I5]셀의 채우기 핸들을 [M5]셀까지 끌어 수식을 복사한 후 [M5]셀의 채우기 핸들을 [M18]셀까지 끌어 수식을 복사합니다. 이렇게 하면 실적합계의 금액이 한 셀에 표시됩니다.

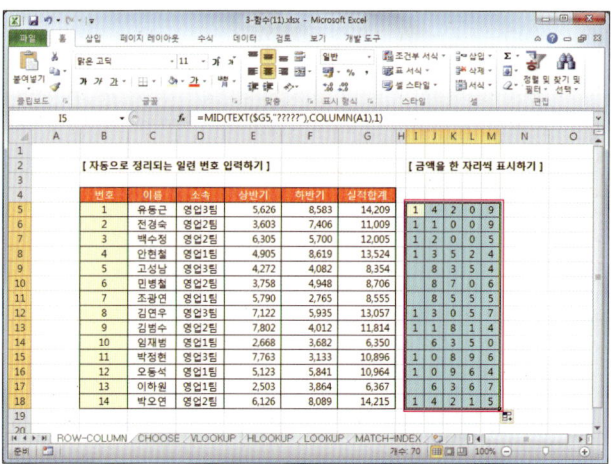

Section 40

기준에 따라 값 구하기 - CHOOSE

'CHOOSE(기준, 값1, 값2, ...)' 형식으로 사용하는 CHOOSE 함수는 기준으로 지정한 값이 1이면 값1, 2면 값2, 3이면 값3, ... 과 같이 기준에 따라 각각 다른 값을 구할 때 사용합니다. 기준의 값은 1에서 254까지 숫자 중 하나이어야 합니다.

키워드 CHOOSE
예제 파일 Part3\예제파일\3-함수(11).xlsx

01 'CHOOSE' 워크시트의 [D5]셀에 =CHOOSE(MID(B5,3,1),"총무부","개발부","홍보부")를 입력하고 [D18]셀까지 끌어 수식을 복사합니다. 이 수식은 먼저 MID 함수로 사번의 3번째부터 한 글자를 구한 다음 이것을 CHOOSE 함수의 기준으로 사용하여 1이면 '총무부', 2면 '개발부', 3이면 '홍보부'를 표시합니다.

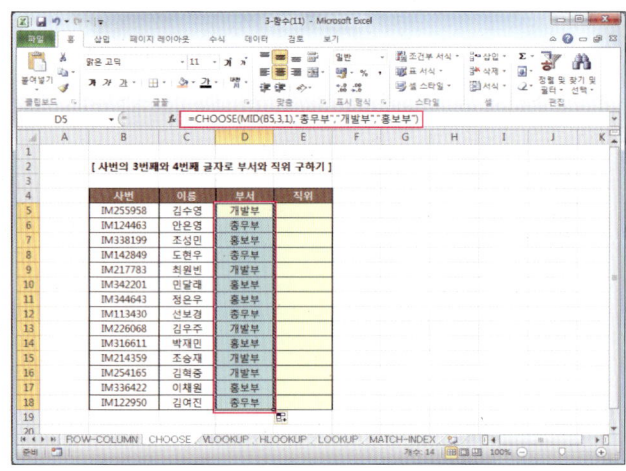

02 [E5]셀에 =CHOOSE(MID(B5,4,1),"사원","주임","대리","과장","부장")을 입력하고 채우기 핸들을 [E18]셀까지 끌어 수식을 복사합니다. MID 함수로 사번의 4번째 글자를 구한 다음 이 값이 1이면 '사원', 2면 '주임', 3이면 '대리', 4면 '과장', 5면 '부장'을 표시합니다.

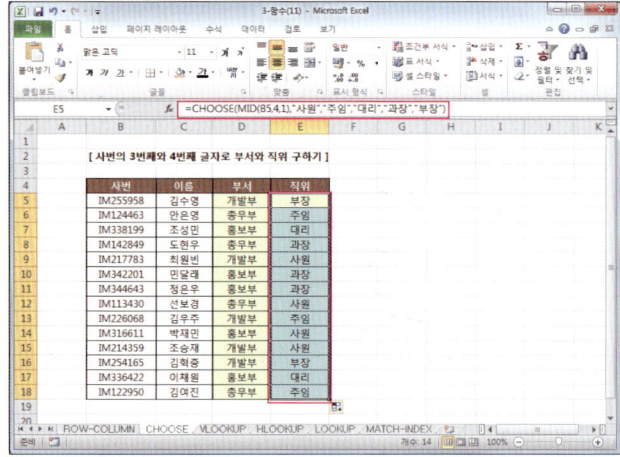

첫 열에서 값 찾기 - VLOOKUP

Section 41

VLOOKUP 함수는 'VLOOKUP(값, 범위, 열, 옵션)' 형식으로 사용하며 범위의 첫 번째 열에서 주어진 값을 찾아 지정한 열에 있는 값을 구합니다. 옵션을 생략하면 주어진 값보다 작거나 같은 값 중에서 최대값을 찾고, 옵션을 FALSE(또는 0)로 지정하면 정확하게 일치하는 값을 찾습니다.

키워드 찾기, VLOOKUP
예제 파일 Part3\예제파일\3-함수(11).xlsx

---

01 'VLOOKUP' 워크시트의 [D5]셀에 =VLOOKUP(C5,$H$5:$I$7,2,0)을 입력하고 [D18]셀까지 수식을 복사합니다. [H5:I7]의 첫 번째 열에서 [C5]셀의 제품명과 정확하게 일치하는 값을 찾은 다음 두 번째 열의 단가를 구하는 수식입니다.

> **POINT** 세 번째 인수로 지정하는 열 번호는 두 번째 범위에서의 열 번호입니다.

02 [F5]셀에 =VLOOKUP(E5,$H$10:$I$13,2)를 입력하고 [F18]셀까지 수식을 복사합니다. [H10:I13]의 첫 번째 열에서 [E5]셀의 수량보다 작거나 같은 값 중 최대값을 찾아 두 번째 열에 있는 할인율을 구하는 수식입니다.

> **POINT** 마지막 인수(옵션)를 생략하려면 범위(H10:I13)의 첫 번째 열이 오름차순으로 정렬되어 있어야 올바른 값을 찾을 수 있습니다.

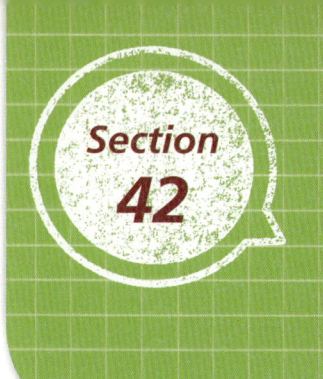

Section 42

첫 행에서 값 찾기 - HLOOKUP

HLOOKUP 함수는 'HLOOKUP(값, 범위, 행, 옵션)' 형식으로 사용하며 VLOOKUP 함수와 사용 형식이 비슷합니다. 다만 범위의 첫 번째 행에서 주어진 값을 찾는다는 것만 다릅니다.

키워드 HLOOKUP
예제 파일 Part3\예제파일\3-함수(11).xlsx

01 'HLOOKUP' 워크시트의 [F5]셀에 =AVERAGE(C5:E5)를 입력하여 국어, 영어, 수학의 평균 점수를 구한 다음 [F14]셀까지 수식을 복사합니다.

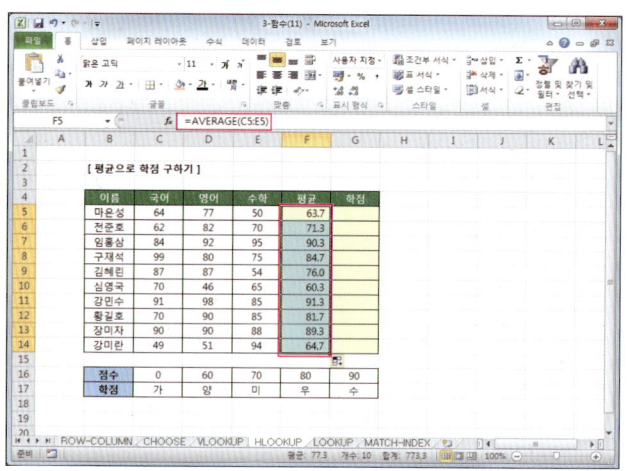

02 [G5]셀에 =HLOOKUP(F5,$C$16:$G$17,2)를 입력하고 [G14]셀까지 수식을 복사합니다. [C16:G17]의 첫 번째 행에서 [F]열의 평균보다 작거나 같은 값 중 최대값을 찾은 다음 두 번째 행에서 학점을 구하는 수식입니다.

> **POINT** 찾는 값이 표의 첫 열에 있으면 VLOOKUP, 첫 행에 있으면 HLOOKUP 함수를 사용합니다.

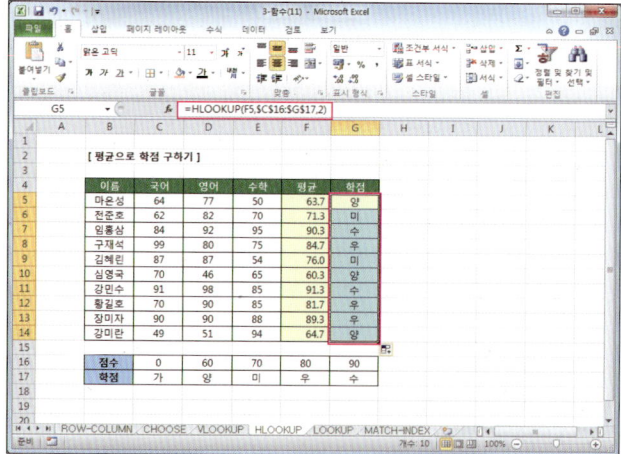

Section 43

셀 범위에서 값 찾기 - LOOKUP

'LOOKUP(값, 범위1, 범위2)' 형식으로 사용하여 범위1에서 주어진 값을 찾은 다음 범위2에서 같은 위치에 있는 값을 구하는 함수입니다. LOOKUP 함수는 범위의 첫 번째 열이나 첫 번째 행에서 값을 찾지 않을 때 VLOOKUP과 HLOOKUP 함수 대신 사용합니다. 주의할 점은 범위 1의 데이터가 오름차순으로 정렬되어 있어야 한다는 것입니다.

키워드 LOOKUP
예제 파일 Part3\예제파일\3-함수(11).xlsx

---

01 'LOOKUP' 워크시트의 [C4]셀에서 드롭다운 버튼을 클릭하고 원하는 거래처명을 선택합니다.

> **POINT** [C4]셀에는 [C10:C19]의 거래처명을 목록의 원본으로 지정한 데이터 유효성 검사가 설정되어 있습니다.

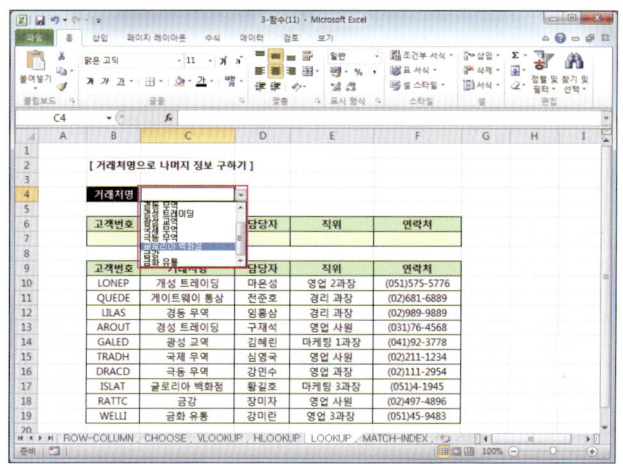

02 [B7]셀에 =LOOKUP($C$4,$C$10:$C$19,B10:B19)를 입력하고 [F7]셀까지 수식을 복사합니다. [C10:C19]에서 [C4]셀의 값을 찾은 다음 [B10:B19]에서 같은 행의 고객 번호를 구하는 수식입니다.

> **POINT** [C10:C19]이 오름차순으로 정렬되어 있지 않으면 올바른 값을 찾을 수 없으므로 주의합니다.

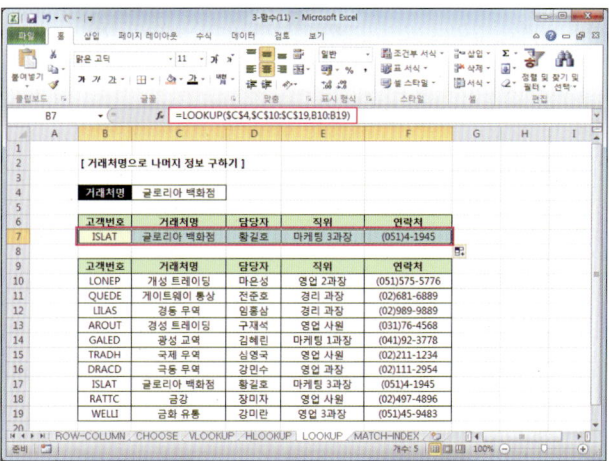

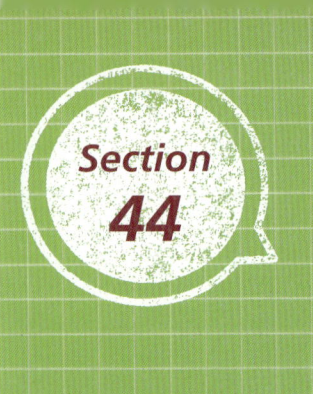

Section 44

위치 번호로 값 찾기 - MATCH/INDEX

MATCH 함수는 'MATCH(값, 범위, 옵션)' 형식으로 사용하여 범위에서 주어진 값의 위치 번호를 구합니다. 옵션은 범위에서 값을 찾는 방법으로 -1, 0, 1 중에서 하나로 지정합니다. INDEX 함수는 'INDEX(범위, 행, 열)' 형식으로 범위에서 지정한 행, 지정한 열에 있는 값을 구합니다. 이 두 개의 함수는 함께 사용하는 경우가 많습니다.

키워드 위치 번호, 찾기, MATCH, INDEX
예제 파일 Part3\예제파일\3-함수(11).xlsx

01 [D4]셀에 =MATCH(C4,B9:B18,0)을 입력합니다. [B9:B18]에서 [C4]셀과 같은 값을 찾아 위치 번호를 구하는 수식입니다.

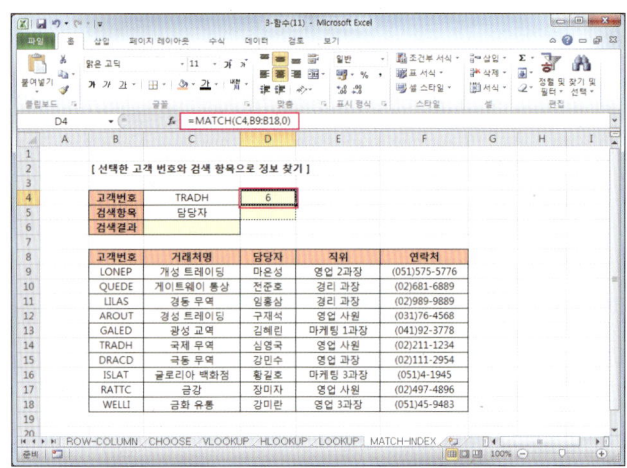

02 [D5]셀에 =MATCH(C5,C8:F8,0)을 입력합니다. [C8:F8]에서 [C5]셀과 일치하는 값을 찾아 위치 번호를 구하는 수식입니다.

POINT MATCH 함수가 일치하는 값을 찾지 못하면 #N/A 오류가 발생합니다.

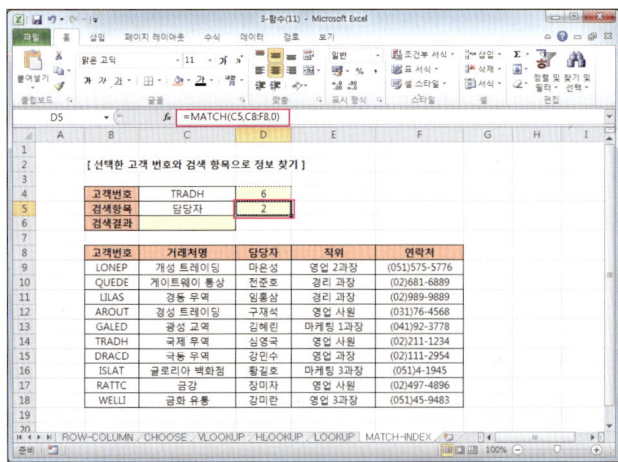

03 [C6]셀에 =INDEX(C9:F18,D4,D5)를 입력합니다. 이 수식은 [D4]셀의 값이 '6'이고, [D5]셀의 값이 '2'이므로 [C9:F18]에서 6행, 2열에 있는 값을 구합니다.

> **POINT** MATCH 함수를 INDEX 함수에 중첩하여 =INDEX(C9:F18,MATCH(C4,B9:B18,0),MATCH(C5,C8:F8,0))으로 사용할 수도 있습니다.

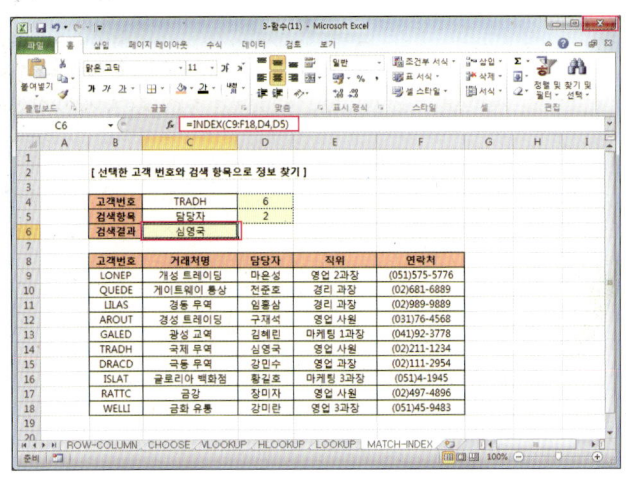

04 [C4]셀에서 드롭다운 버튼을 클릭하고 다른 고객번호를 선택하고, [C5]셀에서 다른 검색항목을 선택해 봅니다. 선택한 고객번호와 검색항목에 따라 [D4:D5]의 MATCH 함수가 다른 값을 반환하고, [C6]셀의 INDEX 함수 결과가 달라지는 것을 확인할 수 있습니다.

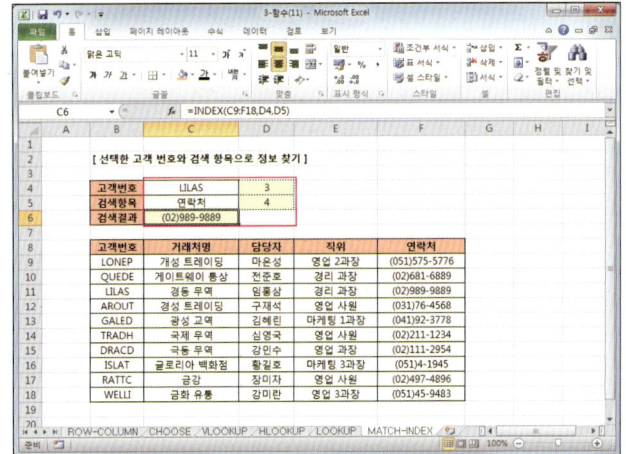

🔰 쌩초보 레벨업

MATCH 함수의 찾기 옵션

MATCH 함수의 세 번째 인수인 옵션은 범위에서 값을 찾는 방법을 결정하는 숫자로 1, 0, −1 중 하나로 지정합니다. 옵션을 생략하면 1로 간주합니다.

1	• 주어진 값보다 작거나 같은 값 중에서 최대값을 찾습니다. • 지정한 범위가 오름차순으로 정렬되어 있어야 합니다.
0	• 주어진 값과 일치하는 첫 번째 값을 찾습니다. • 지정한 범위는 임의의 순서여도 상관없습니다.
−1	• 주어진 값보다 크거나 같은 값 중에서 최소값을 찾습니다. • 지정한 범위가 내림차순으로 정렬되어 있어야 합니다.

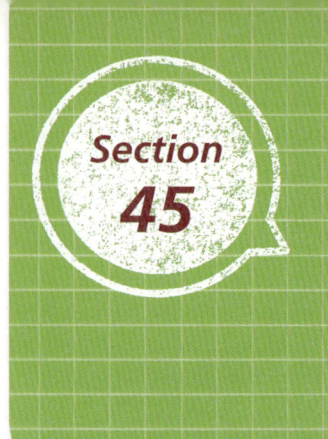

데이터베이스 함수로 계산하기
- DSUM/DAVERAGE

Section 45

DSUM, DAVERAGE 등의 데이터베이스 함수는 '함수명(데이터베이스, 필드, 조건)'과 같이 동일한 함수 형식을 사용합니다. 이 중에서 DSUM 함수는 데이터베이스 범위에서 지정한 조건을 만족하는 레코드를 찾은 다음 주어진 필드의 합계를 계산하고, DAVERAGE 함수는 평균을 계산합니다. 이외에도 DCOUNT, DCOUNTA, DMAX, DMIN 등의 데이터베이스 함수가 있습니다.

키워드 데이터베이스, DSUM, DAVERAGE
예제 파일 Part3\예제파일\3-함수(12).xlsx

---

01 'DSUM-DAVERAGE' 워크시트에서 [F4:G5]의 각 셀에 다음과 같이 데이터를 입력하여 조건 범위를 작성합니다. 이 조건 범위를 사용하여 데이터베이스에서 지역이 '서울특별시'이고 거래량이 '5000' 이상인 레코드를 찾을 수 있습니다.

POINT 조건 범위의 첫 행에는 데이터베이스의 필드 이름과 동일한 필드 이름을 입력하고 필드 이름 아래에 조건으로 사용할 값을 입력합니다. 필드 이름 아래에 조건을 나란히 입력하면 AND 조건으로 두 조건을 모두 만족하는 레코드를 찾습니다.

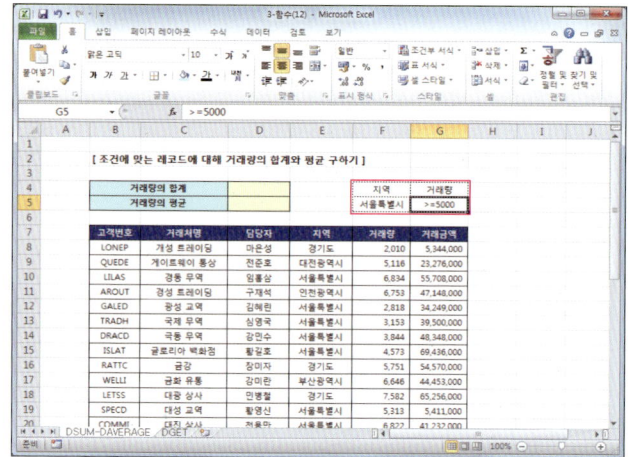

02 [D4]셀에 =DSUM(B7:G38,5,F4:G5)를 입력합니다. [B7:G38]에서 [F4:G5]의 조건을 만족하는 레코드를 찾아 5번째 필드인 '거래량'의 합계를 구하는 수식입니다.

POINT 필드 인수의 숫자 5는 데이터베이스에서 5번째 필드를 의미합니다.

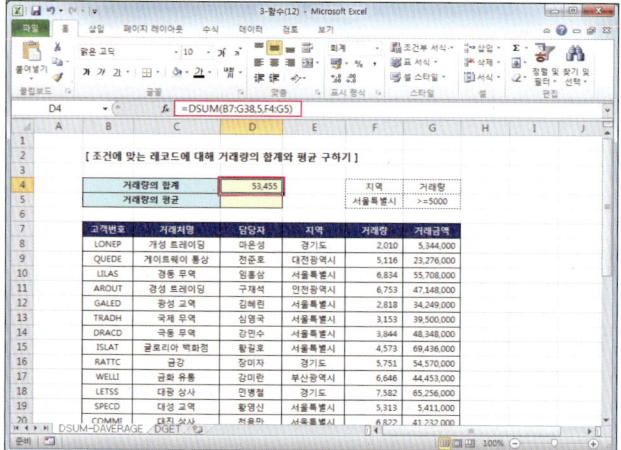

03 [D5]셀에 =DAVERAGE(B7:G38,"거래량",F4:G5)를 입력합니다. 이 수식은 [B7:G38]에서 [F4:G5]의 조건을 만족하는 레코드를 찾아 '거래량' 필드의 평균을 계산합니다.

> **POINT** 데이터베이스 함수의 필드에 큰 따옴표(" ")로 필드 이름을 묶어 지정할 수 있습니다.

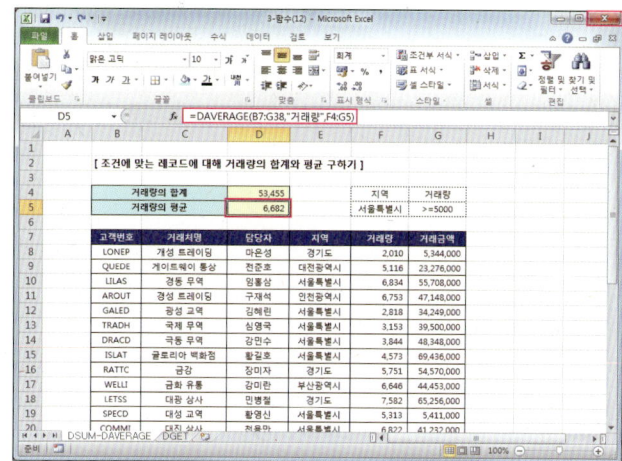

데이터베이스 함수의 조건 예제

- 데이터베이스 함수를 입력하기 전에 미리 조건 범위를 작성해야 합니다.
- 조건 범위는 적어도 한 개 이상의 필드 이름과 그 아래 한 셀을 포함해야 합니다.
- 두 개 이상의 필드에 조건을 지정하려면 필드 이름을 나란히 입력하고 그 아래 셀에 조건을 입력합니다. 이때 조건이 서로 같은 행에 있으면 AND, 서로 다른 행에 있으면 OR 조건으로 처리됩니다.
- 조건 예제

	A	B	C	D	E	F	G	H	I	J	K	L	M	N
1														
2		조건1		조건2		조건3			조건4			조건5		
3		고객번호		지역		지역	거래량		지역	거래량		거래량	거래량	
4		APPLE		서울		서울			서울	>=100		>=100	<500	
5				부산			>=100		부산	>=100				
6														
7														

- 조건1 [B3:B4] : 고객번호 필드의 값이 APPLE인 레코드만 검색합니다.
- 조건2 [D3:D5] : 지역이 서울이거나 부산인 레코드를 검색합니다.
- 조건3 [F3:G5] : 지역이 서울이거나 거래량이 100 이상인 레코드를 검색합니다.
- 조건4 [I3:J5] : 지역이 서울이고 거래량이 100 이상인 레코드 또는 지역이 부산이고 거래량이 100 이상인 레코드를 검색합니다.
- 조건5 [L3:M4] : 거래량이 100 이상이고 500 미만인 레코드를 검색합니다.

Section 46
조건에 맞는 레코드의 필드 값 구하기
- DGET

DGET 함수는 'DGET(데이터베이스, 필드, 조건)' 형식으로 사용합니다. 데이터베이스에서 지정한 조건을 만족하는 레코드를 찾은 다음 주어진 필드에 있는 값을 추출합니다. 이 함수는 조건을 만족하는 레코드가 하나여야 합니다. 만약 여러 레코드가 조건을 만족하거나, 조건을 만족하는 레코드가 없을 경우에는 오류가 발생합니다.

키워드 데이터베이스, DGET
예제 파일 Part3\예제파일\3-함수(12).xlsx

01 'DGET' 워크시트의 [G4]셀에 '거래처명'을 입력하고 [G5]셀에서 드롭다운 버튼을 클릭한 다음 원하는 거래처를 선택합니다. [G4:G5]의 조건 범위는 거래처명이 선택한 항목인 레코드를 찾습니다.

> **POINT** [G5]셀에는 데이터 유효성 검사가 미리 설정되어 있습니다.

02 [B5]셀에 =DGET($B$7:$G$38,F7,$G$4:$G$5)를 입력하고 [C5]셀까지 수식을 복사합니다. [B7:G38]에서 [G4:G5]의 조건을 만족하는 레코드를 찾아 [F7] 필드 즉, 거래량을 구하는 수식입니다.

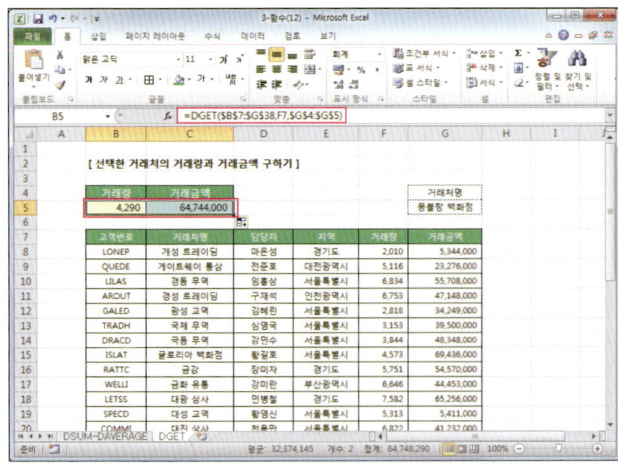

Section 47

대출상환금 구하기 - PMT

PMT 함수는 일정한 이자율이 적용되는 대출에 대해서 매회 상환해야 하는 금액을 계산할 때 사용합니다. 'PMT(이율, 기간, 현재 가치, 미래 가치, 지불 시점)' 형식으로 입력해야 하며 이율과 기간은 같은 단위이어야 합니다. 지불 시점은 생략하거나 0으로 입력하면 기말, 1로 입력하면 기초를 의미합니다.

키워드 재무 함수, PMT
예제 파일 Part3\예제파일\3-함수(13).xlsx

01 'PMT' 워크시트의 [E5]셀에 =VLOOKUP(D5,$H$5:$I$10,2)를 입력하고 [E14]셀까지 수식을 복사합니다. 이 수식은 [H5:I10]을 참조하여 기간(월)에 따라 연이율을 구합니다.

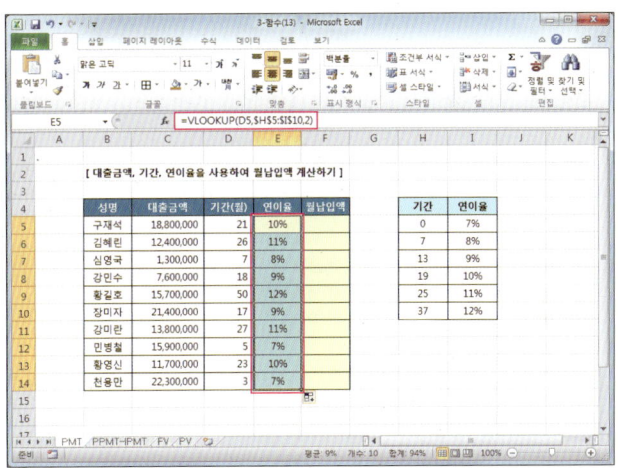

02 [F5]셀에 =PMT(E5/12,D5,-C5)를 입력하고 [F14]셀까지 수식을 복사합니다. 연이율과 기간, 대출금액을 사용하여 월납입액을 구하는 수식입니다. 기간이 월 단위이므로 연이율을 12로 나누어 단위를 통일시켜야 합니다.

POINT 미래 가치는 생략하여 0으로, 지불 시점은 생략하여 기말로 계산하였습니다. 현재 가치 앞에 음수 기호(-)를 붙이지 않으면 계산 결과가 음수로 구해집니다.

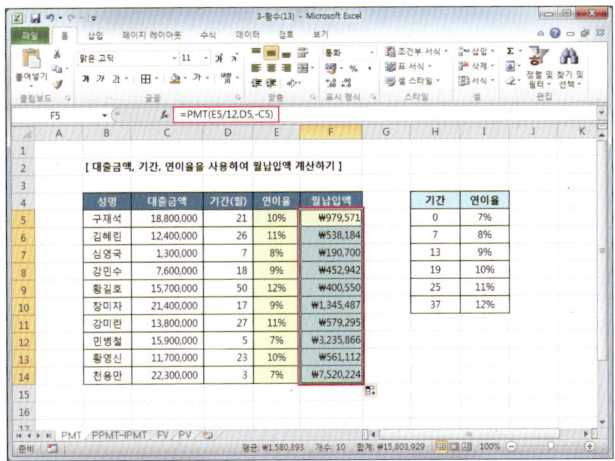

Section 48

대출원금과 대출이자 계산하기
- PPMT / IPMT

PPMT 함수와 IPMT 함수는 모두 대출금 상환과 관련된 함수입니다. 대출금액과 이율, 기간 등을 이용하여 PPMT 함수는 특정 기간의 원금을 계산하고, IPMT 함수는 특정 기간의 이자를 계산합니다. 예를 들어 3천만원을 연이율 13%로 대출하여 12개월 동안 갚을 때, 5회차에 납입할 원금과 이자를 PPMT 함수와 IPMT 함수를 이용하여 각각 구할 수 있습니다.

키워드 재무 함수, PPMT, IPMT
예제 파일 Part3\예제파일\3-함수(13).xlsx

---

01 'PPMT-IPMT' 워크시트의 [F5]셀에 =PPMT($C$6/12,E5,$C$5,-$C$4)를 입력하고 [F16]셀까지 수식을 복사합니다. 이 수식은 대출금액, 기간(월), 연이율을 사용하여 지정한 횟수에 납입할 원금을 계산합니다.

> **POINT** 'PPMT(이율, 횟수, 기간, 대출금)' 형식으로 사용합니다. 이율과 기간의 단위는 서로 통일시켜야 합니다.

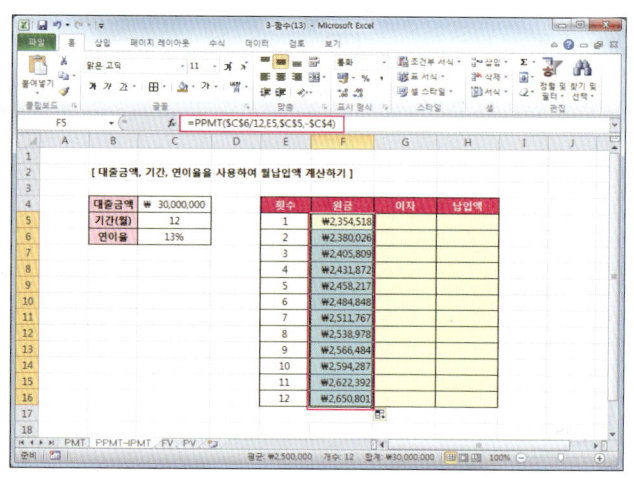

02 [G5]셀에 =IPMT($C$6/12,E5,$C$5,-$C$4)를 입력하고 채우기 핸들을 [G16]셀까지 끌어 수식을 복사합니다. 'IPMT(이율, 횟수, 기간, 대출금)' 형식으로 지정한 횟수에 납입할 이자만 계산합니다.

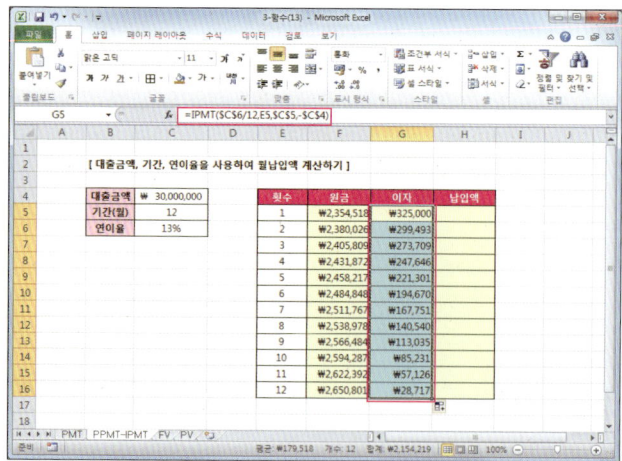

03 [H5]셀에 =F5+G5를 입력하고 채우기 핸들을 [H16]셀까지 끌어 수식을 복사합니다. 원금과 이자를 합하여 납입할 금액의 합계를 계산하는 수식입니다.

> **POINT** PPMT 함수로 계산한 원금과 IPMT 함수로 계산한 이자의 합계는 =PMT(C6/12,C5,-C4)로 계산한 결과와 같습니다.

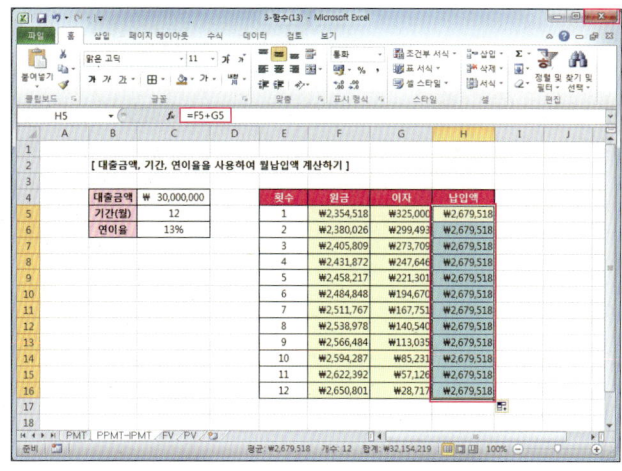

> 모르면 절대 곤란한 함수 50가지

생초보 레벨업

동적 범위 구하기

이름 정의에서 OFFSET, COUNTA 함수를 이용한 수식으로 동적 범위를 가리키는 이름을 만들 수 있습니다. 예를 들어, [B2]셀부터 시작되고, 7개의 필드로 구성된 데이터 목록에서 새 레코드가 추가될 것을 고려하여 데이터 목록 전체를 가리키는 이름 '매출현황'을 정의하려면 다음 순서대로 명령을 실행합니다.

① [수식] 탭-[정의된 이름] 그룹-이름 정의(이름 정의 ▼)를 클릭합니다.
② [새 이름] 대화상자에서 이름을 '매출현황'으로 입력합니다.
③ 참조 대상에 수식 =OFFSET(매출!$B$2,0,0,COUNTA(매출!$B:$B),7)을 입력한 다음 [확인] 버튼을 클릭합니다.

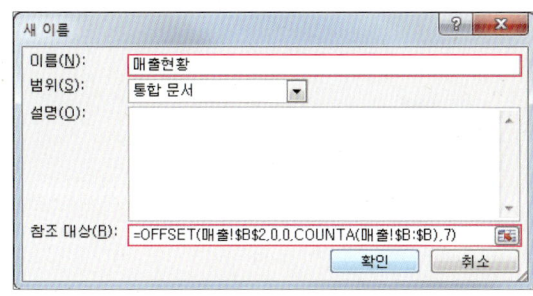

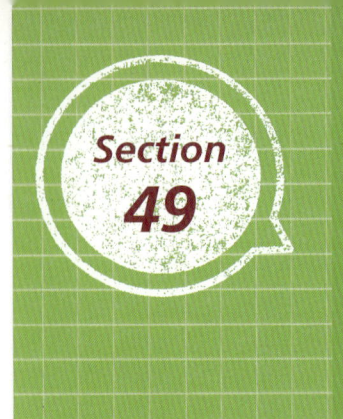

Section 49

정기적금의 미래 가치 계산하기 - FV

FV 함수는 'FV(이율, 기간, 납입액, 현재 가치, 지불 시점)' 형식으로 사용하여 매 기간 일정한 납입액을 일정 기간 동안 적립하는 경우 얻게 되는 미래 가치를 계산합니다. 예를 들어 =FV(8%/12, 12, 10000, 50000, 1)으로 작성한 수식은 50,000원이 예금되어 있는 통장에 매월 초에 10,000원씩 12개월 동안 연이율 8%로 적립했을 때 얻게 되는 미래 가치를 계산합니다.

키워드 재무 함수, FV
예제 파일 Part3\예제파일\3-함수(13).xlsx

---

01 'FV' 워크시트의 [C9]셀에 =FV(C7/12,C6,-C5,-C4,1)을 입력합니다. 이 수식은 50,000원이 들어있는 계좌에 매월 초 10,000원씩 12개월 동안 연이율 8%로 적립할 경우 얻게 되는 미래 가치를 계산합니다.

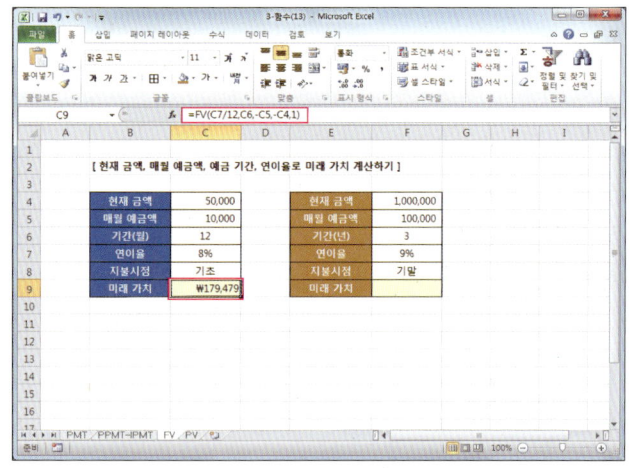

02 [F9]셀에 =FV(F7/12,F6*12,-F5,-F4,0)을 입력합니다. 이 수식은 1,000,000원이 들어있는 계좌에 매월 말 100,000원씩 3년 동안 연이율 9%로 적립할 경우 얻게 되는 미래 가치를 계산합니다.

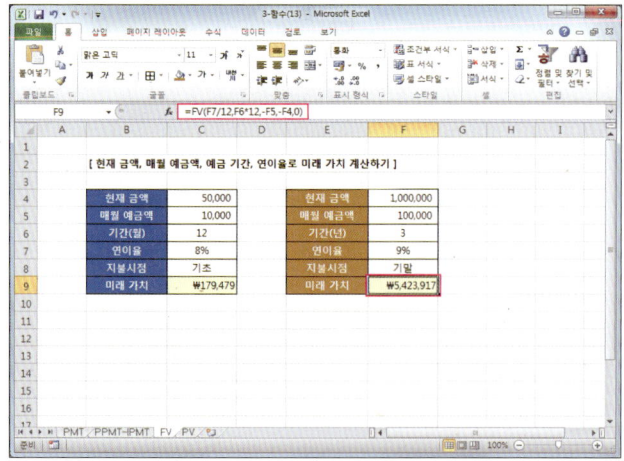

Section 50

투자금액의 현재 가치 계산하기 - PV

PV 함수는 'PV(이율, 기간, 납입액, 미래가치, 지불 시점)' 형식으로 사용하여 앞으로 있을 현금 흐름이 일정한 이율로 일정 기간 동안 발생할 경우 그 현금 흐름을 하나로 묶어 전체의 현재 가치를 계산합니다.

키워드 재무 함수, PV
예제 파일 Part3\예제파일\3-함수(13).xlsx

---

01 'PV' 워크시트의 [C9]셀에 =PV(C7/12,C5*12,C6,0)을 입력합니다. 이 수식은 연이율이 8%일 때 20년동안 매월 말에 50,000원씩 지급하는 투자의 현재 가치를 계산합니다.

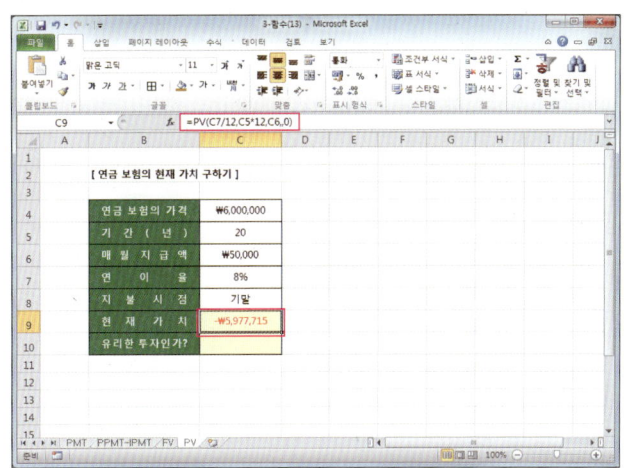

02 [C10]셀에 =IF(ABS(C9)>C4,"예","아니오")를 입력합니다. 이 수식은 [C4]셀의 연금 보험 가격과 현재 가치를 비교하여 현재 가치가 연금 보험의 가격보다 크면 '예', 그렇지 않으면 '아니오'를 표시합니다. 현재 가치가 음수로 계산되어 있으므로 ABS 함수로 절대값으로 변환한 후 연금 보험의 가격과 비교합니다.

> **POINT** 20년 동안 매월 말에 50,000원씩 받는 연금 보험의 현재 가치가 5,977,715원이므로 현재 6,000,000원을 주고 구입하는 것은 유리한 투자가 아닙니다.

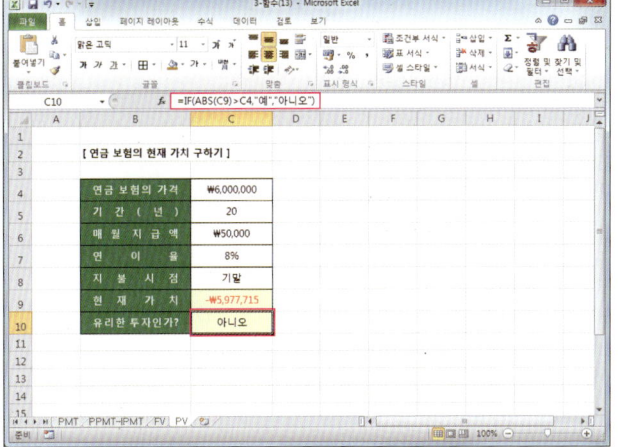

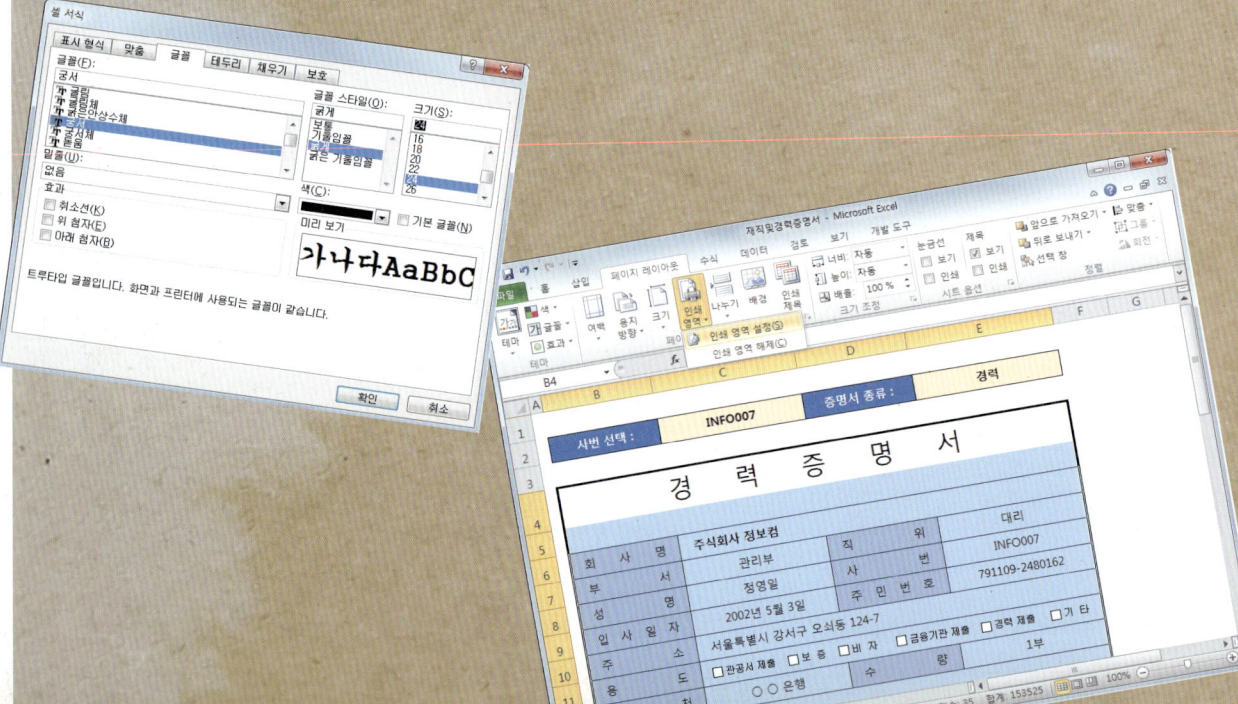

엑셀로 만드는
실무 문서 20가지

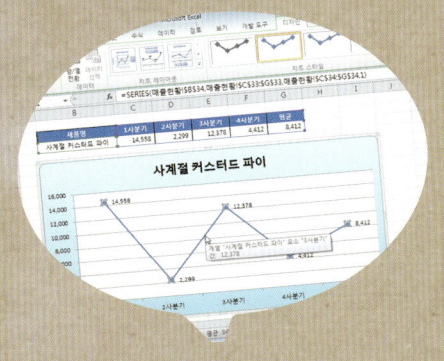

엑셀의 기능과 함수를 단편적으로만 알고 있으면 엑셀의 기능을
서로 유기적으로 결합하고 조화를 이루게 하는 부분에서
어려움을 느끼게 될 것입니다. 이런 어려움은 꾸준하게
엑셀 문서를 만들어 보면서 연습해야만 해소할 수 있습니다.
마지막 파트에서는 이러한 문제를 해결하는데 도움이 되고자 엑셀의 기본 기능과
활용 기능, 함수를 이용하여 실제 업무에 사용되는 서식을
직접 만들어 보는 과정으로 진행합니다. 단순하게 문서를 그리는데서 그치지 않고,
만들어진 서식에 함수와 엑셀 기능을 이용하여 문서 자동화를
구현하는 방법까지 알아봅니다.

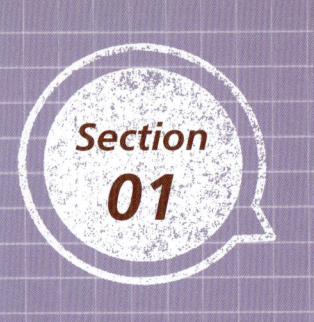

제안서

제안서는 제안하는 내용에 따라 그 형식이나 구성이 달라지기 때문에 여러 형태로 작성할 수 있습니다. 여기에서 작성하는 제안서는 현재 시행 중인 업무에 대해 문제점을 제시하고 개선책을 제안하는 형식으로 구성합니다. 엑셀 2010에서 실무 문서를 어떤 절차에 따라 작성하는지 배우게 됩니다.

키워드 글꼴 서식, 맞춤 서식, 테두리

01 새 통합 문서에서 [A1]셀에 '제안서'를 입력한 다음 [A1:E1]을 블록으로 지정합니다. [홈] 탭-[글꼴] 그룹의 대화상자 표시( ) 버튼을 클릭하여 [셀 서식] 대화상자를 실행합니다.

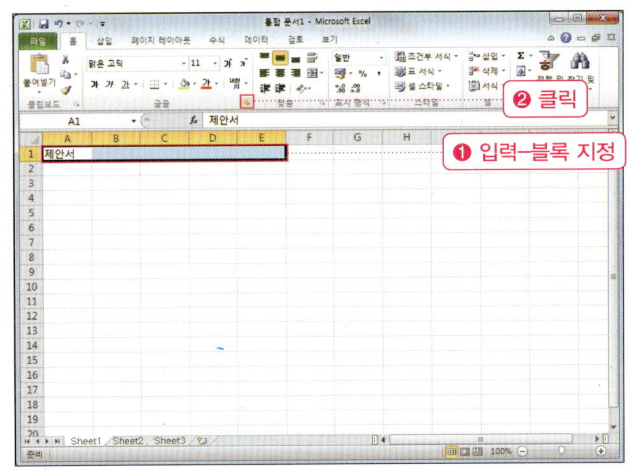

02 [셀 서식] 대화상자의 [글꼴] 탭에서 [글꼴]을 '궁서', [글꼴 스타일]을 '굵게', [크기]를 '24'로 지정합니다.

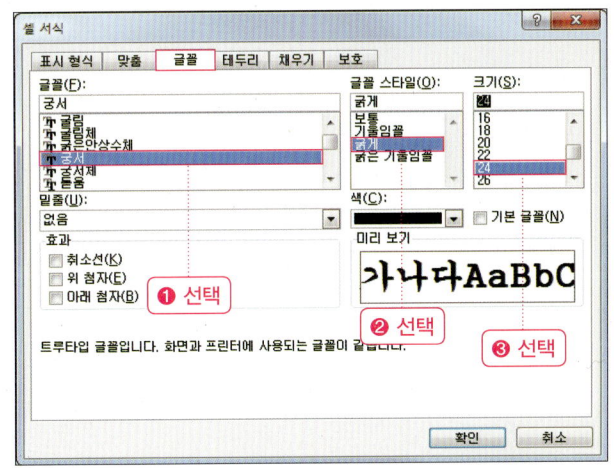

03 [맞춤] 탭에서 [가로]를 '균등 분할 (들여쓰기)'로 선택하고 [들여쓰기]를 '6'으로 지정합니다. [텍스트 조정]에서 '셀 병합'을 체크한 다음 [확인] 버튼을 클릭합니다.

> **POINT** '균등 분할'은 글자 사이 간격을 일정하게 조정하고 셀 양쪽에 맞춰 텍스트를 표시합니다.

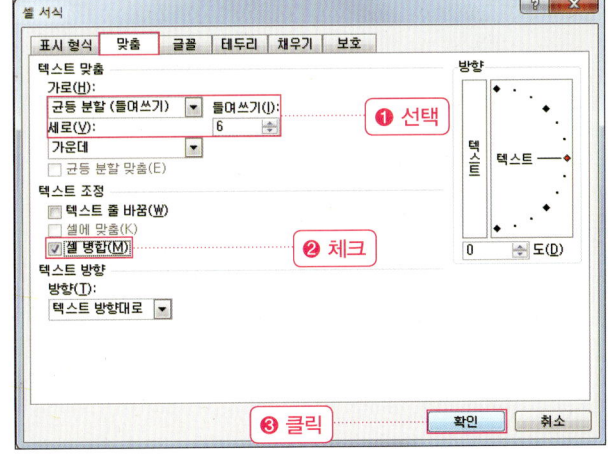

349

04 [A1:E1]이 하나의 셀로 합쳐지고 글꼴 서식이 변경되면 [A3]셀에 '소속', [A4]셀에 '제출일', [A5]셀에 '제목', [D3]셀에 '성명', [D4]셀에 '접수번호'를 각각 입력합니다.

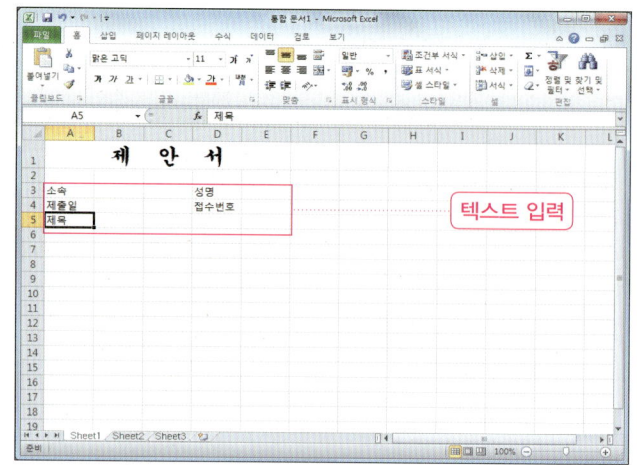

05 [A3:B3]을 블록으로 지정하고 [홈] 탭-[맞춤] 그룹-병합하고 가운데 맞춤( )을 클릭합니다. [A4:B4], [A5:B5], [C5:E5]에 대해서도 각각 블록을 지정하고 병합하고 가운데 맞춤( )을 클릭하는 과정을 반복합니다.

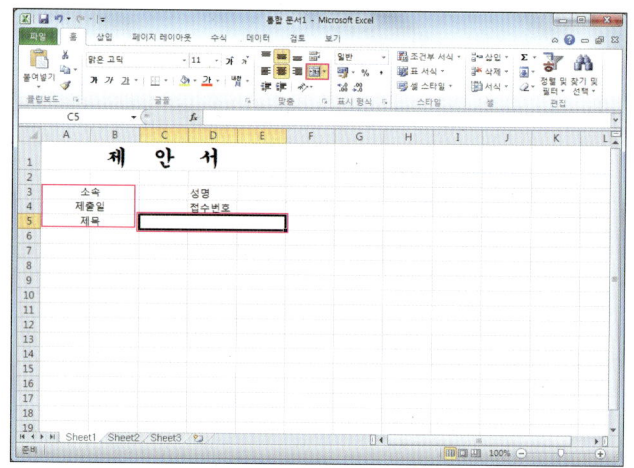

06 [A3:A5]와 [D3:D4]를 블록으로 지정한 다음 [홈] 탭-[맞춤] 그룹에서 대화상자 표시( ) 버튼을 클릭합니다. [셀 서식] 대화상자의 [맞춤] 탭에서 [가로]를 '균등 분할 (들여쓰기)'로 지정하고 [들여쓰기]를 '1'로 지정한 다음 [확인] 버튼을 클릭합니다.

> **POINT** 첫 번째 범위를 블록으로 지정하고 Ctrl 키를 누른 채 두 번째 범위를 지정합니다.

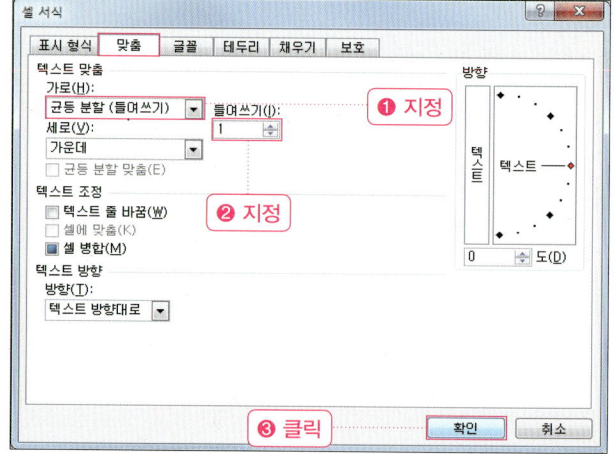

07 [A]열 머리글을 마우스 오른쪽 버튼으로 클릭하고 [열 너비]를 선택합니다. [열 너비] 대화상자에서 [열 너비]를 '4'로 입력하고 [확인] 버튼을 클릭합니다. 같은 방법으로 [B]열은 '10', [C]열은 '20', [D]열은 '14', [E]열은 '20'으로 각각 열 너비를 변경합니다.

> **POINT** 열 너비를 변경하여도 [4]행의 높이가 자동으로 조정되지 않으므로, [4]행 머리글의 아래 경계선을 더블클릭하여 행 높이를 표준 높이로 조정합니다.

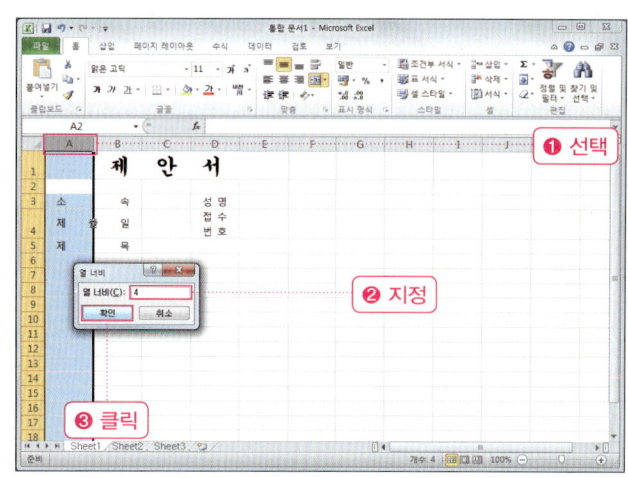

08 [A3:E5]를 블록으로 지정하고 [홈] 탭-[글꼴] 그룹-테두리( )의 드롭다운 버튼을 클릭한 다음 [모든 테두리]를 클릭합니다.

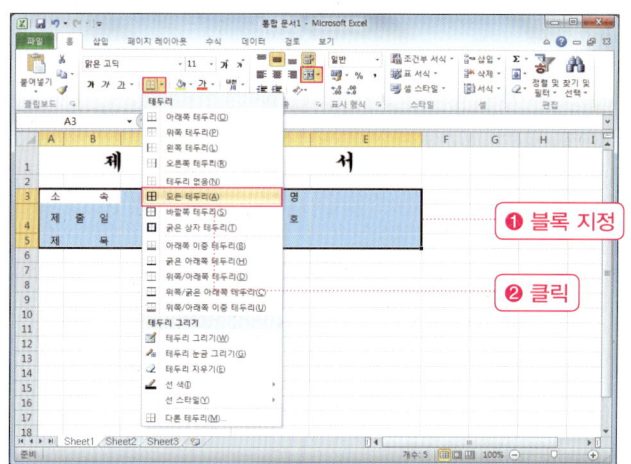

09 [A6]셀에 '현재의 문제점'을 입력한 다음 [A6]셀을 선택하고 [홈] 탭-[글꼴] 그룹-굵게(가), [맞춤] 그룹-들여쓰기( )를 클릭합니다.

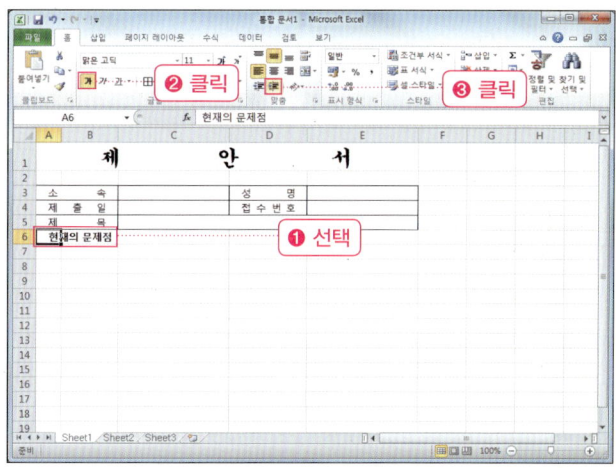

10 [A7:E7]을 블록으로 지정하고 [홈] 탭-[맞춤] 그룹의 대화상자 표시( ) 버튼을 클릭합니다. [셀 서식] 대화상자의 [맞춤] 탭에서 텍스트 맞춤의 [가로]를 '왼쪽(들여쓰기)'로 선택하고 [들여쓰기]를 '1'로 지정합니다. '셀 병합'을 체크한 후 [확인] 버튼을 누릅니다.

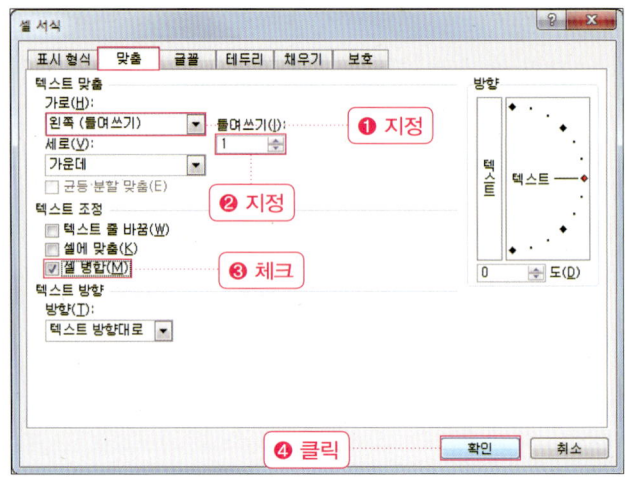

11 [A7:E7]이 하나의 셀로 합쳐졌습니다. 이제 [A7]셀의 채우기 핸들을 [E11]셀까지 드래그하여 복사합니다.

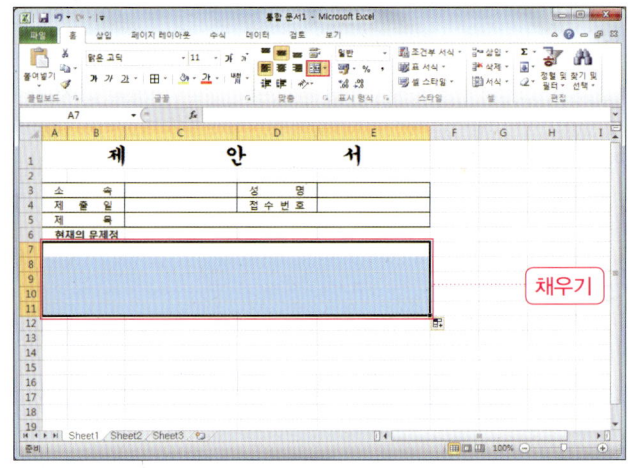

12 [A6:E11]을 블록으로 지정하고 [홈] 탭-[글꼴] 그룹-테두리( )의 드롭다운 버튼을 클릭한 다음 [바깥쪽 테두리]를 선택합니다.

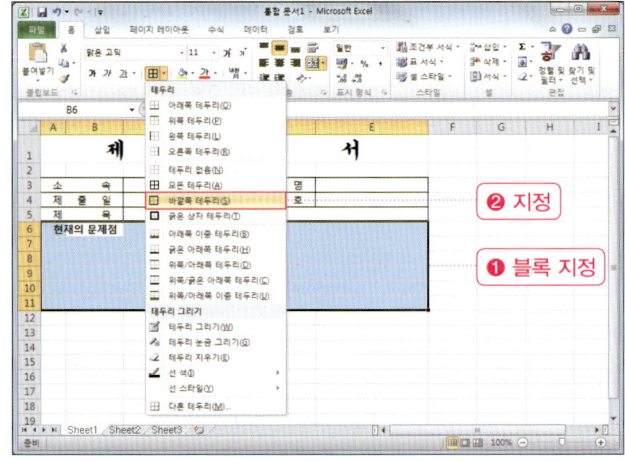

352

13 같은 방법으로 다음과 같이 [A12:E22]에 '제안 내용' 부분을 작성하고 [A23:E28]에 '기대 효과' 부분을 작성합니다.

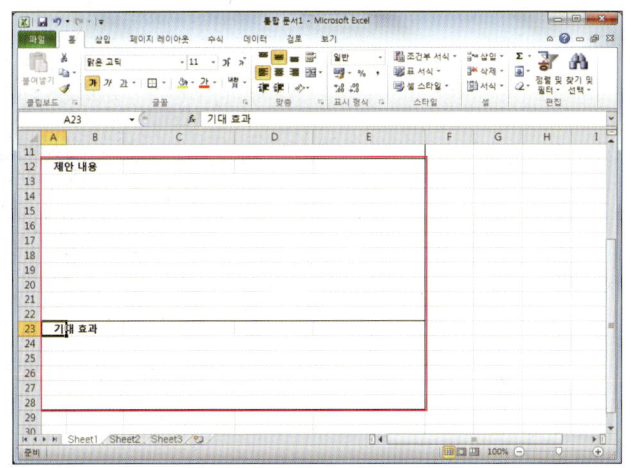

14 [A29]셀에 '검토'를 입력한 다음 [A29:A32]를 블록으로 지정하고 [홈] 탭-[맞춤] 그룹에서 대화상자 표시 (   ) 버튼을 클릭합니다.

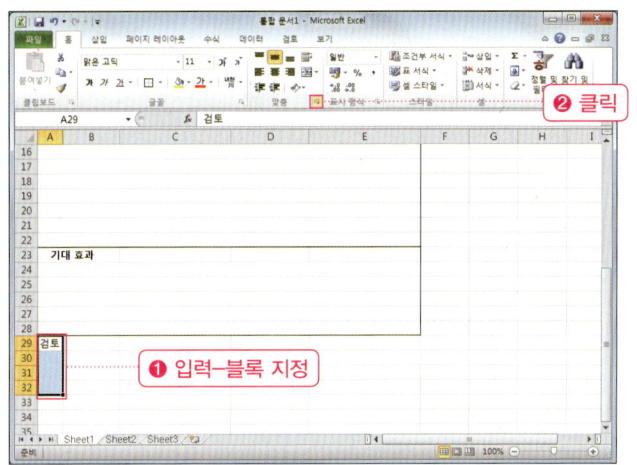

15 [셀 서식] 대화상자의 [맞춤] 탭에서 텍스트 맞춤의 [가로]를 '가운데'로 선택합니다. [방향]에서 '세로 텍스트'를 클릭하고 '셀 병합'을 선택한 다음 [확인] 버튼을 클릭합니다.

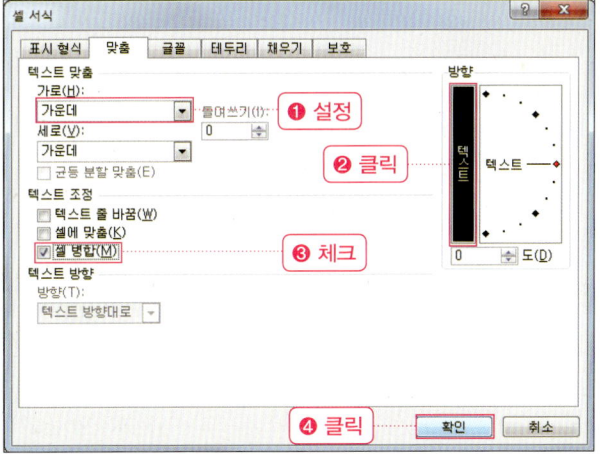

353

16 [B29]셀과 [B31]셀에 각각 '부서'를 입력하고 [홈] 탭-[맞춤] 그룹-가운데 맞춤(≡)을 클릭하여 셀 가운데로 정렬합니다. [A29:E32]를 블록으로 지정한 다음 [홈] 탭-[글꼴] 그룹-테두리( )의 드롭다운 버튼을 클릭한 다음 [모든 테두리]를 선택합니다.

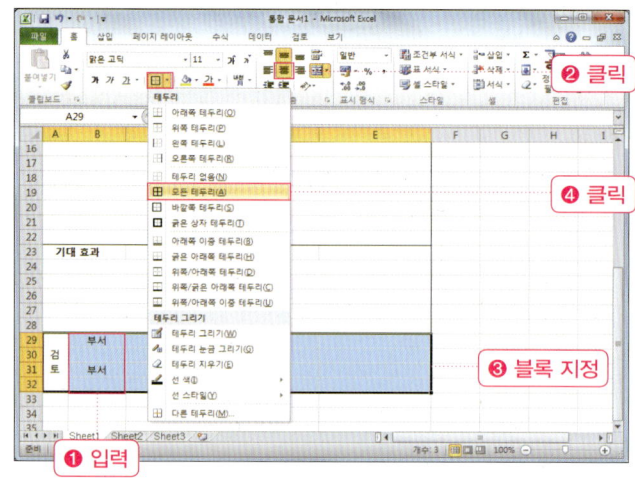

17 [3]행부터 [32]행까지 행 머리글을 드래그하여 블록을 지정한 다음 마우스 오른쪽 버튼을 클릭하고 [행 높이]를 선택합니다. [행 높이] 대화상자에서 [행 높이]를 '20'으로 입력하고 [확인] 버튼을 클릭합니다.

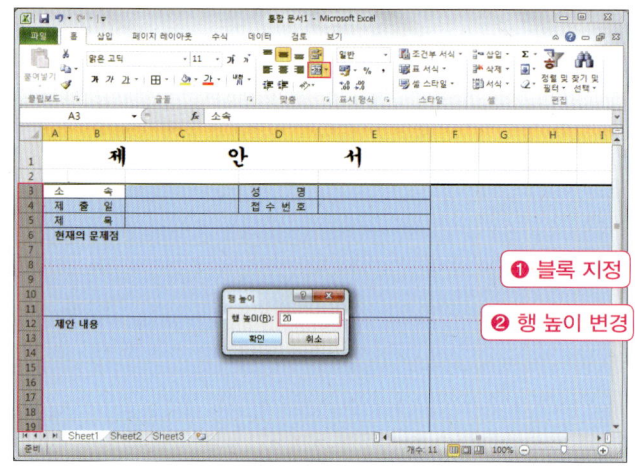

18 [페이지 레이아웃] 탭-[시트 옵션] 그룹에서 [눈금선]의 '보기'를 체크 해제합니다. 시트 이름을 '제안서'로 바꾸고 사용하지 않은 시트를 모두 제거한 다음 '제안서.xlsx' 파일로 디스크에 저장합니다.

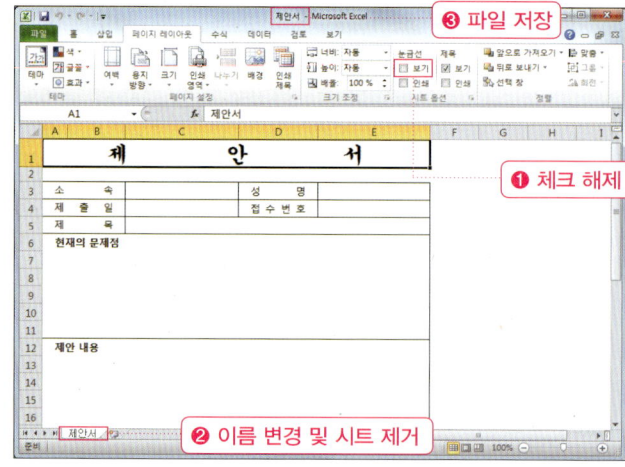

기안 용지

Section 02

기안 용지는 조직체의 공통적인 의사를 요약하고 정리하여 보고 형식으로 작성하는 문서입니다. 기업에 따라 기안 용지는 여러 형식으로 만들어질 수 있습니다.

키워드 맞춤 서식, 테두리, 페이지 가운데 맞춤

01 새 통합 문서에서 워크시트에 다음과 같이 텍스트를 입력합니다.

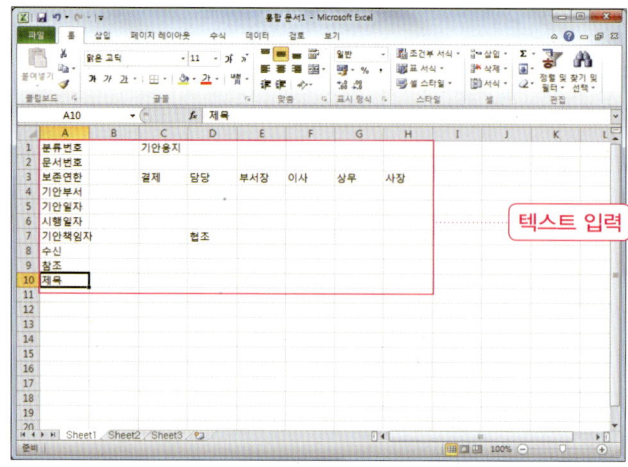

02 [A]열 머리글을 마우스 오른쪽 버튼으로 클릭하고 [열 너비]를 선택합니다. [열 너비] 대화상자가 열리면 [열 너비]를 '11'로 입력하고 [확인] 버튼을 클릭합니다. 같은 방법으로 [B]열은 '12', [C]열은 '3'으로 각각 조정합니다.

> **POINT** 열 머리글의 오른쪽 경계선을 마우스로 드래그하여 열 너비를 조정할 수도 있습니다.

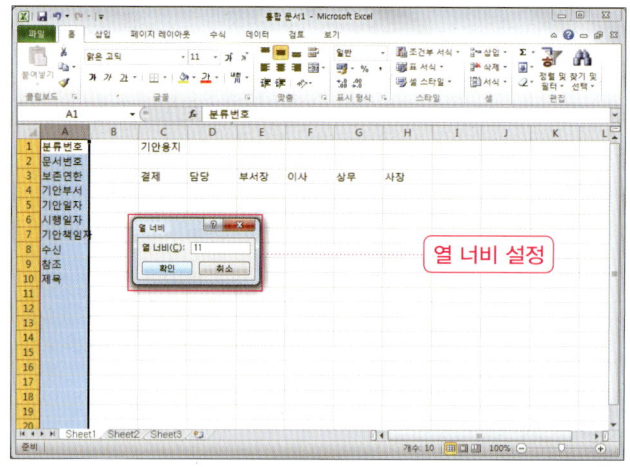

03 [A1:A10]을 블록으로 지정하고 [홈] 탭-[맞춤] 그룹에서 대화상자 표시(□) 버튼을 클릭합니다.

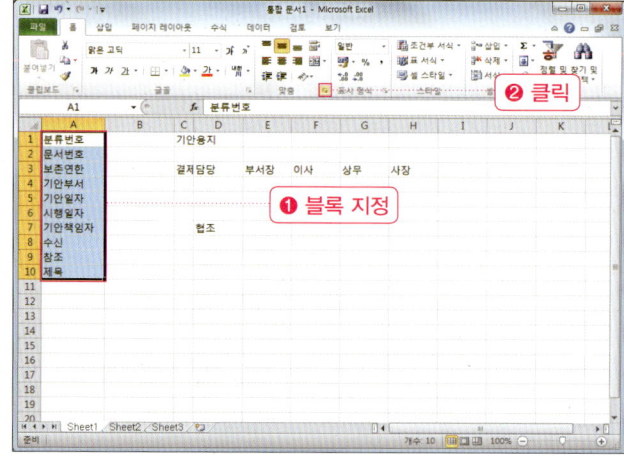

04 [셀 서식] 대화상자가 열리면 [맞춤] 탭에서 [가로]를 '균등 분할 (들여쓰기)'로 지정하고 [확인] 버튼을 클릭합니다.

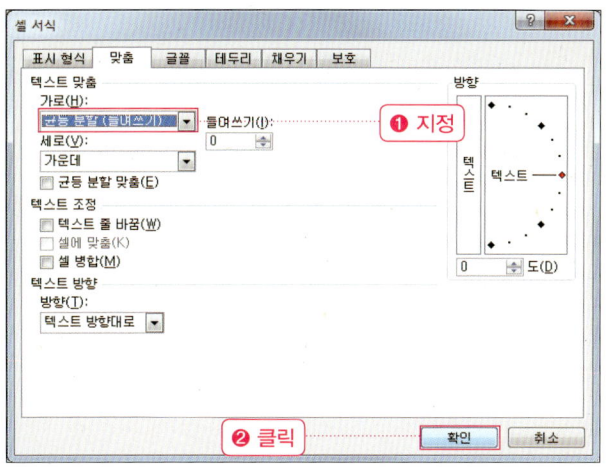

05 [C1:H2]를 블록으로 지정하고 병합하고 가운데 맞춤(<img 병합하고 가운데 맞춤>)을 클릭합니다. 글꼴 크기(11)를 '24'로 지정한 다음 굵게(<img 가>)를 클릭합니다.

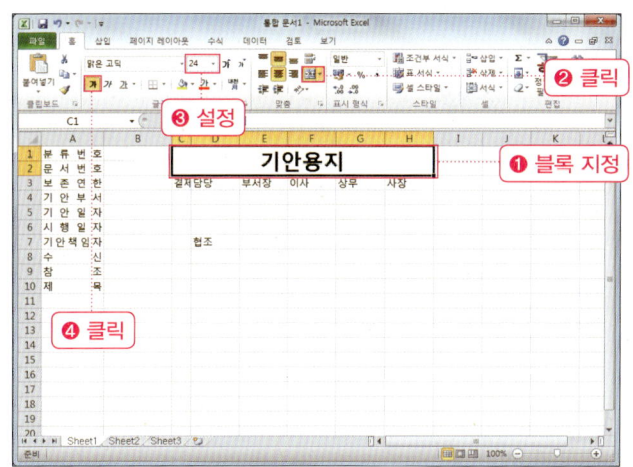

06 [C1]셀이 선택된 상태에서 [홈] 탭-[맞춤] 그룹에서 대화상자 표시() 버튼을 클릭합니다. [셀 서식] 대화상자의 [맞춤] 탭에서 [가로]를 '균등 분할 (들여쓰기)'로 선택한 다음 [들여쓰기]를 '6'으로 지정하고 [확인] 버튼을 클릭합니다.

> **POINT** 들여쓰기는 [홈] 탭-[맞춤] 그룹-들여쓰기()를 클릭해서 적당히 조정해도 됩니다.

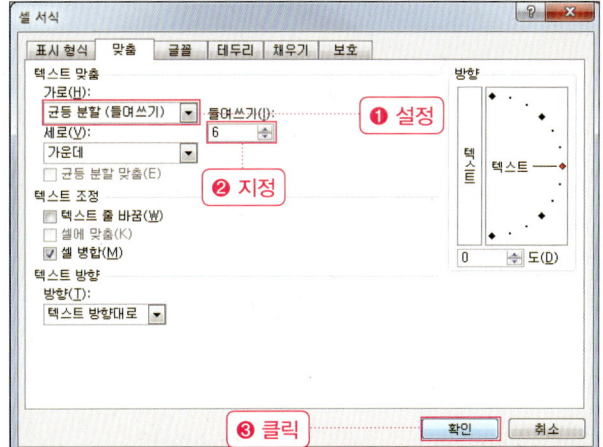

07 [C3:C6]을 블록으로 지정하고 병합하고 가운데 맞춤(병합하고 가운데 맞춤)을 클릭한 다음, 방향( )을 클릭하고 [세로 쓰기]를 선택합니다.

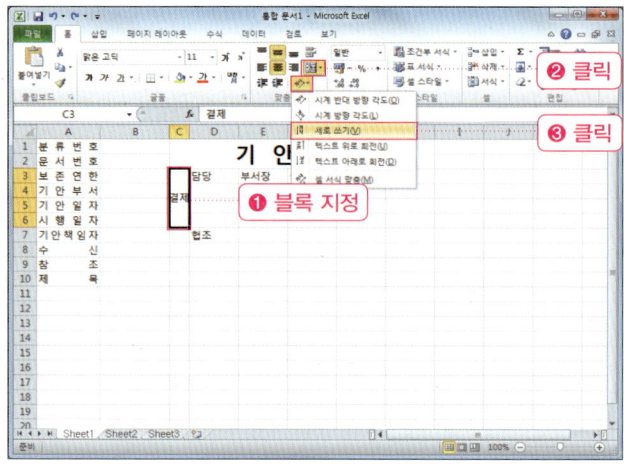

08 [D3:H3]을 블록으로 지정하고 Ctrl 키를 누른 상태에서 [D7]셀을 클릭한 다음 가운데 맞춤( )을 클릭합니다.

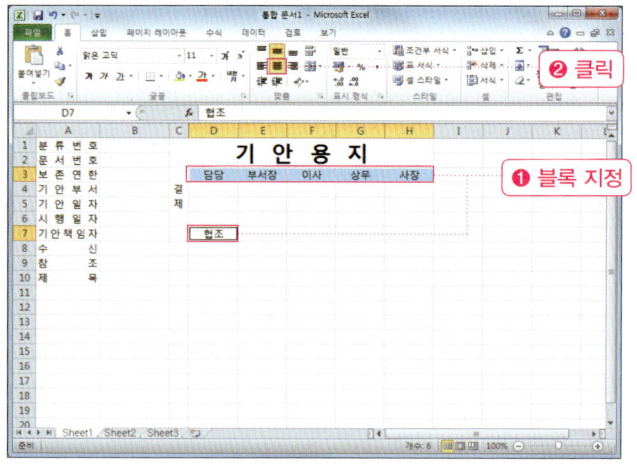

09 [D4:D6]을 블록으로 지정하고 병합하고 가운데 맞춤(병합하고 가운데 맞춤)을 클릭합니다. [D4:D6]이 하나의 셀로 합쳐지면 채우기 핸들을 [H6]셀까지 드래그하여 복사합니다.

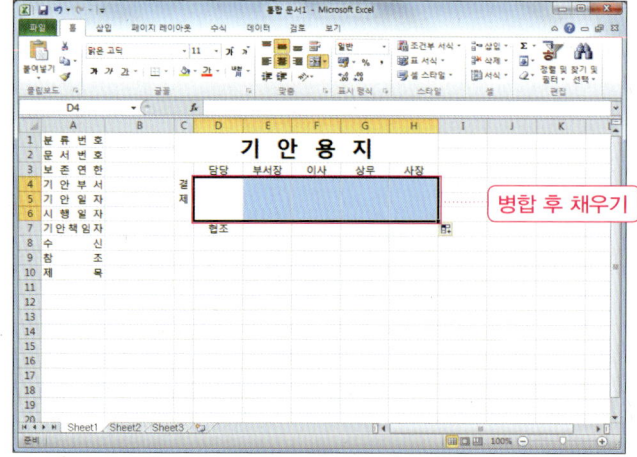

10 [B7:C7]을 블록으로 지정하고 병합하고 가운데 맞춤(병합하고 가운데 맞춤)을 클릭합니다. 같은 방법으로 [B8:C8], [B9:C9], [D7:D9], [E7:H9], [B10:H10]도 각각 병합하고 가운데 맞춤(병합하고 가운데 맞춤)을 설정합니다.

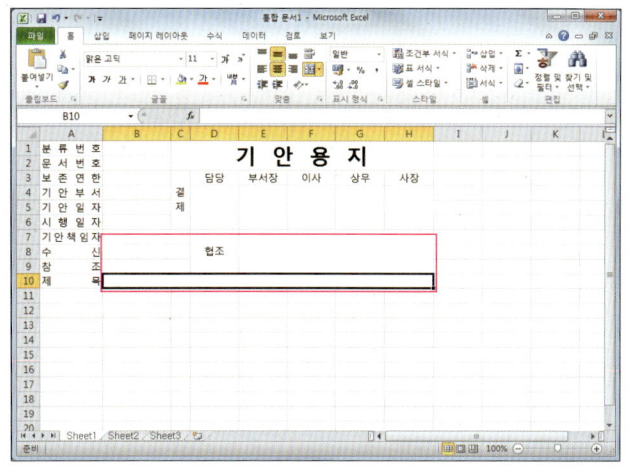

11 [A1:H10]을 블록으로 지정하고 테두리( )의 드롭다운 버튼을 클릭한 다음 '모든 테두리'를 선택하여 테두리를 그립니다.

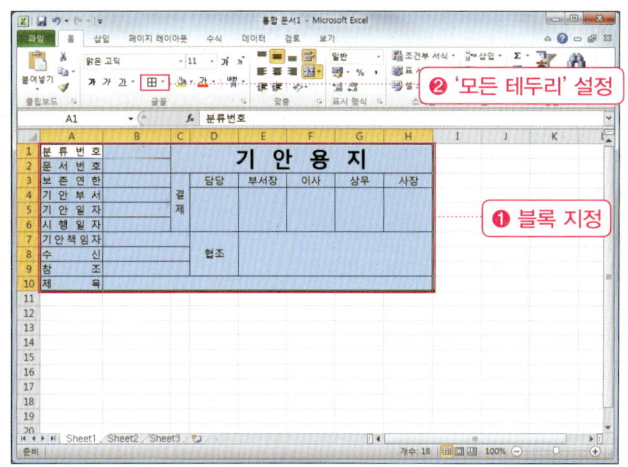

12 [A11:H11]을 블록으로 지정하고 병합하고 가운데 맞춤(병합하고 가운데 맞춤)을 클릭합니다. [A11:H11] 영역이 하나의 셀로 병합되면 채우기 핸들을 [H34]셀까지 끌어 같은 서식을 복사합니다.

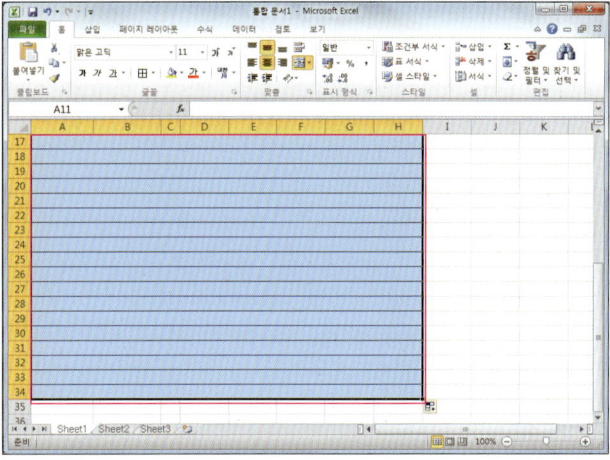

13 [A11:A34]셀이 블록으로 지정된 상태에서 [홈] 탭-[글꼴] 그룹-테두리( )의 드롭다운 버튼을 클릭하고 [다른 테두리]를 선택합니다. [셀 서식] 대화상자의 [테두리] 탭에서 위, 아래, 왼쪽, 오른쪽은 실선으로 가로 테두리는 점선으로 지정한 다음 [확인] 버튼을 누릅니다.

> **POINT** 선 스타일을 먼저 지정한 다음 미리 설정 또는 테두리 영역에 있는 버튼을 클릭하여 테두리를 그립니다.

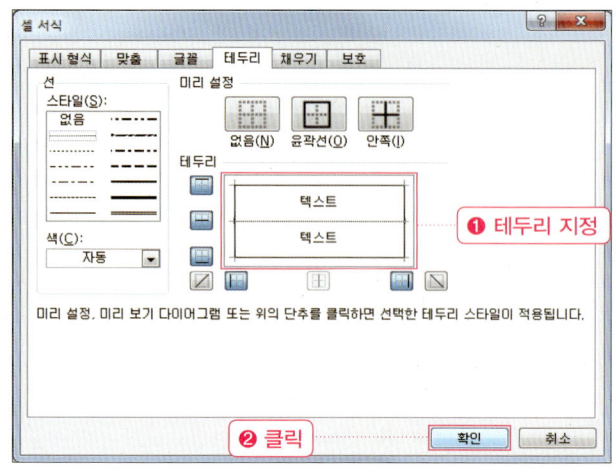

14 [1]행부터 [34]행까지 행 머리글을 드래그하여 블록을 지정한 다음 마우스 오른쪽 버튼을 클릭하고 [행 높이] 메뉴를 선택합니다. [행 높이] 대화상자에서 [행 높이]를 '20'으로 입력하고 [확인] 버튼을 클릭합니다.

> **POINT** [1]행 머리글을 클릭한 다음 Shift 를 누른 상태에서 [34]행 머리글을 클릭하는 방법으로 쉽게 [1]행부터 [34]행까지 블록으로 지정할 수 있습니다.

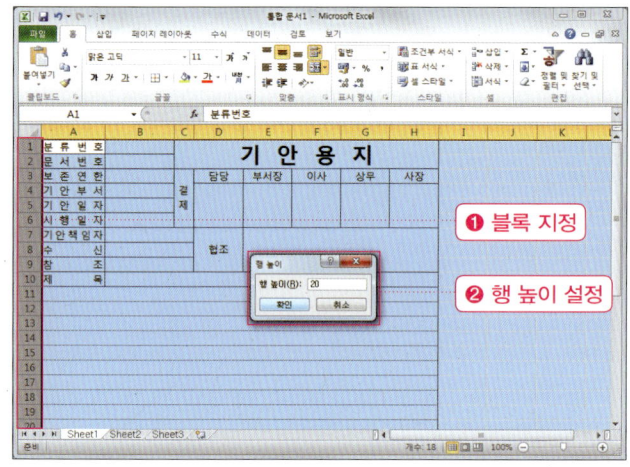

15 [페이지 레이아웃] 탭-[페이지 설정] 그룹-여백( )을 클릭하고 [사용자 지정 여백]을 선택합니다. [페이지 설정] 대화상자의 [여백] 탭에서 [페이지 가운데 맞춤]의 '가로'와 '세로'를 체크한 다음 [인쇄 미리 보기] 버튼을 클릭합니다.

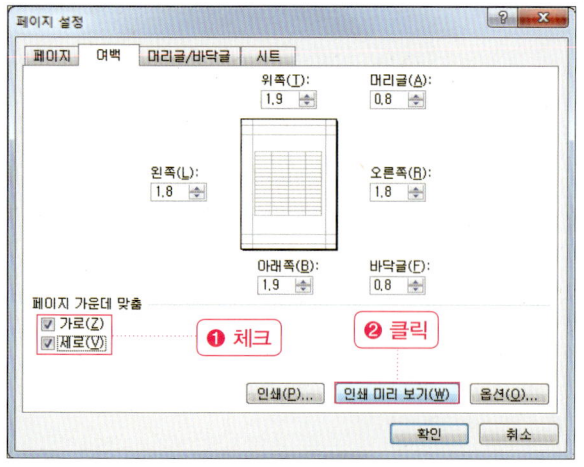

16 백스테이지 보기의 미리 보기 페이지에서 작성한 문서의 인쇄 모양을 확인합니다. 만약 문서가 한 페이지에 인쇄되지 않는다면 용지 여백이나 인쇄 배율 등을 조정하여 한 페이지에 인쇄되도록 해야 합니다.

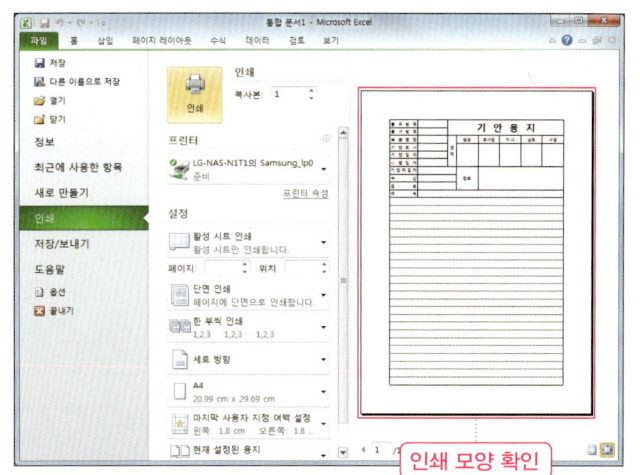

17 [홈] 탭을 클릭한 다음 시트 이름을 '기안용지'로 바꾸고 사용하지 않은 시트를 모두 삭제합니다. 빠른 실행 도구 모음에서 저장(🖫)을 클릭하여 '기안용지.xlsx' 파일로 작성한 문서를 저장합니다.

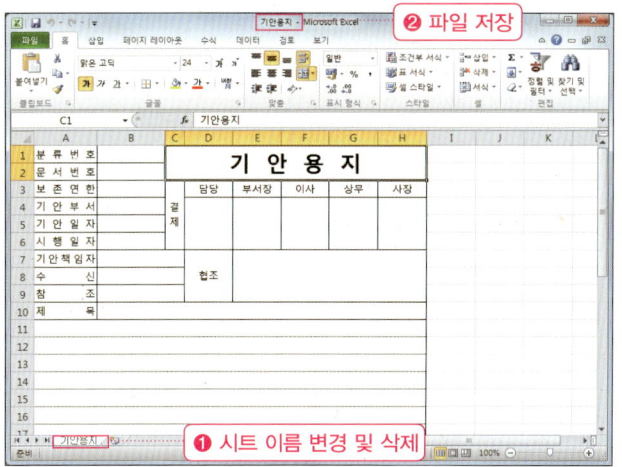

내용 증명서

상품의 반품이나 계약의 해지, 독촉장 발송 등 보내는 사람이 받는 사람에게 어떤 내용의 문서를 언제 발송하였는지를 우체국에서 공적으로 증명하여 주는 제도를 내용 증명이라고 합니다. 여기서는 물품 대금의 잔금 지급을 독촉하는 형식의 내용 증명서를 작성합니다.

키워드 다중 블록 지정, 맞춤 서식, 서식 복사
예제 파일 Part4\예제파일\내용증명서.xlsx

내용증명서

| 수신자 | 성명 | |
| | 주소 | |

| 발신자 | 성명 | |
| | 주소 | |

| 제목 | 물품 대금의 잔금 지급 |

1. 귀하의 무궁한 발전을 기원합니다.

2. 귀하는 본사와 2010년 8월 3일자로 물품을 납부 받기로 하는 물품 구매 계약을 체결하고 계약금을 지불하였습니다.

3. 그러나 본사가 물품을 납부하고 귀하가 정해진 날짜에 물품을 인수하였음에도 불구하고 잔금의 지급이 이루어지지 않고 있어 본사는 이 내용 증명을 통해 1주일 이내로 구매 대금을 지급하여 주실 것을 다시 한 번 독촉하는 바입니다.

4. 귀하가 위 시한도 지키지 않을 경우 본사는 귀하를 상대로 물품대금 청구의 소송을 제기할 수밖에 없사오니 부디 불미스러운 일이 발생하지 않도록 많은 협조 부탁드립니다.

2010년 10월 5일

주식회사 미래컴 (인)

01 [B2:E2]를 블록으로 지정하고 병합하고 가운데 맞춤(병합하고 가운데 맞춤 ▼)을 클릭한 다음 글꼴(맑은 고딕 ▼)을 '궁서', 글꼴 크기(11 ▼)를 '24'로 지정합니다.

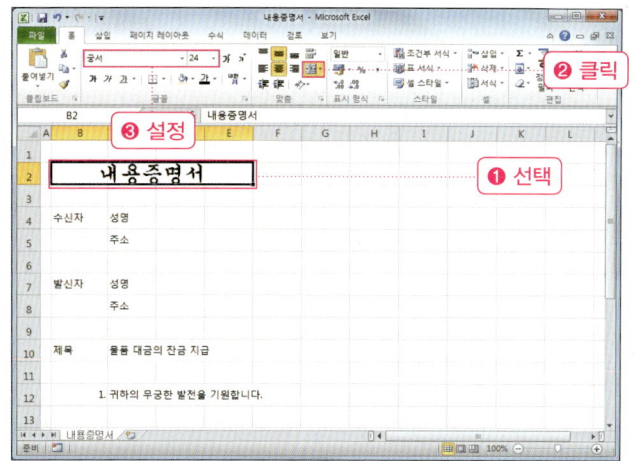

02 [B4:B5]를 블록으로 지정하고 병합하고 가운데 맞춤(병합하고 가운데 맞춤 ▼)을 클릭합니다. 그리고 [C4:C5]를 블록으로 지정하고 가운데 맞춤(≡)을 클릭합니다.

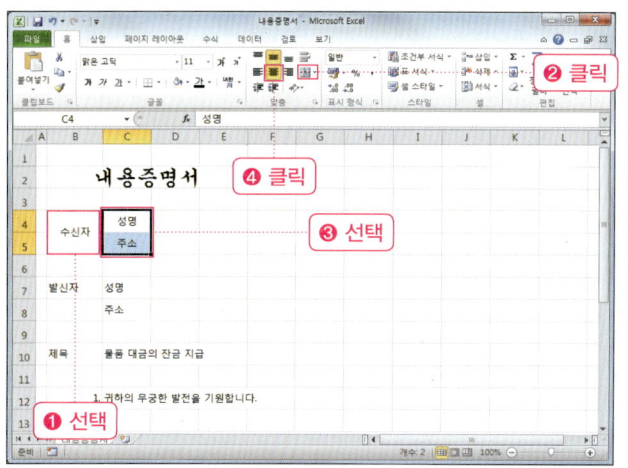

03 [D4:E4]와 [D5:E5]를 각각 블록으로 지정하고 병합하고 가운데 맞춤(병합하고 가운데 맞춤 ▼)을 설정합니다. 그런 다음 [B4:E5]를 블록으로 지정하고 테두리(⊞ ▼)를 [모든 테두리]로 설정합니다.

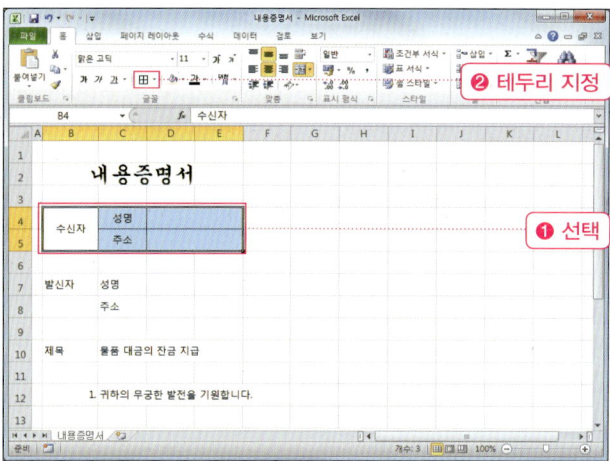

04 [B4:E5]가 블록으로 지정된 상태에서 서식 복사(서식 복사)를 클릭한 다음 [B7]셀을 클릭하여 [B7:E8]에 서식을 복사합니다.

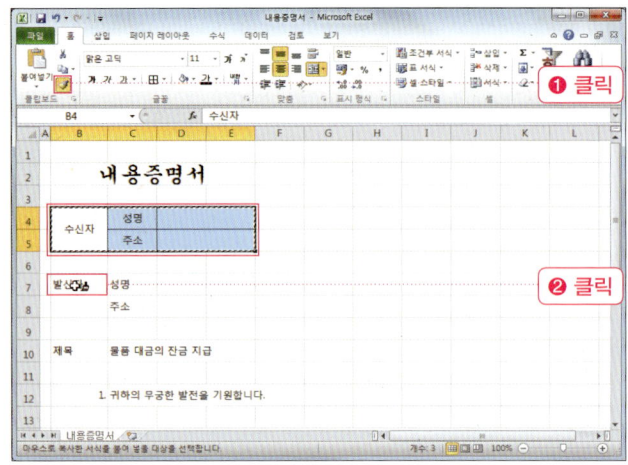

05 [B10]셀에서 가운데 맞춤( )을 클릭하고, [C10:E10]을 블록으로 지정한 다음 병합하고 가운데 맞춤( ), 왼쪽 맞춤( ), 들여쓰기( )를 차례로 클릭합니다. [B10:E10]을 블록으로 지정하고 테두리( )를 [모든 테두리]로 설정합니다.

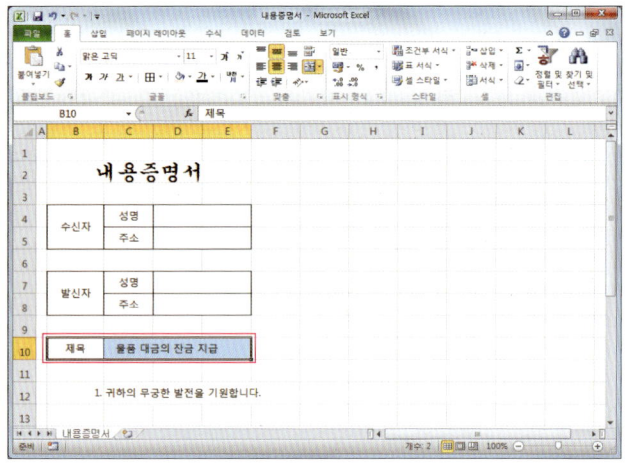

06 [C]열의 너비를 '11', [D]열의 너비를 '50', [E]열의 너비를 '2'로 각각 변경합니다.

> **POINT** 열 머리글을 마우스 오른쪽 버튼으로 클릭하고 [열 너비]를 선택한 다음, [열 너비] 대화상자에서 열의 너비를 입력하고 [확인] 버튼을 클릭합니다.

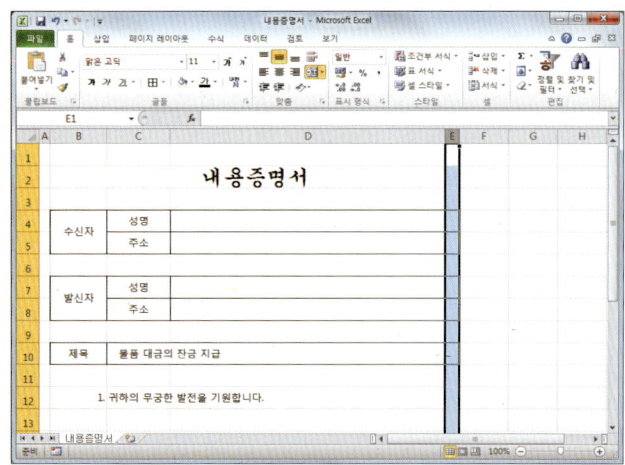

07 [B12:B18]을 블록으로 지정하고 [홈] 탭-[맞춤] 그룹에서 대화상자 표시() 버튼을 클릭합니다.

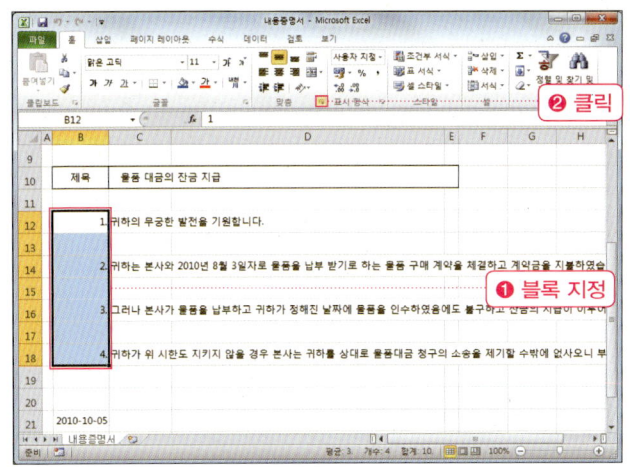

08 [셀 서식] 대화상자의 [맞춤] 탭에서 텍스트 맞춤의 [가로]를 '오른쪽 (들여쓰기)'로 지정하고 [들여쓰기]를 '1'로 입력합니다. [세로]를 '위쪽'으로 지정한 다음 [확인] 버튼을 클릭합니다.

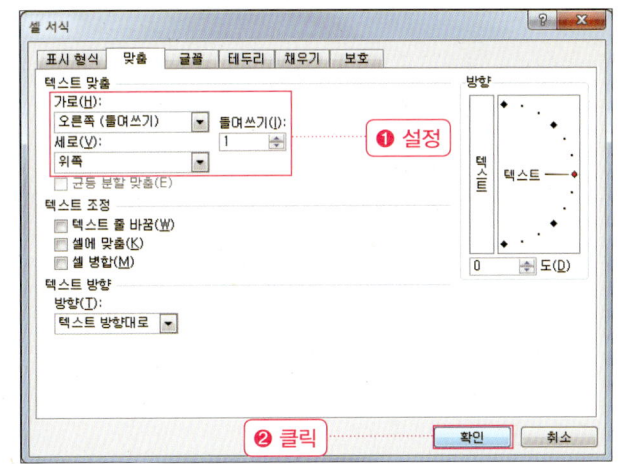

09 [C12:D12]를 블록으로 지정하고 [홈] 탭-[맞춤] 그룹에서 대화상자 표시() 버튼을 클릭합니다. [셀 서식] 대화상자의 [맞춤] 탭에서 텍스트 맞춤의 [가로]와 [세로]를 모두 '양쪽 맞춤'으로 지정하고, '텍스트 줄 바꿈'과 '셀 병합'을 체크한 다음 [확인] 버튼을 클릭합니다.

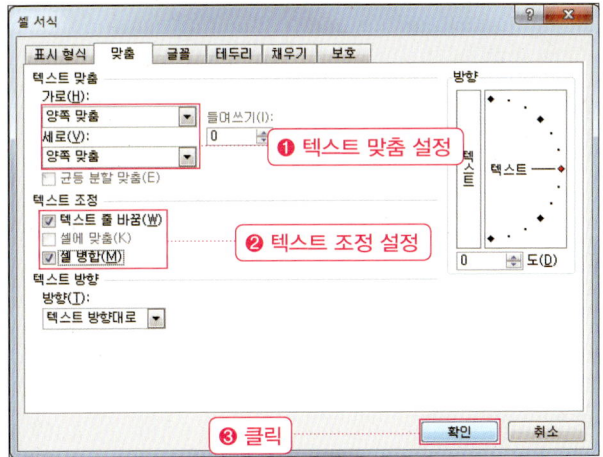

10 [C12]셀에서 [홈] 탭-[클립보드] 그룹-서식 복사(서식 복사)를 더블클릭합니다. 그런 다음 [C14]셀, [C16]셀, [C18]셀을 차례로 클릭해서 서식을 복사한 다음 Esc 를 눌러 서식 복사 상태를 해제합니다.

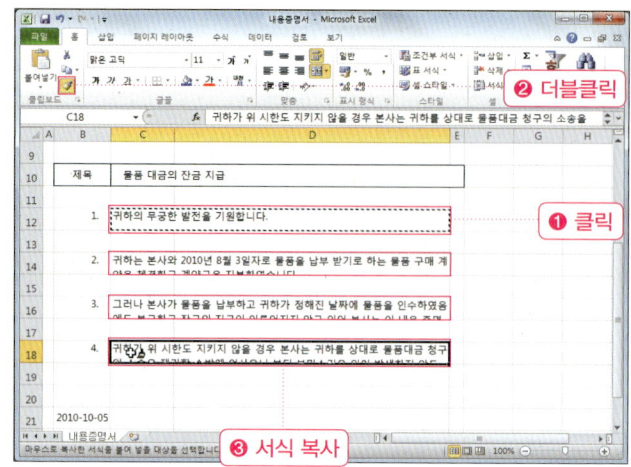

11 [14]행, [16]행, [18]행에 입력한 텍스트가 모두 표시되도록 행 머리글의 아래쪽 경계선을 마우스로 드래그하여 다음과 같이 행 높이를 각각 조정합니다.

> **POINT** 행 높이를 늘릴수록 줄과 줄 사이의 간격이 넓어집니다. 줄 간격을 고려하여 적당하게 행 높이를 늘려 주어야 합니다.

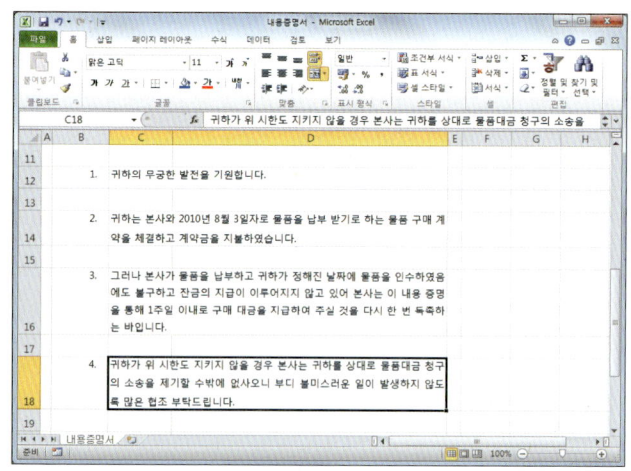

12 [B11:E19]를 블록으로 지정하고 테두리( )의 드롭다운 버튼을 클릭한 다음 [바깥쪽 테두리]를 선택하여 테두리를 그립니다.

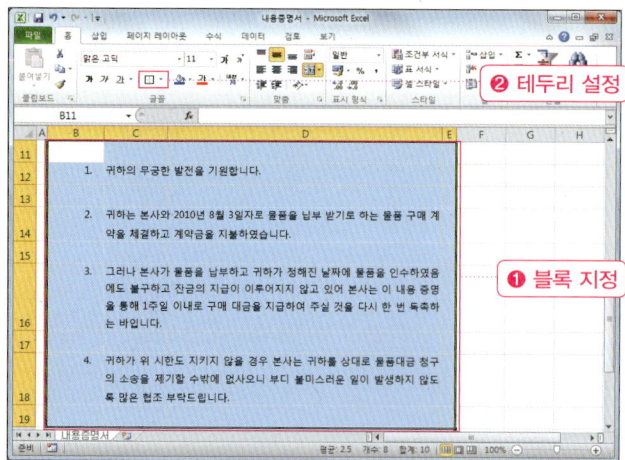

13 [B21:E21]을 블록으로 지정하고 병합하고 가운데 맞춤(병합하고 가운데 맞춤)을 클릭한 다음 [홈] 탭-[표시 형식] 그룹의 대화상자 표시( ) 버튼을 클릭합니다. [셀 서식] 대화상자의 [표시 형식] 탭에서 [범주]를 '날짜'로 선택한 뒤 [형식]을 '2001년 3월 14일'로 지정하고 [확인] 버튼을 클릭합니다.

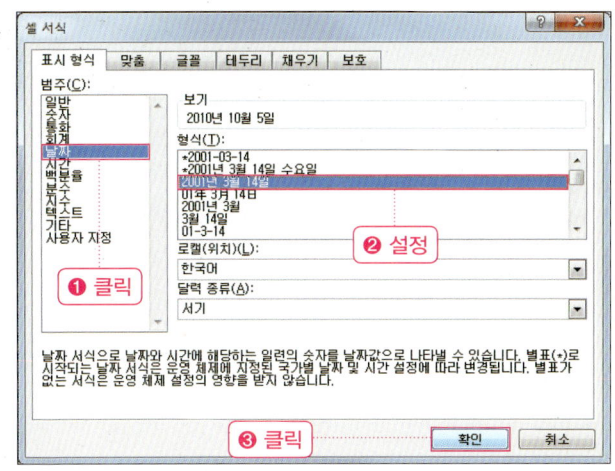

14 [B23:E23]을 블록으로 지정하고 병합하고 가운데 맞춤(병합하고 가운데 맞춤)을 클릭한 다음 글꼴 크기(11)를 '14'로 설정하고 굵게(가)를 클릭합니다.

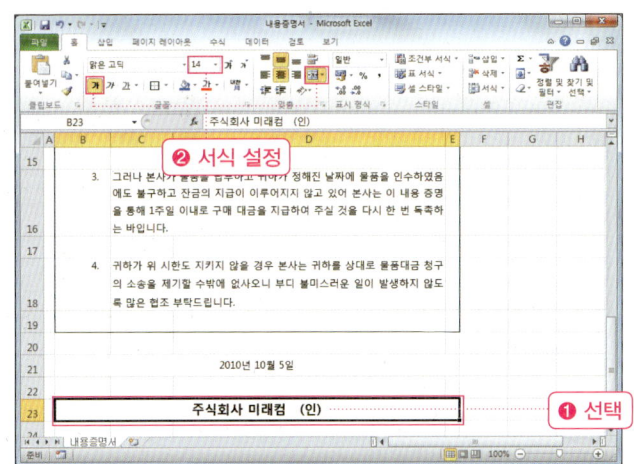

15 지금까지 작성한 문서를 저장한 다음, 백스테이지 보기에서 [인쇄]를 클릭하여 인쇄 미리 보기를 확인합니다.

> **POINT** 이 문서는 미리 인쇄 영역을 [B2:E23]으로 지정하고, 페이지 맞춤의 [가로]와 [세로]를 모두 선택해 두었습니다.

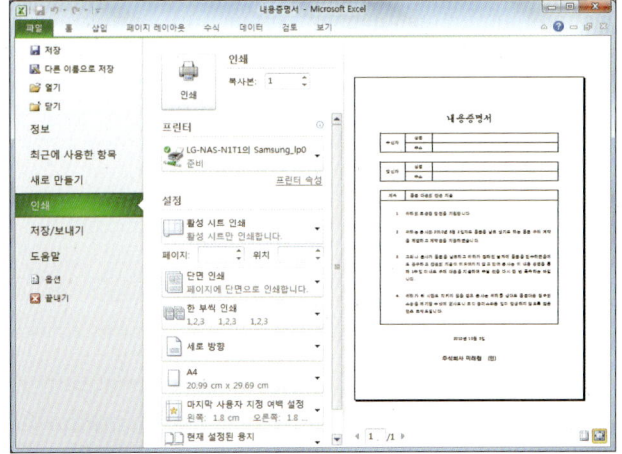

팩스 전송문

팩시밀리를 사용하여 거래처나 고객에게 문서를 전송할 때 사용하는 팩스 전송문 양식을 작성합니다. 일반적으로 팩스 전송문 표지에는 발신자의 주소와 연락처 및 이름, 수신자의 이름과 연락처 및 팩스 번호 등이 기재되어야 하며 표지를 포함하여 전송하는 문서의 총 매수를 기록합니다.

키워드 도형, 양식 컨트롤, 용지 여백 설정

예제 파일 Part4\예제파일\팩스전송문.xlsx

01 [B2:D5]를 블록으로 지정하고 병합하고 가운데 맞춤(병합하고 가운데 맞춤 ▼)의 드롭다운 버튼을 클릭하고 [셀 병합]을 선택합니다. 그런 다음 글꼴(맑은 고딕 ▼)을 'Arial Black'으로 지정하고 글꼴 크기(11 ▼)를 '65'로 지정합니다.

> **POINT** 글꼴 크기(11 ▼)의 드롭다운 버튼을 클릭했을 때 목록에 '65'가 없으므로 글꼴 크기(11 ▼)의 입력란을 클릭하고 '65'를 직접 입력한 다음 Enter 키를 누릅니다.

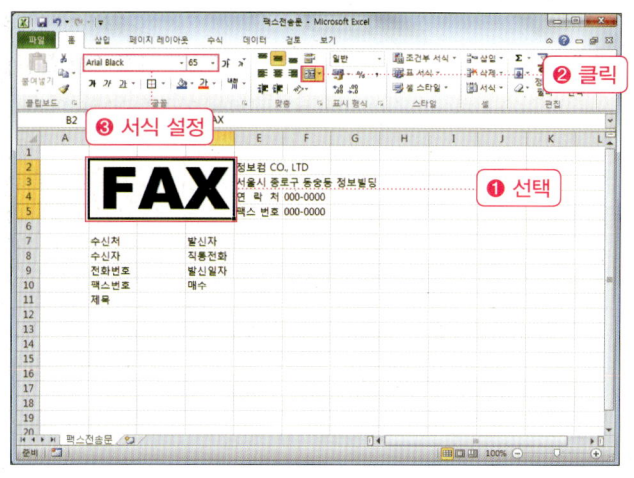

02 [E2]셀에서 글꼴 크기(11 ▼)를 '14'로 지정한 다음 굵게(가)를 클릭합니다.

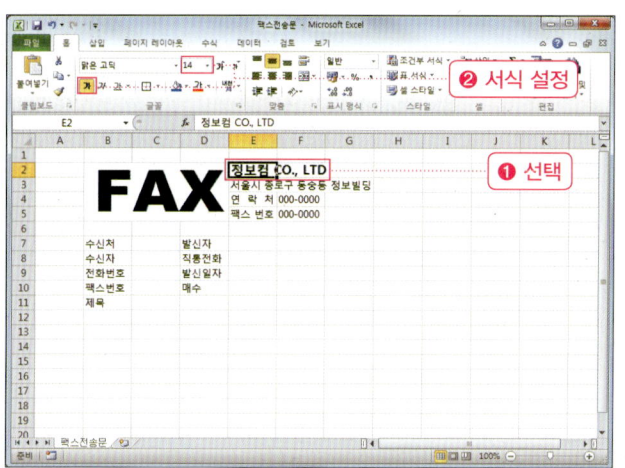

03 [B]열부터 [E]열까지 열 머리글을 드래그하여 블록을 지정한 다음 마우스 오른쪽 버튼을 클릭하고 [열 너비] 메뉴를 선택합니다. [열 너비] 대화상자에서 [열 너비]를 '13'으로 입력하고 [확인] 버튼을 클릭합니다.

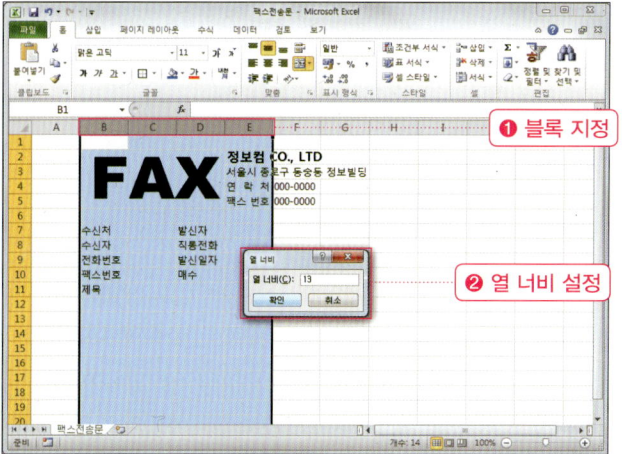

04 같은 방법으로 [F]열의 [열 너비]를 '16'으로 지정합니다.

> **POINT** [열 너비] 대화상자를 사용하는 대신 열 머리글의 오른쪽 경계선을 원하는 만큼 드래그하는 방식으로 열 너비를 조절할 수도 있습니다.

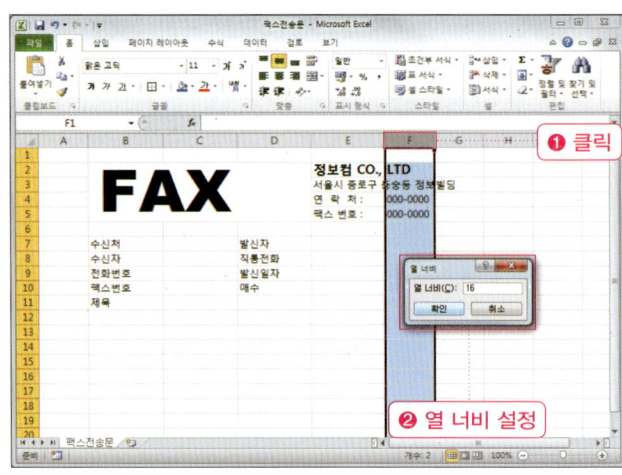

05 [B7:B11], [D7:D10]을 블록으로 지정하고 [홈] 탭-[맞춤] 그룹에서 대화상자 표시( ) 버튼을 클릭합니다. [셀 서식] 대화상자의 [맞춤] 탭에서 텍스트 맞춤의 [가로]를 '균등 분할 (들여쓰기)'로 선택하고 [들여쓰기]를 '1'로 지정한 다음 [확인] 버튼을 클릭합니다.

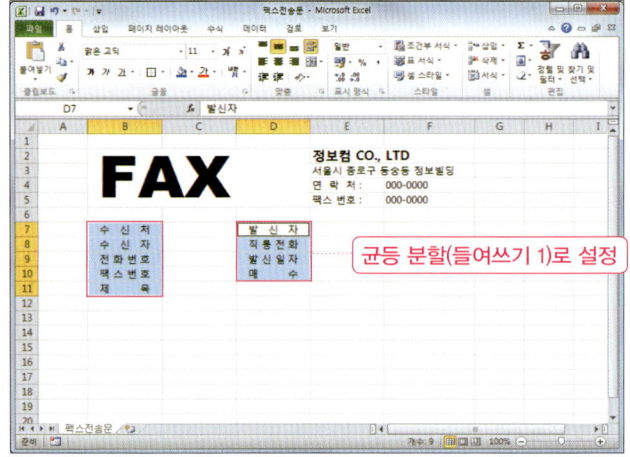

06 [F7:F10]과 [C11:F11]을 블록으로 지정한 다음 병합하고 가운데 맞춤( )의 드롭다운 버튼을 클릭하고 [셀 병합]을 선택합니다.

> **POINT** 병합하고 가운데 맞춤( )을 클릭하면 병합 후 가운데 맞춤이 설정됩니다. 드롭다운 버튼을 클릭하고 [셀 병합]을 선택하면 맞춤 방식은 원래 상태(기본값)를 유지하면서 병합만 실행됩니다.

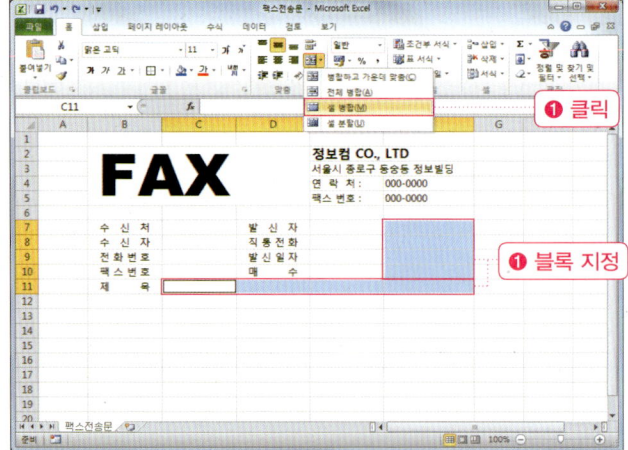

07 [B7:F11]을 블록으로 지정하고 테두리( )의 드롭다운 버튼을 클릭하고 [모든 테두리]를 선택합니다. 다시 테두리( )의 드롭다운 버튼을 클릭하고 [굵은 상자 테두리]를 선택합니다.

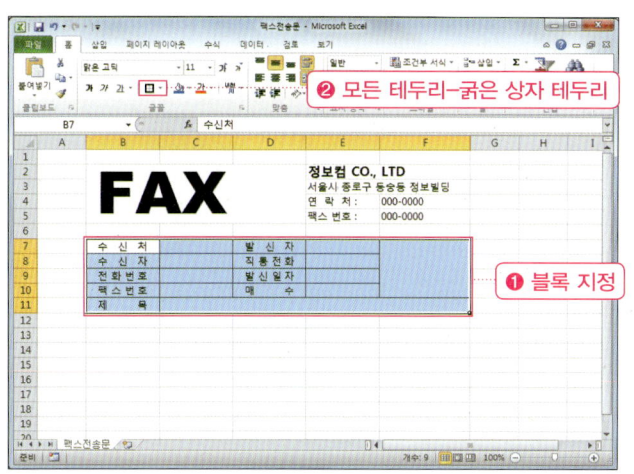

08 [삽입] 탭-[일러스트레이션] 그룹-도형( )을 클릭하고 [선] 영역에 있는 선( ) 도형을 선택합니다. 마우스 왼쪽 버튼을 누른 채 드래그하여 다음과 같이 [6]행 중간 정도에 수평선을 그립니다.

> **POINT** Shift 를 누른 상태에서 선을 그리면 수평선을 쉽게 그릴 수 있습니다.

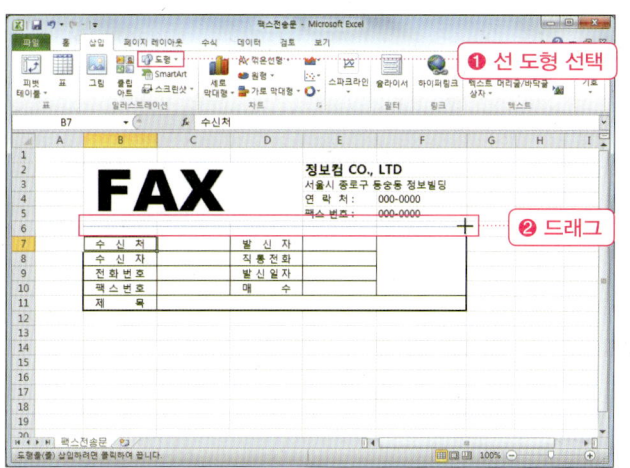

09 선이 선택되어 있는 상태에서 [그리기 도구]의 [서식] 탭-[도형 스타일] 그룹-도형 윤곽선(도형 윤곽선)을 클릭한 다음 선 색을 [자동]으로 선택합니다. 다시 도형 윤곽선(도형 윤곽선)을 클릭한 다음 [두께]를 [3pt]로 선택합니다.

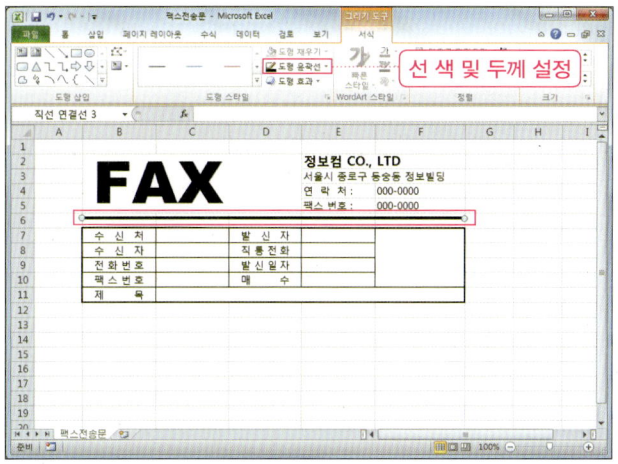

10 같은 방법으로 [34]행의 아래쪽에 다음과 같이 수평선을 그리고 서식을 지정합니다. 이 선은 한 페이지의 가장 아래에 표시됩니다.

> **POINT** 선의 서식은 앞에서 그렸던 선의 서식과 동일하게 지정합니다. 앞에서 그린 선을 선택한 다음 Ctrl+Shift를 누른 상태로 아래로 드래그하여 선을 복사해도 됩니다.

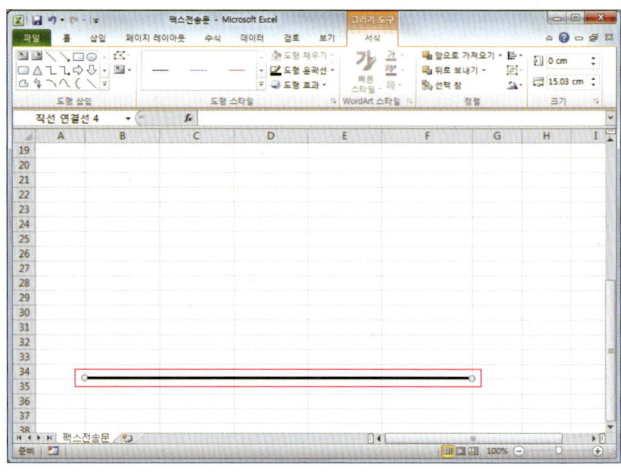

11 리본 메뉴에서 마우스 오른쪽 버튼을 클릭한 다음 [리본 메뉴 사용자 지정]을 선택합니다.

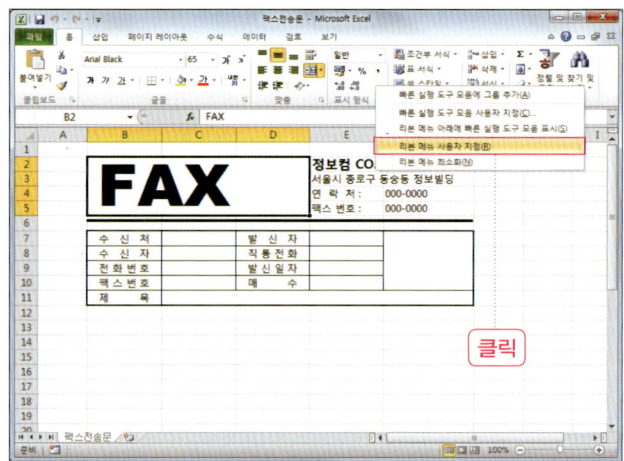

12 [Excel 옵션] 창이 열리고 [리본 사용자 지정] 탭이 표시되면 오른쪽 목록에서 '개발 도구'를 체크한 다음 [확인] 버튼을 클릭합니다.

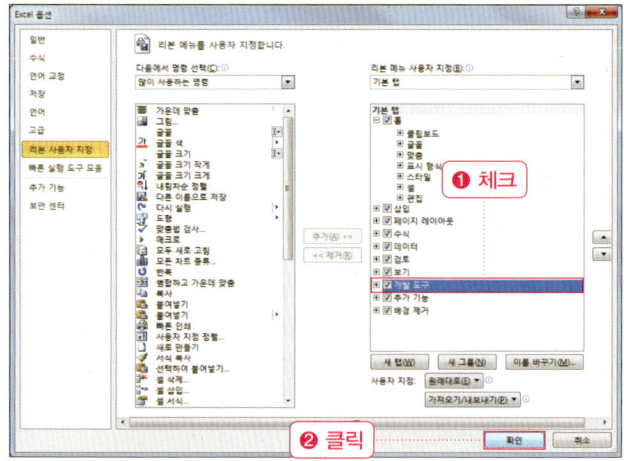

13 [개발 도구] 탭-[컨트롤] 그룹-삽입(📋)을 클릭하고 양식 컨트롤에서 [확인란(양식 컨트롤)]을 선택합니다.

> **POINT** 같은 모양의 컨트롤이 ActiveX 컨트롤 영역에도 있으므로 선택할 때 주의하도록 합니다.

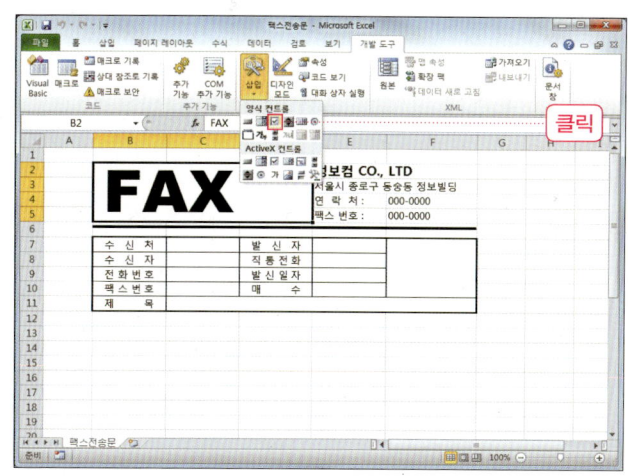

14 [F7]셀의 안쪽에서 마우스로 드래그하여 확인란 컨트롤을 그린 다음, 컨트롤 안쪽을 클릭하고 텍스트를 '긴급'으로 수정합니다.

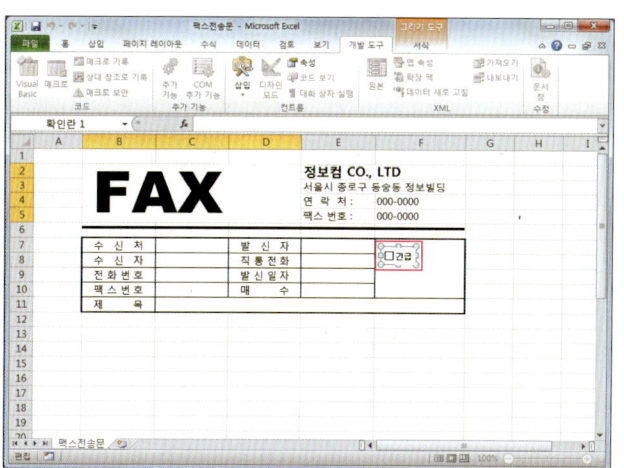

15 같은 방법으로 세 개의 확인란 컨트롤을 더 그리고 텍스트를 각각 '검토', '기록', '회신'으로 수정하여 완성합니다. 확인란 컨트롤을 클릭하면 체크 표시가 나타납니다.

> **POINT** 지금까지 작성한 문서는 빠른 실행 도구 모음에서 저장(💾)을 클릭하여 저장하고, [파일] 탭에서 [인쇄]를 클릭하여 인쇄 모양을 미리 확인합니다.

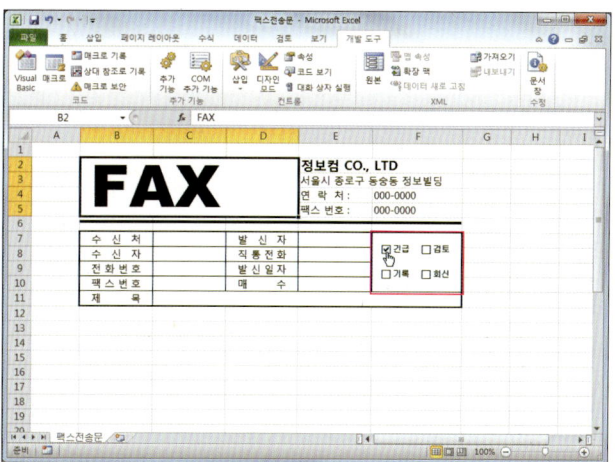

Section 05

자기 소개서

대부분의 기업에서 사원을 채용할 때 이력서와 함께 제출하기를 요구하는 문서가 자기 소개서입니다. 회사마다 자기 소개서에 포함되어야 할 내용에는 다소 차이가 있습니다. 여기서 작성하는 자기 소개서 양식은 WordArt를 이용하여 제목을 꾸미고 반복되는 양식을 복사하여 재사용하는 기술을 연습하기 위한 것입니다. 또한 문서 전체가 한 페이지에 인쇄되도록 인쇄 영역과 여백, 인쇄 배율 등을 조정하는 과정이 포함되어 있습니다.

키워드 WordArt, 텍스트 효과, 도형 서식
예제 파일 Part4\예제파일\자기소개서.xlsx

01 [삽입] 탭-[텍스트] 그룹-WordArt( )를 클릭하고 원하는 스타일을 선택합니다.

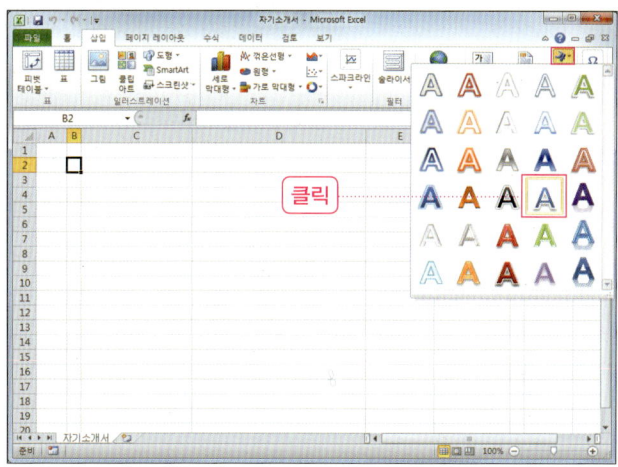

02 워크시트 중앙에 워드아트가 삽입되면 '자기소개서'로 텍스트를 입력한 다음, 마우스로 테두리를 드래그하여 위치를 이동하고 글꼴(맑은 고딕)을 변경합니다.

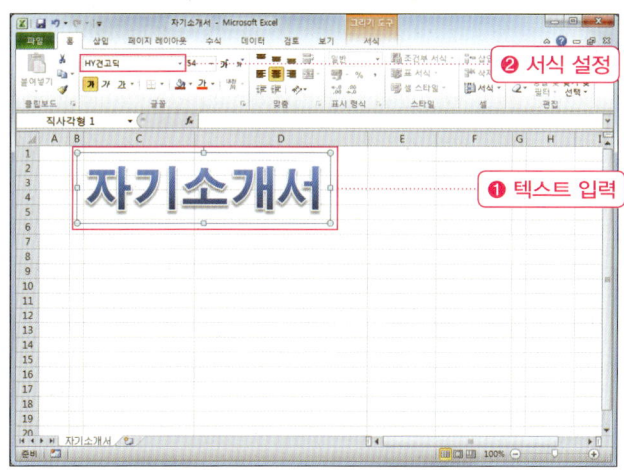

03 워드아트가 선택된 상태에서 [그리기 도구]의 [서식] 탭-[WordArt 스타일] 그룹-텍스트 효과(가 텍스트 효과)를 클릭하고 [변환]-[갈매기형 수장]을 선택합니다.

> **POINT** 워드아트 개체를 변환하면 크기 조절 핸들을 이용하여 개체 크기를 자유롭게 조절할 수 있게 됩니다.

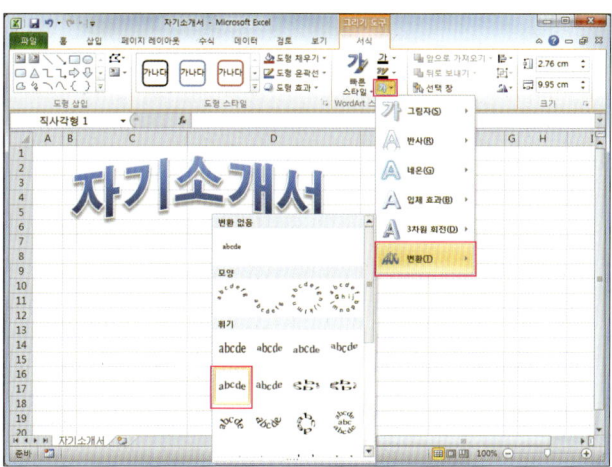

04 계속해서 텍스트 채우기( )에서 원하는 색을 선택합니다. 이렇게 해서 자기소개서의 제목으로 사용할 워드아트가 완성되었습니다.

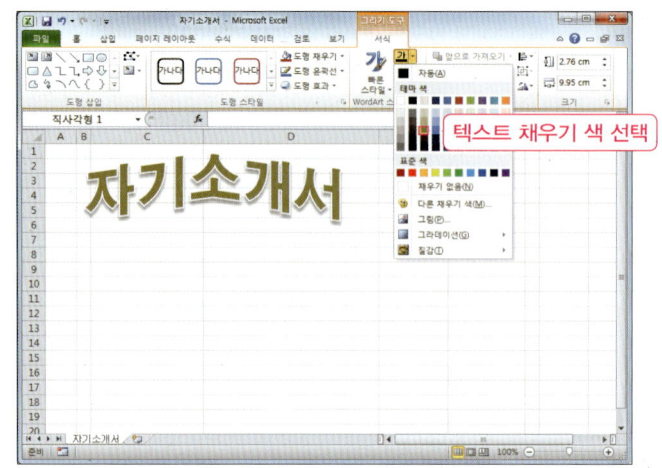

05 [E2:E5]의 각 셀에 '지원부서', '성명', '연락처', 'E-mail'을 각각 입력합니다. 그런 다음 [E2:E5]를 블록으로 지정하고 [홈] 탭-[맞춤] 그룹에서 대화상자 표시( ) 버튼을 클릭합니다.

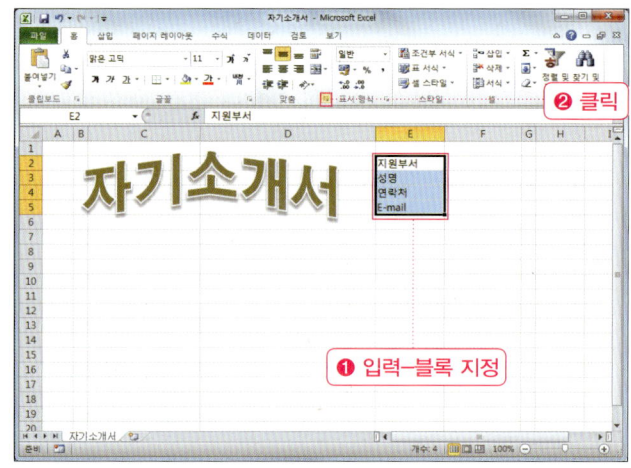

06 [셀 서식] 대화상자의 [맞춤] 탭에서 텍스트 맞춤의 [가로]를 '균등 분할 (들여쓰기)'로 지정하고, [들여쓰기]를 '1'로 지정한 다음 [확인] 버튼을 클릭합니다.

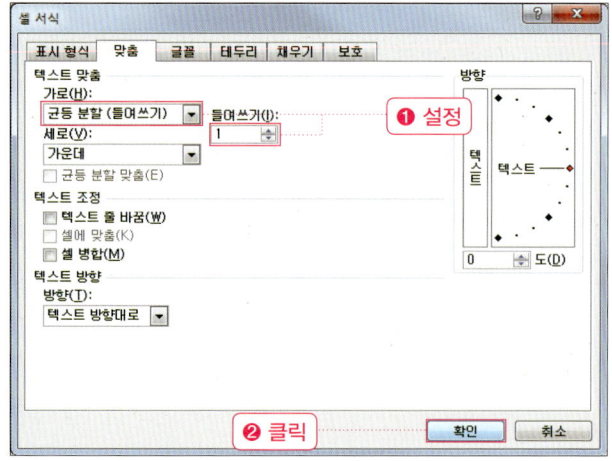

07 [F2:G2]를 블록으로 지정하고 병합하고 가운데 맞춤(병합하고 가운데 맞춤)을 클릭합니다. 그런 다음 채우기 핸들을 [G5]셀까지 드래그해서 서식을 복사합니다.

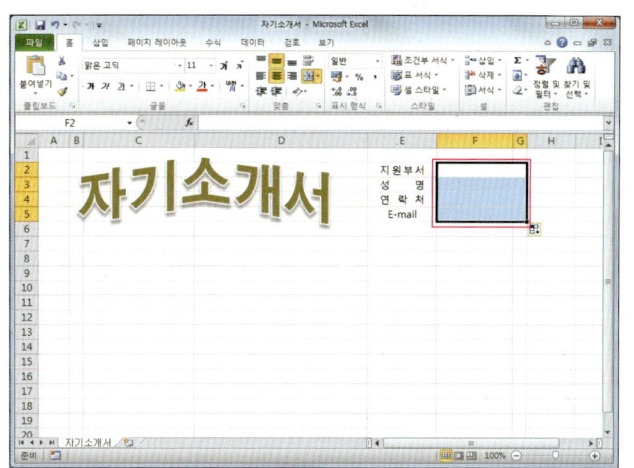

08 [E2:G5]를 블록으로 지정하고 테두리( )의 드롭다운 버튼을 클릭한 다음 [다른 테두리]를 선택합니다.

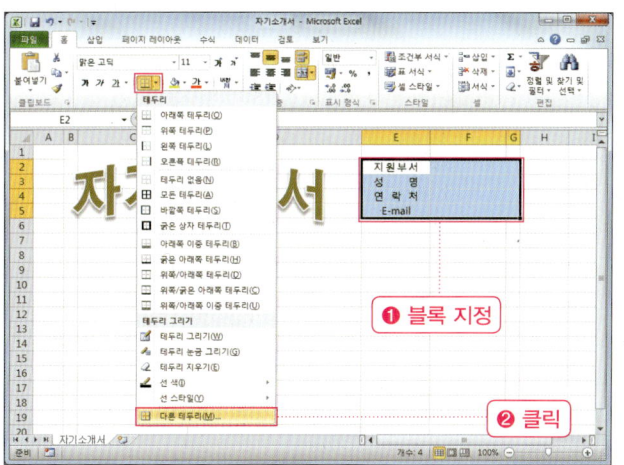

09 [셀 서식] 대화상자의 [테두리] 탭에서 선의 [색]을 변경한 다음, 미리 설정에서 [윤곽선]과 [안쪽] 버튼을 차례로 클릭해서 테두리를 그리고 [확인] 버튼을 클릭합니다.

> **POINT** 여기서는 선의 색을 [황갈색, 배경 2, 50% 더 어둡게]로 지정했습니다.

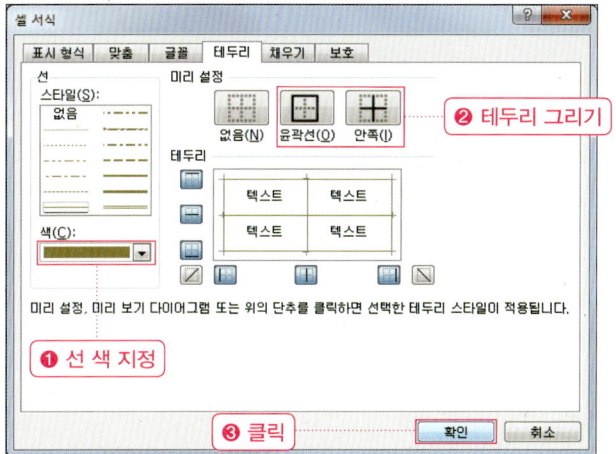

377

10 [C7]셀에 'I. 성장 배경'을 입력한 다음 [B7:C7]을 블록으로 지정하고 채우기 색(🎨▼)을 [황갈색, 배경 2, 10% 더 어둡게]로 지정합니다.

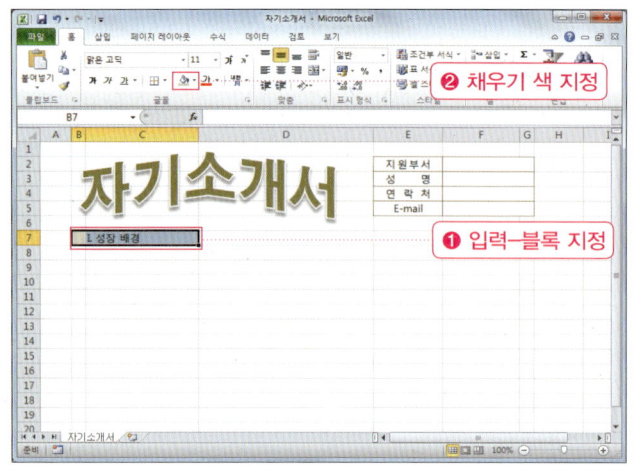

11 [B7:G7]을 블록으로 지정하고 테두리(⊞▼)의 드롭다운 버튼을 클릭한 다음 [다른 테두리]를 선택합니다. [셀 서식] 대화상자의 [테두리] 탭에서 선의 [색]을 지정하고 [아래쪽 테두리] 버튼을 클릭하여 테두리를 그린 다음 [확인] 버튼을 클릭합니다.

> POINT 여기서는 선의 색을 [황갈색, 배경 2, 50% 더 어둡게]로 지정했습니다.

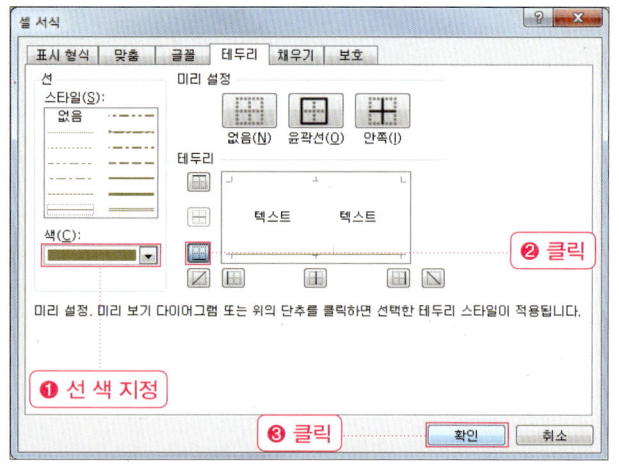

12 [B9:G11]을 블록으로 지정하고 테두리(⊞▼)의 드롭다운 버튼을 클릭한 다음 [다른 테두리]를 선택합니다. [셀 서식] 대화상자의 [테두리] 탭에서 선의 [색]을 지정하고 [윤곽선] 버튼을 클릭하여 테두리를 그린 다음 [확인] 버튼을 클릭합니다.

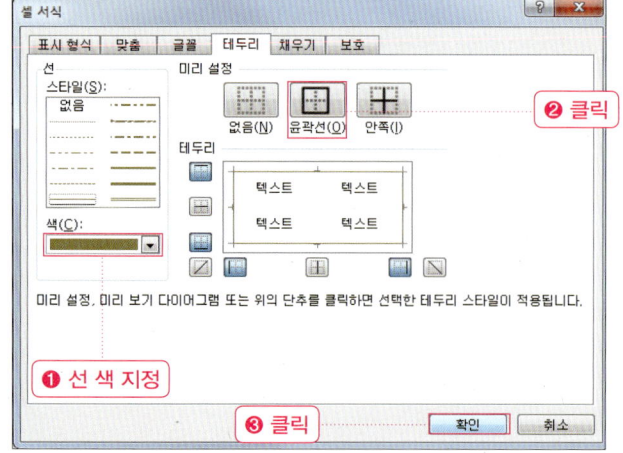

13 [8]행 머리글을 마우스 오른쪽 버튼으로 클릭한 다음 [행 높이] 메뉴를 선택합니다. [행 높이] 대화상자에서 [행 높이]를 '6'으로 지정하고 [확인] 버튼을 클릭합니다. 같은 방법으로 [10]행의 [행 높이]를 '98'로 지정합니다.

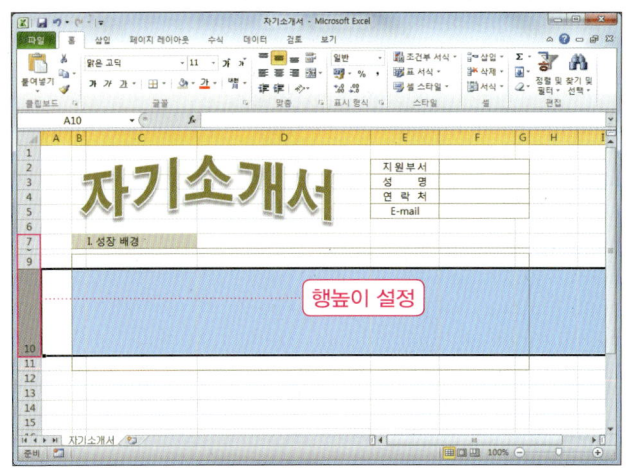

14 [C10:F10]을 블록으로 지정하고 [홈] 탭-[맞춤] 그룹-대화상자 표시(⬚) 버튼을 클릭합니다. [셀 서식] 대화상자의 [맞춤] 탭에서 텍스트 맞춤의 [가로]와 [세로]를 모두 '양쪽 맞춤'으로 지정합니다. '텍스트 줄 바꿈'과 '셀 병합'을 체크한 다음 [확인] 버튼을 클릭합니다.

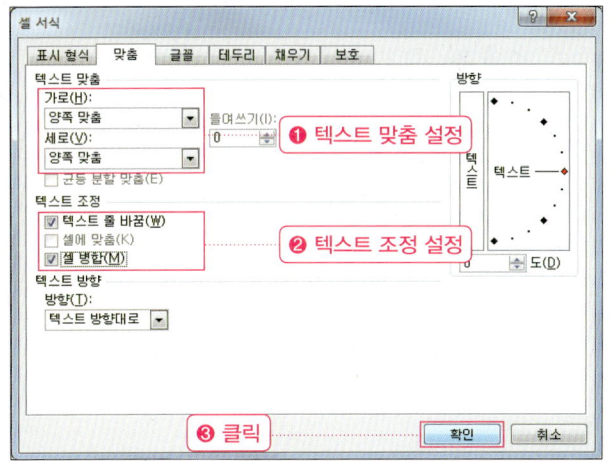

15 [7]행부터 [11]행까지 행 머리글을 드래그하여 블록을 지정한 다음 Ctrl+C를 눌러 복사합니다.

> **POINT** 행 높이까지 복사하려면 행 머리글을 이용하여 블록을 지정해야 합니다.

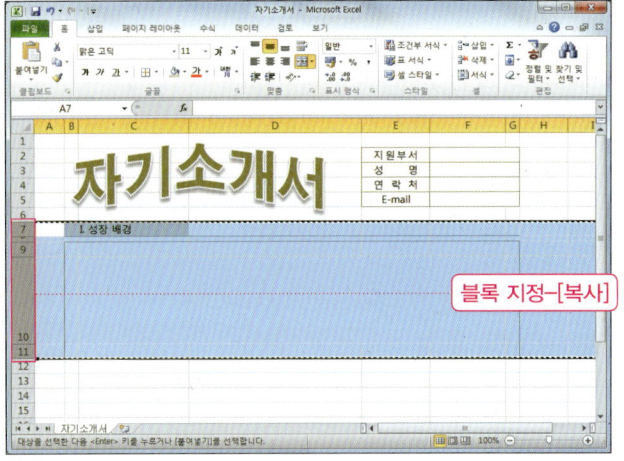

16 [A13]셀에서 Ctrl+V를 눌러 [붙여넣기]를 실행합니다. 계속해서 [A19]셀과 [A25]셀에서 각각 Ctrl+V를 눌러 [붙여넣기]를 실행합니다.

> POINT 같은 형태의 서식이 4개 필요하므로 하나만 작성한 다음 복사해서 3번 붙여넣기를 실행합니다.

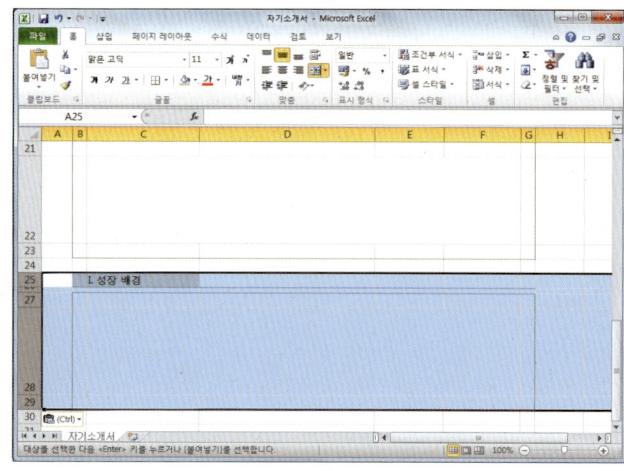

17 [C13]셀에 'Ⅱ. 성격'을 입력하고, [C19]셀에는 'Ⅲ. 업무 능력'을, [C25]셀에는 'Ⅳ. 지원동기 및 포부'를 입력하여 완성합니다.

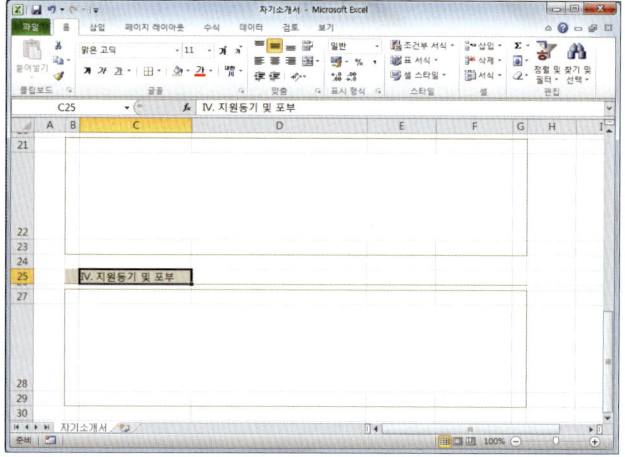

18 [B1:G29]를 블록으로 지정한 다음 [페이지 레이아웃] 탭-[페이지 설정] 그룹-인쇄 영역( )을 클릭하고 [인쇄 영역 설정]을 선택합니다.

> POINT [페이지 설정] 대화상자의 [시트] 탭에서 [인쇄 영역]을 설정해도 됩니다.

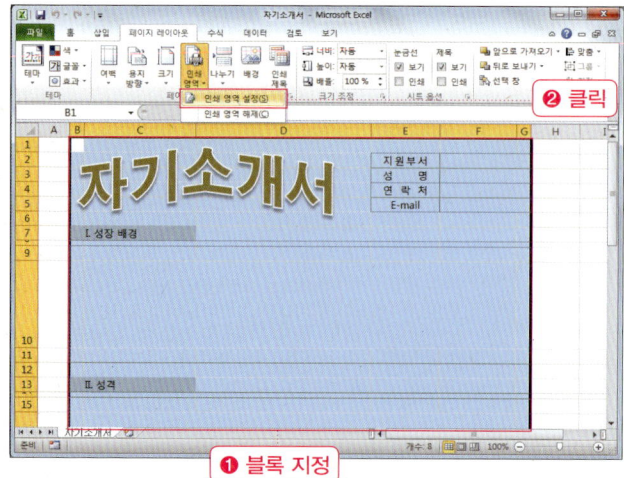

19 임의의 셀을 클릭해서 블록 지정을 해제한 다음 [페이지 레이아웃] 탭-[페이지 설정] 그룹-여백(▢)을 클릭하고 [사용자 지정 여백]을 선택합니다.

> **POINT** 인쇄 영역을 설정하고 난 후 워크시트에 표시되는 페이지 나누기 선(점선)을 확인해 보면 한 페이지에 문서가 모두 포함되지 않으므로 여백을 조절해야 합니다.

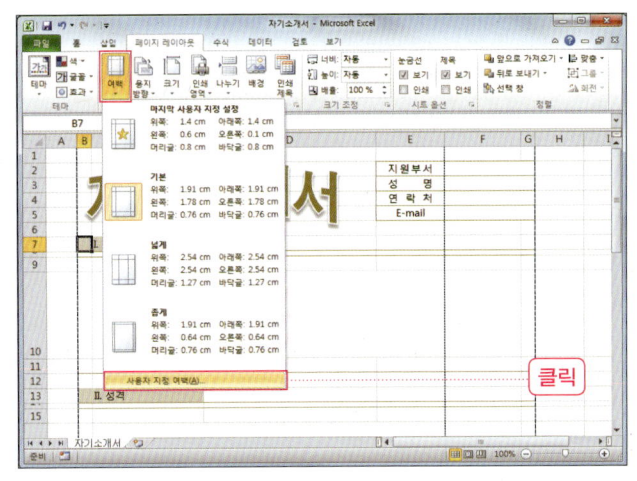

20 [셀 서식] 대화상자의 [여백] 탭에서 [위쪽]과 [아래쪽] 여백을 '1.4'로 줄이고, [왼쪽]과 [오른쪽] 여백을 '1.3'으로 줄입니다. [페이지 가운데 맞춤]에서 '가로'와 '세로'를 모두 체크한 다음 [인쇄 미리 보기] 버튼을 클릭합니다.

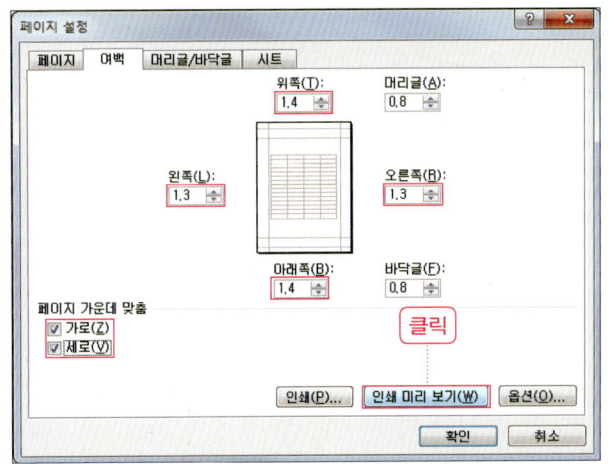

21 백스테이지 화면의 [인쇄]에서 미리 보기 페이지를 확인합니다. 문서 길이가 한 페이지에 모두 포함되지 않으면 [현재 설정된 용지] 버튼을 클릭하고 [한 페이지에 모든 행 맞추기]를 선택하여 자동으로 인쇄 배율이 조정되도록 설정합니다.

> **POINT** 미리 보기 페이지에 문서 전체가 모두 나타나도록 인쇄 배율을 조정해야 합니다. 행과 열이 모두 한 페이지를 벗어난다면 [한 페이지에 시트 맞추기]를 선택하여 인쇄 배율을 조정합니다.

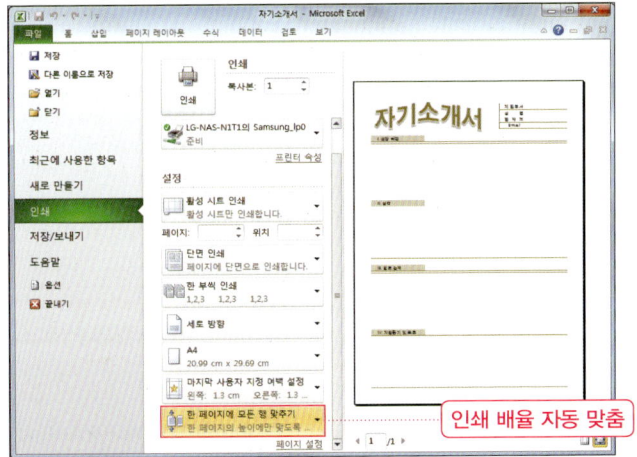

업무 일지

부서, 과, 팀 또는 개인이 하루의 업무 내용을 기록하기 위한 업무 일지 양식을 작성합니다. 업무 일지에는 오늘의 날짜와 금일 실시 사항, 진행 및 예정 사항을 기록할 수 있는 영역과 함께 결재란이 포함됩니다. 여기서는 셀 범위를 복사하여 그림으로 붙여 넣는 방법을 이용하여 결재란을 작성합니다.

키워드 복사, 연결하여 그림 붙여넣기, 인쇄 영역 설정
예제 파일 Part4\예제파일\업무일지.xlsx

01 [B2]셀에 '업 무 일 지'를 입력한 다음 [B2:C2]를 블록으로 지정하고 병합하고 가운데 맞춤(병합하고 가운데 맞춤)을 클릭합니다. 그런 다음 글꼴(맑은 고딕)을 '궁서', 글꼴 크기(11)를 '24'로 지정하고 굵게(가)를 클릭합니다.

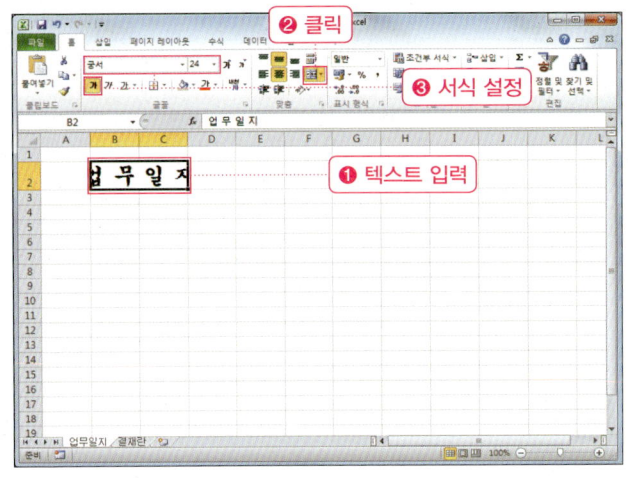

02 [B3:C3]을 블록으로 지정하고 병합하고 가운데 맞춤(병합하고 가운데 맞춤)을 클릭한 다음 Ctrl + ; 을 눌러 오늘 날짜를 입력합니다. 그런 다음 [홈] 탭-[표시 형식] 그룹에서 대화상자 표시( ) 버튼을 클릭합니다.

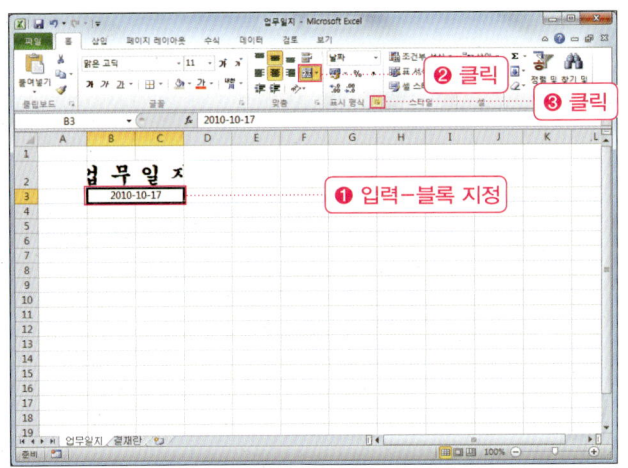

03 [셀 서식] 대화상자의 [표시 형식] 탭에서 [범주]를 '사용자 지정'으로 클릭한 다음 [형식] 상자에 'yyyy년 m월 d일 (aaaa)'를 입력하고 [확인] 버튼을 클릭합니다

> **POINT** 사용자 지정 날짜 형식으로 변경하면 열 너비가 좁아 '######'으로 표시됩니다.

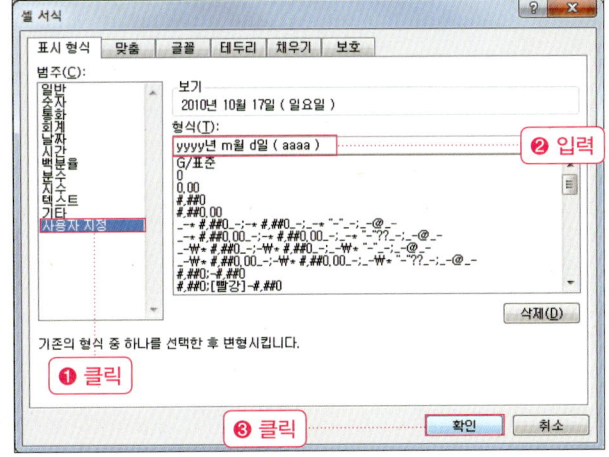

04 [B]열의 너비를 '5', [C]열의 너비를 '26'으로 변경하고, [2]행의 높이를 '59'로 변경하면 다음과 같이 날짜가 제대로 표시됩니다.

> **POINT** 열 머리글을 마우스 오른쪽 버튼으로 클릭하고 [열 너비] 메뉴를 선택하여 열 너비를 지정합니다. 행 높이는 행 머리글을 마우스 오른쪽 버튼으로 클릭하고 [행 높이] 메뉴를 선택하여 지정합니다.

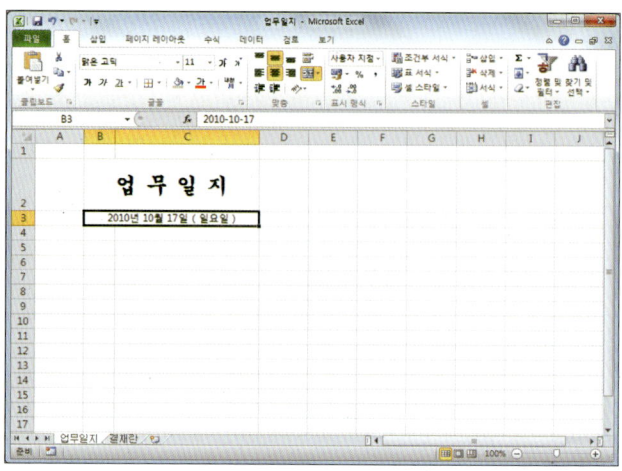

05 [C4]셀에 '업 무 내 용'을 입력한 다음 [C4:D4]를 블록으로 지정하고 병합하고 가운데 맞춤(병합하고 가운데 맞춤)을 클릭합니다. 그런 다음 [D]열의 너비를 '30'으로 변경합니다.

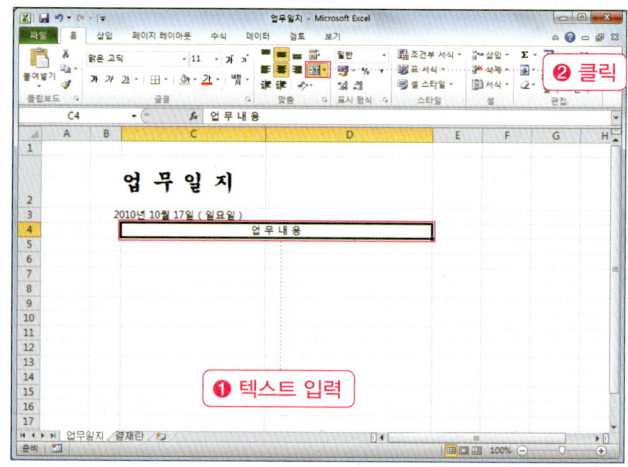

06 [E4]셀에 '담당'을 입력하고 가운데 맞춤(≡)으로 설정합니다.

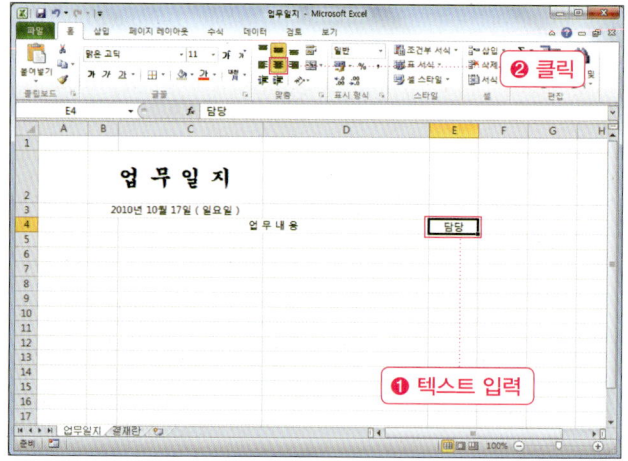

07 [B5]셀에 '금일실시사항'을 입력한 다음 [B5:B16]을 블록으로 지정합니다. 병합하고 가운데 맞춤(병합하고 가운데 맞춤)을 클릭하고, 방향( )을 클릭한 다음 [세로 쓰기]를 선택합니다.

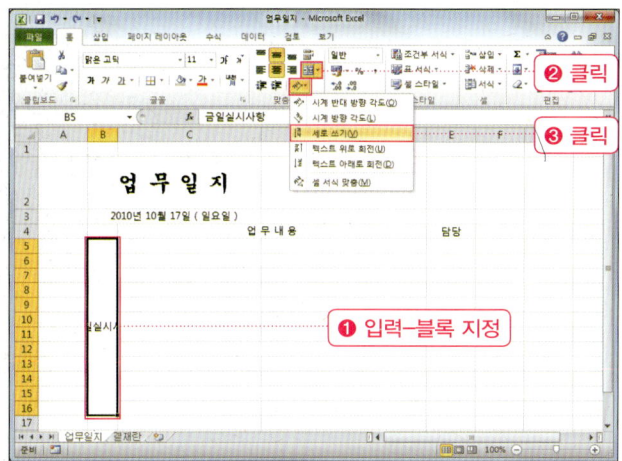

08 [C5:D5]를 블록으로 지정하고 병합하고 가운데 맞춤(병합하고 가운데 맞춤)을 클릭하고, 이어서 왼쪽 맞춤( )을 클릭합니다. 그런 다음 채우기 핸들을 [D16]셀까지 드래그하여 서식을 복사합니다.

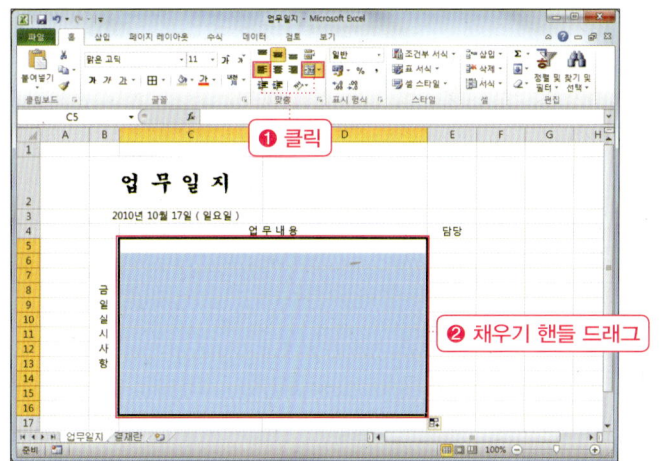

09 [B4:E16]을 블록으로 지정한 다음 테두리( )의 드롭다운 버튼을 클릭하고 [모든 테두리]를 선택하여 테두리를 그립니다.

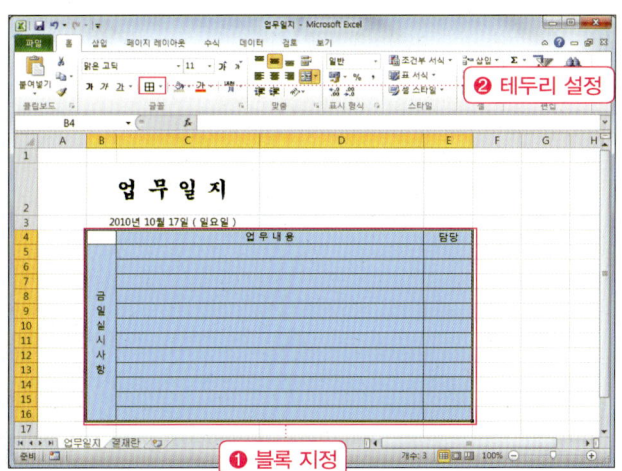

10 [C5:E16]을 블록으로 지정하고 테두리( )의 드롭 다운 버튼을 클릭한 다음 [다른 테두리]를 선택합니다. [셀 서식] 대화상자의 [테두리] 탭에서 선의 [스타일]을 '점선'으로 선택한 다음 [가로 테두리] 버튼을 클릭해서 점선으로 된 가로 테두리를 그리고 [확인] 버튼을 클릭합니다.

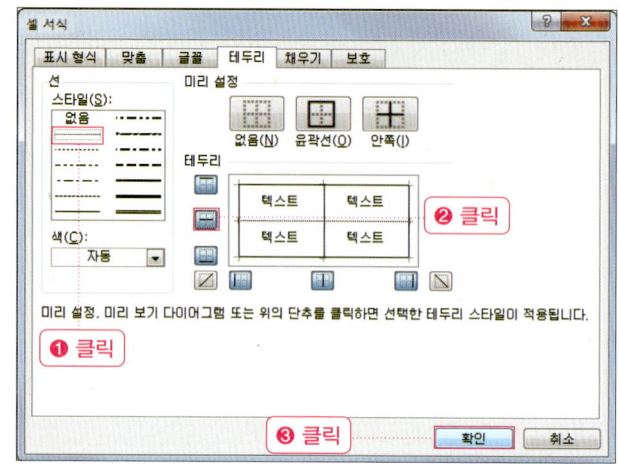

11 [B5:E16]을 블록으로 지정하고 Ctrl+C를 눌러 복사합니다.

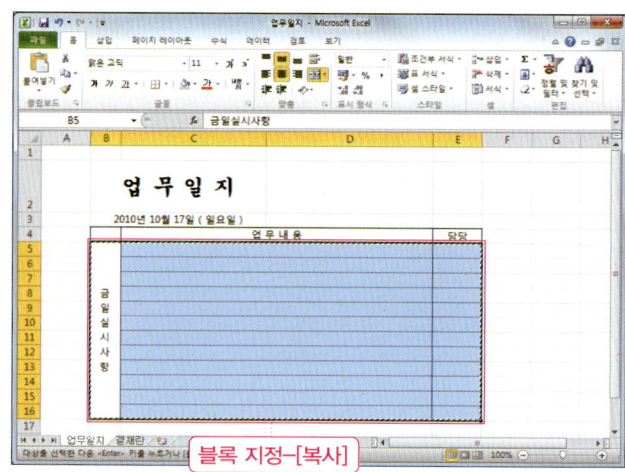

12 [B17]셀에서 Ctrl+V를 눌러 [붙여넣기]를 실행한 다음 [B17]셀에 '진행및예정사항'을 입력합니다.

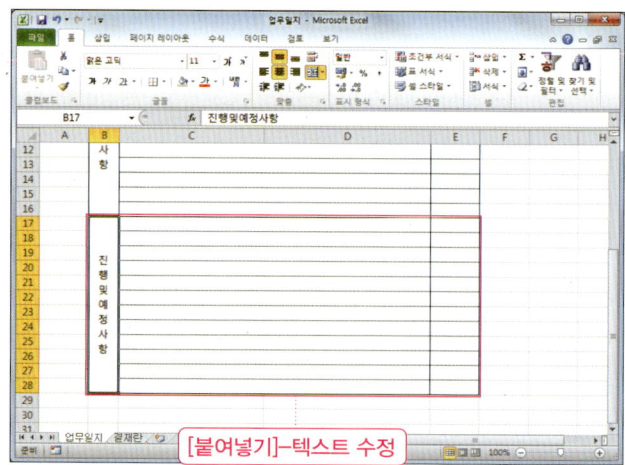

13 [B29]셀에 '비고'를 입력한 다음 [B29:B33]을 블록으로 지정하고 병합하고 가운데 맞춤(병합하고 가운데 맞춤)을 클릭합니다. 그리고 방향( )을 클릭하고 [세로 쓰기]를 선택합니다.

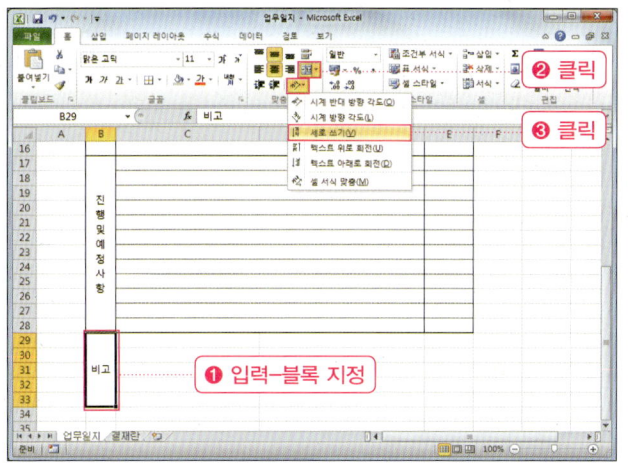

14 [C29:E29]를 블록으로 지정하고 병합하고 가운데 맞춤(병합하고 가운데 맞춤)과 왼쪽 맞춤( )을 차례로 클릭하여 서식을 지정합니다. 그런 다음 채우기 핸들을 [E33]셀까지 드래그하여 서식을 복사합니다.

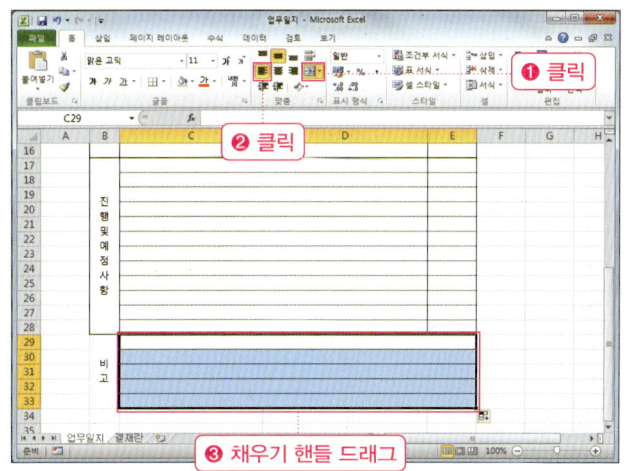

15 [B29:E33]을 블록으로 지정하고 테두리( )의 드롭다운 버튼을 클릭한 다음 [다른 테두리]를 선택합니다. [셀 서식] 대화상자의 [테두리] 탭에서 [세로 테두리] 버튼을 클릭해서 테두리를 그리고, [가로 테두리] 버튼을 두 번 클릭해서 테두리를 지운 다음 [확인] 버튼을 클릭합니다.

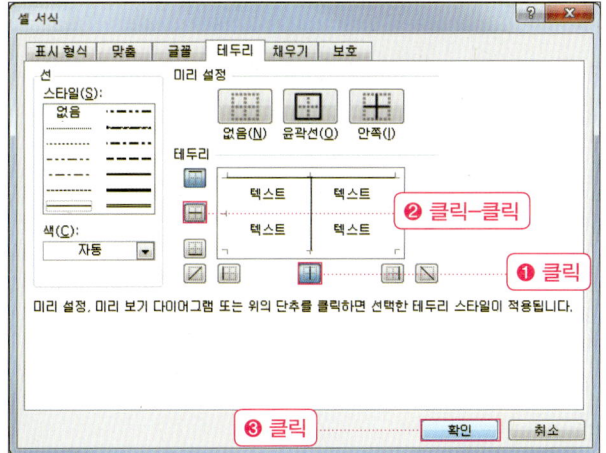

16 [B4:E33]을 블록으로 지정한 다음 테두리( )의 드롭다운 버튼을 클릭하고 [굵은 상자 테두리]를 선택하여 테두리를 굵게 그립니다.

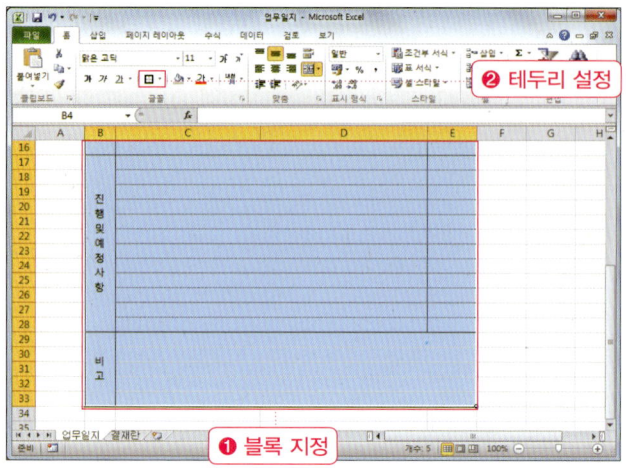

17 [결재란] 워크시트에 미리 결재란을 작성해 두었습니다. 이 결재란을 [업무일지] 워크시트에 그림 형식으로 가져올 것입니다. [B2:H3]을 블록으로 지정한 다음 Ctrl + C 를 눌러 복사합니다.

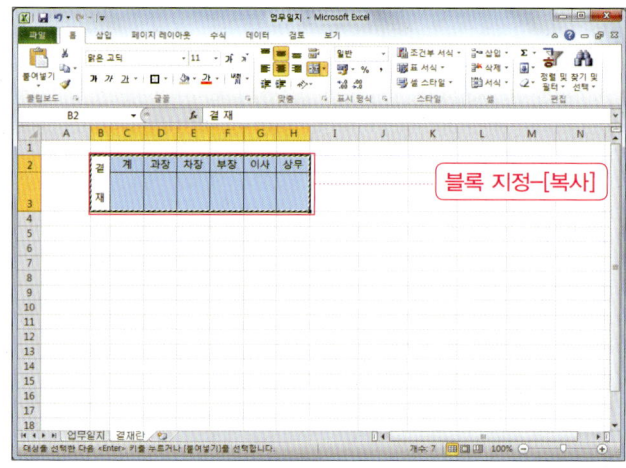

18 [업무일지] 워크시트에서 [D2]셀을 클릭하고 붙여넣기( )의 드롭다운 버튼을 클릭한 다음 [연결된 그림] 옵션을 선택합니다.

> **POINT** 결재란의 형태가 변경되지 않을 것이라고 확신한다면 붙여넣기( )의 드롭다운 버튼을 클릭 [그림] 옵션을 선택하여 붙여 넣어도 됩니다.

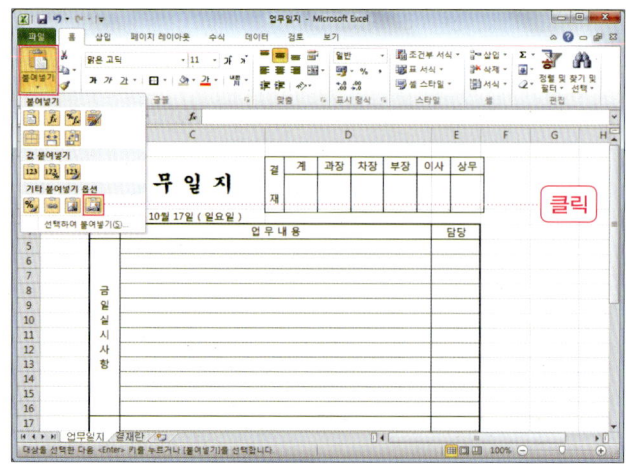

19 워크시트에 결재란이 그림으로 삽입되면 마우스로 드래그하여 위치를 조정합니다.

> **POINT** [연결된 그림]으로 삽입한 결재란은 [결재란] 워크시트에서 수정할 경우 변경 사항이 바로 그림에 표시됩니다.

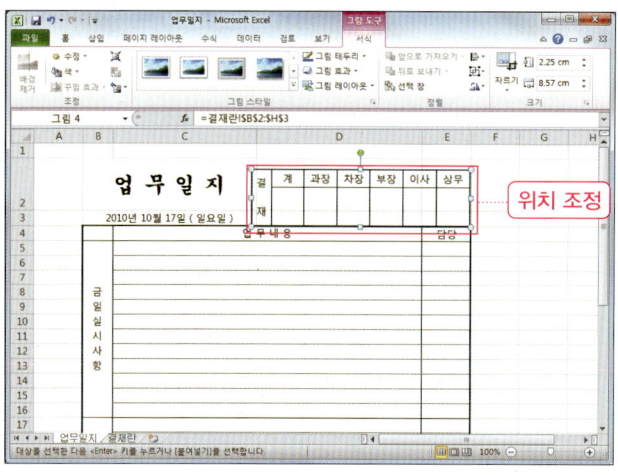

위치 조정

20 [4]행부터 [33]행까지 행 머리글을 드래그하여 블록을 지정한 다음 마우스 오른쪽 버튼을 클릭하고 [행 높이]를 선택합니다. [행 높이] 대화상자에서 [행 높이]를 '20'으로 입력하고 [확인] 버튼을 클릭합니다.

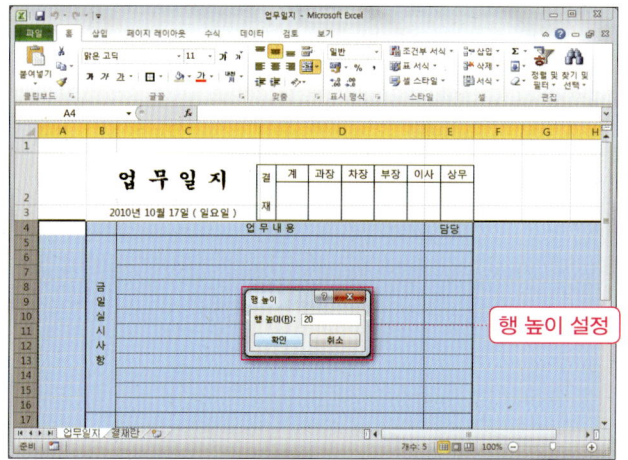

행 높이 설정

21 [B2:E33]을 블록으로 지정하고 [페이지 레이아웃]탭-[페이지 설정] 그룹-인쇄 영역( )을 클릭한 다음 [인쇄 영역 설정]을 선택합니다.

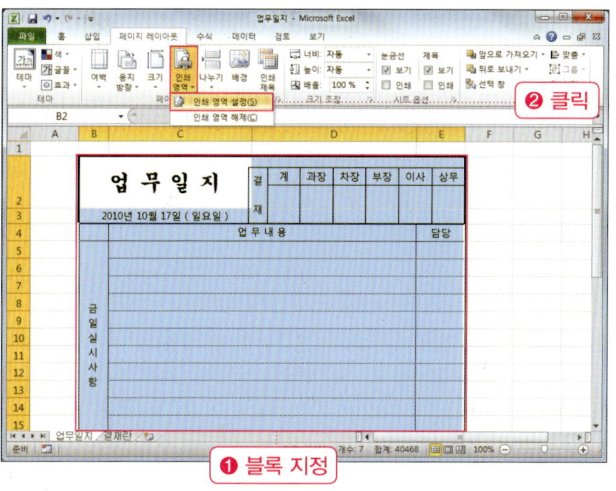

❷ 클릭
❶ 블록 지정

22 여백(□)을 클릭하고 [사용자 지정 여백]을 선택한 다음 [페이지 설정] 대화상자의 [여백] 탭에서 [페이지 가운데 맞춤]의 [가로]와 [세로]를 모두 체크합니다. 그리고 [인쇄 미리 보기] 버튼을 클릭합니다.

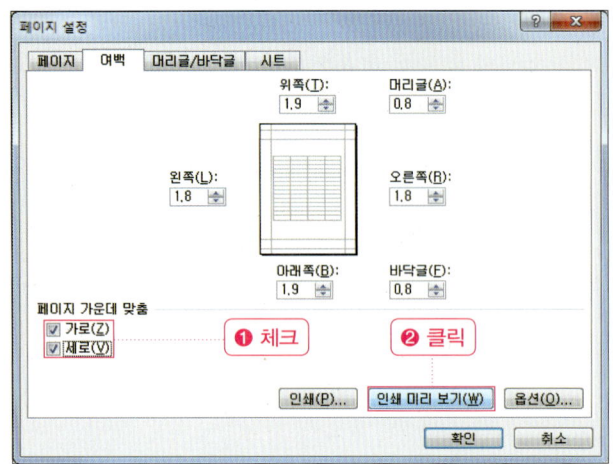

23 인쇄 미리 보기 페이지에서 작성한 업무일지가 한 페이지에 모두 인쇄되는지 확인합니다.

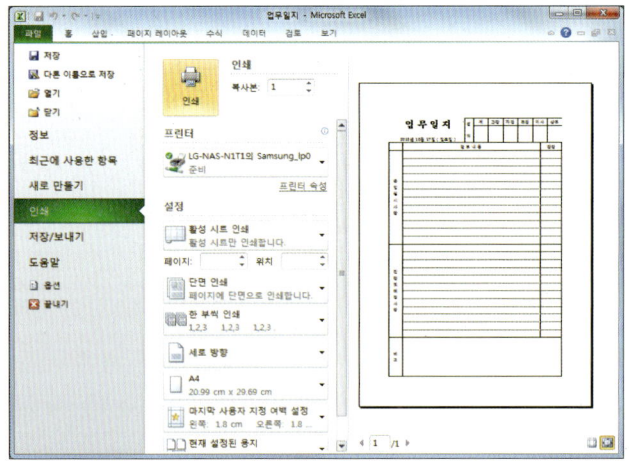

Section 07 근로 계약서

사용자와 근로자 사이에 체결하는 근로 계약서를 작성합니다. 회사에서 사용하는 계약서 양식이 정해져 있다고 가정하고 필요할 때마다 근로자 정보만 바꾸어 입력하면 자동으로 근로 계약서가 작성되도록 근로 계약서에서 수식을 사용합니다.

키워드 이름 만들기, 현재 날짜 입력, TODAY 함수
예제 파일 Part4\예제파일\근로계약서.xlsx

근로계약서

1. 사용자(갑)

사 업 체 명	주식회사 정보컴	대 표 자	김철수
주 소	서울시 종로구 동숭동 정보빌딩		
연 락 처	(02) 000-0000		

2. 근로자(을)

성 명	이재원	주 민 등 록 번 호	780217-1584625
주 소	서울시 마포구 서교동 470		
연 락 처	010-000-2584		

3. 근로 조건

임금(월급제)	기 본 급	₩1,520,000	가 족 수 당	1인당 20,000
	상 여 금	400%	교 통 비	₩150,000
	상여지급일	3, 6, 9, 12월	식 대	₩56,000
근 로 시 간	오전 8:00 부터		오전 6:00 까지	
휴 게 시 간	오후 12:00 부터		오후 1:00 까지	
휴 일	국가가 지정하는 날			
근 로 장 소	서울시 은평구 불광동			
기타 근로 조건	당사 취업 규칙 및 일반 관례에 의함			

4. 근로 계약 기간

2010년 11월 8일 부터   2012년 10월 31일 까지

위와 같이 근로 계약을 체결함

계약일자 : 2010년 11월 2일

사용자(갑)	주소	서울시 종로구 동숭동 정보빌딩
	성명	주식회사 정보컴 (인)
	연락처	(02) 000-0000

근로자(을)	주소	서울시 마포구 서교동 470
	성명	이재원 (인)
	연락처	010-000-2584

01 [입력] 워크시트에서 [A2:B5], [D3:E4], [A8:B13], [A18:B19]를 모두 블록으로 지정한 다음 [수식] 탭-[정의된 이름] 그룹-선택 영역에서 만들기(選 선택 영역에서 만들기)를 클릭합니다.

> **POINT** 떨어져 있는 영역을 함께 블록으로 지정하기 위해 Ctrl 키를 사용합니다.

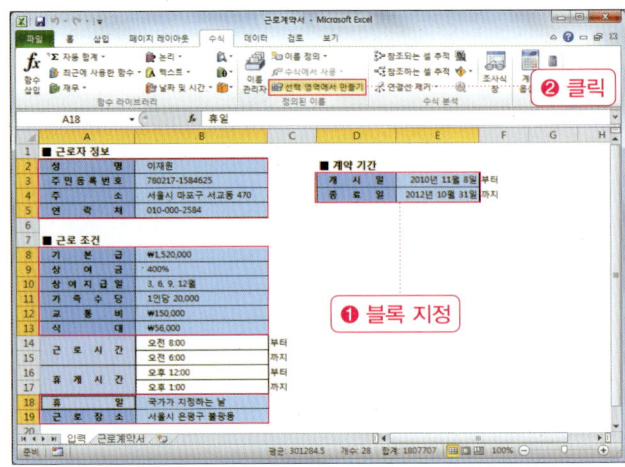

02 [선택 영역에서 이름 만들기] 대화상자가 열리면 '왼쪽 열'만 체크하고 [확인] 버튼을 클릭합니다.

> **POINT** [이름 만들기]에서 '왼쪽 열'을 선택하면 블록으로 지정한 영역의 왼쪽 열에 있는 텍스트를 오른쪽 범위에 대한 이름으로 한꺼번에 정의해 줍니다.

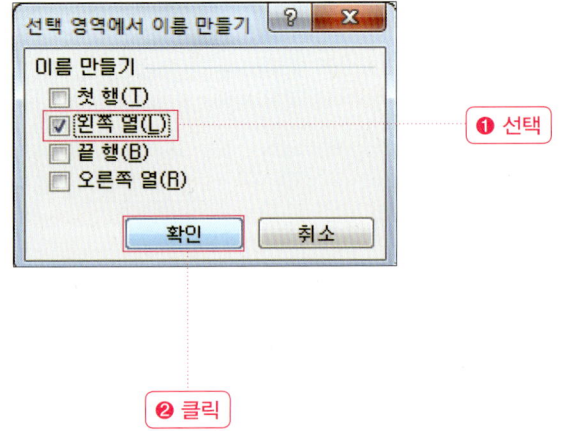

03 [B2]셀을 클릭해 보면 수식 입력줄 왼쪽에 있는 이름 상자에 현재 셀에 정의되어 있는 이름 '성명'이 표시되는 것을 알 수 있습니다.

> **POINT** 이름 상자의 드롭다운 버튼을 클릭하면 현재 통합 문서에 정의되어 있는 이름 목록을 볼 수 있습니다.

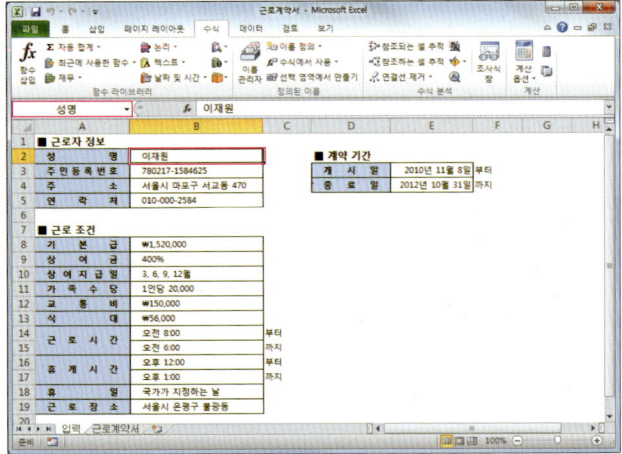

04 [B14]셀에서 이름 상자를 클릭하고 '근로시간'을 입력한 다음 Enter 키를 눌러 이름을 정의합니다.

> **POINT** 이름으로 사용할 부분이 병합되어 있어 [선택 영역에서 이름 만들기] 대화상자를 사용할 수 없는 셀에 개별적으로 이름을 정의하는 과정입니다.

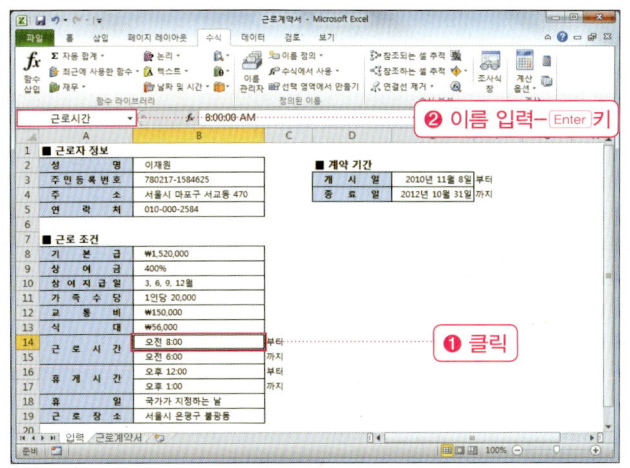

05 같은 방법으로 [B15]셀에는 '근로시간2', [B16]셀에는 '휴게시간', [B17]셀에는 '휴게시간2'로 이름을 정의합니다.

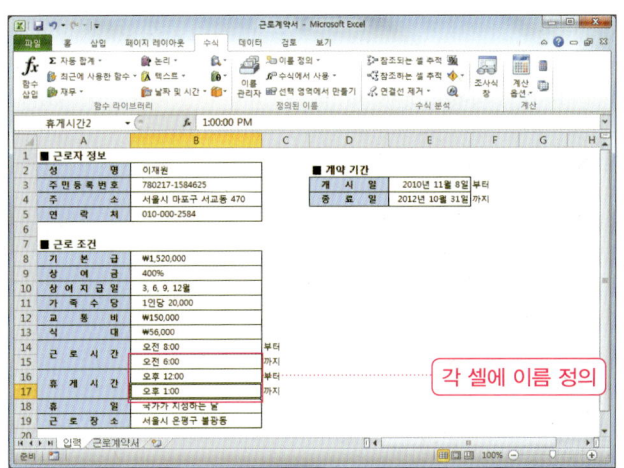

06 [근로계약서] 워크시트에는 미리 근로 계약서 양식이 작성되어 있습니다. [입력] 워크시트에 입력한 내용을 이 양식에서 필요한 부분으로 가져와야 합니다. [D10]셀에 =성명을 입력하면 '성명'으로 이름이 정의되어 있는 셀의 값이 그대로 표시됩니다.

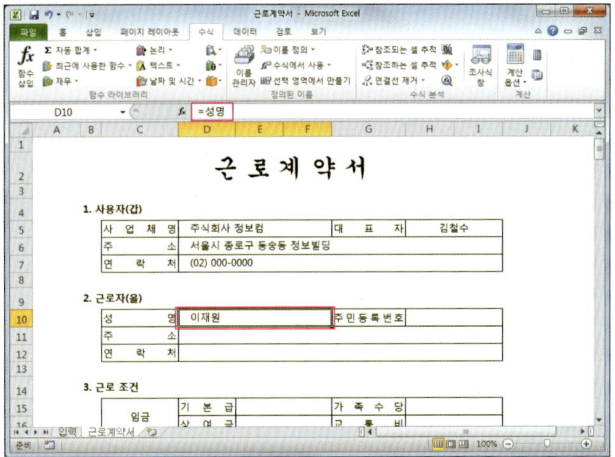

393

07 같은 방법으로 [H10], [D11], [D12], [E15], [H15], [E16], [H16], [E17], [H17], [D18], [G18], [D19], [G19], [D20], [D21]셀에 각각 =이름 형식으로 수식을 입력하여 [입력] 워크시트의 내용을 가져옵니다.

> **POINT** 근로 계약서 양식의 각 셀에는 미리 셀 서식이 정의되어 있습니다. 다른 표시 형식을 원한다면 수정해서 사용합니다.

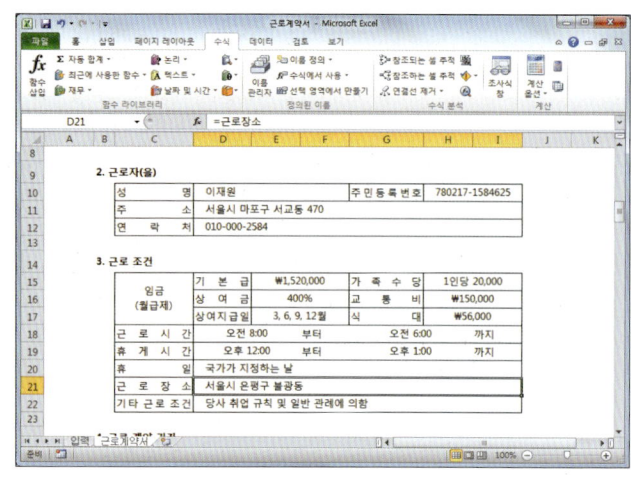

08 [C25]셀에 =개시일을 입력하고 [F25]셀에 =종료일을 입력한 다음, [G30]셀에서 Ctrl + ; 를 눌러 현재 날짜를 입력합니다.

> **POINT** =TODAY()를 입력하여 현재 날짜를 표시할 수도 있지만 TODAY 함수는 항상 현재 날짜로 업데이트되므로 문서의 종류에 따라 사용 여부를 신중하게 고려해야 합니다.

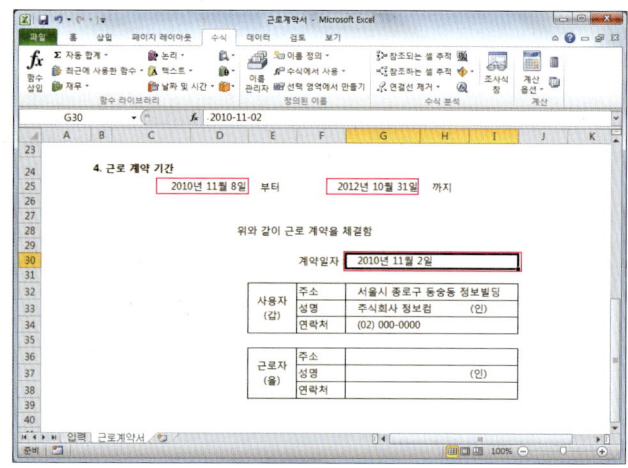

09 마지막으로 [G36]셀부터 [G38]셀까지 =이름 형식으로 수식을 입력하여 [입력] 워크시트의 내용을 가져옵니다. 작성된 문서를 저장합니다.

> **POINT** [입력] 워크시트에서 근로자 정보와 계약 기간, 근로 조건 등을 변경하면 자동으로 [근로계약서]의 내용도 달라집니다.

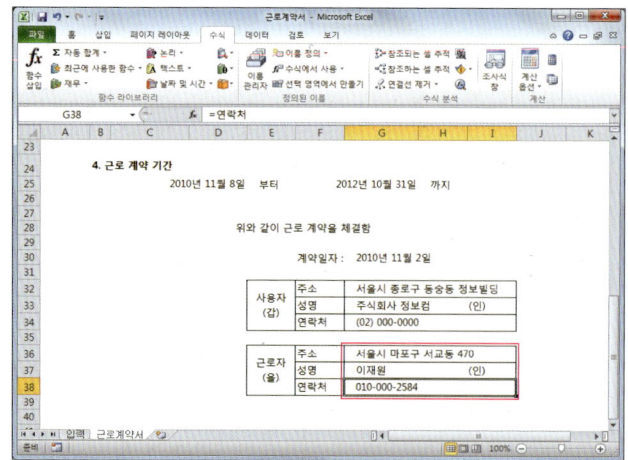

차량 운행일지

회사에서 차량의 운행 사항을 기록해 두는 차량 운행 일지를 작성합니다. 차량 운행일지에는 출발지와 경유지, 도착지, 운행 거리, 운행 목적, 사용자 등의 내용이 포함됩니다. 여기서는 양식의 일부가 미리 작성되어 있는 문서를 이용하여 복사한 셀 범위를 연결된 그림으로 붙여 넣고 사용자 지정 표시 형식을 지정하는 방법을 중심으로 문서를 완성합니다.

키워드 사용자 지정 표시 형식, 연결된 그림
예제 파일 Part4\예제파일\차량운행일지.xlsx

01 '차량운행일지' 워크시트에서 [B2:E3]을 블록으로 지정하고 [홈] 탭-[맞춤] 그룹-병합하고 가운데 맞춤(병합하고 가운데 맞춤)을 클릭합니다. 그런 다음 [홈] 탭-[글꼴] 그룹에서 글꼴(맑은 고딕)을 '궁서체', 글꼴 크기(11)를 '24'로 지정합니다.

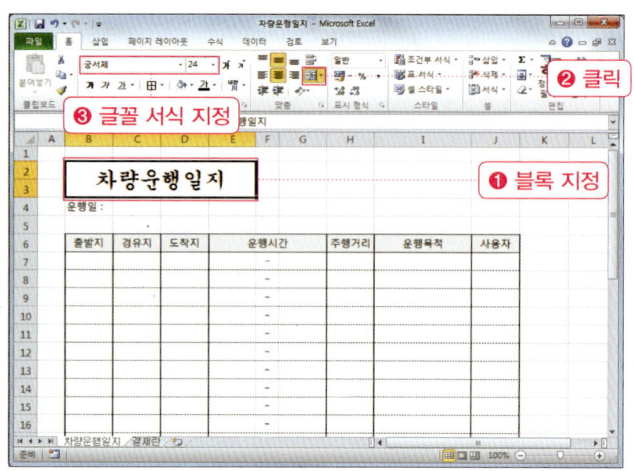

02 [C4:E4]를 블록으로 지정하고 병합하고 가운데 맞춤(병합하고 가운데 맞춤)을 클릭한 다음 임의로 날짜를 입력합니다. 그리고 [홈] 탭-[표시 형식] 그룹에서 대화상자 표시( ) 버튼을 클릭합니다.

> **POINT** 오늘 날짜를 상수로 입력하려면 Ctrl + ; 를 누릅니다.

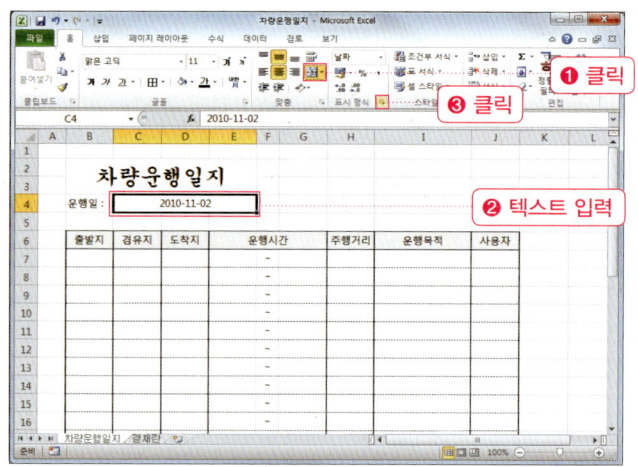

03 [셀 서식] 대화상자의 [표시 형식] 탭에서 [범주]를 '사용자 지정'으로 선택하고, [형식] 입력란에 'yyyy年 m月 d日 (aaa)'로 서식 코드를 입력한 다음 [확인] 버튼을 클릭합니다.

> **POINT** 한자를 입력할 때는 먼저 한글을 입력한 다음 한자 를 누르고 목록에서 해당되는 한자를 클릭합니다.

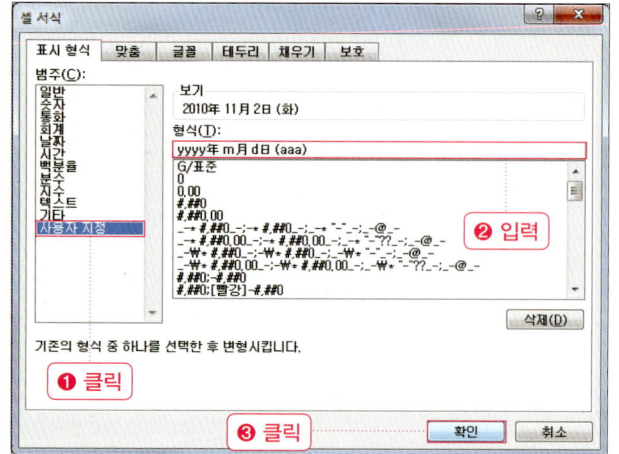

04 '결재란' 워크시트에서 [B2:G3]을 블록으로 지정한 다음 Ctrl + C 를 눌러 복사합니다.

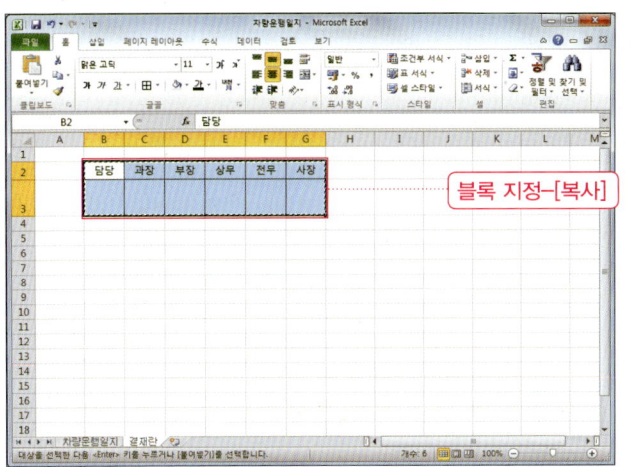

05 '차량운행일지' 워크시트의 [G2]셀에서 [홈] 탭-[클립보드] 그룹-붙여넣기( )의 드롭다운 버튼을 클릭하고 [연결된 그림]을 선택합니다.

> **POINT** 이후에 결재란의 텍스트나 서식을 변경할 필요가 없다고 판단되면 붙여넣기( )의 드롭다운 버튼을 클릭하고 [그림]을 선택해도 됩니다.

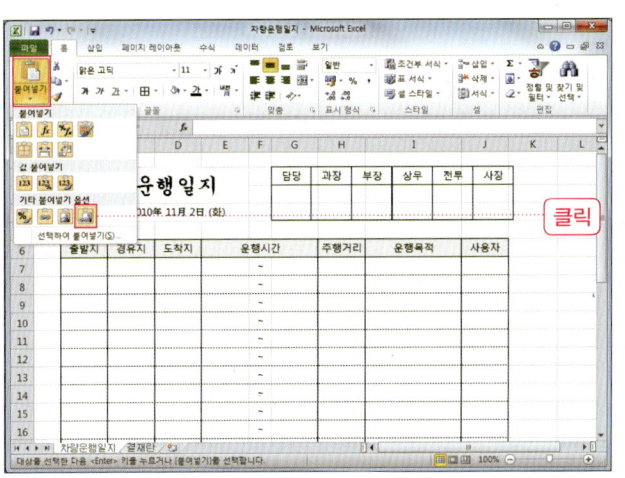

06 복사한 셀 범위가 연결된 그림으로 삽입되면 그림을 드래그하여 결재란의 위치를 적절하게 조정합니다.

> **POINT** [연결된 그림]으로 붙여 넣으면 [결재란] 워크시트에서 텍스트나 서식을 수정할 경우 그림에 바로 변경 사항이 나타납니다.

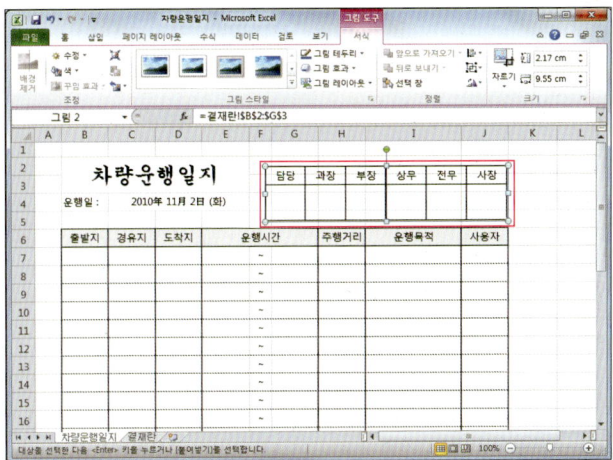

07 [B24:B26]과 [B28:B30]을 블록으로 지정한 다음 [홈] 탭-[표시 형식] 그룹에서 대화상자 표시( ) 버튼을 클릭합니다.

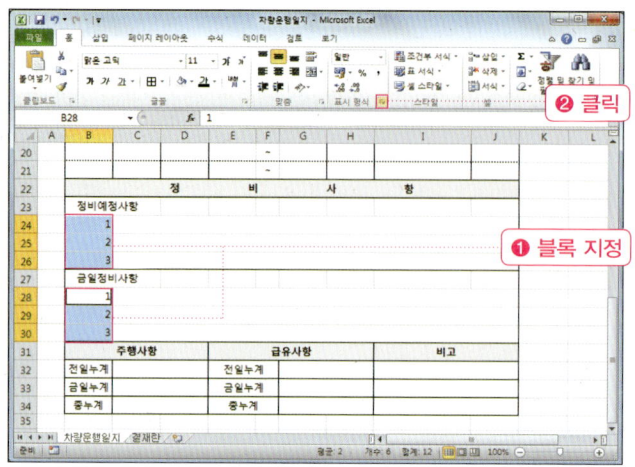

08 [셀 서식] 대화상자의 [표시 형식] 탭에서 [범주]를 '사용자 지정'으로 선택하고 [형식] 입력란에 '0._-'로 서식 코드를 입력한 다음 [확인] 버튼을 클릭합니다.

> **POINT** 이 서식 코드는 번호 다음에 점(.)을 표시하고, 오른쪽에 하이픈(-)의 너비만큼 공백을 추가합니다.

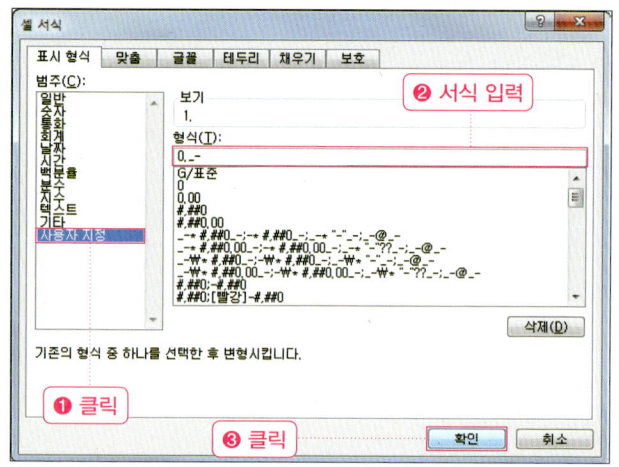

09 [C32:D34]를 블록으로 지정하고 [홈] 탭-[표시 형식] 그룹에서 대화상자 표시( ) 버튼을 클릭합니다.

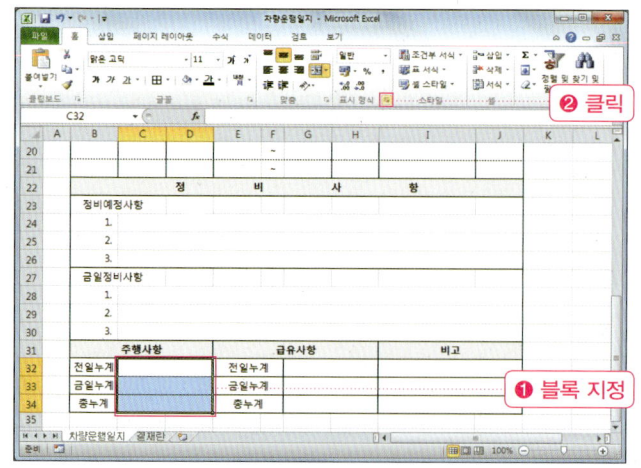

10 [셀 서식] 대화상자의 [표시 형식] 탭에서 [범주]를 '사용자 지정'으로 선택하고 [형식] 입력란에 '0 ㎞'를 입력한 다음 [확인] 버튼을 클릭합니다.

> **POINT** '㎞'은 한글 자음 'ㄹ'을 입력한 다음 [한자]를 눌러 표시되는 목록에서 선택하여 입력합니다.

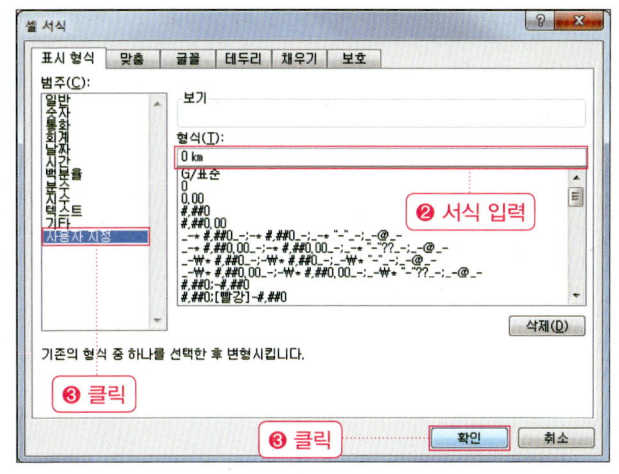

11 같은 방법으로 [G32:H34]에 '0 ℓ'로 사용자 지정 표시 형식을 지정하고 임의로 숫자를 입력하여 표시 형식이 바르게 나타나는지 확인합니다. 그런 다음 [C32:D34]와 [G32:H34]를 함께 블록으로 지정하고 오른쪽 맞춤(≡)과 들여쓰기(≡)를 사용하여 오른쪽에 공백이 추가되게 합니다.

> **POINT** 여기서는 들여쓰기(≡)를 두 번 클릭해서 두 칸 정도의 공백을 오른쪽에 추가했습니다.

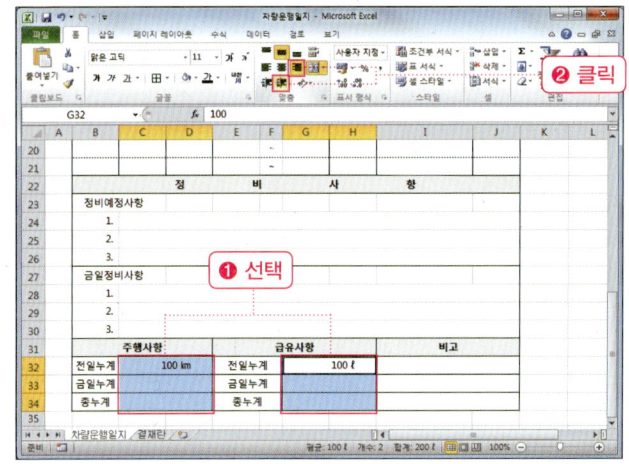

12 [C33]셀에 =SUM(H7:H21)를 입력하여 주행거리(H7:H21)의 합계를 계산하고, [C34]셀에 =SUM(C32:D33)을 입력합니다. 마지막으로 [G34]셀에 =SUM(G32:H33)을 입력하여 급유의 합계를 구합니다. 이렇게 해서 완성된 문서를 저장합니다.

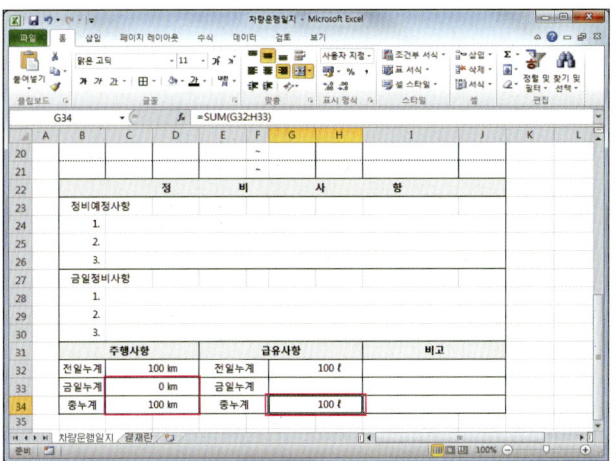

견적서

회사에서 판매하고 있는 제품의 이름과 규격, 단가 등을 워크시트에 입력해 두고 이것을 이용하여 견적서를 작성합니다. 견적서 양식은 미리 그려져 있으므로 제품 목록에서 원하는 제품을 선택하여 견적서에 입력하고 규격과 단가를 자동으로 가져오기 위한 수식을 입력하여 견적서를 완성합니다.

키워드 유효성 검사, VLOOKUP 함수, IFERROR 함수, 표시 형식

예제 파일 Part4\예제파일\견적서.xlsx

견 적 서

2010년 11월 3일
아래와 같이 견적합니다.

백두산 귀하

금액: 팔십삼만오천일십 원정

공급자		
등록번호	105-90-12345	
상 호 (법인명)	두드림통상	성명	이재원
사 업 장	서울시 마포구 서교동 470	
전화번호	(02) 000-0000	

번호	제품명	규격	수량	단가	공급가액
1	dream_007	㎖	10	20,800	208,000
2	dream_002	box	12	6,900	82,800
3	dream_014	㎖	20	13,300	266,000
4	dream_010	ℓ	5	18,900	94,500
5	dream_015	㎖	7	15,400	107,800
6					
7					
8					
9					
10					
11					
12					
13					
14					
15					
16					
17					
18					
19					
20					

참고:	공 급 가 총 액	₩ 759,100
	세 액 (부가가치세)	₩ 75,910
	합 계 금 액	₩ 835,010

01 '공급제품' 워크시트에서 [B3:D17]을 블록으로 지정합니다. 이름 상자를 클릭하고 '공급제품'으로 셀 범위의 이름을 입력한 후 Enter 키를 누릅니다.

> **POINT** 이름 '공급제품'은 견적서에서 규격과 단가를 구하는 VLOOKUP 함수식에서 셀 참조 대신 사용됩니다.

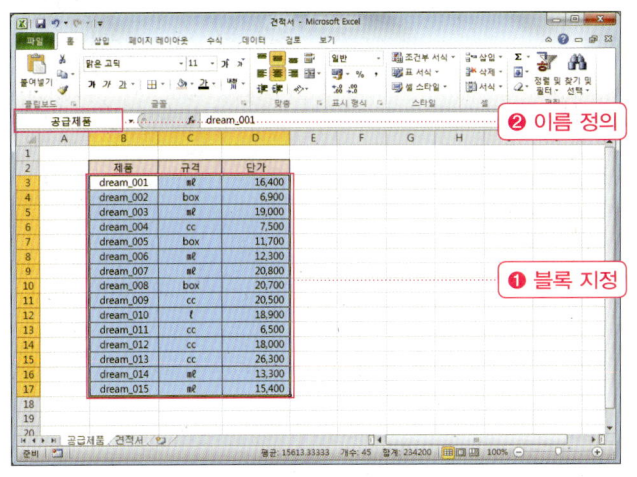

02 이번에는 [B3:B17]을 블록으로 지정하고 이름 상자를 클릭한 다음 '제품명'으로 이름을 입력하고 Enter 키를 누릅니다.

> **POINT** 이름 '제품명'은 견적서에서 제품을 선택하여 입력하기 위한 유효성 검사를 설정할 때 사용됩니다.

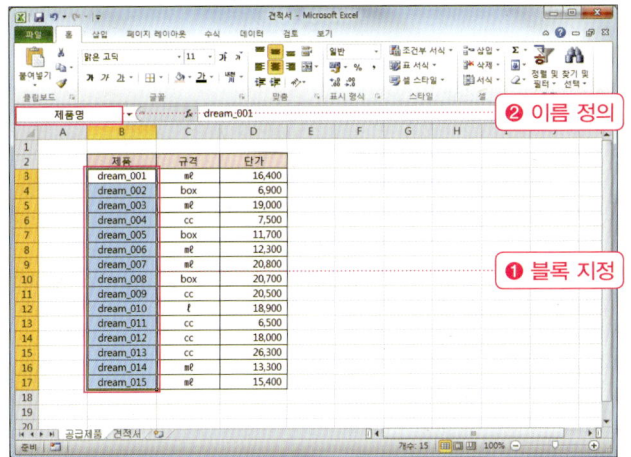

03 '견적서' 워크시트에서 제품명을 입력할 영역인 [C9:C28]을 블록으로 지정하고 [데이터] 탭-[데이터 도구] 그룹-데이터 유효성 검사(📋)를 클릭합니다.

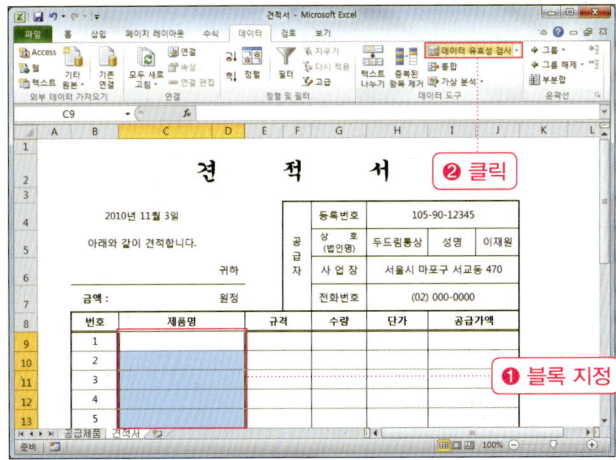

04 [데이터 유효성] 대화상자의 [설정] 탭에서 [제한 대상]을 '목록'으로 선택합니다. [원본] 입력란에 =제품명을 입력한 다음 [확인] 버튼을 클릭합니다.

> **POINT** 제품명을 입력할 때 드롭다운 버튼을 누르고 '제품명'으로 이름이 정의된 영역의 항목 중에서 선택하기 위한 유효성 검사입니다.

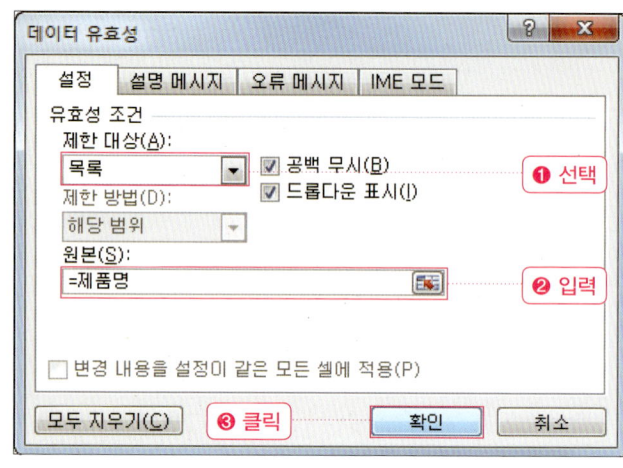

05 [C9]셀의 드롭다운 버튼을 클릭해 임의로 제품명을 선택하여 입력하고 [E9]셀에 =IF(ISBLANK(C9),"",VLOOKUP(C9,공급제품,2,0))을 입력합니다. 이 수식은 [C9]셀에 제품명이 입력되어 있지 않으면 공백("")을 표시하고, 제품명이 입력되어 있으면 '공급제품' 범위에서 2번째 열에 있는 규격을 찾아 표시합니다.

> **POINT** 'VLOOKUP(C9,공급제품,2,0)'은 '공급제품' 범위의 첫 번째 열에서 [C9]와 같은 값을 찾은 다음 두 번째 열에 있는 규격을 구합니다.

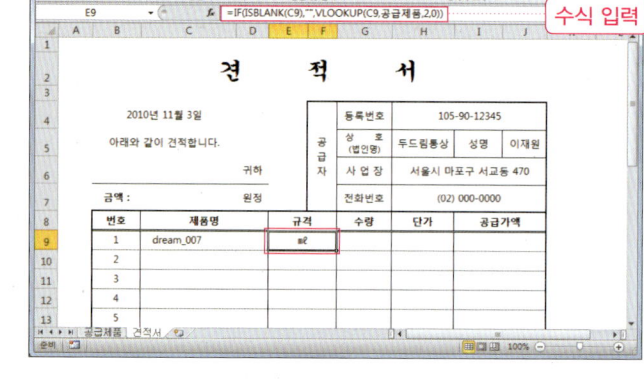

06 [E9]셀의 채우기 핸들을 [E28]셀까지 드래그하여 수식을 복사한 다음 자동 채우기 옵션( ) 버튼을 클릭하고 [서식 없이 채우기] 옵션을 선택합니다.

> **POINT** [E9]셀에서 수식만 아래로 복사하고 서식은 원래 모양을 그대로 유지하기 위한 과정입니다.

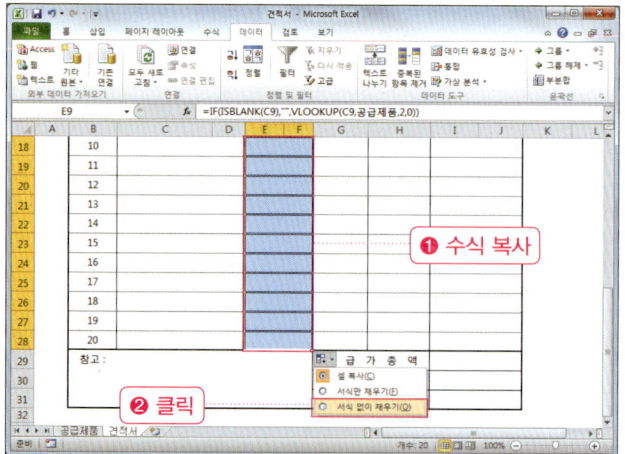

07 [G9]셀에 임의로 수량을 입력한 다음 [H9]셀에 =IF (ISBLANK(C9),"",VLOOKUP(C9,공급제품,3,0))을 입력합니다. 그리고 [H9]셀의 채우기 핸들을 [H28]셀까지 드래그한 다음 자동 채우기 옵션( ) 버튼을 클릭하고 [서식 없이 채우기]를 선택합니다.

> **POINT** 'VLOOKUP(C9,공급제품,3,0)'은 '공급제품' 범위의 첫째 열에서 [C9]셀과 같은 제품명을 찾아 '3'열의 단가를 구합니다.

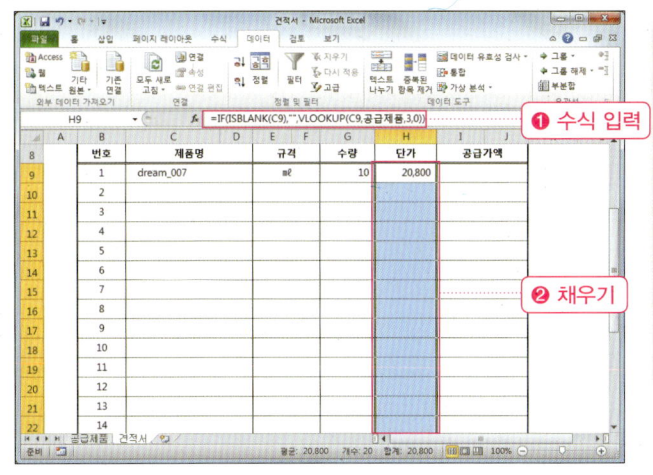

08 [I9]셀에 =IF(ISERROR(G9*H9),"",G9*H9)를 입력하고 채우기 핸들을 [I28]셀까지 끈 다음 자동 채우기 옵션( ) 버튼을 클릭하고 [서식 없이 채우기] 옵션을 선택합니다.

> **POINT** 이 수식은 [G9]셀과 [H9]셀을 곱한 결과가 오류이면 공백을 표시하고, 오류가 아니면 계산 결과를 표시합니다. 단가에 공백이 입력되어 있으면 수량과 단가를 곱했을 때 오류가 발생합니다.

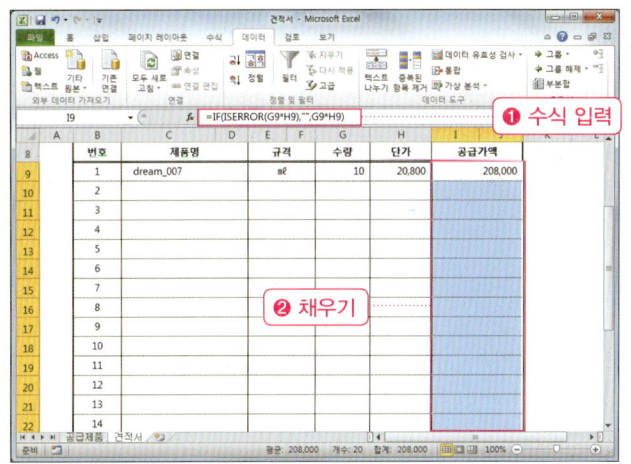

09 이제 다음과 같이 임의로 제품명을 입력하여 규격과 단가를 구하고, 수량을 입력하여 공급가액을 계산해 봅니다.

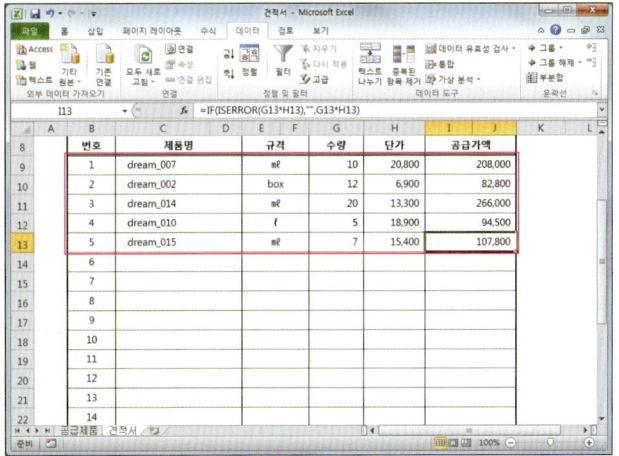

10 [I29]셀에 =SUM(I9:J28), [I30]셀에 =I29*10%, [I31]셀에 =I29+I30을 각각 입력하여 공급가총액과 세액, 합계 금액을 계산합니다.

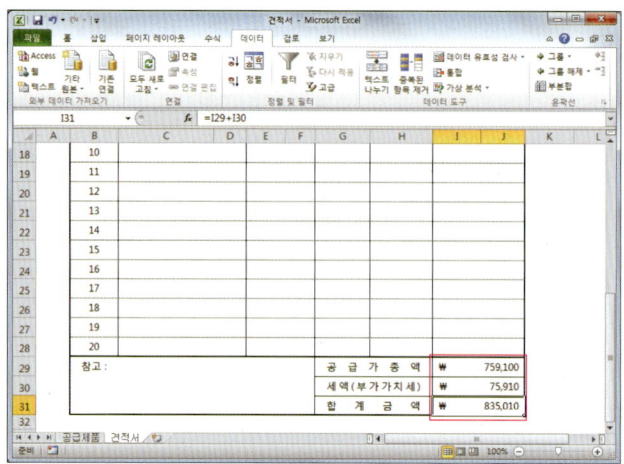

11 [C7]셀에 =I31을 입력하여 [I31]셀의 값을 그대로 가져온 다음 [홈] 탭-[표시 형식] 그룹에서 대화상자 표시(□) 버튼을 클릭합니다.

> **POINT** [셀 서식] 대화상자를 여는 바로 가기 키는 Ctrl+1입니다.

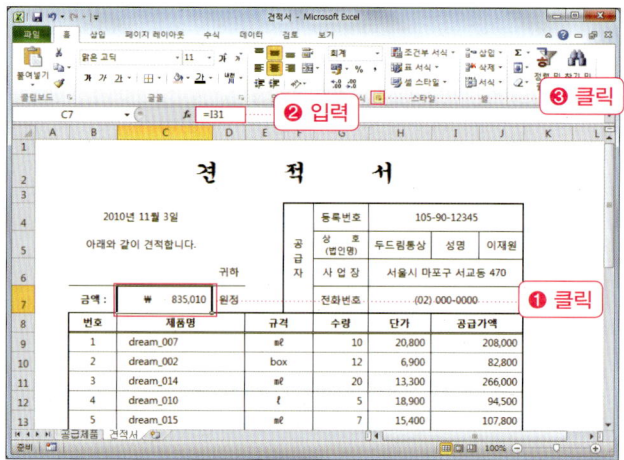

12 [셀 서식] 대화상자의 [표시 형식] 탭에서 [범주]를 '기타'로 선택하고, [형식]에서 '숫자(한글)'를 선택한 다음 [확인] 버튼을 클릭합니다.

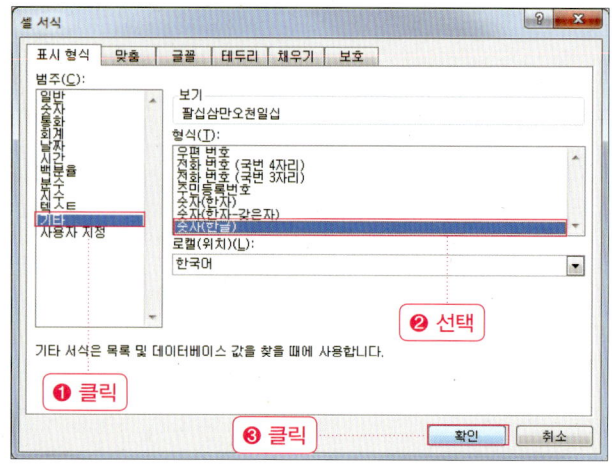

13 [C7]셀의 합계 금액이 한글로 표시됩니다.

> POINT [C7]셀에는 [셀 서식] 대화상자의 [맞춤] 탭에서 '셀에 맞춤' 확인란이 설정되어 있습니다. 셀 너비보다 긴 텍스트를 표시할 경우 자동으로 글자 크기를 줄여 셀에 모든 텍스트를 표시합니다.

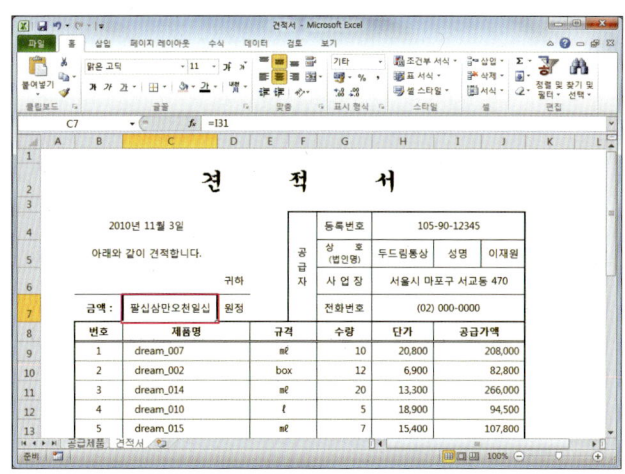

14 백스테이지 보기에서 [인쇄]를 클릭하여 지금까지 작성한 견적서의 인쇄 모양을 확인하고 문서를 저장합니다.

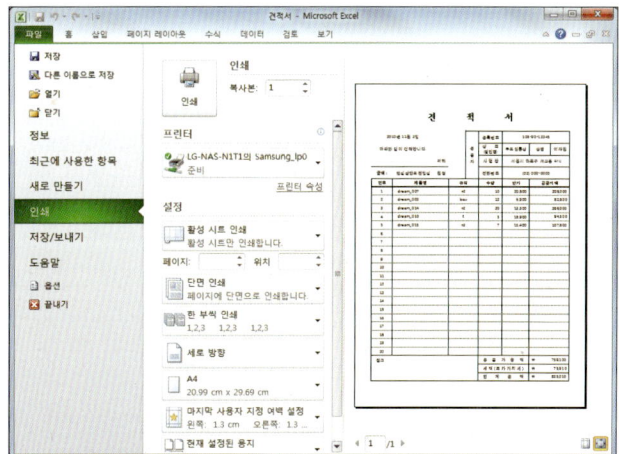

Section 10 - 차용증

보통 차용증·보관증·차용증서·각서 등의 이름으로 작성되는 문서들은 돈을 빌려주거나 또는 빌리면서 그것을 증명하는 증거문서의 용도로 작성이 됩니다. 그와 같은 문서들은 명칭 여하를 불문하고 증거문서로서 똑같은 효력을 갖고 있습니다. 미리 작성되어 있는 차용증 양식에 차용한 금액과 이자 및 이자의 지급 시기, 계약 일자를 비롯하여 채권자와 채무자의 각종 정보를 수식을 이용하여 입력하는 방법을 알아봅니다.

키워드 이름 만들기, TEXT 함수, & 연산자, 표시 형식
예제 파일 Part4\예제파일\차용증.xlsx

차 용 증

금액 : 일금 오천만 원정 (￦ 50,000,000 원)

위 금액을 정히 차용하고 아래 조항을 이행할 것을 확약합니다.

1. 이자는 10%(으)로 정하고 지급 시기는 매월 5일에 채권자의 주소지에 지참 변제하기로 한다.
2. 원금의 변제기는 2011년 10월 20일로 약정하고 채권자의 주소지에 지참 변제하기로 한다.
3. 이자의 지급을 1회라도 연체할 경우 채무자는 기한의 이익을 상실하고 채권자는 원리금 잔액을 청구하여도 이의 없이 변제하기로 한다.
4. 본 채무에 관한 분쟁의 재판관할은 채권자의 주소지를 관할하는 법원으로 정한다.
5. 연대보증인은 채무자와 연대로 채무이행의 책임을 부담하기로 한다.

위 계약을 확실히 하기 위하여 이 증서를 작성하고 서명 날인하여 각자 1부씩 보관한다.

계약일자 :   2010년 10월 20일

<채권자> 주 소 : 서울시 도봉구 방학2동 100
         성 명 : 홍길동   (인)
         연 락 처 : (02) 000-0000

<채무자> 주 소 : 서울시 은평구 갈현1동 333
         성 명 : 이순신   (인)
         연 락 처 : (02) 999-9999

01 '정보입력' 워크시트에서 [B2:C6], [F2:G4]를 블록으로 지정하고 [수식] 탭-[정의된 이름] 그룹-선택 영역에서 만들기(선택 영역에서 만들기)를 클릭합니다.

> POINT '정보입력' 워크시트에 있는 내용을 '차용증' 워크시트의 각 셀로 쉽게 가져가기 위해 미리 이름을 정의합니다.

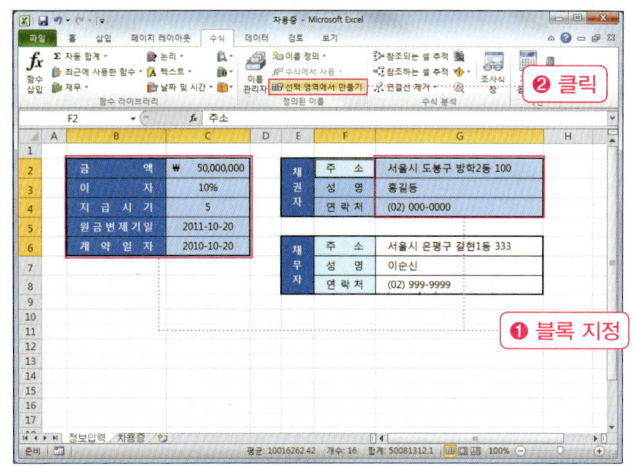

02 [선택 영역에서 이름 만들기] 대화상자가 열리면 '왼쪽 열'만 체크하고 [확인] 버튼을 클릭합니다.

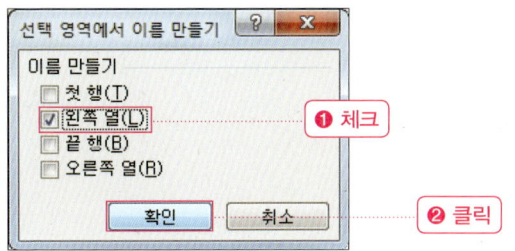

03 [G6]셀에서 이름 상자를 클릭하고 '주소2'로 이름을 입력한 후 Enter 키를 누릅니다. 같은 방법으로 [G7]셀에는 '성명2', [G8]셀에는 '연락처2'로 각각 이름을 정의합니다.

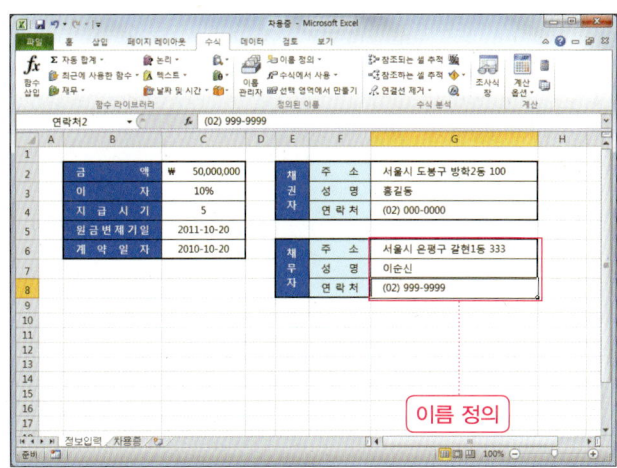

407

04 [차용증] 워크시트에서 [D5]셀에 =금액을 입력한 다음 [홈] 탭-[표시 형식] 그룹에서 대화상자 표시( ) 버튼을 클릭합니다.

> **POINT** =금액은 '금액'으로 이름이 정의된 셀의 값을 그대로 가져와 표시합니다.

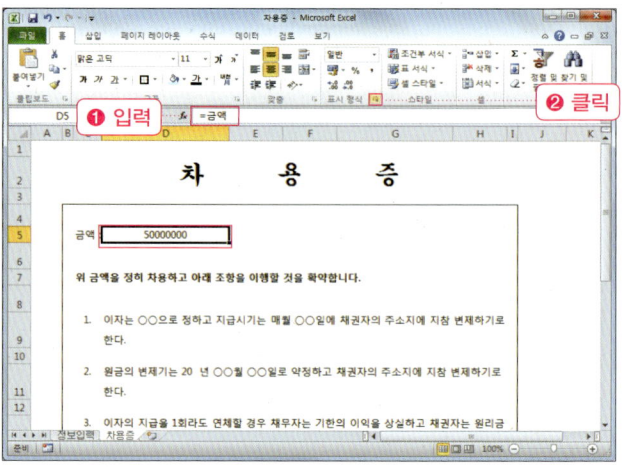

05 [셀 서식] 대화상자의 [표시 형식] 탭에서 [범주]를 '사용자 지정'으로 선택합니다. [형식] 입력란에 '일금 [DBNum4]G/표준 원정'으로 서식 코드를 입력하고 [확인] 버튼을 클릭합니다.

> **POINT** '[DBNum4]G/표준'은 숫자를 한글로 표시하는 서식 코드입니다. 앞과 뒤의 텍스트는 입력한 그대로 표시됩니다.

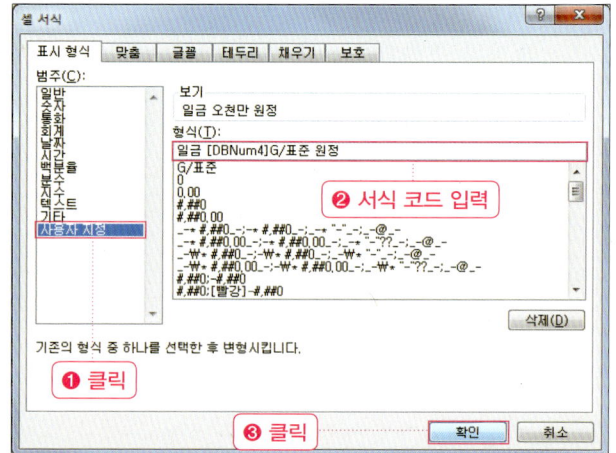

06 [E5]셀에서 =D5를 입력한 다음 [홈] 탭-[표시 형식] 그룹에서 대화상자 표시( ) 버튼을 클릭합니다. [셀 서식] 대화상자의 [표시 형식] 탭에서 [범주]를 '사용자 지정'으로 선택하고 [형식] 입력란에 '(₩ #,##0 원)'으로 서식 코드를 입력한 다음 [확인] 버튼을 클릭합니다.

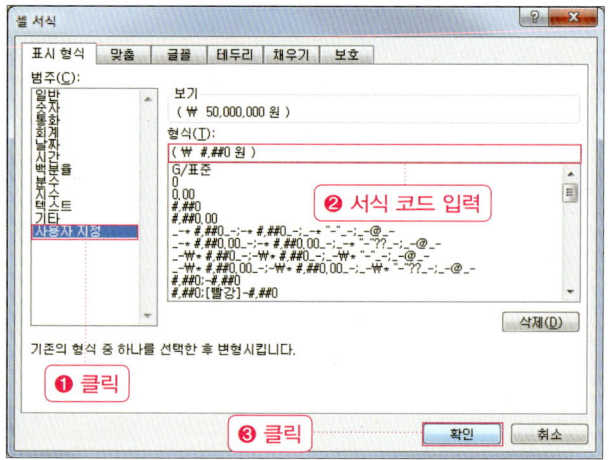

07 [D9]셀에 입력되어 있는 텍스트를 =" 이자는 "&TEXT(이자,"0%")&"(으)로 정하고 지급 시기는 매월 "&지급시기&"일에 채권자의 주소지에 지참 변제하기로 한다."로 수정합니다. 이 수식에서 'TEXT(이자, "0%")'는 [이자]셀의 값을 '0%' 서식으로 표시합니다.

> **POINT** 따옴표로 묶은 텍스트와 TEXT 함수의 결과, '지급시기'가 가리키는 셀의 값을 & 연산자로 모두 연결하여 표시하는 수식입니다.

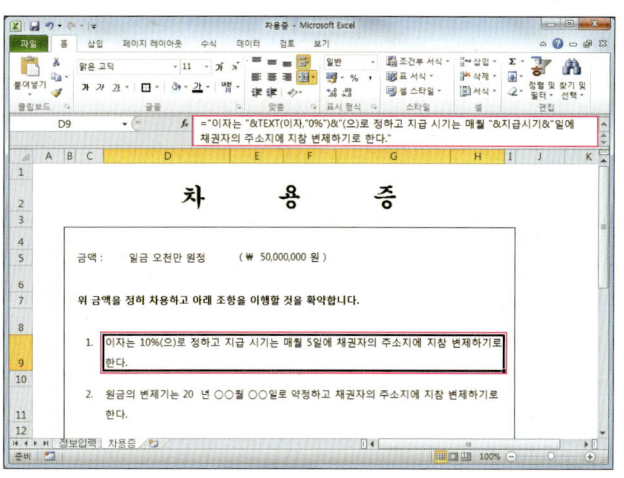

08 [D11]셀의 텍스트를 ="원금의 변제기는 "&TEXT(원금변제기일,"yyyy년 m월 d일")&"로 약정하고 채권자의 주소지에 지참 변제하기로 한다."로 수정합니다. 여기서 TEXT 함수는 [원금변제기일]셀의 값을 'yyyy년 m월 d일' 형식으로 표시합니다.

> **POINT** 'TEXT(값, '서식')' 함수는 지정한 값에 주어진 서식을 적용한 다음 텍스트로 변환합니다.

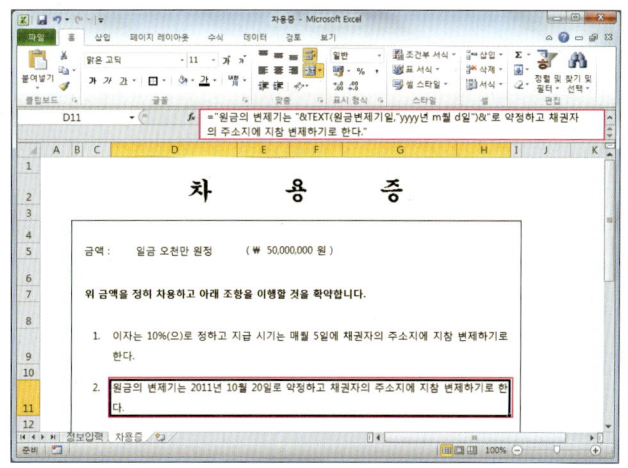

09 [G21]셀에 =계약일자, [G23]셀에 =주소, [G24]셀에 =성명, [G25]셀에 =연락처, [G27]셀에 =주소2, [G28]셀에 =성명2, [G29]셀에 =연락처2를 각각 입력하여 지정한 이름이 참조하는 셀의 값을 그대로 가져와 표시합니다.

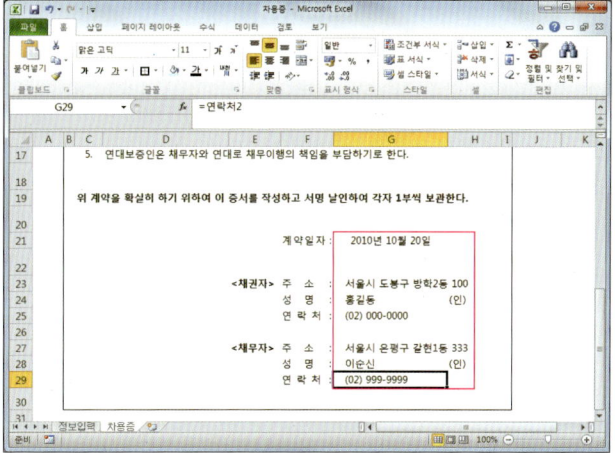

Section 11 급여 명세서

하나의 워크시트에 사원들의 급여 지급 내역을 입력해 두고 개인별로 급여 명세서를 출력하기 위한 양식을 만듭니다. 사원 번호나 주민등록번호 등 중복 입력되지 않는 데이터를 이용하여 특정 사원을 선택하면 자동으로 개인 급여 명세서가 작성되도록 미리 만들어져 있는 양식에 수식을 입력할 것입니다.

키워드 MATCH 함수, INDEX 함수, 데이터 유효성 검사, 표시 형식
예제 파일 Part4\예제파일\급여명세서.xlsx

급 여 명 세 서

부서	홍보부	사번	INFO-013	차감지급액	이백오십만사천육백팔십 원정
직책	과장	성명	한석규		(₩ 2,504,680)

지 급 내 역

본봉	직책수당	가족수당	시간외수당	특별수당	식대	상여금	지급합계
1,197,000	120,000	100,000	502,200	103,000	120,000	598,500	2,740,700

공 제 내 역

갑근세	주민세	의료보험	국민연금	상조회비	고용보험	가불	공제합계
4,800	12,900	73,100	70,700	70,000	4,520	-	236,020

♬ 일이 있어 하루가 즐겁습니다. 수고하셨습니다. ♬

01 '급여원장' 워크시트에서 [A1:R31]을 블록으로 지정하고 [수식] 탭-[정의된 이름] 그룹-선택 영역에서 만들기(선택 영역에서 만들기)를 클릭합니다.

> **POINT** 데이터가 입력된 임의의 셀에서 Ctrl+* 또는 Ctrl+A 를 누르면 쉽게 데이터 목록 전체를 선택할 수 있습니다.

02 [선택 영역에서 이름 만들기] 대화상자가 열리면 '첫 행'만 체크하고 [확인] 버튼을 클릭합니다.

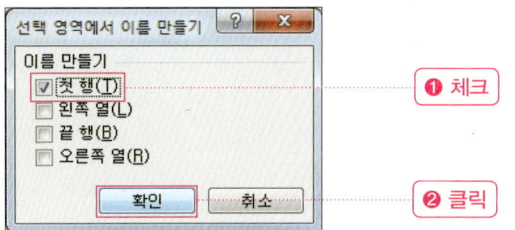

03 '급여명세서' 워크시트의 [D2]셀에서 [데이터] 탭-[데이터 도구] 그룹-데이터 유효성 검사( )를 클릭합니다.

> **POINT** [D2]셀은 급여 명세서를 출력하고자 하는 사원의 사번을 선택하는 셀로 사용할 것입니다.

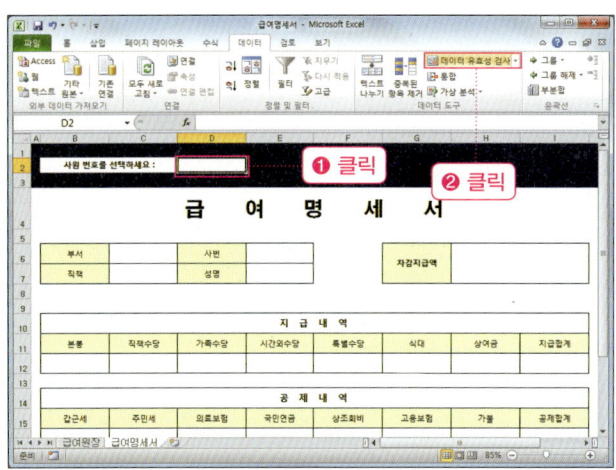

04 [데이터 유효성] 대화상자가 열리면 [설정] 탭에서 [제한 대상]을 '목록'으로 지정하고 [원본] 입력란에 =사번을 입력한 다음 [확인] 버튼을 클릭합니다.

> **POINT** 이름 '사번'이 참조하는 셀 범위에 있는 값만 목록에서 선택하여 입력할 수 있도록 설정합니다.

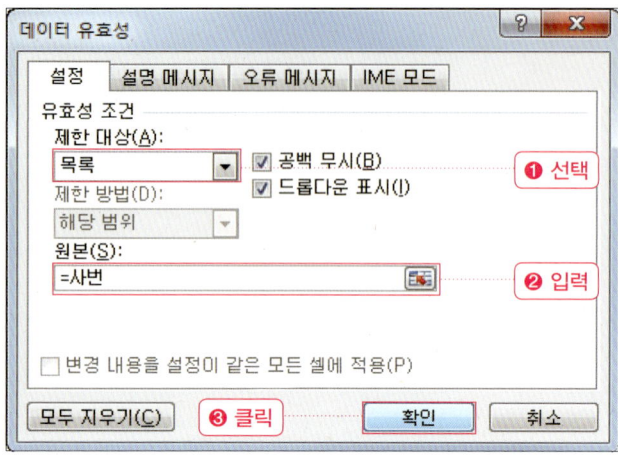

05 [D2]셀에서 드롭다운 버튼을 클릭하고 임의로 사번을 하나 선택하여 입력합니다. 그런 다음 [F2]셀에 =MATCH(D2,사번,0)을 입력하여 선택한 사번이 '사번' 범위에서 몇 번째에 있는지 위치 번호를 구합니다.

> **POINT** 'MATCH(값, 범위, 옵션)' 함수는 지정한 범위에서 주어진 값의 위치 번호를 구합니다. 옵션을 0으로 지정하면 범위에서 값을 찾을 때 정확하게 일치하는 값을 찾습니다.

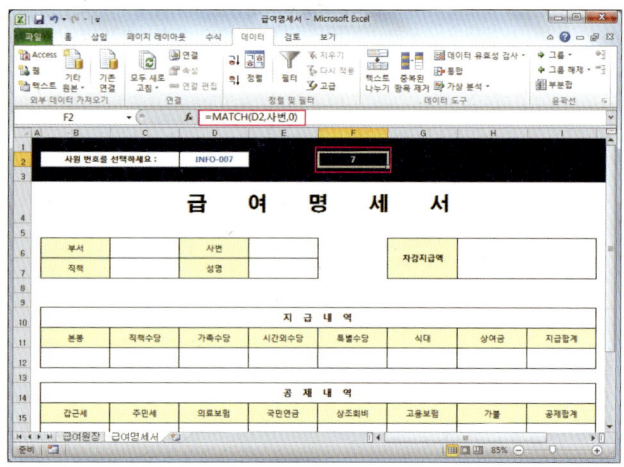

06 [C6]셀에 =INDEX(부서,F2)를 입력합니다. 이 수식은 '부서'로 이름이 정의되어 있는 셀 범위에서 [F2]셀의 값 위치에 있는 데이터를 표시합니다.

> **POINT** [F2]셀의 값이 '1'이면 =INDEX(부서,F2)는 '부서' 범위에서 1번째에 있는 값을 구합니다.

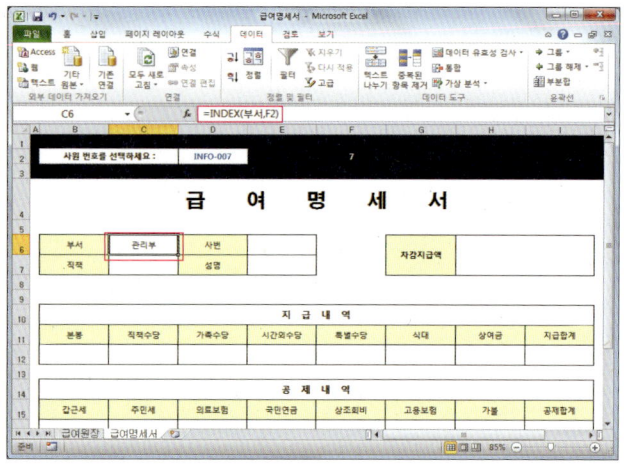

07 같은 방법으로 직책, 사번, 성명, 지급내역과 공제내역의 각 항목을 INDEX 함수를 사용하여 구합니다. 예를 들어 직책은 [C7]셀에 =INDEX(직책,F2), 본봉은 [B12]셀에 =INDEX(본봉,F2)와 같이 수식을 입력합니다.

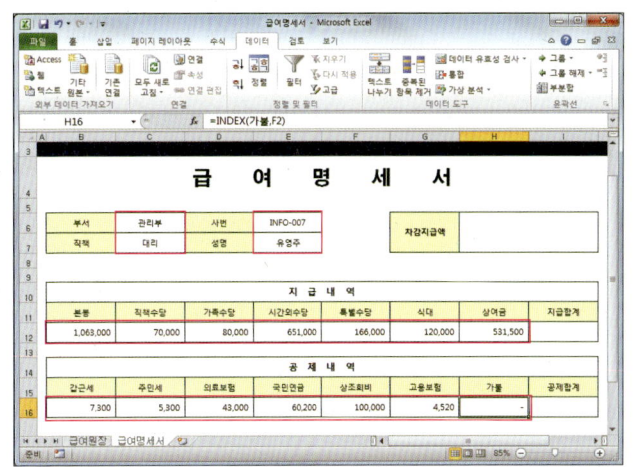

08 [I12]셀에 =SUM(B12:H12), [I16]셀에 =SUM(B16:H16)을 각각 입력하여 지급 합계와 공제 합계를 계산합니다.

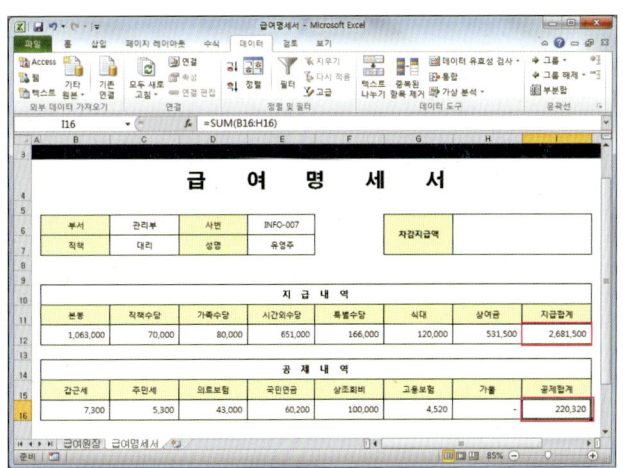

09 [H6]셀에 =I12-I16을 입력하여 차감 지급액을 구한 다음 [홈] 탭-[표시 형식] 그룹에서 대화상자 표시(□) 버튼을 클릭합니다.

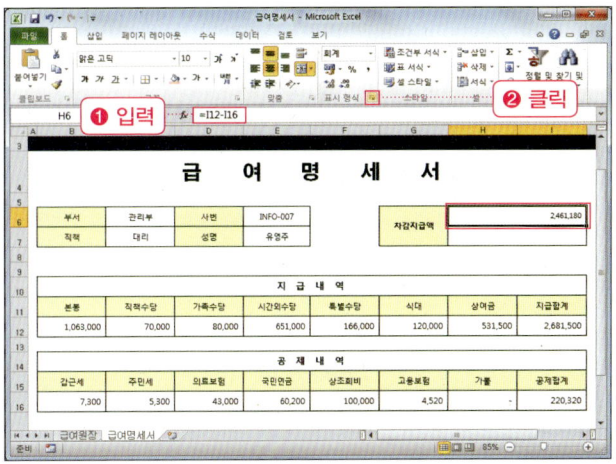

413

10 [셀 서식] 대화상자가 열리면 [표시 형식] 탭에서 [범주]를 '사용자 지정'으로 선택합니다. [형식] 입력란에 '[DBNum4]G/표준 원정'을 입력한 다음 [확인] 버튼을 클릭해서 금액을 한글로 표시합니다.

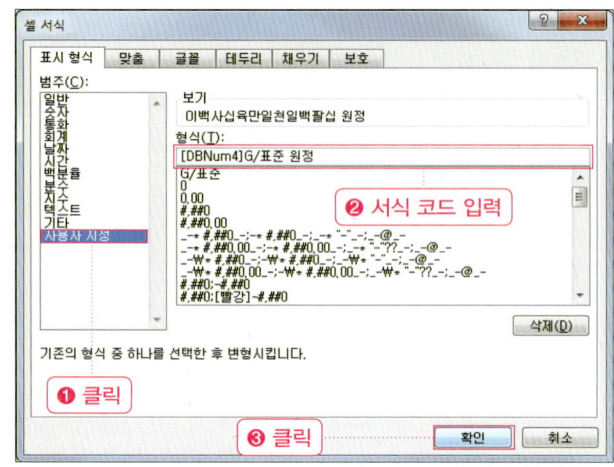

11 [H7]셀에 =H6을 입력한 다음 [홈] 탭-[표시 형식] 그룹에서 대화상자 표시( ) 버튼을 클릭합니다. [셀 서식] 대화상자의 [표시 형식] 탭에서 범주를 '사용자 지정'으로 선택하고 [형식] 입력란에 '(　₩　#,##0　)'을 입력한 다음 [확인] 버튼을 클릭합니다.

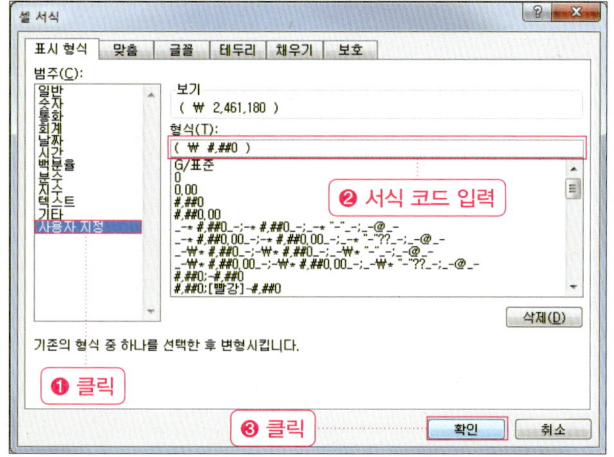

12 [F2]셀에 수식의 계산 결과가 표시되지 않도록 표시 형식을 지정하겠습니다. [F2]셀에서 [홈] 탭-[표시 형식] 그룹에서 대화상자 표시( ) 버튼을 클릭합니다.

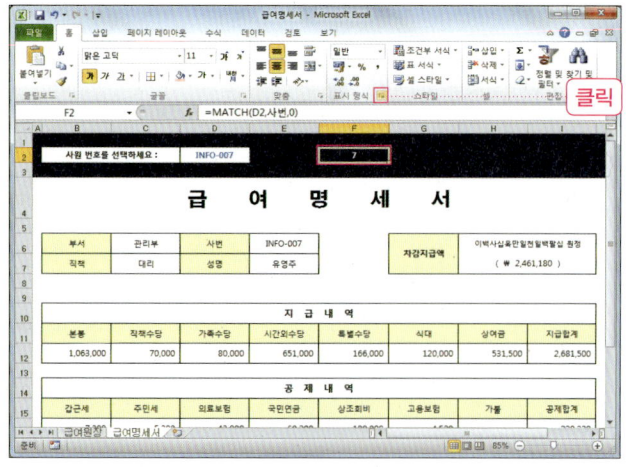

13 [셀 서식] 대화상자의 [표시 형식] 탭에서 [범주]를 '사용자 지정'으로 선택하고 [형식] 입력란에 ';;;'을 입력한 다음 [확인] 버튼을 클릭합니다.

> **POINT** 세미콜론(;)은 서식 코드에서 '양수;음수;0값;텍스트'와 같이 각 구역의 서식 코드를 구분합니다. 서식 코드를 입력하지 않고 세미콜론(;)만 세 개를 연속해서 입력하면 셀에 입력한 값이 나타나지 않습니다.

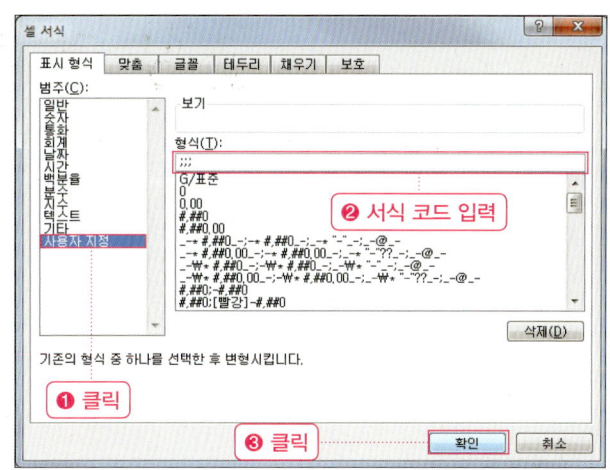

14 [D2]셀에서 다른 사번을 선택하여 선택한 사원의 급여 명세서가 바르게 표시되는지 확인한 다음 문서를 저장합니다.

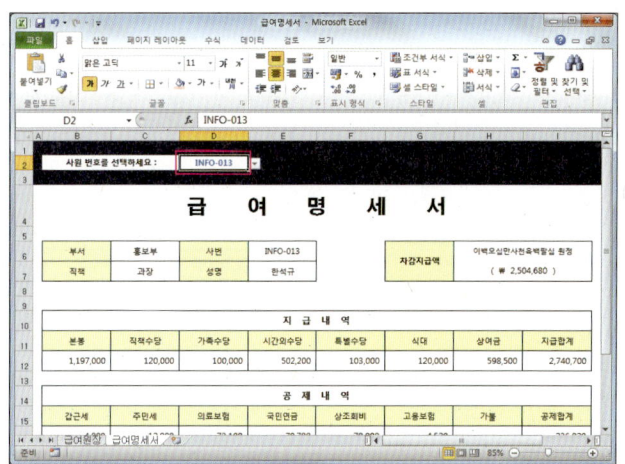

15 백스테이지 보기에서 [인쇄]를 클릭하면 다음과 같이 급여명세서의 인쇄 모양을 확인할 수 있습니다.

> **POINT** 급여 명세서의 인쇄 영역은 [B4:I18]로, 용지 방향은 [가로 방향]으로 설정되어 있습니다.

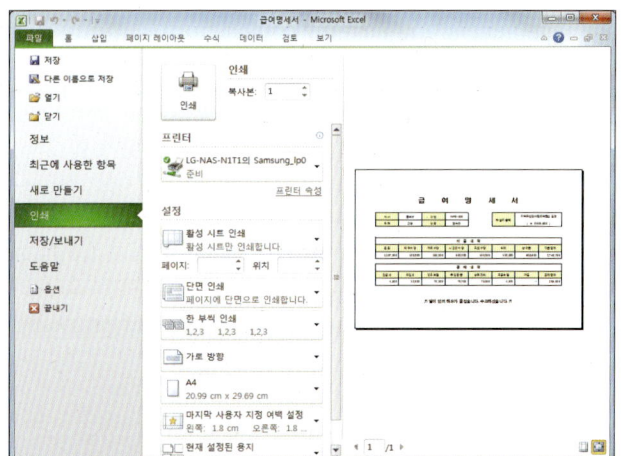

Section 12

출장 보고서

출장 보고서는 회사에서 업무상 출장을 다녀온 다음 작성하여 상사에게 보고하는 문서입니다. 회사마다 또는 부서마다 작성하는 양식에 약간의 차이가 있을 수 있습니다. 여기서는 출장지에서 방문한 거래처에 대한 정보와 실적 사항, 교통비와 제경비, 숙박비 등의 내역을 포함하는 출장 보고서를 작성합니다.

키워드 맞춤 서식, 사용자 지정 표시 형식, 서식 복사

예제 파일 Part4\예제파일\출장보고서.xlsx

01 [C3:D3]을 먼저 블록으로 지정한 다음 Ctrl 키를 누른 상태에서 [C4:D4]를 블록으로 지정합니다. [홈] 탭-[맞춤] 그룹-가운데 맞춤(≡)을 클릭하고, [글꼴] 그룹-테두리(⊞)의 드롭다운 버튼을 클릭한 다음 [아래쪽 테두리]를 선택합니다.

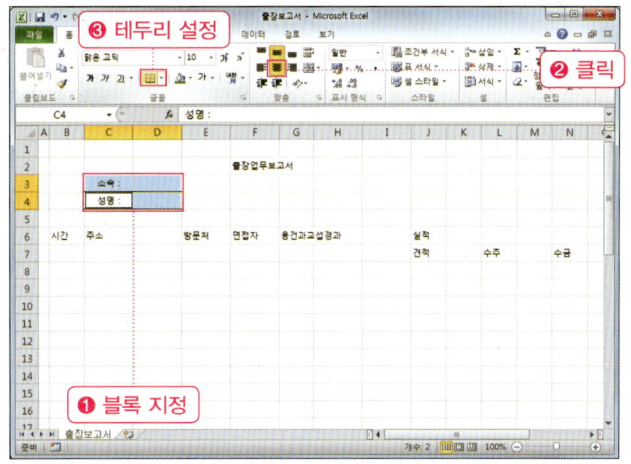

02 [F2:K3]을 블록으로 지정하고 [셀 서식] 대화상자를 엽니다. [글꼴] 탭에서 글꼴 서식을 '궁서', '굵게', '26'으로 지정하고, [맞춤] 탭에서 [가로]를 '균등 분할 (들여쓰기)', [들여쓰기]를 '1'로 지정한 후 '셀 병합'을 체크한 다음 [확인] 버튼을 클릭합니다.

> **POINT** [홈] 탭-[글꼴] 그룹의 대화상자 표시(⊡) 버튼을 클릭해서 [셀 서식] 대화상자를 엽니다.

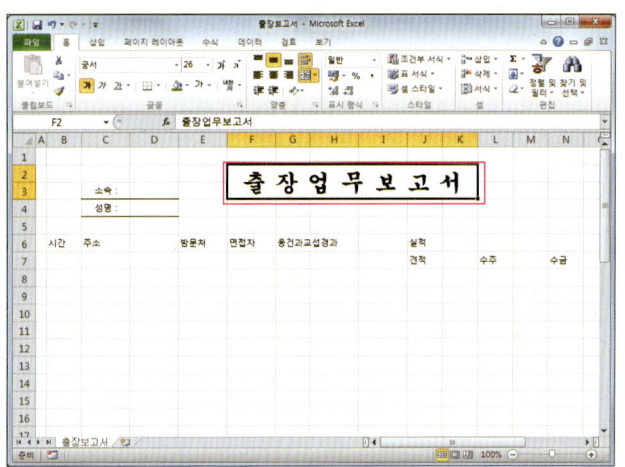

03 [F4:K4]를 블록으로 지정하고 [홈] 탭-[맞춤] 그룹-병합하고 가운데 맞춤(병합하고 가운데 맞춤▼)을 클릭한 다음 오늘 날짜를 입력합니다.

> **POINT** Ctrl + ; 을 누르면 오늘 날짜를 빠르게 입력할 수 있습니다.

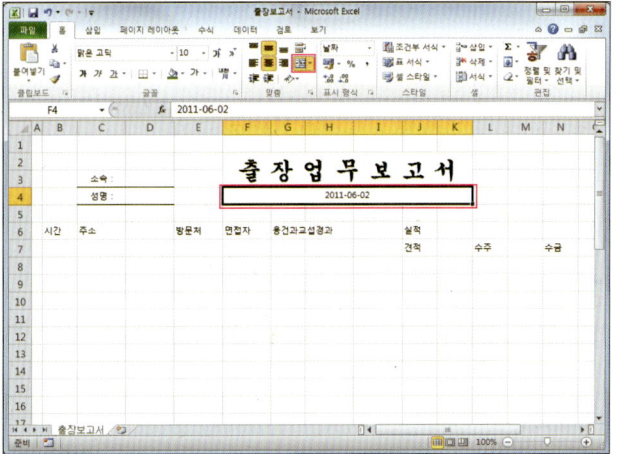

417

04 [F4:K4]가 선택된 상태로 [셀 서식] 대화상자를 연 다음 [표시 형식] 탭에서 [범주]를 '사용자 지정'으로 선택합니다. 형식 입력란에 'YYYY년 M월 D일 (AAAA)'로 서식 코드를 입력하고 [확인] 버튼을 클릭합니다.

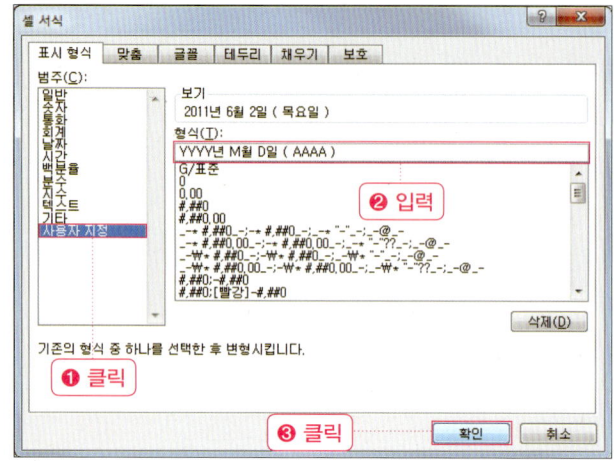

05 [B6:B7], [C6:D7], [E6:E7], [F6:F7], [G6:I7], [J6:O6], [J7:K7], [L7:M7], [N7:O7], [P6:P7]을 블록으로 지정한 다음 [홈] 탭-[맞춤] 그룹-병합하고 가운데 맞춤(병합하고 가운데 맞춤 ▼)을 클릭하고, [글꼴] 그룹-굵게(가)를 클릭합니다.

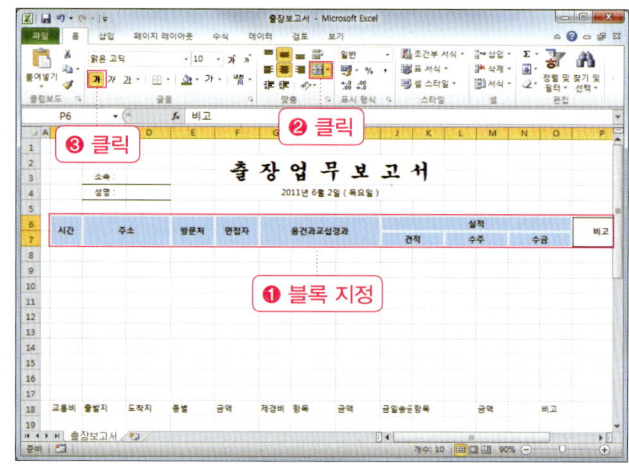

06 [C8:D8], [G8:I8], [J8:K8], [L8:M8], [N8:O8]을 블록으로 지정하고 병합하고 가운데 맞춤(병합하고 가운데 맞춤 ▼)으로 설정합니다. 그런 다음 [B8:P8]을 블록으로 지정하고 채우기 핸들을 [P17]셀까지 끌어 복사합니다.

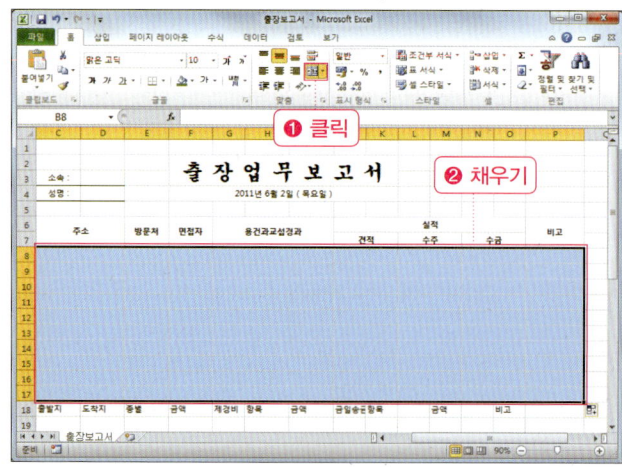

07 [B18:B24]를 블록으로 지정한 다음 [셀 서식] 대화상자를 열고 [맞춤] 탭에서 [가로]를 '가운데'로 지정합니다. [방향]을 '세로 텍스트'로 지정하고, '셀 병합'을 체크한 다음 [확인] 버튼을 클릭합니다.

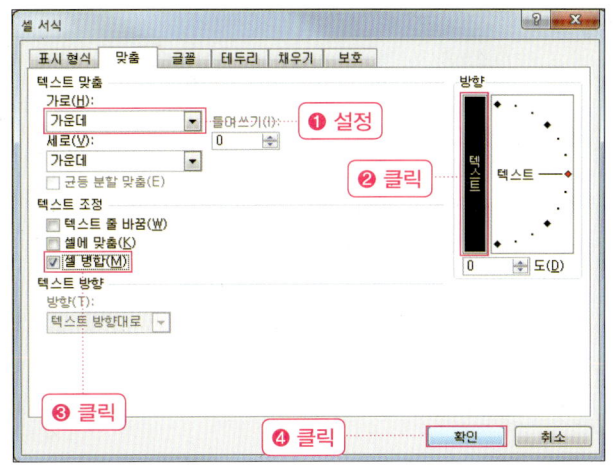

08 [C18:F18]을 블록으로 지정하고 가운데 맞춤( )을 클릭합니다. [C24:E24]를 블록으로 지정하고 병합하고 가운데 맞춤(병합하고 가운데 맞춤 ▼)을 클릭합니다.

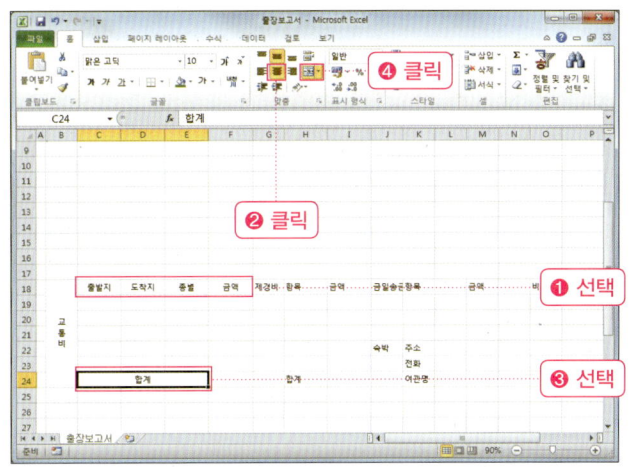

09 [G18:G24], [J18:J21], [J22:J24]의 [가로]를 '가운데 맞춤'으로 지정하고, '세로 텍스트'를 설정한 뒤, '셀 병합'을 체크합니다. [H18:I18]과 [H24]를 가운데 맞춤으로 설정합니다. [K18:L18]을 병합하고 가운데 맞춤으로 설정한 다음 [K19:L21], [M18:N21], [O18:P24]에 서식을 복사합니다. [L22:N22]를 병합하고 가운데 맞춤으로 설정하고 채우기 핸들을 [N24]셀까지 드래그합니다.

> **POINT** [K18:L18]의 서식을 복사할 때 [홈] 탭-[클립보드] 그룹-서식 복사(서식 복사)를 사용합니다.

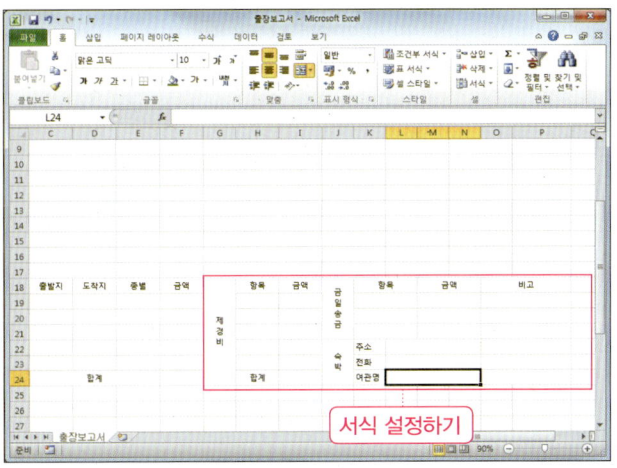

10 [B6:P24]를 블록으로 지정하고 테두리( )의 드롭다운 버튼을 클릭한 다음 [모든 테두리]를 선택합니다.

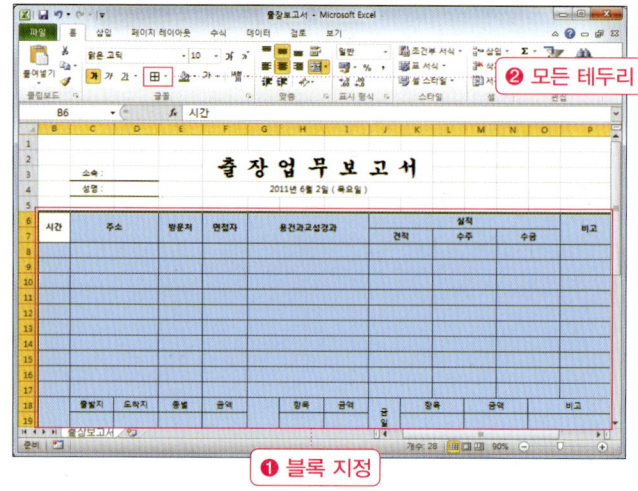

11 [R2:V4] 영역에 다음과 같이 결재란을 작성한 다음 블록을 지정하고 Ctrl+C를 눌러 복사합니다.

> **POINT** [홈] 탭-[클립보드] 그룹-복사(복사)를 클릭해도 됩니다.

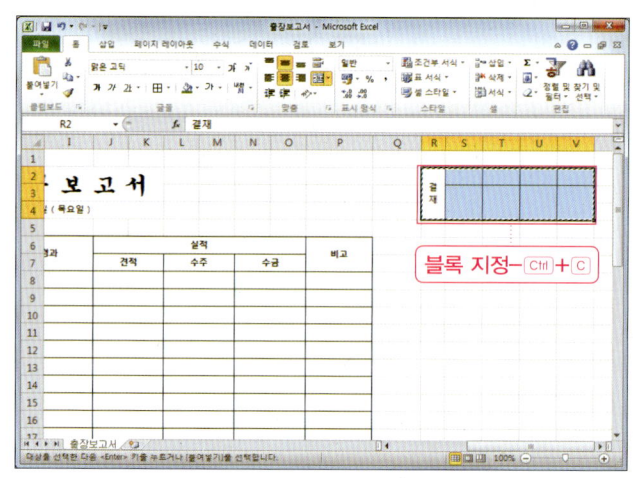

12 [L2]셀을 클릭하고 [홈] 탭-[클립보드] 그룹-붙여넣기( )의 드롭다운 버튼을 클릭한 다음 [연결된 그림]을 선택합니다. 결재란이 그림으로 삽입되면 마우스로 드래그하여 위치를 조정합니다.

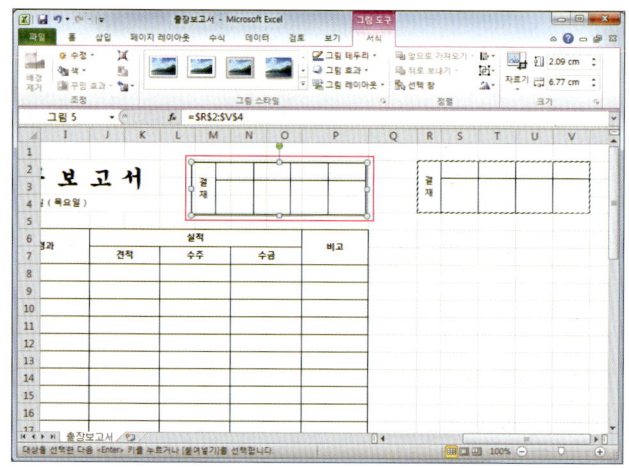

13 [B2:P24]를 블록으로 지정하고 [페이지 레이아웃] 탭-[페이지 설정] 그룹-인쇄 영역( )을 클릭하고 [인쇄 영역 설정]을 선택합니다.

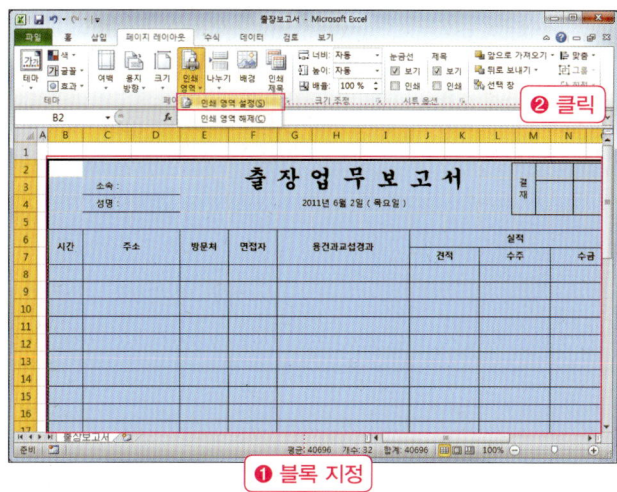

14 백스테이지 보기에서 [인쇄] 메뉴를 클릭하여 작성한 문서의 인쇄 미리 보기를 확인해 보면 다음과 같습니다.

> **POINT** 용지의 방향(가로), 위쪽과 아래쪽 여백(1.4), 페이지 가운데 맞춤(가로와 세로) 등 미리 페이지 설정을 변경해 두었습니다.

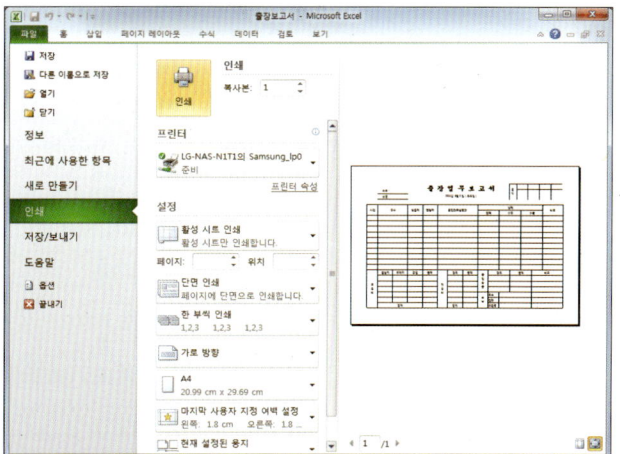

Section 13

발주서

발주서는 거래처의 물품 납품을 요청하는 문서입니다. 발주서에는 물품을 주문하는 발신처에 대한 정보와 물품을 납품하는 수신처에 대한 정보, 납품을 요구하는 물품 내역 등의 정보가 포함됩니다.

키워드 글꼴 서식, 맞춤 서식, 테두리, 자동 맞춤
예제 파일 Part4\예제파일\발주서.xlsx

01 [B2:G3]을 블록으로 지정하고 병합하고 가운데 맞춤 (병합하고 가운데 맞춤), 글꼴 크기(11) '24', 굵게(가) 등의 서식을 지정합니다.

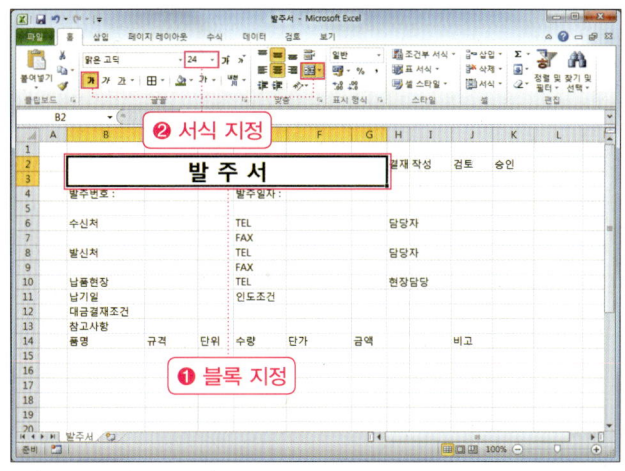

02 [B4:C4]에 가운데 맞춤(≡)과 아래쪽 테두리(⊞)를 지정하고, [E4]셀에 가운데 맞춤(≡)을 지정합니다. [F4:G4]에 병합하고 가운데 맞춤(병합하고 가운데 맞춤)을 지정하고 [F4]셀에 오늘 날짜를 입력합니다. [F4] 셀을 선택하고 [셀 서식] 대화상자의 [표시 형식] 탭에서 날짜의 표시 형식을 변경합니다.

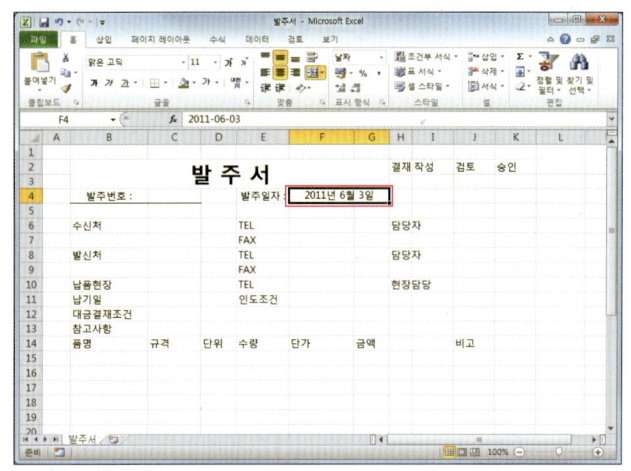

03 [H2:H4]을 선택하고 [셀 서식] 대화상자의 [맞춤] 탭에서 [가로]를 '가운데', [방향]을 '세로 텍스트'로 지정하고 '셀 병합'을 체크합니다. [I3:I4], [J3:J4], [K3:K4]를 각각 병합하고 가운데 맞춤 (병합하고 가운데 맞춤)으로 지정합니다. [H2:K4]를 블록으로 지정하고 가운데 맞춤(≡)과 모든 테두리(⊞)를 지정합니다.

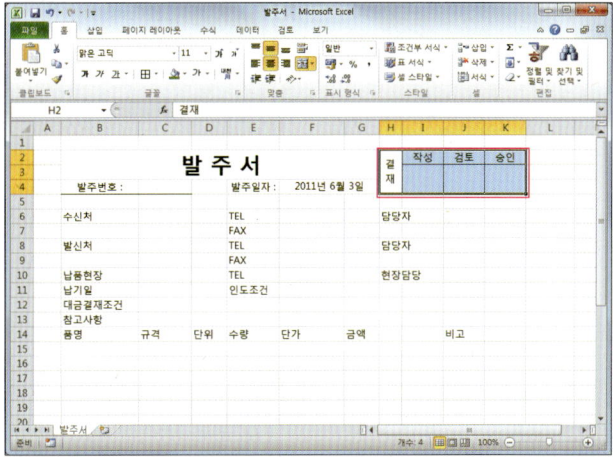

423

04 다음 그림을 참고하여 [B6:K13]의 각 영역을 블록으로 지정한 후 병합하고 가운데 맞춤(![병합하고 가운데 맞춤])을 설정합니다. 이 작업이 모두 끝나면 [B6:K13]을 블록으로 지정하고 가운데 맞춤(![가운데])과 모든 테두리(![테두리])를 지정합니다.

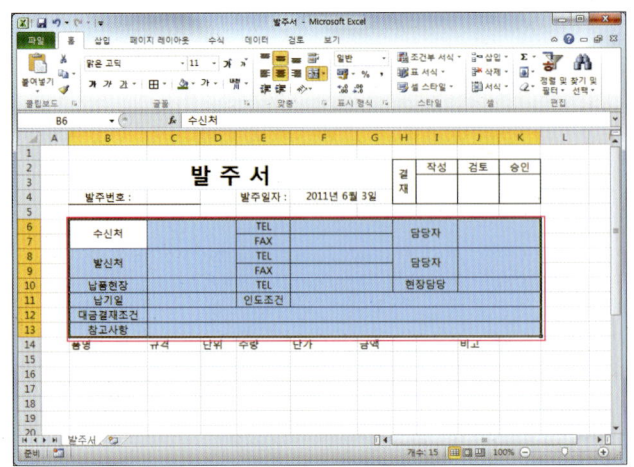

05 [B10:B13]을 블록으로 지정하고 [셀 서식] 대화상자를 실행합니다. [맞춤] 탭에서 [가로]를 '균등 분할 (들여쓰기)'로 선택하고 [확인] 버튼을 클릭합니다.

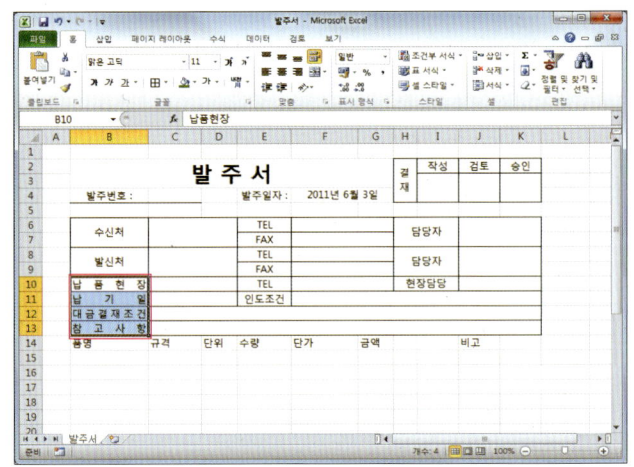

06 [G14:I14], [J14:K14]를 각각 병합하고 가운데 맞춤(![병합하고 가운데 맞춤])으로 설정합니다.

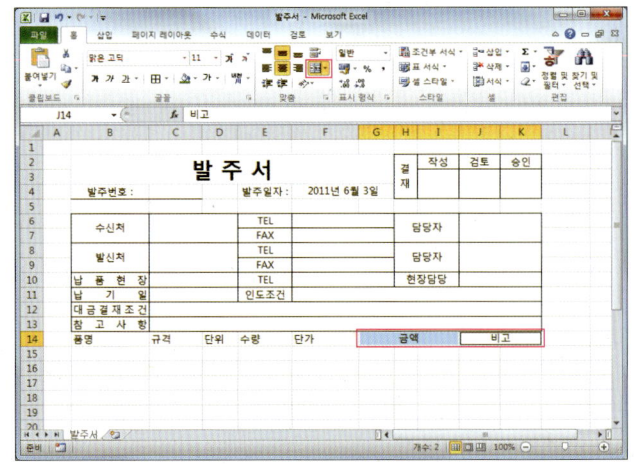

07 [B14:K14]를 블록으로 지정하고 가운데 맞춤(￣), 굵게(가), 모든 테두리(⊞), 채우기 색(♦)등의 서식을 지정합니다.

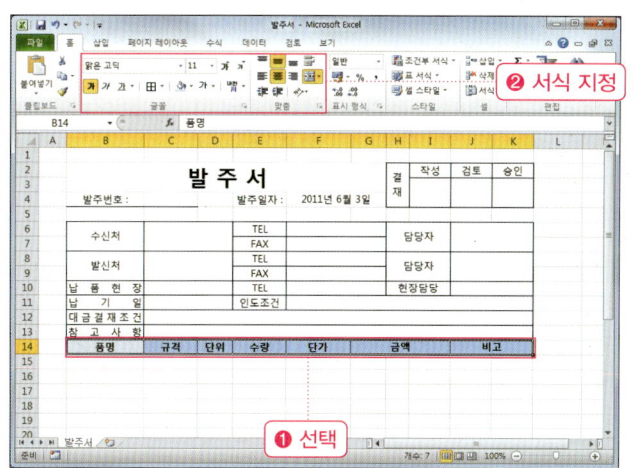

08 [G15:I15], [J15:K15]를 각각 병합하고 가운데 맞춤(병합하고 가운데 맞춤)으로 설정한 다음 [B15:K15]를 블록으로 지정하고 모든 테두리(⊞)를 지정합니다.

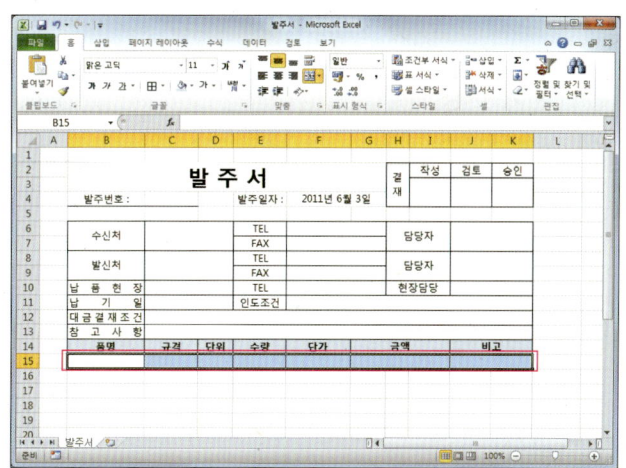

09 [B15:K15]가 블록으로 지정된 상태에서 채우기 핸들을 [K29]셀까지 끌어 복사합니다.

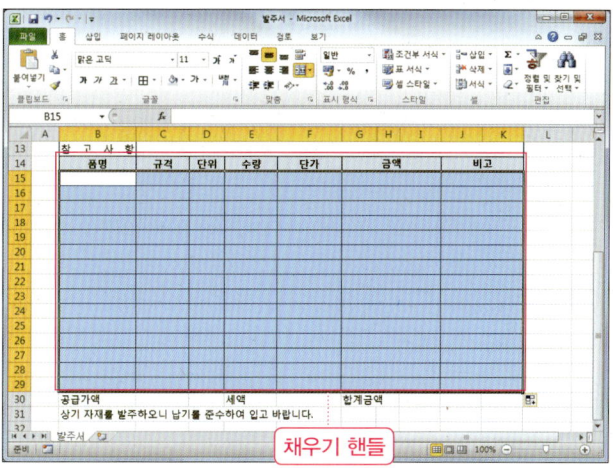

10 [C30:D30], [G30:H30], [I30:K30]을 각각 병합하고 가운데 맞춤(병합하고 가운데 맞춤▼)으로 설정한 다음 [B30:K30]을 블록으로 지정하고 가운데 맞춤(≡), 굵게(가), 모든 테두리(⊞▼)를 지정합니다. [30]행의 높이를 조금 늘려줍니다.

> **POINT** [30]행 머리글의 아래쪽 경계선을 마우스로 드래그해서 적당하게 높이를 늘립니다.

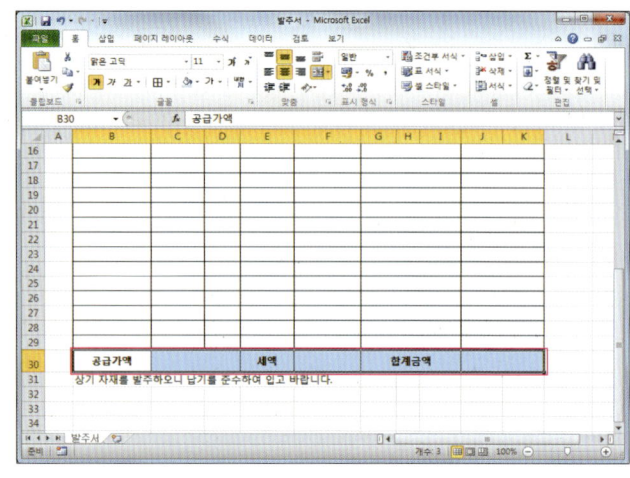

11 [B31:K31]을 병합하고 가운데 맞춤(≡), 굵게(가), 모든 테두리(⊞▼)를 지정하고, [31]행의 높이를 조절합니다.

> **POINT** 엑셀에서 발주서 내용을 완성해야 하는 경우에는 각 셀의 표시 형식과 맞춤 방식 등을 내용에 맞게 지정하고, 공급가액과 세액 그리고 합계금액을 SUM 함수를 이용하여 수식으로 계산합니다.

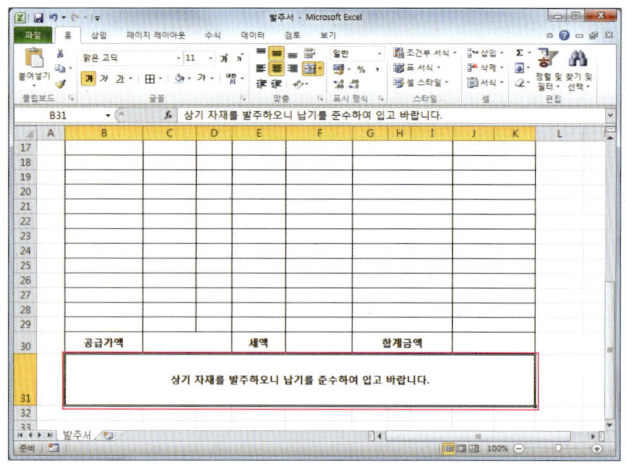

12 [B2:K31]을 블록으로 지정하고 [페이지 레이아웃] 탭-[페이지 설정] 그룹-인쇄 영역(📄)을 클릭하고 [인쇄 영역 설정]을 선택합니다.

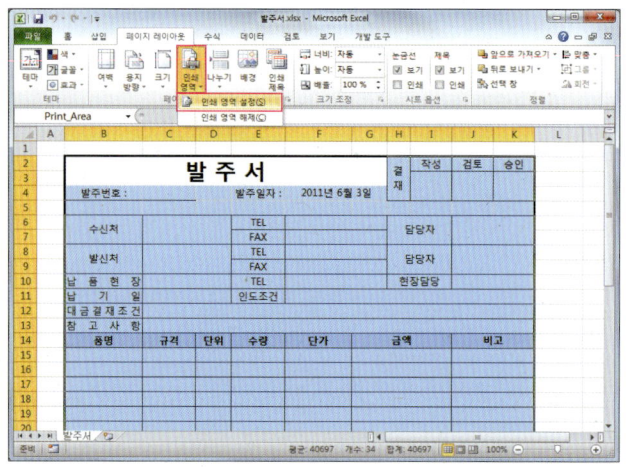

13 계속하여 [크기 조정] 그룹에서 [너비]와 [높이]를 모두 '1페이지'로 지정합니다.

> **POINT** [너비]와 [높이]를 모두 '1페이지'로 지정하면 한 페이지에 맞게 인쇄 배율이 자동으로 조절됩니다.

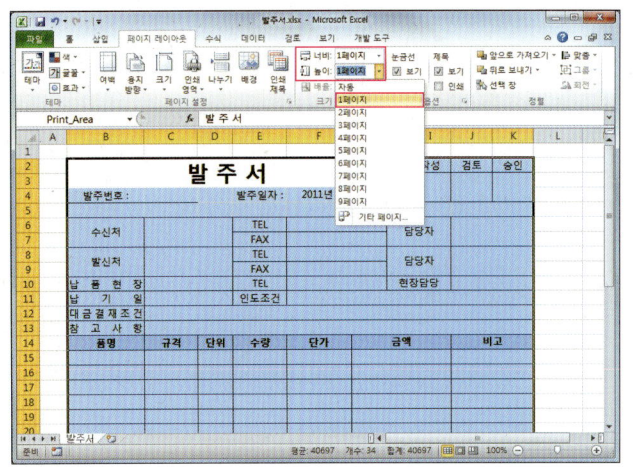

14 백스테이지 보기에서 [인쇄]를 클릭하면 다음과 같이 발주서의 인쇄 모양을 확인할 수 있습니다.

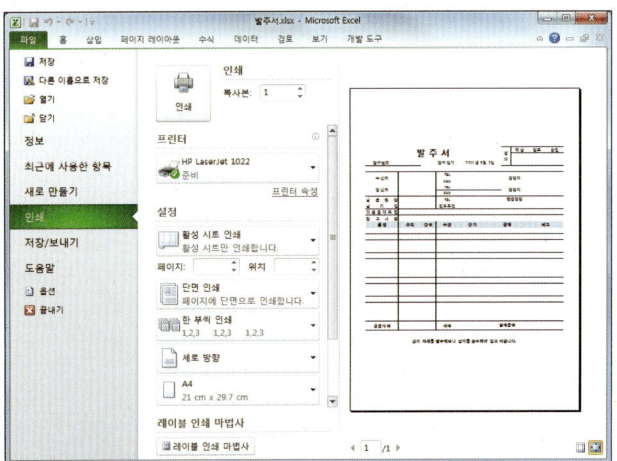

재직 및 경력 증명서

사원이 회사에 재직한 기간에 대한 증명 서류를 작성합니다. '사원명부' 워크시트에 사번, 성명, 주민번호, 부서 등 증명서 발급에 필요한 데이터를 미리 입력해 두고 사번을 선택하면 자동으로 재직 및 경력 증명서의 필요한 부분에 내용이 채워지도록 수식을 작성합니다. 또 재직 증명서를 발급할 것인지 경력 증명서를 발급할 것인지 선택할 수 있도록 합니다.

키워드 이름 만들기, 데이터 유효성, INDEX, 양식 컨트롤
예제 파일 Part4\예제파일\재직및경력증명서.xlsx

경 력 증 명 서

회 사 명	주식회사 정보컴		
부 서	총무부	직 위	과장
성 명	채송아	사 번	INFO023
입 사 일 자	1999년 5월 5일	주 민 번 호	590119-1660405
주 소	서울특별시 마포구 동교동 211-11		
용 도	☑관공서 제출 ☐보 증 ☐비 자 ☑금융기관 제출 ☐경력 제출 ☐기 타		
제 출 처	○○은행	수 량	1부

재직 및 경력 사항

재 직 기 간	1999년 5월 5일 부터 2001년 6월 13일 까지	(2년 1개월)
담 당 업 무	경리 업무	

위 사실이 이상 없음을 확인합니다.

2011년 6월 3일

확인	
	주식회사 정보컴 대표이사 김 철 수

01 '사원명부' 워크시트에서 [A1:I31]을 블록으로 지정하고 [수식] 탭-[정의된 이름] 그룹-선택 영역에서 만들기(선택 영역에서 만들기)를 클릭합니다. [이름 만들기] 대화상자에서 '첫 행'을 체크하고 [확인] 버튼을 클릭합니다.

> POINT 데이터가 입력된 임의의 셀에서 Ctrl+*을 누르면 한 번에 블록으로 설정할 수 있습니다.

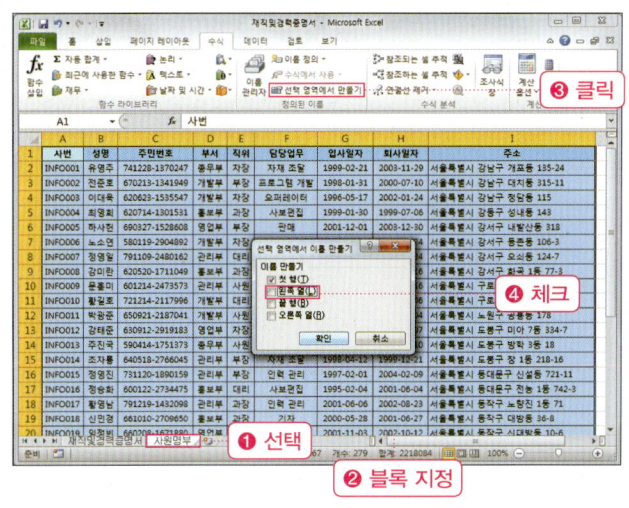

02 '재직및경력증명서' 워크시트의 [C2]셀에서 [데이터] 탭-[데이터 도구] 그룹-데이터 유효성 검사()를 선택합니다. [데이터 유효성] 대화상자의 [설정] 탭에서 [제한 대상]을 '목록'으로 지정하고 [원본]을 =사번으로 입력한 다음 [확인] 버튼을 클릭합니다.

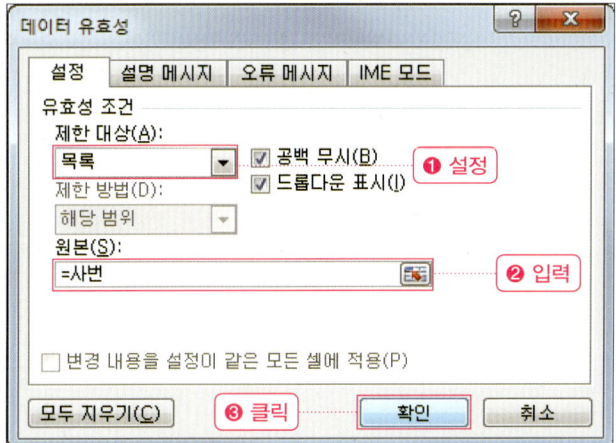

03 [C3]셀에 =MATCH(C2,사번,0)을 입력합니다. 이 수식은 '사번'으로 이름을 정의한 셀 범위에서 [C2]셀의 값과 일치하는 값을 찾아 위치 번호를 구합니다.

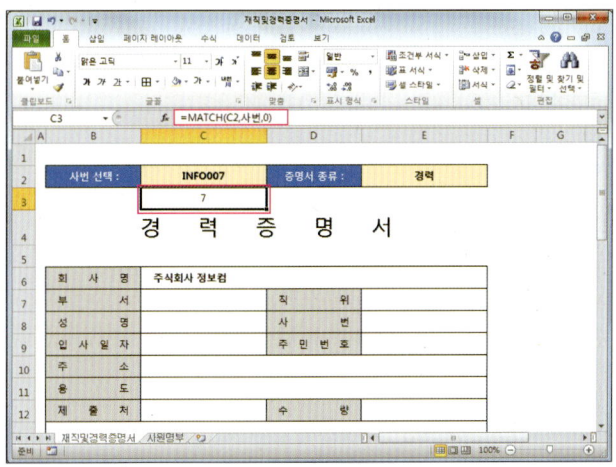

04 [E2]셀에서 [데이터] 탭-[데이터 도구] 그룹-데이터 유효성 검사(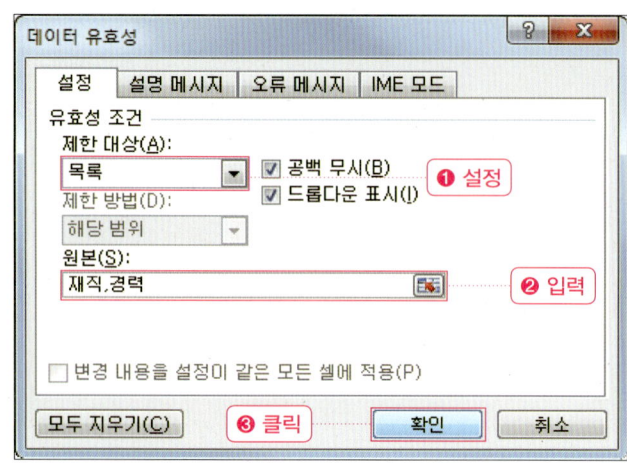)를 선택합니다. [데이터 유효성] 대화상자의 [설정] 탭에서 제한 대상을 '목록'으로 지정하고 원본을 '재직,경력'으로 입력한 다음 [확인] 버튼을 클릭합니다.

05 [B4]셀에 **=E2&"증명서"**를 입력합니다. 그러면 [E2]셀에서 선택한 값과 '증명서'를 연결하여 표시합니다. 현재 [E2]셀에 '경력'이 선택되어 있기 때문에 '경력증명서'로 표시됩니다.

> **POINT** & 연산자는 좌우의 내용을 하나로 연결해서 표시합니다.

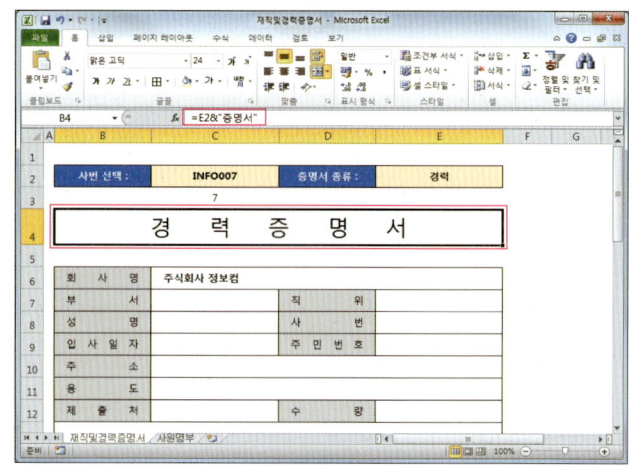

06 [C7]셀에 **=INDEX(부서,C3)**을 입력합니다. 이 수식은 '사원명부' 워크시트에서 '부서'로 이름을 정의한 셀 범위에서 [C3]셀의 값 위치에 있는 데이터를 구합니다. 만약 [C3]셀의 값이 '7'이면 '부서' 범위에서 7번째 값이 표시됩니다.

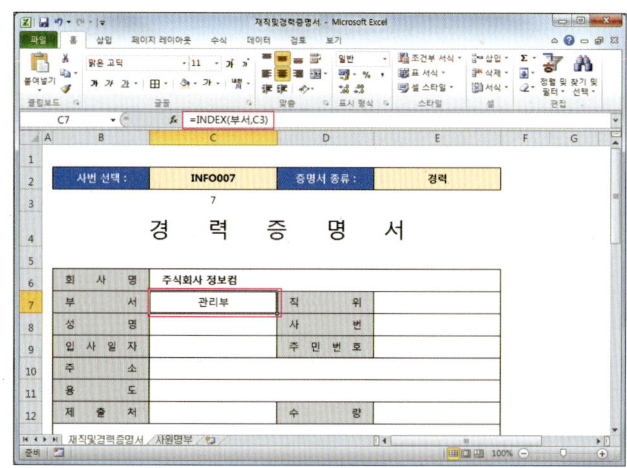

07 성명, 입사일자, 직위, 사번, 주민번호, 주소 항목을 각각 INDEX 함수를 사용하여 구합니다. 예를 들어 주소는 [C10]셀에 **=INDEX(주소,C3)**을 입력하여 구할 수 있습니다.

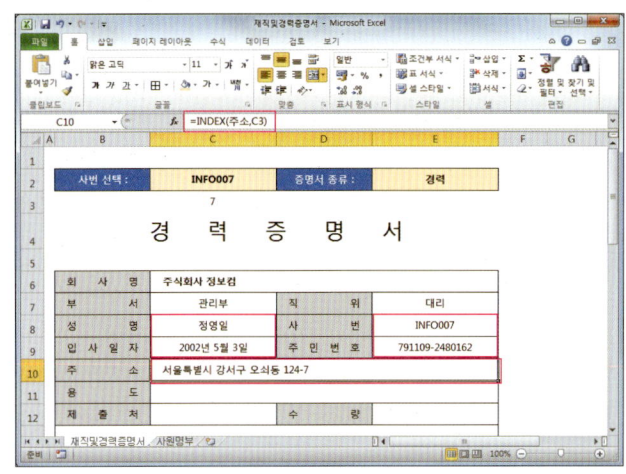

08 리본 메뉴에 [개발 도구] 탭을 표시한 다음 [개발 도구] 탭-[컨트롤] 그룹-삽입(🔧)을 클릭하고 '양식 컨트롤'에서 확인란(☑)을 클릭합니다.

> **POINT** 리본 메뉴에서 마우스 오른쪽 버튼을 클릭하고 [리본 메뉴 사용자 지정]을 선택하면 [Excel 옵션] 창이 열리고 [리본 사용자 지정] 영역이 표시됩니다. 여기서 [개발 도구]를 클릭해서 선택한 다음 [확인] 버튼을 클릭하면 리본 메뉴에 [개발 도구] 탭을 표시할 수 있습니다.

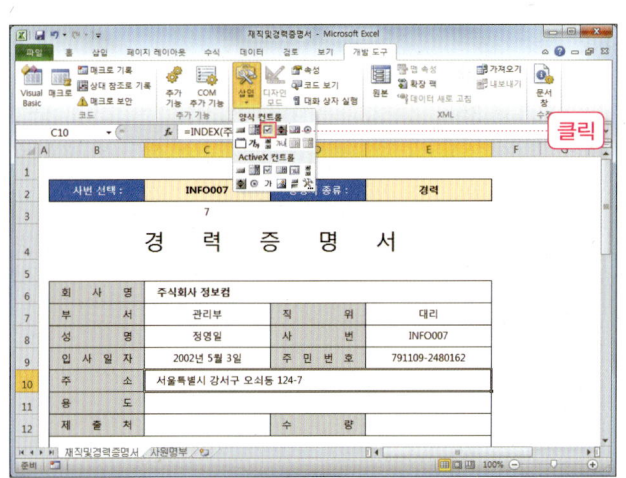

09 [C11]셀에 마우스로 드래그하여 확인란 컨트롤을 그린 다음 텍스트를 '관공서 제출'로 수정합니다. 같은 방법으로 5개의 확인란 컨트롤을 더 그리고 각각 '보증', '비 자', '금융기관 제출', '경력 제출', '기 타'로 텍스트를 수정합니다. 확인란 컨트롤을 클릭하여 증명서의 용도를 선택할 수 있습니다.

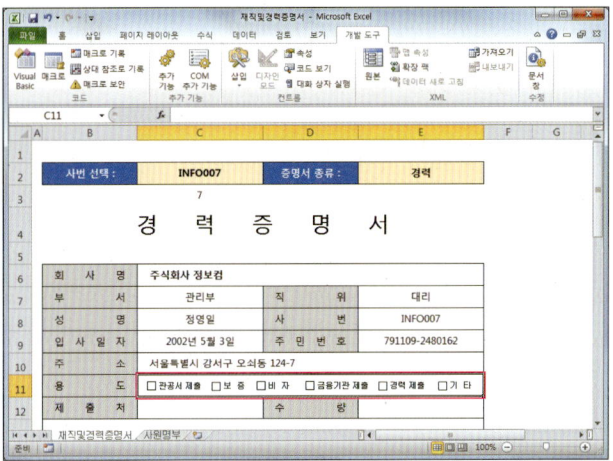

10 제출처와 수량을 임의로 입력한 다음 [C14]셀에 =INDEX(입사일자,C3), [C15]셀에 =INDEX(퇴사일자,C3)을 각각 입력해서 입사일자와 퇴사일자를 표시합니다.

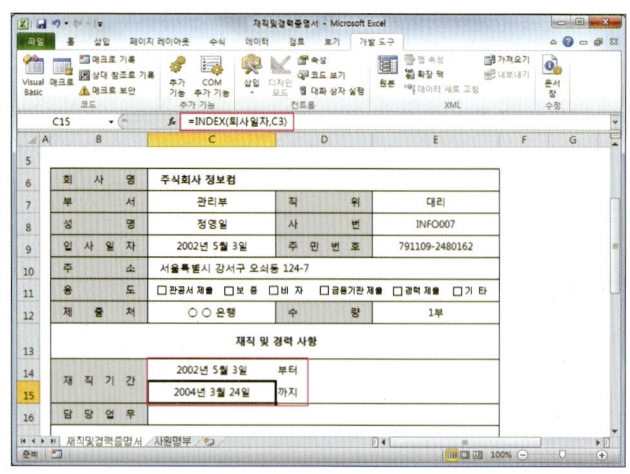

11 [E14]셀에 ="("&DATEDIF(C14,C15,"Y")&"년 "&DATEDIF(C14,C15,"YM")&"개월)"을 입력하여 재직 기간을 구합니다.

> **POINT** 'DATEDIF(시작일,종료일,"단위")' 함수는 시작일부터 종료일까지 날짜 간격을 지정한 단위로 계산합니다. 단위 "Y"는 년, "YM"은 년을 무시한 월 단위의 날짜 간격을 의미합니다.

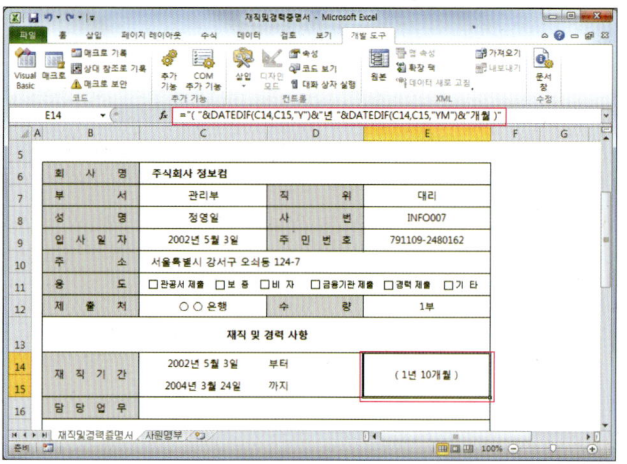

12 [C16]셀에 =INDEX(담당업무,C3)을 입력하고, [B20]셀에 =TODAY()를 입력합니다.

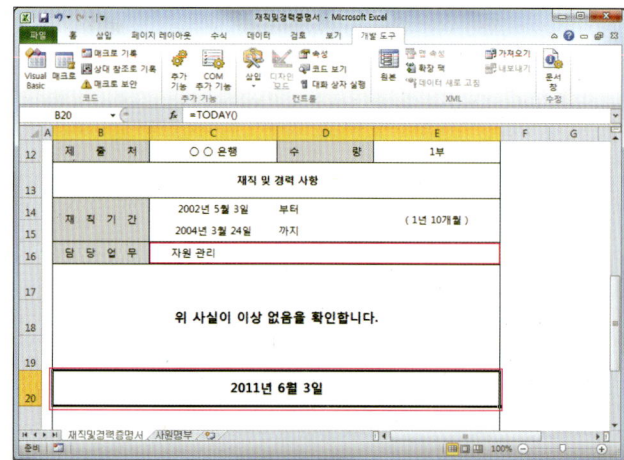

13 [C3]셀에서 [홈] 탭-[글꼴] 그룹-글꼴 색(가)의 드롭다운 버튼을 클릭하고 '흰색'을 선택하여 화면에 숫자가 표시되지 않도록 합니다.

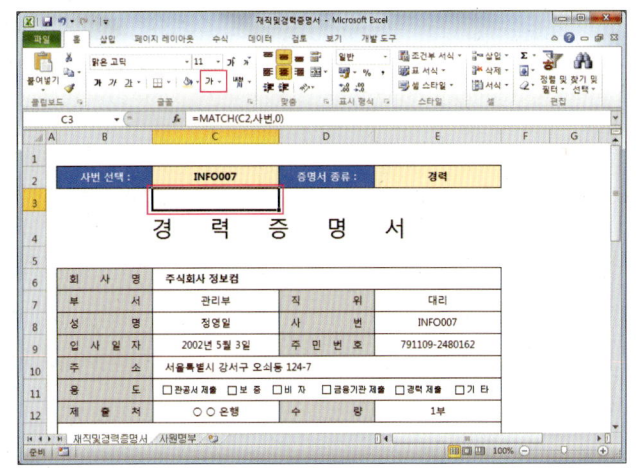

14 [B4:E23]을 블록으로 지정하고 [페이지 레이아웃] 탭-[페이지 설정] 그룹-인쇄 영역()을 클릭하고 [인쇄 영역 설정]을 선택합니다.

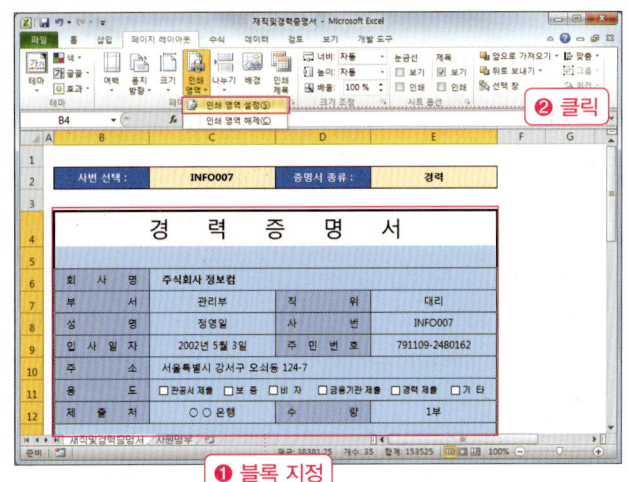

15 백스테이지 보기에서 [인쇄] 메뉴를 클릭하여 작성한 문서의 인쇄 미리 보기를 확인해 보면 다음과 같습니다.

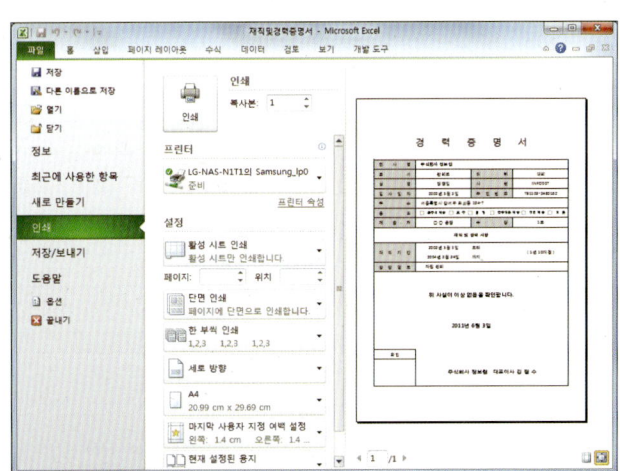

이력서

회사에 입사할 때 꼭 갖추어야 할 문서 중의 하나가 이력서입니다. 이력서는 여러 양식으로 작성할 수 있는데 여기서 만드는 이력서는 가장 표준적인 양식을 사용합니다. 대부분 텍스트를 입력하고 서식을 지정하는 과정으로 이루어지며 생년월일을 이용하여 나이를 계산하는 부분만 수식을 사용합니다.

키워드 사용자 지정 표시 형식, IF, YEAR
예제 파일 Part4\예제파일\이력서.xlsx

01 [B2]셀에 '(사진)'을 입력한 다음 [B2:B5]를 블록으로 지정하고 [홈] 탭-[맞춤] 그룹-병합하고 가운데 맞춤(병합하고 가운데 맞춤)을 클릭합니다.

> POINT '이력서' 워크시트에서 각 열의 너비는 미리 조정해 두었습니다.

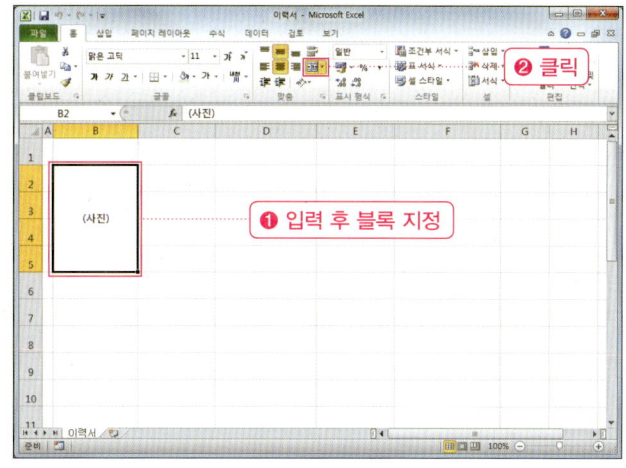

02 [C2]셀에 '이 력 서'를 입력한 다음 [C2:F2]를 블록으로 지정하고 병합하고 가운데 맞춤(병합하고 가운데 맞춤)을 클릭합니다. 그런 다음 글꼴 크기(11)를 '20'으로 지정하고 굵게(가)를 클릭합니다.

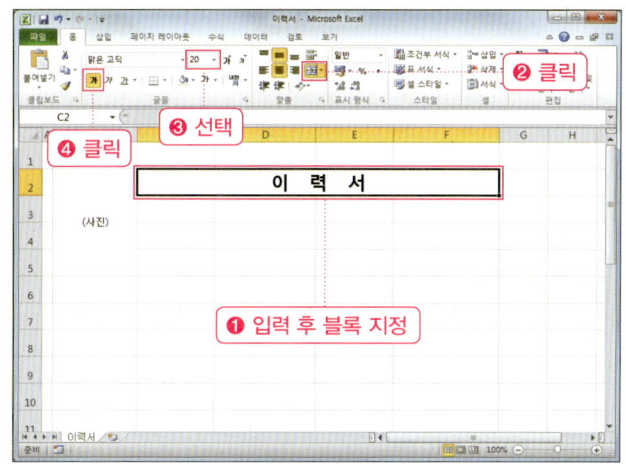

03 [C3]셀에 '성명', [E3]셀에 '(인)', [F3]셀에 '주민등록번호'를 각각 입력합니다. [C3:C4], [D3:D4], [E3:E4]를 각각 병합하고 가운데 맞춤(병합하고 가운데 맞춤)으로 설정하고 [E3:E4]는 다시 왼쪽 맞춤(≡)으로 설정합니다. [F3:F4]는 가운데 맞춤(≡)으로 설정합니다.

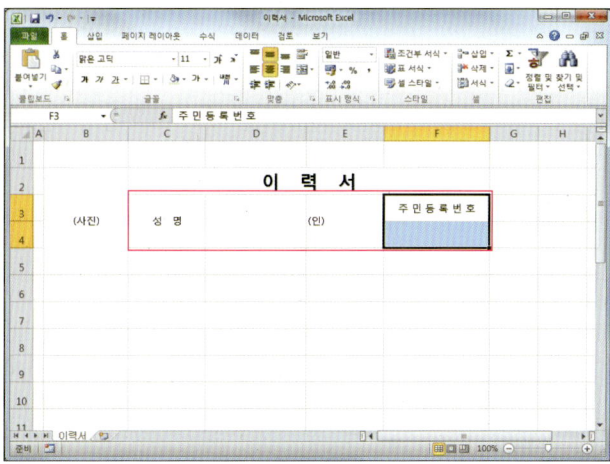

04 [C5]셀에 '생년월일'을 입력하고 가운데 맞춤( )으로 지정합니다. [D5:E5]를 병합하고 가운데 맞춤(병합하고 가운데 맞춤)으로 설정한 다음 생년월일을 입력하고, [셀 서식] 대화상자를 열어 [표시 형식] 탭에서 [사용자 지정]의 [형식]을 'YYYY 년　M 월　D 일생'으로 지정합니다.

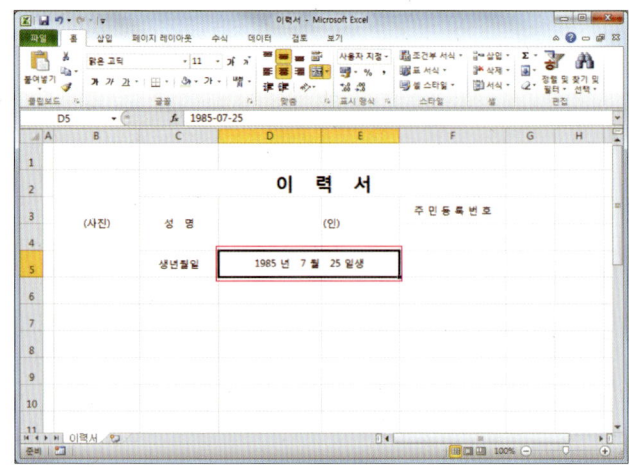

05 [F5]셀에 =IF(D5="","","(만 "&YEAR(TODAY())-YEAR(D5)&" 세)")를 입력하여 생년월일을 입력했을 때 나이를 계산하여 표시합니다.

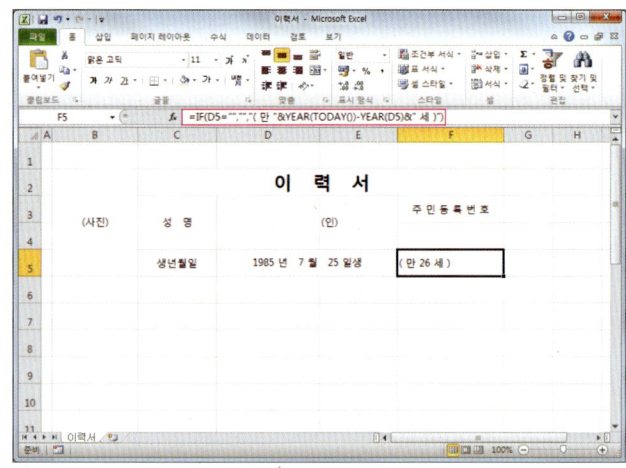

06 [2]행은 45, [3]행과 [4]행은 18, [5]행은 36으로 각각 행의 높이를 변경한 다음 [B2:F5]를 블록으로 지정하고 모든 테두리( )를 설정합니다.

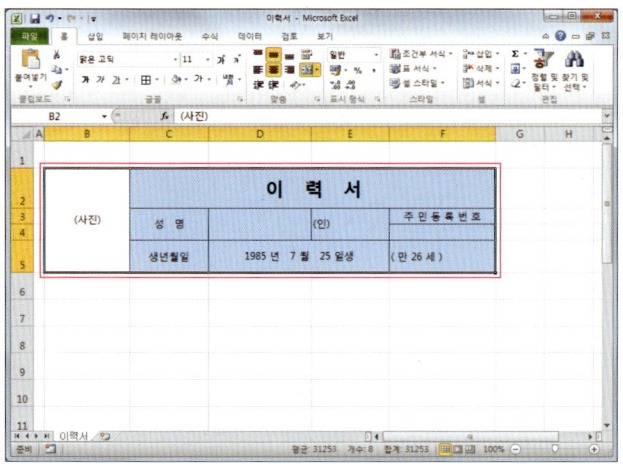

07 [B6], [B7], [C7], [E7]셀에 각각 텍스트를 입력하고 가운데 맞춤(≡)으로 지정한 다음 [C6:F6]을 병합하고 가운데 맞춤(병합하고 가운데 맞춤▼)으로 설정합니다. [6]행과 [7]행의 행 높이를 36으로 변경하고 [B6:F7]을 블록으로 지정한 후 모든 테두리(⊞▼)를 설정합니다.

> **POINT** 셀에 두 줄 이상의 텍스트를 입력하려면 Alt+Enter를 눌러 줄을 바꿔가면서 입력합니다.

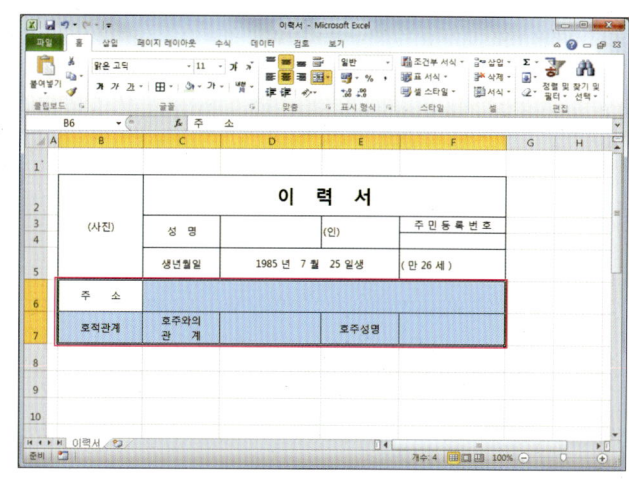

08 [C8:E8]을 병합하고 가운데 맞춤(병합하고 가운데 맞춤▼)으로 설정한 다음 [B8:F8]의 각 셀에 텍스트를 입력하고 가운데 맞춤(≡), 모든 테두리(⊞▼)로 지정합니다.

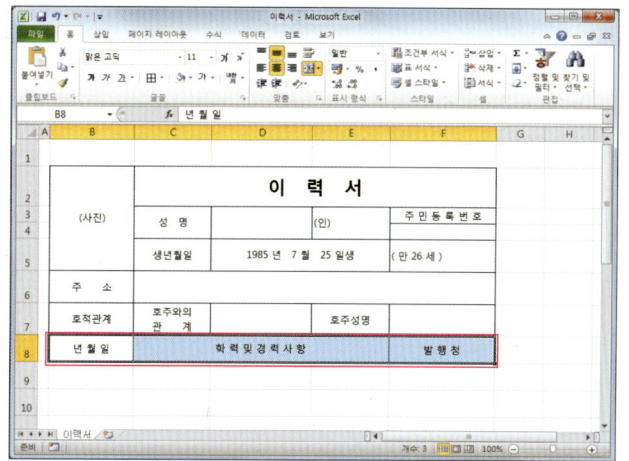

09 [C9:E9]를 블록으로 지정하고 병합하고 가운데 맞춤(병합하고 가운데 맞춤▼)으로 설정합니다. [B9:F9]를 블록으로 지정하고 모든 테두리(⊞▼)를 설정한 후 채우기 핸들을 [F23]셀까지 끌어 복사합니다.

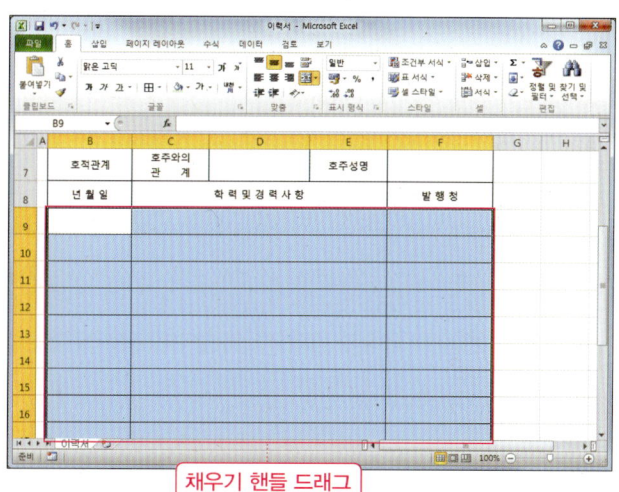

채우기 핸들 드래그

10 [B8:F8]을 블록으로 지정하고 굵은 상자 테두리(⊞▼)를 지정합니다.

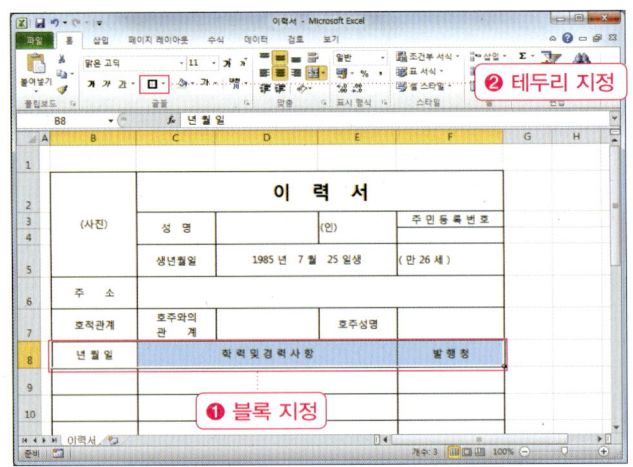

11 [B2:F23]을 블록으로 지정하고 굵은 상자 테두리(⊞▼)를 지정합니다.

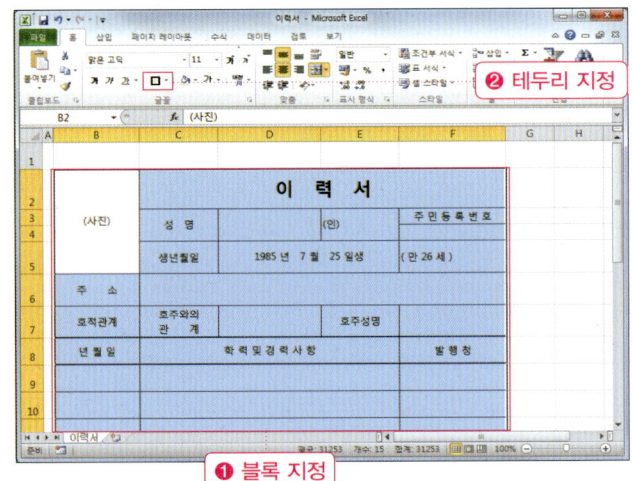

12 [B2:F23]이 블록으로 지정된 상태에서 [페이지 레이아웃] 탭-[페이지 설정] 그룹-인쇄 영역(🖨)을 클릭하고 [인쇄 영역 설정]을 선택합니다.

> **POINT** 백스테이지 보기에서 [인쇄]를 선택하여 작성한 이력서를 화면에서 확인한 후 저장합니다.

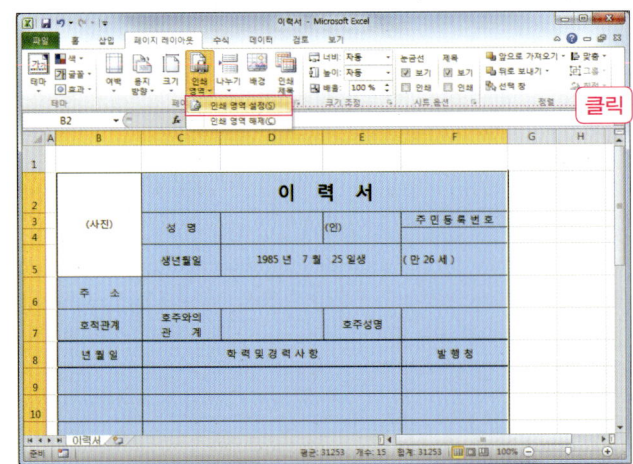

세금계산서

세금 계산서는 거래 일자와 품목을 비롯하여 규격, 수량, 단가, 공급가액과 세액 등 거래 정보와 공급자 및 공급 받는 자에 대한 정보 등이 포함된 문서입니다. 여기서는 '입력' 워크시트에 세금 계산서 작성에 필요한 정보를 미리 입력해 두고 세금 계산서의 각 항목에 필요한 정보를 가져가는 수식을 입력하여 세금 계산서를 완성합니다.

키워드 MID, TEXT, COUNTIF, INDEX
예제 파일 Part4\예제파일\세금계산서.xlsx

01 '입력' 워크시트에는 공급 받는 자, 작성일자, 용도, 거래 내역 등의 데이터가 입력되어 있고, 세금 계산서에서 수식을 입력할 때 편리를 위해 각 셀에 미리 이름을 정의해 두었습니다. 예를 들어 [C2]셀에는 '상호'라는 이름이 정의되어 있습니다.

> **POINT** '입력' 워크시트 하단에 정의한 이름과 참조 범위를 기록해 두었습니다.

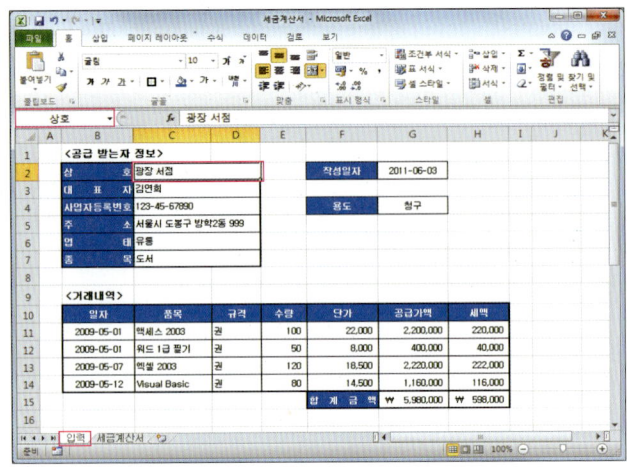

02 '세금계산서' 워크시트의 [V5]셀에 =MID(사업자등록번호,COLUMN(A1),1)을 입력합니다. 이 수식은 이름으로 정의한 '사업자등록번호'에서 1번째부터 한글자를 가져와 표시합니다.

> **POINT** 'COLUMN(A1)'은 [A1]셀의 열 번호 '1'을 반환합니다.

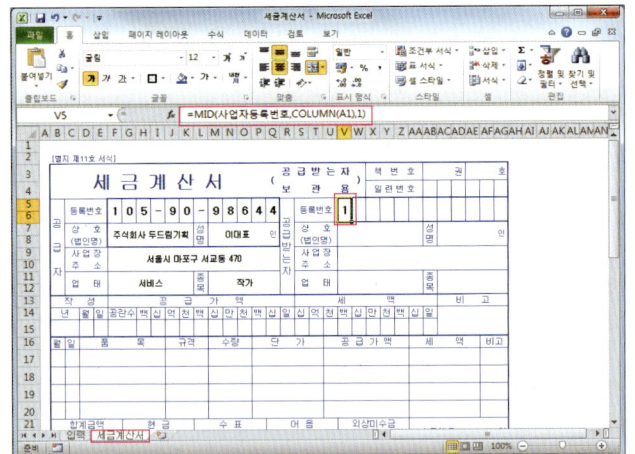

03 [V5]셀의 채우기 핸들을 [AG5]셀까지 드래그해서 수식을 복사한 다음 자동 채우기 옵션(📋) 버튼을 클릭하고 [서식 없이 채우기]를 클릭합니다.

> **POINT** 수식의 'COLUMN(A1)'에서 셀 참조가 B1, C1, D1, ... 순서로 자동 조정되므로 [W5]셀은 '사업자등록번호'의 2번째부터 한글자, [X5]셀은 '사업자등록번호'의 3번째부터 한글자를 수식의 결과로 반환합니다.

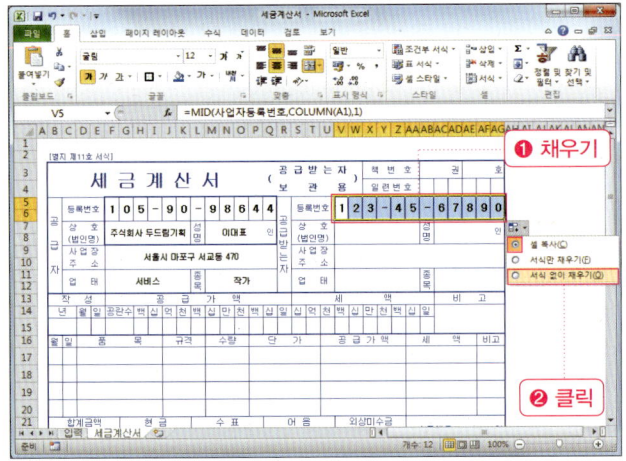

04 [V7]셀은 =상호, [AC7]은 =대표자, [V9]는 =주소, [V11]은 =업태, [AC11]은 =종목으로 각각 수식을 입력하여 공급 받는 자에 대한 정보를 가져와 표시합니다.

> **POINT** 상호, 대표자, 주소, 업태, 종목 등은 '입력' 워크시트의 각 셀에 정의되어 있는 이름입니다.

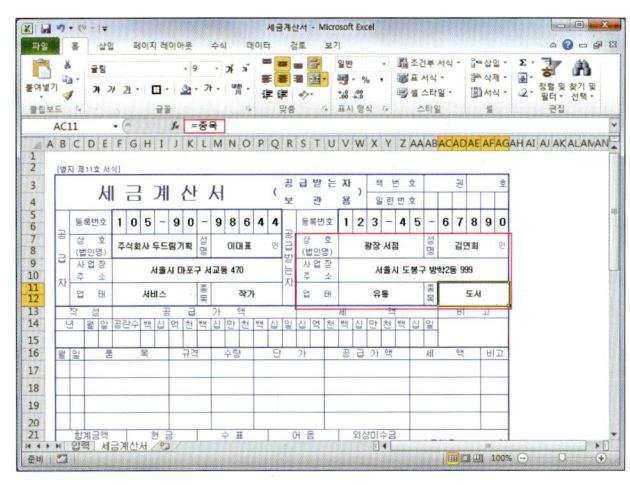

05 [B15:E15]를 블록으로 지정하고 =작성일자를 입력한 다음 Ctrl+Enter를 누릅니다. 각 셀에는 YYYY, M, D로 미리 표시 형식이 지정되어 있어 작성일자를 년, 월, 일로 표시합니다.

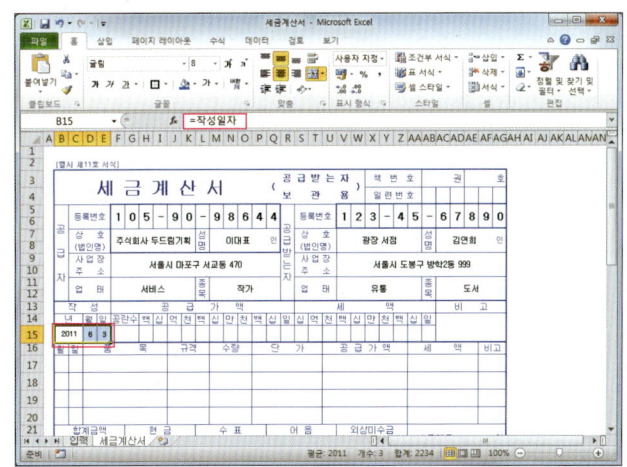

06 [H15]셀에 =MID(TEXT(합계1,"???????????"),COLUMN(A1),1)을 입력합니다. 이 수식은 '합계1'을 11자리 텍스트로 변환한 다음 1번째(COLUMN)부터 한글자를 가져와 표시합니다.

> **POINT** 'TEXT(합계1,"???????????")'는 '합계1'의 값을 11자리의 텍스트로 변환합니다. '합계1'의 값이 5자리 숫자인 경우 숫자 앞에 6개의 공백이 추가됩니다.

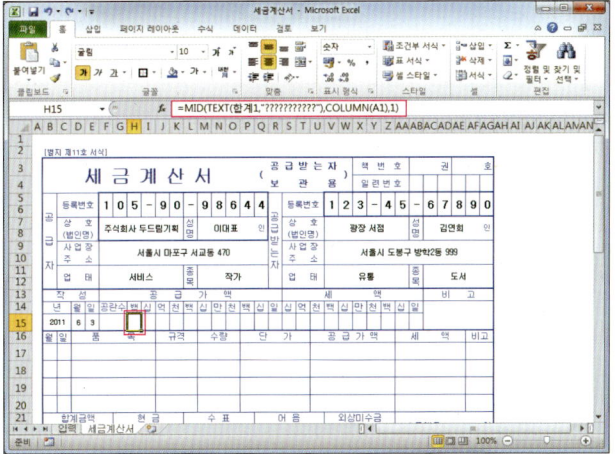

07 [H15]셀의 채우기 핸들을 [R15]셀까지 드래그하여 수식을 복사합니다. 수식 중 'COLUMN(A1)'의 셀 참조가 B1, C1, D1, … 순서로 자동 조정되므로 11자리 텍스트로 변환한 '합계1'의 2번째부터 한글자, 3번째부터 한글자, 4번째부터 한글자, … 순서로 각 셀에 수식 결과가 표시됩니다.

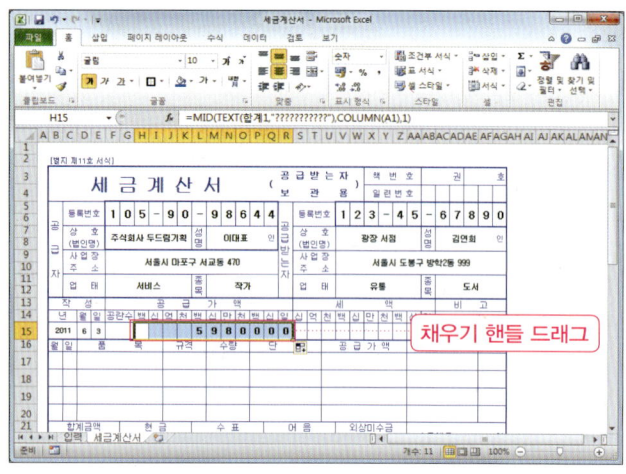

08 [S15]셀에 =MID(TEXT(합계2,"??????????"), COLUMN(A1),1)을 입력하여 합계2의 값을 10자리 텍스트로 변환한 후 1번째부터 한글자를 가져옵니다. [S15]셀의 채우기 핸들을 [AB15]셀까지 드래그하여 수식을 복사하면 다음과 같이 각 셀에 숫자를 하나씩 표시할 수 있습니다.

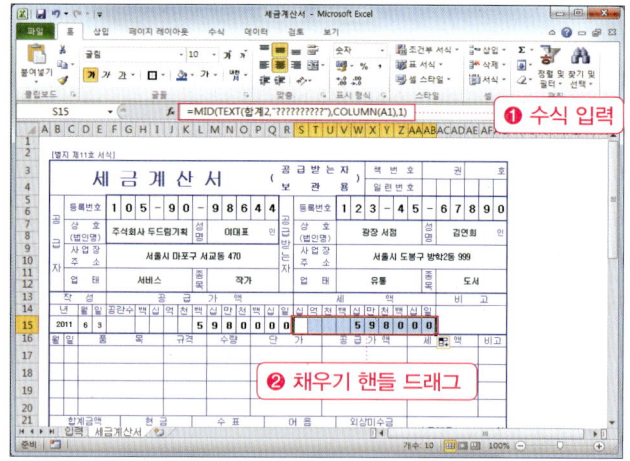

09 [F15]셀에 =COUNTIF(H15:R15," ")를 입력하여 [H15:R15]에서 공백이 표시된 셀의 개수를 구합니다.

> **POINT** 따옴표 안에 반드시 한 칸의 공백을 입력해야 합니다.

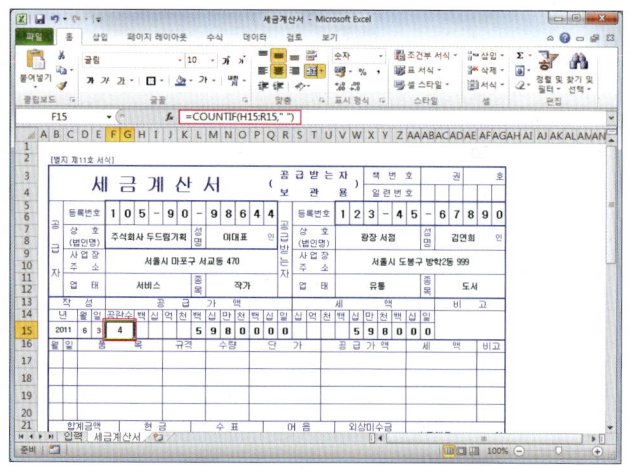

10 [B17:C17]을 블록으로 지정하고 =INDEX(일자,ROW(A1))을 입력한 후 Ctrl+Enter를 누릅니다. 'ROW(A1)'의 결과가 '1'이므로 이 수식은 '일자' 범위의 첫 번째에 있는 날짜를 가져와 표시합니다.

> POINT [B17]셀에는 'M', [C17]셀에는 'D'로 미리 표시 형식이 설정되어 있어 일자의 월과 일만 표시됩니다.

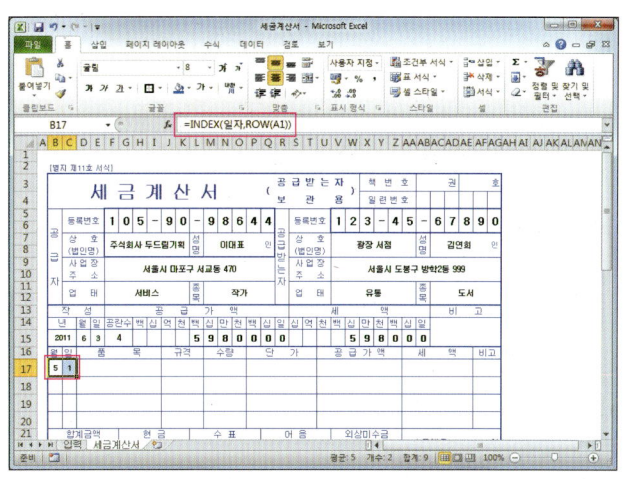

11 [B17:C17]이 블록으로 지정되어 있는 상태에서 채우기 핸들을 [C20]셀까지 드래그해서 수식을 복사합니다. 'ROW(A1)'의 셀 참조가 A2, A3, A4로 조정되므로 각 행에서 '일자'의 2번째, 3번째, 4번째 날짜를 가져와 표시하게 됩니다.

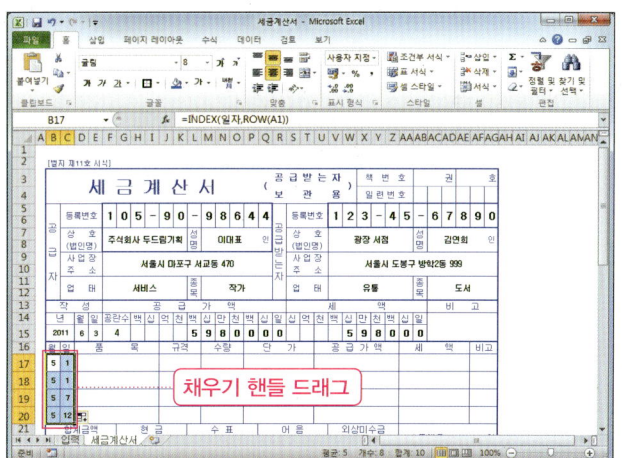

12 [D17]셀에 =INDEX(품목,ROW(A1))을 입력하여 '품목' 범위에서 1번째 값을 가져와 표시합니다. [D17]셀의 채우기 핸들을 [D20]셀까지 드래그하여 수식을 복사합니다.

> POINT 'ROW(A1)'의 셀 참조에서 행 번호가 1씩 증가되므로 수식을 복사하면 1, 2, 3, 4번째 품목을 가져올 수 있습니다.

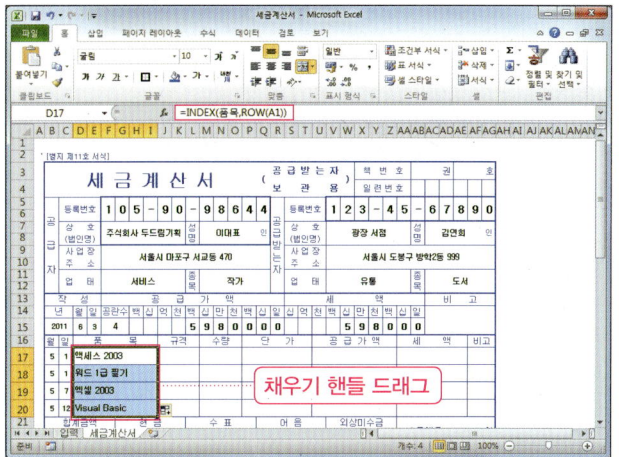

13 규격, 수량, 단가, 공급가액, 세액도 INDEX 함수를 사용하여 구합니다. 규격은 [J17]셀에 =INDEX(규격,ROW(A1))을 입력한 다음 아래로 수식을 복사합니다. 수량은 =INDEX(수량,ROW(A1)), 단가는 =INDEX(단가,ROW(A1)), 공급가액은 =INDEX(공급가액,ROW(A1)), 세액은 =INDEX(세액,ROW(A1))으로 구합니다.

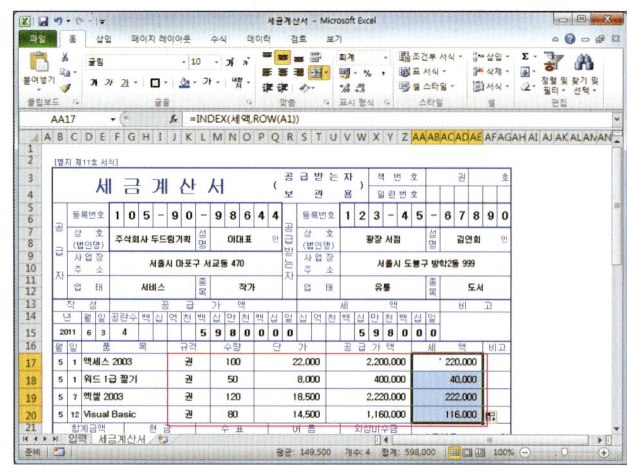

14 [B22]셀에 =합계1+합계2를 입력하여 합계 금액을 구합니다. '합계1'은 공급가액의 합계, '합계2'는 세액의 합계에 정의되어 있는 이름입니다.

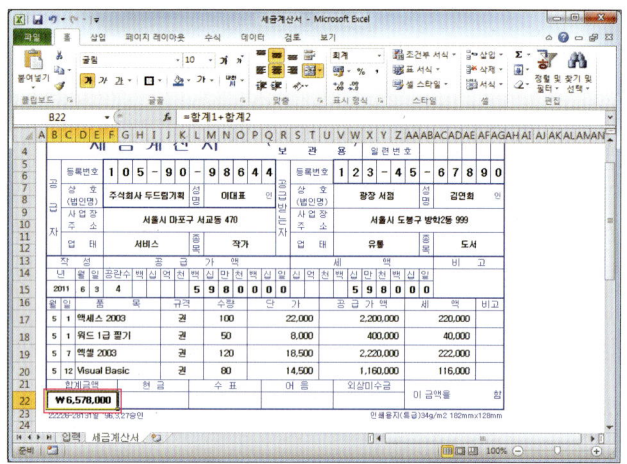

15 [AE21]셀에 =용도를 입력합니다. '용도'는 '입력' 워크시트의 [G4]셀에 정의되어 있는 이름으로 [G4]셀에 입력된 값을 그대로 가져와 표시합니다.

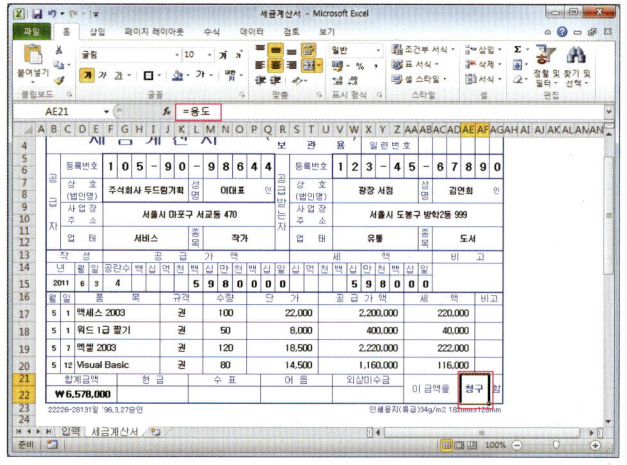

16 세금 계산서 아래쪽은 위쪽과 똑같은 양식으로 미리 위쪽의 값을 그대로 가져올 수 있도록 수식이 입력되어 있습니다. 예를 들어 아래쪽의 [F32]셀에는 =$F$7 이 입력되어 있어 [F7]셀의 값이 똑같이 표시됩니다.

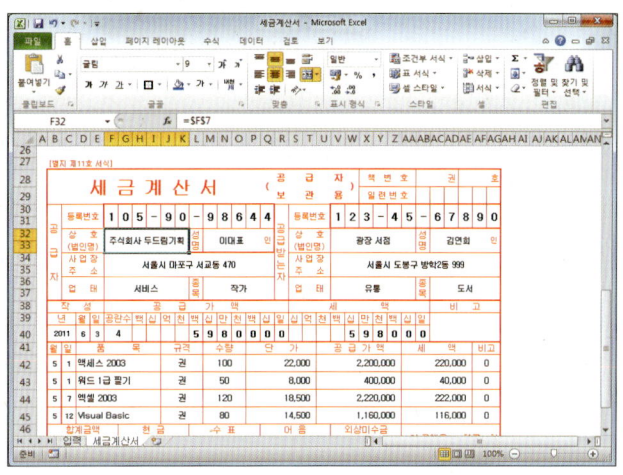

17 백스테이지 보기에서 [인쇄]를 선택하여 작성한 문서의 인쇄 미리 보기를 확인합니다.

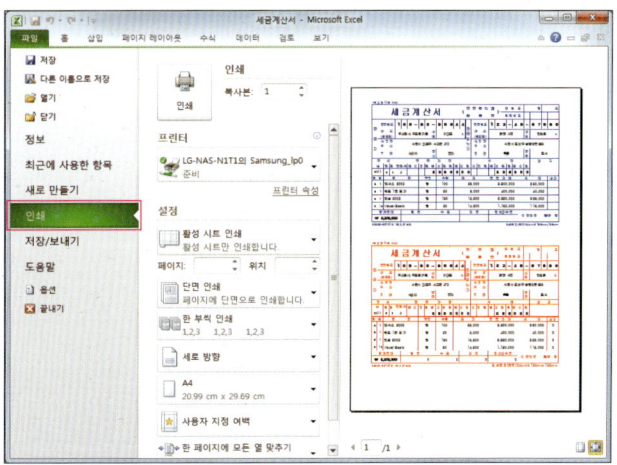

Section 17

품의서

지출, 물품 구입을 비롯하여 업무에 따라 품의서는 여러 형식으로 작성할 수 있습니다. 여기서는 자재 구입에 대한 품의서로 구입하고자 하는 자재의 품명과 수량, 그리고 여러 거래처로부터 받는 견적 내용이 포함됩니다.

키워드 맞춤 서식, 테두리, 쉼표 스타일
예제 파일 Part4\예제파일\품의서.xlsx

01 [B2:H3]을 블록으로 지정하고 [셀 서식] 대화상자를 실행합니다. [글꼴] 탭에서 글꼴을 '궁서', 글꼴 크기를 '28' 포인트로 지정합니다. [맞춤] 탭에서 [가로]를 '균등 분할 (들여쓰기)', [들여쓰기]를 '3'으로 지정하고, '셀 병합'을 체크한 다음 [확인] 버튼을 누릅니다.

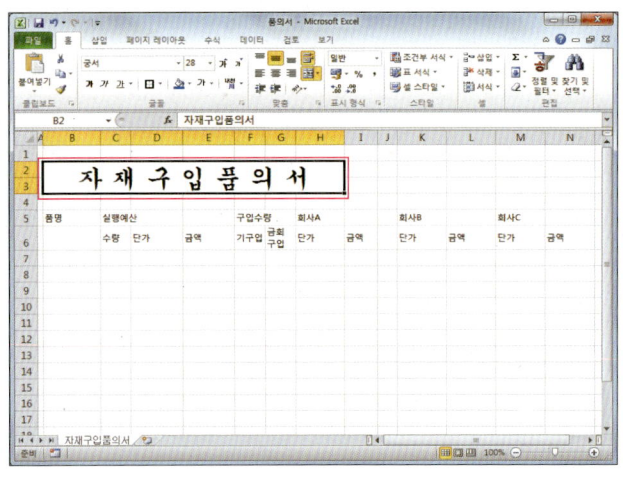

02 [B5:B6], [C5:E5], [F5:G5], [H5:J5], [I6:J6], [K5:L5], [M5:N5]를 각각 병합하고 가운데 맞춤(병합하고 가운데 맞춤)으로 설정하고, [C6:N6]을 블록으로 지정한 다음 가운데 맞춤(≡)으로 설정합니다. [B5:N6]을 블록으로 지정하고 모든 테두리(⊞)를 설정합니다.

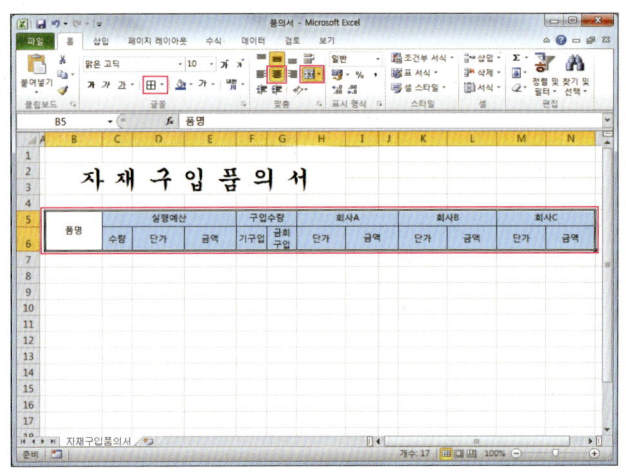

03 [I7:J7]을 병합하고 가운데 맞춤(병합하고 가운데 맞춤)으로 설정하고, [C7:N7]을 블록으로 지정한 다음 쉼표 스타일(,)을 지정합니다. [B7:N7]을 블록으로 지정하고 모든 테두리(⊞)를 설정합니다.

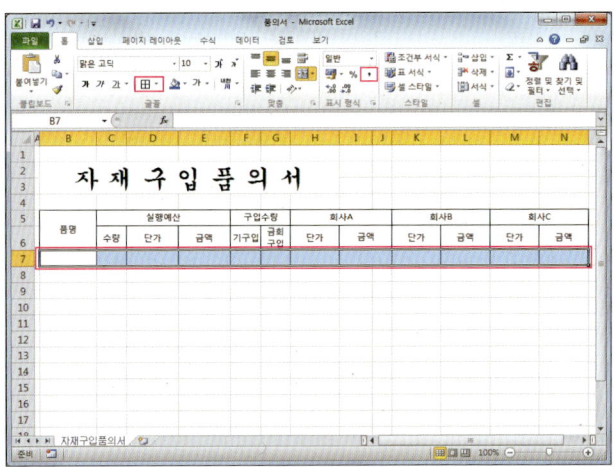

04 [B7:N7]을 블록으로 지정한 상태에서 채우기 핸들을 [N16]셀까지 끌어 복사합니다.

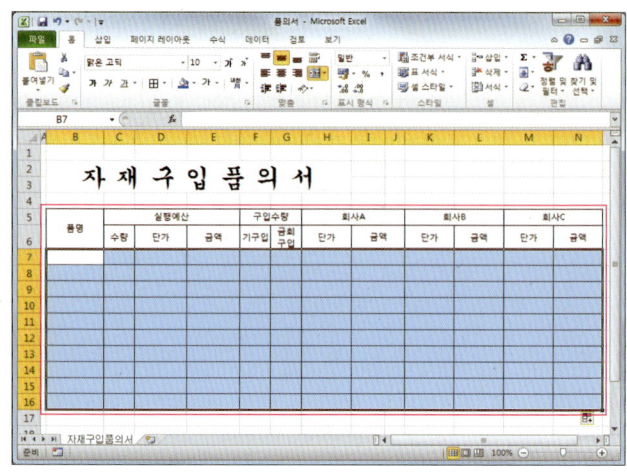

05 [B5:N6]을 블록으로 지정하고 테두리( )의 드롭다운 버튼을 클릭한 다음 [굵은 상자 테두리]를 지정합니다. 다시 [B5:N16]을 블록으로 지정하고 같은 방법으로 [굵은 상자 테두리]를 지정합니다.

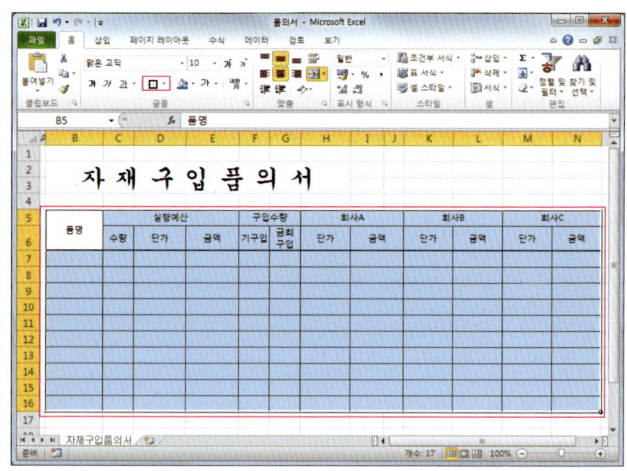

06 [B18:C18]을 블록으로 지정하고 [셀 서식] 대화상자를 실행한 다음 [맞춤] 탭에서 [가로]를 '균등 분할 (들여쓰기)', [들여쓰기]를 '1'로 지정하고 '셀 병합'을 체크한 후 [확인] 버튼을 누릅니다. [B18:C18]이 블록으로 지정된 상태에서 채우기 핸들을 [C22]셀까지 끌어 서식을 복사한 다음 [B18:B22]의 각 셀에 다음과 같이 텍스트를 입력합니다.

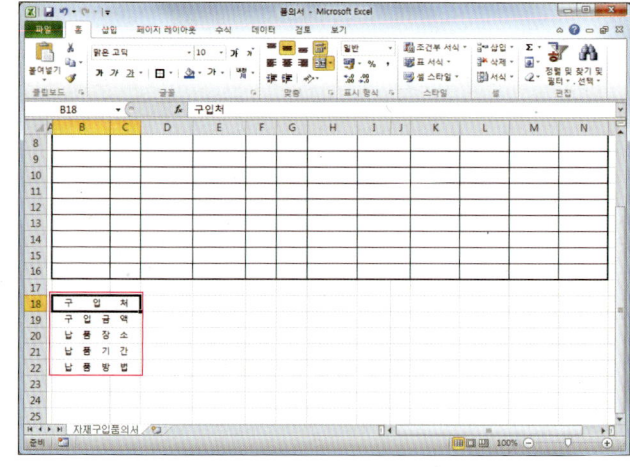

07 [D18:E18]을 병합하고 가운데 맞춤(병합하고 가운데 맞춤)으로 설정한 후 채우기 핸들을 [E22]셀까지 끌어 서식을 복사합니다. 그런 다음 [B18:E22]를 블록으로 지정하고 테두리( )의 드롭다운 버튼을 클릭한 다음 [모든 테두리]와 [굵은 상자 테두리]를 차례로 지정합니다.

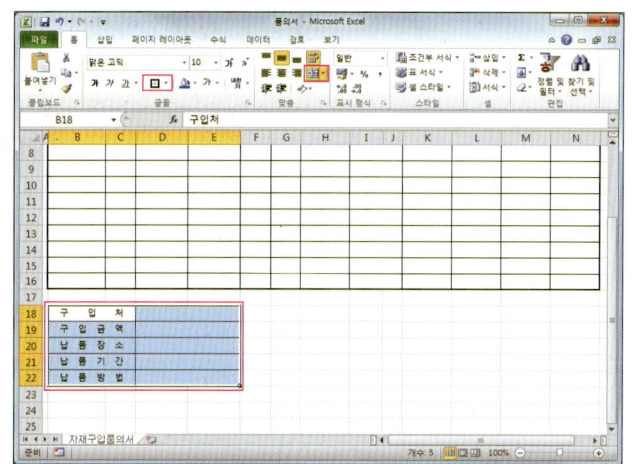

08 [G18]셀에 '참고사항'을 입력한 다음 [G18:G22]를 블록으로 지정하고 병합하고 가운데 맞춤(병합하고 가운데 맞춤)을 클릭합니다. 방향( )을 클릭하고 [세로 쓰기]를 선택한 다음, 테두리( )를 [바깥쪽 테두리]로 지정합니다.

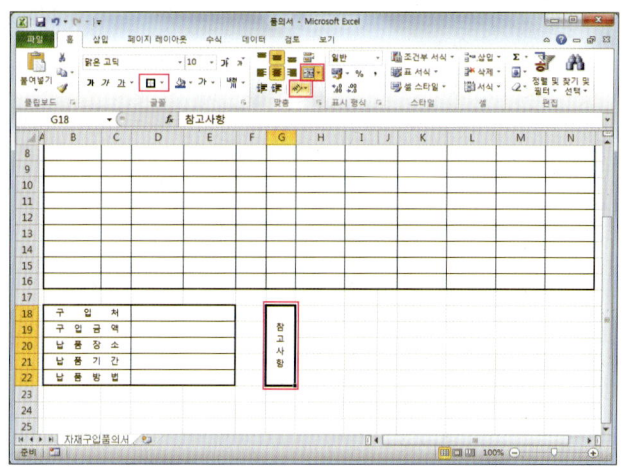

09 [H18:N18]을 블록으로 지정하고 병합하고 가운데 맞춤(병합하고 가운데 맞춤)과 들여쓰기( )를 클릭해서 서식을 지정한 다음 채우기 핸들을 [N22]셀까지 드래그합니다. 그런 다음 [G18:N22]를 블록으로 지정하고 테두리( )를 [굵은 상자 테두리]로 지정합니다.

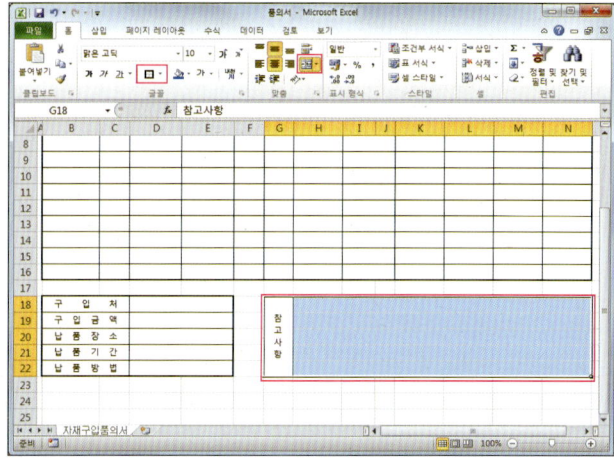

10 [J2]셀에 '결재'를 입력하고 [J2:J3]을 블록으로 지정한 다음 [셀 서식] 대화상자의 [맞춤] 탭에서 [가로]를 '가운데', [방향]을 '세로 텍스트'로 선택하고, '셀 병합'을 체크한 뒤 [확인] 버튼을 클릭합니다. [J2:N3]을 블록으로 지정하고 테두리( )를 [모든 테두리]로 설정한 후 [3]행의 높이를 '50'으로 조정합니다.

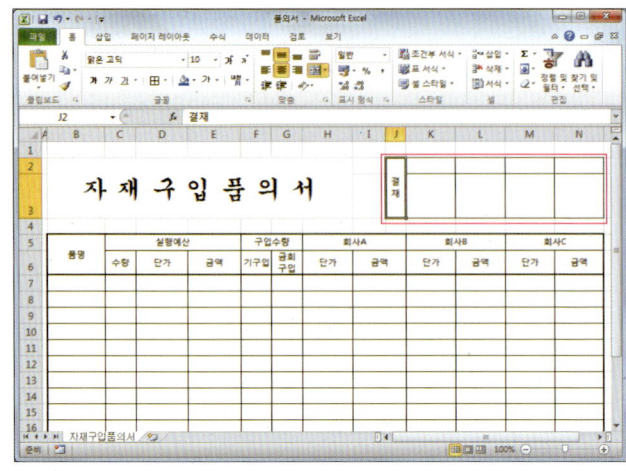

11 [페이지 레이아웃] 탭-[페이지 설정] 그룹-용지 방향( )을 클릭하고 [가로]를 선택합니다. 그런 다음 [B2:N22]를 블록으로 지정하고 인쇄 영역( )을 클릭한 다음 [인쇄 영역 설정]을 선택합니다.

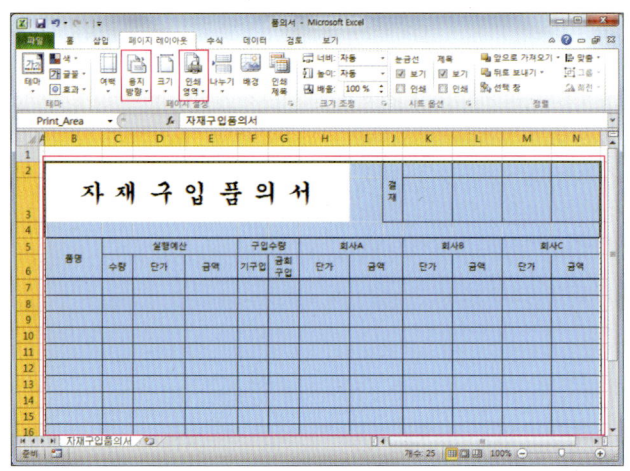

12 여백( )을 클릭하고 [사용자 지정 여백]을 선택하여 [페이지 설정] 대화상자의 [여백] 탭을 엽니다. 여기서 [페이지 가운데 맞춤]의 '가로'와 '세로'를 모두 체크하고 [확인] 버튼을 클릭합니다. 작성한 문서는 저장하고 인쇄 미리 보기를 확인합니다.

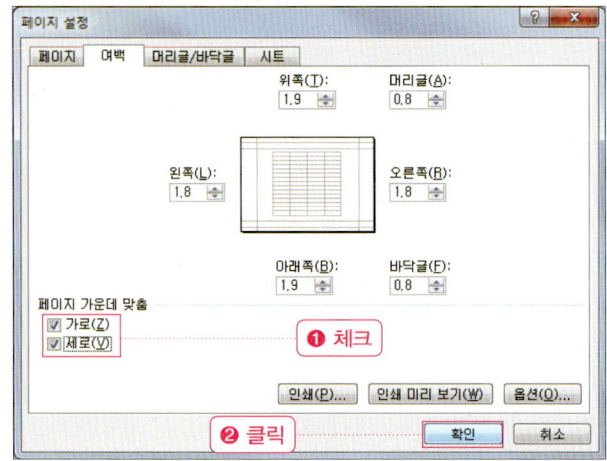

Section 18 매출 보고서

매출 현황 데이터를 이용하여 거래처와 제품명에 따라 매출량과 매출액을 계산하는 문서를 작성합니다. 거래처와 제품명은 콤보 상자 컨트롤을 사용하여 선택하고, 선택한 거래처와 제품명에 대한 수량의 합계와 금액의 합계는 DSUM 함수를 사용하여 계산합니다.

키워드 양식 컨트롤, INDEX, DSUM, 조건부 서식
예제 파일 Part4\예제파일\매출보고서.xlsx

01 [개발 도구] 탭-[컨트롤] 그룹-삽입(🔧)을 클릭하고 양식 컨트롤에 있는 콤보 상자(▣)를 선택합니다. 거래처를 선택하기 위한 콤보 상자 컨트롤을 그린 다음 마우스 오른쪽 버튼으로 클릭하고 [컨트롤 서식] 메뉴를 선택합니다.

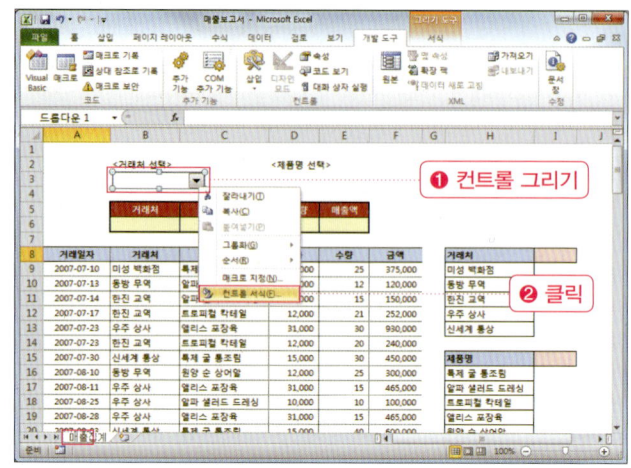

02 [컨트롤 서식] 대화상자의 [컨트롤] 탭에서 입력 범위를 [H9:H13]으로 지정합니다. 여기에 미리 거래처 목록이 입력되어 있습니다. 셀 연결은 [I8]셀로 지정한 다음 [확인] 버튼을 클릭합니다.

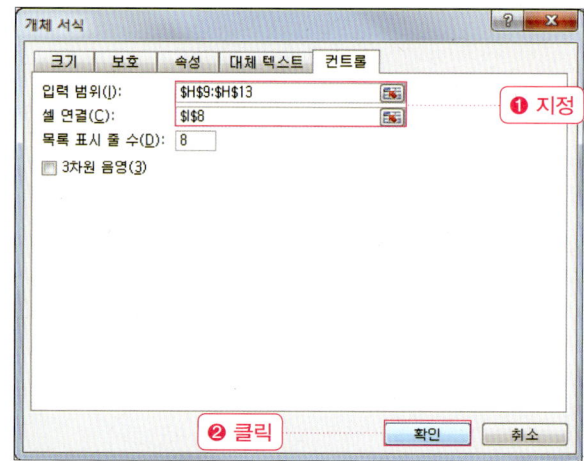

03 임의의 셀을 선택하여 콤보 상자 선택을 해제한 후 콤보 상자 컨트롤의 드롭다운 버튼을 클릭하면 [H9:H13]의 거래처 목록이 표시됩니다. 여기에서 원하는 거래처를 선택하면 [I8]셀에 선택한 거래처의 번호가 입력됩니다.

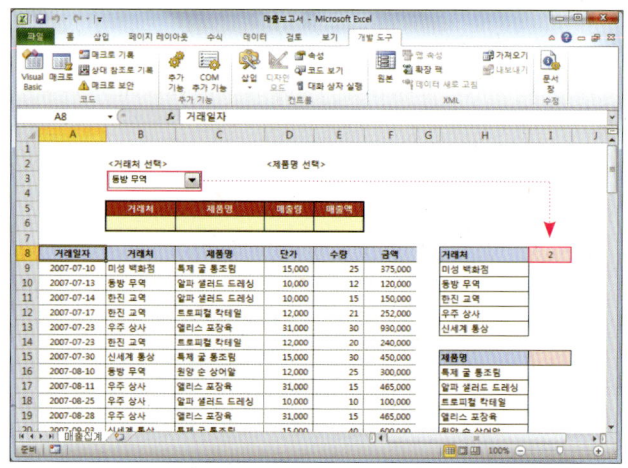

04 이번에는 '제품명 선택' 아래에 콤보 상자 컨트롤을 그리고 마우스 오른쪽 버튼으로 클릭한 다음 [컨트롤 서식]을 선택합니다.

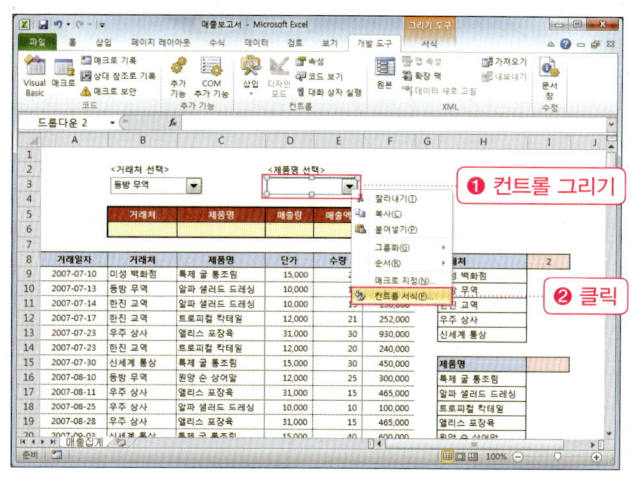

05 [입력 범위]는 제품명 목록이 입력되어 있는 [H16:H20]으로 지정하고 [셀 연결]은 [I15]로 지정한 다음 [확인] 버튼을 클릭합니다.

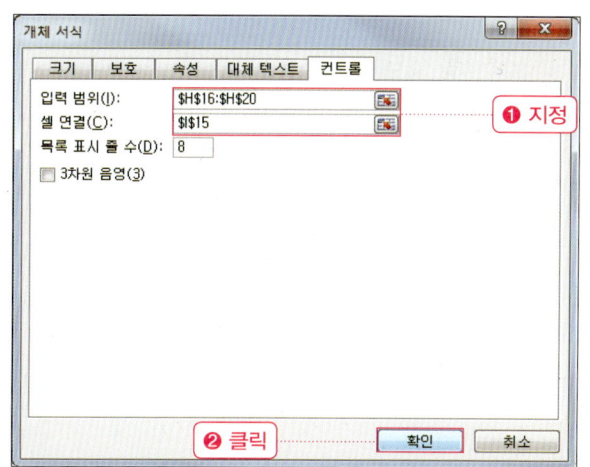

06 임의의 셀을 클릭하여 콤보상자 선택을 해제한 후 제품명 선택 콤보 상자 컨트롤의 드롭다운 버튼을 클릭하면 [H16:H20]의 제품명 목록이 표시됩니다. 여기에서 원하는 제품명을 선택하면 [I15]셀에 선택한 제품명의 번호가 입력됩니다.

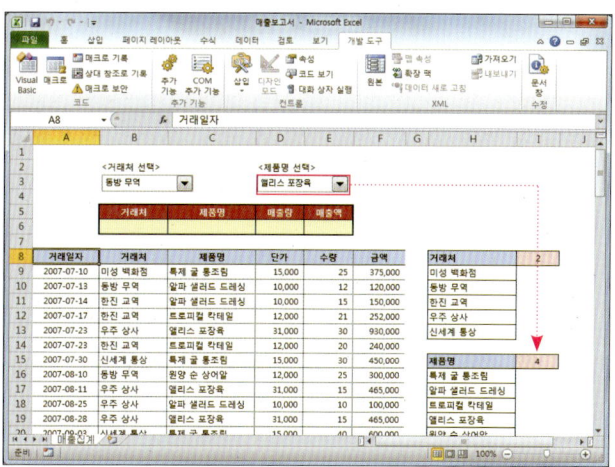

07 [B6]셀에 =INDEX(H9:H13,I8)을 입력합니다. 이 수식은 [H9:H13]에서 [I8]번째 값을 구하는 것으로 [I8]셀의 거래처 번호를 이용하여 거래처 목록에서 실제 거래처 이름을 표시합니다.

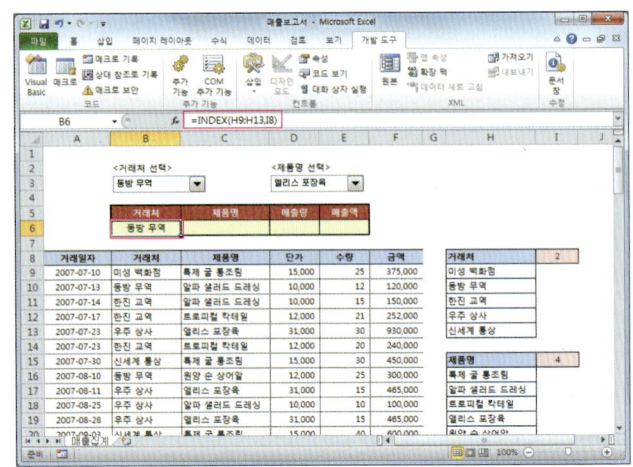

08 [C6]셀에 제품명을 구하기 위해 =INDEX(H16:H20,I15)를 입력합니다. 이 수식은 [H16:H20]의 제품명 목록에서 [I15]번째 값을 구합니다.

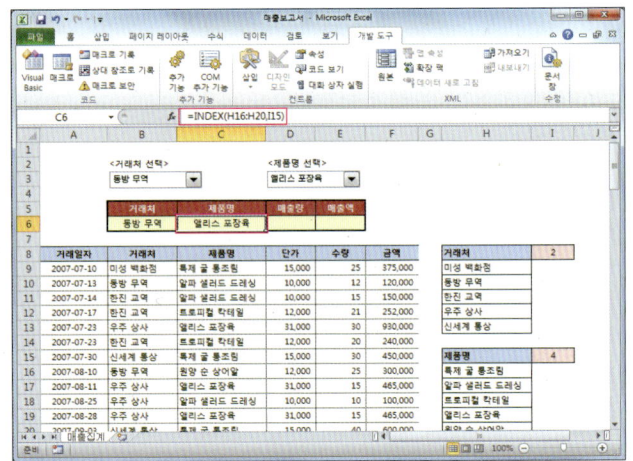

09 [D6]셀에 =DSUM(자료,"수량",B5:C6)을 입력합니다. 이 수식은 '자료' 범위에서 [B5:C6]의 조건을 만족하는 레코드를 찾아 '수량' 필드의 합계를 계산합니다. 그림에서 [B5:C6]은 거래처가 '동방 무역'이고 제품명이 '앨리스 포장육'인 레코드를 찾습니다.

> **POINT** [A8:F108] 영역을 '자료'라는 이름으로 미리 정의해 놓았습니다.

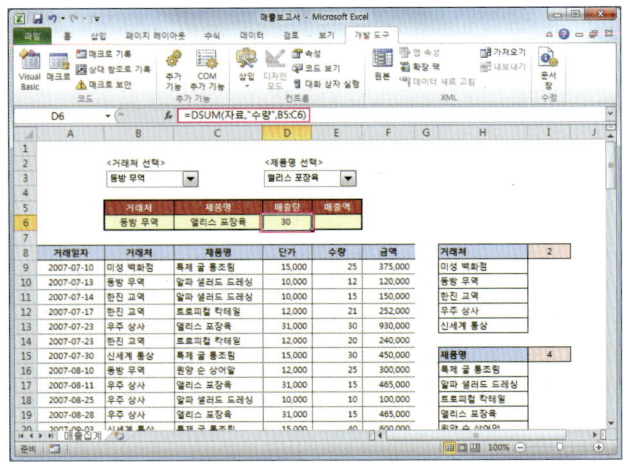

10 [E6]셀에 =DSUM(자료,"금액",B5:C6)을 입력하여 '자료' 범위에서 [B5:C6]의 조건을 만족하는 레코드의 '금액' 필드 합계를 계산합니다.

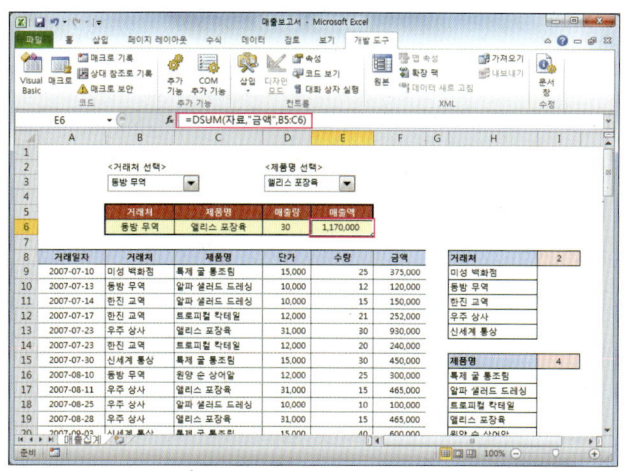

11 이제 '자료' 범위에서 조건을 만족하는 레코드에 색을 칠하는 조건부 서식을 작성해 보겠습니다. [A9:F108]을 블록으로 지정하고 [홈] 탭-[스타일] 그룹-조건부 서식(⌘)을 클릭하고 [새 규칙]을 선택합니다.

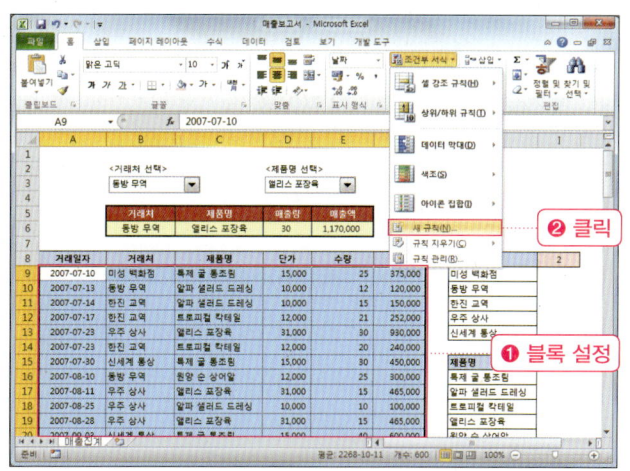

12 [새 규칙] 대화상자의 [규칙 유형 선택]에서 '수식을 사용하여 서식을 지정할 셀 결정'을 선택하고 수식 조건으로 =AND($B9=$B$6,$C9=$C$6)을 입력한 다음 [서식] 버튼을 클릭합니다.

> **POINT** 'AND(조건1, 조건2)' 형식의 수식으로 조건1과 조건2가 모두 참일 때 수식 결과가 참으로 계산되어 서식을 지정하게 됩니다. 조건1은 [B]열의 값이 [B6]과 같은지 검사하고, 조건2는 [C]열의 값이 [C6]과 같은지 검사합니다. 거래처(B열)와 제품명(C열)은 열 문자만 $ 기호를 붙여 지정합니다.

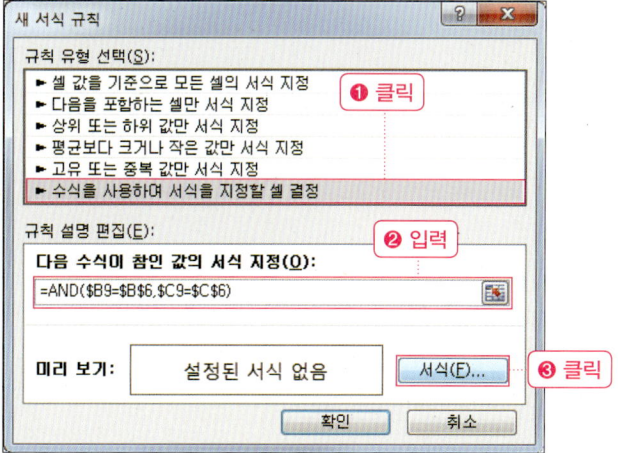

455

13 [셀 서식] 대화상자의 [채우기] 탭에서 조건을 만족하는 셀에 적용할 배경색을 선택하고 [확인] 버튼을 클릭합니다. [새 서식 규칙] 대화상자로 돌아오면 다시 [확인] 버튼을 클릭합니다.

14 이제 콤보 상자 컨트롤을 사용하여 거래처와 제품명을 선택하고 매출량과 매출액이 바르게 구해지는지 확인합니다. '자료' 범위에서 지정한 조건을 만족하는 행에 채우기 색이 적용되는지도 확인합니다.

> **POINT** [H]열과 [I]열은 열 머리글로 블록을 지정한 다음 마우스 오른쪽 버튼을 클릭하고 [숨기기] 메뉴를 선택하여 화면에서 숨겨주는 것이 좋습니다.

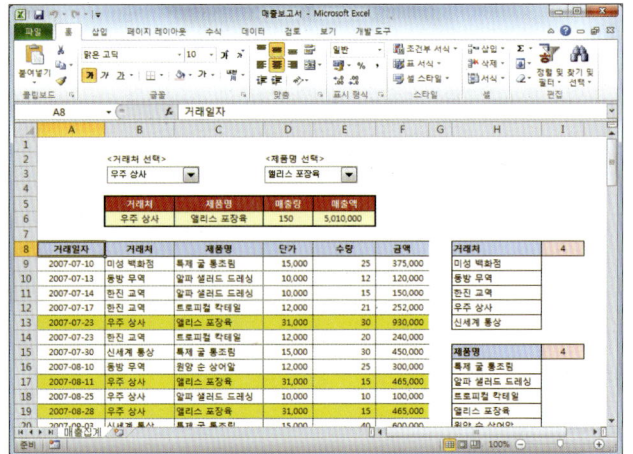

매출 차트

매출 현황 데이터를 이용하여 매출 차트를 작성하는 과정을 알아봅니다. 매출 현황 데이터를 모두 사용하는 것이 아니라 데이터 유효성 검사로 제품명을 선택하도록 한 다음 선택한 제품에 대한 매출 차트를 그립니다. 제품명을 변경할 때마다 차트도 선택한 제품에 대한 것으로 변경되도록 합니다.

키워드 데이터 유효성 검사, MATCH, INDEX, 차트
예제 파일 Part4\예제파일\매출차트.xlsx

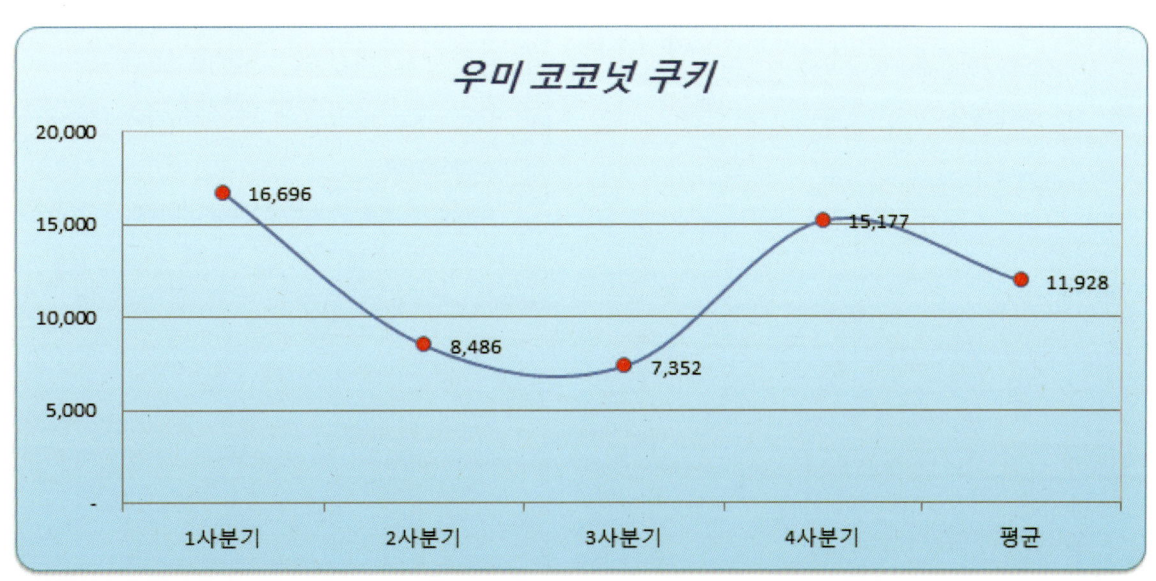

01 [B31]셀에서 [데이터] 탭-[데이터 도구] 그룹-데이터 유효성 검사(圖)를 클릭합니다. [데이터 유효성] 대화상자의 [설정] 탭에서 [제한 대상]을 '목록'으로 지정하고, [원본]을 [B4:B27] 범위로 지정한 다음 [확인] 버튼을 클릭합니다.

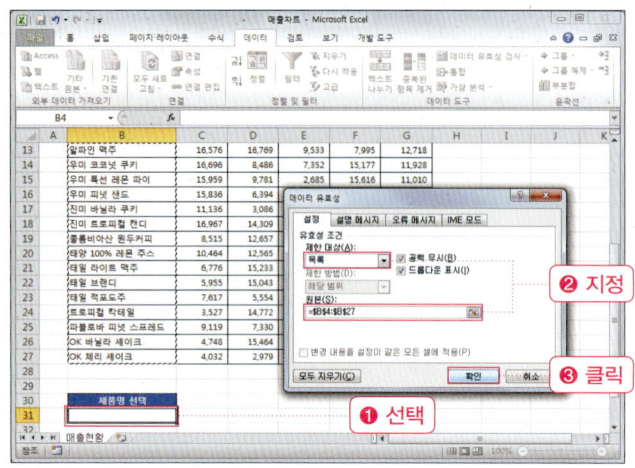

02 [B31]셀에서 드롭다운 버튼을 클릭하고 차트로 그릴 제품명을 선택합니다. 그런 다음 [C31]셀에 =MATCH(B31,B4:B27,0)을 입력합니다.

> **POINT** MATCH 함수는 [B4:B27]에서 [B31]과 같은 값을 찾아 위치 번호를 구합니다.

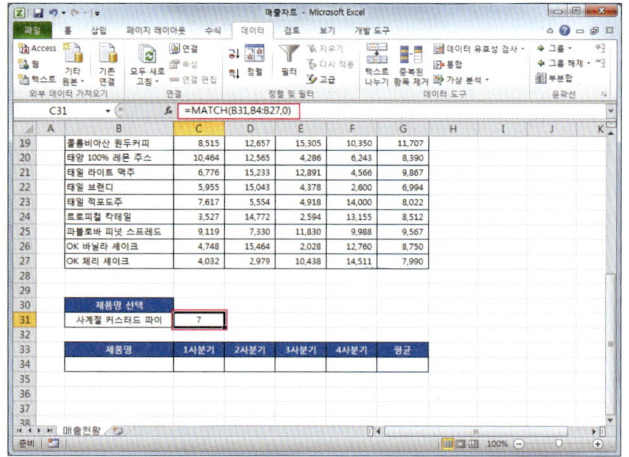

03 [B34:G34]를 블록으로 지정한 다음 =INDEX(B4:B27,$C$31)을 입력하고 Ctrl+Enter를 누릅니다. 이렇게 하면 선택한 제품명, 1사분기, 2사분기, 3사분기, 4사분기, 평균 데이터를 [B34:G34] 영역에 가져와 표시할 수 있습니다.

> **POINT** =INDEX(B4:B27,$C$31)은 [B4:B27]에서 [C31]번째 값을 가져옵니다. [C31]은 절대 참조로 지정하여 오른쪽으로 수식을 복사했을 때 변하지 않게 합니다.

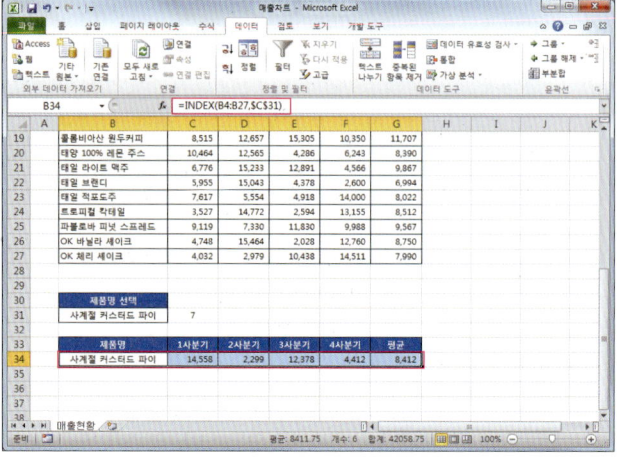

04 [B33:G34]를 블록으로 지정하고 [삽입] 탭-[차트] 그룹-꺾은선형( )을 클릭하고 [표식이 있는 꺾은선형]을 선택합니다.

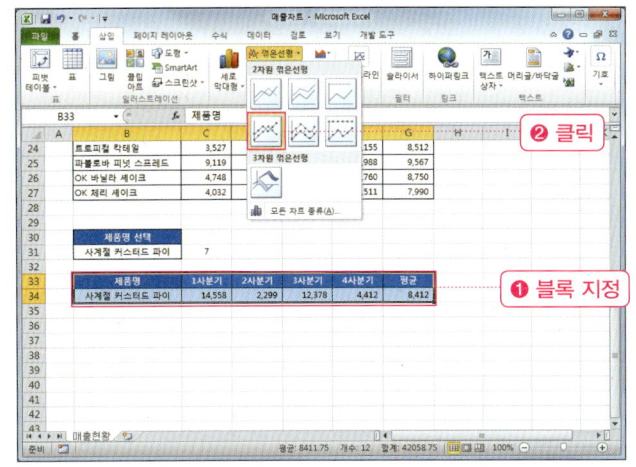

05 워크시트에 차트가 삽입되면 차트 영역을 클릭한 채 드래그하여 위치를 이동한 후 차트의 테두리에 있는 크기 조절 핸들로 차트 크기를 조정합니다.

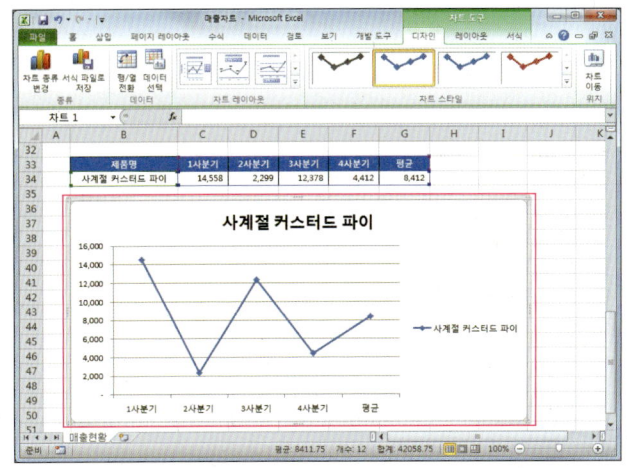

06 [차트 도구]-[레이아웃] 탭-[레이블] 그룹-범례( )를 클릭하고 [없음]을 선택한 다음, 데이터 레이블( )을 클릭하고 [오른쪽]을 선택합니다.

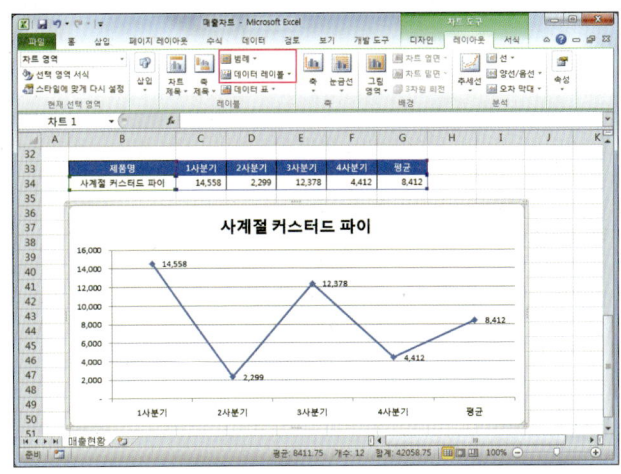

07 차트 영역이 선택된 상태에서 [서식] 탭-[도형 스타일] 그룹의 갤러리에서 원하는 도형 스타일을 선택합니다. 그런 다음 차트 영역을 더블클릭합니다.

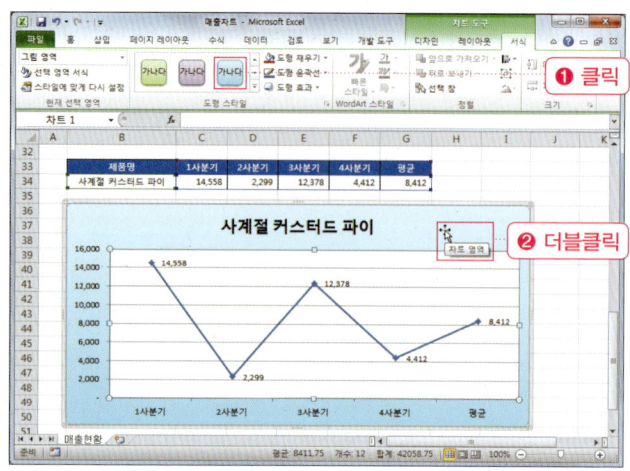

08 [차트 영역 서식] 대화상자의 [테두리 스타일] 탭에서 '둥근 모서리'를 체크합니다.

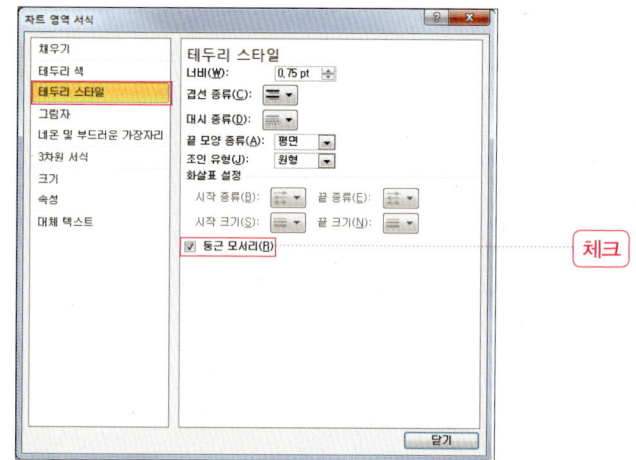

09 [차트 영역 서식] 대화상자가 열려 있는 상태에서 차트의 계열을 클릭합니다. [차트 영역 서식] 대화상자를 [데이터 계열 서식] 대화상자로 바꾸기 위한 과정입니다.

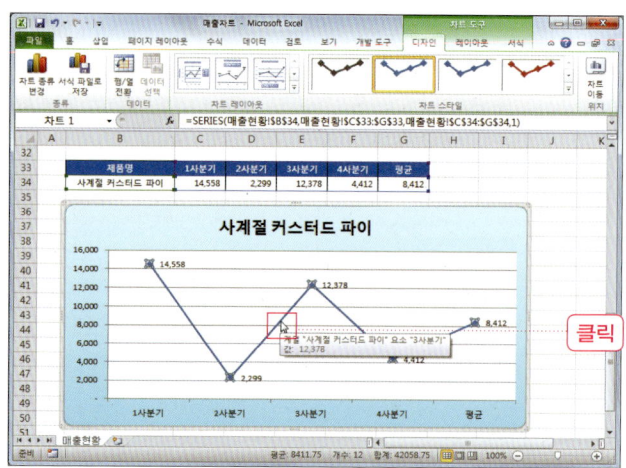

10 [데이터 계열 서식] 대화상자의 [표식 옵션] 탭에서 [표식 종류]를 '기본 제공'으로 선택한 다음 [형식]을 원 모양(●)으로 변경합니다.

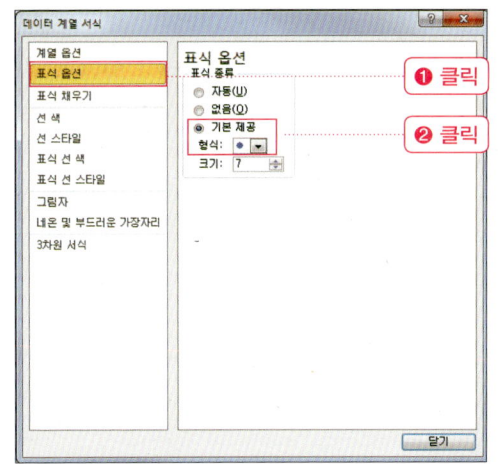

11 [표식 채우기] 탭을 클릭하고 '단색 채우기' 옵션을 선택합니다. 그런 다음 [채우기 색] 드롭다운 버튼을 클릭하고 '빨강' 색으로 채우기 색을 변경합니다.

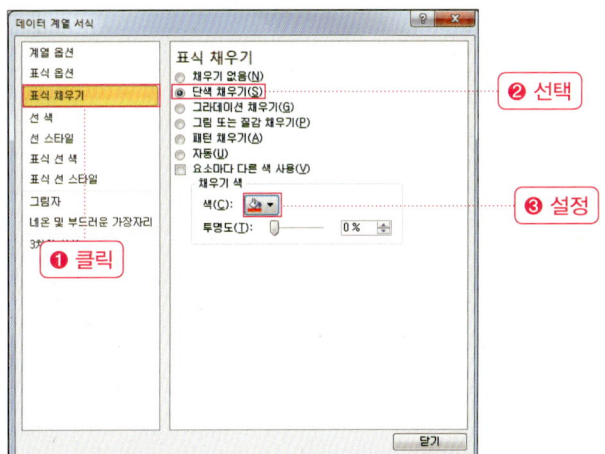

12 [선 스타일] 탭에서 [너비]를 '2 pt'로 변경합니다. 그리고 '완만한 선'을 체크합니다.

> **POINT** 서식 대화상자에서 변경하는 사항은 바로 워크시트의 차트에서 확인할 수 있습니다.

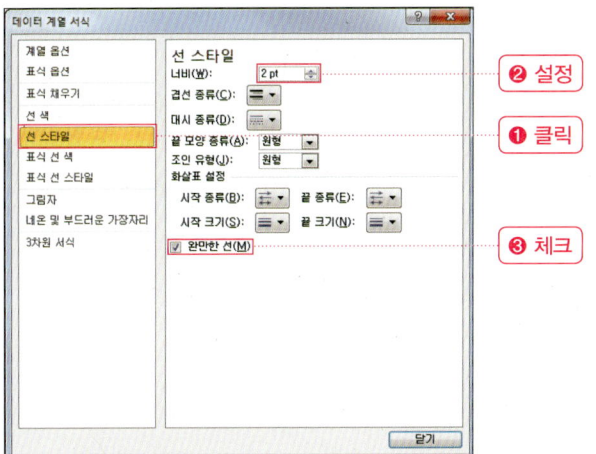

13 워크시트의 차트에서 '세로 (값) 축'을 클릭해서 [축 서식] 대화상자로 전환합니다. [축 옵션] 탭에서 [최대값]을 '고정'으로 선택하고 '20000'으로, [주 단위]도 '고정'으로 선택하고 '5000'으로 변경합니다. [주 눈금]의 드롭다운 버튼을 클릭하고 '없음'을 선택한 다음 [닫기] 버튼을 클릭해서 대화상자를 닫습니다.

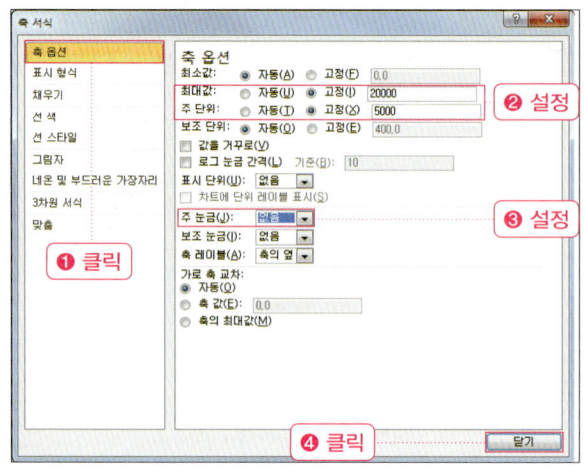

14 차트에서 그림 영역을 클릭해서 선택합니다. [서식] 탭-[도형 스타일] 그룹-도형 채우기(도형 채우기 ▼)를 클릭하고 [채우기 없음]을 선택합니다. 이어서 도형 윤곽선(도형 윤곽선 ▼)을 클릭하고 회색 계열의 선을 선택하여 그림 영역 테두리를 그려줍니다.

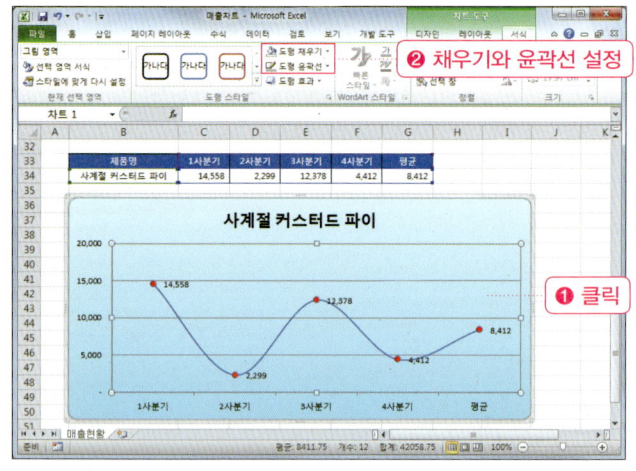

15 차트 제목을 선택하고 수식 입력줄을 클릭합니다. 수식 입력줄에서 등호(=)를 입력하고 [B34]를 클릭해서 =매출현황!$B$34로 수식이 작성되면 Enter 키를 누릅니다. 이렇게 하면 차트 제목이 [B34]셀의 값과 연결됩니다. 차트 제목의 서식을 지정합니다.

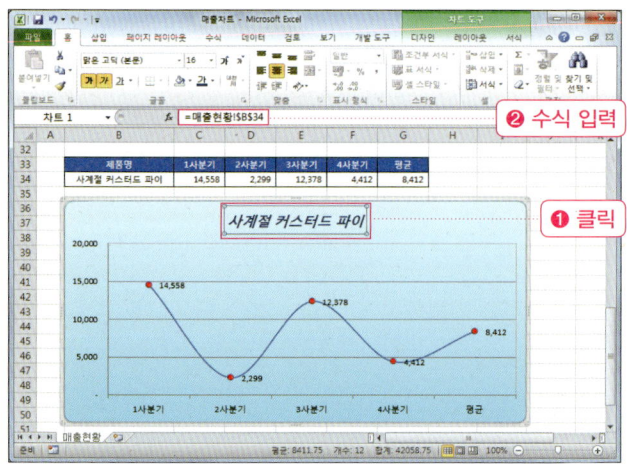

16 [32]행부터 [34]행까지 행 머리글을 드래그하여 블록을 지정한 다음 마우스 오른쪽 버튼을 클릭하고 [숨기기] 메뉴를 선택합니다.

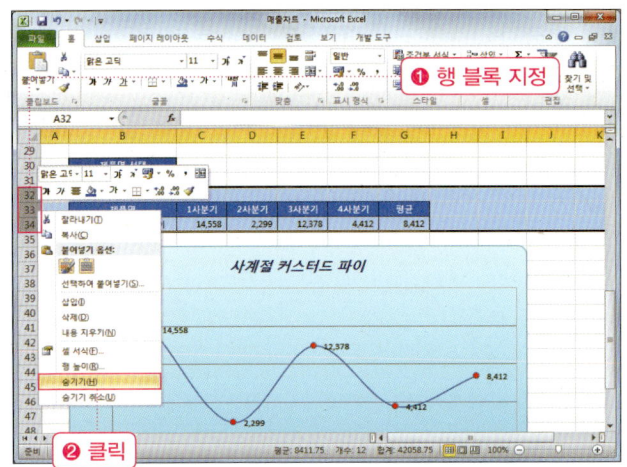

17 차트의 원본 데이터가 화면에서 숨겨지면 다음과 같이 차트가 빈 영역으로 나타납니다. 차트 영역을 클릭한 다음 [디자인] 탭-[데이터] 그룹-데이터 선택( )을 클릭합니다.

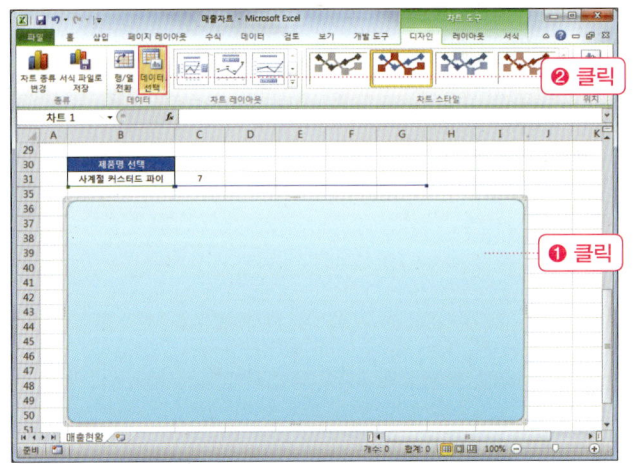

18 [데이터 원본 선택] 대화상자에서 [숨겨진 셀/빈 셀] 버튼을 클릭합니다. [숨겨진 셀/빈 셀 설정] 대화상자에서 '숨겨진 행 및 열에 데이터 표시'를 체크한 다음 [확인] 버튼을 클릭합니다.

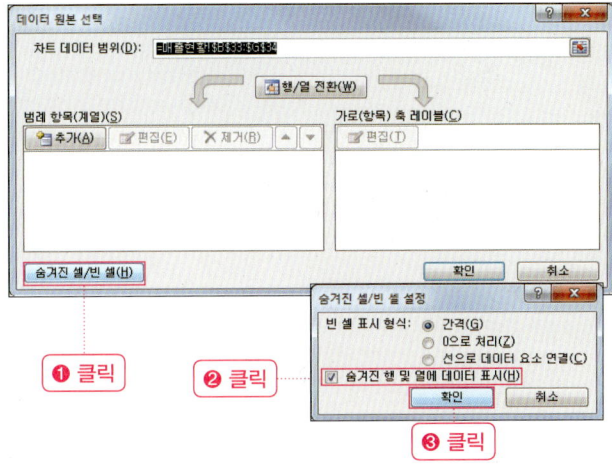

19 [데이터 원본 선택] 대화상자로 돌아오면 [확인] 버튼을 클릭합니다. 다음과 같이 차트가 원래 상태로 표시됩니다. [B31]셀에서 제품명을 변경한 다음 변경한 제품명이 차트 제목에 연결되는지 확인하고 차트 모양이 선택한 제품명에 대한 표시로 바뀌는지 확인합니다.

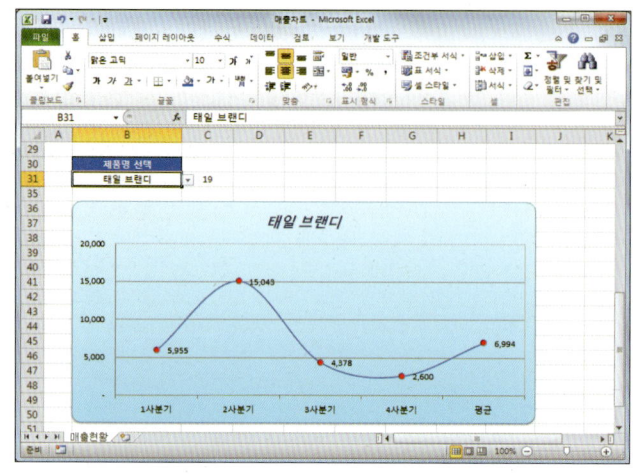

20 [C31]셀을 클릭한 다음 [홈] 탭-[글꼴] 그룹-글꼴 색(가)을 클릭하고 '흰 색'을 선택합니다. 텍스트가 숨겨지면 작성한 문서를 저장합니다.

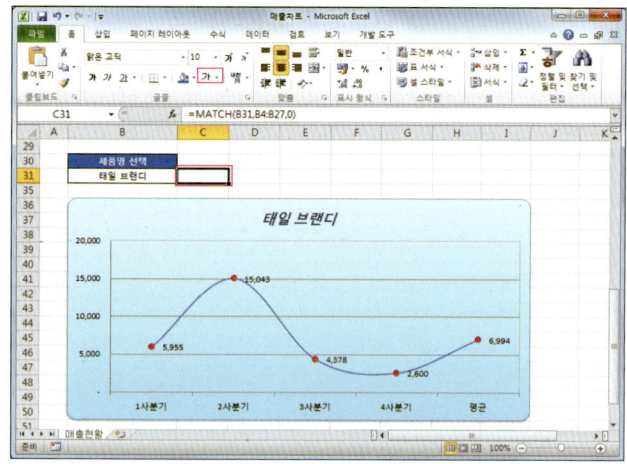

Section 20

성적 차트

사원들의 교육 성적 데이터를 이용하여 부서별 성적 차트를 작성합니다. 부서를 선택하기 위해 옵션 버튼 컨트롤을 만들어 사용합니다. 옵션 단추 컨트롤로 부서를 선택하면 선택한 부서의 성적이 차트에 표시됩니다.

키워드 옵션 단추, CHOOSE, COUNTIF, SUMIF, 차트
예제 파일 Part4\예제파일\성적차트.xlsx

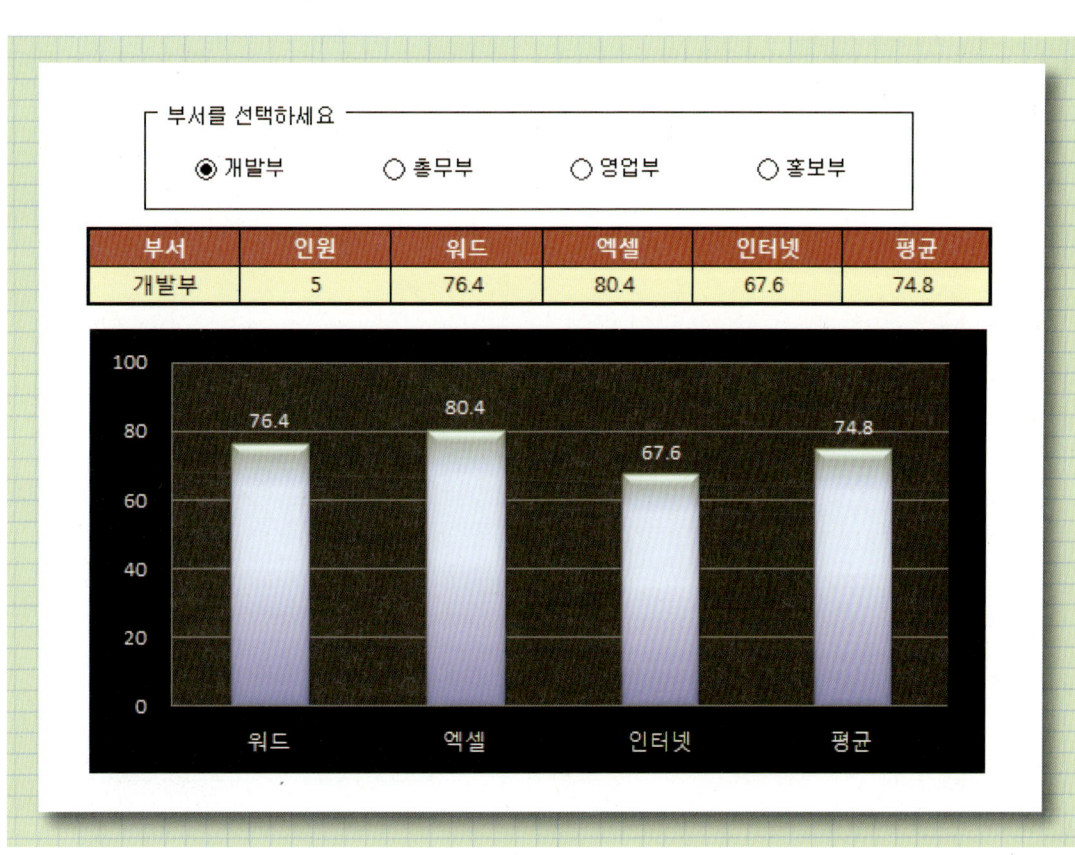

01 [개발 도구] 탭-[컨트롤] 그룹-삽입( )을 클릭하고 양식 컨트롤에서 옵션 단추( )를 선택하여 옵션 단추를 그린 후 '개발부'로 텍스트를 수정합니다. 같은 방법으로 '총무부', '영업부', '홍보부'로 옵션 단추를 더 그립니다.

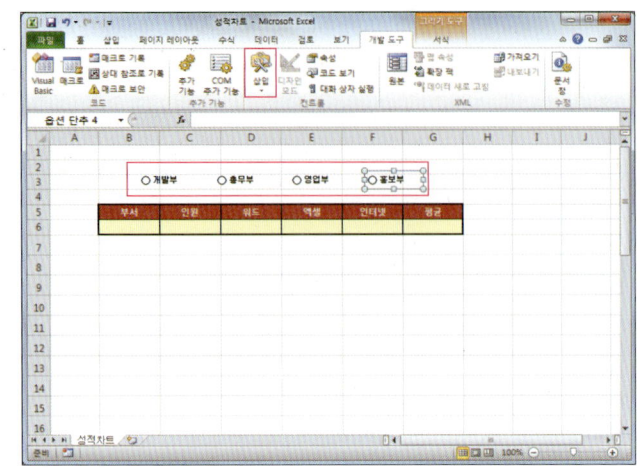

02 옵션 단추 중 하나를 마우스 오른쪽 버튼으로 클릭하고 [컨트롤 서식]을 선택합니다. [컨트롤 서식] 대화상자의 [컨트롤] 탭에서 셀 연결을 [H2]셀로 지정하고 [확인] 버튼을 클릭합니다.

> **POINT** 4개의 옵션 단추 컨트롤은 모두 같은 셀 연결을 사용합니다.

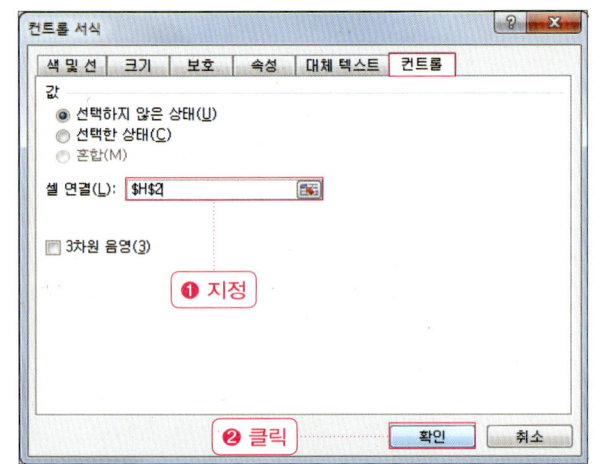

03 이번에는 삽입( )을 클릭하고 양식 컨트롤에서 그룹 상자( )를 선택합니다. 옵션 단추 컨트롤이 모두 안에 들어가도록 그룹 상자를 그린 다음 '부서를 선택하세요'로 텍스트를 수정합니다.

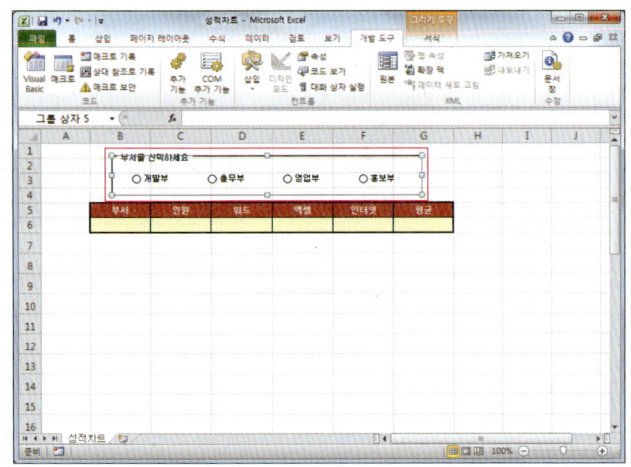

04 마우스로 옵션 단추를 클릭하면 [H2]셀에 선택한 옵션 단추의 번호가 입력됩니다. [B6]셀에 =CHOOSE(H2,"개발부","총무부","영업부","홍보부")를 입력하면 [H2]셀의 번호를 이용하여 실제 부서 이름이 표시됩니다.

> **POINT** CHOOSE(기준, 값1, 값2, ...) 함수는 기준이 1이면 값1, 2이면 값2, ... 순서로 번호에 따라 다른 값을 반환합니다.

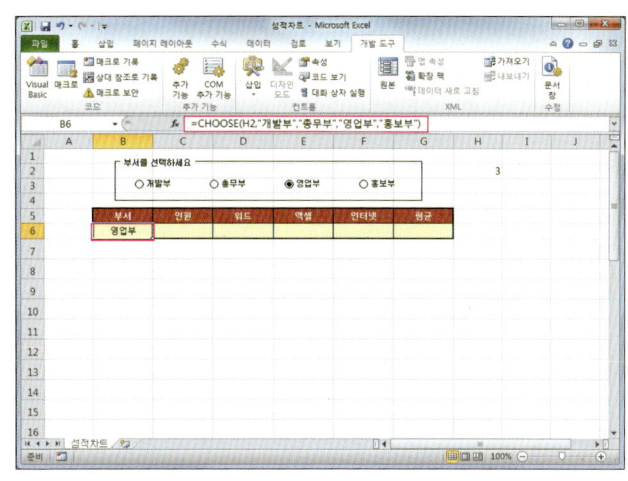

05 [C6]셀에 =COUNTIF(부서,B6)을 입력합니다. 이 수식은 '부서'로 이름을 정의해 놓은 [C19:C48] 영역에서 [B6]셀의 부서와 같은 값을 가진 셀의 개수를 구합니다.

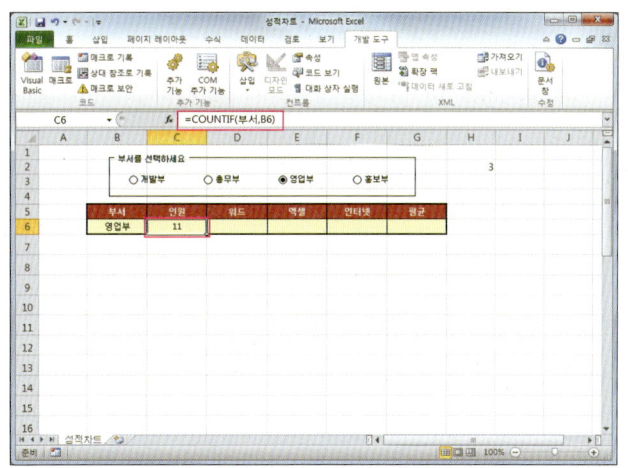

06 [D6]셀에 =AVERAGEIF(부서,B6,워드)를 입력합니다. 부서가 [B6]셀과 같을 때 워드의 평균을 구하는 수식입니다.

> **POINT** [D19:D48]에는 '워드', [E19:E48]에는 '엑셀', [F19:F48]에는 '인터넷', [G19:G49]에는 '평균'으로 미리 이름이 정의되어 있습니다.

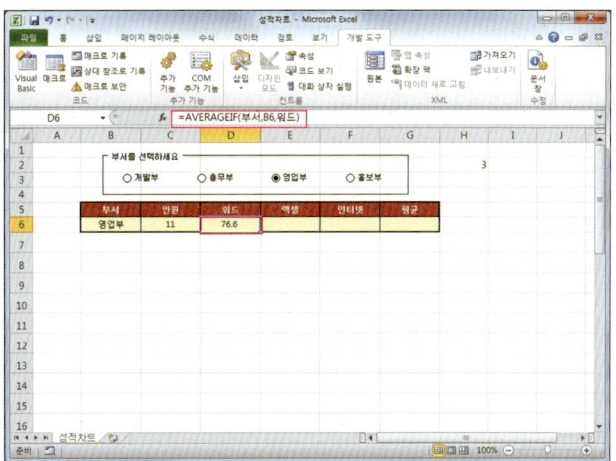

07 [E6]셀에 =AVERAGEIF(부서,B6,엑셀), [F6]셀에 =AVERAGEIF(부서,B6,인터넷), [G6]셀에 =AVERAGEIF(부서,B6,평균)을 각각 입력하여 선택한 부서의 과목별 평균 점수를 계산합니다.

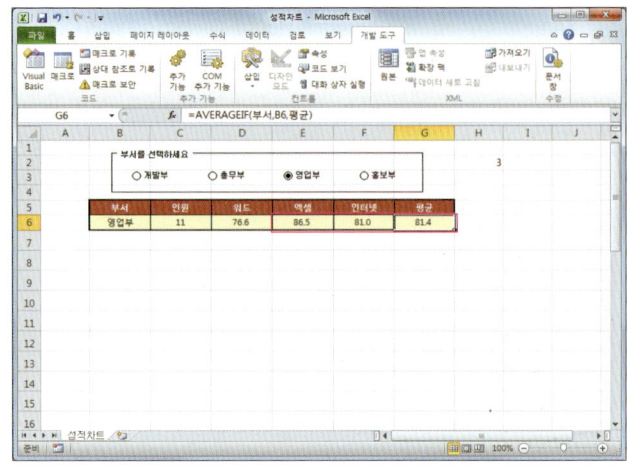

08 [D5:G6]을 블록으로 지정하고 [차트 도구]의 [삽입] 탭-[차트] 그룹-세로 막대형( )를 클릭하고 [묶은 세로 막대형] 차트를 선택합니다. 워크시트에 차트가 삽입되면 다음과 같이 위치와 크기를 조정합니다.

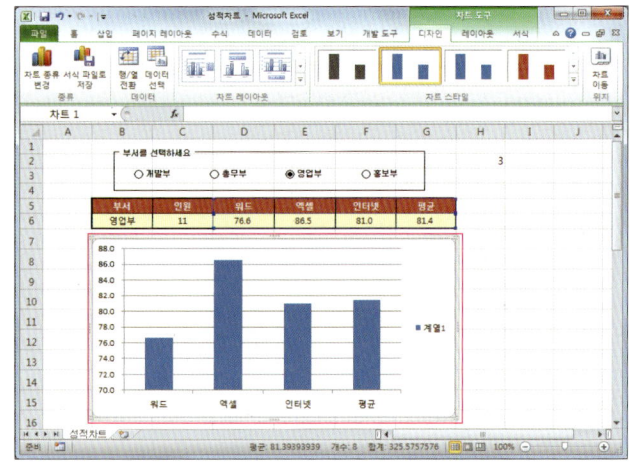

09 [차트 도구]-[레이아웃] 탭-[레이블] 그룹-범례( )를 클릭하고 [없음]을 선택한 다음, 데이터 레이블( )을 클릭하고 [바깥쪽 끝에]를 선택하여 데이터 레이블을 표시합니다.

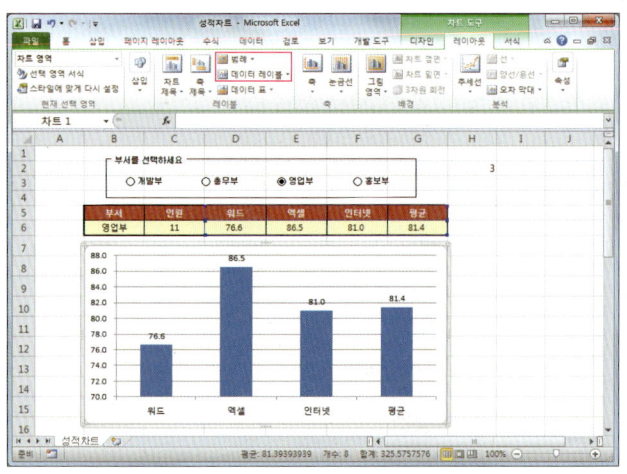

10 [디자인] 탭-[차트 스타일] 그룹의 갤러리에서 현재 차트에 적용할 차트 스타일을 클릭합니다.

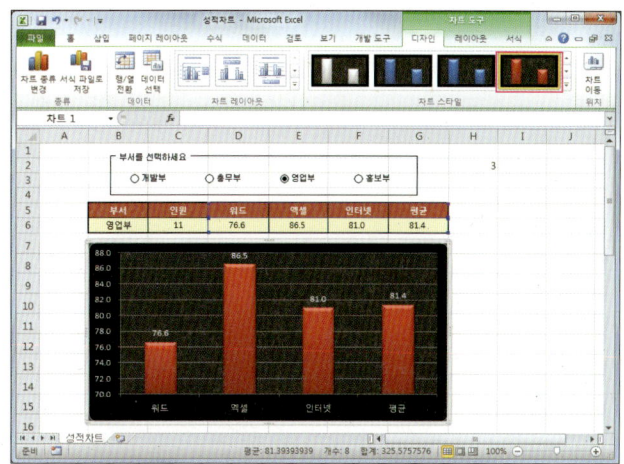

11 나머지 차트 요소의 서식을 다음과 같이 지정합니다. 리본 메뉴의 [서식] 탭을 사용하거나 차트 요소를 더블 클릭한 후 서식 대화상자를 사용하여 지정할 수 있습니다.

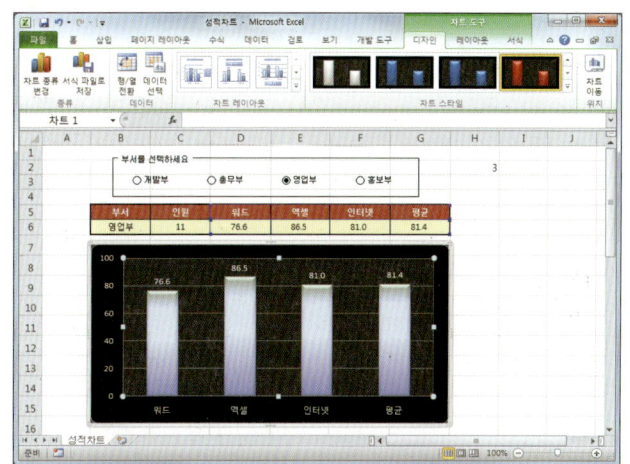

12 다른 부서의 옵션 단추를 클릭해서 선택한 부서에 대한 차트가 바르게 표시되는지 확인하고 저장합니다.

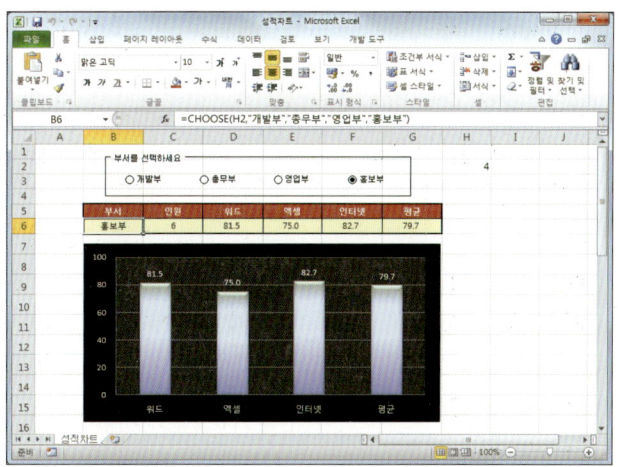

| 인덱스 |

ㄱ

가상 분석 … 249
가운데 맞춤 … 75, 354
개발 도구 … 431
고급 … 219
규칙 관리 … 173
그룹 상자 … 466
그룹 필드 … 242
그림 서식 … 186
글꼴 … 73
글꼴 색 … 82
꾸밈 효과 … 210

ㄴ

나누기 … 100, 184
날짜 서식 … 169
내림차순 정렬 … 130

ㄷ

다른 이름으로 저장 … 161
다시 실행 … 66
대화상자 표시 … 74
데이터 계열 … 117
데이터 레이블 … 120
데이터 선택 … 117
데이터 요소 … 117
데이터 유효성 검사 … 144, 225, 401
데이터 표 … 256
도움말 … 30
도형 … 198, 264
도형 스타일 … 199

도형 윤곽선 … 371
도형 효과 … 201
들여쓰기 … 399

ㄹ

레이블 … 120
리본 메뉴 … 25
리본 메뉴 사용자 지정 … 34, 372

ㅁ

매크로 … 259
매크로 기록 … 261
머리글 … 179
머리글/바닥글 요소 … 185
메모 … 49
모두 정렬 … 97
목표값 찾기 … 249

ㅂ

바닥글 … 180
배경 … 154
배경 제거 … 211
배열 수식 … 329
백스테이지(BackStage) 보기 … 26
범위로 변환 … 129
변경 내용 유지 … 212
병합하고 가운데 맞춤 … 350
보고서 필터 … 235
보관할 영역 표시 … 212
복사 … 60
부분합 … 135, 243

붙여넣기 … 59
붙여넣기 옵션 … 61
빠른 실행 도구 모음 … 31

ㅅ

사용자 지정 … 164
사용자 지정 목록 … 48, 132
사용자 지정 필터 … 213
삭제 … 69
삽입 … 67
삽입 옵션 … 68
상대 참조 … 104
서식 복사 … 147, 364, 419
서식 없이 채우기 … 402
선명도 조절 … 209
선택 영역에서 만들기 … 189, 314
선택하여 붙여넣기 … 150
세로 막대형 … 468
세로 쓰기 … 358
셀 병합 … 365
셀 서식 … 164, 349
셀 잠금 … 156
셀 포인터 … 23
숨겨진 셀/빈 셀 … 463
스파크 라인 … 196
스카이 드라이브 … 276
슬라이서 삽입 … 247
시나리오 관리자 … 251
시트 보호 … 156
시트 보호 해제 … 158
실시간 미리 보기 기능 … 61

실행 취소 … 65

ㅇ

양식 컨트롤 … 267, 431
연결된 그림 … 153, 388
열 너비 … 72, 356
열 레이블 … 235
예제 서식 파일 … 232
오른쪽 맞춤 … 399
오름차순 정렬 … 130
옵션 단추 … 269
용지 방향 … 450
원본 데이터 … 118
웹앱스 … 278
윤곽 기호 … 136
윤년 … 306
이동/복사 … 58
이름 정의 … 188
인쇄 … 88
인쇄 배율 … 91
인쇄 영역 … 94, 380
인쇄 제목 … 181
인쇄 코드 … 180
일반 옵션 … 161

ㅈ

자동 채우기 옵션 … 46, 440
자동합계 … 109
잘라내기 … 59
잘못된 데이터 … 146
저장 … 51
전체 필드 축소 … 244
전체 필드 확장 … 244
절대 참조 … 105, 282
정렬 … 131

정렬 및 필터 … 262
조건부 서식 … 171, 175
중복된 항목 제거 … 224

ㅊ

차트 … 112, 459
차트 스타일 … 112
차트 이동 … 246
차트 제목 … 113
차트 종류 변경 … 115, 192
창 전환 … 97
찾기 및 선택 … 62
채우기 핸들 … 46, 102
축 제목 … 113

ㅋ

컨트롤 서식 … 268
콤보 상자 … 272, 452
클립보드 … 59
클립 아트 … 207

ㅋ

테마 … 85
텍스트 나누기 … 221
텍스트 줄 바꿈 … 76, 365
텍스트 채우기 … 376
텍스트 효과 … 375
통합 문서 보호 … 159
틀 고정 … 218

ㅍ

페이지 가운데 맞춤 … 92
페이지 나누기 미리 보기 … 183
페이지 레이아웃 보기 … 179
페이지 설정 … 90, 360

표 … 126
표시 형식 … 78, 240, 285
피벗 테이블 … 234
필드 설정 … 240
필터 … 139, 213

ㅎ

한자 사전 … 45
함수 삽입 … 108
행 높이 … 72, 354
행 레이블 … 235
행/열 전환 … 115
혼합 참조 … 105
확대/축소 … 95

A

ABS … 285, 300
& 연산자 … 301
AGGREGATE … 327
AND … 297
AVERAGE … 108, 226, 283
AVERAGEIF … 318
AVERAGEIFS … 319

C

CHOOSE … 299, 310, 332
COLUMN … 440
CONCATENATE … 301
COUNT … 284
COUNTA … 284
COUNTBLANK … 284
COUNTIF … 225, 313
COUNTIFS … 316

D

DATE … 308

DATEDIF … 432
DAVERAGE … 339
DAY … 306
DBNum4 … 167
DGET … 340
DSUM … 338

E
Excel 옵션 … 32

F
FREQUENCY … 329
FV … 344

H
HOUR … 307
HLOOKUP … 334

I
IF … 269, 295
IME 모드 … 146
INDEX … 274, 337
INT … 287
IPMT … 342
ISBLANK … 403
ISERROR … 321
IFERROR … 323

L
LARGE … 293, 295
LEFT … 298
LEN … 302
LOOKUP … 335

M
MATCH … 336
MAX … 111, 292
MID … 440
MIN … 111, 292
MINUTE … 307
MOD … 289
MONTH … 305

N
NETWORKDAYS … 311
NETWORKDAYS.INTL … 311
NOW … 303

O
Office.com 서식 파일 … 233
OFFSET … 343
OR … 297

P
PMT … 341
PPMT … 342
PV … 345

Q
QUOTIENT … 289

R
RANK … 294
RANK.AVG … 294
RANK.EQ … 294
REPT … 300
RIGHT … 298
ROUND … 290
ROUNDDOWN … 291
ROUNDUP … 290
ROW … 330

S
SIGN … 286
SMALL … 293
SUBTOTAL … 326
SUM … 107, 282
SUMIF … 190, 315
SUMIFS … 317, 322
SUMPRODUCT … 324

T
TABLE … 256
TEXT … 301
TIME … 309
TODAY … 301, 303
TRUNC … 288
TRIM … 302

V
VLOOKUP … 333

W
WEEKDAY … 310
WordArt … 375
WORKDAY … 312
WORKDAY.INTL … 312

Y
YEAR … 305